4차 산업혁명 개론

황인극 · 손환식 · 김응석

Industry 4.0

도서출판
청람

머리말

2016년 다보스포럼에서 클라우스 슈밥 세계경제포럼(WEF) 회장은 "4차 산업혁명이 가져올 혁신은 이전의 산업혁명과는 차원이 다르다. 4차 산업혁명은 우리가 하는 일을 바꾸는 것이 아니라 우리 인류 자체를 바꿀 것이다"라고 예견한 바 있다.

우리의 과거를 되돌아보면 1차, 2차 산업혁명은 암울한 시대로 마감했지만, 3차 산업혁명 때에는 정보화시대를 대비하여 많은 노력을 기울였으며 그 결과, 전 세계가 인정하는 ICT 강국이 되었다. 4차 산업혁명은 2016년 1월 다보스포럼에서의 논의를 시작으로 전 세계적으로 주목받기 시작하였다. 인더스트리 4.0과 함께 촉발한 4차 산업혁명의 주도권을 잡기 위해 독일, 미국, 중국, EU 등 다수의 선진국은 앞다투어 달려가는 중이며 우리도 발맞추어 나아가야 하는 이유가 여기에 있다.

역사의 거울을 통해 우리는 과거를 들여다볼 수 있다. 지난날의 실수를 되풀이하지 않기 위해 현재의 변화를 통해 다가올 미래를 대비해야 한다. 주도권을 잡지 못했던 과거의 실수를 다시는 경험하지 말아야 할 것이다. 인류의 역사와 우리의 역사를 돌이켜보면 산업혁명이라는 변화의 물결에 동반한 경우, 세계경제의 주도권을 쟁취함과 동시에 풍요와 행복이라는 선물을 가지게 되었다. 이제 4차 산업혁명을 시작으로 전체 산업의 구도가 변화하고 있으므로 우리는 세상의 변화를 제대로 이해할 수 있어야 하고 또한 변화해야 하며 주도권을 잡기 위해 세상의 변화를 만들어 나가야 한다.

이처럼 급변하는 환경에서 4차 산업혁명을 이해하고 산업의 변화에 따른 각종 요소기술 및 융합기술의 개념과 방법 등을 중심으로 기술한 책은 찾을 수가 없었다. 4차 산업혁명의 전반적인 이해를 돕고, 새로운 요소기술에 대한 개념과 활용방법에 대해 이해하고, 산업 간 융합을 다루는 분야에 관심이 많은 분들을 위해 작게나마 도움을 주고자 본서를 집필하게 되었다.

본서를 읽는 독자분들은 이 책의 내용을 학습·활용하여 다가올 미래에 대해 폭넓은 관심을 가지길 바라며, 기술의 진보가 우리의 삶과 사회에 어떠한 변화를 가져다주는

지 이해할 수 있길 바란다.

현재의 4차 산업혁명을 제대로 이해하기 위해서는 지난 1차, 2차, 3차 산업혁명을 살펴볼 필요가 있다. 1차 산업혁명은 18세기 후반 영국에서 시작되었고, 수공업에서 기계로의 전환을 상징한다. 방직기와 증기기관의 발명으로 새로운 시대를 맞게 된 시기이다. 2차 산업혁명은 19세기 후반에 일어난 기술혁명이다. 전기에너지를 사용하고, 컨베이어 벨트 방식 및 분업화를 통해 대량생산이 이루어졌다. 철강, 자동차, 비행기 사업이 주요 핵심 산업이 되었다. 3차 산업혁명은 20세기 중반에 일어난 정보화혁명이다. 즉 컴퓨터와 인터넷 기반의 정보혁명 또는 컴퓨터 혁명, 디지털 혁명이라고도 한다. 이러한 3차 산업혁명을 기반으로 IoT 기술, 빅데이터 기술, 인공지능, 로봇 등의 요소기술과 융합하여 모든 생산수단의 연결성과 실시간 상호작용하는 융합의 세상을 4차 산업혁명이라 할 수 있다.

본서는 4차 산업혁명에 대하여 학습하는 학생과 일반인을 대상으로 4차 산업혁명을 전반적으로 쉽게 이해할 수 있도록 모두 4부로 구성하였다.

제1부는 4차 산업혁명에 대하여 소개하였다. 먼저 4차 산업혁명의 개념과 역사를 소개하였으며, 인더스트리 4.0의 특징과 주요 기술에 대해 다루었고, 인더스트리 4.0의 이점과 응용에 관해서 기술하였다. 또한 인더스트리 4.0에 의한 사회 및 산업의 변화를 살펴보고, 우리에게 주어지는 과제 및 앞으로의 기회에 대해 서술하였다.

제2부에는 4차 산업혁명을 이끄는 각종 핵심적인 요소기술을 소개하였다. 사물인터넷, 빅데이터, 클라우드 컴퓨팅, 인공지능, 로봇, 가상 · 증강 · 혼합현실, 블록체인, 적층제조, 드론, 자율주행 등으로 구성하였다. 각각의 절에서 개념과 정의, 역사 및 발전과정, 기술적 특징 및 장단점, 활용 사례, 미래 및 향후 동향 등을 통하여 4차 산업혁명의 요소기술에 대해 이해를 돕고자 하였다.

제3부에서는 융합에 대한 이해를 돕기 위해 개념 설명과 4차 산업혁명의 요소기술을 활용하여 디지털 융합이 무엇인지, 제품 간의 융합과 산업 간의 융합을 종합적으로 다루었다. 스마트공장, 스마트 SCM, 스마트시티, 스마트홈, 스마트팜, 스마트 에너지, 스마트 스포츠 등의 분야를 세분화하여 개념 설명 및 구축 사례를 통하여 기술과의 융합에 대해 서술하였다.

제4부에서는 4차 산업혁명의 기술과 융합으로 인해 우리 사회에 미치는 영향과 미래에 대해 다루었다. 변화하는 사회와 상호 간의 연결에 대해 설명하고, 그에 따른 일자

리와 노동의 변화에 대해서도 소개하였다. 마지막 장에서는 4차 산업혁명이 끝나지도 않았는데 벌써 5차 산업혁명을 거론하기에는 이른 감이 있지만, 인간가치 중심의 사회적 진화가 시작하고 있음을 알리기 위한 내용으로 서술하였다.

마지막으로 본 교재를 활용하여 4차 산업혁명을 학습하고자 하는 많은 독자들에게 도움이 되기를 기원하며 이 책이 출판하기까지 많은 도움을 주신 도서출판 청람의 이수영 대표님과 관계자분들에게 감사의 마음을 전한다.

2023년 4월

저자 일동

차례

PART 01 4차 산업혁명의 이해

Chapter 01 4차 산업혁명(Industry 4.0)

PART 02 4차 산업혁명 요소기술

Chapter 02 사물인터넷

Chapter 03 빅데이터

Chapter 04 클라우드 컴퓨팅

Chapter 05 인공지능

Chapter 06 로봇

Chapter 07 가상현실(VR) · 증강현실(AR) · 혼합현실(MR)

Chapter 08 블록체인

Chapter 10 드론

Chapter 11 자율주행

PART 03 4차 산업혁명 융합기술

Chapter 12 융합의 이해

Chapter 13 스마트공장과 스마트 SCM

Chapter 14 스마트시티와 스마트홈

Chapter 15 기타 융합

PART 04 4차 산업혁명의 영향 및 미래

Chapter 16 초연결사회와 노동의 변화

Chapter 17 5차 산업혁명

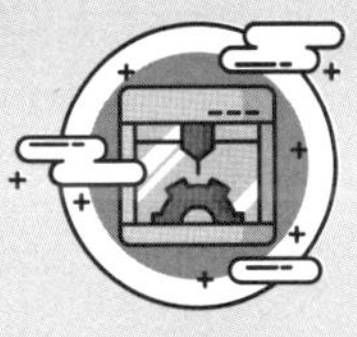

PART

1

4차 산업혁명의 이해

Chapter 1 4차 산업혁명(Industry 4.0)

1.1 개요

제조업은 최근 인더스트리 4.0(Industry 4.0)으로 불리는 산업혁명을 겪고 있다. 이 지속적인 혁명의 목표는 사물인터넷(Internet of Things, IoT)과 사이버물리시스템(Cyber-Physical System, CPS)의 통합을 통해 제조공정, 제품, 자원, 유지관리 및 재활용을 최적화하는 것이다. 정보기술, 전기전자기술, 첨단 제조기술의 급속한 발전으로 제품 제조는 디지털에서 지능화로 변화하고 있다. CPS를 기반으로 한 가상현실기술은 새로운 시대에 중요해지고 있으며, 제조 프로세스 및 기술의 진보로 인해 최근 몇 년 동안 지능형 제조로 발전했다. 제조업은 고도로 자동화되고 기계화된 제품을 만든다.

산업화가 시작된 이래로 신기술의 발명은 산업혁명을 가져왔다. 1784년에 첫 번째 산업혁명이 일어났으며, 물과 증기 동력 기계를 사용하여 상품을 제조했고, 이후의 혁명은 전기 및 디지털 자동화 생산(2차 및 3차 산업혁명)에 의한 제조로 이어졌다. 인더스트리 4.0은 4차 산업혁명이다. 제품 라이프 사이클의 전체 체인을 제어할 수 있는 산업의 새로운 단계이다. 인더스트리 4.0은 디지털 기술, 사이버 시스템 및 빅데이터 접근방식을 적용하여 생산을 다음 단계로 전환하는 것의 조합이다. 인더스트리 4.0의 목표는 더 높은 효율성과 생산성을 달성하고 더 큰 규모의 자동화 및 최적화를 달성하는 것이다. 계속되는 4차 산업혁명의 기본 틀은 제조시스템의 다양한 측면에 대한 디지털화와 실시간 지향의 통합이다.

1.2 산업혁명의 역사

산업혁명은 다양한 단계에서 경제 및 사회구조의 전면적인 발전을 가져왔다. [그림 1-1]에서 보듯이 1차 산업혁명은 18세기에 시작되었고, 21세기 초 4차 산업혁명이 공식적으로 시작되었다. 산업 발전의 진전에 따라 1세대 기계가 4세대 사이버 물리 기반 시스템으로 발전하는 과정은 [그림 1-2]에서 표현하고 있다.

1차 산업혁명의 진화는 그 당시 급격한 기술 발전의 개척자였던 영국에서 발생했다. 이후 대량생산이 2차 산업혁명의 핵심적인 역할을 했고, 3차 산업혁명의 도래는 무선통신기술(1G)의 진화로 이어졌다. 또한 21세기 초에는 영상 통화기능이 내장된 스마트폰이 등장했다. 산업혁명은 이러한 혁신과 관련된 작업자 간의 지식 이전을 초래했다. 여기서 각 산업혁명에 대해 간단히 알아보도록 한다.

그림 1-1 산업혁명의 역사

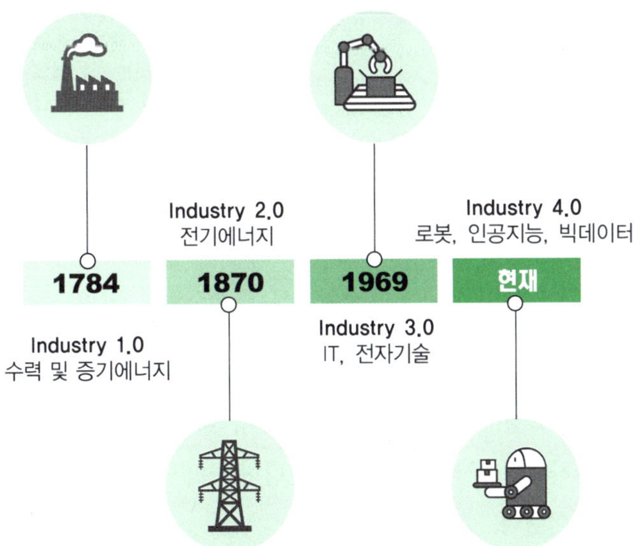

❙ 그림 1-2 ❙ 산업혁명 발달과정

	1 18세기 말	2 19세기 말	3 1970년대 이후	4 미래
개요	• 물과 증기에 의해 에너지를 제공받아 작동되는 기계생산설비 • '공장제 공업(factory system)'의 콘셉트를 동반	• 생산설비가 전기에너지로 변화 • 표준화된 부품, 자동화된 공장라인과 함께 '대량생산'을 통해 생선성이 향상	디지털 혁명으로 알려져 있는 3차 산업혁명은 디지털 논리 회로 및 마이크로프로세스를 통해 자동화 수준을 향상	4차 산업혁명은 사이버 네트워크, 물리적 네트워크와 함께 다가와 새로운 자율시스템을 창출
제품과 생산기술	동력원을 통해 생산성을 크게 향상시킬 수 있도록 생산방식이 기계화됨	라인샤프트와 벨트로 불리는 기계적인 힘으로 지어진 공장시스템은 중앙집중화된 전기에너지에 의해 더욱 효율적으로 대체됨	새로운 제조기술의 예로 자동화된 로봇 제어시스템, 컴퓨터 지원 디자인과 넓은 범위의 디지털 기반 기술	센서의 사용을 통해 더욱더 많은 데이터가 수집되어 새로운 제품과 프로세스와 통합이 가능하도록 지원함
생산분야의 변화 예시: 섬유산업	방적기(spinning jenny), 역직기(power loom)	공업용 재봉틀	직물에 디지털 스크린 프린팅	개인화 디자인과 3D 프린트된 옷
정보의 공유	증기기관차와 증기선박의 발명이 교통 및 통신시간을 크게 단축시킴	• 자동차와 철도 사용의 증가로 빠른 운송과 아이디어의 공유가 가능해졌음 • 전기에너지는 전신을 가능하게 함	컴퓨터 네트워킹, 인터넷, 모바일폰과 다른 형태의 디지털 커뮤니케이션은 대량의 정보를 공유하는 데 필요한 시간을 극적으로 감소시킴	커뮤니케이션 시스템의 자율적인 특성은 공급망의 조정, 자산 추적, 통합된 비즈니스 계획과 생산계획의 조직화를 가능하게 함

출처: EEF(2016), FactCard_4IR

1.2.1 1차 산업혁명(1765년)

산업화 이전 시대에는 작은 시골 공동체에 사는 사람들의 대다수가 적은 수입과 영양실조와 질병으로 고생하면서 농업에 의존했다. 대부분의 사람들이 필요한 음식과 옷들을 스스로 생산하였고, 약간의 제조는 간단한 수공구와 기계의 도움으로 집이나 작은 가게에서 이루어졌다.

18세기 후반에 시작된 첫 번째 산업혁명은 영국에서 시작되었고, 수공업에서 기계로의 전환을 상징했다. 이는 물과 증기 동력으로 구동되는 기계 생산장비를 도입하면서 농업이 대체되었다. 최초의 기계 직기는 1784년에 도입되었다. 토마스 뉴커먼에 의한 증기기관의 대량 석탄 추출과 개발은 모든 산업과정에 힘을 실어주는 새로운 에너지를 만들어냈다. 철도가 발달하고 경제 발전이 탄력을 받으며 철, 석탄, 섬유, 증기산업이 생겨났다.

영국이 산업혁명의 발상지가 된 주요 이유는 목재 부족과 석탄 매장량의 풍부함, 비즈니스 마인드를 가진 귀족계급, 제한된 정부 간섭, 자유기업시스템, 북미 노예들에 의한 값싼 면화 생산, 높은 식자율, 대서양 지역에서의 위치, 값싼 땅과 노동력 그리고 상품을 팔기 위한 시장을 제공한 세계 각지의 식민지 등이다. 산업화가 이루어진 직후 벨기에, 스위스, 프랑스, 독일, 미국으로 퍼져나갔다.

그림 1-3 1차 산업혁명의 특징

1.2.2 2차 산업혁명(1870년)

2차 산업혁명 또는 '기술혁명'은 약 한 세기 후인 19세기 후반에 생겨났다. 이 시기는 주로 영국, 독일, 미국에서 급속한 산업화의 시기였으며, 프랑스, 이탈리아, 일본과 같은 다른 나라에서도 마찬가지였다. 공장에서의 기술적 진보와 제조는 농부들과 제조업자들이 더 빠르고 더 많은 상품을 생산할 수 있게 했다. 풍부한 노동력, 천연자원, 정부 정책, 새로운 힘의 원천과 이민은 산업혁명의 두 번째 단계의 주요 요인 중 하나였다. 이 단계는 전기에너지를 사용했고 분업을 통해 대량생산이 이루어졌다. 이 당시 획기적인 발명품은 전화, 전보, 자동차, 비행기를 포함한다. 철강산업과 염료, 비료, 합성 직물을 제조하는 화학 합성산업이 생겨났다. 전기 외에 석유와 가스는 에너지 자원으로 사용되었고 철강, 자동차, 비행기산업이 주요 핵심 산업이었다.

교통, 특히 철도의 확장은 상품을 한 곳에서 다른 곳으로 쉽게 보낼 수 있게 한 2차 산업혁명의 주요한 돌파구였으며, 이전에 국지적이었던 경제의 확장을 가능하게 했다. 철도의 발전은 자신들의 제품을 멀리까지 팔 수 있는 농부들과 제조업자들에게 호재였다.

라이트 형제의 비행기, 토마스 에디슨의 전구, 알렉산더 그레이엄 벨의 전화와 같은 놀라운 발명품들은 사람들에게 이제 많은 것이 가능하다는 희망을 불러일으켰다. 2차 산업혁명은 1820년부터 1860년까지의 기간 동안 예상치 못한 도시화와 빠른 영토 확장으로 인해 미국의 지도를 변형시켰다.

반면, 2차 산업혁명은 광범위한 빈곤, 인간이 기계로 대체됨으로 인한 높은 실업, 깊은 불황, 만연한 경제 불안을 야기했다. 1870년대와 1890년대 동안의 대공황은 수백만 명을 실업자로 만들거나 일자리를 유지한 사람들은 급여가 깎여 일을 하도록 강요받았다. 노동시간이 연장되고 초과근무와 부상에 대한 보상이 없어 산업 내 근로조건은 위험했다. 반면에 숙련된 노동자들은 높은 임금과 경제적 독립성을 얻었다. 2차 산업혁명은 제1차 세계대전의 시작과 함께 끝났다.

▌그림 1-4 ▌2차 산업혁명의 특징

1.2.3 3차 산업혁명(1969년)

약 1세기 후, 20세기의 후반 시작과 함께 3차 산업혁명이 시작되었다. 이 혁명과 함께 전자와 컴퓨터가 등장하면서 생산 자동화를 목표로 삼았다. 제조시스템, 컴퓨터, 인터넷, 재생 가능 에너지의 사용에서의 자동화는 3차 산업혁명 동안에 일어난 기술 발전의 일부이다. 그러므로 3차 산업혁명은 컴퓨터 또는 디지털 혁명으로도 알려져 있다. 2차 산업혁명 이후 진공관 기반 컴퓨터의 개발이 시작되고, 이 기간 동안 집적회로와 마이크로프로세서를 갖춘 스마트 컴퓨터가 등장했다. 스마트폰도 3G 설비를 장착한 채 시장에서 진화했다. 3G 또는 3세대는 대역폭 증가, 더 빠른 통신 및 영상 통화 설비의 증가로 정의된다. 사업시설 또한 인소싱과 아웃소싱의 시작과 함께 개선되었으며, 이에 따라 세계화라고 불리는 과정이 시작되었다. 세계화는 무역과 문화활동을 상호 연결하고 전 세계의 상품과 서비스의 전반적인 생산을 개선하였다.

원자력의 도입과 사용은 3차 산업혁명을 이전의 두 혁명을 능가하게 만들었다. 세 가지 주요 주력 산업은 컴퓨터와 자동화산업, 전자와 원자력산업으로, 인터넷의 출현과 4차 산업혁명의 길을 열었다.

▌그림 1-5 ▌3차 산업혁명의 특징

1.2.4 4차 산업혁명(현재)

21세기는 현재 'Industry 4.0'으로 널리 알려진 4차 산업혁명의 시대이다. 그것은 스마트 제조의 개념을 기반으로 한다. 비전은 디지털화를 사용하여 물리적 세계를 조종할 수 있는 권한이 부여된 가상세계를 설계, 구축 및 개발하는 것이고, 목표는 모든 생산을 상호 연결하고 실시간 상호작용을 가능하게 하는 것이다. 클라우드 컴퓨팅, 빅데이터 분석, 산업 사물인터넷(IIoT) 및 사이버물리시스템은 이 산업혁명의 핵심 기술 기반이다.

인더스트리 4.0으로의 전환을 위한 첫 번째 시작은 독일에서 시작되었지만, 유사한 개념이 전 세계 국가에서 도입되었다. 제너럴 일렉트릭은 2012년 말 IoT와 빅데이터 분석을 결합한 물리적 세계와 가상세계의 긴밀한 통합으로 북미에서 '산업 인터넷'의 개념을 제시했다. 이 개념은 전력의 분배와 발전, 보건산업, 운송산업, 다양한 공공부문, 제조 및 광업과 같은 광범위한 영역을 포함한다. 프랑스에서는 미래 산업혁명의 토대로서 'Industrie du futur'의 개념이 제시되었다. 첨단기술, 프랑스 중소기업 지원, 근로자에 대한 광범위한 교육, 산업원칙에 따른 국제협력 강화, 프랑스 산업진흥 등 5대 축을 바탕으로 하고 있다.

2015년에는 중국공업정보기술부가 중국공정원 전문가들과 협력하여 'Made in China

2025' 이니셔티브를 도입하였다. 주요 목표는 독일의 이니셔티브와 중국의 요구에 대한 적응에서 영감을 받아 중국의 산업을 포괄적으로 업그레이드하는 것이다. 장기적인 목표는 저비용에서 고품질 제품으로 전환하여 2049년까지 주요 산업에서 글로벌 경쟁력을 갖춘 초강대국이 되는 것이다.

한국은 2016년 들어 제조업 혁신 3.0 등 4차 산업혁명 관련 정책을 발표한 바 있으며, 문재인 정부 들어서 '4차 산업혁명 위원회' 신설 등 4차 산업혁명을 정책의 최우선 과제로 선정하여 운영하고 있다. 4차 산업혁명의 본질이 제조업 이노베이션 혹은 디지털 제조(Digital Manufacturing)에 있다고 보고, 그 일환으로 스마트공장의 보급·확산 사업을 시행 중이나 기존의 중소기업 지원책과 IoT 등 4차 산업혁명 관련 사업이 혼재되어 사업 본연의 목적이 다소 명확하지 않은 문제점을 안고 있다.

두 가지 개발 방향이 인더스트리 4.0의 미래 프로젝트를 지배한다. 첫 번째는 짧은 개발기간, 주문형 개인화, 유연성, 분산 및 리소스 효율성에 의해 촉발된 애플리케이션이다. 다른 방향은 기계화 및 자동화, 디지털화 및 네트워킹 및 소형화로 인한 현재 기술의 진화이다.

그림 1-6 | 4차 산업혁명의 특징

1.3 인더스트리 4.0의 정의

일반적으로 IR 4.0으로 약칭되어 불리는 4차 산업혁명은 주로 데이터, 인공지능, 산업기계, 통신의 통합에 의존하여 고도로 효율적이고 자동화되고 지능적인 산업 생태계를 형성한다. 인더스트리 4.0은 생산 흐름의 완전한 디지털화로 특징지어지는 미래 산업 상태를 다루는 4차 산업혁명의 하위 집합이다.

인더스트리 4.0은 상호 운용성, 가상화, 분산화, 실시간 기능, 서비스 지향 및 모듈화 등 여섯 가지 주요 원칙을 포함한다. 상호 운용성은 사이버물리시스템, 인간 및 공장이 IoT 및 서비스 인터넷(Internet of Services, IoS)을 통해 서로 효과적으로 연결하고 통신할 수 있게 한다. 가상화는 센서 데이터를 가상 플랜트 모델 및 시뮬레이션 모델과 연결하여 구성된 공장의 가상 복사본을 제공한다. 분산화는 공장이 스스로 최적의 결정을 내릴 수 있는 사이버물리시스템의 능력이다. 실시간 기능은 수집된 데이터를 수집 및 분석하고 통찰력을 즉시 생성하는 데 도움이 되므로 매우 중요하다. 이와 별도로 서비스 지향의 원칙을 충족하기 위해서는 IoT를 통해 사이버물리시스템, 인간 및 공장의 서비스를 제공해야 한다. 마지막으로 모듈화는 개별 모듈의 요구사항을 변경하기 위해 스마트공장을 적응시키는 유연성을 가지고 있다.

인더스트리 4.0은 제품을 효율적으로 제조하는 방법을 혁신하고 기존과는 전혀 다른 새로운 세대의 산업 제조시스템을 창출하는 파괴적인 개념으로 볼 수 있다. 이러한 관점에서 여러 기관이나 학자들은 인더스트리 4.0을 어떻게 정의하고 있는지 알아보자.

표 1-1 4차 산업혁명의 정의

기관 및 연구자	정의
유럽의회	제조시스템 및 제품의 설계, 제조, 운영 및 서비스의 급격한 변화를 가져온다. 인더스트리 4.0 지정은 이것이 생산성의 비약적인 발전을 초래하고 전 세계 사람들의 삶을 변화시킨 이전 세 개의 산업혁명의 후속인 4차 산업혁명임을 의미한다.
Schwab, Klaus (2016)	4차 산업혁명은 디지털 혁명인 3차 산업혁명에 기반을 두고 있으며, 디지털, 바이오, 물리학 등의 기존 영역의 경계가 융합하는 기술혁명이다.

독일 연방교육 연구부(2016)	인더스트리 4.0은 생산방식과 최첨단 정보 및 통신기술을 결합한다. 이러한 발전의 원동력은 경제와 사회의 급속한 디지털화 증가이다. 기술 기반은 대부분 자체 관리 생산 프로세스를 가능하게 하는 지능적인 디지털 네트워크 시스템에 의해 제공된다.
Brettel et al. (2014)	인더스트리 4.0은 지능형 제품 및 생산 프로세스의 구축에 중점을 둔다.
Drath & Horch (2014)	사이버물리시스템(CPS)의 일반적인 개념을 적용한다.
위키백과	정보통신기술(ICT)의 융합으로 이루어지는 차세대 산업혁명이다.
Hermann et al. (2016)	인더스트리 4.0은 생산 및 정보 그리고 통신기술산업의 융합으로 정의하고, 세 가지 주요 구성 요소는 IoT, Cyber-Physical Systems(CPS) 및 스마트 팩토리라고 정의한다.
Kolberg et al. (2017)	인더스트리 4.0은 잘 입증된 인터넷 표준에 따라 일반적인 디지털 네트워크에 통합된 스마트 구성 요소 및 기계의 비전이다.
Oesterreich & Teuteberg(2016)	인더스트리 4.0이라는 용어는 가치사슬의 디지털화뿐만 아니라 디지털 및 자동화된 제조환경의 개발을 가능하게 하는 다양한 기술로 구성된다.

1.4 인더스트리 4.0의 특징

인더스트리 4.0은 독립적인 자동화장치에서 완전히 통합되고 자동화되고 지속적으로 최적화되는 작업환경으로 생산을 변환시킨다. 생산시설을 사이버물리시스템(CPS)으로 연결함으로써 새로운 글로벌 네트워크가 형성될 것이다. CPS는 자율적으로 정보를 교환할 수 있는 '지능형 공장'의 기본 모습이 될 것이며, 센서, 기계, 구성 요소 및 IT 시스템은 단일 회사의 경계를 넘어 확장되는 가치사슬의 프레임워크에서 상호 연결될 것이다. 이러한 상호 연결된 CPS는 잠재적인 오류나 장애를 예측하기 위해 인터넷을 기반으로 하는 표준 통신 프로토콜을 사용하여 서로 반응하고 데이터를 분석한다.

이러한 공장은 고유하게 식별을 가능하게 하고 위치를 찾을 수 있는 '스마트 제품'을 생성할 것이며 자체 제조 기록과 현재 상태뿐만 아니라 최종 제품으로 이어지는 대체 경로도 알게 될 것이다. 수직적 제조 프로세스는 회사시스템 내에서 수평적으로 통합되어 제품에 대한 즉각적이고 변화하는 수요에 실시간으로 유연하게 대응하게 되어, 개별 고객 요구에 반응하고 제품이 효율적으로 생산되도록 할 것이다. 제조 프로세스는 지속적으로 최적화되고 특정 생산시설의 고장과 같은 예기치 않은 변화에 대응할 수 있다.

인더스트리 4.0 개념에 해당하는 스마트공장의 기본 특성은 다음과 같이 요약할 수 있다.

- 수직 및 수평 통합 IT 시스템 덕분에 전체 가치사슬의 일부로 생산 프로세스가 최적화된다.
- 격리된 생산 단위는 완전히 자동화되고 상호 연결된 생산라인으로 대체된다.
- 물리적 프로토타입은 제품의 가상 설계, 생산수단 및 생산 프로세스로 대체되며, 시운전은 제조업체와 공급업체가 모두 참여하는 단일 통합 프로세스의 일부로 수행된다.
- 유연한 생산 프로세스를 통해 각 고객의 개별 요구사항에 맞는 소량의 제품도 효율적으로 생산할 수 있다.
- 상호 통신하는 로봇, 생산장비 및 제품이 실시간으로 어느 정도 자율적인 결정을 내림으로써 생산 프로세스의 유연성과 효율성을 높인다.
- 생산장비는 작업 중인 제품의 매개변수에 따라 자체적으로 최적화되고 구성된다.
- 자동화된 카트와 로봇을 사용하는 자동화된 물류시설은 생산 요구사항에 자동으로 대응한다.

스마트공장은 부가가치를 창출하는 새롭고 창의적인 방법과 새로운 비즈니스 모델의 출현을 위한 공간을 연다. 인간과 기계 간의 커뮤니케이션 방식의 변화와 함께 고객, 제조업체, 공급업체 간의 관계가 근본적으로 재정의될 것이다. 이러한 모든 변화는 원자재 부족, 에너지 효율성 및 인구통계학적 변화와 같은 글로벌 문제를 해결하는 데 도움이 될 것이며, 사람들은 더 이상 육체적으로 힘들고 일상적인 작업을 수행하지 않으면서 창의적인 작업을 위한 공간을 갖게 된다. 이는 사람들이 업무를 수행할 수 있는 시간에 긍정적인 영향을 미칠 것이다. 업무 유연성은 또한 사생활과 직장생활을 이전보다 더 균형 있게 결합할 수 있게 해준다.

인더스트리 4.0 개념은 서비스 부문에도 영향을 미칠 것이다. 빅데이터 기술, 사물인터넷 및 서비스 인터넷은 기존 고객관리를 혁신하고 새로운 형태의 고객관리를 개발할 수 있는 기회를 제공한다. 오늘날에도 이러한 기술의 사용은 특히 전자상거래에서 소셜 네트워크와 데이터 분석을 통합하는 CRM(고객관계관리) 시스템인 고객서비스에서 일반적으로 활용된다. 전통적인 분야인 자동차 및 산업장비와 같은 제품에서도 '스마트형' 기능을 제공하는 센서 및 애플리케이션의 배포가 계속 증가하고 있음을 볼 수 있다.

소셜 네트워크와 사용 가능한 정보의 양은 고객이 서비스를 더 쉽게 평가하고 서비스 속도에 대한 요구를 높일 수 있도록 했다. 이러한 새로운 형태의 서비스 및 커뮤니케이션에 대한 조직의 준비 부족은 홍보 및 비즈니스 또는 마케팅 모델의 진부화 측면에서 큰 위험을 초래할 수 있다. 기존의 임대 및 판매방식이 공유 형태로 바뀌는 비즈니스 모델에도 큰 변화가 일어나고 있다. 이를 위한 기반은 P2P(Peer-to-Peer) 거래를 통해 여유 용량과 수요를 연결하는 데 있으며, 이를 통해 새로운 장비에 대한 투자 없이 증가하는 서비스 수요를 충족할 수 있다. 공유서비스의 범위는 금융서비스에서 여행, 고용 또는 제조에 이르기까지 매우 광범위하게 퍼져나가고 있다.

1.5 인더스트리 4.0의 주요 기술

1.5.1 자율 로봇(Advanced Robotics)

로봇은 일반적으로 반복적이고 지루하고 위험한 작업을 수행하는 데 사용되었다. 그러나 최근에 로봇은 보다 유연하고, 협동적이며, 자율적이면서도 더 광범위한 서비스를 제공할 수 있게 진화되었으며, 이런 로봇은 서로 상호작용하며 사람과 안전하게 일하기 위해 다음과 같은 방식으로 설계 및 개발되고 있다. '협업'과 '로봇공학'이라는 두 개의 개별 단어로 구성된 로보틱스는 일상적인 작업을 수행하는 작업자를 지원하는 로봇을 설명하는 데 사용되는 인기 있는 용어이다. 로봇은 점점 지능화되고 있으며 이제 다양한 복잡한 작업을 수행하기 위해 인간에게서 다양한 역할을 수행하기 위해 학습하고 있다.

자율 로봇은 공장에서 여러 역할을 수행하는 데 사용되는데, 완전 자율 로봇은 로봇의 정확도, 속도 및 내구성 측면에서 상당한 이점을 제공하기 때문에 일반적으로 대량 및 반복 프로세스에 사용되며, 더 복잡한 많은 제조현장에서 작업 수행을 지원한다. 로봇은 일반적으로 무겁거나 부피가 큰 구성 요소를 들어 올리거나 잡고 옮기는 것과 같은 작업을 실행하는 데 사용되지만 자율 로봇은 보다 유연하고 협력적이며 자율적으로 설계되어 서로 상호작용하고 인간과 안전하게 협업할 수 있도록 제작된다. 우수한 안전성, 유연성 및 다양성을 갖춘 자율 로봇은 주어진 작업을 높은 정밀도와 효율성으로 실행할 수 있다.

1.5.2 수평 및 수직시스템 통합(Horizontal & Vertical Integration)

시스템은 수평 및 수직으로 통합될 수 있다. 수평적 통합은 사이버물리시스템 간의 네트워킹을 전례 없는 수준으로 이끌어 효율성을 높일 수 있다. 동일한 시설에서 동일한 제조 수준의 모든 장치와 시스템이 서로 연결된다. 또한 서로 다른 시설에 있는 시스템 간의 데이터 통신을 통해 작업을 계획하고 배포할 수 있다. 이를 통해 특정 시설의 가동 중지 시간을 사람의 개입이 거의 또는 전혀 없이 다른 시설의 기계로 대체할 수 있다. 한편 수직적 통합은 상대적으로 더 도전적인 시도라고 볼 수 있다. 계층구조의 다른 수준에 있는 모든 시스템은 수집되거나 생성된 모든 데이터에 액세스할 수 있다. 현재 주요 과제는 서로 다른 통신 프로토콜이 서로 다른 수준에서 사용된다는 것이다. 따라서 시스템들은 서로 통신하고 데이터를 교환하는 데 어려움을 겪고 있다. 그러나 설비의 수직적 통합이 올바르게 수행된다면 효율은 엄청나게 향상될 것이다.

1.5.3 산업용 사물인터넷(Industrial Internet of Things, IIoT)

IoT는 데이터 공유 및 조작을 위해 네트워크 또는 인터넷을 통해 연결되는 수많은 장치, 기계 또는 시스템이다. 개별적으로 작동하고 서로 통신할 수 있는 기능을 가진 모든 센서와 액추에이터가 있는 생태계이다. 그만큼 IoT는 IoS(Internet of Services), IoM(Internet of Manufacturing), IoP(Internet of People), IICT(Integration of Information and Communication Technology)를 포괄하는 IoE(Internet of Everything)라고도 한다. 영국의 기술 선구자인 캐빈 애쉬튼(Kevin Ashton)은 1999년 처음 IoT 개념을 소개했다. 자동차산업에서 볼 수 있듯이 자동차의 여러 장치와 시스템 간에는 통신이 이루어지며, 커넥티드카의 도입은 차량 로그와 결합된 내비게이션 시스템, 사고 발생 시 긴급 호출 설정과 같은 실시간 통신을 가능하게 한다.

1.5.4 클라우드 컴퓨팅(Cloud Computing)

클라우드 컴퓨팅은 인터넷을 사용하여 어디에서나 원격으로 정보에 액세스할 수 있는 원격시스템을 말한다. 클라우드 컴퓨팅의 구현으로 제조시스템은 인터넷에 연결되면 원격 서버의 데이터에 편리하게 액세스하고 특정 소프트웨어를 실행하여 데이터를 조작하거나 처리할 수 있다. 개인 사용자는 물론 기업에도 비용 효율성, 더 나은 보안, 향상된 생산성, 더 빠른 처리 및 탁월한 효율성의 측면에서 많은 관심을 받기 시작했다.

클라우드 컴퓨팅은 사람들이 함께 일할 수 있도록 돕는 중요한 기술이다. 데이터 관리의 작업문화를 혁신하는 협업 도구이기도 하다. 오늘날 기업은 정보공유에 더 개방적이다. 클라우드 컴퓨팅을 통해 사용자를 위한 거의 무한한 스토리지 기능을 제공하고 있기 때문에 회사는 더 많은 정보가 생성되고 수집될 때 사용자가 필요한 정보에 쉽게 액세스하고 실행 가능하게 만들 필요가 있다.

1.5.5 적층제조 및 3D 프린팅(3D Printing)

적층제조(Additive Manufacturing, AM)는 고속 시제품 제작(Rapid Prototyping, RP)이라고 불리던 것을 공식화한 용어이며, 흔히 3D 프린팅이라고 한다. 적층제조는 특히 적절한 폴리머, 세라믹 또는 금속을 사용하여 제품을 저장하고 결합함으로써 적층 프로세스를 통해 디지털 모델에서 직접 3차원 물체를 생성하는 일련의 새로운 기술이다.

적층제조는 인더스트리 4.0의 필수 요소 중 하나로 간주된다. 그것은 제조부문이 비전통적인 접근방식을 성공적으로 수용할 수 있도록 한다. 적층제조는 정교한 제품을 설계 및 생산하는 능력으로 인해 고도로 맞춤화된 제품을 제조하는 핵심 기술이 될 것으로 예상되며 고객만족도가 가장 높은 4차 산업혁명의 기술이다. 금속 첨가제 제조는 기존의 제조된 금속 부품을 대체할 수 있는 알루미늄, 티타늄, 스테인리스 스틸 등을 사용하여 다양한 유형의 금속 부품을 제조할 수 있는 적층제조의 최신 추세 중 하나이다.

1.5.6 증강현실(Augmented Reality)

증강현실은 컴퓨터가 생성한 지각정보에 의해 강화된 가상 객체를 통해 사용자가 실제환경과 상호작용하는 경험을 하는 디지털 기술을 의미한다. 증강현실을 위한 도구는 대부분 초기 단계에 있지만 이미 새로운 물결을 만들기 시작했다.

이전에는 증강현실이 비행 시뮬레이터와 같은 중요하거나 위험한 특정 작업에만 적용되었는데 최근에는 수리 및 유지보수분야에 활용되고, 원격 수리지침이 마련되어 있으면 세계 어느 곳으로든 활용될 수 있다. 이 기술을 통해 기술자는 충분히 익숙해질 때까지 유지보수단계를 반복적으로 수행하여 기술을 습득할 수 있게 된다.

1.5.7 빅데이터 및 데이터 분석(Big Data Analytics)

빅데이터 분석은 일반적으로 의사결정에 중요한 정보(예: 숨겨진 패턴, 상관관계, 불규칙성, 추세 및 선호도)를 추출하기 위해 거대하고 다양한 데이터 세트를 조사하는 중요한 정보나 단서를 찾아내는 체계적인 방법의 일반적인 프로세스라고 할 수 있다. 한때 IT 애플리케이션에서 매우 인기 있었던 데이터 분석은 현재 공급망 및 제조산업에도 활용하고 있다. 빅데이터 및 데이터 분석의 힘은 낭비를 줄이고 가동 중지 시간을 줄이는 데 있어 제조산업을 지원할 수 있다. 일부 공장에서는 다양한 수준의 제조 프로세스에서 데이터가 수집되고, 공장에서 생산된 제품에 대해 결함이 있는 것으로 확인되면 해당 제조 데이터에 액세스하고 처리하고 분석하여 특정 패턴을 찾을 수 있다. 발생하는 제조공정단계에서 발견된 패턴의 형성은 결함이 있는 문제를 수정하기 위해 재설계되거나 재조정될 수 있다. 예측 유지보수는 유지보수 루틴을 수행해야 하는 시기를 예측하는 데 사용되며 수집된 제조 데이터를 기반으로 할 수 있다.

1.5.8 시뮬레이션(Simulation)

시뮬레이션은 프로세스 또는 시스템 작동의 대략적인 모방으로 정의된다. 안전, 성능 최적화, 교육, 테스트, 설계 등과 같은 많은 기능에 사용된다. 시뮬레이션은 기술이 더 나은 목표를 달성하는 데 도움이 되므로 인더스트리 4.0에서 중요한 역할을 한다. 본질적으로 시간과 자원의 불필요한 낭비를 줄이는 동시에 제조 효율성을 높이고 제조 비즈니스의 생산성과 수익을 크게 향상시킨다. 그 외에도 시뮬레이션은 제품의 설계단계에서 매우 중요하다. 제품의 결과를 제대로 평가하고 제품이 사양에 맞지 않을 경우 필요한 변경을 할 수 있기 때문이다.

제품개발, 재료개발 및 생산 프로세스의 3D 시뮬레이션은 많은 기업에서 필수단계로 일반적인 관행이 되었다. 실시간 데이터를 사용하여 사람, 기계 및 제품을 구현하는 가상 모델에서 실제 세계를 미러링한다.

1.5.9 사이버 보안(Cyber Security)

사이버 보안은 네트워크 공격, 무단 액세스, 데이터 도난, 중단, 손상 등과 같은 악의적인 활동으로부터 컴퓨터 시스템, 네트워크 및 데이터를 보호하기 때문에 인더스트리 4.0의 매우 중요한 구성 요소이다. 연결된 장치와 시스템의 수가 증가함에 따라 그 어느 때보다 중요해지고 있다.

시스템의 성능을 유지하면서 데이터를 보호하는 것이 사이버 보안의 주요 목적이다. 많은 기관의 IT 시스템이 매일 공격당하고 침해되고 있다는 것은 놀라운 사실이다. 공장들이 잠재적인 약점을 인식하고, 발생할 수 있는 위협에 잘 대비하는 것이 매우 중요하다. 제조활동의 일상적인 운영에 심각한 영향을 미치지 않도록 하여 회사에 막대한 손실을 입힐 수 있으므로 강력한 사이버 보안을 구축하는 것이 매우 중요하다.

❙ 그림 1-7 ❙ 인더스트리 4.0의 아홉 가지 구성 요소

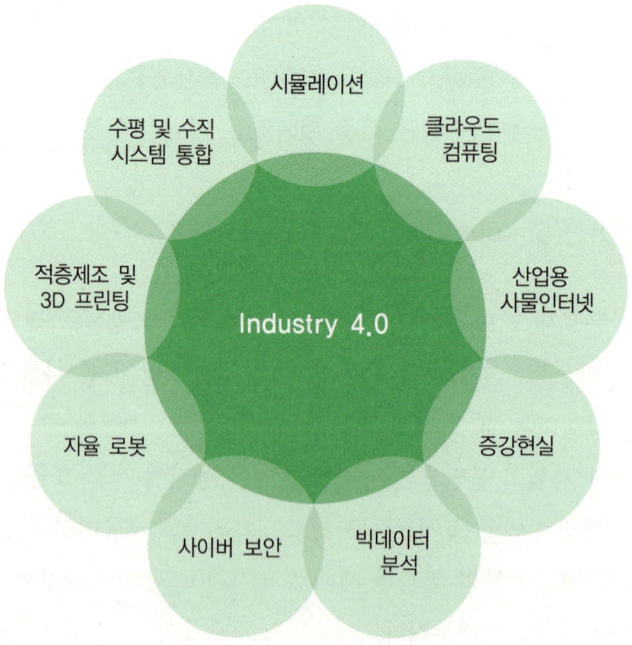

1.6 인더스트리 4.0의 이점

인더스트리 4.0은 생산 변경이나 예상치 못한 중단을 처리할 수 있는 고유한 기능을 통해 개별 고객 요구사항을 수익성 있게 충족할 수 있는 엄청난 잠재력을 가지고 있다. 수평 및 수직 간 투명 제조 프로세스는 향상된 가치 창출 옵션을 제공하고 최적화된 의사결정을 용이하게 한다. 그러나 인더스트리 4.0을 성공적으로 구현하려면 산업정책 결정, R&D 결정, 심지어 운영 결정까지 서로 협력하고 지원해야 한다.

1.6.1 개별 고객 요구사항 충족

이전 산업혁명의 결과로 진화한 효율적인 대량생산시스템은 개별 고객의 맞춤형 요구사항을 충족하지 못했다. 유연한 제조시스템 및 지연된 제품 맞춤화와 같은 개념이 이 문제를 해결하려고 했지만 생산 또는 배송의 막바지 변경사항을 처리하기에 충분히 효과적이지 않았다. 스마트공장을 갖춘 인더스트리 4.0을 통해 기업은 생산량이 적은 경우에도, 예를 들어 단일 배치 생산의 경우에도 수익을 올릴 수 있다.

1.6.2 향상된 유연성 및 적응성

오늘날의 역동적인 시장환경에서 업계는 보다 민첩하게 제조라인의 마지막 변화를 처리하고 공급업체의 결점과 중단을 처리하면서도 여전히 수익성 있는 비즈니스가 되어야 한다. 일반적으로 이러한 문제는 정보의 실시간 전송을 허용하는 네트워킹 시스템의 부재로 인해 처리하기 어려웠다. 인더스트리 4.0의 핵심인 사이버물리시스템은 애자일(agile) 제조 및 애자일 공급망이 일시적인 부족현상이 나타날 경우 단기간에 생산량을 늘릴 수 있도록 한다. 한편 미리 정해진 행동의 규모를 넘어선 변화에 대응하고 시장 변화에 선제적으로 대응하기 위해서는 적응력이 필요하다. 인더스트리 4.0의 재구성 가능한 제조시스템은 산업계가 간단한 재구축을 통해 프로세스와 시스템을 변경하고 수정할 수 있도록 한다.

1.6.3 자원 및 에너지 효율성

인구 증가와 자원 활용도 증가로 지구는 심각한 자원 위기와 새로운 순환 비즈니스 모델의 필요성에 직면해 있다. 과도한 원자재와 에너지 소비는 기후변화와 같은 심각한 환경 위협으로 이어진다. 인더스트리 4.0은 스마트공장이 제공하는 정확한 계산을 통해 초과 자원 활용과 잠재적 절약 사이에 필요한 절충안을 제공한다. 사이버물리시스템을 통해 전체 가치사슬을 추적하여 자원 활용, 에너지 소비 및 배출량 감소 측면에서 제조 프로세스를 최적화할 수 있다. 기본적으로 기존 기계는 정교하고 실시간 정보를 지속적으로 공유할 수 있는 스마트 기계로 변환하여 작업 조정을 개선함으로써, 생산라인을 효율적으로 최적화하여 고품질 생산과 자원 활용도를 높일 수 있다.

1.6.4 더 나은 일과 삶의 균형

스마트공장과 스마트 지원시스템을 통해 기업은 숙련 노동력 부족을 극복하고 어려운 작업에 인간이 개입할 필요가 없게 된다. 이는 다시 기존 직원이 일상적인 일과에 귀중한 시간과 에너지를 낭비하는 대신 혁신적이고 부가가치가 높은 작업에 집중할 수 있도록 함으로써 혜택을 준다. 디지털화는 분권화를 가능하게 하고 조직을 유연하게 만들어 직원들이 사생활에 잘 집중할 수 있도록 함으로써 더 나은 일과 삶의 균형을 촉진하면서도 더 효율적이고 효과적으로 일하고 전문성 개발을 계속할 수 있게 되었다. 또한 효과적인 사이버물리시스템을 갖춘 회사가 인력의 필요성을 줄일 위험이 있지만 이러한 회사는 최고의 직원을 채용할 수 있다. 이것은 경쟁적인 경우 높은 임금의 원인이 되기도 할 것이다.

1.6.5 연구 및 기술 발전

인더스트리 4.0 기술을 채택하면 기업이 사이버 보안에 더 집중하고 직원에게 기술 교육을 제공할 수 있다. 4차 산업혁명 시대에 접어들었지만 제품과 인터넷, 실시간 제어기술, 비즈니스 파트너 연결, 스마트 제조 공정, 3D 프린팅 등은 아직 걸음마 단계이며 연구범위가 상당히 확대되고 있다. 제조업체는 여전히 회사의 데이터를 물리적으로 보호하기 위해 적절한 사이버 보안이 마련되어 있는지 확인해야 하며 침해가 발생할 경우 책임을 져야 한다. 기본적으로 회사는 고급 연구 및 기술을 장려하여 사이버 공격에 대응하기 위한 비상사태 및 대응계획을 개발할 것이다. 따라서 인더스트리 4.0은 기업이 새로운 기술과 그 잠재적 영향을 탐구하고 이해하기 위해 연구 및 혁신에 몰두해야 한다.

1.7 인더스트리 4.0의 응용

인더스트리 4.0은 인간, 사물, 기계, 장치 및 로봇의 네트워크를 통합하여 상호작용하고 정보를 공유한다. 이 네트워크는 제조시스템을 디지털화하고 CPS에서 사용할 수 있는 실시간 데이터를 분석한다. 제품의 효율은 시간과 비용, 품질, 전반적인 생산성이 향상되며 또한, 사물 간의 상호 운용성은 인더스트리 4.0의 주요 특징 중 하나이다. 인더스트리 4.0의 다양한 용도는 다음과 같다.

1.7.1 스마트공장 및 제조시스템

인공지능(AI)과 머신러닝 등 첨단기술이 진화하면서 시장경쟁력, 실패에 따른 리스크, 생산량 증가 등이 스마트공장시스템 개발에 도움을 주고 있다. 스마트 기기, 스마트 엔지니어링, 정보기술, 복잡한 데이터 분석 및 혁신은 스마트공장의 다른 구성 요소이다. 스마트공장과 제조시스템은 제조원가를 낮추고 전반적인 효율성을 높이며 안전성을 높이며 제품의 품질을 향상시킨다.

1.7.2 스마트 제품

인더스트리 4.0은 CPS, 정보통신기술(ICT), IoT, 클라우드 기반 데이터 통합 등 다양한 기술로 구성되어 인간과 사물이 서로 소통할 수 있도록 돕는다. 이러한 첨단기술들은 스마트 센서 노드와 함께 스마트 제품을 구성하며, 또한 고급지식, 정보 및 실시간 생산시스템에 포함시킨다. 스마트 제품은 서로 연결된 물리적 프로세스와 디지털 프로세스를 사용하여 제작된다.

1.7.3 스마트시티

스마트한 사람, 스마트 모빌리티, 스마트 환경, 인터넷, 센서 네트워크, 무선 광대역 네트워크, 스마트 거버넌스 등이 함께 모여 스마트시티를 형성한다. 스마트시티의 1차 목표는 일반인의 삶의 질 향상, 시민의 안전, 보다 우수하고 시의적절한 교통수단, 에너지 효율 향상이다. 그러나 전통도시를 스마트시티로 탈바꿈시키는 것은 시간이 많이 걸리고 복잡한 작업이다.

1.7.4 린 생산시스템

린(Lean) 생산시스템은 제품의 품질을 유지하면서 제조시스템에서 낭비를 최소화하는 과정이다. 린 제조시스템과 관련된 낭비는 과잉재고, 사람 또는 정보의 이동, 대기시간, 부가가치가 없는 동작, 과잉가공, 제품의 결함, 과잉생산 등 일곱 가지 유형으로 존재한다. 인더스트리 4.0을 고려할 때, 린 생산시스템은 낭비를 식별하고, 제품품질을 지속적으로 개선하고, 제품비용을 절감하며, 부가가치 활동을 추가하고 리드타임도 최소화한다.

1.7.5 스마트하고 연결된 비즈니스

스마트 커넥티드 제품은 효율성과 전반적인 생산량을 향상시킨다. 스마트 비즈니스 모델의 통합으로 프로세스가 더 저렴해지고 프로세스의 효율성이 증가하며 기대수익을 달성한다. 스마트 커넥티드 제품은 모니터, 제어, 최적화, 자동화로 특징지어진다. 스마트하고 연결된 비즈니스의 중요한 속성은 제품에 가치를 더하는 비즈니스 명세서, 회사나 조직의 수익 흐름 및 기술이다.

1.8 인더스트리 4.0의 과제

인공지능(AI), 클라우드, 빅데이터 등 다양한 분야를 통해 인더스트리 4.0의 혁명을 추진하고 있다. 인더스트리 4.0을 둘러싼 문제는 연구계획과 기술 발전을 통해 기계 및 로봇 프로세스 등을 개선하고 제조, 고객 지원, 행정 등과 같은 다른 영역을 최적화함으로써 새로운 기술을 구현하는 데 집중해야 한다. 그러나 성공적으로 인더스트리 4.0을 추진하는 데는 몇 가지 고려해야 할 점도 나타나고 있다.

1.8.1 인더스트리 4.0을 채택하면서 중소기업이 직면하는 장애물

(1) 의사결정을 위한 실시간 데이터 분석

다양한 수단을 통해 데이터를 수집하고 데이터를 저장하며 실시간으로 분석하는 것이 전략적 의사결정과정에 도움이 될 것이다. 고객의 끊임없이 변화하는 니즈를 파악하는 것이 고객을 유지하고 유치하는 비결이다. 업계는 새로운 마케팅 정책을 통해 고객의 요구를 예측하고 그에 따라 접근방식을 수정해야 한다.

(2) 새로운 기술에 대한 적응

업계는 회사의 성장에 장기적으로 도움이 되기 위해 최신 기술을 수용해야 한다. 새로운 기술에 적응하는 것은 항상 어렵다. 그럼에도 불구하고 적절한 인적자원이 있다면 쉽게 새로운 기술에 적응할 수 있다.

1.8.2 스마트 센서 기술

스마트 센서의 운영은 컴퓨터가 지능적으로 보고, 추적하고, 소통할 수 있는 능력을 제공하는 데 중점을 둔다. 이 기능은 제조시스템을 모니터링하는 것으로 구별되며, 이를 통해 결함을 식별하여 작업을 보다 생산적이고 성공적으로 수행할 수 있다.

1.8.3 디지털화 및 자동화의 과제

IoT 덕분에 모든 형태의 스마트폰 기기에서 프로세스가 관리되어 보다 전통적인 방법을 사용하는 공급업체에 대해 전략적 우위를 확보할 수 있었다. 다양한 개념은 낭비를 개선하고 비용을 절감하며, 고객-제조업체 간의 접촉을 촉진하는 데 필수적이다.

1.8.4 보안

네트워크 상호 연결은 상용 디지털화의 핵심 기능이지만 데이터 개인정보 보호와 관련하여 보안 문제도 제기한다. 이러한 데이터는 명백한 외부 해킹 위협 및 직원의 실수나 숙련도 부족으로 인한 우발적인 데이터 침해로부터 보호되어야 한다.

1.8.5 시험성

배치되기 전까지는 산업환경에서 각각의 새로운 시스템 또는 시스템 업데이트를 평가하여 몇 가지 상황에서 보안 및 일관된 대응을 확인해야 한다. 독립적인 운영기술(Operation Technology, OT) 및 IT 시스템 시대에도 모니터링은 전환 프로세스의 필수적인 부분이다. 기업이 완전히 개발되고 디지털화되면 분석이 이전보다 더 복잡해진다.

1.8.6 인공지능 구현

인공지능 애플리케이션을 올바르게 구현하고 수행하기 위해 대부분의 알고리즘은 표준 데이터 세트를 사용하는 훈련과정이 필요하다. 그러나 이러한 데이터를 수집하는 것은 또 다른 중요한 작업이다. 학습에 특정한 합리적인 양의 데이터를 캡처할 필요가 있을 뿐만 아니라, 이 데이터는 전체 시스템을 적절하게 모니터링할 수 있도록 모든 중요한 시스템 상태를 충분히 보존한다는 것을 알아야 한다.

1.8.7 분산, 분리 및 레거시 시스템

제조장비시장은 분열되어 있으며 많은 국내외 업체들로 구성되어 있다. 제조산업에서 공통적인 문제는 시스템 상호 운용성의 부족이다. 공급업체는 다른 네트워크에 익숙하지 않은 다양한 기술과 구성 요소를 보유하고 있다. 산업용 IoT의 표준과 프레임워크는 불충분하다. 이 문제에 대한 올바른 접근법은 ERP, PLC/SCADA, MES 및 시스템과 상호작용하기 위해 고전적인 일련의 법과 프레임워크를 사용하는 적절한 장치를 추천할 수 있는 플레이어 네트워크이다.

1.8.8 실시간 응답 요구

인더스트리 4.0에서 조건 감시는 스트리밍 모니터링을 사용하여 자산의 실시간 데이터를 분석하여 성능을 극대화하는 정기적인 사용 사례이다. 예측 보호 또는 분석 품질과 같은 지연시간에 민감한 운영 애플리케이션은 초고속 반응을 요구한다. 이러한 애플리케이션이 데이터 분석을 수행하고 실행 가능한 의사결정을 얻기 위해 클라우드와 서로 연결할 수 있을 정도의 시간이 없다. 즉 몇 밀리초 안에 강력한 조치를 취하면서 실시간으로 결정을 내려야 한다. 최첨단 기술은 여기서 변화를 가져올 것이다. 더 빠른 응답을 위해 데이터 소스 근처에서 로컬로 데이터를 처리하는 것이 더 효과적이다.

1.9 인더스트리 4.0의 기회

제조업의 디지털화와 제조업의 선산화는 변화의 신호탄이 될 것이다. 업계를 영원히 변화시키는 중요한 구성 요소들이 아래에 설명되어 있다. 예를 들어, 빅데이터와 딥러닝의 지원을 받는 스마트하고 자동화된 시스템은 건설과 운송 그리고 수동 보조 없이 화물을 선박에 적재하는 데 효과적인 자율 크레인이 있는 스마트 항만 등은 그 어느 때보다 원활하고 훨씬 더 유익하게 만들 것이다. 차량, 기차, 항공기가 자율화되어 승객, 조종사 및 운전자에 대한 의존도가 줄어들면 교통에도 큰 영향을 미칠 것이다.

- **빅데이터 분석**: 빅데이터 분석은 대량의 정보를 분석하고 귀중한 지식을 얻을 수 있다. 빅데이터 분석은 지속적으로 발전하고 있으며 인더스트리 4.0에서 더욱 강력하게 사용될 것이다.
- **사물인터넷(IoT) 플랫폼**: 데이터를 수집하고 인터넷을 통해 전송하며 다른 장치와 연결할 수 있는 모든 장치를 사물인터넷이라고 한다. IoT 장치의 예는 스마트 냉장고, 램프 및 토스터 등 많은 제품이 있다.
- **블록체인 기술**: 블록체인은 비트코인으로 불리는 대중적인 디지털 화폐에서 처음 실증된 기술이다. 이 기술은 '체인'으로 서로 연결되어 '채굴자'가 보편적 공적 장부에 '블록' 형태로 저장되는 지식을 담고 있다.

- **3D 기술**: 3D 기술은 3D 모델링, 3D 인쇄, 3D 렌더링, 3D 디스플레이 등 오늘날 기업들이 쇼핑환경을 개선하고 작업 프로세스를 단순화하기 위해 채택하고 있는 진화하는 산업이다.
- **스마트공장**: 강력하고 안전하며 비용 효율적인 공장은 로봇공학, 빅데이터 분석, 클라우드 컴퓨팅, 강력한 사이버 보안 및 스마트 센서와 같은 정교한 기술에 의존한다.
- **위치추적기술**: 이 기술은 사용자의 위치를 식별하고 모바일 장치에서 자주 볼 수 있다. 위치추적기술을 사용하여 신뢰할 수 있는 개인과 지역정보를 공유할 수 있다.
- **고객 상호작용 및 프로파일링**: 이 기술은 식별자(Indentifier)를 기반으로 클라이언트를 클래스로 그룹화하는 것을 포함한다. 취미, 나이, 장소, 관심사 등의 식별자를 포함할 수 있다.
- **진보된 인간-기계 인터페이스**: 고급 인간-컴퓨터 인터페이스는 오퍼레이터가 실시간으로 장치가 어떻게 작동하는지 이해할 수 있도록 기계의 기능에 대한 삽화 정보를 제공하는 기계 인터페이스이다.
- **폐기물 관리 시스템**: 폐기물 관리에 대한 많은 연구가 이루어지고 있다. 폐기물 처리는 재활용과 지반 매립을 통해 폐기물을 제거하는 것을 말한다. 딥러닝과 사물인터넷은 실시간으로 데이터를 분류하고 추적하기 위한 효율적인 솔루션을 제공한다. 이러한 방법 및 기타 방법을 사용하여 폐기물을 분리하고 습식, 건식 및 전자 폐기물을 가상으로 처리할 수 있다.

연습문제

01 인더스트리 4.0의 9대 주요 기술이 아닌 것은?

① 나노기술
② 수평 및 수직시스템 통합
③ 적층제조
④ 인공지능

02 2차 산업혁명의 계기가 된 것은?

① 동력 ② 전기
③ 인터넷 ④ 분업화

03 1차 산업혁명을 말한 것 중 틀린 것은?

① 영국에서 시작되었다.
② 17세기 후반에 시작되었다.
③ 철, 석탄, 증기산업이 탄생되었다.
④ 수공업에서 기계로의 전환을 상징했다.

04 인더스트리 4.0으로의 전환을 위한 첫 번째 시작은 어느 나라에서 시작되었는가?

① 미국 ② 영국
③ 독일 ④ 프랑스

05 인더스트리 4.0을 채택하면서 중소기업이 직면하는 장애물이 아닌 것은?

① 스마트 센서 기술 ② 실시간 데이터 분석
③ 보안 ④ 아날로그 기술의 개발

06 인더스트리 4.0의 주요 과제 다섯 가지를 설명하시오.

07 인더스트리 4.0을 대처하기 위해서 공급망 전문가들이 어떤 기술개발에 집중해야 하는가?

08 인더스트리 4.0의 다양한 용도 다섯 가지만 설정하시오.

09 4차 산업혁명의 특징이 무엇인지를 설명하시오.

10 4차 산업혁명의 주요 기술 아홉 가지를 설명하시오.

정답 01 ① 02 ② 03 ② 04 ③ 05 ④

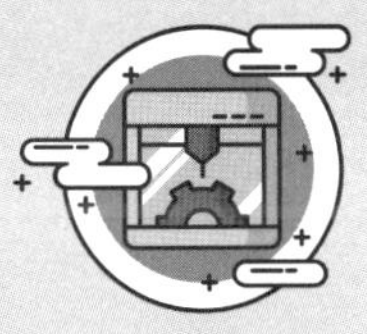

PART

2

4차 산업혁명 요소기술

Chapter 2

사물인터넷

2.1 개요

사물인터넷(Internet of Things, IoT)은 인터넷과 서로 연결된 '사물' 또는 '물체'를 의미한다. 이것은 컴퓨터, 태블릿 또는 스마트폰, 카메라, 의료기기, 차량, 건물, 동물관리와 같은 거의 모든 것이 될 수 있다.

인터넷, 의사소통, 정보공유 등으로 상호 연결된 객체는 수집되고 분석되는 데이터를 제공한다. IoT 기술은 스마트홈과 도시, 농업, 건강, 보조생활, 공공안전, 환경 모니터링, 운송 및 산업과 같은 다양한 분야에서 지속적으로 확장되고 있다. IoT 총연결 수는 [그림 2-1]과 같이 2025년 270억으로 늘어날 만큼 사회 전반이 네트워크에 연결됨에 따라 우리 일상생활의 거의 모든 측면에 영향을 미칠 것으로 추정된다. IoT는 다양한 네트워크, 감지 및 정보처리 접근방식에 뿌리를 둔 개념이다. 부가가치 기능을

그림 2-1 전 세계 IoT 연결 수(2015~25년)

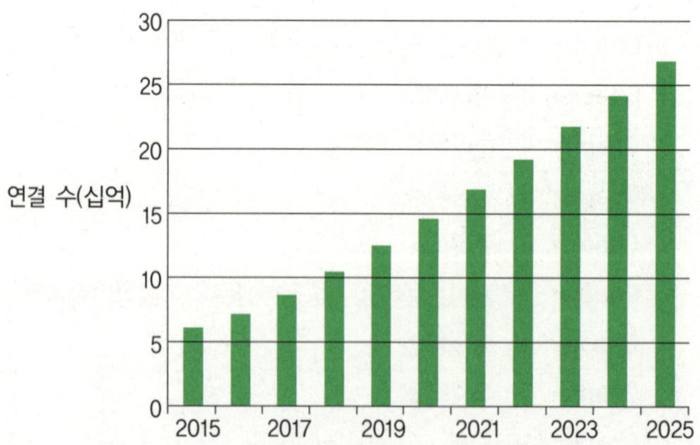

출처: Machina Research(2016)

제공하려면 [그림 2-2]와 같이 감지·활성화, 연결, 에지 컴퓨팅, 머신러닝, 네트워크 시스템, 보안 및 개인정보 보호에 고급 기술을 사용해야 한다. IoT 아키텍처 접근방식의 융합을 지원하는 프레임워크를 제시하기 위해 상당한 노력이 이루어졌다.

▌그림 2-2 ▌IoT 특징

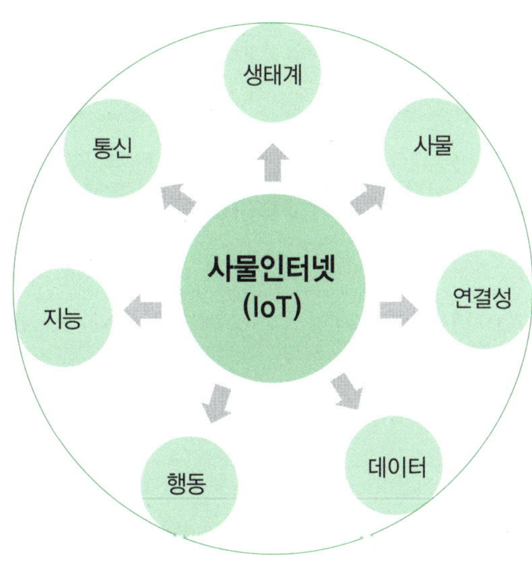

2.2 IoT의 역사

19세기 초 전화의 발명은 제2차 세계대전 중에 광범위하게 사용된 레이더 추적기술과 마찬가지로 IoT 역사에 포함된다. 'Forbes Media'는 1949년 바코드의 발명을 사물인터넷 중 하나로 언급하기도 했다.

대부분의 경우 P2P(Point-to-Point, 점대점통신) 통신을 넘어 다양한 장치를 포함하는 IoT의 첫 번째 실제 예는 1982년 카네기 멜론 대학에서 학생들이 로컬 인터넷의 초기 버전을 마이크로스위치에 연결하여 코카콜라 자판기 사용을 원격으로 모니터링하는 실험과 관련이 있다. 웹을 사용하여 프로그래머는 자판기의 상태를 확인하고 자판기로 이동하기 전 차가운 음료가 있는지 여부를 알아볼 수 있었다.

1990년에 존 롬키(John Romkey)는 TCP/IP 연결을 사용하여 처음으로 토스터를 인터넷에 연결했다. 1년 후 케임브리지 대학의 컴퓨터 연구실에서 인터넷을 활용하여 커피포트를 연결하였는데, 15명의 학생과 연구원이 하나의 커피포트를 사용하다 보니, 사용할 수 있는 커피의 양을 모니터링하기 위해 웹 카메라를 커피포트 근처에 설치하여 20초 간격으로 사진을 찍은 다음 컴퓨터로 전송하여 그 사진을 통해 커피를 마실 수 있는지 확인할 수 있었다.

1999년 기술 혁신가인 캐빈 애쉬튼(Kevin Ashton)은 프록터앤캠블(Procter & Gamble)에서 RFID(Radio Frequency Identification)를 이용한 가시성 기술에 대한 프레젠테이션에서 '사물인터넷'이라는 용어를 처음 사용하였다. RFID 태그는 작은 무선수신기와 송신기(트랜스폰더)로 구성되며 전자기장을 사용하여 물체에 부착된 태그를 자동으로 식별하고 추적할 수 있다.

첫 번째 아이폰은 2007년에 출시되었으며 2009년 직후 시스코(Cisco)는 사물인터넷이 공식적으로 탄생했다고 주장했다. 이 시기가 사람보다 더 많은 사물이 인터넷에 연결되었을 때였다.

IoT는 M2M(Machine-to-Machine, 사물지능통신) 통신, 즉 사람의 개입 없이 네트워크를 통해 서로 연결되는 기계에서 진화했다. M2M은 기기를 클라우드에 연결하여 관리하고 데이터를 수집하는 것을 말한다.

M2M을 한 단계 더 발전시킨 IoT는 사람, 시스템 및 기타 애플리케이션을 연결하여 데이터를 수집하고 공유하는 수십억 개의 스마트 장치로 구성된 센서 네트워크이다. M2M은 그 기반으로서 IoT를 가능하게 하는 연결성을 제공한다. 즉 M2M이 사람과 사물, 사물과 사물 사이의 통신이라면 IoT는 사람과 사물과 같은 물리적인 객체는 물론 공간과 같은 비물질적인 혹은 가상의 객체들 사이의 통신을 말한다고 볼 수 있다.

인터넷 통신 프로토콜도 진화하여, 1962년 처음에는 미국 국방고등연구계획국(Defense Advanced Research Projects Agency, DARPA)의 연구에서 시작한 인터넷은 1969년에 ARPANET이 되었으며 더 많은 상업적 지원을 받으면서 오늘날 현재의 인터넷이 되었다. 향후 몇 년 동안 정부와 상업적인 투자는 IoT 통신기능을 강화한 GPS(Global Positioning Satellites)로 이어졌으며, 2011년 처음으로 Gartner Hype Cycle([그림 2-3] 참조)에 IoT가 새롭게 주목받는 기술에 추가되면서 급속한 IoT 성장시대를 열었다. 동시에 IPv6이 같은 해에 시장에 출시되어 인터넷을 통해 더 많은 트래픽을 더 높은 안정성과 보안 수준으로 전달할 수 있게 되었다. 사물인터넷의 구성 요소들이 인터넷을 통해 연결되며 각각의 구성 요소들은 고유의 식별자(ID)를 통해 수억 개의 사물과 사람, 사물과 사물을 구분하게 되는데 이를 위해 IPv6 주소가 이용된다.

보다 최근에는 M2M이 광범위한 산업 IoT(IIoT)/Industry 4.0 Eco System에 포함되어 다양한 산업분야에 걸쳐 산업 운영을 스트리밍하거나 자동화할 목적으로 인터넷을 통해 점점 더 많은 양의 데이터가 기계 간에 공유되었다.

▌그림 2-3▐ 2011년 Gartner Hype Cycle

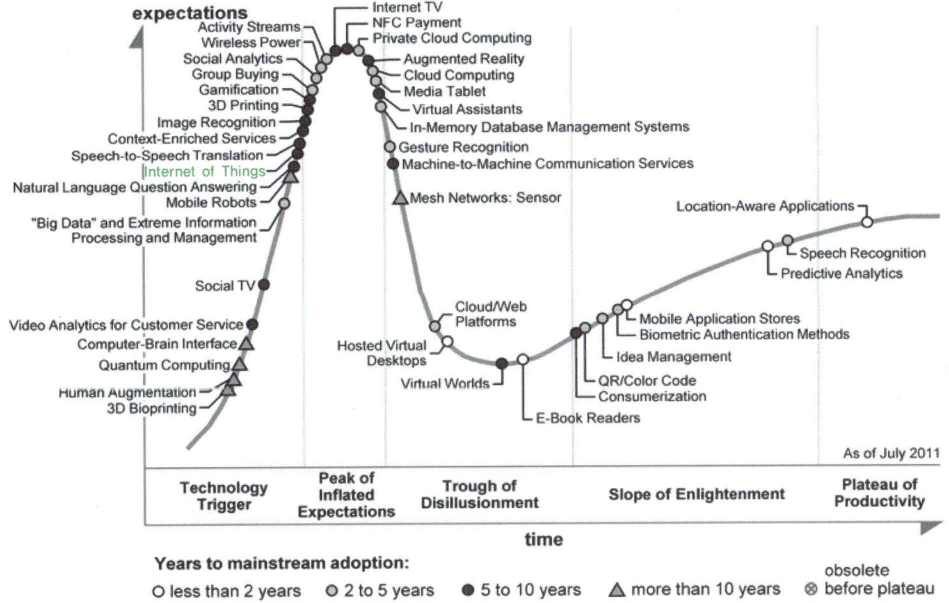

2012년 시스코는 사람, 데이터, 프로세스 및 사물의 네 가지 핵심으로 구성된 만물인터넷(Internet of Everything, IoE) 개념을 도입하여 IoT를 확장했다. 몇 년 후 다양한 마케팅 세미나에서 새로운 경험 인터넷(Internet of Experience, IoX)을 언급하기 시작했으며 최근(2020/2021년)에 가트너는 행동을 유도하기 위해 관련된 데이터를 수집하고 사용하는 행동 인터넷(Internet of Behavior, IoB)의 성장과 역할을 언급했다. IoT 역사에 대한 요약은 [그림 2-4]와 같다.

| 그림 2-4 | IoT의 역사

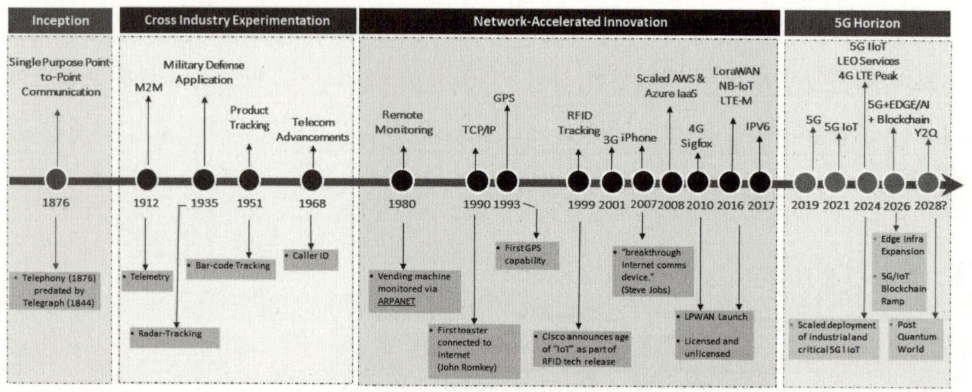

출처: https://www.mcgill.ca/continuingstudies/article/iot-history-and-emerging-5gedgeiot-market-dynamics)

2.3 IoT의 정의

IoT의 주요 본질은 우리 주변의 사물들이 인터넷을 통해 일부 환경 매개변수를 감지하고 주기적으로 전송할 수 있도록 하는 것이다. 예를 들어, 고전적인 계산상의 '일반(전통적)' 냉장고는 특정 변수(예: 병의 우유 수준, 선반 안의 계란 수 등)를 감지하도록 수정되어 '똑똑한' 것이 될 수 있다. 이러한 데이터를 냉장고에서 스마트폰 애플리케이션으로 전송하면 사용자는 시장에서 장을 보는 동안 현재 필요한 쇼핑 목록을 알 수 있다. 가트너는 〈*Leading the IoT*〉에서 IoT에 대한 정의를 제안했다. 사물인터넷(IoT)은 내부 상태 또는 외부 환경과 통신하고 감지 또는 상호작용하는 내장기술을 포함하는 전용 물리적 객체(사물)의 네트워크이다. 자산, 프로세스 및 인력의 연결을 통해 데이터와 이벤트를 캡처할 수 있으며, 이를 통해 기업은 행동과 사용법을 학습하고, 예방조치를 취하거나, 비즈니스 프로세스를 강화하거나, 변환할 수 있다. IoT는 디지털 비즈니스 창출을 위한 기초적인 능력이다.

몇몇 다른 조직들도 IoT에 대한 정의를 제안했는데 [표 2-1]과 같다. 따라서 모호하지 않고 조직별 특성이나 특징을 갖지 않도록 하는 표준화된 정의가 중요했기 때문에 2015년, IoT에 대한 정의를 표준화하기 위해 IEEE는 "사물인터넷의 정의를 향하여"라는 제목의 86페이지짜리 문서를 발행했다. IoT에 대한 표준화된 정의를 제안하는 대신,

▌표 2-1▐ IoT의 정의

기관 및 연구자	정의
전자전기공학연구원 (IEEE)	모든 사물이 인터넷에서 대표성과 존재감을 갖는 틀이다. 좀 더 구체적으로 IoT는 물리적 환경과 가상환경을 연결하는 새로운 애플리케이션과 서비스를 제공하는 것을 목표로 하고 있으며, 여기서 M2M(Machine-to-Machine) 통신은 클라우드에서 사물 및 애플리케이션 간의 상호작용을 가능하게 하는 기본 통신을 나타낸다.
국제표준화기구 (OASIS)	유비쿼터스 센서를 통해 인터넷이 물리적 세계와 연결되는 시스템을 말한다.
국립표준기술연구소 (NIST)	사이버물리시스템(CPS)-IoT(Internet of Things, IoT)이라고 부르기도 하는데, 교통, 에너지, 제조 및 의료와 같은 다양한 분야의 스마트 기기 및 시스템을 근본적으로 새로운 방식으로 연결하는 것이 포함된다. '스마트시티 · 커뮤니티'는 운영의 효율성과 지속 가능성을 높이고 삶의 질을 높이기 위해 CPS/IoT 기술을 채택하는 사례가 늘고 있다.
국제표준기구(ISO)	물체, 사람, 시스템, 정보자원이 지능형 서비스와 함께 상호 연결된 인프라로 물리적, 가상세계의 정보를 처리하고 대응할 수 있다.
국제전기통신연합 (ITU)	이용 가능한 통신기술을 이용하여 우리 주변의 물리적 실체와 가상 실체를 상호 연결함으로써 네트워크와 통신서비스를 제공할 정보 커뮤니티를 위한 글로벌 인프라를 대표한다.
국제인터넷표준화기구 (IETF)	컨텍스트에 기반한 원활한 통신과 서비스를 제공하기 위해 우리를 둘러싼 모든 가용 객체를 연결할 것이다. IoT의 주요 구성 요소는 유비쿼터스 컴퓨팅의 개념을 가능하게 하는 RFID 태그, 센서 노드, 스마트 기기들이다.
Dorsemaine 외	연결된 개체를 상호 연결하고 해당 개체의 관리, 데이터 마이닝 및 생성된 데이터에 대한 액세스를 허용하는 인프라 그룹이다.
Chen	'기계 간 통신'으로 정의되며, 인터넷을 통해 물리적 단어와 정보 단어를 병합한다.
Botterman	지능형 인터페이스를 활용해 스마트 공간에서 작동하고 환경, 사용자, 사회적 맥락 안에서 상호작용하는 가상 개성과 함께 정체성을 갖게 된다.
Rayes와 Salam	사물의 네트워크로 명확한 요소 식별이 가능하고, 소프트웨어 인텔리전스, 센서, 유비쿼터스 인터넷 연결이 내장되어 있다.
한국인터넷진흥원 (Kisa)	인간과 사물, 서비스 세 가지 분산된 환경 요소에 대해 인간의 명시적 개입 없이 상호 협력적으로 센싱, 네트워킹, 정보처리 등 지능적 관계를 형성하는 사물 공간 연결망을 말한다.
위키백과	각종 사물에 센서와 통신기능을 내장하여 인터넷에 연결하는 기술, 즉 무선통신을 통해 각종 사물을 연결하는 기술을 의미한다.
Red Hat	각종 기기에 센서와 통신을 사용하여 데이터를 수집, 저장, 분석하는 기술이다.

그들은 IoT의 아홉 가지 정의 특성을 제시했다. 이는 사물 상호 연결, 사물인터넷 연결, 고유하게 식별 가능한 사물, 편재성, 감지 · 실행능력, 임베디드 인텔리전스, 상호 운용 가능한 통신기능, 자체 구성능력, 그리고 프로그래밍 가능성 등이다. 이러한 특성을 바탕으로 IoT에 대해 정의해 보면 IoT는 감지 · 작동 및 통신장치로 강화되고 지능적인 의사결정이 가능한 고유하게 식별 가능하고 유비쿼터스 및 인터넷에 연결된 여러 사물들의 상호 연결로 정의될 수 있다. 또한 장치는 통신 모드 간의 상호 운용성을 강화하며 자체 구성 및 프로그래밍이 가능하다.

이와는 별개로 수년에 걸친 IoT의 진화와 함께, 연구자들에 의해 몇 가지 새로운 용어들이 제안되었다. 가장 인기 있는 용어 중 일부는 만물인터넷(IoE)과 산업 사물인터넷(IIoT) 그리고 지능형 사물인터넷(AIoT)이다. IoE는 본질적으로 사람, 데이터 및 프로세스와 결합된 프레임워크로서, 서비스 혹은 응용 측면에서 더 다양한 경험을 제공하고 혁신 및 비즈니스 마케팅 측면의 새로운 영역분야이다. 시스코는 IoE를 다음과 같이 정의하고 있다. IoE는 사람, 프로세스, 데이터 및 사물을 결합하여 네트워크 연결을 이전보다 더 관련되고 가치 있게 만들고, 정보를 기업, 개인 및 국가에 새로운 기능, 풍부한 경험 및 전례 없는 경제적 기회를 창출하는 행동으로 전환시킨다.

IIoT는 산업분야에서 사용되는 사물인터넷 기술로 생산된 데이터를 처리하는 고급 분석 플랫폼과 인터넷으로 연결된 설비들을 네트워크 통신기술로 구성하여 관리자 및 운용 엔지니어들에게 신속한 의사결정을 위한 통찰을 제공한다. 이 아이디어는 인프라와 객체 그룹 간에 연결을 설정하여 데이터를 더 쉽게 관리, 마이닝 및 액세스할 수 있도록 하는 것이다. 플랫폼과 객체는 데이터를 생성, 교환 및 운영하기 위해 최소한의 인간의 개입을 필요로 할 것으로 예상된다. IIoT에 대한 포괄적인 정의로는 산업환경 내에서 실시간, 지능적이고 자율적인 액세스, 분석, 통신 및 프로세스, 제품 및/또는 서비스 정보의 교환을 가능하게 하는 네트워크형 스마트 객체, 사이버-물리적 자산, 관련 일반 정보기술 및 선택적 클라우드 또는 에지 컴퓨팅 플랫폼으로 구성된 시스템 전체 생산 가치를 최적화하기 위한 것이다. 이러한 가치에는 제품 또는 서비스 제공 개선, 생산성 향상, 인건비 절감, 에너지 소비 감소, 수주 생산주기 단축 등이 포함될 수 있다.

AIoT(Artificial Intelligence of Things)는 AI 기술을 적용한 IoT 장치 및 인프라를 나타낸 것으로 AI의 머신러닝(ML)과 인지기능을 통해 IoT를 강화시킨 IoT를 의미한다.

그림 2-5 사물인터넷(IoT)

2.4 IoT의 특성

적용 영역에 따라 달라질 수 있지만, IoT의 몇 가지 특성을 살펴보면 다음과 같다.

2.4.1 이질성

IoT 생태계를 구성하는 장치의 유형은 기능, 크기, 전력 소비 및 비용과 같은 측면에서 이질적이다. 각 IoT 장치는 일련의 환경 매개변수를 감지하고 주기적으로 측정기준을 허브에 알리도록 설계되어 있다. IoT 장치에 의해 감지되는 매개변수는 크게 가변적이며 대기 온도, 습도, 기압, 주변 빛, 움직임에서 심박수, 혈액의 산소 포화도, 심전도 및 EEG 신호와 같은 중요한 생리학적 매개변수에 이르기까지 다양하다. 그 장치들은 크기와 전력 소비 측면에서 또한 이질적이다. 어떤 기기들은 매우 작게 설계되고 심지어 사람의 신체조직과 근육에 이식될 수 있지만, 다른 기기들은 스마트폰이나 무인항공기만큼 클 수 있다. 크기, 구성 요소 및 기능에 따라 전력 소비량이 달라진다. 대부분의 소형화 및 이식형 장치는 배터리로 구동되며 전력 소모가 매우 낮기 때문에 장기간에 걸쳐, 때로는 1년 이상 동안 기능할 수 있다. 복잡한 기능을 가진 대형 장치들은 종종 지속적인 전력 공급이나 배터리의 주기적인 재충전이 필요하다. 유사한 방식으로 동일한 특성에 의해 구동되는 기기 비용은 매우 다양하다.

2.4.2 고유 식별자 ID

각 IoT 장치에는 고유 식별자(Unique ID, UID)라고 알려진 태그가 장착되어 있으며, 이 태그는 인터넷을 통해 장치를 고유하게 식별한다. 이러한 UID는 장치 사양에 따라 설계되며, UID를 구현하는 한 가지 방법은 무선주파수 식별(RFID) 모듈을 장치 내에 내장하는 것이다. RFID 기술은 RFID 태그와 RFID 리더라는 두 가지 핵심 요소에 의해 구동된다. IoT 장치들은 종종 RFID 태그를 갖추고 있으며, 이러한 태그들은 안테나를 통해 RFID 리더기들에 의해 읽히며, 각 장치는 고유하게 식별된다. 고유한 식별의 다른 모드들은 통신을 통해 추적될 수 있다. 이를 위해 널리 사용되는 기술은 이더넷 MAC 및 IP 주소를 사용하는 것이다. MAC 주소가 IP 주소와 결합되면, 각 장치는 인터넷을 통해 고유하게 식별될 수 있다.

2.4.3 광범위한 범위

IoT 기술은 광범위하고 전역적인 범위로 알려져 있다. IoT 장치 또는 '사물'은 인터넷을 통해 서로 연결되어 있기 때문에, 인터넷의 글로벌 연결은 IoT가 광범위한 연결과 작동을 할 수 있도록 한다. 이렇게 늘어난 범위는 IoT 장치가 지리 공간적으로 분산되고 서로 응집과 협력으로 작동하여 동일한 목표나 서비스를 지향할 수 있도록 한다. 이 분산 아키텍처를 통해 IoT는 포그 컴퓨팅과 같은 분산 컴퓨팅 아키텍처의 이점을 최대한 활용할 수 있다.

2.4.4 상호 연결된 장치

IoT의 기본 특징 중 하나는 장치의 상호 연결성이다. IoT 생태계에서 '사물'은 서로 협력하여 작동할 것으로 예상되며, 이는 함께 같은 목표를 위하여 작동한다. 이를 위해서는 '사물' 간의 의사소통이 매우 중요하다. 동일한 위치에 있는 IoT 장치 간의 단거리 통신을 위해 Bluetooth, ZigBee 및 6LoWPAN과 같은 단거리 통신 프로토콜을 사용한다. 통신 표준은 일반적으로 저전력 및 단거리 통신을 용이하게 하도록 설계되어 있다. 그러나 애플리케이션별 통신 표준은 미리 정의된 트래픽 유형과 관련된 통신을 제공하고, 그러한 표준의 한 가지 일반적인 예는 IEEE 802.15.6으로, 생명체 근처에서 초저전력, 단거리(10m 이내) 및 높은 데이터 전송률 무선통신을 지원하도록 특별히 설계되어 있다. 이 통신 표준의 적용은 대부분 유비쿼터스 및 원격 건강 모니터링 및 웰빙 분야에서 사용될 것으로 예상된다. 그러나 지리적으로 분리되어 있고 통신이 필요한 장치의 경우 통신은 인터넷을 통해 이루어진다. 이러한 경우 IoT 장치는 유선 연결 또는 Wi-Fi, 4G 및 5G와 같은 무선통신 모드를 통해 메시지를 전송한다.

2.4.5 인터넷 연결장치

모든 IoT 장치는 인터넷에 연결되어 있어야 한다. 지리적으로 같은 위치에 있지 않지만 통신해야 하는 장치는 메시지 전달을 통해 인터넷을 통해 통신한다. 단거리 통신 프로토콜을 통해 서로 통신할 수 있는 장치도 컴퓨팅 및 스토리지 리소스 측면에서 제약을 받는 경우가 많기 때문에 그들은 장치에 의해 전송되는 데이터가 처리되고 저장되는 안정적인 컴퓨팅 플랫폼과 통신해야 한다. 따라서 기기 간 연결과 인터넷과의 연결은 IoT의 두 가지 핵심 매개변수이다.

2.4.6 감지 및 의사결정기능

IoT 장치는 작동 측면에서 이질적일 수 있다. 그러나 장치는 IEEE IoT 이니셔티브에 의해 제안된 IoT의 정의에 따라 사물로 분류되려면 두 가지 특정 기능을 가지고 있어야 한다. 제1기능은 감지능력을 의미한다. '사물'은 하나 이상의 환경 매개변수를 감지하고 감지된 데이터를 주기적으로 보고할 수 있도록 설계되어야 한다. 따라서 대부분의 경우, 디바이스들은 하나 이상의 센서를 갖추고 있다. 경우에 따라 센서는 액추에이터 모듈과 함께 제공된다. 두 번째 능력은 의사결정능력을 나타낸다. IoT 장치는 결정을 내릴 수 있는 어느 정도의 지능을 갖추고 있기 때문에 종종 '스마트'하다고 한다. 이러한 결정은 이러한 장치들의 집합과의 협업을 통해 독립적으로 또는 집단적으로 이루어질 수 있다. 그러나 IoT 장치의 지능은 종종 장치에서 사용할 수 있는 리소스에 종속된다. 예를 들어, 컴퓨팅 및 스토리지 리소스가 장착된 스마트폰은 단순한 주변 온도 감지장치에 비해 복잡한 기기 내 의사결정 작업을 수행할 수 있다.

2.4.7 서비스의 보편성

IoT 서비스를 요청하는 대부분의 장치가 그렇듯이 IoT 장치는 본질적으로 모바일인 경우가 많다. 따라서 IoT 관련 서비스에서 서비스 공급에 대해 보편성이 제공되어야 한다. 클라우드와 같은 IoT 지원 컴퓨팅 아키텍처의 글로벌 범위를 고려할 때, 서비스는 요청장치의 위치와 관계없이 어디서나 사용할 수 있다.

2.4.8 자체 구성 가능

IoT 생태계의 또 다른 중요한 특징은 자체 구성성이다. IoT 장치의 이질성과 이와 같은 수많은 이기종 장치 때문에 원격 중앙집중식 관리 및 제어가 어려운 경우가 많다. 따라서 IoT 장치는 종종 자가 관리 및 자가 구성이 가능하도록 설계된다.

2.4.9 프로그래밍 가능성

IoT 장치는 프로그래밍할 수 있도록 설계되어 있다. 사용자의 요구사항에 따라 프로그래머는 원격으로 장치를 다시 프로그래밍할 수 있다.

2.5 IoT의 장단점

2.5.1 IoT의 장점

시장에서 IoT 보급률이 더욱 확대됨에 따라 기업들은 IoT가 제공하는 엄청난 비즈니스 가치를 통해 수익을 얻고 있다. IoT의 장점은 다음과 같다.

- 언제 어디서나 모든 장치에서 정보에 액세스할 수 있는 기능을 지원해 준다.
- 연결된 네트워크를 통해 데이터 패킷을 전송하여 시간과 비용을 절약시켜 준다.
- 업무를 자동화하여 비즈니스 서비스 품질을 개선하고 사람의 개입 필요성을 줄여 준다.
- 휴대전화를 통해 가정과 도시를 보다 스마트하게 제어할 수 있다. 보안을 강화하고 개인 보호기능을 제공한다.
- 실제 위치에서 멀리 떨어져 있어도 정보에 쉽게 접근할 수 있으며 실시간으로 수시로 업데이트된다.
- 전기기기는 휴대폰과 같은 컨트롤러 컴퓨터와 직접 연결되어 통신하므로 효율적인 전력 사용이 가능하다. 결과적으로 불필요한 전기장비의 사용이 없을 것이다.
- 정기적인 계획을 알려줄 수 있는 IoT 앱을 통해 개인 지원을 제공할 수 있다.
- 잠재적인 위험을 감지하고 사용자에게 경고하므로 안전에 유용하다. 예를 들어, GM 'OnStar'는 도로에서 자동차 충돌 또는 사고를 식별하는 시스템 통합장치이다. 사고나 충돌이 발견되면 즉시 전화를 걸어 준다.
- IoT 장치는 사람의 개입 없이 서로 연결 및 통신하고 다양한 작업을 수행하기 때문에 사람의 노력을 최소화한다.
- 의사의 방문 없이 실시간으로 보다 효과적으로 환자 진료를 할 수 있다. 이는 의사와 환자들에게 치료방법을 선택할 수 있게 할 뿐만 아니라 증거 기반 치료를 제공한다.
- 자산 추적, 교통 또는 운송 추적, 재고관리, 배송, 감시, 개별 주문 추적 및 고객관리는 모두 올바른 추적시스템을 사용하여 더욱 비용 효율적으로 수행할 수 있다.

2.5.2 IoT의 단점

- 연결된 장치의 수가 증가하고 장치 간에 더 많은 정보가 공유됨에 따라 해커가 기밀정보를 해킹당할 가능성도 높아진다.
- 기업은 결국 수백만 개의 IoT 장치를 처리해야 할 수 있으며 이러한 모든 장치에서 데이터를 수집하고 관리하는 것은 어려울 것이다.
- 시스템에 버그가 있는 경우 연결된 모든 장치가 손상된다.
- IoT에 대한 국제 호환성 표준이 없기 때문에 다른 제조업체의 장치가 서로 통신하기가 어렵다.
- IoT는 인터넷에 크게 의존하며 인터넷 없이는 효과적으로 기능할 수 없다.
- 시스템의 복잡성으로 인해 시스템이 실패하는 방법은 다양하다.
- 우리의 삶은 IoT로 인해 완전히 통제되고 기술에 의존하게 될 것이다.
- 인터넷과 기술의 남용은 사람들이 육체노동 대신 스마트 기기에 의존하기 때문에 지능이 떨어지고 게으르게 만든다.
- 비숙련 근로자는 일자리를 잃을 위험이 높다. 스마트 감시 카메라, 로봇, 스마트 다림질 시스템, 스마트 세탁기 및 기타 시설은 경비원, 가정부, 다리미, 드라이클리닝 서비스 등을 대체하고 있다.
- IoT 프레임워크에 대한 광범위한 기술을 계획, 구축, 관리 및 활성화하는 것은 매우 어렵다.
- IoT 장치를 배포하는 것은 비용과 시간이 많이 소요된다.

2.6 IoT 기술

IoT는 우리에게 더 스마트한 미래를 제시한다. 지역 식료품점에서 자동으로 음식을 주문하여 스스로 보충할 수 있는 냉장고, 다가오는 차량에 얼어붙은 표면에 대해 경고하는 다리, 사용자의 상태를 모니터링하는 스마트 장비를 통해 실시간 데이터를 의사의 스마트폰으로 바로 전달한다. 이 모든 것이 곧 우리 손에 닿을 수 있지만, 꿈을 현실로 만드는 배후의 거대한 기술들을 인식해야 한다. 우리를 둘러싼 수많은 IoT 기술이 없었다면 이러한 꿈은 결코 이루어지지 않을 것이다.

2.6.1 IoT 구조

여기서는 간단하게 IoT 기술은 무엇으로 구성되어 있는지 알아보기 위해 IoT 작동과 관련된 네 가지 기본 기술 계층에 대해 학습하기로 한다.

(1) 디바이스 하드웨어(Device Hardware)

장치는 실제로 IoT 내에서 '사물'을 구성하는 객체이다. 현실세계와 디지털 세계 사이의 인터페이스 역할을 하며 특정 IoT 배포 내에서 수행해야 하는 작업에 따라 다양한 크기, 모양 및 기술적 복잡성 수준을 가질 수 있다. 핀헤드 크기의 마이크든 대형 건설기계든, 거의 모든 물질적 물체(동물이나 인간과 같은 움직이는 물체도 포함)는 필요한 도구를 추가하여(적절한 소프트웨어와 함께 센서 또는 액추에이터를 추가하여) 연결된 장치로 전환할 수 있고, 필요한 데이터를 측정하고 수집할 수 있다. 분명히 센서, 액추에이터 또는 기타 원격 측정장비는 그 자체로 독립형 스마트 장치를 구성할 수도 있다.

(2) 디바이스 소프트웨어(Device Software)

이것이 실제로 연결된 장치를 '스마트'하게 만드는 것이다. 소프트웨어는 클라우드와의 통신 구현, 데이터 수집, 장치 통합 및 IoT 네트워크 내에서 실시간 데이터 분석 수행을 담당한다. 또한 사용자가 데이터를 시각화하고 IoT 시스템과 상호작용할 수 있는 애플리케이션 수준 기능을 제공하는 장치 소프트웨어이다.

(3) 통신(Communication)

장치 하드웨어와 소프트웨어를 갖추면 나머지 IoT 세계와 정보를 교환하는 방법과 수단을 스마트 개체에 제공할 또 다른 계층이 있어야 한다. 통신 메커니즘이 장치 하드웨어 및 소프트웨어와 강하게 연결되어 있는 것은 사실이지만 이들을 별도의 계층으로 간주하는 것이 중요하다. 통신 계층에는 물리적 연결 솔루션(셀룰러, 위성, LAN)과 다양한 IoT 환경(ZigBee, Thread, Z-Wave, MQTT, LwM2M)에서 사용되는 특정 프로토콜이 모두 포함된다. 관련 통신 솔루션을 선택하는 것은 모든 IoT 기술 스택을 구성하는 데 중요한 부분 중 하나이다. 선택한 기술은 데이터가 클라우드로 전송·수신되는 방식뿐만 아니라 장치가 관리되는 방식 및 타사 장치와 통신하는 방식을 결정한다.

(4) 플랫폼(Platform)

앞서 언급했듯이 '스마트' 하드웨어와 설치된 소프트웨어 덕분에 장치는 주변에서 일어나는 일을 '감지'하고 특정 통신 채널을 통해 사용자에게 전달할 수 있다. IoT 플랫폼은 이러한 모든 데이터가 사용자 친화적인 방식으로 수집, 관리, 처리, 분석 및 제공되는 장소이다. 따라서 이러한 솔루션을 특히 가치 있게 만드는 것은 단순히 데이터 수집 및 IoT 장치관리가 아니라 통신 계층을 통해 장치에서 제공하는 데이터 부분에서 유용한 통찰력을 통해 각종 서비스 분야와 형태에 맞게 분석하고 찾는 능력이다. 즉 특정 IoT 프로젝트의 요구사항과 아키텍처 및 IoT 기술 스택, 안정성, 유효성, 사용자 정의 속성, 사용된 프로토콜, 보안 및 비용과 같은 요소에 따라 선택이 가능한 상당히 많은 IoT 플랫폼이 시장에 나와 있다. 플랫폼은 온프레미스 또는 클라우드 기반으로 설치할 수 있다.

2.6.2 IoT 통신기술

주어진 IoT 사용 사례의 사양에 따라 각 통신 옵션은 전력 소비, 범위 및 대역폭 간에 균형을 유지하면서 서로 다른 서비스 구현 시나리오를 제공할 수 있다. 예를 들어, 스마트홈을 구축하는 경우 실내 온도 센서와 난방 컨트롤러를 스마트폰과 통합하여 각 방의 온도를 원격으로 모니터링하고 현재 상황에 따라 실시간으로 조정할 수 있다. 이러한 경우 홈 자동화 환경을 위해 특별히 설계된 Thread라고 하는 IP 기반 IPv6 네트워킹 프로토콜이 권장된다.

통신 표준 및 프로토콜의 다양성과 다양성을 염두에 두고 이미 수십 년 동안 사용되어 온 일부 잘 입증된 인터넷 프로토콜이 있지만 새로운 솔루션을 개발해야 하는 실제 필요성에 대해 의문을 제기할 수 있다. 그 이유는 TCP/IP(Transmission Control Protocol/Internet Protocol)와 같은 기존 인터넷 프로토콜이 종종 효과적이지 않고 전력 소모가 너무 커서 새로운 IoT 기술 애플리케이션 내에서 효율적으로 작동할 수 없기 때문이다. 여기서는 IoT 시스템 전용으로 사용되는 주요 대체 인터넷 프로토콜에 대한 간략한 개요를 설명한다.

[그림 2-6]은 근거리 IoT 무선통신기술, 중거리 및 장거리 광역 네트워크 통신기술과 같은 각 통신기술에 대한 무선주파수 범위와 전력소모의 관계를 나타낸 것으로 가장 인기 있는 IoT 무선기술을 나타낸 것이다.

▌그림 2-6 ▌IoT를 위한 다양한 통신기술의 특징

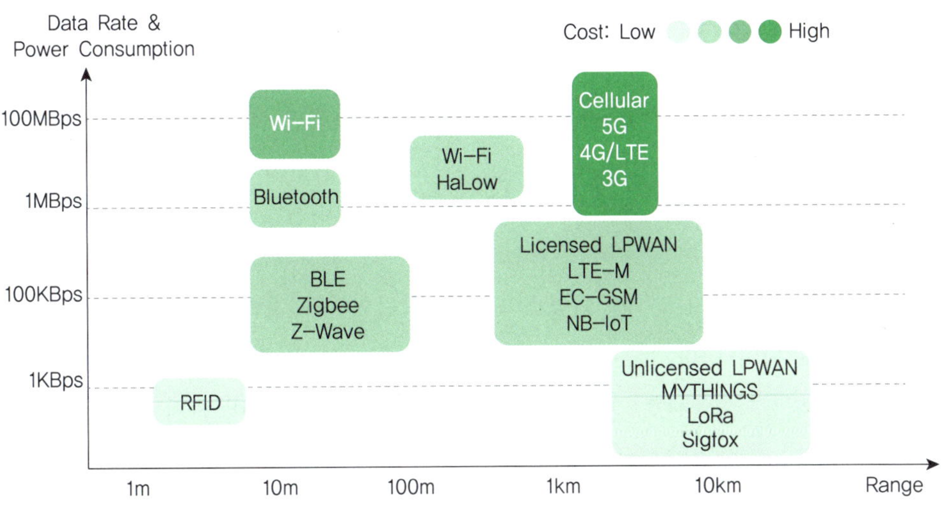

출처: https://ukayzm.github.io/6-iot-wireless-tech/

(1) 근거리 IoT 네트워크 솔루션

① Bluetooth

현재 개인 통신망(Personal Area Network, PAN) 시장에서 가장 많이 사용되는 근거리 연결기술인 Bluetooth는 특히 스마트폰과의 광범위한 통합을 고려할 때 무선 헤드폰 또는 위치정보 센서와 같은 웨어러블 전자시장의 미래를 위한 핵심 솔루션으로 간주된다. 비용 효율성과 전력 소비 감소를 염두에 두고 설계된 BLE(Bluetooth Low-Energy) 프로토콜은 장치에서 필요한 소비전력이 적기 때문에 IoT에서 사용되기에 알맞다. 그러나 많은 양의 데이터를 자주 전송할 때 BLE가 가장 효과적인 솔루션이 아닐 수 있다. 스마트폰, 전자제품, 스마트워치, 의료기기, 스마트홈 등에서 널리 사용되고 있다.

② RFID

최초로 구현된 IoT 애플리케이션 중 하나인 RFID(무선주파수 식별)는 특히 건물 내부의 물체 위치를 결정하는 기능이 필요한 공급망 관리 및 물류분야에서 IoT 애플리케이션을 위한 솔루션을 제공한다. RFID 태그가 사용하는 전력은 리더기에서 무선으로 전송되기 때문에, RFID 태그에는 배터리가 필요 없다. 이것이 가장 큰 장점이다. RFID 기술은 병원 환자 추적에서 의료 효율성 향상, 소매점의 재고 부족 상황을 최소화하기 위한 실시간 상품 위치 데이터 제공에 이르기까지 가능한 응용 프로그램을 통해 단순한 서비스를 훨씬 뛰어넘는다.

(2) 중간범위 솔루션

① Wi-Fi

IEEE 802.11을 기반으로 개발되었으며 가장 광범위하고 일반적으로 알려진 무선통신 프로토콜로 남아 있다. IoT 세계에서 광범위하게 사용되는 것은 주로 더 나은 연결 및 안정성을 위해 높은 신호 강도와 빠른 데이터 전송을 유지해야 하기 때문에 평균보다 높은 전력 소비가 요구된다. IoT 개발의 핵심 기술인 Wi-Fi는 엄청난 수의 IoT 솔루션에 광범위한 기반을 제공하지만, IoT 기기에서 필요한 것보다 너무 고사양이기 때문에 IoT에서는 많이 사용되지 않는다. 즉 배터리로 구동되기에는 전력 소모가 많고, 도달범위가 좁아서 넓은 네트워크를 구성할 수 없다.

② Zigbee

IEEE 802.15.4 표준 위에 구축된 Zigbee는 낮은 데이터 교환속도, 낮은 전력 작동, 보안 및 안정성을 지원하는 하이레벨 통신 프로토콜이다. 최대 100m 정도로 단거리이기는 하지만, 여러 노드를 통해 데이터를 전달하는 메시 토폴로지(Mesh Topology)를 지원하기 때문에, 이를 이용하면 저전력이면서도 높은 전송속도를 얻을 수 있다. Zigbee는 대부분의 동작시간 동안 절전상태에 머무를 수 있기 때문에 평균 전력 소모가 낮고, 이에 따라 긴 배터리 수명의 확보가 가능하면서 네트워크의 안전성을 요구하는 RF 애플리케이션에 주로 사용된다.

③ Thread

IEEE 802.15.4 표준을 활용하는 Thread는 스마트홈 및 빌딩 자동화 애플리케이션을 대상으로 하는 저전력, 무선 메시 표준이다.

Thread는 IPv6 연결을 사용하여 연결된 장치가 서로 통신하고, 클라우드의 서비스에 액세스하거나, Thread 모바일 애플리케이션을 통해 사용자와 상호작용할 수 있도록 한다. Thread의 비평가들은 시장 포화상태를 감안할 때 또 다른 무선통신 프로토콜이 IoT 기술 스택 내에서 추가 단편화를 초래한다고 지적하고 있다.

(3) 장거리 WAN(광역 네트워크) 솔루션

① NB-IoT

먼 외곽지역에서도 서비스가 가능하고, 전력 소비가 적은 LTE 네트워크를 활용하는 방안으로 'NB-IoT(Narrow Band Internet of Things)'가 개발되었다. 기존 3GPP(3rd Generation Partnership Project) 기술의 산물인 협대역 IoT는 매우 낮은 전력 소비(10년의 배터리 전원 작동)를 보장하고 약 100% 신호 강도로 연결성을 제공하는 새로운 무선기술 표준이다. 2G의 경우보다 23dB 낮으며, 기존 네트워크 인프라를 사용하여 LTE 네트워크의 글로벌 커버리지는 물론 신호 품질도 보장한다. 많은 경우 이 사실을 통해 LoRa 또는 Sigfox와 같은 로컬 네트워크 구축이 필요한 솔루션 대신 NB-IoT를 구현할 수 있다.

② LTE-Cat M1

LTE-Cat M1은 중간 데이터 속도 요구사항을 가진 IoT 및 M2M 장치를 연결하는 저전력 광역(LPWA) 연결 표준이다. LTE-Cat M1은 통신 인프라가 없어도, 주변에 Wi-Fi가 없어도 통신망으로 사용 가능하며, 초소형 기기에 설치 및 저전력 기기에 적합할 뿐만 아니라 저렴한 통신비용이 장점이다. NB-IoT와 비교할 때 LTE Cat M1은 셀 사이트 간의 핸드오버 처리가 훨씬 더 우수하고 고속 LTE와 매우 유사하기 때문에 모바일 사용 사례에서 완벽한 것으로 입증되었다.

③ LoRaWAN

LoRaWAN은 저전력 소비에 최적화되고 수백만 개의 장치가 있는 대규모 네트워크를 지원하는 저전력 장거리 광역 네트워킹 프로토콜이다. WAN(광역 네트워크) 애플리케이션을 목표로 하는 LoRaWAN은 IoT, M2M, 스마트시티 및 산업 애플리케이션 내에서 저비용, 모바일 및 보안 양방향 통신을 지원하는 데 필요한 기능을 저전력 WAN에 제공하도록 설계되었다.

④ Sigfox

Sigfox의 개념은 Wi-Fi 범위가 너무 짧고 셀룰러 범위가 너무 비싸고 전력을 많이 소모하는 낮은 수준의 데이터 전송이 필요한 저전력 M2M 애플리케이션에 효과적인 연결 솔루션을 제공하는 것이다. Sigfox는 초당 10~1,000비트의 낮은 데이터 전송속도를 처리할 수 있는 기술인 UNB(Ultra Narrow Band)를 사용하며, 셀룰러 통신 솔루션에 비해 최대 100배 적은 에너지를 소비하는 이 제품은 2.5Ah 배터리의 경우 20년의 일반적인 대기시간을 제공한다. 강력하고 에너지 효율적이며 확장 가능한 네트워크를 제공하여 수 평방킬로미터에 걸쳐 배터리로 작동되는 수천 개의 장치 간의 통신을 지원할 수 있는 Sigfox는 스마트 가로등, 지능형 계량기, 환자 모니터, 보안장치, 및 환경센서 등 다양한 M2M 애플리케이션에 적합하다.

2.7 IoT 응용분야

오늘날의 데이터 중심 비즈니스 모델에서 IoT는 현대 웰빙시설, 생산산업 및 스마트 기술의 미래를 위한 설계와 같은 거의 모든 주요 분야에서 적용 가능성을 발견했다. IoT 시스템의 장치들은 종종 목적, 데이터 속도 및 크기가 다르다. 이를 통해 많은 수의 장치가 IoT의 일부가 되어 광범위하고 광범위한 장치 네트워크를 구성할 수 있다. IoT는 의료, 농업, 제조업, 공급망 관리와 같은 여러 분야에서 발견된다. 이 섹션에서는 몇 가지 주요 애플리케이션 영역에서 IoT의 영향을 제시한다.

┃그림 2-7┃사물인터넷 응용분야

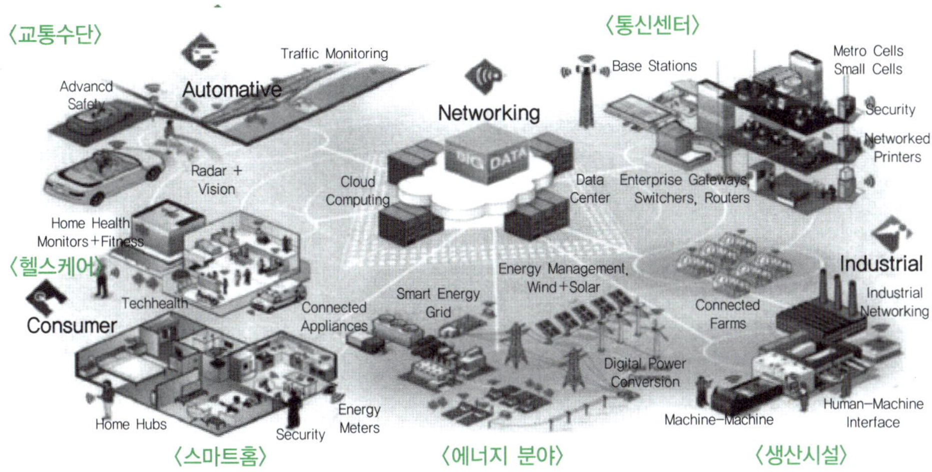

출처: https://www.spri.kr/posts/view/21307?code=industry_trend

2.7.1 스마트시티

스마트시티의 개념은 대도시 환경에서 모든 수준에서 데이터 수집 및 연결 통합과 보고를 위한 우산 역할을 한다. 적용범위를 고려할 때 스마트시티의 일부인 애플리케이션은 교통 및 의료와 같은 다른 영역과 교차한다.

이러한 맥락에서 IoT의 주요 수혜자는 유틸리티, 교통 및 사회서비스 세 가지이다.

유틸리티를 시작하기 위해 IoT는 도시 전역에서 완전한 활동 보고를 가능하게 하고 할당된 자원의 수준을 재분배하고 최적화할 수 있다. 이 분야의 첫걸음은 10여 년 전 스마트 미터기의 도입으로 이루어졌다. 전용, 제한적 또는 네트워크 연결이 없어도 스마트 조명을 최대한 활용할 수 있다. 최근에는 폐기물 수집으로 범위가 확대되어 인구 수요에 서비스를 적응시킬 수 있는 데이터가 제공되었다. 더 흥미로운 것은 교통과 대중교통의 모니터링과 보고이다. 이것은 유틸리티와 교통 애플리케이션을 연결한다. 기본 수준에서, 차량이 속도와 위치를 알려줌에 따라 사용자는 다음 버스에 대한 정보에서 전체 이동기간에 대한 추정치에 이르기까지 현재 가용성과 운송기간을 알 수 있다. 도로 혼잡과 대중교통의 위치 및 활용에 대한 데이터를 결합하면 지자체가 교통량을 재분배하여 기반시설을 사용하고 혼잡을 완화하며 궁극적으로 수요에 대응할 수 있다. 컴퓨터 네트워크 환경의 데이터 트래픽 흐름과 유사하게, 데이터 수집 및 시스템과의 인터페이스도 하나의 과제일 뿐이며, 가장 중요한 것은 환경이 지속적으로 변화함에 따라 최적의 솔루션을 제공하기 위한 지능적이고 적응 가능한 알고리즘의 생성이다. 대중교통 외에도 교통에 대한 실시간 정보를 통해 스마트 주차 및 비디오 감시, 인간 모니터링 대체, 자동화된 교차로 시행 등 보조서비스를 강화할 수 있다.

위의 애플리케이션 중 일부는 스마트시티의 제3의 측면인 주민서비스와 연계하여 주민에게 원활하고 자동화된 서비스를 제공한다. 감시의 측면은 종종 스마트시티의 맥락에서 논쟁의 여지가 있다.

2.7.2 스마트홈

스마트홈 기기는 사람이 제어할 필요 없이 일상적인 일반적인 작업을 자동화된 절차로 대체하기 위해 서로 데이터를 수집하고 정보를 교환하는 것을 목표로 한다. 이러한 장치의 '스마트' 측면은 특정 조건이 충족될 때 활성화될 수 있는 기능을 의미한다.

스마트홈 환경을 구성하는 장치는 스마트 보안시스템, 스마트 온도조절장치, 스마트 냉장고, 스마트 조명시스템, 창문 등이 될 수 있다. 스마트 조명시스템은 실내에 있는 사람들의 존재를 감지하고 그에 따라 활성화 또는 비활성화하기 위해 사용될 수 있다. 스마트 온도조절장치는 현재 사용자가 원격으로 제어하고 있으며, 가까운 장래에는 스마트홈 입주자의 일정에 따라 작동하여 집에 사람이 없을 경우 최소한의 온도로 난방을 제공하고 환경변수에 따라 난방을 설정하며 사용자의 활동을 감지하여 난방을 최적화할 수 있다. 따라서 이러한 장치는 편안한 삶을 사는 데 기여하는 것 외에도 에너지 소비 감시 및 스마트 가계의 에너지 절약 목적으로도 적용될 수 있다.

스마트홈 환경의 자동화되고 지능적인 특성으로 인해 지속적인 모니터링과 지원이 필요한 사람들을 돕기 위해 구현될 수 있다. 따라서 이러한 인프라는 생활 보조 목적으로 활용될 수 있다.

2.7.3 제조

스마트시티는 복지에 큰 영향을 미치므로 일반 대중들에게 가장 중요하다. 그러나 IoT는 제조분야에 미치는 영향이 증가하고 있으며, IoT 분석과 같은 최근 연구에 따르면 산업 애플리케이션은 현재 성장, 관심 및 영향 측면에서 1위를 차지하고 있다. 데이터 수집 및 환경 상호작용이 자동화되고 인적 요소가 IoT로 대체되기 때문에 가져오는 이점은 분명하고 자연스럽다.

제조 애플리케이션은 스마트 센서를 이용한 데이터 수집, 액추에이터를 이용한 자동 처리, 결과 보고 및 네트워크 연결을 통한 다른 시스템과의 통신 등 제조 프로세스 전반에 걸쳐 확장된다.

IoT에 더하여 이 변환은 업무를 수행하기 위해 다른 엔터티와 데이터를 교환하는 사이버물리시스템을 통해 반영된다. 서비스 구성 요소는 일반적으로 클라우드 인프라의 일부로, 전체 재배치를 허용한다.

리소스 및 서비스를 제공하고 지출을 최적화하고, 의사결정 프로세스는 빅데이터 분석에 의해 주도되며, 이는 과거 데이터와 예측된 개발을 사용하여 지능형 적응 솔루션을 제공하기 위해 전문가와 전문가시스템을 대체한다. 상호작용은 스마트 요소를 유비쿼터스하게 연결하는 정보통신기술에 의해 뒷받침된다. 패러다임 자체는 데이터와 IoT를 핵심으로 하는 정보와 지능형 프로세싱에 의해 주도되는 산업혁명인 인더스트리 4.0으로 요약된다.

2.7.4 운송 및 자동차

교통 및 자동차산업의 맥락에서 IoT의 이점은 교통정보와 제조혁명의 맥락에서 이미 소개되었다. 교통, 근접성 및 환경 센서가 도로 네트워크 전체에 배치될 수 있기 때문에 교통에 대한 IoT의 영향은 도시 영역을 넘어 확장된다.

인프라 전반에 걸쳐 제공하는 도로정보는 교통량을 알려주는 센서나 애플리케이션 계층에서 사용자가 모바일 장치를 통해 제공하는 정보 측면에서 상당한 진전이 이루어졌으며, 이는 네트워크의 전체적 뷰를 위해 집계될 수도 있다. 고속도로에 게시되거나 사용자와 통신하기 위해 모바일 애플리케이션에 전송되거나 네트워크의 가변적 가용성(추가 용량 및 추가 요금 부과를 위한 비상 차선 개폐 포함)과 같은 많은 옵션이 이후에 식별되었다.

IoT 혜택 측면에서 우세한 분야 중 하나는 자동차산업과 제품이다. 그 특수성을 고려할 때, 주요 이점은 생성된 데이터에서 나오기 때문에 제조와는 별도로 보고된다. 스마트 자동차의 제어기능과 함께 데이터 수집 및 사용은 자동차 및 자동차서비스와 연계된 소프트웨어의 개념으로 이어졌다. 데이터의 가치는 자동차산업에서 오랫동안 인정되어 왔다. 보험업계는 운전자들의 행동을 감시(혹은 필요할 경우 경찰조사 또는 법집행)하는 것을 목표로 운전 데이터 수집 블랙박스를 도입했다. 이와 함께 엔진 컨트롤 모듈도 수년간 확장되어 차량 성능 모니터링 및 진단을 지원하는 엔진 매개변수를 수집하고 저장했다. 세 번째 방향에서는 제조업체가 차내 엔터테인먼트(및 관리) 시스템을 통해 차내 지능 수준을 도입했다.

이러한 모든 시스템은 연결이 느슨했지만, 실제로 IoT 하드웨어, 소프트웨어 및 통신개발로 인해 자동차와 주행의 모든 측면을 수집하고 내부 또는 외부 소비를 위해 보고하는 완전한 솔루션을 제공할 수 있었다. 이점은 두 가지이다. 즉 사용자는 자신의 자동차와 서비스에 대한 정보와 제어능력을 향상시켰으며, 제조업체도 마찬가지로 각 자동차의 진화를 완전히 연구할 수 있다. 실제로 원격측정은 무엇보다도 제조업체가 애프터서비스 및 성능에 대한 이해를 높이는 데 사용할 수 있는 매우 도달 가능한 기능 데이터 세트를 제공한다. 또한 자동차와 제조사 간의 지속적인 통신 회선의 가용성을 통해 엔진 매개변수 및 효율 조정에서 엔터테인먼트 또는 난방과 같은 추가적인 안락한 서비스에 이르기까지 다양한 서비스를 제어할 수 있으며 각 측면은 보조 지불을 통해 이용할 수 있다.

2.7.5 에너지

에너지 적용의 일부 측면은 스마트시티의 일부에서 찾아볼 수 있다. 그러나 가장 중요한 애플리케이션 범위는 스마트 그리드로 불리는 IoT 센서, 스마트 미터 및 애플리케이션을 통한 에너지 생성, 배포 및 소비에 대한 완벽한 모니터링 제공에서 비롯된다. 스마트 그리드는 생산자, 유통자, 소비자 등 모든 이해관계자에게 다양한 혜택을 제공한다.

소비자는 라이프사이클 기간 동안 일정한 양의 에너지를 소비한다. 지속적인 에너지 수요는 값싸고 전통적인 화석연료 기반 자원이 많기 때문에 충족시키기에 편리하다. 변동이 크고 예측할 수 없을수록 필요한 에너지는 더 비싸진다. 이것은 또한 에너지 분배 네트워크에도 영향을 미치는데, 이는 가전제품에 여전히 전력을 공급할 수 있도록 특정 임계값보다 높은 매개변수(특히 주파수)를 유지해야 한다. 마지막으로 소비자는 일반적으로 다양한 발전방법으로부터 결합된 에너지 가격의 결과로 계산된 균일 요금을 제공받는다(계량기 판독을 통해 소비자 사용량을 수집하는 전통적인 프로세스는 다소 비싸다). 이러한 모든 제한은 스마트 그리드의 도입으로 제거할 수 있다. 분배 그리드에 걸친 센서 네트워크는 수요와 공급을 기반으로 최적화를 가능하게 한다. 스마트 미터는 에너지 소비에 대한 완전한 세분화 측정을 제공하고 소비자와 공급자에게 사용량에 대한 최신 정보를 전파할 수 있게 한다. 마지막으로 빅데이터 통계와 결합하여 모든 현재 및 과거 정보를 수집하면 공급업체가 보다 정확한 에너지 예측을 할 수 있고 비용과 에너지 낭비를 줄일 수 있다.

2.7.6 의료

의료는 필요한 환경, 데이터 수집에 사용되는 장치, 환자와 다양한 주체 간의 데이터 흐름 보장 및 필요한 의사결정 전문지식으로 인해 본질적으로 비용이 많이 든다. IoT는 지능형 환자 모니터링의 도입을 통해 이러한 요인 중 몇 가지를 직간접적으로 줄이는 것을 목표로 한다. 최소한 환자의 상태를 파악하고 이를 모니터링 시스템과 의사에게 전달하는 센서를 연결하면 데이터 기록 및 처리로 인한 추가 지출과 지연이 제거된다. 원격에서 구현되는 경우 전용 시설과 지원이 추가로 필요하지 않으며 모든 이해관계자에게 유리하다.

의료분야는 데이터 처리의 민감도 측면에서 단연코 가장 민감하다. 비록 모든 영역이 어느 정도의 위협을 받고 기밀의 대상이 되지만, 의료는 보안에서 데이터 수집 및 전송, 특히 액세스 및 처리에 이르기까지 추가 조치를 취해야 한다.

2.7.7 생활 보조

의료분야에서 살펴본 바와 같이 IoT는 인간 삶의 전반적인 질을 향상시켜 환자상태에 대한 지속적인 모니터링을 보장할 수 있다. IoT 애플리케이션은 노인이나 일반 장애인과 같이 도움이 필요한 사람들을 지속적으로 지원하여 독립적이고 안전한 삶을 살 수 있도록 하기 때문에, 생활 보조시스템은 의료 응용 영역의 파생물로 간주될 수 있다.

지속적인 활력징후 모니터링과 함께 생활 보조는 사건 발생 시 즉각적인 구급차 대응과 같은 즉각적인 응급처치를 제공할 수 있어 실시간 사건관측이 필수이다. 사용자

환경 또는 사용자의 인체에서 수집된 데이터를 실시간으로 보고 처리할 수 있어 보호자가 비정상적이거나 위험한 행동을 식별하고 도움을 제공할 수 있다. 생활 보조는 필요할 때 시각 보조기구 또는 보청기를 제공함으로써 장애인에게 혜택을 준다.

건강 데이터가 잠재적으로 즉각적인 도움이 필요할 수 있는 사람의 현재상태를 나타내기 때문에 안전은 생활 보조에서 가장 중요하다.

결과적으로 서비스 중단이나 개인정보 침해는 인간의 생명에 직접적인 위험을 초래한다. 따라서 데이터는 최대한의 보안 및 개인정보 보호 수준으로 처리되어야 한다.

2.7.8 공급 및 물류

IoT 기술의 공급망 관리 애플리케이션은 다양한 이점을 제공한다. 자동차 제조와 배송시스템의 예를 들어보자. 자동차의 구성 요소에는 RFID 태그가 장착되어 있다. 이러한 부품들은 RFID 리더로 쉽게 접근하고 식별할 수 있게 되므로 대규모 제조 및 조립 공장에서도 부품 추적은 매우 쉽다. 또한 자동 무인재고관리 및 품절된 구성 요소 및 잘못 배치되거나 도난당한 품목의 추적을 용이하게 한다. 조립이 완료되면 차량이 배송될 준비가 되면 운송 차량과 차량에 장착된 GPS 모듈이 배송절차를 원격으로 모니터링하는 데 도움이 될 수 있다. 따라서 IoT는 대부분의 생산 기반 및 조립 기반 산업에서 중요한 부분이다.

2.7.9 농업

농업은 IT 인프라에서 가장 멀리 떨어져 있다고 인식될 수 있는 분야 중 하나이며, 채택된 기업 및 프로세스는 일반적으로 인간의 모니터링, 분석 및 개입을 필요로 한다. 그러나 최근 몇 년 동안 IoT 애플리케이션은 특히 모니터링 및 농업 자동화와 관련하여 농업에 상당한 영향을 미쳤다. 토양 품질, 습도 및 온도와 같은 환경 센서 수치는 농부들에게 필요한 모든 지식을 제공할 수 있고 결과적으로 더 나은 농작물 품질에 기여할 수 있다.

2.7.10 환경 모니터링

공기, 물, 토양 오염과 같은 환경오염은 인간의 건강에 심각한 영향을 미칠 수 있다. 세계보건기구(WHO)에 따르면, 대기오염과 관련된 사망자는 연간 420만 명으로 추산된다. 가스 기반 운송수단으로 발생하는 매연뿐만 아니라 산업 배출도 대기오염 수준 상승에 영향을 미칠 수 있기 때문에 이를 위해 IoT를 통합하여 환경 매개변수를 지속적으로 모니터링할 수 있다. 당국은 현재 환경상태를 명확하게 파악함으로써 잠재적인 위험을 완화하기 위해 정보에 입각한 결정을 내릴 수 있다.

이 애플리케이션 영역에는 센서를 이용한 산불, 쓰나미, 지진 모니터링이 포함된다. 공공 안전장치를 가동할 수 있고 이상이 관찰되면 조기경보가 발령될 수 있다.

2.7.11 공공 안전

IoT와 같은 주요 기술 발전은 군사, 국방, 법 집행 및 구조와 같은 공공 안전 응용분야에 통합됨으로써 큰 이익을 가져올 수 있다. 군사적 맥락에서 IoT는 이미 다양한 이유로 사용되고 있다. 자동화는 무인항공기와 자율 전투 차량을 예로 들 수 있으며 이 영역에서 많은 변화를 가져왔다. 상용 애플리케이션 외에도 IoT는 이미 군사 및 국방 목적으로 성공적으로 통합되었다. 장치는 정찰과 같은 전쟁에서 다양한 목표를 달성하기 위해 서로 통신할 수 있다.

예를 들어, 센서 및 IoT 기술은 실시간, 실제 데이터를 가져올 수 있으므로 사람이 개입할 필요 없이 실시간 감시 및 지능으로 지속적인 상황인식을 제공하여 결과적으로 인명 손실 위험을 최소화함으로써 이 부문에 혜택을 줄 수 있다. 따라서 의사결정을 신속하고 정확하게 할 수 있다.

스마트시티 공공 안전 기여를 위한 IoT 통합은 센서, 카메라 등을 통해 실시간으로 사법당국에 사건을 알릴 수 있어 필요할 때 더 빠르게 대응할 수 있다. 자연재해나 구조 임무의 경우, 응급 대응 요원은 현장상황에 대해 충분히 알 수 있으므로 추가 인명 손실 위험을 최소화할 수 있다. 웨어러블 IoT 기술은 구조대원의 행방과 중요한 판독에 대한 전체 컨텍스트를 제공할 수 있으며, 이를 통해 현장에 있는 동안 안전을 확보할 수 있다.

2.8 연구 과제 및 향후 동향

IoT는 많은 구성 요소기술에 크게 의존한다. IoT의 여러 기술적 측면은 각각 특정 요구사항을 가지고 있으며, 이는 새로운 파괴적 기술에 의해 충족되어진다. IoT는 이미 실행되었지만, 우리는 일관성 있는 IoT 기반 생태계를 갖추기 전에 여러 가지 과제를 극복해야 한다. 예를 들어, 유비쿼터스와 감지기술은 IoT 기술의 기본이며, 센서-클라우드는 IoT가 이 부분을 가능하게 하는 새로운 감지 패러다임이다. 마찬가지로 짧은 대기시간과 위치별 컴퓨팅은 대부분의 IoT 서비스에 대한 핵심 요구사항이다. 이를 촉진하기 위해 클라우드 서비스를 네트워크 가장자리에 가깝게 확장하고 IoT 서비스를 실시간으로 제공하는 새로운 컴퓨팅 패러다임인 포그 컴퓨팅의 이점을 활용한다. 이것들은 IoT의 핵심이다. 우리는 IoT에 대한 이 두 기술의 영향과 중요성에 대해 논의하지만, 글로벌 규모의 원활한 기능을 갖춘 IoT 생태계를 구축하려면 많은 연구 및 기술 과제를 해결해야 한다.

2.8.1 ID 관리

IoT의 기초 블록은 인터넷에 연결되어 있고 고유하게 식별 가능한 수십억 개의 장치이다. 여기서 과제는 네트워크를 통해 수많은 장치를 고유하게 관리하는 것이다. 장치 수가 빠르게 증가함에 따라 IPv6 주소 지정이 도입되었다. IPv6는 거대하고 끝이 없어 보이는 주소 공간을 통해 모든 IoT 장치에 고유한 주소 지정을 지원할 수 있다. 그러나 센서 주소를 IPv6 주소 지정 체계와 매핑하는 것은 여전히 어려운 과제이다. 이는 또한 로컬 및 글로벌 주소 해결에 초점을 맞출 수 있는 서비스를 구축해야 할 필요성을 제기한다.

2.8.2 이질성 관리

이질성은 IoT의 필수적인 부분이다. 서로 다른 원리로 작동하며 서로 다른 통신 표준(블루투스, 지그비, 와이파이 등)을 통해 통신하는 서로 다른 장치들을 공통의 우산 아래 통합하는 것이 연구 과제이다. 이러한 방향으로 최근 특히 기기 발견, 기기 간 통신 및 센서 데이터 관리를 위한 IoT 프로토콜의 표준화에 대한 작업이 수행되었다.

2.8.3 에너지 관리

대부분의 IoT 장치에서 리소스는 주요 제약 조건이다. 컴퓨팅 및 스토리지 작업을 지원하는 컴퓨팅 프레임워크로 오프로드하면 IoT 장치의 컴퓨팅 및 스토리지 리소스 부족을 효과적으로 보완할 수 있다. 그러나 여전히 남아 있는 주요 병목현상은 에너지 가용성의 부족이다. 대부분의 IoT 장치는 유한한 에너지 자원을 가진 작은 배터리로 구동되기 때문에 이 에너지의 신중한 관리가 중요하다. 따라서 장치의 슬립 사이클, 프레임 전송 정책 및 IoT 장치의 계산 부하를 조절하는 것은 이와 관련하여 중요한 과제 중 하나이다.

2.8.4 서비스 조정

지연시간에 민감한 실시간 서비스에 대한 요구는 포그 컴퓨팅 계층과 최첨단 컴퓨팅 패러다임의 노입을 촉발했다. 이론적으로 포그는 위치별 실시간 IoT 서비스를 제공할 수 있지만, 문제는 포그와 클라우드 계층 간의 서비스를 조정하는 것이다. 어떤 IoT 서비스를 어떤 포그 계층에 제공하고 어떤 서비스를 클라우드로 재할당할지 결정하는 것은 여전히 어렵다.

2.8.5 로드 밸런싱

효율적인 로드 밸런싱은 장치의 수명을 연장하는 데 도움이 되는 IoT의 또 다른 중요한 과제이다. IoT 워크로드에 대한 이러한 로드 밸런싱을 수행하는 한 가지 방법은 클러스터링 프로세스를 사용하는 것이다. 클러스터링에서는 전체 IoT 네트워크와 장치가 클러스터 또는 그룹으로 분할되고 각 클러스터는 클러스터 헤드에 의해 주도되며, 이러한 헤드는 전체 통신을 위해 서로 조정된다. 클러스터링의 장점은 네트워크 수명을 늘리는 동시에 네트워크 대역폭, 에너지 소비 및 중복 데이터 패킷 배출과 같은 중요한 매개변수를 줄이는 것을 포함한다.

2.8.6 응용 프로그램 설계

IoT는 다양한 애플리케이션을 포함하며, 각 애플리케이션에는 특정 요구사항이 적용된다. 이러한 애플리케이션의 중단 없는 운영을 촉진하기 위해서는 몇 가지 과제가 내재되어 있다. 가장 큰 과제 중 하나는 인간이 운영과정의 일부가 될 때 IoT 생태계가 어떻게 기능해야 하는지 결정하는 것이다. 또한 애플리케이션 요구사항이 지속적으로 변화함에 따라 애플리케이션과 원활하고 자동화된 동적 서비스 연결이 큰 기술적 과제이다.

2.8.7 프로그래밍 모델

애플리케이션 요구사항과 애플리케이션 호스팅 플랫폼의 다양성 때문에 IoT를 위한 표준 프로그래밍 모델을 설계하는 것은 매우 어렵다. 분산 프로그래밍 접근방식은 포그 컴퓨팅 계층에서 작동하는 서비스에 더 적합하다. 반면 클라우드 데이터센터의 경우 중앙집중식 모델을 따른다. 이러한 맥락에서 반응형 프로그래밍의 개념은 IoT 개발자와 프로그래머들 사이에서 인기를 얻고 있다.

2.8.8 보안 및 개인정보

IoT 장치 및 서비스의 규모와 이질성은 다양한 보안 및 개인정보 보호 관련 문제를 제기한다. IoT 생태계에서 직면하는 보안 문제는 주로 IoT 아키텍처를 보호하고 악의적인 공격으로부터 IoT 장치를 보호하는 것을 목표로 한다. 전자의 경우, 보안 조치가 아키텍처에 포함될 것으로 예상된다. 후자의 경우 IoT 네트워크 외부에서 발생하는 악의적인 서비스 거부 및 분산서비스 거부 공격을 탐지하고 방지해야 한다. 프라이버시에 관한 한, IoT는 서비스 제공자에 의해 처리되는 많은 양의 개인 데이터를 다룬다. 이 개인 데이터의 프라이버시를 유지하는 것은 다중 이해 당사자 분산 IoT 생태계에서 가장 큰 과제 중 하나이다. 또한 유럽연합(EU)에서의 일반데이터보호규정(General Data Protection Regulation, GDPR)의 시행으로 인해 시민의 개인 데이터의 개인정보 보호는 그 어느 때보다 중요한 문제가 되고 있다.

연습문제

01 IoT의 특성이 아닌 것은?

① 고유 식별자 ID
② 동질성
③ 광범위한 범위
④ 서비스의 보편성

02 IoT의 장점으로 볼 수 없는 것은?

① 언제 어디서나 모든 장치에서 정보에 액세스할 수 있는 기능을 지원해 준다.
② 연결된 네트워크를 통해 데이터 패킷을 전송하여 시간과 비용을 절약시켜 준다.
③ 시스템이 단순하여 시스템이 실패하더라도 쉽게 고칠 수 있다.
④ 업무를 자동화하여 비즈니스 서비스 품질을 개선하고 사람의 개입 필요성을 줄여 준다.

03 IoT가 조직에게 주는 이점이 아닌 것은?

① 고객경험(CX)을 개선한다.
② 시간과 돈을 절약한다.
③ 일부 중요한 비즈니스 프로세스를 모니터링한다.
④ 직원 생산성을 향상한다.

04 IoT의 통신 레이어에서 물리적 연결 솔루션으로 볼 수 없는 것은?

① 셀룰러
② 위성
③ LAN
④ ZigBee

05 IoT를 위한 다양한 통신기술의 특징 중 주파수 범위가 가장 넓은 것은?

① Wi-Fi
② Bluetooth
③ LoRa
④ 5G

06 IoT의 특성에는 무엇이 있는가?

07 IoT의 장점과 단점 각각 다섯 가지를 기술하시오.

08 IoT를 위한 다양한 통신기술의 특징을 설명하시오.

09 IoT의 응용분야 다섯 가지 이상을 기술하시오.

10 근거리 IoT 네트워크 솔루션의 종류에 대해 설명하시오.

정답 01 ② 02 ③ 03 ③ 04 ④ 05 ③

Chapter 3

빅데이터

3.1 개요

데이터와 알고리즘은 컴퓨팅을 보다 정확하게 실행하기 위해서 정보를 제어하는 새로운 방식으로 구성된 새로운 세계를 만들어 낸다. 전 세계 데이터 세트의 95% 이상이 최근 몇 년 동안 생성되었기 때문에 최고의 알고리즘을 가진 사람이 승리하는 것이 아니라 더 많은 데이터를 보유한 사람이 승리한다는 사실을 아는 것이 중요하다. 모든 유형의 데이터가 아니라 신뢰할 수 있는 데이터를 얼마만큼 가지고 있느냐가 중요하다. 결과적으로 우리가 처리하는 데이터를 기반으로 매우 효율적으로 작동하는 알고리즘이 있으므로 많은 양의 데이터를 축적할 수 있다.

따라서 이러한 대용량 데이터의 주요 문제는 특히 기존 데이터베이스 처리 도구를 사용하여 작업하기가 매우 어려워진다는 것이다. 오늘날 기업은 데이터양이 기하급수적으로 증가하는 문제에 직면해 있다. 보다 정확한 아이디어를 제공하기 위해 몇 페타바이트에 도달할 수도 있다.

예상대로 생성 및 관리되는 데이터의 양은 지난 몇 년 동안 기하급수적으로 증가했다. 따라서 로그, 소셜 미디어, 전자상거래(데이터의 성격이 다양함) 등에서 데이터를 얻을 수 있으므로 향후 몇 년 동안 생성될 데이터의 양이 얼마나 될지 상상할 수 있다. 많은 기업은 자체적으로 수집한 데이터이든 웹 데이터 또는 공공 데이터와 같은 공개 데이터이든 상관없이 데이터를 활용하기를 원한다. 하지만 기존 기술은 데이터의 폭발적인 증가를 처리하도록 설계되지 않았다. 기존 데이터 처리방법의 한계를 극복하고 데이터의 기하급수적인 증가가 발생하더라도 처리할 수 있게 된 것은 빅데이터(Big Data) 덕분이다.

3.2 데이터와 빅데이터의 역사

다양한 소스에서 방대한 양의 데이터를 관리하고 그로부터 가치를 추출하는 문제는 새로운 것이 아니다. 1944년에 웨슬리언 대학의 사서인 프레몬트 라이더(Fremont Rider)는 미국 대학들의 도서관 규모가 16년마다 두 배로 증가하고 있다고 말했다. 그는 또한 2040년까지 예일 대학 도서관이 약 2억 권의 책을 보유하게 될 것이며 이는 6,000마일 이상의 서가를 차지하게 될 것이라고 예측했다. 라이더는 사용 가능한 데이터 저장 용량보다 많은 데이터를 저장, 관리 및 사용하는 문제에 대해 설명했다. 당시에는 이를 빅데이터 문제로 분류하지 않았지만, 라이더는 오늘날 빅데이터와 상관관계가 있을 수 있는 유사한 현상을 언급한 것이다.

라이더의 시대부터 기술분야, 특히 데이터 관리분야에서 많은 발전이 이루어졌다. 오랫동안 데이터베이스 관리시스템(DBMS)과 관계형 데이터베이스 관리시스템(RDBMS)의 범위 내에서 데이터가 스마트한 방식으로 저장 및 관리되었다. DBMS는 1960년대 초에, RDBMS는 1970년대에 발명되었다. 둘 다 IBM의 연구소에서 개발되었다. 우리는 비교적 작은 시스템으로 작업하면서 인터넷 현상을 발견할 때까지 DBMS 또는 RDBMS 접근방식과 이를 기반으로 구축된 지능형 시스템에 만족했다.

옥스퍼드 대학 출신인 팀 버너스 리(Tim Berners-Lee)는 1985년 유럽입자물리연구소(CERN)에서 "Information Management: A Proposal"이라는 제목의 논문을 발표했는데 이 논문에서 정보를 생성, 공유 및 전 세계적으로 배포하는 시스템을 제시하고 이를 월드와이드웹(World Wide Web)이라고 명명했다. 당시 이 새로운 시스템이 전 세계에 엄청난 양의 정보를 생성하고 공유할 수 있는 기회를 제공할 것이며, 이 과정에서 생성된 데이터를 기존 시스템에 저장하고 관리하는 것이 어려울 것이라는 사실을 거의 알지 못했다.

2013년 로저 마굴라스(Roger Magoulas)는 빅데이터(데이터의 크기와 성능이 문제의 일부가 되는 경우)를 정의했는데, 빅데이터는 마굴라스가 제안한 정의에 국한되지 않고 빠르게 성장하고 방대하고 다양한 데이터로 인해 기존 스토리지와 구식 분석시스템이 중복되었고 이는 정말 큰 문제(그리고 기회)였다.

이 엄청난 양의 데이터를 저장하고 사용하는 것은 데이터가 비즈니스에 제공할 수 있는 다른 기회를 식별하기 전에 해결해야 하는 첫 번째 문제였다. 증가하는 데이터 크기는 많은 기업에서 큰 문제가 될 수 있고 일부 대기업은 이 데이터 저장 문제를 관리할 리소스를 보유하고 있지만 일부는 혁신적인 방식으로 문제를 해결하고 다음 큰 문제인 데이터 검색 및 관리에 집중하고 있었다. 수백만 개의 웹 페이지를 관리하고 실시간으로 데이터베이스에 색인을 생성하려는 기업이 빅데이터 기술발명의 진정한 원동력이었다. 구글과 야후는 이러한 기술개발 초기에 많은 기여를 했다.

2004년에 두 명의 구글 직원인 제프린 딘(Jeffery Dean)과 산자이 게마와트(Sanjey Ghemawat)가 'MapReduce'라는 프로그래밍 모델을 정의하는 백서를 발표했다. 약 5년 동안 많은 구글 직원은 호스트당 크롤링된 페이지 수, 매일 가장 자주 사용하는 쿼리 집합 등과 같은 인터넷 사용자의 활동에서 나오는 대량의 데이터를 계산하는 작업을 했다. 병렬처리를 위해 여러 서버의 데이터 세트를 처리하고 MapReduce 모델을 사용하여 매우 짧은 시간에 이러한 대규모 데이터 세트를 처리할 수 있었다. 그러나 같은 시기에 야후의 엔지니어들은 같은 문제를 다른 방식으로 해결하기 위해 노력하고 있었는데, 야후의 프로젝트 이름은 'Nutch'였다. 몇 달 동안 Nutch에서 작업하고 약 10억 개의 웹 페이지 데이터를 관리하려고 노력하던 디그 커딩(Doug Cutting)은 MapReduce가 유사한 문제를 더 나은 방법으로 해결할 수 있다고 언급한 구글의 백서를 발견했고, MapReduce 프레임워크에서 영감을 받아 더그 커팅과 마이크 카파렐라(Mike Cafarella)는 오픈 소스 기술에 이 프레임워크를 구현하고 2005년에 'Hadoop'을 출시했다.

Apache Hadoop은 상용 하드웨어로 구축된 컴퓨터 클러스터에서 매우 큰 데이터 세트의 분산저장 및 분산처리를 위한 오픈 소스 소프트웨어 프레임워크이다. 데이터 저장분야에서 하드웨어 장애는 일반적인 문제이며 가능하면 이러한 장애를 자동으로 처리해야 한다는 사실을 피할 수 없었다. Hadoop은 모든 모듈이 프레임워크에 의해 오류를 자동으로 처리하도록 설계를 통해 이 오랜 기존 문제를 해결했다.

Apache Hadoop의 핵심은 HDFS(Hadoop Distributed File System)라는 스토리지 부분과 MapReduce라는 처리 부분으로 구성된다. Hadoop은 파일을 큰 블록으로 분할하고 클러스터의 노드에 배포한다. 데이터를 처리하기 위해 Hadoop은 처리해야 할 데이터를 기반으로 노드가 병렬로 처리할 패키지된 코드를 전송하게 되는데 이 접근방식은 데이터 로컬리티(노드가 액세스할 수 있는 데이터를 조작하는 노드)를 활용하여 데이터 세트가 계산과 데이터가 있는 병렬 파일 시스템에 의존하는 기존의 슈퍼컴퓨터 아키텍처보다 더 빠르고 효율적으로 처리될 수 있도록 하면서 고속 네트워킹을 통해 배포된다.

많은 회사와 스타트업 기업이 Apache 오픈 소스 프레임워크를 사용하여 자체 버전의 Hadoop을 만들었다. 데이터 검색 및 관리 측면에서 많은 회사가 자체 쿼리 또는 스크립팅 언어를 발명했다. Pig 및 Hive는 기업이 Hadoop 노드에 저장된 이 엄청난 양의 데이터를 분석하는 데 도움이 되도록 발명되었다.

오늘날의 데이터가 풍부한 세상에서 기업은 소셜 미디어, 웹 트래픽, 시스템 로그 파일, 고객 피드백, 직원 활동 등과 같은 다양한 소스에서 엄청난 양의 데이터를 수집하고 있다. 이는 우리 비즈니스의 모든 부분을 다루고 있으며, 올바른 데이터를 사용하여 올바른 가치를 추출하고 파생할 수 있다면 비즈니스에 엄청난 기회를 제공한다. 최근 우리는 비즈니스든 정치든 상관없이 데이터의 참여와 분석이 시나리오를 완전히 바꿔놓은 사례를 많이 보았다. 2012년 미국 대통령 선거인 첫 번째 빅데이터 선거가 그러한 예이다.

오마바 팀은 정보를 공유하고, 그날 수집된 데이터를 기반으로 매일 밤 66,000번 이상의 모의 선거를 실행할 수 있었다. 또한 빅데이터 분석팀에서 수집한 인구통계정보를 통해 '마이크로 타깃' 유권자에게 다가가기 위해 맞춤형 TV 광고를 구매할 수 있는 보다 구체적인 방법을 찾을 수 있었다. 이 전략은 사상 최초의 빅데이터 선거에서 오바마에게 유리하게 귀결되었다. 오바마는 도널드 트럼프에게 대권을 넘기기 전에 두 번이나 선거에서 승리하고 8년 동안 전국을 통치했다. 오바마의 두 번의 선거에서 빅데이터 분석은 엄청난 가치를 추가했다.

3.3 빅데이터 개념 및 정의

3.3.1 빅데이터의 진화

인터넷 사용자의 급속한 성장과 함께 생성되는 데이터의 기하급수적인 증가가 있다. 데이터는 우리가 카톡, 왓츠앱, 페이스북 또는 트위터를 통해 보내고 전달하는 수백만 개의 메시지, 촬영된 수천만 장의 사진, 유튜브에 1분마다 업로드되는 비디오에서 만들어진다. 최근 조사에 따르면 매일 2500000000000000바이트의 데이터가 생성된다. 이렇게 생성되는 엄청난 양의 데이터를 '빅데이터'라고 한다. 빅데이터는 데이터 세트가 너무 크다는 의미일 뿐만 아니라 본질적으로 복잡하며 구조화되거나 구성될 수 있는 데이터에 대한 포괄적인 용어이다.

현재 사용 가능한 데이터 중 80%는 지난 몇 년 동안 생성된 것이다. 빅데이터의 성장은 획득해야 하는 전 세계 구석구석에서 더 많은 데이터가 생성된다는 사실에 의해 발전해 나가고 있다.

이 IT 가치가 비즈니스 가치로 전환되지 않는 한, 이 방대한 데이터를 획득하는 것은 작은 가치만을 제공한다. 데이터를 관리하고 분석하는 것은 항상 조직에 유익했다. 반면에 이러한 데이터를 가치 있는 비즈니스 통찰력으로 변환시키는 것은 항상 가장 큰 도전이었다. 데이터 과학자들은 캡처된 데이터를 분석하기 위한 실용적인 기술을 찾기 위해 고군분투했다. 데이터에서 귀중한 통찰력을 얻으려면 적절한 속도와 시간으로 데이터를 관리해야 한다. 이러한 데이터는 너무 복잡해서 기존의 데이터베이스 관리시스템으로는 처리하기 어려워졌고, 이는 빅데이터 시대의 진화를 촉발했다. 또한 기존 데이터베이스가 처리할 수 있는 데이터의 양에 제약이 있었다. 데이터 크기가 증가함에 따라 성능이 저하되고 대기시간이 증가하거나 추가 메모리 유닛을 추가하는 데 비용이 많이 들었다. 이러한 모든 한계는 분산환경에서 데이터를 캡처, 저장, 처리 및 분석할 수 있는 빅데이터 기술의 발전으로 극복되었다.

3.3.2 빅데이터 처리에 있어 기존 데이터베이스의 실패

관계형 데이터베이스 관리시스템(RDBMS)은 최근까지 조직에서 생성된 데이터를 저장하기 위해 가장 널리 보급된 데이터 저장 매체였다. 많은 공급업체가 데이터베이스 시스템을 제공하는데, 이러한 RDBMS는 단일 컴퓨터의 저장 용량을 초과하지 않는 범위 내에서 데이터를 저장하도록 고안되었다. 새로운 기술의 시작은 항상 기존 기술의 한계와 이를 극복해야 하는 필요성에 기인한다. 다음은 빅데이터 처리에 있어 기존 데이터베이스의 한계이다.

- 테라바이트 및 페타바이트 단위로 확장되는 데이터 크기의 기하급수적인 증가는 이러한 방대한 데이터 크기를 처리하는 RDBMS에 대한 도전 과제가 되었다.

- 이 문제를 해결하기 위해 RDBMS는 프로세서 수를 늘리고 메모리 장치를 추가하여 비용을 증가시켰다.
- 가져온 데이터의 거의 80%가 RDBMS에서 처리할 수 없는 반정형 및 비정형 형식이었다.
- RDBMS는 고속으로 들어오는 데이터를 캡처할 수 없다.

▌표 3-1 ▌RDBMS와 빅데이터의 속성 차이

속성	RDBMS	BIG DATA
Data volume	기가바이트에서 테라바이트까지	페타바이트에서 제타바이트로
Organization	중앙집중식	분산
Data type	정형(구조화)	비정형 및 반정형
Hardware type	고급 모델	상용 하드웨어
Updates	여러 번 읽기 · 쓰기	한 번 쓰기, 여러 번 읽기
Schema	정적	동적

▌표 3-2 ▌데이터 마이닝과 빅데이터의 비교

구분	데이터 마이닝	빅데이터
정의	데이터 마이닝은 데이터 세트에서 기본 지식을 발견하는 프로세스	빅데이터는 볼륨, 속도, 다양성으로 특징지어지는 방대한 양의 데이터를 의미
형식	스프레드시트, 관계형 데이터베이스 등에서 검색된 구조화된 데이터	NoSQL과 같은 비관계형 데이터베이스에서 검색된 정형, 비정형 또는 반정형 데이터
비용	데이터 마이닝은 대용량 데이터 세트를 처리할 수 있지만 데이터 처리비용이 높음	빅데이터 도구와 기술은 비교적 저렴한 비용으로 대용량 데이터를 저장하고 처리할 수 있음
범위	데이터 마이닝은 기가바이트에서 테라바이트 범위의 데이터 세트만 처리할 수 있음	빅데이터 기술은 페타바이트에서 제타바이트에 이르는 데이터를 저장하고 처리할 수 있음

3.3.3 빅데이터의 정의

빅데이터는 오늘날 점점 디지털화되고 확장되는 정보사회의 가장 중요한 특징 중 하나이다. '빅데이터'라는 용어는 서로 다른 이해관계자, 그룹 및 애플리케이션과 관련하여 다양한 방식으로 사용되었지만, 그 정의는 시간과 관점에 따라 변화하면서 어느 정도 논쟁의 대상이 되었다. 그러나 일관된 정의가 없음에도 불구하고, 일반적인 참조는 데이터 세트의 크기를 주요 정의 요소로 나타내는 일반적인 합의와 함께 방대한 양의 데이터를 수집, 관리 및 분석한다는 것이다. 이처럼 빅데이터는 광범위한 영역과 애플리케이션에 걸쳐 활용할 수 있는 프로세스와 기술을 아우르는 분석공간으로 개념화할 수 있다.

앞에 언급한 것과 같이 빅데이터에 대한 일반적인 정의 중 하나는 매우 큰 데이터 세트를 의미하는데, 미국 국립표준기술연구소(NIST) 보고서에서는 빅데이터를 "효율적인 저장, 조작 및 분석을 위해 확장 가능한 아키텍처가 필요한 볼륨, 속도 및/또는 가변성의 특성에서 주로 사용되는 광범위한 데이터 세트"로 구성되어 있다고 정의하고 있으며, 일부에서는 빅데이터를 페타바이트(백만 기가바이트)를 초과하는 데이터양으로 정의하기도 한다.

빅데이터에 대한 또 다른 정의는 데이터의 기하급수적인 증가와 가용성을 말하기도 한다. 빅데이터는 센서, 천문대, 위성, 월드와이드웹, 모바일 장치, 크라우드 소싱 메커니즘, 스마트폰 및 소셜 미디어 게시물과 같은 수많은 소스, 교통 신호 및 유틸리티 미터와 같은 센시, POS 단말기 등 다양한 소스에서 파생된다. 다양한 환경, 섹터 및 컨텍스트에서 빅데이터의 의미와 역할을 이해하기 위해 빅데이터의 중요한 측면과 본질적인 측면에 모두 주의를 기울여야 한다. 이는 타당성, 신뢰성, 적용 가능성 및 현재와 미래에 사회에 미치는 광범위한 영향의 문제와 관련된 개념적 설명과 분석적 사용을 고려하는 것을 의미한다.

만약 방대한 데이터 깊숙한 곳에 쌓여있는 지식이나 정보를 실행 가능한 통찰력, 향상된 의사결정 및 경쟁우위로 전환할 수 있는 재능과 기술을 보유한 조직이 있다면 미래 시장에 엄청난 기회를 얻을 수 있다. 즉 빅데이터의 힘을 활용하여 의료시스템은 위험에 처한 환자를 식별하여 더 빨리 개입할 수 있고, 경찰서는 범죄를 예측하고 범죄가 시작되기 전에 막을 수 있으며, 소매업체는 재고를 더 잘 예측하여 공급망 효율성을 최적화할 수 있다. 가능성은 무한하다. 여러 기관에서 제시한 빅데이터의 정의는 [표 3-3]과 같다.

| 표 3-3 | 빅데이터의 여러 정의들

기관	정의
NIST	효율적인 저장, 조작 및 분석을 위해 확장 가능한 아키텍처가 필요한 볼륨, 속도 및/또는 가변성의 특성에서 주로 사용되는 광범위한 데이터 세트
Gartner (2021)	향상된 통찰력, 의사결정 및 프로세스 자동화를 가능하게 하는 비용 효율적이고 혁신적인 형태의 정보처리를 요구하는 대용량 및 고속 또는 다양한 정보 자산
McAfee(2012)	대량, 다양성 및 고속 데이터
Oracle	거대한 규모(Volume), 빠른 속도(Velocity), 높은 다양성(Variety)을 특징으로 하는 데이터
Wikipedia	기존 데이터베이스 관리도구의 능력을 넘어서는 대량의 정형 또는 심지어 데이터베이스 형태가 아닌 비정형의 데이터 집합까지 포함한 데이터로부터 가치를 추출하고 결과를 분석하는 기술
RedHat	전통적인 데이터 프로세싱 방법으로 처리할 수 없을 정도로 대규모이거나 복잡한 데이터
Tibco	조직이 보유하고 있는 데이터의 양이 방대하고 지속적으로 증가하여 전통적인 방법으로는 분석할 수 없는 데이터

3.4 빅데이터의 특징

빅데이터는 다양한 차원의 탁월한 특성으로 구별된다. [그림 3-1]은 빅데이터의 다양한 차원을 보여준다. 첫 번째 차원은 데이터의 크기이다. 범용 하드웨어가 포함된 클러스터 스토리지로 인해 비용 효율성이 높아졌기 때문에 데이터 크기가 부분적으로 증가한다. 상품 하드웨어는 특징이 없는 저가, 저성능, 저사양 기능 하드웨어이다. 이를 빅데이터 기술에서 '볼륨'이라는 용어로 나타낸다. 두 번째 차원은 구조화(정형), 비구조화(비정형) 또는 두 가지가 혼합된 모든 데이터 유형을 수용하는 이질성을 설명하는 다양성이다. 세 번째 차원은 처리되지 않은 원시 데이터에서 원하는 값을 도출하기 위해 데이터가 생성되고 처리되는 속도와 관련된 속도이다.

▌그림 3-1▐ 빅데이터의 3V

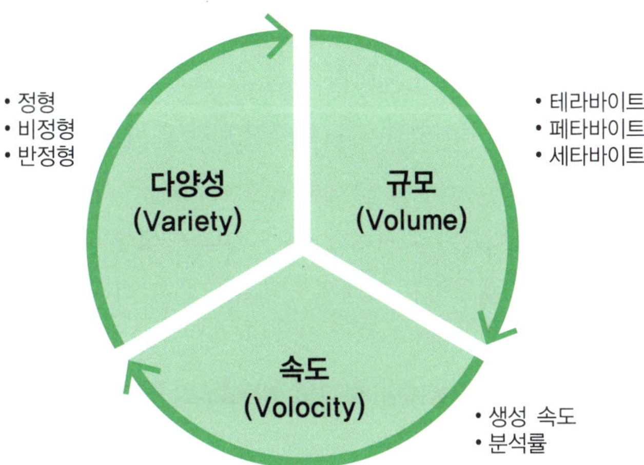

캡처된 데이터의 복잡성은 오늘날의 정보기술시대에 새로운 기회이자 도전 과제이다.

3.4.1 Volume(규모)

빅데이터에 의해 생성되고 처리되는 데이터는 계속해서 빠른 속도로 증가하고 있다. 비즈니스 기업이 더 우수하고 더 큰 비즈니스 솔루션을 만들기 위해 지속적으로 데이터를 캡처하고 있기 때문에 '볼륨(규모)'이 기하급수적으로 증가한다. 빅데이터 볼륨은 테라바이트에서 제타바이트까지 측정된다(1024GB=1테라바이트, 1024TB=1페타바이트, 1024PB=1엑사바이트, 1024EB=1제타바이트, 1024ZB=1요타바이트). 이 방대한 데이터를 캡처하는 것은 더 나은 고객서비스와 더 나은 비즈니스 이점을 달성할 수 있는 특별한 기회로 활용된다. 이렇게 계속 증가하는 데이터 볼륨은 확장성과 안정성이 뛰어난 스토리지를 요구한다. 이러한 엄청난 양의 거래량 증가에 기여하는 주요 출처는 소셜 미디어, POS(Point of Sale) 거래, 온라인 뱅킹, GPS 센서 및 차량 센서이다. 페이스북은 하루에 약 500테라바이트의 데이터를 생성한다. 웹 사이트의 링크를 클릭할 때마다 온라인에서 항목이 구매되고 유튜브에 동영상이 업로드되고 데이터가 생성된다.

3.4.2 Velocity(속도)

데이터의 양이 급격히 증가하면서 데이터 생성 속도도 급증했다. '속도'라는 용어는 데이터가 생성되는 속도를 의미할 뿐만 아니라 데이터가 처리되고 분석되는 속도를 의미한다.

빅데이터 시대에는 엄청난 양의 데이터가 빠른 속도로 생성되고, 때로는 이러한 데이터가 너무 빨리 도착하여 캡처하기 어려워도 데이터를 분석해야 하는 경우가 있다. [그림 3-2]는 페이스북 게시물 330만 개, 트윗 45만 개, 동영상 업로드 400시간, 구글 검색 310만 개 등 60초 만에 고속으로 생성된 데이터를 보여준다.

그림 3-2 60초 안에 생성되는 데이터 수

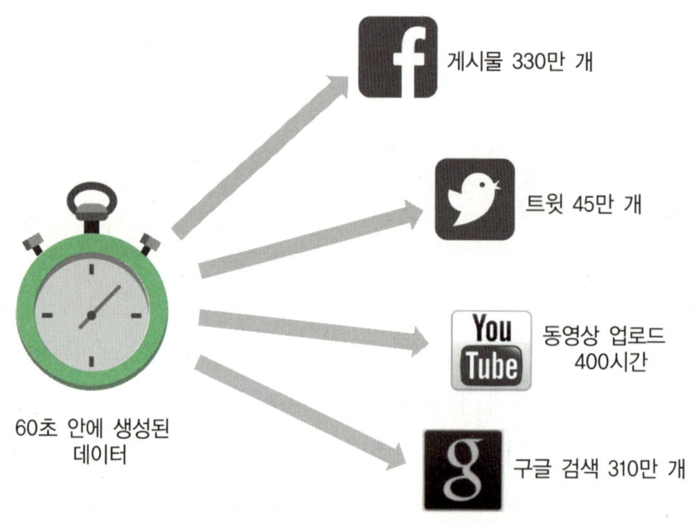

3.4.3 Variety(다양성)

다양성은 빅데이터가 지원하는 데이터의 형식을 의미한다. 데이터는 정형, 반정형 및 비정형 형식으로 도착한다. 정형 데이터는 직원 세부 정보, 은행 고객 세부 정보와 같이 데이터가 테이블로 구성되는 기존 데이터베이스 관리시스템에 의해 처리되는 데이터를 말한다. 반정형 데이터는 XML과 같은 구조화된 데이터와 구조화되지 않은 데이터의 조합이다. XML 데이터는 기존 데이터베이스와 관련된 형식 데이터 모델(테이블)에 맞지 않기 때문에 반구조적이다. 오히려 데이터 내의 필드를 구성하는 태그를 포함한다. 비정형 데이터는 이메일 메시지, 사진, 웹 페이지 등 명확한 구조가 없는 데이터를 말한다. 페이스북, 트위터 피드, 차량 센서, 비행기 블랙박스에서 들어오는 데이터는 기존 데이터베이스가 처리할 수 없는 비정형 데이터, 빅데이터가 등장하는 시점이다.

빅데이터를 통한 가치 창출이 중요해지면서 3V에 Veracity(진실성)와 Value(가치)가 추가되어 5V가 되었다.

3.4.4 Veracity(진실성)

데이터의 신뢰성과 타당성에 관한 특성이다. 방대한 양의 데이터를 분석하여 일정한 패턴을 추출할 수 있지만 이 패턴이 오류나 노이즈로 인한 것이 아니라 데이터의 특징이라고 신뢰할 수 있어야 한다. 데이터가 많아질수록 엉터리 데이터도 커질 가능성이 높아지기 때문이다. 따라서 빅데이터를 수집할 때 분석할 만한 가치가 있는지 살펴야 할 필요성이 생겼고, 이런 측면에서 진실성(Veracity)이 제시되었다.

3.4.5 Value(가치)

빅데이터는 결국 비즈니스나 연구에서 유용한 가치를 끌어낼 수 있어야 그 의미가 있다. 데이터를 수집할 때 그 데이터를 활용하여 무엇을 할 수 있을지에 대한 고민이 필요하다.

최근에는 여기에 Validity(정확성), Volatility(휘발성)이 추가되어 7V로 부르고 있다.

3.4.6 Validity(정확성)

데이터의 정확성을 의미하며 Veracity(진실성)와 Validity(정확성)는 비슷한 개념이다. 데이터에 진실성이 없다면 노이즈와 바이어스로 인해 잘못된 결론을 끌어낼 수 있으며, 정확성이 없다면 데이터의 규모가 크더라도 쓸모가 없어진다. 예를 들어 개와 고양이 사진에서 레이블링(Labeling)이 잘못된 데이터라면 정확성이 없는 것이고 노이즈가 많아 개와 고양이의 특징이 없다면 진실성이 없는 것이다.

3.4.7 Volatility(휘발성)

데이터가 얼마나 오래 저장될 수 있고 사용될 수 있을지에 관한 것이다. 아무리 데이터의 양이 많고 잘 정리되어 있더라도 몇 년만 지나면 의미가 없어지는 유형의 데이터거나, 데이터의 양이 가진 자원에 비해 너무나도 커서 이를 오래 저장하는 것이 힘들다면 빅데이터로서의 활용성을 점검해 보아야 할 것이다. 빅데이터는 단기적으로 활용하기보다는 장기적인 관점에서 유용한 가치를 창출할 수 있어야 한다. 보다 최근에 [표 3-4]와 같이 빅데이터 실무자와 이론가들은 추가적인 V를 제안했다.

표 3-4 빅데이터의 특징들

특징	설명	의미	데이터 품질에 미치는 영향
Volume (규모)	데이터의 크기는 얼마인가?	빅데이터의 두드러진 특징이다. 엑사바이트, 제타바이트 또는 요타바이트 단위로 생성된 데이터의 양을 나타낸다.	데이터 볼륨은 신뢰할 수 있는 시간 내에 많은 양의 잡음이 있고 일관성이 없는 데이터를 처리해야 하는 데이터 품질처리 및 관리 도구와 관련된 문제를 제기한다.
Variety (다양성)	데이터가 얼마나 이질적인가?	빅데이터는 일반적으로 지리적 위치 데이터, 센서 데이터, 소셜 미디어 데이터 등과 같은 다양한 데이터 유형의 여러 데이터 소스(소셜 미디어, IoT, 모바일 장치 등)를 통합한다.	데이터 다양성은 데이터 형식이 일치하지 않고 데이터 구조와 의미가 호환되지 않는 이질적인 데이터로 이어지며 데이터 관리가 더 복잡해진다.
Velocity (속도)	데이터는 얼마나 빨리 생성되는가?	데이터 생성 속도를 나타낸다. 데이터가 생성, 분석 및 처리되는 속도이다.	고속 데이터에는 고성능 처리 도구가 필요하며 특히 시간에 민감한 프로세스의 경우 적시성 문제가 발생할 수 있다.
Veracity (진실성)	데이터를 얼마나 신뢰할 수 있는가?	생성된 결과의 진실성과 정확성이다. 이 특성은 특히 비즈니스 의사결정에 매우 중요한다.	데이터에는 데이터의 신뢰성과 진실성에 영향을 미치는 비정상적이거나 부정확한 값이 포함될 수 있다.

Value (가치)	생성된 데이터가 가치가 있는가?	데이터에서 파생될 수 있는 비즈니스 가치를 나타낸다. 데이터 처리가 제공할 수 있는 이점을 지정하는 것으로 구성된다.	데이터에서 가치 있는 통찰력을 추출하는 것은 항상 명확하고 조직과 데이터 관리자에게 어려울 수 있다.
Variability (가변성)	데이터 변화율은 얼마인가?	데이터의 동적 측면을 조명한다. 데이터의 의미가 변하는 빈도를 나타낸다.	변동성이 높은 데이터는 데이터 신선도 및 적시성과 관련된 문제를 제기한다.
Visualization (가시성)	의미 있는 데이터 시각화를 개발하는 것이 얼마나 어려운 일인가?	추출된 정보를 읽기 쉬운 형태로 표현하여 보다 이해하기 쉬운 형태로 제시하는 과정을 의미한다.	대규모 데이터를 정적 또는 동적 형태로 시각화하는 것은 어려울 수 있다. Agrawal et al.(2015)은 빅데이터 시각화의 도전과 기회를 제시했다.
Validity (정확성)	데이터가 의도한 용도에 적합하고 정확한가?	입력 데이터의 정확성과 의도된 목적에 대한 적합성을 나타낸다.	유효하지 않은 데이터는 쓸모없고 의사결정을 지원할 수 없으므로 데이터 처리 전에 데이터 유효성을 검사해야 한다.
Volatility (휘발성)	데이터를 얼마나 오래 보관할 수 있고 석용 가능한 것으로 간주할 수 있는가?	데이터의 유용성과 관련성 기간을 나타낸다.	오래된 데이터는 관련이 없으며 데이터 분석을 편향시킬 수 있다.
Viability (실행 가능성)	데이터가 얼마나 관련성이 있는가?	이 프로세스는 완전한 기능을 갖춘 모델 생성에 투자하기 전에 "특정 변수의 관련성을 확인하는" "이러한 변수 간의 잠재적인 숨겨진 관계를 발견하는 것"으로 구성된다.	"빅데이터는 영원히 살아있고 활성화될 수 있는 능력을 가져야 하고, 발전할 수 있어야 하고, 필요할 때 더 많은 데이터를 생산할 수 있어야 한다"(Khan et al., 2018).
Vocabulary (어휘성)	데이터를 설명하는 데 사용되는 용어는 무엇인가?	데이터의 내용과 구조를 설명하는 데이터 용어를 나타낸다.	데이터 가독성 및 가용성은 사용된 어휘 및 표현과 밀접한 관련이 있다.
Vagueness (모호성)	얼마나 많은 데이터를 사용할 수 있는가?	빅데이터의 의미에 대한 혼란을 말한다. 성격, 내용, 도구 가용성, 도구 선택 등에 관한 것이다(Dhamodharavadhani et al., 2018).	불분명하고 이해할 수 없는 데이터는 효과적으로 사용할 수 없다.

Venue (베뉴)	데이터 관리에 어떤 종류의 플랫폼과 시스템이 사용되는가?	인사시스템, 프라이빗 및 퍼블릭 클라우드와 같은 다양한 플랫폼을 통해 다양한 소스에서 다양한 유형의 데이터가 도착했다(IRJET, 2021).	빅데이터 소스는 항상 신뢰할 수 있는 것은 아니며 부정확한 정보(예: 소셜 미디어)를 제공할 수 있다.
Viscosity (연계성)	데이터 작업이 얼마나 어려운가?	데이터 사용 또는 통합의 어려움을 나타낸다(Failed, 2018).	빅데이터 복잡성은 데이터 사용성과 효율성에 직접적인 영향을 미칠 수 있다.

3.5 빅데이터의 장단점

빅데이터는 수집, 저장 및 분석의 적절한 방법을 선택하여 나중에 제공되는 정보를 활용하는 첫 번째 단계부터 활용될 때 기업에 경쟁우위를 제공한다. 그럼에도 불구하고 빅데이터에는 몇 가지 부정적인 점이 있다.

3.5.1 빅데이터의 장점

(1) 적절한 의사결정

많은 조직에서 빅데이터의 장점 중 하나가 민감도를 분석하는 능력이라고 생각하는 경우, 생산성 향상, 비용 절감, 고객 선택의 품질 개선을 통한 수익 증대 등 다른 많은 장점들이 존재하며, 이에 더해 부정행위 탐지, 조직의 탄력성 향상, 창의성 향상 및 혁신 및 제안을 평가하여 특정 목표에 대한 적절한 의사결정을 내릴 수 있다.

(2) 새로운 제품개발

소비자 관련 통계 및 욕구 분석을 통한 새로운 제품개발에 있어 또 다른 이점을 제공한다.

(3) 조직에 큰 가치를 제공

빅데이터 분석은 포괄적이고 정확하며 실행적인 아이디어를 정의함으로써 조직에 큰 가치를 제공한다.

(4) 정확한 예측 분석

필요한 특정 데이터를 관리함으로써 시간과 비용을 절약하고, 따라서 분석과정에 데이터의 여러 이질적인 부분을 포함함으로써 개인과 다른 그룹의 특성과 요구에 대해 보다 포괄적이고 선호되는 방향을 얻을 수 있으며, 그 결과 예측 분석의 효율성과 정확성을 향상시킬 수 있다.

(5) 조직 강화

다양한 조직 및 운영 프로세스에 대한 포괄적인 분석을 통해 조직을 강화하는 기회를 늘린다.

3.5.2 빅데이터의 단점

(1) 부적절한 해석

빅데이터는 인공지능이 필요하지 않은 카테고리를 대상으로 하는 서비스라는 점을 감안할 때 일부 서비스에서는 불필요한 것으로 간주되는 경우가 많다. 가장 중요한 부정적인 측면은 감정 및 개인정보 보호와 같은 일부 요소가 고려되지 않는다는 것이다. 이는 데이터를 부적절하게 해석하는 원인이 된다.

(2) 데이터 처리방식

데이터 처리방식이 당면 과제 중 하나는 '원시(Raw)' 버전에서 얻은 빅데이터는 쓸모가 없고, 이 방대한 데이터에서 정보를 얻기 위해 많은 프로그램을 사용하여 분석하고 데이터 처리계획을 세워야 한다는 점이다. 또한 대량의 데이터를 분석하려면 강력한 알고리즘과 IT 도구가 필요하다.

(3) 보안 및 개인정보

엄청난 양의 데이터를 고려할 때 보안 및 개인정보 보호는 사용자 인증, 사용자 의존 액세스 제한, 로그 데이터 액세스 기록, 데이터 암호화의 적절한 사용 등을 포함해야 한다.

(4) 인재 부족

주요 조직에는 많은 빅데이터 프로젝트가 있지만, 해당 분야에 대한 충분한 지식을 갖춘 개발자, 데이터 과학자 및 분석가 등 인재가 부족하고, 이들로 구성된 재능 있는 팀이 존재해야 하는 것은 당면한 과제이다.

(5) 비용 증가

엄청난 양의 데이터를 처리하는 애플리케이션을 갖는 것만으로는 충분하지 않고 정보로 변환하는 데 막대한 비용이 든다.

(6) 프로세스의 복잡성

빅데이터는 달라지고 변화하는 환경을 요구하며, 이로 인해 프로세스가 복잡해진다.

(7) 데이터 처리의 문제

대부분 기업이 이러한 격차로 어려움을 겪고 있는 상황에서 많은 기업이 빅데이터를 어떻게 처리해야 할지 모르기 때문에 많은 기업이 가지고 있지 않은 필요한 자원과 전문지식을 제공해야 한다. 또한 데이터 감독자를 고용하여 안전하고 올바르게 유지하고 주요 문제를 예방해야 한다.

(8) 공공 정책 인식을 형성하는 것의 어려움

소셜 미디어에서 파생된 정보를 보는 것은 무엇이 진짜이고 무엇이 거짓인지 구별하지 않기 때문에 효과적인 방법이 아니다.

(9) 시스템에 대한 부담을 증가

대부분의 관리부서는 이 정도의 정보를 관리할 자격이 없으며 조직 내 직원의 능력을 능가할 수도 있다.

(10) 인간 상호작용 대신 가상 상호작용을 사용하는 것의 위험

소셜 미디어의 오용이 직접적인 인간 커뮤니케이션에 영향을 미친다. 마찬가지로 현대 기술은 우리를 인간의 삶에 필요한 인간관계에서 멀어지게 할 수 있다.

3.6 빅데이터의 출처

서로 다른 여러 데이터 소스가 빅데이터의 엄청난 양을 증가시키는 원인이 된다. 데이터 증가의 대부분은 전 세계 거의 모든 것이 디지털화되었기 때문일 수 있다. 전자 청구서 지불, 온라인 쇼핑, 소셜 미디어를 통한 커뮤니케이션, 다양한 조직의 이메일 트랜잭션, 조직 데이터의 디지털 표현 등이 전 세계적으로 이러한 디지털화의 예이다.

(1) 센서

대용량 빅데이터에 기여하는 센서는 다음과 같다.

- 모바일 장치에 설치된 가속도계 센서는 진동 및 기타 움직임을 감지한다.
- 공공장소에서 사용되는 근접 센서는 물체와 물리적 접촉 없이 물체의 존재를 감지한다.
- 차량 및 의료 기기의 센서는 효율과 성능을 높일 수 있다.

(2) 의료

의료에서 빅데이터의 주요 소스는 다음과 같다.

- 전자건강기록(EHR)은 과거 병력, 의사의 처방전, 검사실 검사 결과와 같은 환자정보를 수집하고 표시한다.
- 환자 포털을 통해 환자는 EHR에 저장된 개인 의료 기록에 액세스할 수 있다.
- 임상 데이터 저장소는 다양한 임상 소스의 개별 환자 기록을 집계하고 통합하여 환자 이력에 대한 통합 보기를 제공한다.

(3) 블랙박스

비행기, 헬리콥터, 제트기의 블랙박스에 의해 데이터가 생성된다. 블랙박스는 비행 활동, 승무원 안내, 항공기 성능정보를 담고 있다.

(4) 웹 데이터

웹 사이트에서 링크를 클릭하여 생성된 데이터는 온라인 소매업체에서 캡처한다. 클릭 스트림 분석을 수행하여 고객의 관심과 구매 패턴을 분석하여 고객의 관심을 기반으로 추천을 생성하고 소비자에게 관련 광고를 게시한다.

(5) 조직 데이터

조직 내에서 생성된 이메일 트랜잭션 및 문서가 함께 조직 데이터에 기여한다.

[그림 3-3]은 위에서 논의한 다양한 소스에서 생성된 데이터를 보여준다.

▌그림 3-3 ▌빅데이터의 출처

3.7 다양한 데이터 유형

데이터는 기계가 생성하거나 사람이 생성할 수 있다. 인간 생성 데이터는 인간과 기계의 상호작용 결과로 생성되는 데이터를 의미한다. 이메일, 문서, 페이스북 게시물은 인간이 생성한 데이터의 일부이다. 기계 생성 데이터는 사람의 적극적인 개입 없이 컴퓨터 응용 프로그램이나 하드웨어 장치에서 생성된 데이터를 말한다. 센서, 재난경고시스템, 일기예보시스템 및 인공위성의 데이터는 기계 생성 데이터의 일부이다. [그림 3-4]는 사람 그리고 기계에서 생성된 데이터를 나타낸다.

▌그림 3-4 ▌사람 그리고 기계에서 생성된 데이터

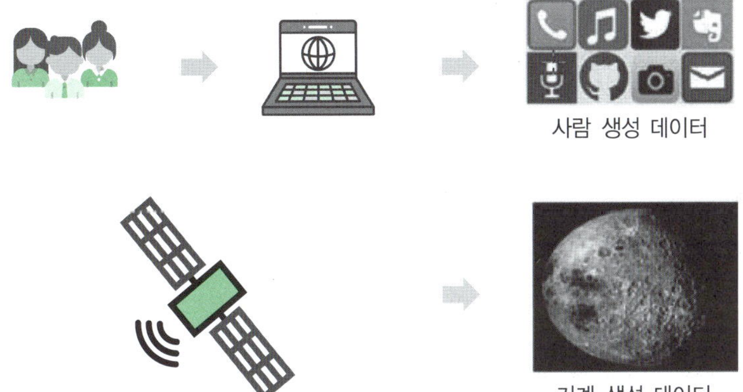

기계 생성 데이터와 사람 생성 데이터는 다음과 같은 원시 유형의 빅데이터로 나타낼 수 있다.

- 정형 데이터
- 비정형 데이터
- 반정형 데이터

3.7.1 정형 데이터

구조화된(정형) 데이터는 일반적으로 정량적 데이터로 간주된다. 이것은 사람들이 작업하는 데 익숙한 종류의 데이터이다. 구조화된 데이터의 특정 예는 이름, 주소, 날짜, 주식정보, 신용카드번호, 지리적 위치 등으로 구성된다.

구조화된 데이터는 매우 체계적이고 기계어로 간단히 이해된다. 관계형 데이터베이스에서 작업하는 사람들은 구조화된 데이터를 빠르게 입력, 검색, 조작할 수 있다. 이것은 구조화된 데이터의 가장 두드러진 특징이다.

구조화된 데이터를 관리하기 위해 일반적으로 사용되는 프로그래밍 언어는 구조화된 쿼리 언어(SQL이라고도 함)로 알려져 있다. 이 언어는 기본적으로 1970년 초 IBM에 의해 개발되었고 SQL은 주로 데이터베이스의 관계를 처리하는 데 사용된다.

데이터는 RDBMS 구조 내에서 생성되는 한 사람이 생성하거나 기계가 생성될 수 있다. 이러한 종류의 형식은 숫자 또는 알파벳, 날짜 또는 통화와 같은 필드 이름뿐만 아니라 고유한 데이터를 사용하는 알고리즘을 통해 사람들이 생성한 쿼리로 검색할 수 있다.

구조화된 데이터를 가진 공통 관계형 데이터베이스 애플리케이션은 항공사 예약시스템, 판매 거래, 재고 관리 및 ATM 활동으로 구성된다. SQL은 관계형 데이터베이스 내에서 이러한 종류의 구조화된 데이터에 대한 쿼리를 가능하게 한다.

관계형 데이터베이스 중 일부는 고객관계관리(CRM) 애플리케이션과 같은 비정형 데이터를 저장하기도 한다. [그림 3-5]는 'Sales Representative'를 키로 사용하는 구조화된 데이터, 영업담당자의 세부 정보 테이블의 예를 보여준다.

▌그림 3-5 ▌구조화된 데이터 예

1	Sales Representative	Location	Region	Customer	Order Date	Item	Quantity	Price
2	Sara Snyder	New York	East	Phyllis Johnston	2016-10-30	Things	1	17.83
3	Sara Snyder	New York	East	Kimberly Little	2016-05-23	Junk	3	12.42
4	Frances Warren	Massachusetts	East	Justin Dixon	2016-09-27	Widgets	4	53.35
5	Sara Snyder	Massachusetts	East	Shirley Rivera	2016-02-12	Junk	5	12.42
6	Diane Gonzalez	Oregon	West	Marilyn Franklin	2016-02-14	Things	8	17.83
7	Patrick Graham	Washington	West	Henry Sanders	2016-04-11	Widgets	4	53.35
8	Sara Snyder	Connecticut	East	Benjamin Phillips	2016-09-02	Junk	4	12.42
9	Frances Warren	New Jersey	East	Theresa Torres	2016-11-26	Junk	4	12.42
10	Patrick Graham	Oregon	West	Roger Bell	2016-07-13	Junk	10	12.42
11	Sara Snyder	New Jersey	East	Harold Matthews	2016-06-02	Junk	3	12.42
12	Frances Warren	New York	East	Roy Young	2016-06-02	Widgets	8	53.35
13	Sara Snyder	New York	East	Debra Allen	2016-02-20	Things	1	17.83
14	Randy Watson	Connecticut	East	Alan Dean	2016-06-07	Junk	7	12.42
15	Randy Watson	Massachusetts	East	Robin Matthews	2016-10-31	Stuff	5	16.32
16	Randy Watson	New York	East	Randy Burton	2016-03-13	Stuff	4	16.32
17	Patrick Graham	Washington	West	Terry Nguyen	2016-02-10	Widgets	10	53.35

3.7.2 비정형 데이터

비정형 데이터는 정형 데이터와 완전히 다르다. 비정형 데이터는 내부구조를 가지고 있지만 미리 정의된 스키마나 데이터 모델을 통해 구조화되어 있지 않다. 텍스트 또는 비텍스트일 수 있으며 사람 또는 기계가 생성할 수 있다. NoSQL과 같은 비관계형 데이터베이스에 저장할 수 있다.

비정형 데이터는 일반적으로 질적 데이터로 간주되며 기존의 도구와 방법을 사용하여 처리 및 분석할 수 없다. 본질적으로 제멋대로인 동시에 매우 가치가 있다. 비정형 데이터는 미래 결과에 대한 강력한 단서를 제공하는 복잡한 정보 웹을 묘사할 가능성이 있기 때문에 비정형 데이터 분석은 데이터 분석 프로세스의 중요한 부분이다. 비정형 데이터의 특정 예로는 오디오, 비디오, 텍스트, 모바일 활동, 소셜 미디어 활동, 보안 감시 이미지, 위성 이미지 등이 있다.

실생활에서의 비정형 데이터의 예는 다음과 같다.

- 텍스트 파일: 워드 프로세싱, 프레젠테이션, 스프레드시트, 로그, 이메일
- 이메일: 이메일은 일부 내부 구조로 구성되며 크레딧은 해당 메타 데이터로 전달된다. 때로는 반구조화라고도 한다. 그러나 메시지 필드는 매우 비정형이며 기존 분석 도구로는 분석할 수 없다.
- 소셜 미디어: 트위터, 페이스북, 링크드인의 데이터 위치
- 웹 사이트: 인스타그램, 유튜브, 사진 공유 사이트
- 모바일 데이터: 문자 메시지 및 위치
- 통신: 채팅, 전화 녹음, IM, 협업 소프트웨어
- 미디어: MP3, 오디오 및 비디오 파일, 디지털 사진
- 비즈니스 애플리케이션: MS Office 문서 및 생산성 애플리케이션
- 위성 이미지: 기상 데이터, 군사 이동, 토지 형태
- 과학적 데이터: 석유 및 가스 탐사, 지진 이미지, 우주 탐사, 대기 데이터
- 디지털 보안 감시: 보안 감시 사진 및 비디오
- 센서 데이터: 날씨, 교통, 해양 센서

❙ 그림 3-6 ❙ 비정형 데이터 - 구글 검색 결과

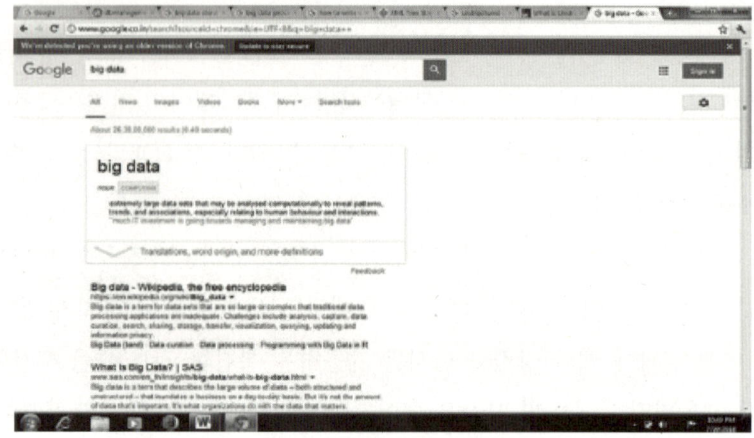

비정형 데이터는 일반적으로 텍스트 파일이나 바이너리 파일에 있다. 바이너리 파일에 있는 데이터는 오디오, 비디오 및 이미지와 같이 식별 가능한 내부 구조가 없다. 텍스트 파일에 있는 데이터는 이메일, 소셜 미디어 게시물, pdf 파일 및 워드 프로세싱 문서이다. [그림 3-6]은 구글 검색 결과 비정형 데이터를 보여준다.

3.7.3 반정형 데이터

반정형 데이터는 구조는 있지만 관계형 데이터베이스에 맞지 않는 데이터이다. 반정형 데이터는 조직화되어 있어 비정형 데이터에 비해 분석이 용이하다. JSON 및 XML은 반구조화된 데이터의 예이다. [그림 3-7]은 조직 내 직원의 세부 정보를 나타내는 XML 파일이다.

❙ 그림 3-7 ❙ 직원 세부 정보가 있는 XML 파일

```
<?xml version = "1.0"?>
<Company>
<Employee>
        <EmployeeId>339876</EmployeeId>
        <FirstName>Joseph</FirstName>
        <LastName>Agnes</LastName>
        <Sex>Female</Sex>
        <Salary>$4000<Salary>
</Employee>
</Company>
```

Figure 1.9 XML file with employee details.

3.8 빅데이터 기술

3.8.1 빅데이터 핵심 기술

기술의 발전으로 데이터가 생성, 캡처, 처리 및 분석되는 방식이 변화하고 있다. 기술의 발전으로 데이터 처리 및 분석의 효율성이 향상되었다. 따라서 기술은 데이터를 수집하여 분석하고 데이터에서 핵심 통찰력을 추출하는 전 과정에서 큰 역할을 한다.

Apache Hadoop은 빅데이터의 가장 중요한 기술 중 하나인 오픈 소스 플랫폼이다. Hadoop은 데이터를 저장하고 처리하기 위한 프레임워크이다. Hadoop의 핵심 구성 요소는 HDFS, 다른 Hadoop 모듈을 지원하는 공통 유틸리티 모음인 Hadoop Common 및 MapReduce이다.

그림 3-8 빅데이터의 핵심 기술

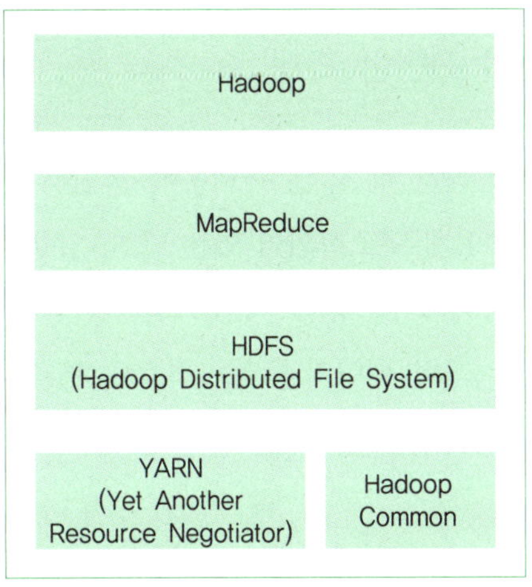

Apache Hadoop은 분산 스토리지 및 대규모 데이터 세트 처리를 위한 오픈 소스 프레임워크이다. Hadoop은 페타바이트 규모의 정형, 반정형 또는 비정형 데이터를 저렴한 비용으로 저장할 수 있다. 저렴한 비용은 범용 하드웨어 클러스터로 인한 것이다.

이하에서는 YARN과 Hadoop Common에 대한 간략한 개요를 살펴본다.

(1) YARN

YARN은 Yet Another Resource Negotiator의 약자로 분산처리를 위한 오픈 소스 프레임워크이다. Apache 소프트웨어 기반 Hadoop 버전 2.0의 핵심 기능이다. Hadoop 1.0에서 MapReduce는 분산환경에서 데이터를 처리하는 유일한 구성 요소였다. 기존 MapReduce의 한계는 YARN의 발전으로 이어졌다. Hadoop 1.0에서 MapReduce의 클러스터 자원 관리는 Hadoop 2.0에서 YARN에 의해 인수되었다. 이를 통해 MapReduce의 작업이 가벼워지고 데이터 처리 부분에 집중할 수 있다. YARN을 사용하면 Hadoop이 MapReduce 작업 이외의 작업도 실행할 수 있다.

(2) Hadoop Common

Hadoop Common은 다른 Hadoop 모듈을 지원하는 공통 유틸리티의 모음이다. 필수 서비스를 제공하기 때문에 Hadoop의 핵심 모듈로 간주된다. Hadoop Common에는 Hadoop을 시작하는 데 필요한 스크립트와 JAR(Java Archive) 파일이 있다.

3.8.2 빅데이터 기술이 직면한 과제

실제로 우리는 데이터를 다룰 때 많은 어려움에 직면해 있다. 일부 데이터는 기존 데이터베이스에 저장할 수 있게 구조화되어 있는 반면, 일부 데이터는 센서, 소셜 미디어, 위성, 비즈니스 거래 등에 의해 생성된 구조화되지 않거나 반구조화될 수 있는 비디오, 사진 및 문서이다. 이러한 데이터를 독립적으로 관리할 수 있지만 실제 문제는 다양한 소스의 이질적인 데이터를 통합하여 의미를 부여하는 방법이다.

- 이질성과 불완전성
- 데이터의 양과 속도
- 데이터 저장
- 데이터 프라이버시

(1) 이질성과 불완전성

빅데이터의 데이터 유형은 여러 출처의 데이터가 통합되어 있기 때문에 본질적으로 이질적이므로 빅데이터 분석 전에 신중하게 구조화하고 동질적인 데이터로 제시해야 한다. 수집된 데이터가 불완전하여 분석이 훨씬 더 복잡해질 수 있다.

(2) 데이터의 양과 속도

계속해서 증가하는 방대한 양의 빅데이터를 관리하는 것은 빅데이터 시대의 가장 큰 관심사이다. 과거에는 추가 메모리 장치와 컴퓨터 리소스를 추가하여 데이터 볼륨의 증가를 처리했다. 그러나 기존 데이터베이스 스토리지 모델로는 처리할 수 없는 데이터 볼륨이 기하급수적으로 증가하고, 데이터의 양이 많을수록 처리 및 분석에 소요되는 시간이 길어진다.

(3) 데이터 저장

소셜 미디어, 모바일 인터넷, 온라인 소매업체 등에 의해 제공되는 데이터의 양은 방대하며 기존 데이터베이스의 처리 용량을 넘어섰다. 이를 위해서는 증가하는 수요를 충족할 수 있도록 확장성이 뛰어난 스토리지 메커니즘이 필요하다. 스토리지 메커니즘은 본질적으로 복잡하고 증가하는 데이터를 수용할 수 있어야 한다. 데이터 볼륨을 미리 알고 있는 경우 필요한 저장 용량이 미리 결정된다. 단, 스트리밍 데이터의 경우 필요한 저장 용량은 미리 정해져 있지 않다. 따라서 이러한 스트리밍 데이터를 수용할 수 있는 저장 메커니즘이 필요하다. 데이터 저장소는 안정적이어야 한다.

(4) 데이터 프라이버시

데이터의 개인정보 보호는 데이터 볼륨의 증가와 함께 또 다른 관심사항이다. 개인데이터, 전자건강기록(EHR) 및 금융 거래에 대한 부적절한 액세스는 사용자의 개인정보에 큰 영향을 미치는 사회적 문제이다. 데이터는 데이터 공개범위를 제한하고 공유된 데이터가 비즈니스 지식을 추출하기에 충분하도록 공유해야 한다. 데이터에 대한 액세스 권한을 부여해야 하는 대상, 데이터에 대한 액세스 제한 및 데이터에 액세스할 수 있는 시기를 미리 결정하여 데이터가 보호되도록 해야 한다. 따라서 빅데이터 수명주기의 다양한 단계, 즉 데이터 수집, 저장, 관리 및 분석단계에서 데이터에 대한 의도적인 접근 통제가 있어야 한다.

3.9 빅데이터 사용 사례

3.9.1 건강관리

빠른 속도로 생성되는 엄청난 양의 정보 홍수에 대처하기 위해 의료기관은 이 디지털 홍수를 처리하여 의료서비스를 향상하고 성공적인 비즈니스 모델을 만들 수 있는 돌파구를 찾고 있다. 의료경영진은 혁신적인 비즈니스 기술을 채택하면 환자가 의료비용을 줄이고 더 나은 품질의 의료서비스를 제공하는 데 도움이 될 것이라고 믿는다. 그러나 더 빠른 속도로 증가하는 매우 크고 복잡한 환자 데이터를 통합하는 데 따른 문제는 임상 성과를 개선하고 자산을 비즈니스 가치로 전환하려는 노력을 방해한다.

빅데이터의 프레임워크인 Hadoop은 의료에서 빅데이터 저장 및 처리비용을 낮추고 가용성을 높여 의사에게 더 많은 통찰력을 제공하는 데 중요한 역할을 한다. 빅데이터 기술의 등장으로 의사들은 환자들에게 시계 같은 장치를 착용하게 하여 병원에서 멀리 떨어진 곳에 거주하는 환자들의 건강을 모니터링할 수 있게 되었다. 장치는 환자의 건강에 대한 보고서를 보내고 문제가 발생하거나 환자의 건강이 악화되면 자동으로 의사에게 알린다.

빅데이터 기술은 실시간 솔루션을 제공하고 첨단 의료시설을 배치하는 등 의료의 중요한 문제에 대한 솔루션으로 진화했다. 건강관리에서 빅데이터의 주요 이점은 질병 예방, 수정 가능한 위험 요소 식별 및 질병의 심각도 방지이며 주요 응용 프로그램은 의료 의사결정 지원, 관리자 의사결정 지원, 개인 건강관리 및 공공 전염병 경보이다.

이기종 소스에서 수집된 빅데이터를 활용하여 데이터를 분석하고 패턴을 찾아 질병을 치료하고 향후 발병을 예방할 수 있는 솔루션이 될 수 있다.

3.9.2 통신

빅데이터는 서비스 품질을 최적화하여 통신 전반에 걸쳐 성장을 촉진하고 수익성을 높인다. 네트워크 트래픽을 분석하고, 실시간으로 통화 데이터를 분석하여 사기행위를 감지하고, 콜센터 담당자가 요청 시 가입자 계획을 즉시 수정할 수 있도록 하고, 분석을 통해 얻은 통찰력을 활용한다.

통신 사업자는 고객 선호도와 행동을 분석하여 추천 엔진이 비즈니스 플랜을 가격 선호도와 일치시키고 더 나은 추가 기능을 제공할 수 있도록 할 수 있다. 운영자는 기존 고객을 유지하기 위해 비용을 낮추고 고객당 평균 수익을 향상 또는 유지하고 이탈을 줄이기 위해 교차 판매 기회를 식별한다. 빅데이터 분석은 고객관리서비스를 개선하는 데 추가로 사용될 수 있다. 고객의 반복적인 호출에 대한 이해를 기반으로 자동화된 절차를 적용하여 특정 문제를 해결하여 더 빠른 해결을 제공할 수 있다. 경쟁업체에 비해 더 나은 고객서비스를 제공하는 것은 고객을 자사 브랜드로 끌어들이는 핵심 전략이 될 수 있다. 빅데이터 기술은 새로운 비즈니스 모델과 더 높은 비즈니스 목표를 설정하여 비즈니스 전략을 최적화한다.

운영자의 주요 관심사인 네트워크 성능은 근본적인 문제를 식별하고 문제를 해결하기 위해 실시간 문제해결을 수행함으로써 빅데이터 분석을 통해 향상될 수 있다. 통신의 주요 영역인 마케팅 및 영업은 빅데이터 기술을 활용하여 마케팅 전략을 분석 및 개선하고 매출을 증대한다.

3.9.3 금융서비스

금융서비스는 신용위험, 자산관리, 은행업무, 외환분야에서 빅데이터 기술을 활용한다. 금융기관은 리스크 관리를 최우선으로 하며, 금융권과 관련된 다양한 리스크 관리를 위해 빅데이터를 활용하고 있다. 금융기관의 리스크에는 유동성 리스크, 운영 리스크, 금리 리스크, 천재지변의 영향, 기존 경쟁으로 인한 소중한 고객 상실 리스크, 불확실한 금융시장 등이 있다. 빅데이터 기술은 실시간으로 솔루션을 도출하여 더 나은 위험관리를 제공한다.

기관 및 개인에 대한 대출은 금융기관의 주요 사업분야이다. 대출 발행은 주로 조직이나 개인의 신용도를 기준으로 이루어진다. 최근 빅데이터 기술을 활용하여 조직의 최근 거래, 파트너십 조직, 출시 예정인 신제품을 기반으로 신용도를 파악하고 있다. 개인의 경우 신용도는 사회활동, 관심도, 구매행동에 따라 결정된다.

금융기관은 소비자의 사기행위에 노출되어 큰 손실을 입는다. 빅데이터의 예측 분석 도구는 쇼핑과 같은 여러 소스의 데이터를 활용하여 새로운 사기 패턴을 식별하고 예방하는 데 사용된다.

패턴과 이전 거래는 테라바이트급 스트리밍 데이터를 분석하여 실시간으로 사기를 탐지하는 인메모리 기술을 활용하여 신용카드 사기를 탐지하고 방지한다.

고객 유지는 금융기관이 고객을 유치하기 위해 금리를 인하하거나 더 나은 제품을 제공할 수 있는 경쟁 시장에서 중요해지고 있다. 빅데이터 솔루션은 고객활동을 모니터링하고 금융기관의 개인화된 제안에 대한 관심을 구별하거나 고객이 소셜 미디어에서 경쟁사 제품을 좋아하는지 여부를 식별하여 금융기관이 고객을 유지하도록 지원한다.

3.10 빅데이터의 미래 동향

3.10.1 빅데이터는 빠른 데이터로 대체

전 세계 데이터 규모가 18개월마다 두 배로 증가함에 따라 데이터 규모는 계속해서 증가할 것이다. 더 많은 데이터가 실시간으로 스트리밍된다. 일부 전문가에 따르면 모든 기업이 데이터가 비즈니스가 되고 있다고 생각하고 있으며 내·외부 데이터 획득에 대한 관심이 증가할 것으로 예측하고 있다.

3.10.2 데이터 유형의 증가와 더 높은 단계의 데이터 추상화

데이터 규모의 증가는 데이터의 다양성과 유형의 증가와 함께 발생한다. 공통 데이터 소스에는 사물인터넷(IoT), 자율 차량(일반적으로 모든 범주의 자율 로봇), 이미징 장치, 드론, 스마트 조언자, 가상 개인 비서, 센서, 웨어러블 장치, 연결된 모든 사람 및 지능형 기기가 포함된다. 이 모든 데이터를 처리하기 위해 새로운 데이터 형식과 스토리지 스키마가 시장에 도입될 것이다. 데이터는 데이터를 생성한 소스가 아니라 제공할 인지적 가치에 따라 분류된다.

3.10.3 사생활이 가장 큰 문제로 대두

IoT와 빅데이터의 성장하는 기술에서 가장 큰 관심사는 보안과 정보 보호였다. 현재 인류가 생성하고 있는 대량의 데이터, 그리고 나중에 생성될 데이터의 양은 위험이 훨씬 더 클 것이기 때문에 프라이버시를 상당히 중요하게 만들 것이다. 가트너에 따르면 향후 몇 년 동안 비즈니스 윤리 위반의 절반 이상이 데이터와 관련이 있을 것이라고 말하고 있다.

3.10.4 새로운 분석방법으로 인한 데이터 과학의 혁명

이 방대한 양의 데이터를 선별하고 분석하는 우리의 능력을 획기적으로 향상시킬 GPT와 같은 새로운 기술, 새로운 도구 및 알고리즘이 등장할 것이다. 새로운 도구와 알고리즘은 놀라운 통찰력과 AI 솔루션을 제공할 것이다. 그러나 기계학습 알고리즘은 수십 년 전에 개발되었다. 이미 데이터 과학 리더들로부터 기계학습에 대한 새롭고 혁신적인 접근방식에 대한 요구가 있다.

3.10.5 최고 데이터 책임자의 역할 증가

더 많은 기업이 최고 데이터 책임자를 고용할 것이다. 기업은 전략적 수준에서 양질의 데이터를 관리하고 유지하는 것과 관련된 문제와 잠재력을 인식하고 있다. 데이터를 최대한 활용하기 위해 기업은 인공지능 솔루션을 사용하여 새로운 형태의 자동화를 달성하는 방법에 중점을 둘 것이다. 최고 데이터 책임자의 역할은 계속 증가할 것이지만 많은 직업에서 최고 AI 책임자의 역할로 이어질 것이다.

3.10.6 빅데이터 기술에 대한 투자 급증

IDC 분석에 따르면 국내 빅데이터와 비즈니스 분석으로 인한 전체 수익은 [그림 3-9]처럼 2021년 20,994억 원에서 2026년 32,485억 원으로 증가할 것으로 예상하고 있다. 빅데이터에 대한 비즈니스 관심사는 업종마다 다를 수 있지만, 빅데이터에 대한 비용 증가는 대체로 안정적으로 유지될 것이다. 생산산업은 빅데이터 기술에 많은 비용을 지출할 것이며, 의료, 은행 및 자원 벤처가 가장 빨리 배치될 것이다.

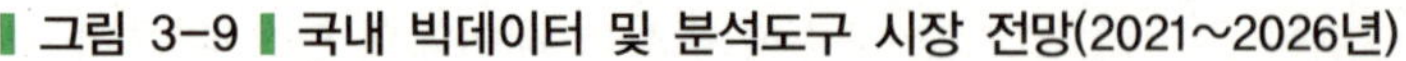
그림 3-9 국내 빅데이터 및 분석도구 시장 전망(2021~2026년)

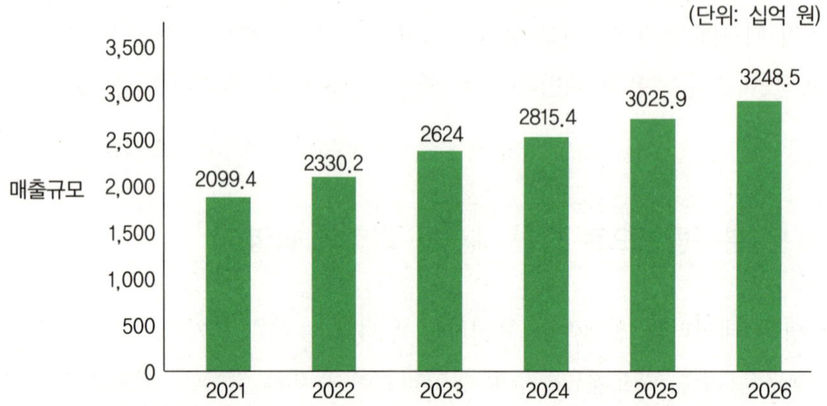

출처: Korea Big Data and Anayltics Forecast

3.10.7 데이터 및 분석은 서비스 비즈니스 모델로 등장

클라우드 제공업체는 서비스로서의 데이터와 서비스로서의 분석을 포함하도록 비즈니스 모델을 확장하고 있다. 마이크로소프트의 Cognitive Services 및 아마존의 SageMaker가 그 예이다. 전체 데이터 서비스 및 데이터 거버넌스를 클라우드 제공업체와 같은 제3자 회사에 아웃소싱할 수 있는 가능성이 현실이 되고 있다. 이러한 유형의 클라우드 서비스 배치가 등장하면서 기업이 일상적인 데이터 운영 및 데이터 관리 루틴에 신경 쓰지 않고 데이터와 AI를 활용하는 데 집중할 수 있다.

3.10.8 데이터 파트너십은 비즈니스 파트너십을 주도

더 많은 기업이 데이터를 중심으로 협력하고, 알고리즘, API를 공유하고, 산업 전반에 걸친 데이터 집합체를 구축함으로써 시너지 효과와 전략적 가치를 실현하고 있다. 합병 및 인수 결정은 비즈니스 수익뿐만 아니라 데이터 가치에 의해 결정된다. 마이크로소프트의 LinkedIn 및 GitHub 인수가 이러한 아이디어의 대표적인 예이다. 이러한 추세는 앞으로 더욱 가속화될 것이다.

연습문제

01 빅데이터 기술이 직면한 과제로 볼 수 없는 것은?

① 동질성과 불완전성
② 데이터의 양과 속도
③ 데이터 저장
④ 데이터 프라이버시

02 다음 중 분산처리를 위한 오픈 소스 프레임워크에 해당하는 것은?

① HDFS
② YARN
③ JAR
④ DBMS

03 실생활에서의 비정형 데이터의 예가 아닌 것은?

① MP4
② 사진
③ 비디오
④ XML

04 빅데이터의 3V에 해당하지 않는 것은?

① Volume
② Value
③ Velocity
④ Variety

05 데이터 마이닝과 빅데이터를 비교할 때 빅데이터에 해당하는 것은?

① 데이터 세트에서 기본 지식을 발견하는 프로세스이다.
② 스프레드시트, 관계형 데이터베이스 등에서 검색된 구조화된 데이터이다.
③ 도구와 기술은 비교적 저렴한 비용으로 대용량 데이터를 저장하고 처리할 수 있다.
④ 기가바이트에서 테라바이트 범위의 데이터 세트만 처리할 수 있다.

06 빅데이터란 무엇인지 설명하시오.

07 빅데이터의 특징 3V란 무엇인지 설명하시오.

08 빅데이터의 장단점 각각 다섯 가지를 기술하시오.

09 데이터의 유형 세 가지를 설명하시오.

10 빅데이터의 핵심 기술은 무엇이 있는지 설명하시오.

정답 01 ① 02 ② 03 ④ 04 ② 05 ③

Chapter 4

클라우드 컴퓨팅

4.1 개요

컴퓨터 클라우드는 컴퓨팅 서비스를 제공하는 유틸리티이다. 유틸리티 컴퓨팅에서 하드웨어 및 소프트웨어 자원은 대규모 데이터센터에 집중되며 컴퓨팅 서비스 사용자는 컴퓨팅, 스토리지 및 통신 자원을 소비한 만큼 비용을 지불한다. 유틸리티 컴퓨팅에는 종종 클라우드와 같은 인프라가 필요하지만 클라우드 컴퓨팅(Cloud Computing)의 초점은 컴퓨팅 서비스를 제공하기 위한 비즈니스 모델에 있다.

인터넷 사용자는 클라우드가 자신의 삶에서 어떠한 역할을 하는지 모른 채 다양한 서비스를 통해 직간접적으로 클라우드 컴퓨팅의 매력을 느낀다. 클라우드 인프라에서 제공하는 방대한 컴퓨팅 자원과 클라우드에 저장된 엑사바이트의 데이터가 스트리밍, 다운로드, 액세스 및 딥러닝, 복잡한 시스템 설계 및 엔지니어링, 과학적 발견, 교육, 비즈니스, 분석, 예술 및 인간 노력 등 거의 모든 측면에 사용됨에 따라 클라우드 사용자의 수는 지속적으로 증가할 것이다.

데이터 분석, 데이터 마이닝, 계산 금융, 과학 및 엔지니어링 응용 프로그램, 게임, 소셜 네트워킹, 기타 계산은 클라우드 컴퓨팅의 혜택을 받을 것이다. 이전에는 워크스테이션, 랩톱, 태블릿, 스마트폰과 같은 개인 장치에 국한되었던 콘텐츠를 더 이상 로컬에 저장할 필요가 없다. 컴퓨터 클라우드에 저장된 데이터는 이러한 모든 장치에서 공유할 수 있으며 장치가 인터넷에 연결될 때마다 액세스할 수 있다. 클라우드는 예측할 수 있을 뿐만 아니라 예측할 수 없는 방식으로 지속적으로 진화할 것이다. 예를 들어 에지 컴퓨팅은 로컬에서 데이터를 사전 처리하여 네트워크 트래픽과 응답시간을 최소화하도록 제안한다.

4.2 클라우드 역사

'클라우드'라는 용어의 사용은 엔지니어가 사용하는 추상화된 네트워크를 지칭하는 편리한 방법으로 시작되었다. 사람들이 컴퓨팅과 데이터 스토리지가 개별 장치를 중앙 집중식 서버로 이동할 것이라는 사실을 깨닫자 개별 서버에서 네트워크 액세스를 추상화하여 클라우드의 전체 개념을 편리하게 표시하게 되었다. 또 다른 중요한 측면은 이 용어가 마케팅 관점에서 생각되었고 모두 인터넷 사용이라는 한 가지 공통점이 있는 매우 다른 솔루션을 설명하는 일반적인 용어로 사용되었다는 것이다. 클라우드 심벌은 이미 1977년의 오리지널 ARPANET 및 1981년의 CSNET의 컴퓨팅 장비망을 표현하기 위해 사용되었다.

현대적 의미의 '클라우드 컴퓨팅'에 대한 용어는 컴팩 내부 문서의 초기 언급과 함께 1996년에 등장하였다. 이 용어가 대중화된 것은 아마존닷컴이 일래스틱 컴퓨트 클라우드(Elastic Compute Cloud)를 선보였던 2006년으로 거슬러 올라간다.

클라우드 컴퓨팅에 대해 이야기할 때, 불과 몇 년 전에 개발된 신세대의 문화인 것 같이 생각된다. 하지만 이 기술은 실제로 60년 전으로 거슬러 올라간다. 1950년대에는 모든 조직이 메인프레임 컴퓨터에서 데이터를 처리하곤 했다. 그 당시 메인프레임 컴퓨터는 거대하고 비쌌으며, 과학적이고 군사적인 목적을 위해 다양한 장소에서 서로 다른 컴퓨터를 연결하는 아이디어로 개발되었다.

미국의 과학자 존 매카시는 한 그룹의 각 사용자에게 자원을 이용할 수 있는 시간이 할당되는 시분할시스템의 이론을 만들었다. 1960년대 초반, J.C.R. 릭라이더는 상호 연결된 컴퓨터 시스템에 대한 아이디어를 생각해 냈고, 이 아이디어는 기술세계에 도움이 되는 것으로 입증되었다. 1961년 인공지능(AI)이라는 용어를 만든 존 매카시는 클라우드 컴퓨팅이 언젠가는 전기나 물과 같은 유틸리티로 판매될 것이라고 예측했다.

1969년 릭라이더의 혁명적 아이디어는 밥 테일러와 래리 로버츠가 ARPANET(Advanced Research Project Agency Network)의 개념을 개발하는 데 도움을 주었으며, ARPANET은 인터넷의 전신으로 불렸다. 그것은 물리적으로 떨어져 있는 서로 다른 컴퓨터들 사이에서 정보를 공유할 수 있는 최초의 네트워크였다. 이 개념은 프로그램과 데이터에 액세스할 수 있는 상호 연결된 세계의 그림을 제공하기 때문에 클라우드 컴퓨팅의 시작으로 볼 수 있다.

ARPANET에 이어 연구자들은 현대 인터넷으로 발전한 네트워크의 개발에 전념하였고, 1990년에 컴퓨터 과학자 팀 버너스 리는 월드와이드웹을 발명하면서 온라인 인터넷이 모든 사람에게 활용되었다. 그는 하이퍼텍스트 문서의 개념을 소개하였고, 그런 다음 네트워크의 모든 노드에서 데이터에 액세스할 수 있도록 하였다. 이를 통해 수백만 대의 기계가 인터넷에 연결되었다. 이 무렵 전자상거래도 인기를 얻기 시작했고 컴퓨팅의 클라이언트-서버 모델이 구현되었다.

클라이언트-서버 컴퓨팅은 모든 데이터 및 소프트웨어 애플리케이션이 서버 측에 상주하는 컴퓨팅의 한 유형이다. 사용자가 응용 프로그램 또는 데이터에 접근하려면 서버에 연결하고 액세스 권한을 얻은 후 작업을 수행해야 했다. 그리고 분산 컴퓨팅의 개념이 그려졌다. 요구사항에 따라 모든 컴퓨터가 네트워크로 연결되고 리소스가 공유되는 프로세스이다. 웹 사이트는 사용자와 WWW의 서버가 백엔드 로직을 호스트하는 프런트 엔드 역할을 한다.

1997년, 에모리 대학의 람나트 첼라파 교수는 한 강연에서 현대적 의미에서의 '클라우드 컴퓨팅'이라는 용이를 처음 인급했다. 딩시 그리드 김퓨딩 기술은 대륙에 걸쳐 조직의 그리드 네트워크 리소스에 대한 액세스를 제공하기 때문에 매우 인기가 있었지만, 문제는 비전문가 사용자나 개발자가 여전히 리소스에 액세스할 수 없다는 것이었다.

1999년, salesforce.com의 출시가 클라우드 컴퓨팅 역사의 중요한 이정표가 되었다. 이 회사는 인터넷을 통해 비즈니스 애플리케이션을 제공하는 클라우드 서비스 기반 최초의 회사였으며, 현재는 SaaS(Software-as-a-Service, 서비스형 소프트웨어)로 알려져 있다. 그 후, 2002년에 아마존은 아마존웹서비스(AWS)를 시작했고 이것은 고객에게 스토리지와 컴퓨팅 파워를 포함한 클라우드 컴퓨팅 서비스를 제공하기 위해 설계된 플랫폼이었다. 그 후 2006년에 아마존은 EC2(Elastic Compute Cloud)라는 이름의 상용 웹 서비스를 출시한다. 이 서비스는 작은 조직과 개인들이 자신의 애플리케이션을 실행할 수 있는 컴퓨터를 빌릴 수 있게 해주는 웹 서비스였다. EC2는 스포티파이, 우버, 넷플릭스와 같은 웹 스케일 비즈니스의 등장 기반이 되었다.

2009년, 구글 앱스는 클라우드 서비스를 제공하기 위해 출시되었다. 그것은 모바일과 웹 모두에서 이용할 수 있었다. 2010년 마이크로소프트도 클라우드 플랫폼 애저 출시와 함께 클라우드 분야에 진출했다. 2011년 애플은 자체 클라우드 스토리지 솔루션인 애플 아이클라우드를 발표하였다. 2011년 3월 1일 IBM은 스마터플래닛을 지원하기 위해 IBM 스마트 클라우드 프레임워크를 발표하였다. 스마트 컴퓨팅 파운데이션의 여러 구성 요소들 가운데 클라우드 컴퓨팅은 매우 중요한 부분이다. 2012년에 구글 드라이브가 출시되어 모든 클라우드 정의를 단일 서비스로 통합했고, 오라클은 오라클 클라우드를 발표하였다. 오라클 클라우드의 여러 측면들이 현재 개발 중이지만, 이 클라우드는 사용자들에게 응용 프로그램(SaaS), 플랫폼(PaaS), 인프라스트럭처(IaaS) 계층을 포함하여 통합된 IT 솔루션 집합에 최초로 접근할 수 있도록 준비체계를 갖추고 있다. HP와 오라클과 같은 다른 기업들도 더 큰 스토리지의 필요성을 충족시키기 위해 클라우드 컴퓨팅 서비스를 제공하기 위한 경쟁에 동참했다.

| 그림 4-1 | 2022년 2분기 세계 클라우드 시장점유율

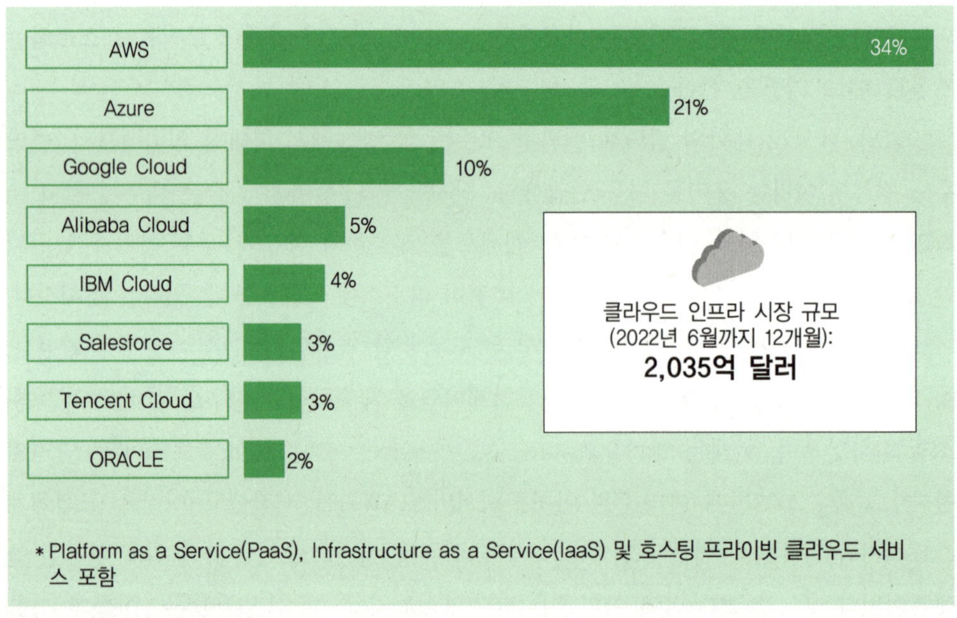

출처: Synergy Research Group

국내의 경우 KT Cloud는 2011년 3월 국내 최초로 퍼블릭 클라우드 서비스를 시작하여, 2015년 8월에는 국내 최초로 공공 'G-Cloud'를 오픈하면서 특화 클라우드로 포커싱하기 시작했다. 그리고 2019년 4월에는 세계 최초로 5G 에지 클라우드를 상용화하기 시작하였다. NHN은 2015년 11월에 '토스트 클라우드'라는 이름으로 출범했으며 2017년 NHN이 모바일 게임 브랜드를 폐지한 후, 'TOAST'는 NHN을 대표하는 클라우드 기반의 기술 브랜드로 성장했다. Openstack 프레임워크로 만들어진 몇 안 되는 퍼블릭 클라우드이기도 하다. 네이버 클라우드는 2017년에 6개 카테고리의 22개 제품으로 서비스를 시작했다. 타 글로벌 사업자들에 비해 비교적 늦게 클라우드 시장에 진입하였으며, 2020년 7월에는 '뉴로클라우드' 상품을 출시하며 하이브리드 클라우드 시장에도 진출하고 있다.

4.3 가상화와 클라우드 컴퓨팅의 정의

4.3.1 가상화

가상화는 클라우드 컴퓨팅이 주류를 이룰 수 있도록 한 핵심 기술 중 하나로, 고가용성(High Availability, HA), 탄력성 및 프로비저닝 기능과 함께 광범위한 서비스와 애플리케이션을 제공하는 AWS, Microsoft Azure, Google Cloud Platform(GCP)과 같은 클라우드 공급업체를 탄생시켰으며, 고객을 위한 서비스를 보통 몇 분 내에 제공한다.

가상화를 도입하기 전에 인프라 요구사항을 아웃소싱하려면 IT 서비스 공급자가 물리적 서버와 같은 물리적 인프라 구성 요소를 비즈니스에 맞게 프로비저닝하고 인터넷을 통해 액세스 권한을 부여해야 했다. 그러나 물리적 서버 프로비저닝에는 중앙처리장치(CPU), 메모리 및 스토리지와 같은 모든 하드웨어 구성 요소를 소싱 및 설치하는 것에서부터 운영체제 및 필요한 애플리케이션을 구성하는 데 이르기까지 긴 리드타임이 수반되는 경우가 많았다. 즉 환경을 구성하기 위해 며칠을 기다려야 했다.

CPU, 메모리 및 스토리지와 같은 하드웨어 기술의 발전으로 성능과 기능이 크게 향상되어 단일 운영체제와 일부 애플리케이션을 호스팅하는 물리적 서버가 유휴상태로 유지되는 경우가 많다. 대조적으로 소프트웨어 엔지니어링과 소프트웨어 설계의 개선은 그러한 애플리케이션에 전력을 공급하기 위해 하드웨어 자원을 효율적으로 소비하도록 보장했고, 결과적으로 물리적 하드웨어 리소스가 단일 운영체제와 소규모 애플리케이션들에 의해 최대 용량까지 소비되는 경우는 거의 없게 되었다.

하드웨어와 소프트웨어의 이러한 관계는 가상화의 발명에 기여했다. 가상화 기술과 하이퍼바이저를 통해 단일 물리적 서버의 물리적 하드웨어 구성 요소를 여러 가상 구성 요소로 복사할 수 있다. 그런 다음 이러한 구성 요소는 각각 고유한 운영체제 및 애플리케이션 제품군을 실행하는 여러 가상 머신(Virtual Machne, VM)으로 배포된다.

하이퍼바이저는 기본적으로 실제 물리적 하드웨어와 VM 사이에 있는 소프트웨어이다. 하이퍼바이저는 VM에서 실행 중인 운영체제와 애플리케이션이 제어되고 리소스를 서로 격리하는 방식으로 물리적 하드웨어의 리소스에 액세스할 수 있도록 지원한다. 하이퍼바이저와 관련 관리 소프트웨어는 물리적 하드웨어 구성 요소의 가상화된 표현을 작은 가상 구성 요소로 분할하는 데 사용되며, 이러한 구성 요소는 VM으로 표시된다. 그러면 각 VM은 필요한 애플리케이션과 함께 자체 운영체제를 설치할 수 있다.

가상화의 가장 큰 장점 중 하나는 리소스를 프로비저닝할 수 있는 속도이다. 소프트웨어를 사용하여 기존 물리적 하드웨어를 모방함으로써(고객이 요청할 때 하드웨어를 사용할 수 있도록 함) 가상 서버, 스토리지 또는 네트워크 환경을 프로비저닝하는 데 걸리는 시간이 크게 단축된다.

가상화의 가장 큰 장점 중 하나는 리소스를 프로비저닝할 수 있는 속도이다. 소프트웨어는 기존 물리적 하드웨어를 모방(고객이 요청할 때 하드웨어를 사용할 수 있도록 지원)하도록 설계되었기 때문에 가상 서버, 스토리지 또는 네트워크 환경을 프로비저닝하는 데 소요되는 리드타임이 크게 단축된다.

4.3.2 클라우드 컴퓨팅의 정의

위키피디아는 클라우드 컴퓨팅이 "사용자가 직접 능동적으로 관리하지 않고 컴퓨터 시스템 자원, 특히 데이터 스토리지(클라우드 스토리지)와 컴퓨팅 파워의 주문형 가용성"이라고 말한다. 이 용어는 일반적으로 인터넷을 통해 많은 사용자가 사용할 수 있는 데이터센터를 설명하는 데 사용된다.

또 다른 정의로 2008년에 최초로 클라우드 컴퓨팅을 정의한 회사 중 하나인 가트너는 "클라우드 컴퓨팅은 확장 가능하고 탄력적인 IT 지원기능이 인터넷 기술을 사용하여 서비스로 제공되는 컴퓨팅 스타일이다"라고 정의하고 있다.

이 정의는 클라우드 컴퓨팅의 몇 가지 주요 측면인 확장성, 탄력성, 인터넷을 통한 서비스 제공을 가리킨다. 확장성은 컴퓨팅 및 스토리지를 늘리는 것이 매우 쉬운 온프

표 4-1 클라우드 컴퓨팅의 정의

기관 및 연구자	정의
Gartner	클라우드 컴퓨팅은 확장 가능하고 탄력적인 IT 지원기능이 인터넷 기술을 사용하여 서비스로 제공되는 컴퓨팅 스타일
NIST	빠르게 프로비저닝 및 출시할 수 있는 구성 가능한 컴퓨팅 리소스(예: 네트워크, 서버, 스토리지, 애플리케이션 및 서비스)의 공유 풀에 대한 편리한 온디맨드 네트워크 액세스를 가능하게 하는 모델
M. Armbrust et al.	인터넷을 통해 서비스로 제공되는 애플리케이션과 이러한 서비스를 제공하는 데이터센터의 하드웨어 및 시스템
Forrester Research	표준화된 IT 기반 기능들이 IP를 통해 제공되며, 언제나 접근이 허용되고, 수요의 변화에 따라 가변적이며, 사용량이나 광고에 기반한 과금 모형을 제공하며, 웹 혹은 프로그램적인 인터페이스를 제공하는 컴퓨팅
McKinsey & Company	클라우드는 컴퓨팅, 네트워크 및 스토리지 용량을 제공하는 하드웨어 기반 서비스
Wikipedia	사용자가 직접 능동적으로 관리하지 않고 컴퓨터 시스템 자원, 특히 데이터 스토리지(클라우드 스토리지)와 컴퓨팅 파워의 주문형 가용성
IBM	웹 기반 애플리케이션을 활용하여 대용량 데이터베이스를 인터넷 가상공간에서 분산처리하고 이 데이터를 데스크톱 PC, 휴대전화, 노트북 PC, PDA 등 다양한 단말기에서 불러오거나 가공할 수 있게 하는 환경

레미스 컴퓨팅과 달리 클라우드의 속성을 목표로 한다. 기계를 주문하고 포장을 풀고 데이터센터에 연결할 필요가 없고, 무엇이든 쉽게 확장된다. 반면에 탄력성은 이 확장성이 양방향으로 진행된다는 사실을 목표로 한다. 용량이 필요하면 늘리고, 더 이상 필요하지 않을 때는 축소된다. 이 정의는 매우 개방적이며 클라우드의 윤곽을 표현하고 있지만 많은 세부사항을 알려주지는 않는다.

보다 정확하고 포괄적인 정의는 미국 국립표준기술연구소(NIST)의 정의이다. 클라우드에 대한 거의 모든 설명은 이 정의를 참조하며 클라우드가 무엇이고 무엇이 클라우드가 아닌지에 대한 사실상의 표준 정의가 되었다.

NIST의 작업은 15개의 초안을 통해 3년 이상 진행되었다. 정의의 구조는 다음 세 부분으로 구성된다.

- **필수 특성**: 클라우드 컴퓨팅을 정의하는 다섯 가지 주요 특성인 주문형 셀프 서비스, 광범위한 네트워크 액세스, 리소스 풀링, 빠른 탄력성 및 측정된 서비스를 설명한다.

- **서비스 모델**: SaaS(Software as a Service, 서비스형 소프트웨어), PaaS(Platform as a Service, 서비스형 플랫폼) 및 IaaS(Infrastructure as a Service, 서비스형 인프라스트럭처)와 같이 클라우드 리소스가 소비될 수 있는 다양한 방법과 관련이 있다.
- **배포 모델**: 클라우드 인프라를 프로비저닝할 수 있는 방법에 대한 정보이다.

이것이 클라우드의 기본을 형성했으며 여전히 클라우드의 정의로 사용되지만 시간과 맥락에 따라 더 이상 유용하지 않을 수 있는 특정 측면이 있다.

4.4 클라우드 컴퓨팅의 특성

클라우드 컴퓨팅은 기업들이 필요로 하는 요구사항이며 나날이 인기가 많아지고 있다. 다양한 기업이 고유한 특성과 함께 데이터를 저장하는 클라우드 컴퓨팅 서비스를 제공하고 있다. NIST에 따르면 클라우드 컴퓨팅은 최소한의 관리 노력이나 서비스 공급자 상호작용으로 신속하게 프로비저닝 및 릴리스할 수 있는 구성 가능한 리소스의 공유 풀에 유비쿼터스, 편리하고 주문형 네트워크 액세스를 가능하게 하는 모델이라고 기술하고 있다. 클라우드 컴퓨팅 모델의 주요 특징은 다음과 같다.

4.4.1 온디맨드 셀프(주문형 셀프) 서비스

클라우드 컴퓨팅 서비스에는 어떤 관리자도 필요하지 않다. 스토리지, 애플리케이션, 네트워킹 등과 같은 모든 컴퓨팅 서비스는 필요할 때마다 서비스 공급업체와의 상호작용 없이 액세스할 수 있다. 사용자 또는 조직은 웹 셀프 서비스 포털을 사용하여 필요한 리소스에 액세스할 수 있다. 또한 이 인터페이스를 사용하여 클라우드 계정에 액세스하여 할당된 서비스 및 스토리지 목록을 확인할 수도 있다.

4.4.2 광범위한 네트워크 액세스

클라우드 서버가 제공하는 모든 컴퓨팅 리소스는 네트워크를 통해 사용할 수 있으며 사용자는 장치와 인터넷 연결을 통해 언제 어디서나 액세스할 수 있다.

4.4.3 리소스 풀링

서비스 제공업체는 여러 고객에게 서비스를 제공하기 위해 다양한 물리적 및 가상 컴퓨팅 리소스의 풀(pool)을 만든다. 이 풀은 여러 클라이언트의 모든 요구사항을 충족할 수 있을 만큼 충분히 크고 유연해야 하며, 이러한 리소스는 고객의 요구에 따라 할당 및 재할당할 수 있다. 고객은 일반적으로 제공된 리소스의 정확한 물리적 위치에 대한 지식이나 통제력을 가지고 있지 않지만, 더 높은 수준의 추상적인 관점에서 위치를 지정할 수 있는 기능이 있다.

4.4.4 신속한 탄력성

이것은 클라우드 컴퓨팅의 핵심 기능 중 하나이다. 클라우드 컴퓨팅에서 컴퓨팅 서비스는 탄력적으로 프로비저닝되거나 출시될 수 있다. 이것은 클라우드 컴퓨팅이 고객이 필요로 할 때 리소스를 할당하고 필요하지 않을 때 제거할 수 있는 기능을 가지고 있다는 것을 의미한다. 따라서 사용자가 서비스를 필요로 할 때마다 그에게 제공하고 요구사항이 종료되는 즉시 확장된다.

컴퓨팅 서비스는 자동으로 프로비저닝 및 릴리스될 수 있도록 필요에 따라 신속하게 확장할 수 있는 IT 리소스를 보유하고 있어야 한다. 추가 계약이나 위약금 없이 사용량, 용량 및 비용을 확대 또는 축소할 수 있다.

4.4.5 측정 가능한 서비스

클라우드 컴퓨팅은 사용당 지불 원칙에 기초한다. 사용자는 사용하는 리소스에 대해 요금이 부과된다. 따라서 비용은 가변적이며 자원의 소비에 기초한다. 클라우드 시스템은 미터링(Metering) 기능을 활용하여 사용된 리소스를 측정한다. 서비스 유형(예:

스토리지, 처리, 대역폭 및 활성 사용자 계정)에 적합한 추상화 수준의 측정기능을 활용하여 리소스 사용을 자동으로 제어하고 최적화한다. 이 측정은 리소스 사용을 모니터링, 제어 및 보고하여, 활용된 서비스의 제공자와 소비자 모두에게 투명성을 제공할 수 있다.

4.4.6 멀티 테넌시

클라우드 컴퓨팅은 멀티 테넌시 모델을 지원한다. 멀티 테넌시(Multi-tenancy)는 개인정보 보호 및 보안을 유지하면서 여러 고객이 동일한 리소스 또는 애플리케이션을 공유할 수 있음을 의미한다. 이를 통해 다수의 고객 중 하나의 서버 인스턴스만 실행할 수 있으며 업데이트를 쉽게 배포할 수 있고 이 또한 비용적인 측면에서 효율적이다.

4.5 클라우드 컴퓨팅의 장단점

클라우드 컴퓨팅은 효율성을 제공하고, 시간과 비용을 절약하며, 혁신을 위한 플랫폼을 제공하며, 더 많은 이점을 가지고 있기 때문에 기업들 사이에서 매우 인기가 있다. 비즈니스를 위한 클라우드 솔루션을 사용하면 많은 문제로부터 보호할 수 있다.

4.5.1 클라우드의 장점

(1) 신속한 인프라 도입

클라우드는 가입하고 10분 내로 인프라를 도입해서 서비스 구축을 시작할 수 있다. 주문한 서버가 도착하는 데 2~3주의 시간이 걸렸던 예전과 비교할 수 없을 정도로 빠르다. 그만큼 인프라 도입에 들어가는 시간을 절감하고, 서비스 제공 시기를 앞당길 수 있다.

(2) 유연한 인프라 관리

과거에는 인프라를 도입하기에 앞서 서비스 구축에 어느 정도의 인프라가 필요할지 미리 예상해야 했다. 예상이 맞으면 다행이지만, 만약 예상이 빗나가면 인프라 부족 또는 잉여 인프라에 따른 과도한 비용 지출이라는 문제가 발생했다. 클라우드는 인프라를 실시간으로 자유롭게 증감할 수 있기 때문에 인프라 부족 또는 과도한 인프라 도입이라는 문제가 발생하지 않는다.

클라우드 컴퓨팅과 정교한 관리 소프트웨어를 사용하면 가장 필요할 때 필요한 인프라를 프로비저닝할 수 있다. 또한 클라우드 공급업체에서 제공하는 모니터링 및 자동화 툴을 사용하면 수요가 증가함에 따라 인프라를 자동으로 확장하고 수요가 감소하면 다시 확장할 수 있다. 그렇게 하면 소비할 때 소비하는 것에 대해서만 지불할 수 있다. 서비스의 규모가 확대되면 그에 맞춰 클라우드에서 인프라를 빌려오면 된다.

(3) 예상치 못한 트래픽 폭주 대응

과거에는 서비스에 사용자가 몰려 트래픽이 폭주하면 대응할 방법이 없었다. 남는 인프라가 있다면 다행이지만, 만약을 대비해 예비 인프라를 남겨두는 기업은 거의 없다. 트래픽이 폭주하면 기업은 사용자가 빠지길 기원하며 데이터 압축이나 사용자 순차 접속 등의 조치밖에 취할 수 없었다.

반면 클라우드는 서비스의 트래픽이 폭주하면 이에 맞춰 재빨리 인프라를 늘릴 수 있다. 트래픽 폭주로 서비스가 중단되는 사태를 걱정할 필요가 없어진 것이다. 최근에는 이러한 트래픽 폭주에 맞춰 기업이 별도로 인프라를 확충하지 않아도 알아서 인프라를 늘렸다가, 트래픽이 줄어들면 이에 맞춰 인프라를 줄이는 자동 트래픽 증감기술 '오토 스케일링'이 개발되어 기업이 더욱 편리하게 인프라를 관리할 수 있게 해주고 있다.

(4) 규모의 경제

일반적으로 개별 기업에서는 소매 요금을 지불하여 필요한 IT 하드웨어를 구입하고 애플리케이션을 호스팅하는 데 사용할 수 있는 환경을 구축해야 한다. 그러나 클라우드 공급자는 수십만 명의 고객을 위해 인프라를 호스팅하고 있으며, 심지어 구성 요소를 자체 사양에 맞게 제작하는 데도 관여한다. 이는 훨씬 더 큰 규모의 경제를 제공하며 고객에게 더 낮은 종량제 요금을 제공할 수 있게 한다.

(5) 손쉬운 글로벌 서비스

많은 클라우드 사업자가 전 세계 주요 대륙에 데이터센터를 보유하고 있다. 보통 30~40개, 많은 곳은 100개가 넘는 데이터센터를 갖추고 있다. 이를 통해 기업은 전 세계 어디에나 빠른 서비스를 제공할 수 있다. 과거에는 글로벌 서비스를 위해 기업이 직접 특정 대륙 또는 지역별로 데이터센터를 구축해야 했지만, 이제는 클라우드 사업자가 미리 구축한 글로벌 데이터센터를 활용해 글로벌 서비스를 제공하면 된다. 그만큼 글로벌 서비스가 손쉬워진 것이다. 기업뿐만 아니라 규모가 작은 스타트업도 클라우드를 활용해 글로벌 서비스를 제공하고 있다. 즉 한 국가에 기반을 두더라도 모든 지역에 액세스할 수 있다. 이를 통해 고객의 위치에 관계없이 대기시간을 단축하고 우수한 고객환경을 제공할 수 있다. 리소스 복사본을 추가 지역에 호스팅하면 재해복구(Disaster Recovery, DR) 및 비즈니스 연속성 요구사항을 설계하는 데에도 도움이 된다.

(6) 강력한 보안과 장애 없는 서비스

클라우드 사업의 근간은 데이터다. 때문에 많은 클라우드 사업자가 데이터를 안전하게 보관할 수 있도록 보안에 신경 쓰고 있다. 대부분의 클라우드 사업자가 최신 소프트웨어 보안기술뿐만 아니라 물리적으로 분리된 상호 보완용 데이터센터(리전)와 강력한 방화벽 등 최신 하드웨어 보안기술을 자사의 서비스에 도입하고 있다.

주요 클라우드 사업자는 많은 데이터센터와 가상화 기술을 활용해 장애 없는 서비스를 보장하고 있다. 기업의 비즈니스 가운데 잠깐이라도 장애가 발생하면 치명적인 금전적 손실을 야기하는 서비스(미션 크리티컬)가 존재한다. 이러한 서비스도 감당할 수 있도록 주요 클라우드 사업자는 100%에서 99.98%의 가용성을 보장하고 있다.

클라우드는 기업을 대상으로 한 엔터프라이즈 사업이다. 사소한 문제도 기업에 치명적으로 작용할 수 있다. 이러한 점을 잘 알고 있기 때문에 주요 클라우드 사업자들은 보안과 가용성을 자사 서비스의 최대 강점으로 내세우고 있다.

(7) 합리적인 요금제

클라우드는 서비스를 이용한 만큼만 비용을 지불하면 된다. 이용료가 딱 알기 쉽게 정해져 있어 기업은 이에 맞춰 어느 정도의 비용이 나올지 손쉽게 추산할 수 있다.

과거에는 인프라를 도입하기 위해 업체들과 하드웨어, 소프트웨어 비용을 놓고 협상을 진행해야 했다. 인프라 구매 대수 등에 따른 협상력의 차이로 같은 인프라를 도입해도 도입비용과 운영비용이 천차만별이었다. 여기에 데이터베이스나 라이선스 등 추가 서비스의 이용비용이 복잡하게 얽히면 기업 구매 담당자도 왜 인프라 구매, 유지비용이 이렇게 책정되는지 파악하기가 쉽지 않았다. 클라우드는 이렇게 복잡한 인프라 관리체계를 손쉽게 관리할 수 있게 해준다.

(8) 데이터센터 운영 및 유지보수비용 지출 중단

자체 사내 인프라를 호스팅하는 데는 여러 가지 숨겨진 비용이 소비된다. 값비싼 하드웨어를 구입하기 위해 귀중한 자본을 사용하는 것 외에도, 모든 인프라 구성 요소를 효율적으로 구성하고 필요한 부동산을 임대하여 서버를 랙에 넣고 스택한 다음 전원을 켜도록 하는 엔지니어 팀이 필요하다. 또한 적절한 에어컨 시스템으로 서버를 냉각시켜야 하며, 하드웨어의 마모를 처리하기 위해 고가의 유지보수 계약에 돈을 지출해야 한다. 클라우드 인프라에서 애플리케이션을 호스팅함으로써, 더 이상 이러한 숨겨진 비용에 대해 걱정할 필요가 없다. 부동산 비용과 공과금을 대폭 줄여 비즈니스 경쟁력을 높일 수 있다.

(9) 속도 및 민첩성 향상

AWS와 같은 클라우드 제공자는 새로운 IT 리소스를 몇 번의 마우스 클릭으로 시작하고 구성할 수 있다. 예를 들어, 개발자를 위해 몇 분 내에 새로운 서버를 프로비저닝할 수 있으므로 조직에서 인프라 구축 및 애플리케이션 시작 시의 민첩성을 기하급수적으로 높일 수 있다. 새로운 제품 · 서비스 연구의 일환으로 테스트 및 개발환경을 구축하거나 실험 작업을 수행하는 경우 작업이 완료되면 해당 환경을 신속하게 종료할 수 있다.

마찬가지로 특정 프로젝트를 중간에 포기하는 경우 물리적 낭비를 걱정할 필요가 없다. 더 이상 필요하지 않은 것을 끄거나 종료하기만 하면 된다.

▌그림 4-2▐ 클라우드 컴퓨팅의 아홉 가지 장점

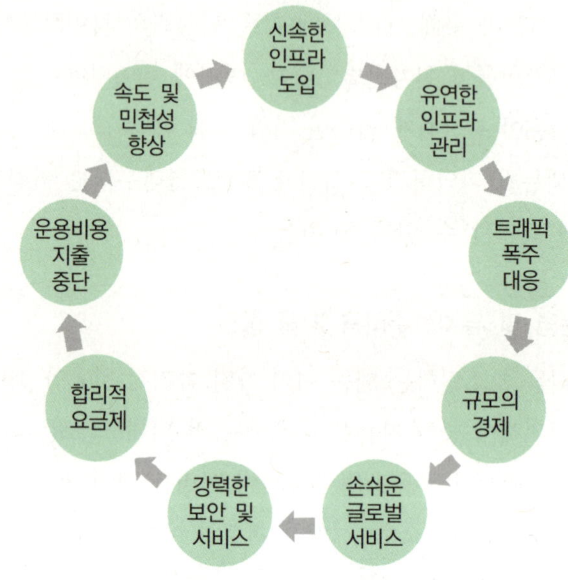

4.5.2 클라우드의 단점

(1) 생각보다 비싼 이용비용

많은 기업 관리자의 생각과 달리 클라우드는 결코 저렴한 서비스가 아니다. 기업의 서비스 구축과 운영을 빠르고 편리하게는 만들어주지만, 서비스 운영비용을 절감해 주지는 않는다. 클라우드 서비스 이용료보다 기존의 서비스 호스팅 사업자의 이용료가 더 저렴한 경우가 많다. 특히 플랫폼 서비스를 이용하거나 클라우드가 제공하는 기술을 많이 이용할수록 클라우드 이용비용은 더욱 커진다.

(2) 점점 커지는 클라우드 의존도

클라우드 서비스를 이용하면 이용할수록 클라우드에 대한 의존도 역시 함께 커질 수밖에 없다. 클라우드를 이용하면 인프라 관리자를 최소화하거나 아예 고용하지 않아도 된다. 이 탓에 추후 클라우드에서 벗어나려 해도 인프라 관련 인력이 없어 벗어나기가 쉽지 않다. 서비스를 개발할 때 클라우드 사업자가 제공하는 기술을 많이 이용했다면, 관련 기술을 대체하는 것도 쉬운 일이 아니다.

(3) 보안 문제

클라우드를 이용하면 많든 적든 기업의 데이터가 클라우드에 보관될 수밖에 없다. 모든 클라우드 사업자가 입을 모아 고객의 데이터를 내부에서 보지도 않고 외부에 제공하지도 않는다고 하지만, 기업 입장에서는 불안한 것이 사실이다. 기업의 핵심 경쟁력인 데이터를 외부에 보관한다는 것 자체에 불만을 갖는 관리자도 많다. 때문에 데이터의 외부 유출이 곤란한 기업이나 공공기관은 클라우드 도입을 신중하게 결정해야 한다. 하이브리드 클라우드가 주목받는 이유도 이와 무관하지 않다. 하이브리드 클라우드 자체가 클라우드 서비스의 장점을 누리면서 데이터 외부 보관이라는 단점을 상쇄하기 위해 고안된 서비스 방식이다.

(4) 인터넷 연결

클라우드 컴퓨팅 자원은 인터넷 연결의 도움을 받아야만 접근할 수 있다. 인터넷에 연결되어 있지 않거나 속도가 느리면 클라우드에 액세스할 수 없다. 클라우드상의 애플리케이션, 소프트웨어 및 리소스에 액세스하는 것 외에는 액세스할 수 있는 방법이 없다. 따라서 클라우드에서 사용할 수 있는 도구에 액세스하기 위해 기본적으로 인터넷 연결 품질에 의존한다.

(5) 다운타임

다운타임이 클라우드 컴퓨팅의 가장 큰 단점이다. 다운타임은 시스템 또는 컴퓨터를 사용하지 않거나 사용할 수 없는 시간을 의미한다. 이 문제는 다양한 클라이언트 및 서비스 공급자의 서버 트래픽 과부하로 인해 발생할 수 있으며 기술적인 문제가 발생할 수 있다. 이로 인해 클라우드 서비스가 일시적으로 중단될 수 있으며, 비즈니스에 영향을 미칠 수 있다. 게다가 클라우드 시스템은 인터넷 기반이다. 즉, 인터넷 속도가 느려지면 클라우드에 저장된 리소스에 액세스할 수 없게 되고, 마찬가지로 클라우드 제공자의 인터넷 속도, 서비스 유지 보수에 대한 요구 등도 고려할 필요가 있다.

4.6 클라우드 서비스의 종류

클라우드 서비스 모델은 클라우드 컴퓨팅의 기반이 되는 참조 모델이다. 다음은 클라우드를 비즈니스에 사용할 수 있는 방법인데 이 모델들은 [그림 4-3]처럼 피라미드 형태로 배열되어 있으며 세 가지 기본 모델로 분류할 수 있다.

- SaaS(서비스형 소프트웨어)
- PaaS(서비스형 플랫폼)
- IaaS(서비스형 인프라스트럭처)

그림 4-3 | 클라우드의 세 가지 기본 모델

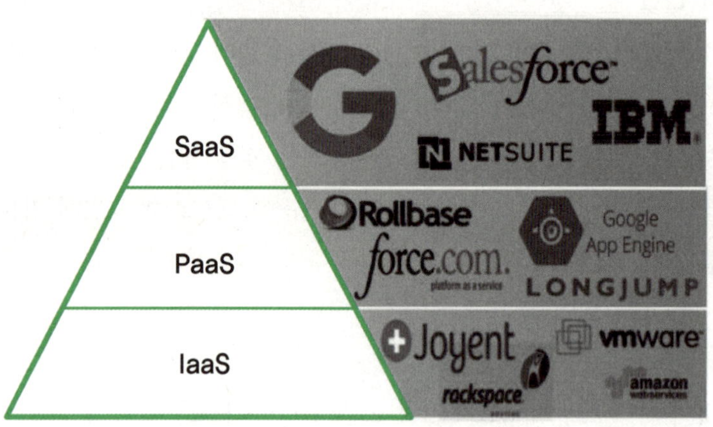

클라우드 컴퓨팅은 이 세 가지 모델을 기반으로 다양한 서비스를 제공한다. 각 클라우드 모델에는 여러 가지 이점이 있으며, 이러한 모델은 다양한 유형의 비즈니스에 적합하다. 각 모델의 장단점을 파악하여 비즈니스에 적합한지 여부를 판단할 수 있다.

택시를 타고 한 곳에서 다른 곳으로 이동하는 것은 SaaS(임대 애플리케이션 사용)와 같다. 렌터카를 빌려 직접 운전해서 한 곳에서 다른 곳으로 이동할 때, 그것은 PaaS(모든 부품이 이미 조립되어 단일 유닛으로 제공되어 더 쉬운 방식으로 작업할 수 있다)와 같다. 즉 모든 부품이 이미 조립되어 제대로 작동할 수 있는 자동차가 있고 어떤 목적으로만 사용한다는 뜻이다. 자동차의 부품이 주어지고 나만의 디자인을 만들 수 있다면, 그것은 IaaS(공급자가 제공한 도구와 리소스를 사용하여 나만의 플랫폼을 구축하는 것)와 같다. 이러한 클라우드 서비스에 대해 간략하게 설명해 보자.

4.6.1 서비스형 소프트웨어(SaaS)

서비스형 소프트웨어(Software as a Service, SaaS)는 주문형 사용자에게 애플리케이션 소프트웨어를 제공하는 서비스 모델이다. 이 모델은 주문형 서비스이므로 주문형 소프트웨어라고도 한다. 이 서비스는 플랫폼에 의존하지 않으며 PC에 소프트웨어를 설치할 필요가 없다. 인터넷 연결의 도움을 받아 언제 어디서나, 즉 모든 장치에서 소프트웨어에 액세스할 수 있다. 이 서비스는 웹 브라우저를 통해 액세스할 수 있으며, 모든 것이 온라인으로 제공되며 계정에 로그인하여 온라인으로 액세스할 수 있다. 클라우드는 단일 소프트웨어 인스턴스를 실행하므로 여러 최종 사용자가 사용할 수 있다. 이 서비스는 모든 컴퓨팅 리소스가 공급업체에 의해 관리되기 때문에 저렴하다. 조직이나 기업은 이를 지원하기 위해 소프트웨어 애플리케이션이나 하드웨어를 구입하지 않는다. 오히려 월 단위나 연 단위로 가입비 형태로 이 서비스를 결제한다. 따라서 SaaS 모델은 기본적으로 최종 사용자에게 다음과 같은 서비스를 제공한다.

- **용도**: 패키지 소프트웨어
- **플랫폼**: OS 및 미들웨어
- **인프라**: 서버, 스토리지, 네트워크, 보안

4.6.2 서비스형 플랫폼(PaaS)

이름에서 알 수 있듯이 서비스형 플랫폼(Platform as a Servic, PaaS)은 다양한 비즈니스 애플리케이션을 개발할 수 있는 플랫폼을 제공한다. 서비스 제공업체나 공급업체가 조직이나 기업에서 요구하는 애플리케이션을 생성, 테스트, 실행 및 관리하기 위해 하드웨어와 소프트웨어를 제공하는 서비스 모델 중 하나이다. 이 서비스는 개발자에게 유용하다. PaaS 공급업체는 서버 측 구성 요소 및 다중 프로그래밍 언어 지원과 같은 모든 컴퓨팅 리소스를 제공하고 이러한 기능들로 인해 개발자들은 다양한 프로젝트들을 위한 다양한 응용 프로그램들을 위한 코드를 작성하는 데 집중할 수 있고 그것들을 PaaS 계층에서 직접 실행할 수 있다. 인프라에 대해 걱정할 필요가 없다. 운영체제, 스토리지, 서버 등을 포함한 기본 아키텍처는 클라이언트가 아닌 공급업체가 제어한다.

PaaS 모델은 다음과 같은 서비스로 구성된다.

- 플랫폼: OS 및 미들웨어
- 인프라: 서버, 스토리지, 네트워크, 보안

PaaS는 애플리케이션 개발 프로세스를 간소화하여 시간과 운영비용을 절약한다. PaaS의 예로는 구글 앱 엔진, 마이크로소프트 애저, 레드햇의 오픈시프트 플랫폼, 오픈스택 등이 있다.

4.6.3 서비스형 인프라(IaaS)

서비스형 인프라(Infrastructure as a Service, IaaS)는 스토리지, 데이터베이스, 서버 및 네트워킹과 같은 모든 컴퓨팅 리소스에 대한 종량제 또는 사용량별 액세스를 제공하는 클라우드 서비스 모델이다. 사용자는 물리적 서버 및 기타 데이터센터 리소스를 구입하고 유지관리하는 데 드는 비용을 처리할 필요가 없다.

여기서 이 서비스에서는 기업과 조직이 공급업체의 인프라에 의존하여 자체 플랫폼에서 소프트웨어 애플리케이션을 구축한다. 즉 IaaS는 인프라를 관리하고 조직은 자체 소프트웨어를 구입, 설치, 구성 및 관리할 수 있다. 기업이나 단체는 전기나 상수도 요금 청구처럼 소비량에 따라 IaaS 서비스를 구매할 수 있다. 간단히 말해, IaaS 모델은 기업이나 조직에 다음과 같은 서비스를 제공한다.

- 서버, 스토리지, 네트워크, 보안

인프라 서비스는 확장 가능하다. 각 리소스는 별도의 엔터티이며 필요한 엔터티에 대해 요구하고 해당 엔터티에 대해서만 지불할 수 있다. 사용자는 인터넷과 같은 광역 네트워크를 사용하여 이러한 자원과 서비스에 액세스할 수 있다.

이 기능은 기본 인프라를 구입하고 유지관리할 필요 없이 보다 쉽고 빠르며 비용 효율적으로 프로젝트를 수행할 수 있기 때문에 조직 간에 매우 인기가 있다.

[그림 4-4]를 참조하여 세 가지 서비스에 대한 개요를 살펴보자.

▌그림 4-4▐ 세 가지 서비스 모델의 개요

On-site	IaaS	PaaS	SaaS
Applications	Applications	Applications	Applications
Data	Data	Data	Data
Runtime	Runtime	Runtime	Runtime
Middleware	Middleware	Middleware	Middleware
O/S	O/S	O/S	O/S
Virtualization	Virtualization	Virtualization	Virtualization
Servers	Servers	Servers	Servers
Storage	Storage	Storage	Storage
Networking	Networking	Networking	Networking

사용자 관리
서비스 제공업체 관리자

이러한 모델 외에도 클라우드 컴퓨팅은 기업과 조직에 두 가지 서비스를 더 제공한다. 이러한 서비스는 서비스 네트워크(Network as a Service, NaaS)와 서비스형 아이덴티티(Identity as a Service, IDaaS)이다. NaaS 서비스는 인터넷을 통해 가상으로 가입 또는 사용당 지불방식으로 기업에게 네트워크 서비스를 제공한다. NaaS 공급자는 네트워크 인프라를 유지관리하여 사용자의 작업을 더 쉽게 만든다. IDaaS는 구독 기반으로 클라우드를 통해 ID 및 액세스 관리 서비스를 제공하고 IDaaS 서비스에는 디렉터리 서비스, 등록정보, 인증 서비스, 프로필 관리 및 로그인 서비스가 포함된다.

4.7 클라우드의 유형

모든 사용자에게 적합한 하나의 클라우드 컴퓨팅 유형은 없다. 조직의 빠르게 변화하는 기술 요구사항을 충족하도록 다양한 클라우드 컴퓨팅 모델, 유형 및 서비스가 진화한다.

퍼블릭 클라우드는 일반 고객을 관리하고 프라이빗 클라우드는 제한된 네트워크상에서 특정 기업이나 특정 사용자만을 대상으로 하는 클라우드로 서비스의 자원과 데이터는 기업 내부에 저장하는 것을 말한다. 반면, 클라우드 공급자는 하이브리드 클라우드로 알려진 수많은 비즈니스 요구를 충족하기 위해 두 가지 모두를 가장 잘 혼합하여 활용할 것을 고려한다. 하이브리드 클라우드는 프라이빗 클라우드가 퍼블릭 클라우드의 리소스와 컴퓨팅 파워로 보강되는 상황에서 사용되며, 하이브리드 클라우드 기반은 퍼블릭 클라우드와 프라이빗 클라우드가 혼합된 것이다.

하이브리드 클라우드는 사내 인프라, 프라이빗 클라우드 서비스 및 다양한 플랫폼 간의 조정이 가능한 퍼블릭 클라우드로 구성된 혼합 컴퓨팅, 스토리지 및 서비스 환경을 의미한다. 예를 들어, 조직에서 필요로 하는 것, 즉 조직 전반에 걸쳐 보안, 보호 및 제도화된 사용을 이해할 수 있는 SaaS 애플리케이션을 활용해야 하는 경우, SaaS 공급업체는 전체 조직이 활용할 수 있는 목표를 가지고 방화벽에 특정 조직을 위한 프라이빗 클라우드를 만든다. 현재 더 나은 보안을 위해 조직에 가상 사설 네트워크(VPN)를 제공하고 있다.

하이브리드 클라우드는 프라이빗 클라우드와 퍼블릭 클라우드의 특성을 모두 갖추고 있다. 하이브리드 클라우드는 고객의 사용자정보 보호와 보안을 유지하기 위해 탑재된다. 이하에서 각 클라우드 유형에 대해 알아보도록 하자.

4.7.1 퍼블릭 클라우드 컴퓨팅 환경

퍼블릭 클라우드는 퍼블릭 클라우드 서비스 제공업체가 컴퓨팅 및 스토리지, 개발 및 배포환경, 애플리케이션을 포함한 컴퓨팅 서비스를 주문형으로 공개 인터넷을 통해 조직과 개인에게 제공하는 IT 모델이다. 퍼블릭 클라우드는 종량제 방식으로 공공에게 제공되는 클라우드 컴퓨팅 유형이며 이것을 사용하면 일반 대중이 시스템과 서비스에 쉽게 접근할 수 있다. Google, Amazon, Microsoft와 같은 IT 거대 기업은 인터넷을 통해 클라우드 서비스를 제공하고 있다. 이 퍼블릭 클라우드 아키텍처에서는 다양한 고객이 하드웨어 및 컴퓨팅 리소스와 동일한 기반을 사용한다.

퍼블릭 클라우드는 리소스를 단일 조직만 사용할 수 있고 공급업체에서 데이터센터를 온프레미스 또는 외부에서 관리하는 프라이빗 클라우드 모델과 대조된다. 기존 온프레미스 IT 아키텍처 또는 다른 유형의 클라우드 컴퓨팅의 대안을 원하는 조직을 위해 퍼블릭 클라우드는 거의 무한한 확장성과 셀프 서비스 프로비저닝을 제공하여 작업량 및 사용자 요구를 충족한다. 일반적인 퍼블릭 클라우드의 예시는 아파트 임대와 비슷하다고 생각하면 된다.

- 단일 단위로 임대료를 지불한다.
- 건물 관리자가 유지보수한다.
- 자산을 보호하면서 전체 공간을 다른 세입자와 공유한다.

프라이빗 클라우드는 개인 소유의 공간을 갖고 있지만 전반적인 관리 및 유지를 위해 개인적으로 책임을 져야 하는 집을 소유하는 것과 비슷하다. 하지만 기업이 업종 또는 지역별 규정 준수 및 데이터 요구사항과 같은 특정 요구사항을 충족하기 위해 프라이빗 클라우드를 선택하는 경우가 있다.

이 비유에서 중요한 주의사항 한 가지는 속성이 탄력적으로 확장될 수 없지만 클라우드 리소스는 확장될 수 있다는 점이다. 크기가 고정된 아파트를 임대할 때와는 달리 '퍼블릭 클라우드' 아파트는 백만 명을 수용할 파티를 열기 위해 저택으로 수월하게 수직 확장할 수 있으며, 다음날 다시 아파트로 축소할 수 있다.

(1) 퍼블릭 클라우드의 장점

① 비용 효과

퍼블릭 클라우드는 많은 고객과 동일한 리소스를 공유하기 때문에 저렴하다.

② 신뢰

퍼블릭 클라우드는 다양한 위치에서 많은 리소스를 사용한다. 리소스 중 하나에 장애가 발생하면 퍼블릭 클라우드에서 다른 리소스를 사용할 수 있다.

③ 유연성

퍼블릭 클라우드는 프라이빗 클라우드와 원활하게 통합되어 고객에게 유연한 접근 방식을 제공한다.

④ 위치 독립성

공용 클라우드 서비스는 인터넷을 통해 제공되어 위치 독립성을 보장한다.

⑤ 유틸리티 스타일 원가계산

퍼블릭 클라우드는 종량제 모델을 기반으로 하며 고객이 필요할 때마다 리소스에 액세스할 수 있다.

⑥ 높은 확장성

클라우드 리소스는 리소스 풀에서 요청 시 사용할 수 있다. 즉 요구사항에 따라 확장 또는 축소할 수 있다.

(2) 퍼블릭 클라우드의 단점

① 낮은 보안

퍼블릭 클라우드 모델에서 데이터는 오프사이트에서 호스팅되고 리소스는 공개적으로 공유되므로 더 높은 수준의 보안을 보장하지 않는다.

② 더 적은 사용자 정의 가능

프라이빗 클라우드보다 사용자 정의가 비교적 적다.

4.7.2 프라이빗 클라우드 컴퓨팅 환경

프라이빗 클라우드는 단일 비즈니스 또는 조직에서 독점적으로 사용되는 클라우드 컴퓨팅 리소스로 구성된다. 프라이빗 클라우드는 실제로 조직의 현장 데이터센터에 있거나 타사 서비스 공급자가 호스팅할 수 있다. 그러나 프라이빗 클라우드에서는 서비스와 인프라가 항상 프라이빗 네트워크에서 유지관리되며, 하드웨어와 소프트웨어는 조직에서만 전용으로 사용된다.

따라서 프라이빗 클라우드를 통해 조직이 특정 IT 요구사항을 만족시키도록 리소스를 쉽게 사용자 지정할 수 있다. 프라이빗 클라우드는 환경에 대한 제어기능을 강화하려는 비즈니스에 중요한 작업이 있는 중견 조직과 대규모 조직 외에도 정부기관과 금융기관에서 사용하는 경우가 많다.

(1) 프라이빗 클라우드의 장점

① 보안

프라이빗 클라우드에 대한 트래픽은 일반적으로 조직의 자체 트랜잭션으로 제한되므로 프라이빗 클라우드 보안이 향상된다. 퍼블릭 클라우드 공급업체는 수백만 명의 사용자와 트랜잭션의 트래픽을 동시에 처리해야 하므로 악성 트래픽이 발생할 가능성이 커진다. 프라이빗 클라우드는 전용 물리적 인프라로 구성되므로 조직은 서버, 네트워크 및 애플리케이션 보안을 더 효과적으로 제어할 수 있다.

② 예측 가능한 성능

하드웨어가 멀티 테넌트가 아니라 전용이기 때문에, 작업량에 따른 성능을 예측할 수 있고 인프라 또는 대역폭을 공유하는 다른 조직의 영향을 받지 않는다.

③ 장기적인 비용 절감

프라이빗 클라우드 지원을 위한 인프라 구축에는 높은 비용이 소요될 수 있지만 장기적으로는 그만한 가치가 있다. 조직이 호스팅에 필요한 하드웨어와 네트워크를 이미 갖추고 있는 경우, 프라이빗 클라우드는 퍼블릭 클라우드에 있는 타인의 서버를 사용하는 대가로 매월 요금을 지불하는 것에 비해 훨씬 비용 효율적일 수 있다.

④ 예측 가능한 비용

퍼블릭 클라우드 비용은 사용량, 스토리지 비용 및 데이터 송신비용에 따라 예측하기 매우 어려울 수 있다. 프라이빗 클라우드 비용은 조직에서 실행 중인 작업량 또는 이동하는 데이터의 양에 관계없이 매월 동일하다.

⑤ 규정

EU의 일반데이터보호규정(GDPR)과 같은 규정에 따라 데이터가 상주하는 위치와 컴퓨팅이 수행되는 위치가 결정될 수 있다. 퍼블릭 클라우드 공급업체가 서비스를 제공할 수 없는 지역에서는 프라이빗 클라우드가 필요할 수 있다. 또한 금융회사 또는 법

륭회사와 같은 중요 데이터를 보유한 조직은 개인 식별정보 또는 중요한 정보를 완벽하게 제어하기 위해 프라이빗 클라우드 스토리지를 선택할 수 있다.

(2) 프라이빗 클라우드의 단점

① 많은 운영비용

기업은 자체 프라이빗 클라우드를 구축하고 관리할 수 있지만, 자본이 많이 드는 전략이다. 어떤 방식이든 클라우드를 구축하는 데는 상당히 많은 컴퓨팅 인프라가 필요하기 때문이다.

② 기술 지원의 한계

온프레미스 환경에서 운영하는 자체 클라우드는 가상화나 소프트웨어 정의 네트워킹 같은 기술을 지원할 역량이 있어야 한다. 또한 자체 클라우드 내에 상당한 수준의 자원 확장성, 사용자와 애플리케이션 모두를 지원할 수 있는 대역폭도 갖춰야 한다.

③ 책임

자체 데이터센터, IT 하드웨어 및 엔터프라이즈 소프트웨어는 물론이고 자체 보안 및 규정 준수를 운영하고 유지관리해야 한다.

④ 유연성 감소

요구사항의 변화에 따라 IT 리소스를 확장하거나 축소할 때 유연성이 떨어진다.

표 4-2 퍼블릭 클라우드와 프라이빗 클라우드의 차이점

구분	퍼블릭 클라우드	프라이빗 클라우드
사용자	누구나 퍼블릭 클라우드 서비스를 사용할 수 있다.	조직 자체만 프라이빗 클라우드 서비스를 사용할 수 있다.
데이터센터 위치	조직의 네트워크 내부	클라우드 서비스 제공업체의 서비스가 있는 인터넷상의 모든 위치
클라우드 서비스 관리	조직에는 프라이빗 클라우드 서비스를 관리하는 자체 관리자가 있어야 한다.	클라우드 서비스 제공자가 서비스를 관리하며 조직에서는 서비스만 사용한다.

하드웨어 구성 요소	사설 클라우드를 구축할 물리적 서버를 구입해야 하는 조직 자체에서 제공해야 한다.	CSP(Cloud Solution Provider)는 모든 하드웨어를 제공하고 항상 작동하는지 확인한다.
비용	하드웨어, 애플리케이션 및 네트워크가 조직 자체에서 제공 및 관리되어야 하기 때문에 상당히 비쌀 수 있다.	CSP는 SLA(Service-Level Agreement)에 따라 하드웨어를 제공하고, 애플리케이션을 설정하고, 네트워크 접근성을 제공해야 한다.
클라우드 인프라	퍼블릭 클라우드에서 클라우드 인프라는 인터넷을 통해 일반 대중에게 제공되며 클라우드 제공자가 소유한다.	프라이빗 클라우드에서는 클라우드 인프라가 단일 조직에서 독점적으로 운영된다. 프라이빗 클라우드는 조직 또는 제3자가 관리할 수 있으며 온프레미스 또는 오프프레미스에 존재할 수 있다.
주요 기업	AWS, Microsoft Azure, IBM의 Blue Cloud 및 Sun Cloud는 퍼블릭 클라우드의 예	AWS와 VMware는 프라이빗 클라우드의 예

4.7.3 하이브리드 클라우드 컴퓨팅 환경

하이브리드 클라우드 플랫폼은 더 큰 유연성, 더 많은 배포 옵션, 보안, 규정 준수, 기존 인프라에서 더 많은 가치 달성 등 많은 이점을 조직에 제공한다. 하이브리드 클라우드 컴퓨팅은 컴퓨팅 및 처리 수요가 변동될 때 타사 데이터센터에서 데이터 전체에 액세스하지 않고도 온프레미스 인프라를 퍼블릭 클라우드로 원활하게 스케일업하여 오버플로를 처리할 수 있는 기능을 기업에 제공한다. 조직은 클라이언트 요구사항이나 규정 요구사항을 충족하기 위해 데이터센터에 매우 중요한 데이터를 유지하면서 클라우드에서 특정 작업량을 실행하여 퍼블릭 클라우드에서 제공하는 유연성과 혁신을 이용할 수 있다.

따라서 회사에서 컴퓨팅 리소스를 스케일링할 수 있을 뿐만 아니라 단기간의 수요 급증을 처리하거나 비즈니스에서 더 중요한 데이터 또는 애플리케이션을 위해 로컬 리소스를 확보해야 할 때 대규모의 자본을 지출할 필요가 없다. 회사는 장기간 유휴상태로 남아 있을 수 있는 추가 리소스와 장비를 구입, 프로그래밍 및 유지관리하는 대신 일시적으로 사용하는 리소스에 대해서만 비용을 지불한다.

하이브리드 클라우드는 에지 워크로드도 포함하도록 진화하고 있다. 에지 컴퓨팅은 데이터가 있는 위치와 더 가까운 IoT 디바이스에 클라우드의 컴퓨팅 성능을 적용한다. 작업량을 에지로 이동하면 디바이스가 클라우드와 통신하는 데 걸리는 시간이 줄어들어 대기시간이 단축될 뿐만 아니라 길어진 오프라인 기간에도 안정적으로 작동할 수 있다.

(1) 하이브리드 클라우드의 장점

① 통제

조직이 짧은 대기시간이 필요한 중요한 자산이나 워크로드를 위한 프라이빗 인프라를 유지관리할 수 있다.

② 유연성

필요할 때 퍼블릭 클라우드에서 추가 리소스를 활용할 수 있다.

③ 비용 효율성

퍼블릭 클라우드로 스케일링하는 기능을 통해 필요할 때만 추가 컴퓨팅 성능의 비용을 지불하면 된다.

④ 용이성

시간을 두고 점차 워크로드를 단계별로 수행하여 점진적으로 마이그레이션할 수 있으므로 부담 없이 클라우드로 전환할 수 있다.

(2) 하이브리드 클라우드의 단점

① 운영 및 관리의 어려움

관리 복잡성이 증가할 수 있고, 환경이 복잡할수록 운영 및 관리가 어려울 수 있다.

② 비용과 보안 고려

초기 구축비용과 유지관리비용이 더 많이 들어갈 수 있다. 또한 퍼블릭 클라우드에서 발생할 수 있는 보안 위협을 방지하기 위해서는 추가적인 보안 솔루션을 구축해야 한다.

③ 성능과 호환성 문제 발생

서로 다른 클라우드 간의 호환성 문제로 데이터 이전 및 애플리케이션 운영에 문제가 발생할 수 있다.

▌그림 4-5 ▌클라우드 유형 변화 추이

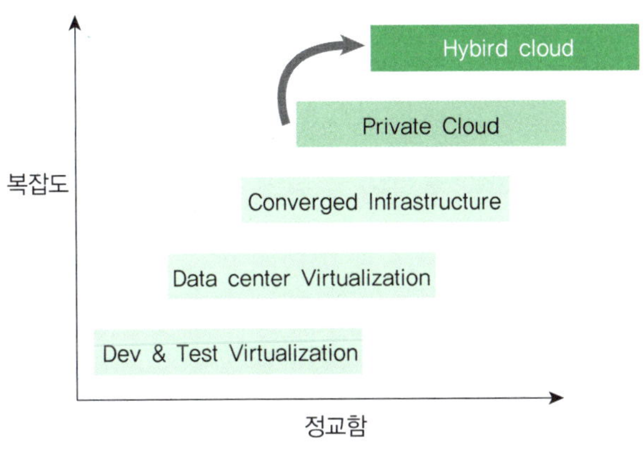

출처: IDC.com

4.8 클라우드의 과제들

다음은 클라우드 컴퓨팅과 관련된 몇 가지 주목할 만한 문제이며, 이러한 문제 중 일부는 클라우드에서 더 많은 서비스를 제공할 때 속도가 느려질 수 있지만, 계획단계에서 적절한 주의를 기울여 해결된다면 대부분 기회를 제공할 수 있다.

4.8.1 보안 및 개인정보 보호

클라우드 컴퓨팅을 둘러싼 문제 중 두 가지는 데이터 저장 및 보안, 서비스 공급업체의 클라우드 사용 모니터링과 관련이 있을 수 있다. 이러한 문제는 일반적으로 클라우드 서비스 구축 지연에 기인한다. 이러한 문제는 예를 들어 조직 내부에 정보를 저장하지만 클라우드에서 사용할 수 있도록 함으로써 해결할 수 있다. 그러나 이를 위해서는 조직과 클라우드 간의 보안 메커니즘이 견고해야 하며 하이브리드 클라우드가 이러한 구축을 지원할 수 있어야 한다.

4.8.2 표준 부족

클라우드는 문서화된 인터페이스를 가지고 있지만, 이와 관련된 표준은 없으므로 대부분의 클라우드가 상호 운용될 가능성은 낮다. 오픈 그리드 포럼은 이 문제를 해결하기 위해 오픈 클라우드 컴퓨팅 인터페이스를 개발하고 있으며 오픈 클라우드 컨소시엄은 클라우드 컴퓨팅 표준과 관행을 연구하고 있다. 최신 표준이 발전함에 따라 최신 표준을 유지하면 해당 표준을 활용할 수 있다.

4.8.3 지속적인 발전

사용자 요구사항은 인터페이스, 네트워킹 및 스토리지에 대한 요구사항과 마찬가지로 지속적으로 발전하고 있다. 이는 '클라우드', 특히 공용 클라우드가 정적으로 유지되지 않고 지속적으로 진화하고 있음을 의미한다.

4.8.4 규정 준수 우려

미국의 사베인스-옥슬리법(Sarbanes-Oxley Act, SOX)과 EU의 데이터 보호지침은 클라우드가 사용되는 데이터 및 애플리케이션의 유형에 따라 클라우드 컴퓨팅에 영향을 미치는 많은 규정 준수 문제 중 두 가지에 불과하다. EU는 모든 회원국에 걸쳐 데이터 보호를 위한 입법적 지원체계를 가지고 있지만, 미국에서는 데이터 보호가 주마다 다를 수 있다. 앞서 언급한 보안 및 개인정보 보호와 마찬가지로, 일반적으로 하이브리드 클라우드를 구축하여 하나의 클라우드에서 조직 내부에 데이터를 저장한다.

4.9 클라우드 컴퓨팅의 미래

미래는 누구도 장담할 수 없지만, 현재의 트렌드와 활용도를 분석하면 예측이 가능할 수 있다. 다음은 클라우드 컴퓨팅에 대한 몇 가지 예측이다.

4.9.1 저장 용량 증가

오늘날 데이터는 대량으로 생성되며 저장 시 보안상의 어려움이 있다. 대부분의 회사는 데이터를 안전하게 저장할 수 있는 장소를 필요로 한다. 많은 기업이 클라우드 컴퓨팅을 도입하고 있으며 클라우드 제공업체 간에 경쟁이 심해 더 많은 데이터센터를 더 저렴한 가격에 제공할 것으로 예상된다.

4.9.2 인터넷 성능 향상

사물인터넷 및 클라우드 컴퓨팅을 이용하여 인터넷 품질을 높이고 클라우드에 데이터를 저장하여 추가 분석 및 향상된 성능을 제공할 수 있다. 사용자는 고품질의 빠른 로딩 서비스와 애플리케이션을 기대하며, 제공되는 네트워크는 더 빨라지고 해당 데이터를 빠르게 수신하고 전달할 수 있다.

4.9.3 모듈식 소프트웨어 확대

복잡성과 함께 개별 프로그램의 크기가 정기적으로 증가하고 있다. 이는 곧 클라우드 기술에 사전 시스템적 사고가 필요하다는 사실로 이어진다. 미래에는 애플리케이션이 클라우드가 아닌 다른 장소에 저장될 것이기 때문에 소프트웨어 개발을 여러 각도에서 볼 수 있다. 이 애플리케이션은 다른 클라우드 서비스의 서버에 있는 다른 모듈에 저장될 것이다. 이것은 프로그램의 구성 요소를 다른 저장소에 배치하는 것이 경제적이므로 소프트웨어 비용을 줄일 수 있다.

4.9.4 클라우드 컴퓨팅과 함께하는 사물인터넷

사물인터넷은 또한 실시간 데이터 분석 및 클라우드 컴퓨팅의 지속적인 혁신과 함께 제공되는 선도적인 기술 중 하나이다. 많은 기계 간 통신, 데이터 및 프로세스가 발생할 것으로 예상되기 때문에 사물인터넷은 클라우드 컴퓨팅과 접목하여 제약점들을 극복하고 더욱 성장할 수 있다.

4.9.5 미래 변화의 중심으로의 데이터

클라우드 컴퓨팅 시장은 2022년부터 2030년까지 평균 성장이 17.43%로 예측하고 있으며 2030년까지 시장 규모가 1조 6,141억 달러를 초과할 것으로 보고되고 있다. 2021년 모든 애플리케이션 지출의 55%는 SaaS 기반 애플리케이션에 사용되었다.

고객만족에 대한 관심 증가, 운영 지출 통제에 대한 필요성 증가, 자본 지출 통제에 대한 필요성은 글로벌 클라우드 컴퓨팅 시장의 성장을 크게 주도하는 가장 두드러진 요인 중 일부이며, 데이터 보안, 규정 준수 요구사항 충족 및 빠른 데이터 복구는 전 세계적으로 클라우드 컴퓨팅 서비스에 대한 수요를 높이는 주요 요인이 될 것이다.

4.9.6 클라우드 서비스 개선

클라우드 컴퓨팅에는 다음이 포함된다.

- 서비스로서의 인프라(IaaS)
- 서비스로서의 플랫폼(PaaS)
- 서비스로서의 소프트웨어(SaaS)

이 서비스를 통해 원하는 목표를 달성할 수 있다. SaaS(Software as a Service) 솔루션이 워크로드의 60% 이상을 차지할 것이기 때문에 클라우드 컴퓨팅이 미래의 주요 기술 중 하나가 될 것임을 증명한 많은 연구자들이 있다.

또한 PaaS(Platform as a Service)와 IaaS(Infrastructure as a Service)는 대부분의 조직에서 사용되면서 점차 증가할 것으로 예측되었다. 클라우드 컴퓨팅은 사용자 친화적이며 신규 조직과 기존 조직 모두에 호환될 것이다.

4.9.7 보안성

클라우드에 저장된 데이터는 안전하지만 완전하지는 않다. 클라우드 서비스를 제공하는 소규모 회사는 데이터에 적절한 보안을 제공하거나 제공하지 않을 수 있다. 따라서 미래에는 더 나은 보안을 제공하여 사이버 공격을 예방할 수 있다. 클라우드 공급자는 사이버 공격을 방지하기 위한 더 나은 보안조치를 제공할 것이다.

4.9.8 경제성

클라우드 컴퓨팅이 계속해서 발전한다면 대부분의 작업이 클라우드 컴퓨팅과 가상화의 도움으로 이루어지므로 하드웨어 사용은 줄어들 것이다. 소프트웨어를 분할하여 설치비용을 절약할 수 있으며 이는 하드웨어 사용을 줄이는 결과로 이어진다.

진화가 계속된다면 클라우드에 저장된 데이터는 기계의 도움으로 분석될 것이며 사람의 도움이 필요하지 않을 것이다.

연습문제

01 다음 중 소규모 신생 기업이 퍼블릭 클라우드 공급업체의 IT 서비스를 즉시 사용할 수 있는 이점은 무엇인가?

① 자본비용과 변동비용의 거래
② 몇 분 만에 글로벌화
③ 용량 추측 중지
④ 속도 및 민첩성 향상

02 다음 중 IaaS의 대표적인 예는 무엇인가?

① 애플리케이션을 호스팅할 기본 가상 컴퓨팅, 스토리지 및 네트워크 리소스를 구성할 수 있는 액세스 권한을 제공하는 서비스
② 기본 인프라를 추상화하여 애플리케이션 코드 배포 프로세스에 집중할 수 있는 서비스
③ 기본 인프라에 대한 액세스 없이 공용 네트워크를 통해 전체 애플리케이션을 호스팅하고 제공하는 서비스
④ 짧은 임대기간 동안 하드웨어 리소스를 소비하고 미터링 방식으로 지불할 수 있는 서비스

03 다음 중 PaaS의 대표적인 예는 무엇인가?

① 기본 인프라에 대한 액세스 없이 공용 네트워크를 통해 전체 애플리케이션을 호스팅하고 제공하는 플랫폼
② 애플리케이션을 호스팅할 기본 가상 컴퓨팅, 스토리지 및 네트워크 리소스를 구성할 수 있는 액세스 권한을 제공하는 서비스
③ 기본 인프라를 추상화하여 애플리케이션 코드 배포 프로세스에 집중할 수 있는 서비스
④ 서로 다른 환경에서 반복 배포용 코드를 사용하여 인프라를 구축할 수 있는 서비스

04 다음 중 SaaS의 대표적인 예는 무엇인가?

① 애플리케이션을 호스팅할 기본 가상 컴퓨팅, 스토리지 및 네트워크 리소스를 구성할 수 있는 액세스 권한을 제공하는 서비스
② 기본 인프라를 추상화하여 애플리케이션 코드 배포 프로세스에 집중할 수 있는 서비스
③ 기본 인프라에 대한 액세스 없이 공용 네트워크를 통해 전체 애플리케이션을 호스팅하고 제공하는 서비스
④ 개발자가 소프트웨어 개발 수명주기에 데브옵스(DevOps) 전략을 채택할 수 있는 서비스

05 AWS와 같은 퍼블릭 클라우드 공급자와 구축한 리소스로 사내 워크로드를 연결할 수 있는 클라우드 구축 모델은 무엇인가?

① 프라이빗 클라우드
② 퍼블릭 클라우드
③ 하이브리드 클라우드
④ 하이퍼 클라우드

06 클라우드 컴퓨팅이 무엇인지 간단히 설명하시오.

07 클라우드 컴퓨팅의 특성 다섯 가지만 기술하시오.

08 클라우드 컴퓨팅의 장단점을 기술하시오.

09 SaaS, PaaS, IaaS의 차이점을 설명하시오.

10 클라우드의 유형에는 어떤 것이 있는지 기술하시오.

정답 01 ④ 02 ① 03 ③ 04 ③ 05 ③

Chapter 5

인공지능

5.1 개요

1936년 이후, 앨런 튜링과 다른 사람들은 인공지능(Artificial Intelligence, AI)에 대한 몇 가지 아이디어와 개념을 제안했다. 1956년 인공지능의 탄생부터 60년 이상 동안 인공지능의 주제는 큰 발전을 이루었다. 다양한 분야의 학자들과 다양한 전문적 배경을 가진 학자들뿐만 아니라 다양한 국가의 정부와 기업인들의 전례 없는 관심을 끌었으며 점점 더 완벽한 이론적 기반, 점점 더 많은 적용범위 그리고 넓은 단면을 가진 최첨단 과학이 되었다.

최근 몇 년 사이 인공지능의 개발과 적용의 새로운 물결이 나타나고 있다. 지난 10년 동안 현대 정보기술, 특히 컴퓨터 기술, 빅데이터 및 네트워크 기술의 발전은 정보처리의 용량, 속도 및 품질을 크게 향상시켰다. 엄청난 양의 데이터를 처리하고, 빠른 정보처리를 수행하고, 소프트웨어 기능과 하드웨어를 구현할 수 있으며, 이로 인해 인공지능이 더 널리 사용되었다. 최신 네트워크, 지능형 로봇화, 빅데이터의 참여로 인공지능 핵심 기술의 빠른 발전과 다양한 필수 요소의 통합이 촉진되었고, 인공지능이 기술, 경제, 생태계 분야에 훨씬 더 많은 분야에 진출하도록 추진되어 새로운 세대의 기술을 이끌었다.

인공지능은 여전히 개발과정에서 많은 어려움과 도전에 직면해 있지만, 이러한 도전은 항상 기회와 공존하며, 어려움은 결국 해결될 것이다. 인공지능에 대한 연구 결과가 점점 더 발전된 인공지능 제품을 만들어 낼 수 있을 것이고, 점점 더 많은 분야에서 인간의 지능을 어느 정도 능가할 수 있을 것이다. 인공지능은 기술개발, 산업 전환, 경제발전, 사회진보와 인간의 삶을 향상시킬 것이다.

5.2 인공지능의 역사

인공지능의 발전과정을 기간별로 설명하는 것이 유용할 수 있지만, 이 기간 분할방식은 서로 다른 기간에 걸쳐 있을 수 있는 사건들이 많고, 시간적으로 멀리 떨어져 있지만 밀접한 관련이 있을 수 있는 사건들이 있기 때문에 엄격하게 따르기 어려운 경우도 있다.

5.2.1 태동기(1956년 이전)

시대의 추세는 과학자들이 특정 현상을 연구하는 데 직접적으로 도움을 주었다. 인공지능의 발전을 위해, 1910년부터 1950년까지 지능세계에서 가장 중요한 두 가지가 나타났다. 이는 수학적 논리와 컴퓨팅에 대한 새로운 생각이다. 1913년, 노버트 위너는 그의 논문에서 수학관계이론을 계급이론으로 단순화했고, 수학논리학의 발전에 기여했으며, 기계논리학을 향한 발걸음을 내디뎠다. 나중에 앨런 튜링이 제안한 논리 기계와 일치한다. G. 프레게, A.N. 화이트헤드, B. 러셀, A. 타르스키 등의 연구는 추론의 특정 측면이 더 단순한 구조로 공식화될 수 있다는 것을 보여주었다. 수리논리는 여전히 인공지능 연구의 활발한 영역인데, 일부 논리-감산시스템이 컴퓨터에 구현되었기 때문이다. 그러나 컴퓨터가 등장하기 전부터 논리적인 추론이라는 수학적 공식은 사람을 위한 계산과 지능 사이의 관계에 대한 개념을 확립했다.

1936년 튜링은 26세의 나이에 오토마타(나중에 튜링 머신으로 알려짐) 이론(Automata Theory)을 제시하고, 전자 컴퓨터의 설계를 위한 기초를 마련했다. 특히 사고기계에 대한 연구를 촉진하기 위해 이론적인 컴퓨터 모델을 제안했다. 그는 단순하고 일반적인 비수치(Non-numeric) 컴퓨팅 모델을 만들었을 뿐만 아니라 컴퓨터가 지능적으로 이해되는 방식으로 작동할 수 있다는 것을 직접 증명했다.

1943년 맥컬록과 피츠버그가 제안한 '뇌와 같은 기계'는 인간의 두뇌에 대한 구조적 연구를 시작한 세계 최초의 신경망 모델(MP 모델이라고 함)이었다. 신경망의 연결 메커니즘은 나중에 인공지능의 연결주의 학파를 대표하는 것으로 발전했다.

인공지능의 초기 연구에 대한 사이버네틱스 사고의 영향을 언급할 가치가 있다. 사이버네틱스의 개념은 많은 분야에 걸쳐 있으며 신경계의 작동 원리와 정보이론, 제어

이론, 논리, 컴퓨팅을 연결시키기 때문에 사이버네틱스는 많은 분야에 영향을 미친다. 이러한 사이버네틱스의 사상은 시대의 이념적 경향의 일부이며, 많은 경우 초기와 최근의 인공지능 연구자(행동학)들에게 그들의 지도 이념으로 영향을 미쳤다.

위에서 보면 수리논리, 사이버네틱스, 정보이론, 오토마타 이론, 신경망 모델, 전자컴퓨터 등에 대한 인공지능 선구자들의 창조적 기여가 인공지능의 발전을 위한 이론적 토대를 마련하고 새로운 시대를 탄생시켰음을 알 수 있다.

5.2.2 형성기(1956~1970년)

1950년대에 이르러 인공지능은 인간 과학기술 사회의 핵심으로 등장하기 시작했으며, 새로운 시대의 탄생을 앞두고 있었다. 1956년 여름 다트머스 AI 컨퍼런스가 개최되었다. 젊은 미국 수학자이자 컴퓨터 전문가인 존 매카시, 수학자이자 신경학자 마빈 민스키, IBM Corporation Information Center의 책임자 너대니얼 로체스터, 벨 연구소 정보부의 수학자이자 정보학자 클로드 섀넌 등이 주도하여, 존 내쉬, 허버트 사이먼, 앨런 뉴웰, 올리버 셀프리지, 줄리안 비글로우 등 20여 명이 이 회의에 참석하였다. 이들은 미국 다트머스 대학에서 두 달 넘게 세미나를 열고 인간지능을 시뮬레이션하기 위해 기계를 사용하는 문제에 대해 진지하고 열정적으로 논의했다. 회의에서 '인공지능'이라는 용어는 매카시가 공식적으로 제시했다. 이 세미나는 인류 역사상 최초의 인공지능 세미나로 과학·역사적으로 매우 중요한 의미를 지닌 인공지능분야의 탄생을 알렸다. 이들 뛰어난 젊은 학자들 대부분은 수학, 심리학, 정보이론, 컴퓨터 과학, 신경학 등의 연구에 종사했으며, 이후 대부분 유명한 인공지능 전문가가 되어 국제 인공지능 발전에 상당한 기여를 했다.

1965년 '전문가시스템과 지식공학의 아버지'로 알려진 에드워드 파이겐바움이 이끄는 연구 그룹이 전문가시스템(Expert System)을 연구하기 시작했고, 1968년 유기 화합물의 분자구조를 분석하는 질량분석 전문가시스템 덴드랄(DENDRAL)을 최초로 연구하는 데 성공했다. 후에 인공지능의 적용에 관한 연구에 획기적인 기여를 하기 위해 다른 전문가시스템이 개발되었다.

'국제 패턴 인식의 아버지'로 알려진 푸(K.S. Fu)는 구문 패턴 인식에 대한 선구적인 기여 외에도 1965년에 인공지능의 휴리스틱 추론규칙을 학습 제어시스템에 적용했다.

인공지능과 자동 제어의 연결로 지능형 제어에 기초적인 기여를 했으며 국제적으로 인정받는 지능형 제어의 창시자가 되었다.

위의 사건들은 인공지능이 출생부터 성장까지의 열광적인 시기를 경험하고 독립적인 학문을 형성했음을 보여주는데, 이는 초기에 인공지능에 비교적 좋은 환경을 구축했고, 추가적인 발전을 위한 중요한 토대를 마련했다. 인공지능이 앞으로 나아가는 과정에서 여전히 많은 어려움과 도전에 직면하겠지만, 이러한 토대를 마련하면 우리는 도전을 맞이하고, 기회를 포착하고, 인공지능의 지속적인 발전을 도모할 수 있다.

5.2.3 우울한 시기(1966~1974년)

형성기간과 이후 지식 적용기간 사이에는 인공지능의 암울한 시기가 있었다. '열정적인' 개발을 달성하는 동안 인공지능은 몇 가지 어려움과 문제에 직면했다.

한편으로는 승리에 눈이 멀어 일부 AI 연구자들이 인공지능의 미래 발전과 결과에 대해 지나치게 낙관적인 예측을 했고, 이러한 예측의 실패는 인공지능의 명성에 상당한 손상을 입혔다. 동시에 많은 인공지능 이론과 방법들이 보편화되고 대중화되지 않았으며 전문가시스템도 널리 개발되지 않았다.

이 시기의 인공지능은 주로 다음과 같은 세 가지 한계를 가지고 있었다.

- **지식의 한계:** 이전에 개발된 인공지능 프로그램은 주제 지식이 너무 적거나 전혀 없으며 단순한 합성처리만 수행했다.
- **해결의 한계:** 인공지능이 풀려고 하는 많은 문제는 해결방법과 해결단계의 한계로 인해 풀리지 않고 있다.
- **구조의 한계:** 지능형 행동을 생성하는 데 사용되는 인공지능시스템이나 프로그램은 기본적인 구조를 가지고 있다.

반면에 과학과 기술의 발전은 인공지능에 새로운 요구사항이나 심지어 도전들을 부과한다. 예를 들어, 인지 생리학 연구는 인간의 뇌가 1,011개 이상의 뉴런을 포함하고 있으며, 인공지능시스템이나 지능형 기계는 기존의 기술적 조건에서는 뇌의 기능을 구조적으로 시뮬레이션할 수 없다는 것을 발견했다. 여기에 철학 · 심리학 · 인지생리학 · 컴퓨터과학 등 다양한 학계가 인공지능의 본질 · 이론 · 적용에 비판적이고 회의적인 태도를 보여 인공지능을 위기에 빠뜨렸다.

그 무엇도 순탄할 수는 없다. 겨울이 지나면 봄이 올 것이다. 경험과 교훈을 종합하고 보다 광범위하고 심층적이며 표적화된 연구를 수행함으로써 인공지능은 새로운 개발의 시기를 맞이한다.

5.2.4 지식응용기간(1970~1988년)

파이겐바움 연구팀은 1965년부터 전문가 시스템을 연구하기 시작했으며, 1968년 최초의 전문가시스템 덴드랄(DENDRAL)이 성공적으로 연구된 후 1972년부터 1976년까지 항생제 약물 치료를 위한 마이신(MYCIN) 의료 전문가시스템을 개발했다. 1977년 열린 제5차 인공지능 국제회의에서 파이겐바움은 지식공학의 개념을 공식적으로 제안했고 1980년대는 전문가시스템의 붐 시대가 될 것이라고 예측했다.

1980년대에 걸쳐 전문가시스템과 지식공학은 전 세계적으로 빠르게 발전했다. 전문가시스템은 기업과 같은 사용자들에게 막대한 경제적 이익을 제공했다. 예를 들어, 최초의 성공적인 상업적 전문가시스템인 R1은 1982년 새로운 컴퓨터 시스템의 구조 설계를 위해 미국 디지털 장비 그룹 코퍼레이션(DEC)에서 운영되기 시작했다. 1986년까지 R1은 연간 400만 달러를 절약했다. 1988년까지 DEC의 인공지능 팀은 40개의 전문가시스템을 개발했다. 거의 모든 미국 대기업이 자체 인공지능 팀을 두고 전문가시스템을 적용하거나 전문가시스템 기술에 투자했다. 전문가시스템을 개발하는 과정에서 많은 연구자들이 인공지능시스템이 지식처리시스템이라는 공감대를 형성했고, 지식 획득, 지식 표현, 지식 활용이 인공지능시스템의 3대 기본 이슈가 되었다.

5.2.5 통합개발기간(1980~2010년)

1980년대 후반까지, 국가 차원에서 심혈을 기울인 지능형 컴퓨터 연구 프로젝트는 심각한 도전과 어려움에 직면했고, 그들이 기대했던 목표를 달성할 수 없었다. 이를 통해 AI 연구진은 기존 AI와 전문가시스템 아이디어와 방법을 성찰하게 되었다.

퍼지 컴퓨팅 외에도 인간의 뇌 사고, 자연적 특성, 생물학적 행동을 모방하는 많은 계산방법(신경 컴퓨팅, 진화 컴퓨팅, 자연 컴퓨팅, 면역 컴퓨팅, 군집 컴퓨팅 등)이 이 기간 동안 중요한 연구 진전을 이루었다. 우리는 이러한 지능형 컴퓨팅 이론과 방법을 컴퓨터 지능(CI)이라 했으며, 이 지능은 전통적인 인공지능과 다르다고 보았다. 컴퓨터 지능은 기존 AI의 수학적 이론과 계산이 부족한 부분을 보완하고 인공지능의 이론적 틀을 업데이트하고 확장하면서, 인공지능이 새로운 발전기에 진입할 수 있도록 했다.

특히 이 시기에 신경망의 부활과 지능형 에이전트의 출현을 언급할 가치가 있다. 존 홉필드는 1982년에 이산 신경망 모델을, 1984년에 연속 신경망 모델을 제안하여 인공 신경망(ANN) 연구의 부흥을 촉진하였다.

따라서 신경망은 국제 정보기술의 핵심이 되면서 인공지능의 중요한 하위 분야가 되었다. 다층 신경망의 연구 결과는 심층 신경망과 딥러닝의 이론적 근거를 제공했다. 1990년대 네트워크 기술, 특히 컴퓨터 네트워크 통신기술의 발달과 함께 지능형 에이전트가 등장했고, 인공지능을 위한 또 다른 새로운 연구의 핵심으로 발전했다. 인공지능의 목표는 특정한 지능적인 행동을 보여줄 수 있는 에이전트를 구축하는 것이다. 따라서 에이전트는 인공지능의 핵심 문제여야 한다. 인공지능 연구과정에서 사람들은 인간지능의 본질은 일종의 사회지능이라는 것을 점차 깨닫게 되었다. 인간 사회의 '사람' 또는 개인은 인공지능시스템의 기본 구성 요소에 해당하며, 사회시스템에 해당하는 인공지능 '멀티 에이전트 시스템'은 인공지능분야의 새로운 연구 대상이 되었다.

5.2.6 새로운 핵융합 발전의 시대(2005년~현재)

인류가 21세기에 진입한 뒤 제2의 기계혁명과 인공지능의 새로운 시대가 열렸다. 인공지능이 각 전문분야에서 연구개발되던 것과 달리 인공지능의 다양한 핵심 기술의 높은 통합과 인공지능과 실물경제의 깊은 통합을 실현하는 것이 필요하게 되었다. 'Knowledge'(원래 지식, 매크로 지식 및 상식), 알고리즘(딥러닝 알고리즘 및 진화 알고리즘), 빅데이터(대량 데이터 및 라이브 데이터), 네트워크(인터넷, 사물인터넷, 5G), 클라우드 컴퓨팅, 컴퓨팅 파워(중앙처리장치(CPU))의 초대규모 통합 등), 그래픽 처리장치(GPU) 그리고 대화형 인공지능인 GPT 등의 빠른 발전과 상호 침투는 인공지능을 융합 발전의 새로운 시대로 촉진시켰고 새로운 세대의 인공지능기술과 산업이 전에 없이 번창하도록 하였다.

인공지능 융합 개발과정이 점차 형성되었다. 컴퓨터 지능의 출현은 인공지능과 데이터를 긴밀하게 통합하였다. 지능 컴퓨팅은 '지식+알고리즘+데이터'의 융합을 실현했다. 빅데이터는 '지식+빅데이터'의 융합을 위한 조건을 만들었다. 네트워크의 업그레이드는 '지식+네트워크'를 만들었다. 최종적으로 '데이터+알고리즘+네트워크'는 인공지능 융합을 가능하게 하였다.

알고리즘 연구의 획기적인 발전은 인공지능, 특히 딥러닝 알고리즘에 새로운 활력을 불어넣었다. 지난 10년 동안 딥러닝과 딥 강화학습에 대한 연구는 점차 심화되었고 자연어 처리 및 이미지 처리분야에서 널리 사용되고 있다. 이러한 연구 결과는 학문적 분위기를 활성화하고 기계학습과 인공지능의 적용과 개발을 촉진했다. 그 결과 '초거대 AI'라 불리는 AI 기반 지식 플랫폼인 Chat GPT 시대를 열게 되었다.

인공지능은 점점 더 널리 사용되고 있다. 다른 분야와 과학기술 분야에 깊이 침투하여 이들 분야의 발전에 필수적인 기여를 했으며, 인공지능 이론과 응용연구에 새로운 아이디어와 참고 자료를 제공했다. 예를 들어, 생체정보학, 생체로봇학, 유전학 연구 등이 이에 해당한다.

경제와 산업의 고도화, 사회 발전과 민생에 봉사할 필요성, 인공지능 산업의 진흥으로 전 세계적으로 인공지능 산업화의 물결이 전 세계를 휩쓸고 있다. 인공지능 개발의

| 그림 5-1 | 인공지능의 역사

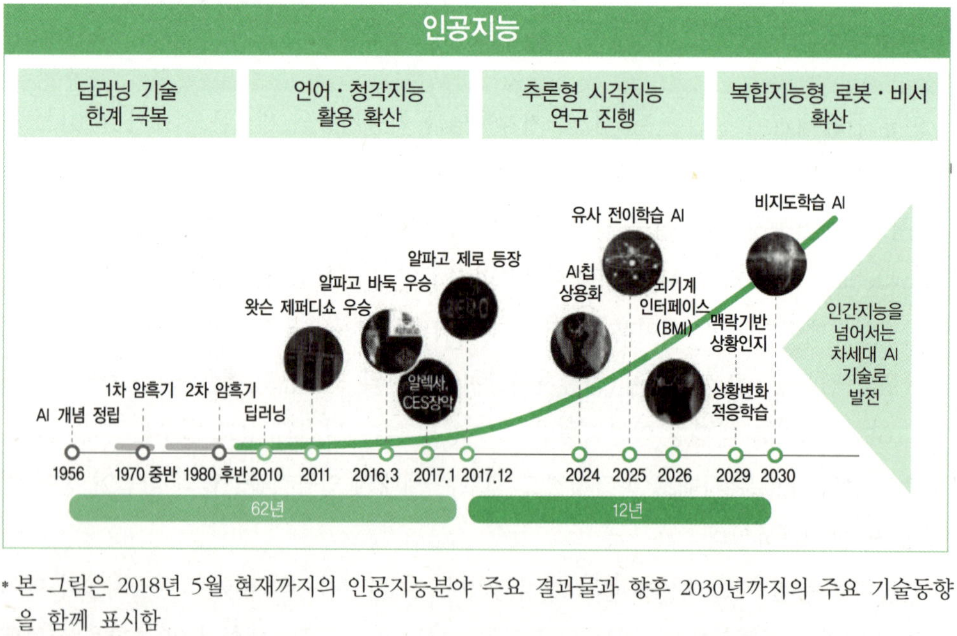

* 본 그림은 2018년 5월 현재까지의 인공지능분야 주요 결과물과 향후 2030년까지의 주요 기술동향을 함께 표시함

출처: 과기정통부(2018. 5.), I-Korea 4.0 실현을 위한 인공지능 R&D전략

새로운 시대에 인공지능은 분명 더 많고, 더 좋고, 더 큰 새로운 결과를 만들어 내고, 나아가 인공지능의 융합 발전의 새로운 시대를 만들 것이다.

5.3 인공지능의 정의

인공지능은 기계지능 또는 컴퓨터 지능이라고도 불린다. 어떤 이름을 취하든, 그것이 담고 있는 '지능'은 기계와 컴퓨터에 의해서만 인위적으로 만들어지거나 표현되는 일종의 지능이며, 이는 AI를 자연지능, 특히 인간의 지능과 구별한다는 점에서 주목할 만하다. 인공지능이 자연지능과 근본적으로 다르다는 것을 알 수 있다. 그것은 인공적인 수단으로 모방되고 창조된 지능을 나타내기 때문이다.

수없이 만들어지는 새로운 분야의 기술들과 마찬가지로 인공지능에 대한 통일된 정의가 없으며 인공지능에 대한 정확한 정의를 내리기가 어렵다. 인간의 자연지능은 항상 인간의 활동과 함께 존재한다. 체스, 경기, 문제해결, 수수께끼 맞히기, 토론, 계획, 컴퓨터 프로그램 작성, 심지어 자동차 운전과 자전거 타기 같은 많은 인간활동은 모두 '지능'을 필요로 한다. 기계가 그러한 작업을 수행할 수 있다면, 기계가 이미 어떤 종류의 '인공지능'을 가지고 있는 것으로 간주할 수 있다. 과학이나 학문적 배경이 다른 학자들은 인공지능에 대한 이해가 다르고 관점이 다르다.

우리의 이해를 기반으로 인공지능을 정의하면 아래와 같이 정의할 수 있다.

- **인텔리전스**: 지능은 사물을 이해하고 학습하는 능력, 즉 지능은 생각하고 이해하는 능력이지, 본능적으로 일을 처리하는 능력이 아니다.
- **지능형 시스템**: 지능형 기계는 인간의 지능적인 행동을 보여줄 수 있는 기계이다. 이 지적인 행동은 인간이 문제를 생각하거나 아이디어를 만들기 위해 뇌를 사용하는 방식과 비슷하다.
- **인공지능(학문)**: 인공지능은 지능형 기계를 연구하고, 설계하고, 적용하는 과학이다. 머지않은 미래에 인공지능의 주요 목표는 인간 뇌의 특정한 지적 기능을 모방하고 수행하기 위한 기계의 사용을 연구하고 관련된 이론, 기술 및 응용 프로그램을 개발하는 것이다.

- **인공지능(능력)**: 인공지능은 인간의 지능과 관련된 지능적인 기계에 의해 수행되는 지능적인 행동이다. 이러한 지능적 행동에는 학습, 인식, 사고, 이해, 판단, 추론, 입증, 커뮤니케이션, 설계, 계획, 행동 및 기타 활동이 포함된다.

1950년 튜링이 설계하고 수행한 유명한 실험(나중에 튜링 테스트로 알려짐)에서 "기계가 생각할 수 있는가"라는 질문을 제기하고 부분적으로 답한 것 역시 인공지능에 대한 좋은 논평이다.

다음은 새로 추가된 인공지능에 대한 두 가지 정의이다.

- 인공지능은 시각인식, 음성인식, 의사결정, 언어 번역과 같은 인간의 지능을 필요로 하는 작업을 수행할 수 있는 컴퓨터 시스템의 이론과 개발이다. 간단히 말해서, 인공지능은 일반적으로 인간의 지능을 필요로 하는 일을 하기 위해 컴퓨터를 사용하는 것을 말한다.
- 인공지능은 인간이 결정을 내리는 것처럼 지식을 이용해 새로운 상황에서 결정을 내리는 학습 메커니즘을 가진 소프트웨어나 컴퓨터 프로그램이다. 이 소프트웨어를 만든 연구원들은 이미지, 텍스트, 비디오 또는 오디오를 읽고 배우기 위해 코드를 작성한다. 일단 기계가 학습할 수 있게 되면, 그들의 지식은 다른 곳에서 사용될 수 있다. 즉, 인공지능은 인간이 하는 것처럼 데이터로부터 학습하기 위해 알고리즘을 적용하고 학습한 것을 의사결정에 사용하는 기계의 능력이다. 이러한 관점에서 각 기관이 정의한 인공지능의 정의는 [표 5-1]과 같다.

| 표 5-1 | 인공지능의 정의

기관 및 연구자	정의
옥스퍼드 사전	시각적 인식, 언어인지, 결정 및 언어 간의 번역 등과 같이 인간의 지능이 필요한 일을 정상적으로 수행할 수 있게 하는 컴퓨터 시스템들의 이론 및 개발
Oracle	인공지능이란 쉽게 말해 인간의 지능을 모방하여 작업을 수행하고 수집한 정보를 토대로 자체 성능을 반복적으로 개선할 수 있는 시스템
John McCarthy	지능적인 기계를 만드는 엔지니어링 및 과학
Charniak and McDermott(1985)	여러 계산 모델들을 사용하여 인간의 정신적인 기능들을 연구하는 것

AWS	인공지능(AI)은 학습, 문제해결, 패턴 인식 등과 같이 주로 인간지능과 연결된 인지 문제를 해결하는 데 주력하는 컴퓨터 공학분야
Schalkof(1991)	인간의 지능적인 행동양식들을 계산적인 과정을 이용해 모방하고 설명하는 것에 대한 연구분야
Gartner (웹 페이지)	인공지능은 특별한 임무수행으로 인간을 대체할 수 있고, 인지능력을 제고할 수 있으며, 자연스러운 인간의 의사소통 통합 및 복잡한 콘텐츠를 이해하고 결론을 도출하는 과정 등 인간이 수행하는 것들을 모방하는 기술
BCC Research (2014)	스마트 기기는 불확실하거나 다양한 환경에서 업무를 수행할 수 있도록 고안된 하드웨어 및 소프트웨어 시스템으로 정의
한국정보화진흥원 (NIA)	인공지능은 인간의 학습능력을 추론하고, 지각하며, 이해하는 능력 등을 실현하는 기술
Merriam-Webster	컴퓨터에서 지능적인 행동을 시뮬레이션하는 컴퓨터 과학분야, 지적인 인간행동을 모방하는 기계능력
브리태니커 백과사전	인공지능, 디지털 컴퓨터 또는 컴퓨터 제어 로봇이 지능형 존재와 관련된 작업을 수행할 수 있는 능력

5.4 인공지능의 핵심 요소

인공지능의 핵심 요소는 무엇인가? 인공지능분야에서는 다양한 의견이 존재한다. 이하에서 지식, 데이터, 알고리즘, 컴퓨팅 파워 등 인공지능의 네 가지 요소를 살펴본다.

5.4.1 지식

지식은 사람들이 경험, 학습 또는 연상을 통해 인식하는 세상의 객관적인 규칙성이다. 지식은 인공지능의 원천이며, 인공지능은 지식에서 기원하고 의존한다. 전문가시스템이나 퍼지 컴퓨팅과 같은 지식시스템은 지식을 기반으로 개발된다. 인공지능에 대한 연구는 지식 엔지니어링의 병목현상인 지식 표현, 지식 추론, 지식 응용 및 지식 획득의 문제를 연구하는 것을 목표로 한다.

지식 개발의 경로는 다음과 같다. 표면 지식 표현에서 심층 지식 표현으로, 언어(그래프) 표현에서 의미 표현으로, 명시적 표현에서 암묵적 표현으로, 그리고 단순한 지식 표현에서 지식+데이터의 지식 표현으로, 결정론적 추론에서 불확실성 추론으로, 고전적 추론에서 비고전적 추론으로의 발전을 포함한다. 지식 적용에 관해서는 전통적인 지식공학에서 지식 기반, 지식 그래프, 지식 마이닝, 지식 발견과 같은 지식과 데이터의 포괄적인 통합으로 발전했다.

5.4.2 데이터

데이터는 사실이나 관찰의 결과이며 컴퓨터에 입력되고 프로그램으로 처리될 수 있는 숫자, 문자, 기호, 영상 신호, 아날로그 수량과 같은 모든 종류의 매체에 대한 일반적인 용어이다. 데이터는 인공지능의 기반이며 AI 개발을 촉진한다. 컴퓨터 지능은 지식보다는 데이터에 의존한다. 신경 컴퓨팅, 진화 컴퓨팅과 같은 컴퓨터 지능기술은 데이터를 기반으로 개발된다. 데이터는 신경망의 계산지능 데이터에서 인터넷이 가져온 방대한 데이터로 빠르게 발전했다.

데이터 개발 경로에는 고전적 데이터에서 빅데이터로, 빅데이터에서 실제 데이터로, 인터넷에서 사물인터넷으로, 두 네트워크의 통합으로 대규모 데이터를 가져와 지도학습 및 준지도학습에서 비지도 및 강화학습으로, 그리고 새로운 컴퓨팅을 통해 얻은 데이터가 포함된다. 아키텍처(GPU와 그 병렬 컴퓨팅, 프로그래밍 가능한 게이트 어레이, 클라우드 컴퓨팅, 양자 컴퓨팅, 전문 인공지능 칩 등)가 그것이다. 5G 네트워크는 더 빠른 데이터 전송, 더 짧은 지연시간, 더 넓고 더 효과적인 애플리케이션을 가능하게 한다. 새로운 세대의 데이터는 인공지능 발전에 더 큰 기여를 할 것이다.

5.4.3 알고리즘

알고리즘은 문제해결방식에 대한 정확하고 완전한 설명이다. 그것은 문제를 해결하기 위한 명확한 지침의 연속이다. 간단히 말해서, 알고리즘은 문제해결을 위한 과정 설명이다. 알고리즘은 인공지능의 영혼이자 소프트 파워의 핵심이다. 딥러닝 알고리즘과 유전 알고리즘과 같은 지능형 알고리즘이 알고리즘의 예이다.

딥러닝 알고리즘 등 기존 알고리즘이 많은 실질적인 문제를 해결했지만, 인지 계층의 알고리즘에 대한 연구는 거의 진척되지 않아 진전이 필요하다.

알고리즘 개발에 대한 접근은 다음과 같다. 데이터+지식, 지식 아틀라스와 결합된 딥러닝, 논리적 추론, 기호학습, 비정형 또는 비표식 데이터로부터의 비지도학습, 인지 컴퓨팅, 인지 의사결정 수준 알고리즘 및 뇌와 유사한 컴퓨팅, 보편적 컴퓨팅 개발 등이다. 유비쿼터스 컴퓨팅과 보편적 알고리즘, 군집의 반복적 진화에 기반한 진화적 컴퓨팅과 진화적 알고리즘이다.

5.4.4 컴퓨팅 파워

컴퓨팅 파워는 컴퓨팅 능력을 의미하며, 기계의 수학적 유도 및 변환능력은 추상적이고 복잡한 수학적 표현이나 숫자를 수학적 방법을 통해 이해할 수 있는 수학적 공식으로 변환하는 능력이다. 컴퓨팅 파워는 인공지능의 파워이며, 인공지능의 하드 파워에 대한 핵심 보증이기도 하다.

컴퓨팅 파워의 개발 경로는 다음과 같다. GPU, FPGA 전문 인공지능 칩, 신경망 칩과 같은 새로운 칩의 연구개발을 포함한 새로운 컴퓨팅 아키텍처를 만들고, 클라우드 컴퓨팅 시스템과 양자 컴퓨터와 같은 새로운 컴퓨팅 기술을 개발한다. 또한 병렬 컴퓨팅은 데이터 계산 속도를 높이고 데이터 처리능력을 향상시킨다. 컴퓨팅 파워의 지속적인 향상과 컴퓨팅 속도의 증가는 인공지능의 발전, 특히 인공지능 산업화의 활발한 발전을 크게 촉진시켰다.

위의 인공지능 핵심 요소 각각은 심층 통합 발전의 길을 점차 수용하고 있지만, 이러한 통합 발전에는 과정이 필요하다. 이러한 핵심 기술의 빠른 발전과 깊은 통합으로, 인공지능과 산업화는 매우 유망하며, 분명 인간에게 더 좋고 더 만족스러운 서비스를 제공할 것이다.

5.5 인공지능의 장단점

인공지능(AI)이 인간 지식의 공백을 메워야 하고, 인간의 일을 더 쉽게 만들 것임은 분명하다.

5.5.1 인공지능의 장점

- 인공지능 기계는 아프지 않다. 잠을 자거나 휴식을 취할 필요가 없다. 인공지능 기계는 사람보다 훨씬 더 많은 일을 할 수 있다.
- 인공지능기술은 과학과 의학에서 중요한 역할을 한다. 환자를 심각한 부작용의 위험에 빠뜨리는 약물 간의 미묘한 상호작용을 발견하기 위해 최근 AI 방법이 채택되고 있다.
- AI는 우리가 가장 좋은 경로를 찾기 위해 의존하는 GPS 시스템을 사용하여 여행을 계획하도록 도울 수 있다.
- AI는 인간에게 너무 어려운 계산을 수행하는 데 도움을 줄 수 있다.
- 우리가 핸드폰으로 사진을 찍을 때 AI 알고리즘이 얼굴을 감지하고 페이스북에 사진을 올릴 때 개인의 얼굴을 인식한다. 인공지능 기계의 도움으로 스마트폰은 우리의 말을 이해할 수 있다.
- AI는 오류와 결함이 거의 없이 정확한 결과를 제공한다.
- AI는 인간이 어려움을 겪거나 임무를 완수할 수 없는 스트레스 받고 복잡한 상황에서 쉽게 작동한다.
- AI는 더 많은 직접적인 방법이 실패하는 장기적인 문제에 사용될 수 있다.

5.5.2 인공지능의 단점

- 활용하는 데 비용이 많이 든다.
- 깊은 기술 전문지식이 필요하다.
- AI 도구를 구축하기 위한 자격을 갖춘 운영자의 공급이 제한되어 있다.
- 표시된 것만 알 수 있다.

• 한 작업에서 다른 작업으로 일반화하는 능력이 부족하다.

5.6 인공지능의 종류

인공지능(AI)기술은 인간의 특징을 모방하는 능력, 그렇게 하기 위해 사용하는 기술, 실제 세계에 있는 응용 프로그램, 마음이론에 따라 분류되며, 전문가들은 진화 수준에 따라 크게 AI를 '약한 인공지능'과 '강한 인공지능', '초인공지능' 등 세 가지로 구분하고 있다.

5.6.1 약한 인공지능(ANI), 좁은 AI

'약한 인공지능(Weak AI; Artificial Narrow AI, ANI)' 또는 '좁은 AI(Narrow AI)'를 만들기 위해서는 어떠한 목적이 필요하고, 해당 목적에 최적화된 알고리즘 그리고 적당한 규칙 등을 설정하면 된다.

우리가 지금까지 효과적으로 생성한 유일한 종류의 인공지능은 종종 약한 AI 또는 좁은 AI로 알려진 ANI(인공협소지능)이다. '좁은 AI'는 목표 지향적이며 자동차 운전이나 온라인 검색과 같은 단일 작업을 수행하도록 만들어졌으며 학습된 특정 작업을 수행하는 데 매우 지능적이다.

이 기계는 영리해 보이지만 제한된 범위의 기능만 가지고 있기 때문에 이러한 종류의 인공지능을 약한 AI라고도 한다. '약한 AI'는 제한된 요소와 상황을 기반으로 인간 행동을 복제한다. 그것은 인간의 지능을 모방하거나 복제하지 않는다.

작업을 수행하는 데 사용되는 자연어 처리(Natural Language Processing, NLP)는 AI의 기계지능이 시작되는 곳이다. Chat GPT 등의 챗봇 및 기타 유사한 AI 기술은 분명히 NLP를 사용한다. 인공지능은 자연 언어로 말과 글을 이해하여 자연스럽고 개별화된 방식으로 사람들과 연결되도록 고안되었다.

대부분의 AI는 기계가 딥러닝을 위해 많은 양의 데이터를 사용하는 제한된 메모리 AI이다. 딥러닝은 데이터를 저장하고 미래 경험을 개인화하는 가상 비서 또는 검색 엔진과 같은 개인화된 AI 경험을 가능하게 한다.

알파고는 오로지 바둑만 두는 프로그램이고, 장기를 두지 못한다. 물론 프로그램의 일부를 수정하면 장기든 바둑이든 둘 수 있겠지만 바둑을 배운 알파고에서 장기를 두게 하면, 아마 충돌로 인해서 현재 두고 있는 바둑을 이상하게 둘 가능성이 매우 높다. 현재 인간은 강한 인공지능을 제대로 만들 수 없기 때문에 약한 인공지능이 대다수이고, 강한 인공지능은 현재의 기술로서는 거의 힘들며, 나올 수 있을지 없을지도 미지수이다. 약한 인공지능을 만들기 위해서는 간단하게 구현된 머신러닝 기법으로도 충분하다.

5.6.2 인공일반지능(AGI), 강한 AI, 딥 AI

이에 반해 '인공일반지능(Artificial General Intelligence, AGI)' 또는 '강한 인공지능(Strong AI 또는 Deep AI)'은 학습 및 적용능력을 갖춘 인간지능 및/또는 행동을 모방하는 일반지능을 가진 기계의 개념이다. 주어진 각 상황에서 AGI는 인간과 동일한 방식으로 생각하고, 이해하고, 행동할 수 있다. 지각력이 있고 스스로를 인식하며 독립성을 가졌다는 게 특징이다. 인간의 두뇌가 보편적 지능의 원형 역할을 한다는 점을 감안할 때 강력한 AI를 개발하는 것이 그렇게 어려운 것은 놀라운 일이 아니다. 인간의 두뇌가 어떻게 작동하는지 완전히 이해하지 못하기 때문에 시력과 움직임과 같은 기본적인 정신과정을 복제하는 것이 어렵다는 것을 발견했다. 강한 인공지능을 만들기 위해서는 인공신경망의 기술은 필수적이다. 바로 사람처럼 사고를 하기 위해서는 기계가 연산하는 것들이 인간과 비슷해야 하는데 빅데이터와 딥러닝의 등장은 강한 인공지능으로 갈 수 있게 하는 획기적인 사건이다.

5.6.3 인공슈퍼지능(ASI)

'인공슈퍼지능(Artificial Super Intelligence, ASI)' 또는 '초인공지능(Super AI)'은 단순히 인간의 지능과 행동을 모방하거나 이해하는 것 이상의 가상의 인공지능이다. ASI를 통해 컴퓨터는 자의식을 갖게 되고 인간의 지능과 능력을 능가한다. 즉 '초인공지능'은 이러한 '강한 AI'가 진화한 형태라고 할 수 있다. AI는 인간보다 1,000배 이상 뛰어난 지능을 가진 AI로 일컬어지고 있어 인간보다 훨씬 더 나은 의사결정과 문제해결능력을 갖게 될 것이다. 이 AI는 효율, 자기보존, 자원획득, 창의성 등의 원초적 욕구를 기반

표 5-2 약한 AI vs 강한 AI vs 슈퍼 AI

구분	약한 AI	강한 AI	슈퍼 AI
정의	약한 AI는 스스로 확장하고 새로운 도전에 대처하는 능력이 부족하다. 하나의 중요 작업에 집중되어 있다.	강한 AI는 광범위한 작업을 수행하고 추론하며 새로운 기술을 습득하고 인간과 동등한 인지능력을 개발할 수 있다.	슈퍼 AI는 인간보다 뛰어난 지능을 보여준다.
목적	약한 AI는 특정 문제를 완료하거나 해결하기 위해 미리 정의된 제한된 범위의 작업만 수행하도록 프로그래밍되었다.	강한 AI는 스스로를 인식하고 '마음'이 떠올릴 수 있는 모든 작업을 수행할 수 있다.	슈퍼 AI는 지능에서 인간을 능가하고 모든 일을 더 잘 수행할 것이다.
AI 모델	약한 AI는 사전 프로그래밍된 고정 도메인 모델을 사용한다.	강한 AI는 환경에 적응하고 스스로 학습한다.	슈퍼 AI는 스스로 의식을 키우고 스스로 학습하고 성장한다.
데이터 처리	데이터는 기계학습, 딥러닝, 인공신경망 및 자연어 처리를 사용하는 좁은 AI로 분류된다.	강한 AI는 기계학습, 딥러닝, 자연어 처리 및 인공신경망의 고급 형태를 활용하여 그룹화 및 연관을 사용한다.	인간의 감정과 경험을 이해하고 해석하기 위해 슈퍼 AI는 인간의 두뇌를 모델로 사용할 수 있다.
지식 이전	지식은 약한 AI에서 다른 영역이나 작업으로 이전될 수 없다.	강한 AI는 지식 이전을 사용하여 새로운 작업과 영역을 처리한다.	작업과 영역 전반에 걸쳐 슈퍼 AI는 항상 지식 이전을 연습한다.
시사점	운전, 질병진단, 금융상담 등 반복적인 전문직업에서 좁은 AI는 인간을 능가한다.	대학 학위 취득부터 응급 의료관리에 이르기까지 강력한 AI는 모든 시도에서 인간과 경쟁한다.	슈퍼 AI는 사회적 목표와 우주탐사에서 인간을 능가할 뿐만 아니라 인류의 생존 자체에 위협이 된다.
인공지능단계	오늘날의 AI	미래 AI – 2040년경	인공일반지능 직후
의식	약한 AI에는 자기인식, 인공의식, 인지능력이 없다.	강한 AI는 고도로 정교하고 지능적이며 완전히 자의식을 가진 것으로 간주된다. 이는 상식, 창의성 및 감정표현능력이 있음을 의미한다.	슈퍼 AI는 인간의 사고과정과 경험을 모방하여 자신의 감정적 이해, 확신, 욕구를 형성한다.

출처: https://dataconomy.com/2022/07/what-is-artificial-super-intelligence/ 재편집

으로 끊임없이 자가발전한다는 게 특징이다. 인공지능시대로 진입한 우리가 가장 두려워하는 것은 로봇이 인간을 정복, 전복 또는 노예화하는 디스토피아의 미래이다. 〈터미네이터〉 – Skynet, 〈어벤져스〉 – Vision 혹은 Ultron, 〈매트릭스〉 – Architect, 〈에일리언〉 – David, 〈스타워즈〉 – R2D2 등에서 보여주는 인간보다 훨씬 뛰어난 지능이나 능력을 가진 존재가 영화에 등장하는 미래 디스토피아의 AI이다.

5.7 인공지능시스템의 분류

분류학 및 주제과학은 과학과 기술을 매우 엄격한 과학으로 분류하는 것을 연구하지만, 일부 새로운 학문분야를 분류하는 것은 어렵다. 인공지능시스템에 대한 통일된 분류방법이 없다. 작동 원리에 따라 다음과 같은 시스템으로 나눌 수 있다.

5.7.1 전문가시스템(Expert System)

전문가시스템은 인공지능에서 가장 활발하고 광범위한 응용 연구분야 중 하나이다. 1965년 스탠퍼드대에서 1980년대 중반까지 20년간의 연구개발을 거쳐 최초의 전문가시스템 덴드랄(DENDRAL)이 나온 이후 다양한 전문가시스템이 다양한 전문분야에 걸쳐 확산되며 큰 성공을 거두었다.

전문가시스템은 이제 애플리케이션 개발에 더욱 널리 사용되고 있으며 전문가시스템 기술과 방법, 특히 엔지니어링 사이버네틱스의 피드백 메커니즘의 유기적인 결합이다. 전문가시스템은 고장 진단, 산업 설계 및 프로세스 제어에 널리 사용되어 왔다. 또한 일반적으로 지식 기반, 추론 엔진, 제어 규칙 집합 및 알고리즘으로 구성된다. 전문가시스템에 의해 연구된 문제는 일반적으로 불확실하며 인간의 지능을 모방하는 것에 기초한다.

5.7.2 퍼지 논리시스템(Fuzzy Logic System)

1965년 L. 자데가 제안한 퍼지 집합론은 현실세계의 다양한 물체를 다루는 방법이 되었고, 이는 퍼지 논리기술의 탄생을 의미했다. 그 이후로 퍼지 집합과 퍼지 제어의 이론적 연구와 실제 적용은 널리 개발되었다. 1965년부터 1975년까지 자데는 퍼지 다단계 의사결정, 퍼지 근사, 퍼지 제약, 언어적 경계를 포함한 많은 중요한 개념들을 연구했다. 이후 10년 동안 많은 수학적 구조들이 퍼지 집합의 도움으로 퍼지화되었다. 이러한 수학적 구조는 논리, 관계, 함수, 그래픽, 분류, 문법, 언어, 알고리즘, 프로그램을 포함한다.

퍼지 논리시스템은 퍼지 집합이론을 적용하는 일종의 지능형 시스템이다. 지식(규칙)과 의미론적 설명 기반 표현, 추론 및 운영규칙을 구현하기 위한 새로운 메커니즘을 제안하고, 비선형시스템을 위한 보다 쉬운 설계방법을 제안한다.

5.7.3 신경망시스템(Neural Network System)

인공신경망 연구의 선구자 맥컬록과 피츠는 1943년에 생물학적 뉴런의 특성에 기초한 상호 연결 모델을 제안했다. 1970년대에 그로스버그와 코호넨은 생물학적, 심리적 증거에 기초한 몇 가지 비선형 동적 시스템 구조와 자기 조직화 지도 모델을 제안했으며 베르보스는 1970년대에 역전파 알고리즘을 개발했다. 홉필드는 뉴런 상호작용을 기반으로 한 순환신경망을 도입했고, 1980년대 중반에 파커와 루멜하트는 피드포워드 신경망 학습 알고리즘으로서, 후방 전파 알고리즘을 재발견했다. 지난 10년 동안 신경망, 특히 계층화된 신경망(예: 딥러닝 네트워크)은 가전제품에서 산업용 개체에 이르기까지 광범위한 분야에서 응용분야를 찾아냈다. 주요 응용분야로는 음성인식, 이미지 처리, 자동 제어, 로봇공학, 신호처리, 관리, 상업, 의료, 군사분야 등이 있다.

5.7.4 기계학습시스템(Machine Learning System)

학습은 매우 흔한 용어이다. 사람과 컴퓨터는 모두 배우고 지식을 얻으며 기술을 향상시킨다. 다른 배경을 가진 사람들은 '학습'에 대한 다른 견해와 정의를 가지고 있다.

학습은 인간의 주요 지능 중 하나이며, 인간의 진화에 큰 역할을 해왔다. 21세기 초부터 기계학습에 대한 연구는 많은 진전이 있었다. 특히 딥러닝 알고리즘 및 빅데이터 기반 지식 학습과 같은 일부 새로운 학습방법은 학습시스템에 새로운 피를 주입했으며, 학습시스템 연구의 추가 개발을 확실히 촉진시킬 것이다.

5.7.5 바이오닉 진화시스템(Bionic Evolution System)

과학자들과 기술자들은 인간과 유기체의 자연적인 지능을 포함하여 자연을 모방하기 위해 수학과 과학을 적용한다. 자연지능은 고급 컴퓨팅 및 학습방법과 기술에 영감을 주었다. 바이오닉 지능형 시스템은 인간과 생물학적 행동을 모방하고 시뮬레이션하는 지능형 시스템이다. 인공적인 방법을 통해 인간의 지능을 모방하려는 시도는 오랜 역사를 가지고 있다. 생물학은 개인의 선택, 교차, 돌연변이를 통해 자연환경에 적응한다. 개체군의 개인은 환경에 적응하는 능력에 따라 자연에 의해 선택되거나 제거된다. 진화과정의 결과는 개인의 구조에 반영된다. 개인의 염색체에는 여러 개의 유전자가 포함되어 있다. 상응하는 표현형과 유전자형 관계는 개인의 외부 특성과 내부 메커니즘 사이의 논리적 관계를 반영한다. 인공시스템과 프로세스를 위해 진화 컴퓨팅, 특히 유전 알고리즘 메커니즘을 사용하여 새로운 유형의 지능형 시스템, 즉 바이오닉 지능형 시스템을 구현할 수 있다.

5.7.6 군집지능시스템(Swarm Intelligence System)

군집은 상호작용하는 조직 또는 에이전트의 구조적인 집합으로 정의될 수 있다. 군집 지능 컴퓨팅에 대한 연구에서 군집 개별 조직에는 개미, 흰개미, 벌, 말벌, 물고기떼, 새떼가 포함된다. 이러한 무리 속에서 개인들은 구조적으로 단순하지만, 그들의 집단행동은 상당히 복잡해질 수 있다. 사회조직의 글로벌 군집행동은 군집 내의 개별 행동에 의해 비선형적으로 실현된다. 따라서 개별 행동과 글로벌 군집행동 사이에는 밀접한 관계가 있다. 이 개체들의 집단행동은 군집행동을 구성하고 지배한다. 반면에 군집행동은 개인들이 그들의 역할을 수행하는 조건을 결정한다. 군집의 사회적 네트워크 구조는 군집 존재에 대한 설정을 형성하며, 이는 개인 간의 경험과 지식을 교환하기 위한 의사소통 채널을 제공한다. 군집 컴퓨팅 모델링은 많은 성공적인 응용 프로그램을 발견했으며, 다양한 군집연구에서 다양한 응용 프로그램을 얻었다.

5.7.7 분산형 지능형 시스템(Distributed Intelligent System)

컴퓨터 기술, 인공지능, 네트워크 기술의 출현과 발전은 중앙집중식 시스템의 한계를 극복했다. 병렬 컴퓨팅 및 분산처리기술(분산 인공지능 포함)과 다중 에이전트 시스템(MAS)이 생성되었다. 에이전트는 센서를 통해 환경을 인지하고 액추에이터의 도움을 받아 환경에 영향을 미칠 수 있는 모든 것으로 간주한다. 다중 에이전트 시스템은 상호작용, 사회성, 협업, 적응성 및 분배와 같은 분산시스템 등 많은 특성을 가지고 있다. 다중 에이전트 시스템은 모바일 분산시스템, 분산 인텔리전스, 컴퓨터 네트워크, 통신, 모바일 모델과 컴퓨팅, 프로그래밍 언어, 보안, 내결함성 및 관리와 같은 핵심 기술을 포함한다. 멀티 에이전트 시스템은 로봇 조정, 프로세스 제어, 원격통신, 유연한 제조, 네트워크 통신, 교통 제어, 전자상거래, 원격교육 및 원격의료에 사용된다.

5.7.8 통합지능형 시스템(Integrated Intelligent System)

앞서 소개된 지능형 시스템은 각각 고유한 장점과 단점을 가지고 있다. 예를 들어 퍼지 논리는 불확실성을 다루는 데 좋고, 신경망은 주로 학습에 사용되며, 진화 컴퓨팅은 최적화문제를 해결하는 데 활용된다. 현실세계에서는 서로 다른 지식뿐만 아니라 서로 다른 지능형 기술이 요구된다. 이러한 요구는 하이브리드 지능형 시스템의 출현으로 이어졌다. 통합형 지능형 시스템은 오래전부터 지능형 시스템 연구개발의 트렌드로 자리 잡았고 다양한 통합형 지능형 솔루션이 등장했다. 통합의 성공은 통합 전 당사자들의 고유한 특성과 통합 후 '단점 강화' 또는 '장점 보완'에 달려 있을 뿐만 아니라, 실제 적용에서 시험할 필요가 있다.

5.7.9 자율지능시스템(Autonomous Intelligent System)

'자율성'은 자신을 관리하는 능력을 의미한다. 자율지능시스템은 인공지능기술로 사람의 개입 없이 작동할 수 있는 인공시스템의 일종이다. 자율형 지능형 시스템도 기계, 제어, 컴퓨터, 통신, 재료 등 다양한 기술로 구성된 복잡한 시스템이다. 자율성과 지능은 자율지능시스템의 가장 중요한 두 가지 특성이다. 인공지능의 이미지 인식, 인간-컴퓨터 상호작용, 지능형 의사결정 및 학습기술을 사용하는 것이 자율지능시스템의 두 가지 특성을 달성하고 지속적으로 개선시키는 가장 효과적인 방법이다. 자율지능시스템은 인공지능의 중요한 응용 프로그램 중 하나이며, 그것의 개발은 인공지능기술의 혁신을 크게 촉진할 수 있다.

지능형 제조뿐만 아니라 무인자동차, 드론, 서비스 로봇, 우주 로봇, 해양 로봇, 무인작업장 · 스마트공장 등 다양한 유형의 자율지능형 시스템은 인간의 삶과 사회에 상당한 영향을 미칠 것이다.

5.7.10 인간-기계 협업지능형 시스템(Man-Machine Collaborative Intelligent System)

인간-컴퓨터 협업지능형 시스템은 인간-컴퓨터 상호작용을 통해 인간지능과 인공지능의 유기적인 결합을 실현한다. 인간-컴퓨터 협업지능은 하이브리드 지능과 인간뇌 메커니즘 연구의 발전된 응용이며, 하이브리드 지능 연구개발의 필연적인 추세이기도 하다. 인간-컴퓨터 협업지능은 인간의 뇌와 기계가 하나로 통합되어 신호 획득, 신호 분석, 정보 소통, 정보 융합, 지능적 의사결정 등 핵심 기술적 문제를 해결, 인간의 뇌와 기계가 진정한 완전한 시스템이 되도록 하는 것을 의미한다. 인간-컴퓨터 협업지능의 연구방법에서 인간지능의 표현은 다르다. 일부 연구는 데이터 형태로 표현되며, 인간-기계 협업의 목표는 인간지능에 의해 형성된 데이터를 사용하여 기계지능 모델을 훈련함으로써 달성된다. 이 협업방법은 일반적으로 오프라인 융합을 사용한다. 즉 인간지능은 실시간으로 기계지능을 안내하고 감독할 수 없다. 지능형 시스템은 지능형 로봇시스템, 지능형 의사결정시스템, 지능형 제조시스템, 지능형 제어시스템, 지능형 계획시스템, 지능형 교통시스템, 지능형 관리시스템, 지능형 스마트 가전시스템, 자동정리시스템 및 자동 프로그래밍 시스템, 오토마 등의 응용분야에 따라 분류할 수 있다.

5.8 인공지능의 연구분야

인공지능의 주제는 매우 넓고 매우 풍부한 연구분야를 가지고 있다. 인공지능 연구자마다 뇌기능 시뮬레이션, 인지적 관점, 응용분야 및 응용시스템, 시스템 구조 및 지원환경 등 다양한 관점에서 인공지능의 연구 내용을 분류한다. 따라서 인공지능의 연구 내용에 대한 포괄적이고 체계적인 소개는 어렵고 필요하지 않을 수 있다. 다음은 그 인공지능 연구의 기본 내용을 포괄적으로 소개한 것으로, 많은 학자들이 인정하고 있으며 보편적 의미를 지닌다.

5.8.1 인지 모델링

인간의 인지과정은 매우 복잡하다. 인지과학(또는 사고과학)은 인간의 인식과 사고의 정보처리과정을 연구하는 학문으로, 인간이 어떻게 인지과정에서 정보를 처리하는지를 설명하는 것을 목표로 한다. 인지과학은 인공지능의 중요한 이론적 기반이며 매우 광범위한 연구 주제를 포함한다. 휴스턴이 제안한 인식, 기억, 사고, 학습, 언어, 상상, 창조, 주의, 문제해결의 관련 활동 외에도 환경, 사회, 문화적 배경의 영향을 받는다. 인공지능의 인지적 사고는 논리적 사고뿐만 아니라 이미지 사고와 영감적인 사고를 깊이 연구해야 인공지능이 보다 확고한 이론적 토대를 갖추고 지능시스템의 발전을 위한 새로운 아이디어와 새로운 접근방식을 제공할 수 있다.

5.8.2 지식 표현

지식 표현, 지식 추론, 지식 응용은 전통적인 인공지능의 세 가지 핵심 연구 내용이다. 그중 지식 표현이 기본이고 지식 추론이 문제해결에 활용되며 지식 응용이 목적이다. 지식 표현은 인간의 지식의 개념화, 형식화, 모델링이다. 일반적으로 기호 지식, 알고리즘 및 상태 다이어그램은 해결해야 할 문제를 설명하는 데 사용된다. 제안된 지식 표현 방법은 주로 기호 표현과 신경망 표현이라는 두 가지 유형을 포함한다. 지식 표현은 상태 공간 방법, 문제 감소 방법, 술어 미적분, 의미 네트워크 방법, 지식 기반, 지식 그래프, 프레임 표현, 온톨로지 표현, 프로세스 표현, 신경망 표현을 포함한다.

5.8.3 지식 추론

추론은 인간 두뇌의 기본 기능이다. 인공지능의 거의 모든 영역은 추론과 분리할 수 없다. 기계가 인공지능을 구현하기 위해서는 기계 추론능력을 부여하고 기계 추론을 수행해야 한다. 소위 추론(Inference)은 어떤 알려진 판단이나 전제로부터 새로운 판단이나 결론을 도출하는 사고과정이다. 형식논리에서의 추론은 연역적 추리, 귀납적 추리, 유추적 추리로 나뉜다. 불확실성 추론과 비고전적 추론 등 지식 에지(Edge) 추론은 인공지능분야에서 영원한 연구 주제인 것 같고, 여전히 연구할 가치가 있는 미발견과 미해결 문제들이 많다.

5.8.4 계산지능

정보과학 및 생명과학이 교차, 보완 및 상호작용되는 것은 현대 과학기술 발전의 중요한 특징이다. 컴퓨터 지능은 이것의 설득력 있는 예이다. 컴퓨터 지능은 신경 컴퓨팅, 퍼지 컴퓨팅, 진화 컴퓨팅, 군집 컴퓨팅, 개미 군집 알고리즘, 자연 컴퓨팅, 분자면역 컴퓨팅, 인공생명 등의 분야를 포함한다. 컴퓨터 지능의 연구와 개발은 학제간 성격과 현대 과학기술의 통합의 중요한 발전 추세를 반영한다.

거의 모든 인간의 발명품에는 자연적인 대응물이 있다. 과학 기술자들은 수학과 과학을 응용하여 자연을 모방하고, 자연을 확장하고, 컴퓨터 지능을 위한 컴퓨팅 이론과 방법, 기술을 개발한다.

5.8.5 지식 응용 프로그램

인공지능을 폭넓게 활용할 수 있는지 살펴보는 것은 인공지능의 생명력을 측정하고 생존 가능성을 테스트하는 중요한 도구다. 1970년대 인공지능이 수렁에서 벗어나 빠른 발전을 이루게 한 것은 전문가시스템의 광범위한 적용이었다. 후속 기계학습과 응용 자연어 이해에 대한 최근 연구는 특히 딥러닝 응용 기초 연구에서 상당한 진전을 이루었으며 인공지능의 추가 발전을 촉진했다. 물론 응용분야의 발전은 지식 표현 및 지식 추론과 같은 기초 이론 및 기술의 진보와 떼려야 뗄 수 없다.

5.8.6 기계인식

기계인식은 기계가 시각, 청각, 힘, 촉각, 후각, 통증, 근접성, 속도를 포함하여 인간과 유사한 감각을 갖도록 하는 것을 목표로 한다. 그중에서 가장 중요하고 널리 사용되는 것은 기계시각과 기계청각이다. 기계시각은 텍스트, 이미지, 장면 그리고 심지어 사람의 정체성을 인식하고 이해할 수 있다. 기계청각은 소리와 언어를 인식하고 이해할 수 있다. 기계인식은 기계가 외부 정보를 얻는 기본적인 방법이다. 기계가 지각할 수 있도록 하기 위해서는 다양한 센서를 장착해야 한다.

5.8.7 기계사고

기계가 사고를 실현하기 위해서는 지식 표현, 지식 추론, 인지 모델링, 기계인식에 연구 결과를 종합적으로 적용하고 지식 표현(특히 불확실하고 불완전한 다양한 지식의 표현), 지식 조직(지식 축적 및 관리기술 포함), 지식 추론(불확실성 추론, 귀납적 추론, 비파악적 추론 포함), 다양한 휴리스틱 검색 및 제어전략, 인간 뇌구조 및 신경망의 작동 메커니즘을 개발해야 한다.

5.8.8 기계학습

기계학습(Machine Learning)은 전문가시스템에 이어 인공지능 응용의 또 다른 중요한 연구분야로, 인공지능과 신경 컴퓨팅의 핵심 연구 주제 중 하나이다. 학습은 인간의 중요한 지적 행동이다. 머신러닝은 기계(컴퓨터)가 새로운 지식과 새로운 기술을 학습하고, 실제상황에서 자신을 지속적으로 개선하고 완성하는 능력이다. 기계학습은 기계가 책과 다른 문헌에서 배우고 사람들과 대화하거나 환경을 관찰하여 자동으로 지식을 습득할 수 있도록 한다.

5.8.9 기계행동

기계행동은 대화, 설명, 특성화, 움직임, 보행, 조작, 사물 파악 등 지능형 시스템(컴퓨터, 로봇 등)의 표현과 행동능력을 말한다. 기계의 의인화된 행동을 연구하는 것은 인공지능에게 어려운 일이다. 기계행동은 기계사고와 기계감정과 밀접한 관련이 있다. 기계사고는 기계행동의 기초이며, 기계감정은 기계행동의 진보된 구현이다.

5.8.10 지능형 시스템 구축

상기 다양한 인공지능 연구 영역의 실현은 지능형 컴퓨터 시스템 또는 지능형 시스템, 새로운 이론, 새로운 기술 및 새로운 방법 그리고 시스템의 하드웨어와 소프트웨어 지원과 불가분의 관계가 있기 때문에 모델, 시스템 아키텍처 및 분석기술, 시스템 개발 환경 및 구축 도구, 인공지능 프로그래밍 언어에 대한 연구가 필요하다. 컴퓨터 분산시스템, 병렬처리시스템, 다중 컴퓨터 협업시스템 및 다양한 컴퓨터 네트워크의 개발뿐만 아니라 추론, 로봇 작동 및 인지 모델을 단순화할 수 있는 일부 특수 프로그램이 인공지능기술의 개발을 직접 촉진할 것이다.

5.9 인공지능의 응용분야

인공지능의 응용분야로는 자연어 처리, 자동 프로그래밍, 지능형 검색, 지능형 스케줄링 및 명령, 로봇공학, 전문가시스템, 지능형 제어, 패턴 인식, 기계비전, 신경망, 게임, 지능형 에이전트 등이 있다. 생명, 인공지능 프로그래밍 언어 등 지난 60년 동안, 인공지능을 가진 많은 컴퓨터 시스템, 예를 들어 미분 방정식을 풀고, 체스를 하고, 집적회로를 설계하고, 분석하고, 인간의 자연어를 합성하고, 정보를 검색하고, 질병을 진단하고, 공간을 통제할 수 있는 컴퓨터 시스템 그리고 항공기, 지상 이동 로봇, 수중로봇에 대한 다양한 수준의 인공지능을 가진 컴퓨터 시스템이 만들어졌다.

인공지능의 개념을 좀 더 살펴보면 다음과 같은 분야에서 구현되었다.

5.9.1 문제해결

이는 AI 연구의 첫 번째 적용분야이며, 이 특정 분야의 목표는 인간이 문제를 해결하는 것처럼 AI 시스템에 대한 절차를 구현하는 것이다.

5.9.2 게임

상태 공간 검색의 초기 연구는 체커, 체스, 8-퍼즐과 같은 일반적인 보드게임을 사용하여 수행되었다. 이러한 게임을 플레이하는 데 사용되는 보드 구성은 쉽게 사용할 수 있고, 복잡한 형식을 필요로 하지 않는 컴퓨터로도 표현 가능하다. 크고 복잡한 AI 문제를 해결하기 위해서는 휴리스틱과 같은 많은 기술이 필요하다. 인공지능에서 게임 플레이는 다음과 같은 이유로 중요하다.

- 게임의 규칙은 한정되어 있다. 따라서 광범위한 도메인별 지식이 거의 필요하지 않다. 게임은 최소한의 노력으로 성공 또는 실패를 측정할 수 있는 구조화된 작업을 제공한다.
- 게임은 실제상황들을 제한된 방식으로 시각화한다.
- 게임 플레이는 실제상황들을 시뮬레이션할 수 있게 해준다. 불행히도 컴퓨터 게임 프로그램 개발은 솔루션의 고려해야 할 조합의 수로 인한 문제 때문에 그렇게 쉽지 않다. 체스에서 검사할 위치의 수는 약 35,100개이다.

5.9.3 자연어 처리(NLP)

자연어는 우리 일상의 언어이다. 우리는 그것을 말하고 매우 잘 이해한다. 자연어 처리(Natural Language Processing, NLP)의 주요 목표는 사람들이 그들의 모국어로 컴퓨터에 질문을 하는 것이고, 컴퓨터는 그 특정한 언어를 '이해'하는 것이다. 그러면 시스템은 동일한 언어로 응답을 제공한다. 연구원들은 컴퓨터가 우리의 자연 언어(예: 한국어 또는 다른 언어)를 이해할 수 있도록 매우 지능적으로 만들려고 노력하고 있다. NLP는 두 개의 하위 필드로 나눌 수 있다.

- **자연어 이해**: 컴퓨터가 사람들을 더 쉽게 이해할 수 있도록 기계가 우리의 자연어로 주어진 입력을 이해하여 동작하게 하는 기술이다.
- **자연어 생성**: 이는 사람들이 컴퓨터를 더 쉽게 이해할 수 있도록 컴퓨터가 일반 자연어를 생산하도록 하는 것을 목표로 한다.

5.9.4 로봇공학

로봇공학은 주로 로봇의 설계, 제작, 이론 및 응용과 관련된 기술 또는 연구로 정의될 수 있다. '로봇'이라는 용어는 '일하다'를 의미하는 체코어이다. "로봇은 작업을 수행하도록 프로그래밍할 수 있는 기계이다."

많은 로봇들은 폭탄과 기뢰를 해체하고 난파선을 탐사하는 것과 같이 사람들이 위험한 일을 한다. 기계의 전원을 공급하고 제어하는 로봇의 주요 구성 요소는 다음과 같다.

- **조작기**: 조작기 팔은 제어장치에 의해 할당된 작업을 수행한다.
- **제어장치**: 이는 조작을 위해 다양한 부품을 활성화하는 데 필요한 제어 신호를 제공한다. 또한 외부 환경이 무엇인지 결정하는 다양한 센서에 대한 인터페이스 역할을 한다.
- **전원장치**: 이는 로봇이 활동을 수행하는 데 필요한 에너지를 제공한다. 많은 다른 종류의 배터리가 로봇의 전원으로 사용될 수 있다. 배터리 구동 로봇을 설계하려면 안전, 수명주기 및 무게와 같은 요소를 고려해야 한다.

5.9.5 전문가시스템

전문가시스템은 사람들이 중요한 문제를 해결하도록 돕는 최초의 AI 기술 중 하나로 매우 다양한 분야에서 응용되고 있다. 전문가시스템은 기술적인 전문지식이 필요할 때 문제를 해결할 수 있는 지식 기반 프로그램으로 구성되어 있다.

사용 중인 전문가시스템의 예는 다음과 같다.

- 마이신(MYCIN): 의학분야에서 질병을 진단하기 위해 사용된다.
- 덴드랄(DENDRAL): 생명과학에서 화학분자의 구조를 알아내기 위해 사용된다.

5.9.6 비전시스템

비전시스템은 컴퓨터의 시각적 입력을 해석하고 이해한다. 예를 들면, 정찰기는 사진을 찍어 공간정보를 알아내거나 그 지역을 지도화하는 데 사용한다. 경찰은 저장된 초상화로 범인의 얼굴을 인식할 수 있는 컴퓨터 소프트웨어를 사용한다.

5.9.7 음성인식

일부 지능형 시스템은 인간이 말을 하는 동안 문장과 그 의미 측면에서 언어를 듣고 이해할 수 있다. 음성인식시스템은 다양한 억양, 속어, 배경의 소음 그리고 심지어 감기로 인한 인간의 목소리 변화까지 처리할 수 있다.

연습문제

01 인공지능의 네 가지 요소에 포함되지 않는 것은?

① 지식　② 데이터
③ 알고리즘　④ 자료구조

02 기계(컴퓨터)가 새로운 지식과 새로운 기술을 학습하고, 실제상황에서 자신을 지속적으로 개선하고 완성하는 능력을 무엇이라 하는가?

① 머신러닝　② 지능
③ 추론　④ 전문가시스템

03 전통적인 인공지능의 세 가지 핵심 연구에 포함되지 않는 것은?

① 지식 표현　② 지식 학습
③ 지식 추론　④ 지식 응용

04 인공지능기술로 사람의 개입 없이 작동할 수 있는 인공시스템의 일종을 무엇이라 하는가?

① 협업지능형 시스템　② 통합지능형 시스템
③ 자율지능시스템　④ 군집정보시스템

05 인공지능의 발전 중 세계 최초의 신경망 모델을 제시한 학자는?

① 맥컬록　② 뉴웰
③ 민스키　④ 튜링

06 인공지능의 응용분야 다섯 가지만 적으시오.

07 인공지능의 핵심 요소는 무엇이 있는가?

08 약한 AI vs 강한 AI vs 슈퍼 AI의 차이점을 설명하시오.

09 인공지능의 장점을 설명하시오.

10 인공지능을 무엇이라 정의할 수 있는가?

정답 01 ④ 02 ① 03 ② 04 ③ 05 ①

Chapter 6

로봇

6.1 개요

4차 산업혁명의 시작과 근로시간 단축 및 최저임금의 급격한 인상으로 임금경쟁력이 악화되고 근로환경의 개선이 시급하게 되었다. 이러한 사회적 환경 변화는 로봇 활용에 대한 요구가 커지고, 인공지능(AI), 빅데이터, 사물인터넷 등의 요소기술의 발전과 더불어 로봇시장 또한 엄청난 성장을 하게 되었다.

로봇은 과거부터 인간의 곁에서 힘들고, 더럽고, 위험한 일을 대신하거나 단순하고 반복적인 동작을 수행하여 왔다. 그러나 기술의 진보로 이제는 스스로 차량을 운전하고, 환자를 진단하고, 주식을 매수 · 매도하는 등 인간의 일상적인 생활에 깊숙이 들어와 있다. 더불어 첨단 IT 기술, 바이오, 나노, 인공지능기술들과의 융합을 통한 새로운 로봇기술의 등장은 보다 편리하고 안전한 인간의 생활을 가능하게 해주고 있다.

그림 6-1 로봇의 진화

출처: https://blog.lgcns.com/1574

전 세계적으로 인건비 증가 및 저출산, 고령화로 인해 생산노동인구가 감소하고 노동인력, 제조환경의 변화 및 제조업의 부활로 인해 로봇의 수요가 증가하고 있다. 로봇은 제조업 관점에서 스마트공장 구축에 있어 핵심 동력으로써 제조업의 패러다임을 바꿀 새로운 혁신동력이 되고 있다.

6.2 로봇의 역사

- 1921년 체코의 극작가 카렐 차페크가 자신의 형 요세프 차페크의 아이디어를 가져와 희곡 〈로숨의 유니버설 로봇(*R. U. R.*)〉에서 처음 '로봇'이란 용어를 사용
- 1948년 그레이 월터가 미리 입력된 명령에 의해 빛에 반응하고 빛을 따라다니는 '거북 로봇'을 통해 최초의 자율 지능형 로봇을 발표
- 1959년 유니메이트사에서 조셉 엔젤버거(Joseph Engelber) 등에 의해 최초의 산업용 로봇 개발
- 1973년 일본 와세다 대학에서 세계 최초의 휴머노이드 로봇인 와봇-1 개발
- 1974년 신시내티사에서 최초의 컴퓨터로 제어되는 산업용 로봇 T3 개발
- 1997년 일본 혼다에서 최초로 계단을 오르는 인간형 로봇 P2(아시모의 전신) 발표
- 1999년 일본 소니에서 최초의 애완 로봇 아이보(Artificial Intelligence Robot, Aibo) 출시
- 2001년 일본 혼다에서 인간형 로봇의 결정체라 할 수 있는 아시모(ASIMO) 발표
- 2003년 미국 NASA에서 이동 로봇 '스피릿'이 화성에서 탐사활동
- 2004년 한국 KAIST 대학교에서 휴보(HUBO) 개발
- 2004년 미국 보스톤 다이내믹스사에서 최초의 사족보행 로봇 빅 독(Big Dog) 개발
- 2014년 일본 소프트뱅크사에서 세계 최초 감성인식 퍼스널 로봇 페퍼(PEPPER) 개발
- 2017년 미국 보스톤 다이내믹스사에서 이족보행 로봇 아틀라스(ATLAS) 개발

6.2.1 1세대: 산업용 로봇

1921년 카렐 차페크의 희곡 〈*R. U. R.*〉에서 '로봇'이라는 말이 처음 사용되면서 점차

인류는 창조자로서의 꿈을 키워가게 되고, 과학기술이 급격하게 발달한 1940년대 후반에서야 로봇은 지능을 가지고 자율적인 행동을 할 수 있게 되었다. 당시에도 로봇은 작업 속도나 정확도에서 사람을 뛰어넘는 수준이었지만, 사람의 손과 발을 대신하는 수준에 제한된 1세대 로봇이었다. 1세대 로봇은 1961년 GM 자동차 공장 조립라인에 설치되어 사용된 산업용 로봇이라고 할 수 있으며, 정해진 시간에 정해진 위치에 정해진 명령을 수행하는 단순한 작업 로봇이다. 그 예로는 용접 로봇이나 물품 이송 로봇, 조립 로봇 등을 들 수 있다.

6.2.2 2세대: 지능형 로봇

2세대의 지능형 로봇은 최초의 대형 전자 컴퓨터인 에니악(ENIAC)이 출현하면서 탄생하였다. 2세대의 지능형 로봇은 빛의 정도를 측정하거나, 색을 구분하거나, 초음파를 이용하여 물체의 유무를 감지하는 등의 다양한 센서를 통해 주변상황을 인지하여, 1세대에서의 단순한 작업 수행에 따라 발생할 수 있는 여러 가지 오류나 불필요한 작업시간을 줄임으로써 조금 더 효율적인 기능의 로봇이라 할 수 있다.

6.2.3 3세대: 휴머노이드 로봇

3세대 로봇은 휴머노이드 로봇이라 할 수 있으며, 제한된 환경에서 주변정보를 취득하여 움직이는 로봇이 2세대의 기술이라면, 1970년대 초반부터 연구된 직립 보행 로봇을 3세대 기술이라 할 수 있다.

1997년에는 인간처럼 직립 보행이 가능한 로봇인 'P2'를 선보였다. 이후 다양한 센서 기술의 발전과 센서를 통해 얻어진 다양한 주변정보를 고속으로 처리할 수 있는 컴퓨터 기술의 발전으로 일본은 2000년에 최초로 계단을 오르내리고 끊임없는 방향 전환이 가능한 로봇인 아시모(ASIMO)가 탄생하였다.

2004년에 한국 최초로 두 발로 걷는 휴보(HUBO)가 개발되었다. 한국의 대표적 휴머노이드 로봇인 휴보는 키 120cm, 무게 55kg으로 시속 1.25km(1분에 65걸음)로 보행할 수 있다. 다섯 개의 손가락을 구부리며 사용할 수 있는 기능을 구현함으로써 아시모에 앞선 기술을 보유하게 되었다.

휴머노이드 로봇은 원하는 동작을 구현하는 방법을 연구하는 제어공학(Control

Engineering)을 기반으로 기계, 전자, 전기공학이 복합 적용되는 메카트로닉스(Mechatronics), 로봇 구동을 위한 임베디드 시스템(하드웨어, 소프트웨어), 구동 후 보행에 대한 방식이나 인간처럼 사고하고 감정에 대한 의사소통을 위한 인공지능 등 다양한 기술이 복합적으로 동시에 적용이 되는 원리이다.

▎그림 6-2 ▎국가별 휴머노이드 개발 경쟁

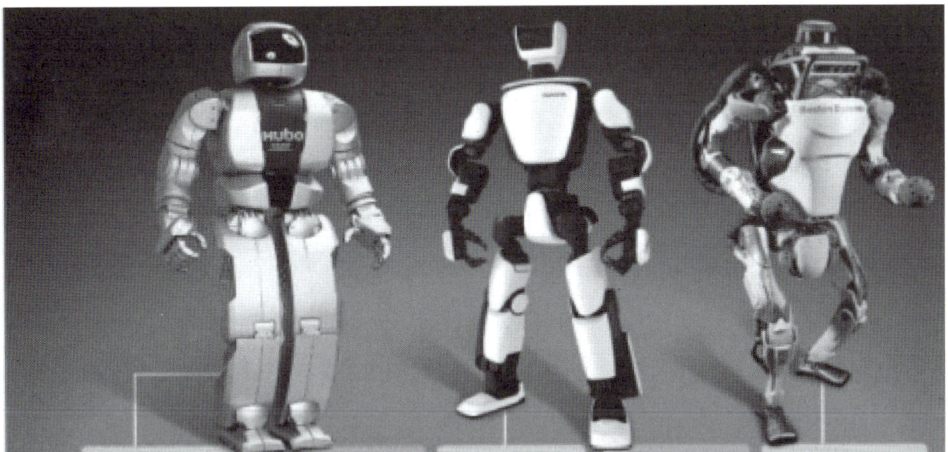

	[한국] 휴보(HUBO)	[한국] 로보티즈 미니	[일본] T-HR3	[일본] 아시모(Asimo)	[미국] 아틀라스(Atlas)
개발자	한국 KAIST	한국 로보티즈	일본 토요타	일본 혼다	보스턴 다이내믹스
크기	175cm, 85kg	27cm, 667g	154cm, 75kg	130cm, 50kg	150cm, 75kg
특징	2015년 미 재난로봇 경진대회에서 우승	뉴욕타임스 선정 '2014년 10대 가정용 로봇'	인간의 동작대로 원격조종 가능	관절 57개로 자연스러운 움직임	뒤 공중제비, 점프 가능
상용화 방향	인간과 일하는 산업용 협동 로봇(코봇)	코딩교육 대화형	가정용 서비스	구조·탐색용	구조·탐색용

6.2.4 차세대 로봇기술

로봇에 대한 기술은 컴퓨터와 각종 센서, 액추에이터 등의 기술 발전을 통해 이루어지고 있다. 국가 신성장 동력산업으로 선정된 나노기술을 비롯한 IT, 로봇 등의 기술 발전은 국가의 미래를 약속하는 최첨단 미래산업이다. 많은 과학자들은 머지않은 미래에 인간처럼 스스로 생각하고 판단하는 로봇이 사람과 함께 생활하게 될 것이라고 예측하고 있다.

나노기술을 통해 초소형화되어 가는 각종 센서와 액추에이터를 비롯해 사람의 피부와 같은 재질의 물질을 통해 현재와 같이 복잡한 전선들이 얽혀 있는 로봇이 아닌 영화에서와 같이 매끈한 피부를 가진 로봇이 태어날 것이다. 또한 이미 경험했던 정보통신분야의 기술은 로봇이 스스로 지능을 발전시켜 갈 수 있도록 도울 것이며, 화학기술의 발전은 현재와 같이 무거운 전지를 등에 짊어지지 않아도 충분하게 공급될 수 있는 에너지원을 개발하게 될 것이다.

6.3 로봇의 정의

로봇은 사람을 대신하여 산업이나 재난현장에서 위험한 일을 하고, 제조공장에서는 무거운 물건을 들거나 옮기며 단순 반복 작업을 빠르고 정확하고 꾸준하게 수행하기도 한다. 병원에서는 자동화된 로봇 팔이 정교하고 안전하게 수술을 도우며, 이동형 로봇이 스태프에게 약, 도구를 신속하게 전해 주기도 한다. 또한 로봇은 잔디를 깎거나 청소를 하는 등 일반 가정에서도 많은 역할을 담당하고, 몸이 불편한 사람의 팔다리가 되거나 외로운 사람의 말벗이 되어주기도 한다.

이렇게 다양한 로봇을 한마디로 정의하기란 쉽지 않다. 사전적 의미로 로봇(Robot)은 "어떠한 작업이나 조작을 자동적으로 수행하는 기계장치", "사전에 정해진 규칙 및 스스로 보유한 능력에 의해 스스로 판단하여 주어진 일을 자동으로 처리하거나 작동하는 기계" 등으로 정의한다. 다시 말하면 인간과 유사한 모습과 기능을 가진 기계 또는 한 개의 프로그램으로 작동하고, 자동적으로 복잡한 일련의 작업을 수행하는 기계적 장치를 말한다.

로봇은 사람의 일을 대신할 수 있도록 사람과 유사한 모습과 기능을 가진 기계 또는 스스로 작업하는 능력을 가진 기계를 말하며, 로봇은 기준을 정하고 계획한 일을 하도록 설계된다. 현재는 스스로 생각하는 능력을 가진 기계로 진화하고 있다.

로봇은 사용 목적에 따라 구분된다. 제조공장에서 조립, 용접, 핸들링(handling) 등을 수행하는 자동화된 로봇을 산업용 로봇이라 하고, 환경을 인식해 스스로 판단하는 기능을 가진 로봇을 '지능형 로봇'이라 부른다. 사람과 닮은 모습을 한 로봇을 '안드로이드'라 부르기도 한다. 또한 로봇은 형태가 있으며, 자신이 생각할 수 있는 능력을 가진 기계라고도 한다. 인공의 동력을 사용하는 로봇은 사람 대신 또는 사람과 함께 일을 하기도 한다. 일반적으로 로봇은 제작자가 계획한 일을 하도록 설계된다.

로봇(Robot)의 어원은 체코어의 노동을 의미하는 단어 'Robota'에서 유래되었다. 이는 1921년 체코슬로바키아의 극작가 카렐 차페크(Karel Čapek)의 희곡 〈로숨의 유니버설 로봇(*Rossum's Universal Robots, R.U.R.*)〉'에서 처음 사용되었다. 차페크는 〈*R.U.R.*〉에서 모든 작업능력에서 인간과 동등하거나 그 이상이면서 인간적 '감정'이나 '혼'을 가지고 있지 않은 로봇이라고 불리는 인조인간을 등장시키고 있다. 인간의 노동을 대신하던 로봇이 반란을 일으키고 자신들의 창조주인 인간을 전부 죽이고 마는 비극을 인상적으로 나타내고 있다.

▎그림 6-3 ▎카렐 차페크의 희곡 〈*R.U.R.*〉의 장면

출처: https://mediartinnovation.com/2014/06/11/karel-capek-rossums-universal-robots-rur-1921/

6.4 로봇의 특성

6.4.1 로봇의 3원칙

산업혁명을 통한 과학기술의 눈부신 발전으로 그동안 인간이 하던 많은 일들을 기계가 대신할 수 있게 됨으로써 인간의 소외감, 기계에 대한 두려움 등이 많은 문학작품의 주제로 등장하였다. 러시아 출생의 미국 공상과학 작가인 아이작 아시모프는 〈아이,

로봇(*I, Robot*)〉이라는 책에서 이러한 인간과 로봇의 관계를 정립하기 위한 로봇의 3대 원칙을 발표함으로써 인간과 로봇의 조화를 꾀하고자 하였다.

- **제1법칙**: 로봇은 인간에게 어떠한 위해를 끼쳐서는 안 되며, 위험에 처해 있는 인간을 방관해서는 안 된다.
- **제2법칙**: 로봇은 인간의 명령에 반드시 복종하여야 한다. 단, 제1원칙에 위배되는 경우는 예외이다.
- **제3법칙**: 로봇은 자기 자신을 보호해야만 한다. 단, 제1원칙과 제2원칙에 위반되는 경우는 예외이다.

이 로봇의 3원칙은 오늘날 개발되어 나오고 있는 모든 로봇에 적용되고 있으며, 미래의 모든 로봇에도 적용될 예정이다. 따라서 로봇을 공부하고, 로봇을 만들고자 하는 모든 사람들은 로봇의 3원칙에 충실하여 로봇을 제작하여야 한다.

6.4.2 로봇의 구성 요소

(1) 기계, 기구부

기계는 외부의 힘에 대한 저항력 있는 물체들의 조합체로 이 물체들의 각 부분은 한정된 관계운동을 하며, 외부로부터 에너지를 받아서 요구하는 유용한 일로 변환시키는 장치이다. 기구는 두 개 이상의 부품을 서로 접촉시켜 조합하고, 그중에서 한 물체를 고정한 다음 다른 한 물체에 운동을 주었을 때, 서로 한정된 상대운동을 하는 운동계이다.

(2) 액추에이터

로봇의 팔이나 다리 등에 부착되어 있는 모터들을 움직이도록 하기 위해서는 전기적인 에너지 또는 공기의 힘을 이용하는 공압 에너지 등의 어떤 에너지를 이용하여 기계적인 요소인 모터를 움직여 로봇의 팔 또는 다리가 구동되도록 한다. 이렇듯 기계적인 요소를 전기 또는 유압, 공압 등의 에너지원을 통해 움직이게 하는 장치를 액추에이터라고 하며, 에너지 요소에 따라 공압식, 유압식, 전기식 액추에이터라고 부른다. 그 종류는 다음과 같다.

▌표 6-1▐ 액추에이터의 종류

구동방식	액추에이터 종류
공압식	실린더, 공압 모터, 진공발생기 등
유압식	실린더, 유압 모터 등
전기식	DC서보, AC서보, 유도전동기, 솔레노이드 등

(3) 센서

사람은 주변환경에 대한 정보를 청각, 시각, 후각, 미각, 촉각에 의해 주위의 온도, 주변 사물의 형태, 맛, 냄새 등의 정보를 알 수 있듯이 로봇도 주변환경의 온도, 사물의 형태, 주변의 소리 등을 알기 위해서는 각각의 정보를 취득해서 전달해 줄 수 있는 전기 · 전자 부품을 사용하여야 한다. 특별한 기능을 통해 물리적 정보를 취득할 수 있는 것만이 센서가 아니라, 마이크로폰과 같이 일반적으로 사용되는 전기 · 전자 부품이더라도 물리적 정보를 전달해 줄 수 있다면 센서라고 불릴 수 있다.

[표 6-2]는 여러 가지 센서들 중에서 사람의 오감에 해당하는 대표적인 센서들을 나타낸 것이다.

▌표 6-2▐ 센서의 종류

감각	기관	센서의 종류
시각	눈	포토다이오드, 컬러센서, 카메라
청각	귀	정전 용량형 마이크로폰
후각	코	가스센서
미각	혀	바이오센서, 이온센서
촉각	피부	피부 온도센서, 터치센서, 압력센서 등

(4) 제어부

① 마이크로프로세서

마이크로프로세서는 컴퓨터 내부에 있는 중앙처리장치(CPU)와 같이 입력되는 정보를 처리하고 외부에 연결되는 장치들을 제어하는 데 필수적인 집적회로이다. 마이크로프로세서는 CPU만을 집적회로화한 것이고, 마이크로컴퓨터는 마이크로프로세서에 기억장치, 입출력 제어장치를 조합하여 형성한 시스템으로 일반적인 컴퓨터를 말하기도 한다. 마이크로프로세서는 가정에서 사용되는 TV, 세탁기, 휴대전화기, 복사기 등 소형 전자제어장치에 주로 사용되며 로봇에서는 빼놓을 수 없는 사람의 두뇌 역할을 수행하게 된다.

② 메모리

로봇의 기억장치로 사용되는 메모리는 주제어장치에서 요구하는 데이터를 내보내거나 기록하여 저장하고 있는 역할을 수행한다. 메모리는 한 번 저장할 때의 크기를 지정하여 사용하기 때문에 특정 위치의 데이터를 꺼내고 기록하기 위해서는 그 위치를 지정해 주는 주소(address)가 필요하게 된다.

메모리는 CPU 내의 누산기(ALU) 및 범용레지스터, 내부 데이터 메모리와 같이 CPU 내부에 포함되는 경우와 CPU 밖의 별도의 소자로 구성되는 외부 메모리가 있다. 내부 메모리의 경우 저용량이며, 명령을 고속처리할 수 있는 반면, 외부 메모리는 대용량이나 명령처리 속도가 CPU 내부의 레지스터보다는 떨어진다.

CPU 내부의 메모리는 RAM으로 구성되는 명령을 처리하며 연산 결과를 임시로 저장해 놓는 캐시 메모리와 프로그램 실행 위치 등을 저장하는 스택 메모리가 있다. 외부 메모리는 저장하는 방식과 저장된 데이터를 보존하는 방법에 따라 RAM(Random Access Memory), ROM(Read Only Memory), FLASH ROM, EEPROM(Electrical Erasable Programmable ROM) 등으로 나뉘게 되며, CPU 내부에 가지고 있는 누산기, 범용레지스터와 같은 연산처리용 메모리보다는 메모리는 한정된 저장능력을 가지고 있어 프로그램 길이나 데이터의 양에 제한을 두어야 한다.

■ RAM(Random Access Memory)

램(RAM)은 마이크로프로세서 회로상에서 데이터를 읽고 쓰기를 모두 할 수 있으나, 전원이 끊어지면 저장하고 있던 데이터를 모두 잃어버리게 된다. 프로그램이 실행되면 연산과정에서의 임시저장 등의 역할을 하고 있어 데이터 메모리라 부르기도 하며, 전원을 차단하면 데이터를 잃어버려서 휘발성 메모리라 부르기도 한다. 램(RAM)은 SRAM(Static RAM)과 DRAM(Dynamic RAM) 두 가지 종류가 있다.

| 표 6-3 | RAM의 종류

구분	D-RAM	S-RAM
가격	가격이 싸다.	가격이 비싸다.
집적도	집적도가 높다.	집적도가 낮다.
주 용도	PC 혹은 영상메모리	산업용 메모리

■ ROM(Read Only Memory)

롬(ROM)은 저장된 데이터를 마이크로프로세서에서 읽어보기만 할 수 있는 읽기 전용 메모리를 말하는 것으로 로봇을 움직이는 제어 프로그램이 들어가 있다. 롬(ROM)에 로봇을 작동하는 프로그램을 넣기 위해서는 롬라이터라는 특수한 장비를 이용해야만 하며, 전기를 공급하지 않아도 데이터를 계속 유지하는 특성을 가지고 있다. 롬(ROM)에 한 번 기록된 데이터는 지워지지 않으며, 재활용을 위해 지우고자 할 때는 롬이레이저라는 특수한 장비를 활용해야만 한다.

■ EEPROM(Electrical Erasable Programmable ROM)

EEPROM은 RAM과 ROM의 상점만을 취합하여 만든 메모리로 읽고 쓰기가 가능하고, 전원이 끊어져도 저장된 데이터가 계속 남아있는 특징을 가지고 있다. 부품 명칭 앞에 '28'이 붙어 EEPROM인 것을 구분할 수 있다.

| 표 6-4 | EEPROM의 종류

부품명	크기		부품 종류
	비트	바이트	
28C64	64K	8K	ROM
28C128	128K	16K	
28C256	256K	32K	
28C512	512K	64K	

■ FLASH ROM

EEPROM의 발달된 형태라고 할 수 있으며, 용량이 커지고 데이터가 전기적 충격에서도 쉽게 지워지지 않도록 하기 위해 읽고 쓰는 방식에 있어 약간의 차이가 있다. 최근 디지털 카메라, MP3 플레이어 등에 많이 사용되고 있다. 개발환경이나 전체 시스템의 크기 등이 줄어들 수 있도록 마이크로프로세서 내부에 프로그램 메모리로 활용할 수 있도록 플래시 메모리를 내장하는 경우가 많다. 플래쉬 롬을 구별하는 명칭으로는 '29'를 사용하게 된다.

| 표 6-5 | FLASH ROM의 종류

부품명	크기		부품 종류
	비트	바이트	
29C256	256K	32K	Flash ROM

③ 외부 입 · 출력장치

로봇이 사람과 유사한 행동과 판단을 위해 감각장치로 사용하는 것이 센서이며, 이 센서는 외부의 물리적, 화학적 에너지를 전기에너지로 바꿔주는 역할을 하는 것이다. 센서에 의해 전기에너지로 바뀐 정보는 시간에 따라 변화하는 아날로그 신호로 되어 있어서, '1'과 '0'만으로 구성되는 디지털 신호를 사용하는 마이크로프로세서에서는 직접 사용할 수가 없으므로 아날로그 신호를 디지털 신호로 바꾸어야 한다. 예를 들어, 마이크로프로세서에서 판단하여 어떤 정보를 사람이 말하는 것과 같이 내보내고 싶을 때 디지털 신호로 되어 있는 마이크로프로세서의 명령 데이터를 외부에서 알아볼 수 있도록 아날로그 신호로 바꿔주어야 한다. 아날로그 신호가 입력되는 경우는 A/D 변환기를, 아날로그 신호를 출력하는 경우는 D/A 변환기를 사용하고, 디지털 신호의 입 · 출력은 로봇의 회로에 외부의 잡음이 영향을 미치지 않도록 포토커플러를 사용하게 된다.

(5) 부속장치

① 전기 · 전자 부품

로봇이 움직이려면 먼저 전원이 연결되어 있어야 한다. 전원 스위치를 켜면 전기가 공급되어 사물을 인식할 수 있는 센서에 전기가 전달되고 센서에 의해 전기에너지로 변한 주변환경에 대한 정보가 사람의 머리와 같은 주제어장치에 전달된다. 주제어장치에서 명령한 대로 모터를 움직이도록 하는 과정이 모두 전기를 통해 이루어진다. 이러한 전기신호를 적절하게 전달해 주고 신호를 발생시켜 주는 것들에는 여러 가지 전기 · 전자 부품들이 사용된다.

6.5 로봇의 장단점

인공지능이나 사물인터넷의 발전, 센서의 저가화 · 고성능화로 인해 로봇은 한층 더 크게 진화할 것이다. 수많은 산업이 로봇의 사용으로 인해 발전해 왔다. 로봇은 수행할 수 있는 수많은 업무가 있고 산업 전반과 개별 기업, 사업에서 필수적인 부분이 되었다. 수십 년 동안 로봇은 제조업을 포함한 많은 산업에서 다양한 작업을 수행하는 장치로 사용되어 왔다. 이러한 로봇의 장단점을 살펴보자.

6.5.1 장점

- 인간이 하기 힘든 위험한 일이나 단순 반복적인 노동을 대신할 수 있다.
- 초기에는 많은 비용을 투자하지만 장기적으로는 인간보다 유지비가 저렴하다.
- 오류를 범할 가능성이 적기 때문에 연속 생산으로 효율성이 뛰어나다.
- 생산 변동 요인이 적어 작업 예측이 쉽다.
- 균일한 품질의 제품이 생산 가능하다.

6.5.2 단점

- 로봇의 구입 혹은 구축에 따른 초기 비용이 많이 든다.
- 로봇이 인간의 일을 대체하면 인간의 일자리가 줄어든다.
- 비정형적인 상황이 발생하면 빠른 대처가 어렵다.
- 소프트웨어의 오류, 해킹 등으로 로봇이 사고를 일으키거나 인간에게 해를 줄 수 있다.
- 예술과 같은 창조적인 작업에 적용하기 힘들다.

6.6 로봇의 종류

국제로봇협회(International Federation of Robot, IFR)에서는 [표 6-6]에서 보듯이 로봇의 용도에 따라 크게 서비스 로봇과 제조업용 로봇으로 분류하고 있다. 제조업용 로봇은 제조업 분야에서 생산자동화를 위하여 활용되는 로봇을 말하고, 서비스 로봇은 그 이외의 모든 로봇, 즉 가정이나 특정한 전문 영역에서 유용한 서비스를 제공하는 로봇을 말한다. 이를 용도가 아닌 운동 메커니즘에 따라 분류를 세분화하면 서비스 로봇의 지능형 로봇으로 인간형 로봇과 모바일 로봇으로 나누어 볼 수 있다.

표 6-6 로봇의 용도에 따른 분류

<table>
<tr><th>중분류</th><th colspan="2">소분류</th><th>종류</th></tr>
<tr><td rowspan="4">서비스 로봇</td><td colspan="2">개인용 로봇</td><td>• 가사 지원(청소, 정리정돈, 경비 등)
• 노인 지원(보행보조, 생활 지원 등)
• 재활 지원(간병, 장애자 보조 등)
• 작업 지원(근력 강화기)
• 여가 지원(오락, 테마파크, 게임 등)
• 교육(가정교사, 교육 기자재용)
• 이동 지원(개인이동시스템, 탑승용 로봇)</td></tr>
<tr><td rowspan="3">전문 로봇</td><td>공공서비스 로봇</td><td>• 공공서비스(안내, 도우미, 도서관 등)
• 빌딩서비스(경비, 배달, 청소)
• 사회안전(경비)</td></tr>
<tr><td>극한 직업 로봇</td><td>• 사회 인프라(활선, 관로, 고소 작업용)
• 재난극복(화재진압, 인명구조)
• 군사(지뢰 제거, 경계, 전투, 로봇 갑옷 등)
• 해양(탐사, 자원개발 지원)</td></tr>
<tr><td>기타 산업용 로봇</td><td>• 건설(건설 지원, 건설 유지보수, 해체 지원)
• 농림, 축산(농약살포, 과실 수확 지원)
• 의료(수술, 간호, 진료, 치료, 교육)</td></tr>
<tr><td colspan="3">제조업용 로봇</td><td>• 자동차 제조(핸들링, 용접)
• 전자제품 제조(도장, 조립, 핸들링 등)
• 디스플레이 · 반도체 제조
• 조선(용접, 블라스팅, 도장)</td></tr>
</table>

6.6.1 산업용 로봇

산업용 로봇은 공장의 라인과 같은 산업현장에서 실제 사용하고 있는 로봇을 총칭하는 말이다. 최초의 산업용 로봇은 1961년 미국 유니메이션(Unimation)사에서 조지 데볼(George Devol)과 조셉 엥겔베르거(Joseph Engelberger)에 의해 개발된 유니메이트(Unimate)라는 유압구동방식의 로봇이었다. 이후 일본의 가와사키 중공업에서 유니메이션과 기술 도입 계약을 맺고 1969년 일본 최초의 산업용 로봇 '가와사키 유니메이트 2000형'을 발표하면서 일본의 산업용 로봇 개발은 자동차산업을 중심으로 가속화되었다. 산업용 로봇은 3D(Difficult, Dirty, Dangerous) 업종으로 여겨지던 용접공정에서부터 투입되었다. 2014년까지는 로봇 작업 시 안전성 문제 등의 이유 때문에 작업반경 내에는 접근할 수 없도록 안전펜스를 치고, 폐쇄적이며 제한되고 구조화된 작업환경하에서 제한된 작업을 고정형의 구조형태 로봇이 공장 내 현장에서 주로 운영되었다.

산업용 로봇은 주로 네 개의 타입으로 분류할 수 있다.

표 6-7 산업용 로봇의 유형

구분	구현방식	예시
직교좌표형	• 팔이 몸체와 어깨의 궤도에 따라 직선운동(x, y, z 축을 따른 직선운동)만 한다. • 3관절의 경우 세 개의 직선운동(PPP)	
원통형	• 팔이 전후로 움직이며, 몸체를 축으로 회전 및 직선운동을 한다. • 3관절의 경우 두 개의 직선운동과 한 개의 회전운동(PRP)	
극좌표형	• 팔이 전후로 움직이며, 몸체를 축으로 상하, 좌우의 회전운동을 한다. • 3관절의 경우 한 개의 직선운동과 두 개의 회전운동(RRP)	
다관절형	• 여러 개의 관절을 이용하여 상하, 좌우로 직선 및 회전운동을 복합적으로 한다.	

6.6.2 협동 로봇

협동 로봇(Collaborative Robot)은 기존 산업용 로봇에 적용되던 안전펜스의 설치 없이 작업자와 작업공간을 공유하면서 사용할 수 있는 새로운 형태의 산업용 로봇을 지칭하며, 줄여서 '코봇(Cobot)'이라고도 한다. 사람이 어떤 작업을 성공적으로 수행할 수 있도록 도와준다.

코봇(Cobot)이란 용어는 1996년 미국 노스웨스턴 대학의 제임스 E. 콜게이트(James E. Colgate)와 마이클 퍼쉬킨(Michael A. Peshkin)이 처음으로 사용했다. 이들은 GM이 구성한 공동 컨소시엄의 연구진으로 자동차산업 자동화공정에서 로봇이나 로봇과 같은 장비를 사람과 함께 안전하게 사용할 수 있는 방법을 연구하며 처음 사용했다.

협동 로봇 관련 용어는 국제표준화기구 ISO TC299에서 협동 운전(Collaborative Operation)에 대한 정의를 처음으로 2011년 개정한 ISO 10218-1에 포함되었다. 이후 2012년 개정된 ISO 8373 로봇 영어 표준에도 '협동 로봇'을 정의하였다. 2016년 발간된 ISO TS 15066에서는 '협동 운전'을 일부 수정하여 정의하였다.

표 6-8 협동 로봇과 협동 운전 정의

표준	구분	정의
KS B ISO 10218-1 (2012. 3. 4.)	협동 운전 (Collaborative Operation)	의도적으로 설계된 로봇이 정해진 작업 영역 내에서 인간과 직접 협동하면서 작동하는 상태
KS B ISO 8373 (2012. 2. 26.)	협동 로봇 (Collaborative Robot)	인간과의 직접적인 상호작용을 위해 설계된 로봇
KS B ISO 15066 (2017. 3. 1.)	협동 운전 (Collaborative Operation)	협동 작업 영역 내에서 의도적으로 설계된 로봇 시스템과 운전자의 작업상태

산업용 로봇의 협동 운전 및 협동 로봇의 국제안전규격 충족이 필요하며, 국제표준 ISO 10218-1의 5.10절에 따르면 협동 운전은 네 가지의 협동 운전 유형으로 표준화되어 있고, 이 중에서 하나 이상의 협동 운전 모드를 수행 가능하면 협동 로봇으로 정의하고 있다.

표 6-9 국제표준 ISO 10218-1의 협동 운전 유형

조항	협동 운전 유형	위험 감소 주요 수단	유형 예시
5.10.2	SMS(Safety-rated Monitored Stop)	로봇이 작업자와 협동 공간에 있는 동안 정지	STOP 안전 정격 감시 정지
5.10.3	HG(Hand Guiding)	작업자의 직접적인 입력에 의해서만 로봇이 작동	핸드 가이딩
5.10.4	SSM(Speed and Separation Monitoring)	작업자가 최소한의 안전거리 이상 떨어진 경우에만 로봇이 작동	속도 및 위치 감시
5.10.5	PFL(Power and Force Limiting)	접촉이 일어난 경우 로봇은 제한된 힘이 부여되고 물리량 정보를 줄 수 있어야 함	Force 동력 및 힘 제한

산업용 로봇이 자동차, 전자산업과 같은 제조업 중심으로 활용되었다면, 협동 로봇은 다양한 방식의 작업공정에 적용할 수 있다. 따라서 협동 로봇은 산업용 로봇보다 다양하고 유연한 생산을 할 수 있다는 의미이다. 인간친화형 협동 로봇은 온전히 수작업만으로 진행되는 조립라인과 자동화된 생산라인 사이의 단점을 보완해 반자동화된 형태로 나타나고 있으며, 다품종 변량 생산에 최신기술을 필요로 하는 기업들이 직면한 유연한 생산목표를 해결하기 위한 방안으로 주목받고 있다.

협동 로봇은 안전성, 작업용이성, 경제적 투자효용성의 특징을 갖는다.

| 표 6-10 | 산업용 로봇과 협동 로봇의 특징 비교

구분	전통적 산업용 로봇	인간친화형 협동 로봇
비용	고가	저가(약 25% 수준)
프로그래밍	어렵고, 단일 운용 제한	쉽고, 응용 용이
속도	빠름	느림
안전	위험(안전장치 필수)	안전
공간점유율	높음	낮음
설치 위치	제한적, 고정	다중, 이동 가능
운용 융통성	낮음	높음
재사용성	제한적	높음
자금회수기간	장기	단기
개발 키포인트	정확성, 반복정밀도	유연성, 쉬운 사용

출처: 나형배 등(2020)

6.6.3 물류이송 로봇

물류이송 로봇이란 인간을 대신하여 제조공정시스템, 상품물류센터, 고객택배시스템 등 생산현장 혹은 물류센터에서 상품을 자동으로 관리하는 로봇을 의미한다.

무인이송을 위해서는 상품의 정확한 정체 및 위치인식, 다량의 상품 신속 이동 등이 요구되므로 정교한 센싱기술, 자율 판단 및 자동 적재기술, 자율주행기술 등이 필요하다. 물류이송 로봇의 자율주행을 위해서는 실시간으로 자기위치파악, 경로의 생성과 추종 기능이 기술(SLAM[1])의 핵심이다.

또한 효과적인 물류 정보관리를 위한 IT 기술로 RFID와 QR 코드 기술이 대표적이다. RFID(Radio Frequency Identifier)는 인식되는 거리, 인식 속도, 인식의 정확성, 식별자의 재사용성, 조작의 편의성 등의 이점이 있으며, 기존의 바코드(Bar-code) 시스템을 대체하기 위한 기술로 활용된다. QR(Quick Response) 코드는 오염과 손상에 강하며 훼손 시 높은 복원율의 특성으로 인해 설치, 유지 보수의 비용 절감이 가능한 장점이 있다.

---

1) SLAM(Simultaneous Localization And Map-Building/Mapping): 로봇에 부착되어 있는 센서를 통해 자신의 위치를 측정하면서 주변환경에 대한 지도를 작성하는 기술이다.

▌표 6-11▐ 물류이송 로봇의 핵심 기술

구분	내용
위치인식	비정형, 다중 로봇, 다수사용자 환경에서 실시간 위치정보를 CCD 카메라로 수집하고, 탑재한 레이저 레이더에 의해 이동환경의 형상을 계측하고, 이 정보에 기초하여 자기위치파악
지도 생성 및 경로계획	한 개 이상의 물체인식 센서를 통해 주어진 주행선을 감지하고 위치파악기술 등을 결합, 활용하여 최단거리를 자동 연산하여 주행지도를 따라 이동
안전이동기술	복수의 로봇이 상호 간에 통신하고 연대하는 기능 복수 로봇을 한 대의 기기와 같이 연동시켜 물품을 반송할 수 있기 때문에 현장에서 필요로 하는 운반량의 변동에 유연하게 대응
물체인식기술	센서를 통해 각 이송차 및 장애물의 위치를 파악하여 중앙운행시스템 혹은 작업자에게 충돌을 회피할 수 있도록 정보 전달

▌표 6-12▐ 물류이송 로봇의 종류 및 역할

구분	종류	역할
제조 공정용	AGV(Automatic Guided Vehicle, 무인운반차)	제조공정 간 물류이동 및 물류센터 내 수화물 및 상품이송을 담당
	무인지게차	기존 유인 운전시스템에 자율주행을 위한 센서 모듈 및 소프트웨어를 장착하여 운영
	이동형 매니퓰레이터	주문 물품을 피킹 로봇이 피킹하여 이송 로봇이 포장대까지 운반하는 역할을 수행
창고 관리용	AVG	물류센터 내에서는 주로 오더피킹[2])을 목적으로 사용
	컨베이어시스템	다른 영역으로 물품을 자동으로 운반
재고 관리용	실내이송용 로봇	병원, 요양원을 중심으로 소형(의약품 · 검체), 중대형(식사 · 린넨) 물품이송을 목적으로 시장 확대 중이며, 호텔에서도 적용 중
	라스트마일 배송 로봇	최종 소비자에게 음식 등을 배달하는 서비스 중심으로 국토가 넓은 해외에서 상용화 중에 있으며, 국내에서도 개척 중

2) 오더피킹(Order Picking)은 고객의 주문에 따라 물품을 보관 장소에서 찾아내어 각 배송처별로 분류하고 정리하는 것이다. 로봇이 피킹 작업자(피커)에게 이동하면 피커가 로봇의 바구니에 주문한 물품을 담고 물류 로봇이 목적지로 이동하는 형태 또는 물류 로봇이 피커를 따라다니면 피커가 로봇에 물품을 담는 형태 등으로 응용되고 있다.

▌그림 6-4▐ 물류 로봇의 종류

AGV

무인지게차

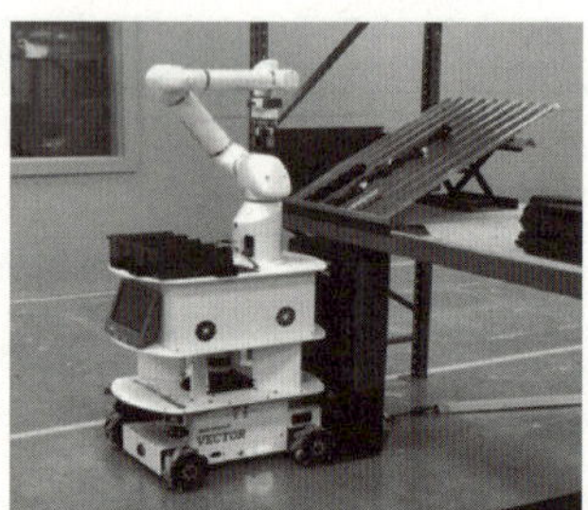

이동형 매니퓰레이터

검체이송용 로봇

창고관리용 AGV

라스트마일 배송 로봇

출처: 한국로봇산업진흥원(2018)

6.6.4 농업용 로봇

미래 농업은 '시스템의 시스템'으로 연결되며, 인공지능과 빅데이터 등이 결합해 자율 운영되는 첨단산업으로 진화될 것으로 예상하고 있다. 여기서 시스템의 시스템이란 기존 농기계, 종자, 농장관리, 생산예측, 관수 등의 개별 시스템이 합쳐진 융합시스템을 의미한다.

농업의 스마트화는 단지 4차 산업혁명 융합기술의 발전뿐만 아니라 국내·외 농업환경 및 여건의 변화에도 기인하며, 이러한 요인은 기존 농업에서 스마트농업, 정밀농업으로의 변화를 촉진시킬 것으로 예상된다. 전 세계적으로 인구의 증가, 농경지의 감소, 인건비의 증가 등에 따라 농업의 생산성 향상이 요구되고 있으며, 우리나라의 경우는 농업경쟁력이 선진국에 비하여 낮은 상황에서 여기에 더하여 농업인구의 감소, 고령화, FTA 등의 위협요인으로 인하여 농업의 경쟁력 향상은 더 이상 미룰 수 없는 국가적 과제가 되고 있다. 이를 실현하기 위해서는 스마트농업, 농업용 로봇의 활성화는 이제 선택이 아닌 필수가 되고 있다.

현재 세계 농업용 로봇은 UAV · 드론, 착유 로봇, 자동수확시스템, 무인트랙터 등이 주요 시장을 형성하고 있으며, 향후에는 자율주행 트랙터가 농업용 로봇의 핵심으로 전망되고 있다.

로봇산업 기술로드맵에서는 농업용 로봇을 위해 필요한 기술을 [표 6-13]과 같이 분류하고 있다.

표 6-13 농업용 로봇의 주요 기술

키워드	설명
HW	농업 로봇 플랫폼(제조 · 방제 · 운반 · 수확 · 모니터링 등), 사물인식용 센서, 위치인식 모듈
주행	농업 로봇의 원격제어, 실외환경에서 강인한 고정밀 · 고속 위치인식 및 이동기술, 불규칙적이고 연약 지반 주행에 강인한 기술
인식	비평탄 노면과 경사지 인식, 다양한 농작물을 식별하고 모델링, 작물 생육 상황 인식
조작	파종, 시비, 농약 살포, 자동 수확 등을 할 수 있는 기술, 햅틱기술 및 원격 모니터링 기반 정밀제어기술
사용성	노인도 쉽게 조작할 수 있는 사용 편의성을 위한 인터페이스기술, 원격 스마트 진단 수리, 유지보수 등의 상황에서 사용자가 쉽게 수행할 수 있는 기술
군집 · 협업	대규모 농작업 구역 및 복잡한 작업환경에서 로봇 간 정보 공유를 위한 군집 제어 및 협업기술

출처: 산업통산자원부(2017)

무인 · 자율 농기계(농업용 로봇)가 완전히 사람을 대체하는 기술 수준을 100으로 볼 경우, 우리나라의 경우 지능형 트랙터 기술은 40~50 수준, 정밀주행기술은 70~80 수준으로 평가받고 있다. 자율주행기술과 관련하여 농업진흥청은 자율주행 농기계(농업용 로봇)의 기술단계를 Level 1~4단계로 구분하고 있다. 자율주행 농기계(농업용 로봇)의 국내 · 외 기술 수준을 보면, 미, 일 등 선도국은 자율작업(Level 3)단계는 일부 상용화, 무인자율작업(Level 4)단계는 실증 · 검토 중인 것으로 나타났다. 존디어, CNH 인더스트리얼 등의 글로벌 기업을 중심으로 무인자율주행 및 자율작업(Level 3~4) 트랙터 제품개발이 추진되고 있다.

❙ 표 6-14 ❙ 무인 · 자율 농기계 기술단계별 국내 · 외 기술 수준

구분		Level 1 자율조향	Level 2 자율주행	Level 3 자율작업	Level 4 무인자율작업
국외	기술단계	상용화	상용화	연구개발 완료	실증 · 검토 중
	기업	이탈리아 ASI 미국 Ag Leader	일본 TOPCON	미국 John Deere 일본 Kubota	미국 John Deere 독일 AGCO
국내	기술단계	상용화 준비단계	시제품 개발단계	도입단계	연구개발단계
	기업	동양물산	동양물산	동양물산	-

출처: 농촌진흥청

농업용 로봇의 기술 발전은 1980년대 후반까지 시도기(1세대)와 2000~2010년대의 초기 적용기(2세대)를 거쳐, 현재는 시설 농업용, 축산용뿐만 아니라 노지농업용 등 다양한 작업환경과 파종용, 수확용, 운반용 등 다양한 용도의 로봇이 개발 · 상용화되고 있는 시기라 할 수 있다. 특히 앞에서 살펴본 바와 같이 전 세계적으로 스마트팜(농업), 정밀농업이 본격화됨에 따라 농업용 로봇의 개발과 상용화의 속도도 빠르게 진행되고 있다.

❙ 표 6-15 ❙ 농업용 로봇기술 발전 동향 및 전망

구분	기술 발전 동향 및 전망
1세대 (~1980년대 후반)	3차 산업혁명 이후 IT 산업 발전과 함께 대량생산을 위한 공장자동화 등에 산업용 로봇 현장 적용과 함께 농업(농산 가공, 수확 작업 등)에도 적용하려는 시도
2세대 (2000~2010년대)	주로 단순 반복작업에서 노동력을 대체하거나 사람이 수행하기 어려운 작업을 대신하는 용도로 로봇을 개발(파종 · 이식, 접목, 착유 로봇 등)
3세대 (2010~2030년대)	농사기술에 ICT 기술을 접목하여 농작물의 생육환경을 분석하고 재배하는 스마트팜 기술 활성화에 따라 규격화된 시설용 로봇(방제, 운송, 수확 등) 개발과 노지에서 수행하는 무인자율주행 트랙터, 자율주행 제초 로봇, 환경제어형 기능형 로봇, 무인이동체 농업용 드론 등 현장 실증 및 사업화 적용
4세대 (2030~2050년)	2030년 중반 시험개발된 가상 아바타가 2050년 상용화됨에 따라 열악한 환경의 영농활동이 가상 아바타와 지능형 자율주행 로봇, 뇌파를 이용한 로봇 제어시스템 등이 적용되어 대규모 농업 생산 가능

출처: 농촌진흥청, 미래농업기술발전 전망

그림 6-5 농업용 로봇의 종류

제초 로봇

사료 정리 로봇

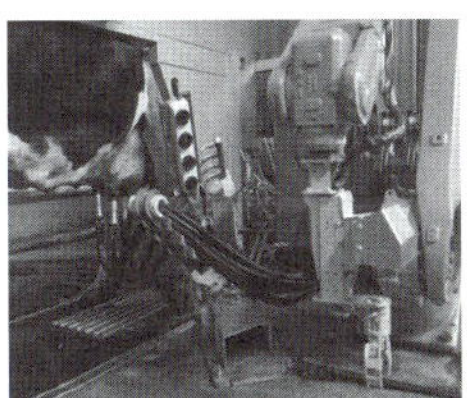

착유 로봇

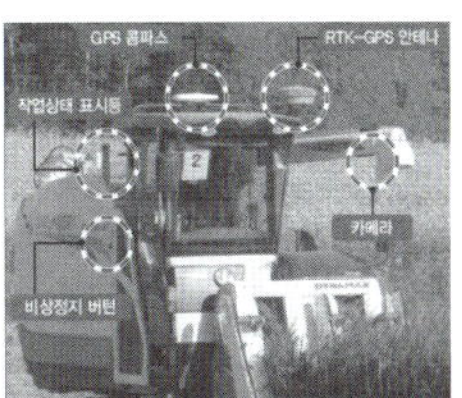

콤바인 로봇

자율주행 트랙터

수확 로봇

선별 로봇

방제 드론

국내의 경우, 기존 농기계 전문산업체의 제품군들에 대한 자동화, 무인화과정에서 자율주행 트랙터의 기반기술을 확보하고, 스마트농업을 위한 IoT 및 인공지능기술 적용을 통한 미래 농장개발을 목표로 스마트팜 관련 기술개발이 활발하게 진행되고 있으며, 전 세계적으로 농업에서는 IoT, 빅데이터, 첨단ICT, 로봇 등 핵심 기술을 기반으로 정밀농업의 외연 확대 및 기술적 고도화, 즉 스마트농업, 디지털농업과 같은 최적화 농업이 가속화되고 있다.

6.6.5 푸드테크 로봇

푸드테크(FoodTech)는 식품(Food)과 기술(Technology)이 합쳐진 용어로, 식품산업 및 식품 관련 산업에 로봇, 정보통신기술(ICT), 인공지능(AI), 빅데이터, 사물인터넷(IoT) 같은 첨단기술이 접목된 새로운 기술이다.

최근 사회 · 경제적 환경 변화에 따라 혼밥 · 혼술, 타임푸어(Time Poor), O2O(On-line to Off-line), 비대면(Uncontact) 등의 키워드로 대변되는 소비자의 식생활 패턴이 다양해지고 있다. 이에 따라 외식산업의 구조도 크게 변화되며, 매우 가파르게 성장하고 있다. 그러나 최저임금 상승, 주 52시간 근무제 등에 따른 인력난 등은 외식산업의 경쟁력을 약화시키는 요인 중의 하나이다. 이러한 문제의 해결로 푸드테크 로봇이 떠오르고 있다.

푸드테크 로봇(FoodTech Robot)은 '외식업(식품접객업)에서의 접객 · 주문 · 결제 · 조리(제조) 및 보조, 서빙 · 퇴식, 설거지 · 정리 및 음식 배달 등에 활용하는 로봇'으로 정의하였다.

| 그림 6-6 | 푸드테크 로봇의 유형

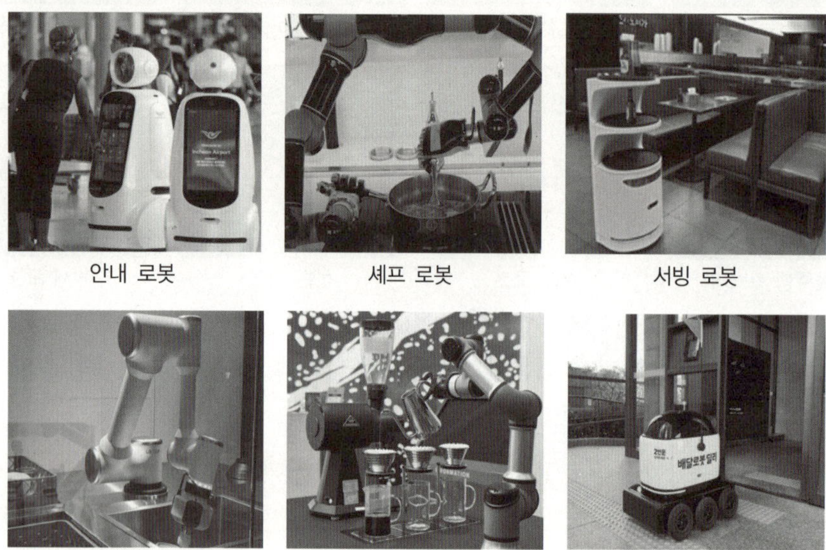

안내 로봇 / 셰프 로봇 / 서빙 로봇 / 설거지 로봇 / 바리스타 로봇 / 음식 배달 로봇

6.6.6 건설 로봇

공사기간 단축과 공사비 절감 등이 가능한 다양한 기술 적용을 통해 건설산업이 직면한 낮은 생산성을 해결하려는 노력이 필요한 상황에서 스마트 건설이라는 개념이 태어났다. 스마트 건설이란 전통적인 건설(토목, 건축)기술에 4차 산업혁명의 첨단기술(BIM,[3] IoT, 빅데이터, 로봇, 드론 등)을 융합한 기술을 말한다.

현재 대부분의 선진국에서는 고령화로 인한 건설 인력 부족을 경험하고 있으며, 건설 로봇 등을 활용한 건설 자동화가 노동력 부족 및 안전성 문제를 해결하기 위한 대안으로 제시되고 있다.

건설 로봇에 대한 개념은 명확히 정의되어 있지 않으나, "건설산업에서 로봇을 활용

---

3) BIM이란 Building Information Modeling(빌딩 정보 모델링)의 약자로 다차원 공간에서 가상으로 건축물의 기획, 설계, 시공, 유지관리, 철거 등의 과정에 이르기까지 전체 수명주기에 걸쳐 정보를 통합관리하는 것을 의미한다.

한 건설 자동화는 공공 인프라, 상업용 및 주거용 건물, 원자력발전소 등 다양한 분야에서 인력 투입을 최소화하거나 완전히 대체"하는 것을 의미한다(한국건설기술연구원, 2020).

| 표 6-16 | 건설단계별 주요 활용 건설 로봇

<table>
<tr><th colspan="2">건설단계</th><th>주요 활용 로봇(작업 유형)</th></tr>
<tr><td colspan="2">설계(착공 준비)</td><td>측량 로봇, 측량 드론</td></tr>
<tr><td colspan="2">토공사/기초공사</td><td>범용 중장비 무인자동화(머신 가이던스), 굴삭기용 조종 로봇 등</td></tr>
<tr><td colspan="2">구조, 골조</td><td>(철골) 용접로봇, 타워크레인 로봇, 철근작업 지원용 로봇, 철근결속 로봇, 벽돌쌓기 로봇, 비계조립 로봇, 3D 프린팅 모바일 로봇 등</td></tr>
<tr><td colspan="2">마감공사</td><td>천정시공 로봇, 분사·도장 로봇, 나사고정 로봇, 콘크리트 바닥작업용 로봇, 다기능 모듈식 로봇, 인테리어 건축 로봇, 앵커홀 드릴링 전용 로봇, 볼트 해체·회수 로봇 등</td></tr>
<tr><td rowspan="3">기타</td><td>공정기성 관리 현장 모니터링</td><td>현장 공정관리 모니터링 로봇, 현장점검용 사족보행 로봇, 원격 모니터링 드론 등</td></tr>
<tr><td>자재 반송 및 기타</td><td>자재이송 로봇, 현장 자동청소 로봇, 로봇 슈트 등</td></tr>
<tr><td>기타</td><td>광케이블 설치 로봇 능</td></tr>
</table>

| 그림 6-7 | 건설현장에 사용되는 로봇

철근결속 로봇

콘크리트 미장 로봇

천장시공 로봇

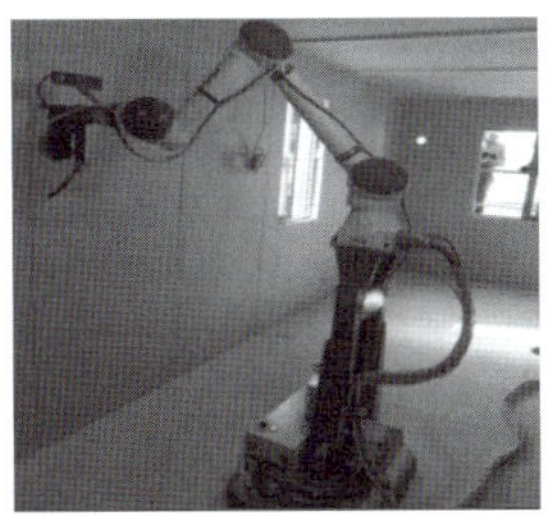

나사고정 로봇

자율 이송 로봇

사족보행 로봇

6.6.7 웨어러블 로봇

웨어러블 로봇(Wearable Robot)이란 옷처럼 입을 수 있는 로봇기술을 말한다. 일반적으로 인간의 운동능력 및 근력을 증강시키기 위해 인체에 착용하여 인간과 함께 동작하는 모든 로봇을 총칭한다.

웨어러블 로봇은 몸에 착용하는 형태의 로봇시스템으로 로봇의 인공지능 부분의 자세제어, 상황인식, 동작신호 생성을 인간이 담당하면서 다양한 환경에 대응하여 착용자의 움직임에 고하중, 고기동성, 운동지속성을 지원해 주는 로봇을 말한다. 동일한 의미로 착용형 로봇, 외골격 로봇(Exoskeleton Robot), 슈트 로봇(Suit Robot) 등의 용어가 혼용되고 있다.

최초의 웨어러블 로봇은 미국 GE사에서 1965년 개발한 '하디맨(Hardimen)'으로 알려져 있다. 2000년대 후반 미국 국방부 산하 고등연구계획국(DARPA)의 군용 웨어러블 로봇 개발 프로젝트 캠봇(Chembot)을 시발점으로 각국의 웨어러블 로봇 개발이 본격화되었다. 웨어러블 로봇은 센서, 제어, 소프트웨어 기술 등이 발전하면서 군용, 재난 구조용, 산업 작업용, 재활 치료용, 일상생활 보조용 등의 분야에 활용되고 있다.

웨어러블 로봇의 개발 목적은 다음과 같다.

- 주로 공장 근로자가 무거운 짐을 들 때 근력을 증강시켜 부상이나 장애의 위험 방지 목적
- 극한상황에서 활동하는 군인의 근력과 지구력 유지 목적
- 근력기능이 약화된 노인이나 장애인의 근력보조 목적

웨어러블 로봇은 세 가지로 구성되어 있다.

- 사람의 동작을 감지하는 센서
- 센싱된 데이터를 기반으로 근력보조 정도를 제어하기 위한 제어기
- 실제로 동력을 발생시키는 액추에이터

기술적으로 웨어러블 로봇은 무겁고 크지만 최대출력이 높은 외골격형과 가볍고 작지만 최대출력이 낮은 슈트형으로 구분이 가능하였으나, 경량소재와 고출력 소형 액추에이터 기술의 발전으로 인하여 슈트형의 최대출력이 증가하고 외골격형의 중량이 경

량화되면서 점차 기술적 경계가 모호해지고 있는 현실이다. 기술적 특징을 요약하면 [표 6-17]과 같다.

| 표 6-17 | 근력증강시스템의 핵심 기술

구분	외골격형 근력증강시스템
설계	관절구조 배치 및 경량화 기술
구동	액추에이터 기술
제어	위치·힘 제어 알고리즘 기술
센싱	사용자 움직임 및 의도 파악 기술

| 표 6-18 | 외골격형과 슈트형 근력증강시스템 비교

특징	외골격형 근력증강시스템	슈트형 근력증강시스템
소재	알루미늄, 플라스틱 등	직물, 인공근육, 와이어, 공압튜브 등
무게 및 부피	무겁고 크다.	가볍고 작다.
최대출력	근력의 1~10배	근력의 0~0.1배
관절구조 배치	단순함	복잡함
탈부착 용이성	어려움	간편함
주요 용도·응용	근력증강	근력보조

웨어러블 로봇 개발 현황을 살펴보자.

국내 한국기계연구원은 얇은 형상기억합금을 사용한 옷감으로 '인공근육'을 개발했다. 자체 무게의 1,500배나 들어 올리는 이 기술을 이용하면 평소 힘의 절반으로도 육체노동을 거뜬히 해낼 수 있는 외골격(exoskeleton)을 만들 수 있다. 또한 이를 잘 활용하면 택배나 건설, 돌봄 노동자의 업무 부담을 줄이는 데 도움이 될 것으로 기대를 모으고 있다.

▌그림 6-8▐ 엑소스켈레톤용 형상기억방식 섬유

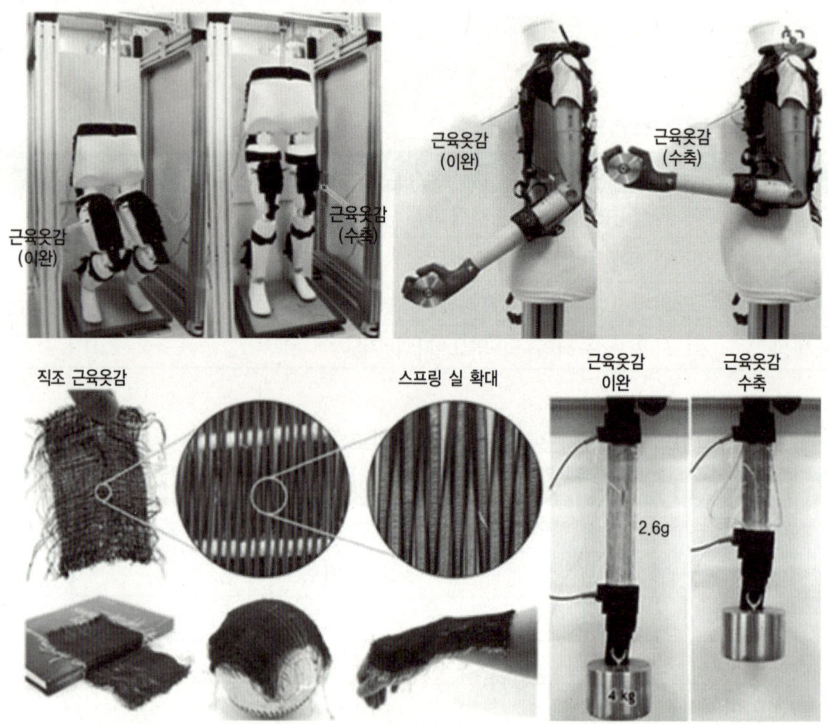

캐나다 워털루대 연구팀이 약간은 자율주행차처럼 작동할 수 있는 외골격을 개발했다. 현재 외골격 착용자 몸의 움직임을 다가올 지형에 대한 분석을 바탕으로 거의 73% 정확도로 인지하여 작동하는 수준이다. 웨어러블 카메라로 촬영한 이미지를 이용해 인공지능(AI) 소프트웨어를 훈련시킨 결과이다. 실제 실내 · 외 보행환경에서 촬영된 560만 개 이상의 이미지를 데이터베이스로 만들어 이를 딥러닝 알고리즘 훈련에 사용했다.

해외에서는 이미 민간 및 군 작업용, 장애인 및 노약자용, 심지어 스포츠용 외골격까지 개발되어 보급되고 있는 추세이다. 세계적인 외골격 회사로는 미국의 록히드 마틴(Lookheed Martin), 롬 로보틱스(Roam Robotics), 사코스(SARCOS Research Corp.), 엑소 바이오닉스(Ekso Bionics), 이스라엘의 리워크 로보틱스(ReWalk Robotics), 일본의 사이버다인(Cyberdyne), 스위스의 누니(Noonee) 등이 있다.

그림 6-9 | 국외 외골격형 착용 로봇

캐나다 워털루대의 외골격

미국 롬 로보틱스의 외골격

미국 사코스의 외골격

6.7 로봇의 응용분야 및 미래

그동안 인간이 해오던 많은 일을 지금은 로봇이 대신하고 있다. 산업현장에는 단조로운 반복 작업이나 따분한 작업, 불쾌한 작업 등이 많은데, 이와 같은 작업은 특히 로봇에게 맡기기에 적합하다. 조립공장에서 리벳 박는 일, 용접, 자동차 차체를 도색하는 일 등은 좋은 예이다. 이런 종류의 작업은 로봇이 인간보다 더 잘 해낼 수 있다. 왜냐하면 로봇은 언제나 일정한 수준의 정밀도와 정확도로 작업을 계속할 수 있으며, 결코 지칠 줄 모르기 때문이다. 따라서 제품의 품질은 항상 일정하고 게다가 휴식을 취할 필요가 없기 때문에 많은 양의 제품을 만들 수 있으며, 위험한 작업을 대신할 수가 있다. 방호복을 입지 않고 원자력 공장에서 방사성 물질을 취급하거나 유독 화학물질을 취급할 수가 있으며, 인간에게는 너무 덥거나 추운 환경에서도 일할 수가 있다. 인간의 생명이 위험에 노출될 수 있는 곳에서도 로봇을 사용할 수 있다. 예를 들면, 폭발물을 수색하거나 폭탄의 뇌관을 제거하는 일 그리고 우주공간에서의 작업도 그중의 하나이다.

로봇은 우주공간에서의 작업에 특히 이상적이다. 지구를 돌고 있는 인공위성을 수리하거나 유지하는 데 이용되기도 하고, 보이저호와 같이 탐사와 발견을 목적으로 먼 천체까지 비행하는 데도 로봇이 사용된다.

한편 가정에서도 점점 많은 로봇이 가사를 돕기 위해 사용되고 있다. 그리고 육체적인 장애를 가진 사람들을 돌보는 일에도 많이 이용될 것으로 기대된다. 로봇 간호보조자는 장애인이나 노령으로 인해 체력이 약해진 사람들이 가족들에게서 독립하여 혼자

서도 살 수 있도록 해주며, 병원에 입원하지 않아도 될 수 있도록 도와주게 될 것이다.

4차 산업혁명이 촉발하면서 정보통신기술의 발달과 융합기술을 이용한 휴머노이드의 개발이 활발히 일어남에 따라 휴머노이드는 다양한 분야에서 인간이 수행하기 힘든 일을 쉽게 해결한다. 특별한 보호장비 없이 우주와 해저 등 험난한 장소를 탐사할 수 있으며, 위험한 재난현장에서 무거운 잔해를 쉽게 처리하기도 한다. 최근에는 인공지능이 많이 적용되어 인간들과 감정 및 의사소통이 가능해져서 몸이 불편한 노약자를 돌보고 자폐아를 치료하는 등 인간만이 가능하다고 여겨진 부분까지 적용되고 있다.

특히 휴머노이드가 인공지능을 바탕으로 인간과 유사한 메커니즘으로 감정표현이 가능하고 의사소통이 가능해지면 인간의 전유물로 여겼던 정서적 표현능력이 휴머노이드에 구현이 되어 로봇과 상호작용하는 과정에서 인간은 이들을 교감 상대로 존중할 수 있다. 그렇게 되면 휴머노이드를 더 이상 로봇이 아닌 마치 애완동물처럼 여기며 새로운 시각으로 바라볼 것이다.

이러한 점에서 미래에는 인간과 로봇이 어떠한 관계로 공존해야 할 것인지에 대한 질문과 의견이 많이 표출되고 있다. 미래에도 현재의 환경 속에서 로봇이 사람을 도우려면 인간을 닮은 친숙한 모습이어야 하고, 로봇과 함께 생활할 인간의 감성까지 생각한다면 인간과 비슷한 모습을 한 휴머노이드의 개발과 상용화가 필요하다.

하지만 휴머노이드 로봇은 이족보행이 아직은 효율적인 측면에서 바퀴나 궤도를 이용하는 것보다 느리며, 효율이 떨어지고 제작도 어렵기 때문에 상용화나 제작 자체에 의문이 제기되는 경우가 많다. 또한 휴머노이드 로봇이 상용화되었을 때의 윤리적 문제에 대해서도 지속적으로 제시되는 중이다. 따라서 앞으로의 휴머노이드의 발전에 있어서 이런 모든 점을 지속적으로 논의하고 보완하여 개발되어야 할 것이다.

연습문제

01 3세대 로봇의 종류가 아닌 것은?

① 휴머노이드 로봇
② 웨어러블 로봇
③ 라인트레이서 로봇
④ 화성 탐사 로봇

02 로봇의 구성 요소 설명으로 틀린 것은?

① 액추에이터는 기계적인 요소를 전기, 유압, 공압 등의 에너지원을 통해 움직이게 하는 장치이다.
② 액추에이터의 종류는 에너지의 요소에 따라 전기식, 유압식, 공압식으로 구분한다.
③ 마이크로폰과 같이 일반적으로 사용되는 전기부품이라도 물리적인 정보를 전달해 줄 수 있다면 액추에이터라고 할 수 있다.
④ 공압식 액추에이터는 실린더, 공압 모터, 진공발생기 등이 있다.

03 기존 산업용 로봇에 적용되던 안전펜스의 설치 없이 작업자와 작업공간을 공유하면서 사용할 수 있는 새로운 형태의 산업용 로봇은 다음 중 어느 것인가?

① 웨어러블 로봇
② 협동 로봇
③ 지능형 로봇
④ 물류이송 로봇

04 산업용 로봇 중 직교좌표형 설명으로 맞는 것은?

① 3관절의 경우 2개의 직선운동과 1개의 회전운동(PRP)을 한다.
② 3관절의 경우 3개의 직선운동(PPP)을 한다.
③ 3관절의 경우 1개의 직선운동과 2개의 회전운동(RRP)을 한다.
④ 여러 개의 관절을 이용하여 상하, 좌우로 직선 및 회전 운동을 복합적으로 한다.

05 웨어러블 로봇의 구성 요소가 아닌 것은?

① 센서 ② 제어기
③ 액추에이터 ④ 마이크로폰

06 로봇의 3원칙에 대해 설명하시오.

07 다음은 센서의 종류들이다. 서로 같은 것끼리 연결하시오.

시각 •	• 바이오센서
청각 •	• 터치센서
후각 •	• 포토다이오드
미각 •	• 가스센서
촉각 •	• 정전 용량형 마이크로폰

08 산업용 로봇과 협동 로봇을 비교하여 설명하시오.

09 웨어러블 로봇의 정의와 목적을 서술하시오.

10 로봇의 기억장치로 사용되는 메모리의 종류와 특징을 서술하시오.

정답 **01** ③ **02** ③ **03** ② **04** ② **05** ④

Chapter 7

가상현실(VR)·증강현실(AR)·혼합현실(MR)

최근 5G 통신환경으로 가상현실, 증강현실 시장 규모가 급격하게 증가하고 있다. 이미 두 기술은 우리 주변의 활동 전반에 깊숙이 관여하고 있다. 가상현실, 증강현실, 혼합현실 등 구현되는 여러 가지 형태와 활용범위에 따라서 다양하게 운영될 수 있다.

4차 산업혁명의 활성화를 위한 핵심 기술이며, 물리적인 세계와 디지털 환경 사이에서 공간의 격차를 해소시킬 수 있는 것이 가상현실, 증강현실이다. 가상현실은 사용자가 실제 존재하지 않는 가상공간에 있는 것처럼 느끼게 만드는 기술이다. 즉 실제환경이 완전히 차단되었을 때 발생한다. 증강현실은 현실세계에 가상의 이미지를 덧씌워 정보를 제공하는 기술이다. 혼합현실은 실제 객체에 가상의 생성정보를 실시간으로 혼합하여 사용하는 기술이다. 개념석 이해는 [그림 7-1]을 참조하고, 각 절에서 세부적으로 소개한다.

▌그림 7-1 ▌AR, MR, VR의 개념

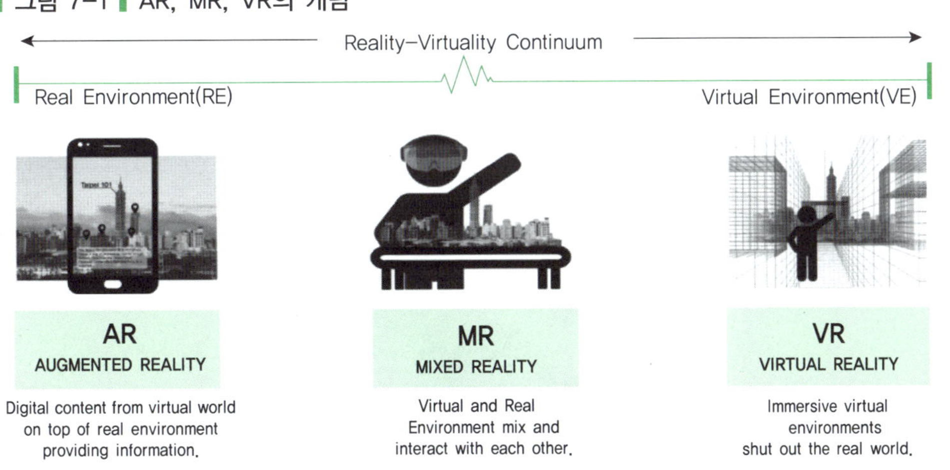

출처: Osorto Carrasco, M.D., & Chen, P.H.(2021), "Application of Mixed Reality for Improving Architectural Design Comprehension Effectiveness," *Automation in Construction*, Vol. 126, DOI: https://doi.org/10.1016/j.autcon.2021.103677.

7.1 가상현실

7.1.1 개요

가상현실(Virtual Reality, VR)은 가상을 뜻하는 'Virtual'과 현실을 뜻하는 'Reality'의 합성어이다. 가상현실은 실제로 존재하지 않지만 마치 현실로 존재하는 것처럼 생생함을 주는 상황을 말한다. 이것을 이해하기 가장 쉬운 예는 2009년 개봉한 영화 〈아바타〉이다.

가상현실이란 용어는 1938년 프랑스의 극작가인 앙토냉 아르토(Antonin Artaud)의 에세이집 〈연극과 그 이중(*The Theatre and its Double*)〉에서 처음 사용되었다. 극장 안의 환상적인 자연과 물체들을 묘사하는 단어를 'Virtual Reality'로 표현하였다. 이후 1970년대 마이런 크루거(Myron Krueger)가 사용함으로써 현재의 가상현실 용어로 발전하였다. 기술적으로는 헤드 마운티드 디스플레이(Head Mount Display, HMD)나 스트레오스코피(Stereo Scopy) 기술의 시스템이며, 경험적으로는 디지털 정보를 오감을 통해 실제감을 느끼게 하는 시스템이라고 할 수 있고, 문화적인 측면으로는 현실세계와 괴리되거나 대체되는 인공현실이라고 할 수 있다.

그림 7-2 | 영화 아바타(2009)

가상현실은 실제 존재하지 않으나 존재하는 것처럼 현실감을 준다. 이런 상황을 몰입감 있게 만들어 주기 위한 디바이스로는 현실세계와 단절된 가상세계를 디스플레이하는 HMD라고 하는 특수하게 제작된 장비가 필요하다.

| 그림 7-3 | 가상현실을 위한 HMD

출처: https://www.oculus.com/en-us/touch

7.1.2 가상현실의 정의

가상현실은 실감형 미디어의 한 축이자, 새로운 미디어 플랫폼으로 주목받고 있으며, 4차 산업혁명의 핵심으로 사람과 컴퓨터 간의 상호작용을 기반으로 하는 핵심 기술로 평가받고 있다.

가상현실은 사람과 가상현실 디바이스 간의 인터페이스를 통해 다양한 콘텐츠를 실시간으로 시뮬레이션하며 사람의 오감과 가상현실 디바이스 간의 상호작용을 경험하도록 한다. 실제 현실세계와 비슷하게 느끼도록 하는 정보기술의 새로운 패러다임을 가상현실에서 제공하기도 한다.

▌표 7-1 ▌가상현실의 정의

기관 및 연구자	정의
정보통신산업진흥원(2016)	컴퓨터 기술을 핵심으로 하는 현대 첨단 과학기술을 이용해 가상환경을 생성시키고, 사용자의 특수한 입출력 설비를 사용해 가상세계와 자연스럽게 상호작용하는 것
윤지헌(2007)	모든 것이 사용자 중심으로 구동되며 시각, 청각, 후각, 미각 등 인간의 감각에 의하여 주의를 측정하고, 측정정보를 사용자의 뇌에서 분석, 이해하는 감각 체험을 통하여 가상공간과 상호 간에 정보를 주고받으며 실제감을 느끼게 되는 것
김선지 · 윤정현(2017)	HMD와 같은 시각장치를 장착하고, 컴퓨터 내에서 구현되는 가상의 경험을 현실과 유사하게 체험하게 하는 인터페이스
안수진(2018)	인간의 여러 가지 감각을 이용한 인간과 컴퓨터 간의 상호작용을 다루는 분야 중 하나로 사용자에게 직접적으로 작용하여 실제와 가까운 공간적, 시간적 체험을 가능하게 하는 기술
박명진 · 이범준(2004)	컴퓨터를 이용해 창조한 가상환경 속에서 인간 감각계와의 상호작용을 통해 현실세계에서는 직접 경험하지 못하는 상황을 간접 체험할 수 있도록 만든 사이버 스페이스 세계
Zeltzer(1992)	실제 현실의 특정 환경, 상황 또는 가상의 시나리오를 컴퓨터 모델링을 통해 구축하고 이러한 가상환경에서 사용자가 상호작용할 수 있도록 돕는 시스템 및 관련 기술
Steuer(1992)	지각자가 원격 실재감(Telepresence)을 경험할 수 있는 실제 또는 시뮬레이션된 환경

7.1.3 가상현실기술과 특징

가상현실기술은 컴퓨터 3D 그래픽을 통해 현실이 아닌 환경을 마치 현실과 비슷하게 만들어 내는 기술을 말한다. 컴퓨터가 구현하는 3D 그래픽 화면을 입체로 보는 장치를 통하여 가상의 세계를 만들고 이를 실제로 체험할 수 있도록 구현하는 기술로도 알려져 있다. 초기의 가상현실기술은 1980년대 비행기 조종 시뮬레이션과 같은 군사훈련 목적으로 개발되었으나, 2010년대에 이르러 SF 영화나 영상분야 등 특수환경에서 상용으로 발전하고 있다. 이러한 가상현실기술의 특징은 체험하는 사용자가 마치 실제 상황과 상호작용하는 것처럼 느끼게 되며, 기술이 고도화될수록 더욱 현실감 있는 가상의 세계를 만들어 낼 수 있다는 점이다. 나아가 현실세계를 그대로 영상으로 재현하여 사용함으로써 이용자를 더욱 가상의 현실에 몰입하게 한다.

가상현실에 관한 기술은 다지털 화상의 처리, 멀티미디어, 컴퓨터 그래픽스, 인간부터 컴퓨터까지의 상호작용기술, 인공지능기술 등 다양한 기술을 융합하고 현실과 같은 시각, 청각, 촉각 등 오감을 통합하고 일체화하여 3차원의 가상세계를 표현한다.

가상현실의 특징은 사용자가 시야각 전체를 가상 영상으로 채울 수 있는 HMD를 주로 활용하며, 이 외에도 프로젝션 기술을 활용한 CAVE(Cave Automatic Virtual Environment)가 있다. 또한 가상현실 속 몰입감 향상을 위해서는 자율성(Autonomy, 다양한 이벤트와 자극에 자율적으로 반응할 수 있음), 상호작용(Interaction, 가상현실에서의 객체 또는 환경과 상호작용할 수 있음), 현존감(Presence, 다감각 자극 경험을 제공)이 중요하다.

사용자가 HMD 기기를 통해 바라보는 시각적 정보는 사실 3차원이 아니라 2차원 디스플레이 장비에서 보내진 2차원 시각정보이다. 단지 사람의 양안 시차정보를 해석하는 대뇌의 기능을 이용하여 3차원으로 합성 후 인식할 수 있도록 뇌를 속이는 것이 가상현실 기기에서 눈이 보는 3차원 영상, 이미지화한 디스플레이 기술이다.

미국 과학자 부르데아와 쿠아페(G. Burdea & P. Coiffet)는 〈*Virtual Reality Technology*〉에서 발표한 가상현실기술의 세 가지 특징은 몰입감(Immersion), 상호작용(Interaction), 상상(Imagination)으로 정의하였다.

표 7-2 가상현실기술의 특징

특징	내용
몰입감 (Immersion)	• 자율성(Autonomy)으로 다양한 이벤트와 자극에 자율적으로 반응할 수 있도록 해야 한다. • 상호작용(Interaction)으로 가상현실에서의 객체 또는 환경과 상호작용할 수 있어야 한다. • 현존감(Presence)으로 다양한 감각 자극과 경험을 제공할 수 있도록 하는 것이 중요하다.
상호작용 (Interaction)	가상현실 프로그램의 형성에 따라 다양한 새롭고 독창적인 공간 경험을 공급할 수 있고, 사용자가 상호작용적으로 자신의 환경을 변화시킴으로써 적극적 행위주체로서의 체험을 가능하게 할 수 있다. 가상세계와 사람의 상호작용은 현실과 유사한 형식이 매우 많고 음성, 손을 기초로 한 형식이 많다.
상상 (Imagination)	가상현실 공간에서는 상상으로 행위주체로 참여하여 역동적으로 변화되는 세계를 만들 수 있는 좋은 경험을 체험할 수 있게 된다.

7.1.4 가상현실의 유형

가상현실의 유형은 크게 시스템 환경에 따른 분류, 몰입의 정도와 수준에 따른 분류, 작업 원리에 따른 분류로 나눌 수 있다.

먼저 시스템이 제공하는 환경에 따른 분류로는 몰입형 가상현실(Immersive VR), 디스플레이형 가상현실(Display VR), 시뮬레이션 가상현실(Simulation VR)로 구분할 수 있다.

| 표 7-3 | 가상현실의 환경에 따른 분류

구분	내용	사진
몰입형 (Immersive)	• 망원 확대한 영상을 바로 눈앞에 뿌려주거나, 기체에 있는 센서들과 연동해서 아래나 뒤처럼 기체에 막혀서 파일럿의 시야에서 보이지 않는 위치를 투시 • F-35의 HMD[1]	
	• 컴퓨터에 의해 합성된 3D 영상을 화면으로 둘러싸인 방(room)에서 디스플레이하는 형태의 가상현실 • CAVE[2]	
디스플레이형 (Display)	• 사용자와 가상현실 간의 상호작용이 이루어지는 것으로 컴퓨터 모니터 영상을 통해 스크린 등의 디스플레이를 바라보면 마치 가상세계에 들어가는 것처럼 영상이 펼쳐지는 장치 • OCULUS DASH[3]	
시뮬레이션형 (Simulation)	• 인체감응형 가상현실 낙하훈련 시뮬레이터 • ATRAS[4]	

1) https://namu.wiki/w/HMD
2) https://en.wikipedia.org/wiki/Cave_automatic_virtual_environment
3) https://www.youtube.com/watch?v=ZWZi3Ku70Nc
4) http://www.arrivesky.com/

출처: 이세호(2020)

- 몰입형 가상현실(Immersive VR): 몰입형 가상현실은 HMD, CAVE(CAVE Automatic Virtual Environment) 등의 특수장비를 통해 가상현실에서 사용자의 완전한 몰입을 위해 사용자가 가상현실 속에 위치하며 능동적으로 활동할 수 있는 방법이다. HMD는 보통 두 개의 디스플레이를 통해 양안 시차를 구성하여 사용자가 3D 환경을 공고히 경험할 수 있도록 한다. 이 기계의 헤드트래킹 기능과 고해상도의 디스플레이는 사용자가 높은 수준의 몰입감을 느낄 수 있도록 돕는다.
- 디스플레이형 가상현실(Display VR): 사용자와 가상 및 현실 간의 상호작용이 이루어지는 것으로 컴퓨터 모니터 영상을 통해 스크린이나 모니터 등의 디스플레이를 바라보게 되면 마치 가상세계에 들어가는 듯 영상이 펼쳐지는 장치로 키보드나 마우스, 조이스틱, 센서가 부착된 장갑이나 기기 등을 사용하여 가상현실 경험을 할 수 있는 방법이다.
- 시뮬레이션 가상현실(Simulation VR): 시뮬레이터에 가상현실기술을 추가하여 발전시킨 형태로 항공 및 군사분야, 의료 등 전문분야는 물론 게임 등의 목적으로 사용되고 있다.

둘째, 정보통신산업진흥원(2016)에서는 작업 원리에 따라 데스크탑형, 분산형, 몰입형, 증강형 등 네 가지 유형으로 구분하였다.

표 7-4 가상현실의 작업 원리에 따른 분류

구분	내용	사진
데스크탑형 가상현실	• 실현하기 쉽고, 응용범위가 가장 광범위 • 입체도형기술을 활용하여 컴퓨터 화면에 3차원 입체공간 인터랙티브 장면을 생성 • 입력설비를 통해 가상세계와 인터랙티브 진행 • 관련 장비: 컴퓨터, 초급 그래픽 워크스테이션, 프로젝터, 키보드, 마우스, 트랙볼 등 • 장점: 상대적으로 원가가 낮고, 비교적 보급률이 높은 편 • 단점: 사용자가 주변환경으로부터 방해를 받을 수 있고 완전히 몰입하기 어려움	

분산형 가상현실	• 가상현실기술과 네트워크 기술이 결합된 산물 • 복수 사용자를 컴퓨터 네트워크를 통하여 동일한 가상세계에 연결, 공동 관찰과 조작 • 관련 장비: 그래픽 디스플레이, 통신과 컨트롤 설비, 처리시스템 등 • 장점: 시뮬레이션 의학진료, 게임, 시뮬레이션 전투훈련 등 광범위한 전문분야 응용 • 단점: 투자금이 많이 들며 대중적인 보급에는 부족함	
몰입형 가상현실	• 가상현실 효과를 가장 잘 보여주며, 사용자의 시청각과 기타 감각을 밀폐하고 완전히 몰입하는 체험을 제공하여 사용자에게 실제 가상현실에 처해 있는 것과 같은 경험을 제공 • 관련 장비: 헤드마운트디스플레이(HMD), CAVE 시스템, 데이터 글로브, 공간 위치추적기 등 • 장점: 실시간성과 상호작용성이 강하며, 시스템 응집성과 통합성능, 개방성이 우수 • 단점: 기술 요구와 원가 예산이 비교적 높으며, 시작이 늦은 편	
증강형 가상현실	• 현실세계의 정보와 가상현실기술을 활용한 시뮬레이션, 모방된 세계에 현실세계와 가상세계를 일체화시키는 것으로 향후 잠재력이 큰 분야 • 관련 장비: 관통형 HMD, 프로젝트, 캠, 계산 및 저장설비, 모바일 장치 등 • 단점: 기술 요구와 원가 예산이 높고, 시작이 늦음	

출처: 정민형(2021)

셋째, 몰입의 정도와 수준에 따라 비몰입형 가상현실(Non-Immersive VR), 몰입형 가상현실(Immersive VR), 증강현실(Augment Reality)로 구분할 수 있다. 비몰입형은 3차원 영상을 2차원 모니터를 통해 보는 가상현실을 말하며, 탁상형 가상현실(Desktop VR System)이라고도 한다.

표 7-5 가상현실의 몰입의 정도와 수준에 따른 분류

구분	비몰입형 가상현실 (Non-Immersive VR)	몰입형 가상현실 (Immersive VR)	증강현실 (Augment Reality)
구성	컴퓨터 모니터, 스테레오 프로젝터에 투시되는 영상	HMD, Data Glove, 공간 추적장치, 3D Audio, 컴퓨터로 구성	비디오 화면, 비디오 카메라
방식	모니터 화면에 나타난 가상현실을 체험하는 방식	컴퓨터 프로그램 속 3차원 공간을 물리적으로 착용하는 장비를 사용하여 경험하는 방식	현실과 가상정보를 합쳐 보여주는 방식
몰입감 · 현실감	상대적으로 떨어짐	매우 높음	매우 높음(상호작용 가능)
특징	탁상형 가상현실(Desktop VR System)이라고도 하며, 저가의 장비를 이용해 쉽게 사용이 가능	사용자가 현실과 완전히 차단된 상태에서 가상현실을 경험하도록 하는 가상현실의 가장 이상적인 형태	복합형 가상현실시스템(Hybrid VR System)이라고도 하며, 가상현실에서 현실세계를 모두 대체하는 것이 아닌 현실세계를 가상세계로 보완해 주는 형태
사용자층 · 분야	일반 대중	대학 연구실, 관련 기업 연구실	게임, 교육분야

출처: 안수진(2018)

7.1.5 가상현실의 기술동향 및 응용분야

최근 산업현장에서도 숙련된 기술을 익히기 위해 오랜 기간이 요구되는 작업이나 많은 위험상황을 초래할 수 있는 고난이도 작업 등을 위한 실무훈련에 가상훈련 시뮬레이션 기술을 적극 도입하고 있다. 국내의 경우 가상현실에서 가장 활발한 분야는 포털업체와 게임업계이다. 특히 중소 게임 · 영상 콘텐츠 제작업체들의 가상현실 콘텐츠 시장 진출이 활발하다.

미국, EU, 중국 등 주요 국가들은 국가 차원의 VR, AR 육성전략을 수립하여 추진 중에 있으며, 디바이스 분야는 민간기업 주도로 투자가 활발하게 이어지고 있다. 페이스북(현, 메타)은 2014년 오큘러스(Oculus) 인수 이후 VR 분야에 약 6,000억 원 이상을 투자했으며, HTC는 스마트폰 개발을 중단하고 VR 기기에 집중한다고 발표하였다.

▌그림 7-4 ▌가상현실 HMD 종류 예시

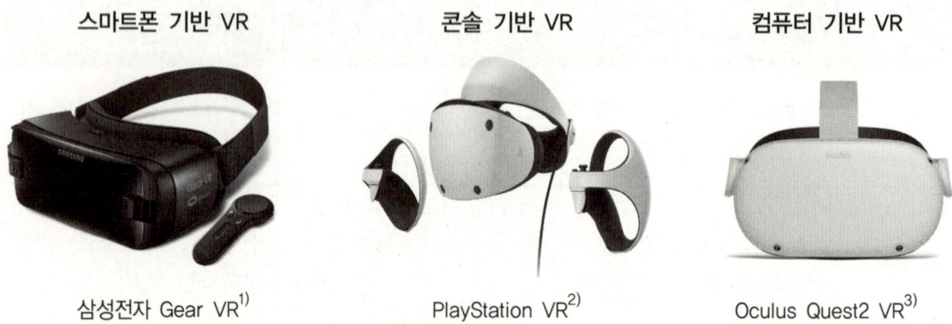

삼성전자 Gear VR[1]　　PlayStation VR[2]　　Oculus Quest2 VR[3]

1) https://www.samsung.com/sec/gear/vr/
2) https://www.playstation.com/ko-kr/ps-vr2/
3) https://www.meta.com/kr/en/quest/products/quest-2/

출처: 이세호(2020)

국내 가상현실 SW, 콘텐츠 개발 동향으로는 포털업체와 게임업계가 VR 기술 시장 진출에 가장 활발한 편이다. 특히 중소 게임·영상 콘텐츠 제작업체들은 VR 콘텐츠 시장이 아직 경쟁이 그리 치열하지 않기 때문에 선점효과를 기대하고 있다. 반면에 넥슨이나 엔씨소프트 등 대형 게임업체들의 경우에는 VR 기술이 시작단계이고, 콘텐츠를 경험하기 위해서는 HMD를 착용해야 하는 불편이 있기 때문에 장시간 VR 게임을 하는 것은 무리라고 판단하여 시장 진입에 소극적이다.

7.2 증강현실

7.2.1 개요

게임 '포켓몬고(Pokémon GO)'로 인해 증강현실(Augmented Reality, AR)은 우리에게 낯설지 않은 단어가 되었다. 포켓몬고는 포켓몬을 잡고 다른 사용자와 대결을 펼친다는 측면에서 기존의 게임과 비슷하다. 다만 포켓몬고는 증강현실이라는 기술을 이용하여 현실을 배경으로 하는 점이 다르다. 포켓몬고 이전에도 증강현실은 항공, 의료, 물류, 마케팅 등 일부 분야에 도입되었지만, 게임의 유행으로 증강현실은 대중적으로 각인되었다.

사전적으로 '증강(augmented, 增強)'이란 단어는 "수나 양을 늘리고 넓혀서 더 강하게 한다"는 의미이다. "현실을 증강한다"는 의미의 증강현실은 "현실에서의 경험을 더 강하게 만든다"라는 의미이다.[1)]

▍그림 7-5 ▍포켓몬고 게임

출처: https://news.sbs.co.kr/news/endPage.do?news_id=N1004015819

가상의 공간과 사물을 내상으로 하는 가상현실과 달리, 증강현실은 현실(Reality)을 기반으로 가상의 사물을 합성하여 가상의 대상을 결합시켜 현실의 효과를 더욱 증가시키는 것이다. 즉 가상현실에 현실세계의 실제 모습이 추가된 것이다. 실제로 존재하는 환경에 가상의 사물이나 정보를 합성하여 마치 원래의 환경에 존재하는 사물처럼 보이도록 하는 컴퓨터 그래픽 기법이다.

증강현실은 혼합현실의 한 형태라 할 수 있는데, 가상현실이 현실과 비슷하게 완전히 가상의 것을 만들어 낸 환경이라면, 증강현실은 현실 위에 증강된 가상의 콘텐츠를 보여주는, 현실 위에 가상의 것을 겹쳐서 만들어 낸 환경이라 할 수 있다.

[그림 7-6]과 같이 증강현실을 현실과 가상의 연속선상 영역이며, 완전한 실제와 완전한 가상 사이에 증강현실이 존재한다고 보고 있다. 여기서 현실은 실제환경, 즉 물리적으로 실체를 갖는 현실을 뜻한다. 아주마 등(R. Azuma et al., 2001)은 밀그램(P. Milgram, 1995)의 기본적인 증강현실에 대한 정의를 바탕으로 증강현실을 정의하는 세 가지의 특징을 제시하였다. 첫째는 기본 정의와 같이 현실과 가상이 결합되어야 한다

---

1) 정동훈(2017), 가상현실 개념사전, 21세기북스, p.107.

▌그림 7-6▐ 현실과 가상의 연속 프레임

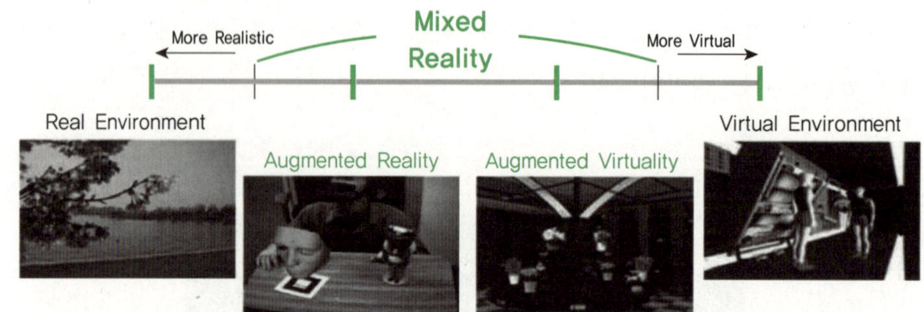

출처: 한국과학기술정보연구원(2014)

는 특징이며, 둘째는 나아가 이 과정에서 사용자와 환경이 실시간으로 상호작용해야 한다는 특징이며, 셋째는 가상의 대상물이 3차원 현실세계에서 구현되어야 한다는 특징이다.

인간의 오감을 자극하여 감각과 인식을 확장하는 영상분석기술로 1968년 미국 유타대학의 이반 서덜랜드(Ivan Sutherland)가 개발한 HMD에서 출발한다. 1990년대 보잉사의 엔지니어 토마스 코델(Tomas Caudell)이 항공기를 조립할 때 필요한 수만 가지의 부품 위치를 HMD 화면을 통해 실시간으로 확인시켜 주는 장비를 개발하였고, 이 연구를 발표한 논문에서 처음으로 증강현실이라는 용어가 사용되었다.

초기에는 증강현실의 범주에 대한 찬반논란이 있었는데, 그 이유는 가상현실 개념과 유사하기 때문이었다. 1994년 폴 밀그램이 증강현실에 대해 현실(Reality)과 가상(Virtuality) 사이의 연속체계(Continuum)로 정의하였고, 이후부터 가상현실로부터 독립적인 별도의 분야로 인식되기 시작하였다.

7.2.2 증강현실의 정의

증강현실(Augmented Reality, AR)기술이란 사용자가 현실 공간상에서 컴퓨터가 재현해 내는 가상의 정보 공간을 함께 체험할 수 있도록 하는 기술로서, 컴퓨터 그래픽스, 인간-컴퓨터 인터랙션, 영상 및 상황인식, 위치기반서비스(Location Based Service) 등의 기술과 깊은 관련성을 가진다. 가상현실(Virtual Reality)기술이 사용자를 현실세계의 감각으로부터 완전히 차단하고, 컴퓨터가 만들어 낸 가상의 공간에 완전히 몰입하여 체험하는, 즉 현실세계를 완전히 대체하는 형태의 미디어라 한다면, 증강현실은 사용자가 현실세계를 그대로 경험하는 가운데, 컴퓨터가 재현해 내는 가상의 정보공간을 현실상황에 맞추어 부가적으로 보고 체험할 수 있는 점이 다르다.

증강현실이란 실제세계의 이미지와 가상세계의 이미지를 결합하여 사용자와 실시간으로 상호작용할 수 있는 환경을 제공하고 사용자의 지각과 활동에 보다 나은 몰입감, 현실감을 제공하는 기술이다.

표 7-6 증강현실의 정의

연구자	정의
Ronald Azuma (1994)	증강현실은 현실정보와 3D 가상정보가 실시간으로 결합한 것이자 사람과 가상정보가 상호작용이 가능한 것
Paul Milgram (1995)	가상정보와 현실정보의 혼합 비율에 따라 증강현실과 가상현실을 구분한다. 가상현실이란 사용자가 접하는 모든 정보가 가상정보인 반면, 증강현실이란 현실정보와 가상정보가 함께 공존한다는 관점
Burdea & Coiffet(2003)	현실에 실시간으로 가상의 이미지, 텍스트, 사운드를 합성하여 사용자에게 정보를 제공하는 기술
이종근 (2013)	실제세계와 가상세계를 결합하여 실물과 가상객체들이 공존하는 새로운 환경을 만들고 사용자가 해당 환경과 실시간으로 상호작용을 함으로써 다양한 디지털 정보들을 보다 실감나게 체험할 수 있도록 하는 기술
최예진(2019)	현실 위에 증강된 가상의 콘텐츠를 보여주는 기술

7.2.3 증강현실 구현기술 및 특징

증강현실을 구현하기 위해서는 다양한 요소기술이 필요하다. 주변 정보 및 사용자의 시선, 자세, 동작 등을 파악하기 위한 카메라 및 센서, 필요한 가상정보를 생성할 수 있는 컴퓨터 그래픽, 가상정보와 현실정보를 일치시키기 위한 정합기술, 결과를 효과적으로 전달할 수 있는 디스플레이 기기 등이 유기적으로 결합되어야 한다. 특히 사용자가 불편함을 느끼지 않기 위해서는 가상정보와 현실정보를 실시간으로 정확하게 일치시키는 것이 중요하다.

증강현실의 세 가지 주요 기술인 디스플레이기술, 마커인식(이미지 트레킹)기술, 영상합성기술은 다음과 같다.

| 표 7-7 | 증강현실의 주요 기술

디스플레이기술	마커인식기술	영상합성기술
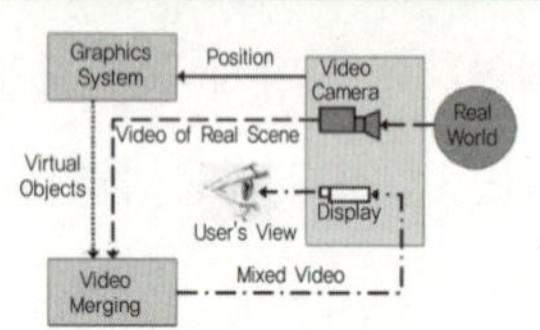	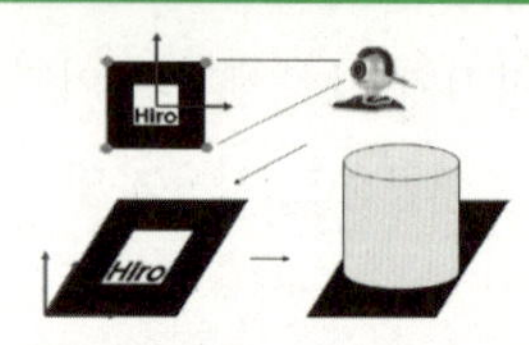	
• HMD, Non-HMD, Hand-Held • 현재는 HMD 디스플레이를 사용하고 있지만 사용자들의 이동성 증가와 간편성 요구의 증가로 인해 점차적으로 대·소형 Hand-Held 형태의 디스플레이로 발전	• 카메라의 영상에서 현실세계의 어떤 지점이나 물체에 대한 카메라의 3차원 좌표를 확보하기 위한 기술 • 마커인식 기술은 마커를 이용해 상대적 좌표를 축출하고, 가상영상을 실제 영상에 합성시키는 기술 • 카메라를 통해 얻어지는 화면 위에 가상공간상의 물체를 나타냄	• 실제와 가상을 입체적인 3차원 공간이 이질감 없이 부드럽게 정합하는 기술 • 정합 시 다양한 오차(정적 오차, 렌더링 오차, 동적 오차)가 발생하여 카메라 교정장비 및 3차원 위치 센서를 이용한 방법과 시각 기반 기법을 이용 • 시각 기반 카메라로 취득한 영상만을 이용해 고정

출처: 한국과학기술정보연구원(2014)

증강현실의 특징은 HMD 이외에도 다양한 기기(예: 스마트폰, 프로젝트 기술 등)를 활용하며, 현실과 가상의 연속된 프레임의 어느 중간단계를 구현하는 기술로 사용자의 현실환경에 실시간으로 가상정보를 제공한다.

7.2.4 증강현실의 디바이스 종류 및 응용 사례

증강현실 디바이스는 세 가지 방식으로 분류된다. 머리에 착용하는 고글 형태의 'HMD(Head Mounted Device)'와 'Non-HMD(Non-Head Mounted Device)' 그리고 휴대하기 간편한 'Hand-Held Device'가 있다.

첫째, HMD는 안경처럼 착용하고 사용하는 모니터들을 가리키는 단어이며, 최근에는 FMD(Face Mounted Display)라고도 칭한다. 최초로는 군사용으로 개발되어 미국 공군에서 사용을 시작했다. 증강현실의 상용화 시점에서 웨어러블 컴퓨팅이 머리에 착용되는 고글형 디스플레이에 적용되면서 파일럿에게 방향, 속도, 항공 노선 등 정보를 효과적으로 제공해 주었다. 즉 사용자가 작업하는 동시에 한눈에 가상정보를 쉽게 볼 수 있도록 표현하는 인터페이스이다.

둘째, Non-HMD는 HMD의 단점, 즉 HMD는 몰입감은 뛰어나지만 항상 고글형 디바이스를 머리에 차고 있어야 한다는 문제점을 해결하기 위해 탄생하였다. Non-HMD는 일반적으로 대형 모니터에 나타나는 3차원의 사물을 입체안경 같은 특수안경을 착용한 채 보는 방식이다. 비행 조종 훈련에 있어 필수장비라 할 수 있는 시뮬레이터가 대표적인 Non-HMD라고 할 수 있다.

셋째, Hand-Held Device는 HMD나 Non-HMD 방식과는 달리 스마트폰처럼 휴대성을 강조했다. 무게감이나 장비의 복잡성으로 인해 사용자에게 피로감을 주던 디바이스를 대신하여 가볍고 이동이 용이한 안경 같은 소형 디바이스다. 대표적 Hand-Held로는 스마트 글래스(Smart Glass)와 스마트 콘텍트렌즈(Smart Contact Lens) 등이 있다. 의료분야처럼 무거운 HMD를 착용할 수 없는 특수한 환경에서 사용할 수 있는 디바이스로 각광받고 있다. 스마트 글래스는 페이스북이나 애플 같은 굴지의 IT 업체들이 모두 개발하고 있는 대표적 Hand-Held 중 하나이다. Hand-Held는 휴대폰뿐만 아니라 PMP, 휴대용 게임기, PDA 등 종류가 매우 다양하다.

그림 7-7 증강현실 디바이스 종류

HMD

Samsung HMD Odyssey[1)]

Non-HMD

세스나172S 시뮬레이터[2)]

Hand-Held

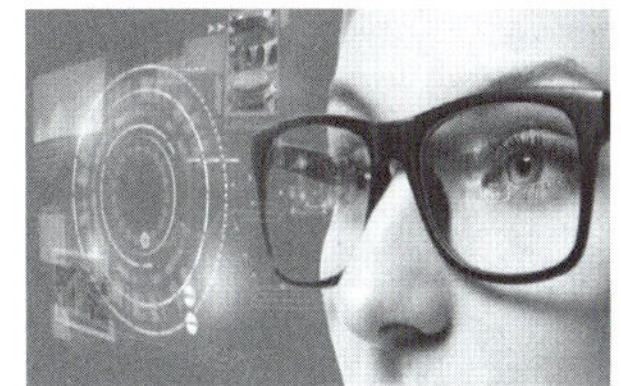

Smart Glass[3)]

출처: 1) https://www.samsung.com/sec/support/model/XQ800ZAA-HC1KR/
2) 한국항공직업전문학교
3) https://medium.com/swlh/every-thing-you-need-to-know-about-smart-glasses-eb3d2e0a62de

(1) 마이크로소프트 HoloLens 2

2018년 2월 출시된 HoloLens 2는 원격진단, 교육, 의료분야 등 B2B 시장을 목표로 개발되었다. 사람의 손동작을 인식하는 것이 특징으로 홀로그래픽을 잡고 돌리거나 확대하는 방식으로 상호작용할 수 있다. 스마트폰이나 PC 등 별도 연결 없이 자체적으로 소프트웨어와 컴퓨팅 기능을 탑재한 올인원 디바이스이다.

HoloLens 2의 특징은 플립업 형태로 렌즈를 90도 꺾을 수 있다는 특징이 있다. 안경을 쓸 경우 초점이 맞지 않아 사용이 어렵다는 단점이 있다.

| 그림 7-8 | 마이크로소프트사의 HoloLens 2

출처: https://kbench.com/?q=node/198699

(2) LG U+리얼글래스

스마트폰 연동형 N-Real AR 글래스로 2020년 8월 21일 출시하였는데, 세계 최초 이용자 대상 5G 이용 AR글래스로 볼 수 있다. U+ 리얼글래스와 스마트폰을 연결하면 스마트폰이 스크린에 가상의 레이저 포인터를 쏘게 되는데, 이를 마우스 커서처럼 사용할 수 있다. 1920×1080 해상도와 시야각 52도, 무게 88g 등의 스펙을 가지고 있고, 100인치 대형화면으로 사용이 가능하다. 좌우 측면에 SLAM 카메라, 좌측 중앙에 텍스트를 인지하는 RGB 카메라가 탑재되어 있다. 스마트폰에 USB 케이블을 연결하여 사용하고 갤럭시 노트20 사용이 가능하다.

| 그림 7-9 | LG U+ 리얼글래스

출처: https://www.lg.co.kr/media/release/22263

(3) ABB 증강현실 적용 사례

ABB는 증강현실을 활용하여 현장 유지보수절차를 디지털화한 사례이다. 작업의 위험성 때문에 현장 작업자는 현장에서 작업을 시작하기 전에 교육 프로그램을 이수해야 하는데 기존의 프로그램은 시간과 비용이 많이 들었다. 또한 문서를 통해 진행했기 때문에 현장에 투입한 후에 작업을 배정하고 절차를 추적하기가 어려웠다. 따라서 실시간으로 정보를 교환해야 하는 현장 작업자와 통제실 작업자 간에 커뮤니케이션 문제가 발생하였다. ABB가 개발한 멀티플랫폼 애플리케이션은 모바일 디바이스와 홀로렌즈에서 실행되며, 산업현장에서 장비를 유지보수하고 수리하는 현장 작업자의 효율성과 안전성을 높이기 위해 고안되었다.

그림 7-10 ABB Ability(증강현장 작업절차)

출처: https://new.abb.com/industrial-software/connected-workforce/abb-ability-connected-worker

(4) 자동차 증강현실 적용 사례

자동차 증강현실 내비게이션은 실제 주행 화면을 디스플레이에 띄우고 그 위에 가상의 주행라인, 속도 등등 주행 관련 정보를 제공하는 기술이다. 길 안내, 과속 카메라, 속도 등 운행정보를 직관적으로 전달받을 수 있으며, 보다 선명하고 넓은 화면으로 정보를 습득하여 운전자의 불필요한 시선 이동이 적다는 장점이 있다.

이 밖에도 가상현실의 상호 보완적인 가시화기술인 증강현실은 최근에 다양한 분야에서 적용되고 있다. 게임 및 엔터테인먼트뿐만 아니라 산업체, 차량용 증강현실, 스마트기기용 증강현실 등이 개발되고 있다.

그림 7-11 증강현실의 예(제네시스)

출처: https://www.hyundai.co.kr/tv/CONT0000000000002152

그림 7-12 증강현실 응용분야

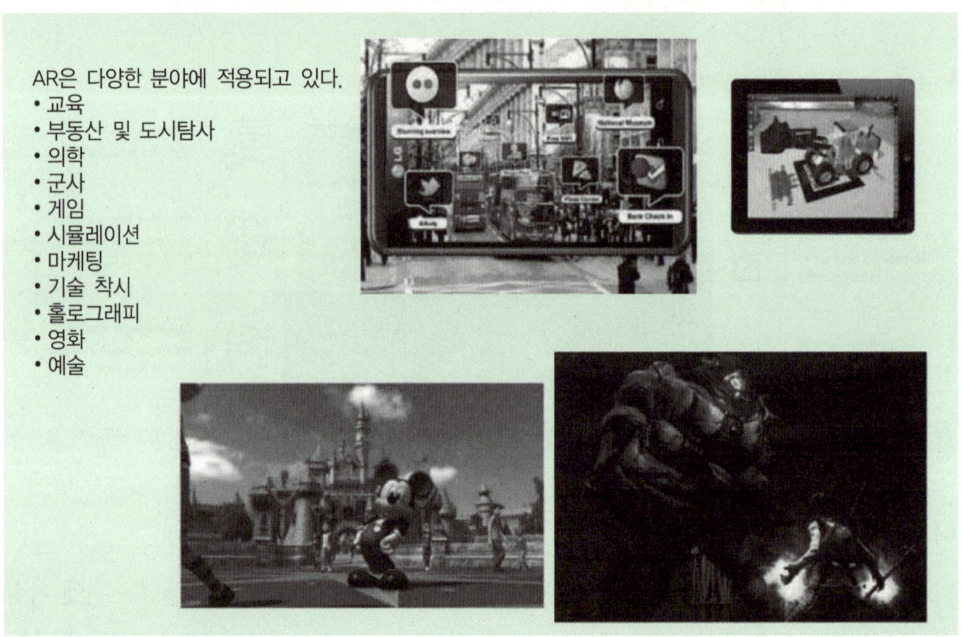

출처: 한국과학기술정보연구원(2014)

7.2.5 가상현실과 증강현실의 차이점

가상현실과 증강현실은 현실세계에서 다른 디지털 세계를 보여준다는 공통점을 가지고 있지만 차이점도 존재한다.

가상현실은 디지털로 구현한 가상의 세계에서 실제현실과 같은 경험을 할 수 있도록 만들어 주는 공간과 기술을 의미한다. 가상현실은 특수안경이나 디바이스 등으로 시야가 차단되기 때문에 현실과 분리된 상태에서 가상의 세계를 보여준다. 그러므로 가상의 공간만 보이기 때문에 몰입도가 상당히 높다는 특징이 있다. 이러한 특징으로 가상현실은 1인칭 시점의 게임이나 영화 등의 엔터테인먼트에서 주로 적용되어 발전되어 왔다. 최근에는 다양한 분야로 확대되고 있다.

증강현실은 우리가 보는 현실에 가상의 정보나 이미지를 합쳐서 보여주는 기술이다. 현실 공간 위에 정보가 덧붙여지는 방식이기 때문에 투명 글라스 혹은 스마트폰 카메라 등이 함께 사용된다. 증강현실기술이 적용된 대표적인 사례는 전 세계적으로 인기를 끌었던 게임 '포켓몬 GO'와 삼성전자 갤럭시의 'AR두들' 등이 있다. 갤럭시 노트 10에 적용된 'AR두들' 기능은 사진과 영상을 찍을 때 공간인식기술을 이용해 피사체를 추적하고 이용자가 S펜으로 그린 이미지와 움직이는 피사체를 함께 보여주는 것으로, 현실의 이미지에 나만의 증강현실 이미지를 생성할 수 있다. 이 밖에도 자동차에서는 내비게이션에 적용되어 필요한 정보를 정확하게 제공하고 있다.

그림 7-13 VR과 AR의 차이점

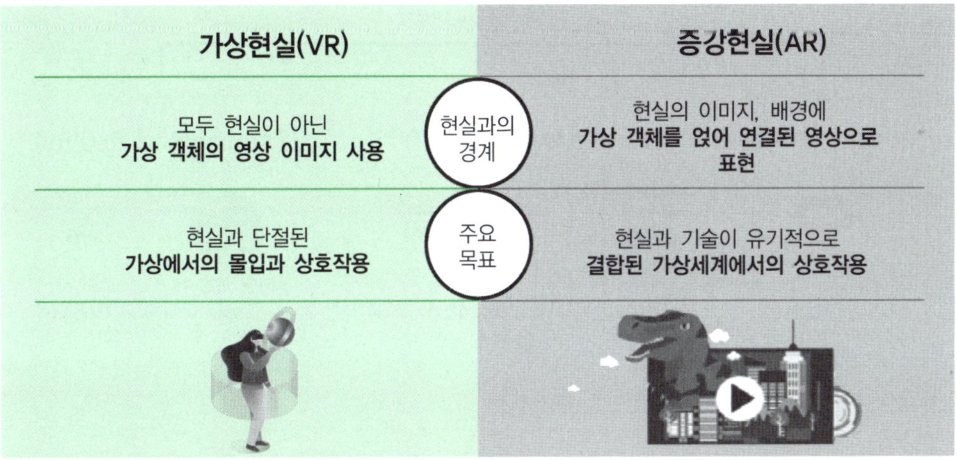

가상현실(VR)		증강현실(AR)
모두 현실이 아닌 **가상 객체의 영상 이미지 사용**	현실과의 경계	현실의 이미지, 배경에 **가상 객체를 얹어 연결된 영상으로 표현**
현실과 단절된 **가상에서의 몰입과 상호작용**	주요 목표	현실과 기술이 유기적으로 **결합된 가상세계에서의 상호작용**

출처: https://www.samsungsemiconstory.com/kr/현실에서-디지털-세계를-만나다-가상현실vr과-증강현/

이 두 기술의 경계는 '현실과의 연속성'이라는 것이다. 가상현실은 현실과 완전히 단절된 상태에서 가상으로 만들어진 영상과 이미지를 경험하게 되며, 가상세계의 몰입과 가상 객체와의 상호작용이 강조된다. 하지만 증강현실은 현실 배경에 디지털 객체를 얹어 하나의 연결된 영상으로 표현된다.

7.3 혼합현실

7.3.1 개요 및 정의

가상현실은 '몰입감', 증강현실은 '현실감'이라는 장점을 가지고 있다. 이 두 장점을 결합해 사용자 경험을 극대화한 기술이 바로 혼합현실(Mixed Reality, MR)이다. 혼합현실은 현실 공간에 가상의 물체를 배치하거나 현실을 토대로 가상의 공간을 구성하는 기술이다. 게임으로 예를 들면 일반 증강현실 게임은 가상 캐릭터의 영상이 실제 영상에 단순히 더해진 이미지일 뿐이지만, 혼합현실은 실제 영상에 보이는 사물의 깊이 및 형태를 측정해, 3D 형태로 가상 이미지가 더해져 보다 현실감 있게 가상 이미지를 볼 수 있게 되는 것이다.

| 그림 7-14 | VR · AR · MR · XR의 개념적 이해

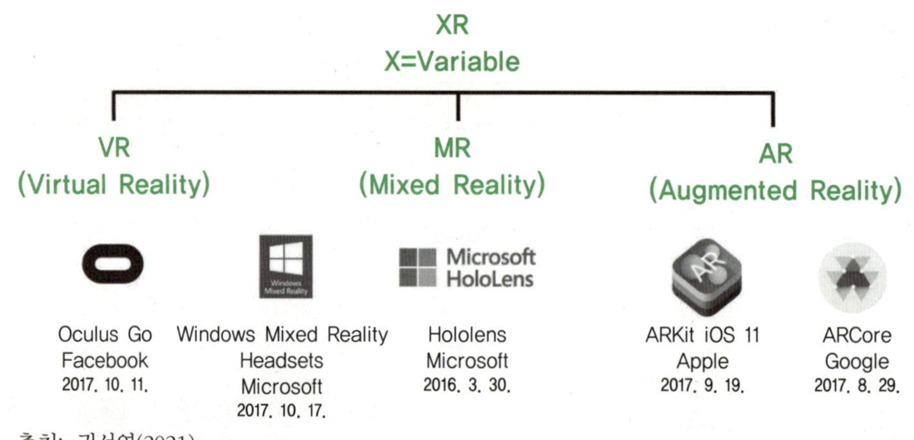

출처: 권선영(2021)

확장현실(Extended Reality, XR)은 실제세계에 대한 추가 정보를 제공하거나 우리가 경험할 수 있는 완전히 비현실적인 시뮬레이션 세계를 만드는 등 우리의 감각을 향상하는 다양한 기술을 모두 포괄하는 용어이다. 확장현실에서의 X는 확장(Extend)의 의미뿐만 아니라 모든 것을 포함할 수 있다는 의미이다. 즉 확장현실은 가상현실(VR), 혼합현실(MR), 증강현실(AR)을 모두 포함한다.

가상현실과 증강현실의 요소를 결합한 혼합현실은 현실세계와 가상세계가 상호작용한다. 가상현실, 증강현실 및 혼합현실과 같은 확장현실기술은 아키텍처를 포함한 많은 산업에 영향을 미쳤다. 모두 몰입형 디지털 세계를 만들 수 있다. 그러나 사용자가 프로젝트와 직관적이고 자연스럽게 상호작용할 수 있도록 함으로써 현실세계를 홀로그램 3D 모델과 병합할 수 있는 유일한 방법은 혼합현실이다.

7.3.2 가상현실 · 증강현실 · 혼합현실의 차이점

가상현실과 증강현실의 가장 큰 차이점은 현실 공간의 활용 여부이다. 가상현실은 모든 것이 가상세계에서 이루어진다. 현실 공간을 바탕으로 가상현실이 만들어지고 그 자체는 가상세계에서 특정 상황으로 연출된다. 즉 가상의 상황에서 모든 스토리가 전개되는 것이다. 반면에 증강현실은 현실세계를 바탕으로 가상세계가 중첩되어 상황이 구성되는 것으로 가상현실과 차이가 있다.

표 7-8 VR/AR/MR 비교

구분	가상현실(VR)	증강현실(AR)	혼합현실(MR)
개념	자신(객체)과 배경, 환경이 모두 현실이 아닌 가상의 이미지를 사용하여 현실세계를 차단하고 디지털 환경 구축	현실의 이미지나 배경에 3차원 가상 이미지를 겹쳐서 하나의 영상으로 보여주는 기술	현실 정보 기반에 가상정보를 융합
특징	• 가장 보편화된 형태 • 현실과 완전히 분리 • 가상세계에서의 몰입과 상호작용 강조	• 현실과 유기적으로 결합된 확장세계에서의 지능적 증강과 직접적 상호작용 강조 • 현실공간 위에 가상의 오브젝트 제공	• 현실의 물건과 가상의 물건이 실시간으로 영향을 받는 새로운 공간 구축 • 아직 상용화되지 못함
주요 기술	• 시각 · 청각 관련 기술 • 시뮬레이션, 햅틱	위치처리기술, 카메라 인식, 데이터 처리기술	5G, 홀로렌즈
그래픽 방식	100% 컴퓨터 그래픽	현실+컴퓨터 그래픽	3D 홀로그램, 홀로렌즈
사용자 시야	완전히 가림	가리지 않음	부분적 가림

사용자 이동성	고정식, 거의 이동하지 않음	이동하며 사용하는 경우가 많음	혼합형
장점	• 컴퓨터 그래픽으로 입체감 있는 영상 구현 • 몰입감 뛰어남	• 현실세계에 그래픽을 구현하는 형태로 필요한 정보를 즉각적으로 보여줌 • 사용자 편리성 높음	• 현실과 상호작용 우수 • 사실감, 몰입감 극대
단점	• 현실세계와 차단되어 있어 현실과 상호작용 약함 • 별도로 컴퓨터 그래픽 세계를 구현해야 함	• 시야와 정보 분리 • 몰입감 떨어짐 • 실시간 정보와 콘텐츠를 제공해야 하는 기술적 어려움	• 처리할 데이터 용량이 커서 다루기 어려움 • 장비나 기술적 제약이 있음 • 가격이 매우 비싸 개발자용에만 국한
적용 분야	게임, 의료, 광고, 산업, 시뮬레이터, 교육, 관광, 테마파크	게임, 로봇, 내비게이션, 쇼핑, 스마트글래스, 의료	의료, 교육, 엔터테인먼트 제조, 항공우주, 쇼핑
대표 기업	바이두, 삼성전자 알리바바, 구글, 오큘러스	애플, 앱손, 삼성전자, 페이스북(메타)	MS, 구글, 인텔, 매직리프, 삼성전자
구성 패키지	• HMD+모바일 • HMD+PC • HMD+콘솔	스마트폰+APP	HMD+홀로그램
제품	오큘러스 HMD	포켓몬고	매직리프 원, 홀로렌즈

출처: 정보통신기술진흥센터(2019), 윤경배 등(2020)

7.3.3 혼합현실 응용 사례

영화 〈킹스맨〉에서 보여주는 회의실 상황은 증강현실에 객체에 구별되는 홀로그램 기술이 접목되었기 때문에 혼합현실에 가까운 기술 적용이라 할 수 있다. 홀로그램 기술 중 텔레프레전스(telepresence) 기술이 적용된 사례이다. 이 기술은 공간적으로 떨어져 있어도 바로 옆에 있는 듯한 경험을 보여준다.

세계 최대 규모의 자동차회사 중 하나인 토요타는 Unity와 HoloLens 2를 사용하여 프로세스를 간소화하고 이해도를 높이며 시간을 절약하고 있다. 마이크로소프트의 차세대 웨어러블 홀로그래픽 컴퓨터인 HoloLens 2를 통해 혼합현실로 실현할 수 있는 기능을 한 단계 확장하였다.

▌그림 7-15 ▌영화 〈킹스맨〉 혼합현실 사례

출처: https://www.pinterest.co.kr/pin/388998486568146395/

홀로렌즈를 통해 차량 점검 워크플로우를 며칠에서 몇 시간으로 단축하였다. 사용자는 Unity와 HoloLens 2를 사용하여 전산유체역학(Computational Fulid Dynamics, CFD) 분석을 실시간으로 포착 및 표시하여 디자인 검토 프로세스를 간소화하였다. 사용자는 정지된 차량을 살펴보며 차량의 디자인이 기체 역학에 어떤 영향을 미치는지 시뮬레이션하고 분석할 수 있다. 또한 조립 완료 후에도 차량을 둘러보고 내부 구조를 살펴볼 수 있기 때문에 불가능하다고 여겼던 작업을 이제 쉽고 안전하게 수행할 수 있다.

▌그림 7-16 ▌토요타의 혼합현실 사례

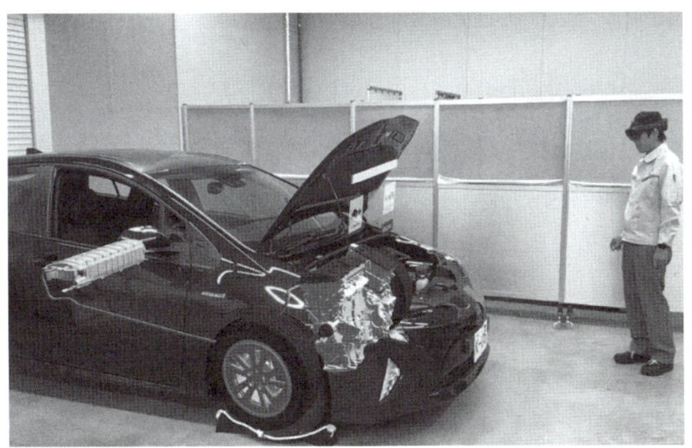

출처: https://blog.unity.com/kr/manufacturing/toyota-makes-mixed-reality-magic-with-unity-and-microsoft-hololens-2

SAP Future Office는 공간 컴퓨팅을 통하여 원격회의 참여자를 클라우드로 실시간 스캔하여 실물 크기의 3D 홀로그램으로 나타낼 수 있다. 또한 홀로렌즈나 아이패드를 이용한 공유된 혼합현실상에서 SAP Ariba와 같은 소프트웨어를 사용하여 비즈니스 협업이나 의사결정을 위한 가상회의를 열 수 있다.

▌그림 7-17 ▌SAP의 혼합현실 사례

출처: https://blog.unity.com/kr/manufacturing/sap-shapes-the-future-of-work-with-unity

연습문제

01 가상현실 기술의 특징이 아닌 것은?

① 몰입감 ② 현장감
③ 상호작용 ④ 상상

02 증강현실의 주요 기술이 아닌 것은?

① 영상합성기술 ② 마커인식기술
③ 디스플레이기술 ④ 인공지능기술

03 다음 중 증강현실과 거리가 먼 것은?

① 사물과 사람에 대한 일상적인 경험과 정보를 캡처, 저장, 공유하는 기술이다.
② 현실 공간 위에 정보가 덧붙여지는 방식이기 때문에 투명 글라스 혹은 스마트폰 카메라 등이 함께 사용된다.
③ 증강현실의 디바이스는 HMD, Non-HMD, Hand-Held Device로 구분할 수 있다.
④ 증강현실은 현실을 기반으로 가상의 사물을 합성하여 가상의 대상을 결합시켜 현실의 효과를 더욱 증가시킨다.

04 사용자가 프로젝트와 직관적이고 자연스럽게 상호작용할 수 있도록 함으로써 현실세계를 홀로그램 3D 모델과 병합할 수 있는 유일한 방법은 무엇인가?

① 가상현실 ② 증강현실
③ 혼합현실 ④ 메타버스

05 가상현실의 유형 중에서 시스템 환경에 따라 분류가 가능하다. 다음 중 시스템 환경에 따른 분류가 아닌 것은?

① 몰입형 ② 디스플레이형
③ 분산형 ④ 시뮬레이션형

06 가상현실의 개념 및 특징을 서술하시오.

07 증강현실의 개념 및 특징을 서술하시오.

08 증강현실의 적용 사례를 찾아 설명하시오.

09 가상현실과 증강현실, 혼합현실의 차이점을 설명하시오.

10 증강현실 디바이스는 세 가지 방식으로 분류된다. 각 디바이스에 대해서 설명하시오.

① HMD(Head Mounted Device)

② Non-HMD(Non-Head Mounted Device)

③ Hand-Held Device

정답 **01** ② **02** ④ **03** ① **04** ③ **05** ③

Chapter 8 블록체인

4차 산업혁명의 핵심은 초연결(Hyper-connectivity), 초지능(Hyper-intelligence), 초융합(Hyper-convergence)이다. 블록체인(Blockchaine)은 초연결의 핵심 기술이며, 초지능을 강화하는 4차 산업혁명의 핵심 기반 기술로 주목받고 있다. 또한 단순한 요소기술이 아닌 새로운 경제체제 구축을 유발할 수 있는 파급력이 큰 기술이다. 2016년 세계경제포럼에 참가한 전문가들은 블록체인이 상용화되면 금융거래비용이 절감될 뿐 아니라, 다양한 산업분야에 적용될 수 있는 필수적인 플랫폼이 될 것으로 예상하였다.

8.1 개요

블록체인은 블록(Block)과 연결을 의미하는 체인(Chain)의 합성어이다. 블록(Block)은 데이터를 말하고 블록체인은 유효성이 검증된 데이터의 연결이라고 할 수 있다.

사전적 의미로는 "누구나 열람할 수 있는 디지털 장부에 거래 내역을 투명하게 기록하고, 여러 대의 컴퓨터에 이를 복제해 저장하는 분산형 데이터 저장기술"이라고 정의내리고 있다. 다시 말해 블록체인은 유효한 거래정보를 묶음으로 블록이 체인화되어 있고 사용자가 직접 관리하는 공공의 거래 장부를 말한다. 이러한 블록체인에는 거래 데이터들이 정리되어 있고 하나의 컴퓨터가 아닌 수많은 컴퓨터에 동일하게 저장된다. 따라서 전부 공개되어 있음에도 불구하고 저장된 데이터의 해킹이 불가능하다. 또한 정보의 조작이나 변조가 사실상 불가능하도록 블록 단위로 생성되는 기록을 분산 저장한다.

그림 8-1 기존 거래방식과 블록체인 거래방식

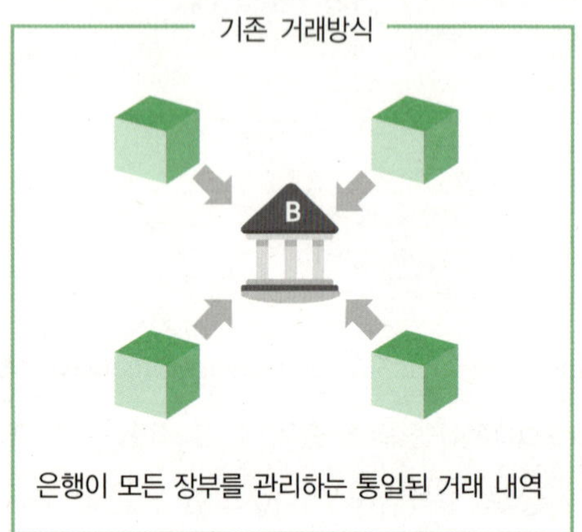

출처: 한국블록체인협회(2019)

이해를 돕기 위해 은행을 통해 A가 B에게 송금하는 상황을 설정해서 설명한다. 기존의 방식은 은행 사이트에 접속 후 로그인하고 지인의 계좌번호를 입력 후에 공인인증서 등을 통해 송금을 한다. 이러한 거래과정에서 필요로 하는 모든 확인은 전부 은행을 통해서만 이루어진다. 결국 이런 거래가 가능하도록 신뢰할 수 있는 것은 은행뿐이다. 만약에 은행을 통한 거래에서 컴퓨터 서버가 정상적으로 작동하지 않거나 은행에 남아있는 거래기록 등이 사라진다면 소중한 재산은 사라지고 말 것이다. 그래서 은행 업무에 있어서 가장 중요한 것은 보안이다. 2중, 3중으로 되어 있는 안전장치를 통해 리스크를 줄이는 것이다. 은행의 기록을 복제하거나 분산처리를 하고 보안담당 직원을 배치하거나 보안장비를 도입하는 것도 같은 이유이다. 이러한 과정에서 많은 비용이 소요된다는 점이 문제이다.

블록체인은 이런 문제를 다른 시각에서 접근한다. 즉 모든 거래정보를 숨기지 않고 공개하고 누구나 거래정보를 만들 수 있을 뿐만 아니라 생성된 거래정보를 모두 복사하여 그 사본을 저장하고 서로 연동시킨다. 이렇게 하면 참가한 모두가 거래정보 사본을 지니게 됨으로써 기록의 손실을 원천적으로 막을 수 있다. 이러한 특성 때문에 블록체인을 거대한 분산원장이라고 하는 것이다.

그림 8-2 블록체인의 거래 원리

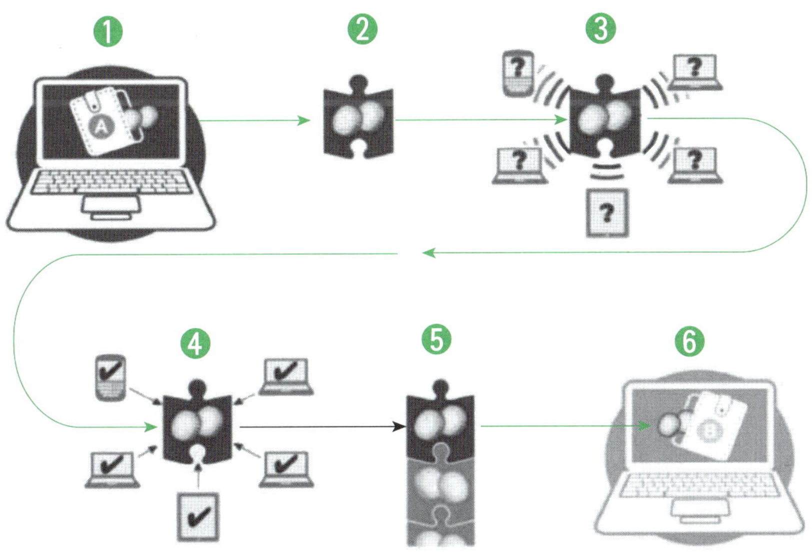

출처: Wild et al.(2015), 임명환(2016)

블록체인을 활용한 거래과정은 다음과 같이 이루어진다([그림 8-2] 참조).

❶ A가 B에게 송금 희망 등의 거래 요청을 한다.

❷ 온라인에 해당 거래정보가 담긴 블록이 생성된다.

❸ 네트워크상의 모든 참여자에게 블록이 전송된다.

❹ 모든 참여자들은 거래정보의 유효성을 상호 검증한다.

❺ 지울 수 없고 투명한 거래기록이 포함된 블록이 추가되어 이전 블록에 연결되고, 그 사본이 만들어져 각 사용자의 컴퓨터에 분산 저장된다.

❻ A가 B에게 송금하여 거래가 완료된다.

8.2 블록체인의 역사

블록체인 기술은 공개(Public) 형태에서 확장성과 효율성을 보완한 개인(Private) 블록체인으로 발전하였으며, 향후 산업 간 융합과 사회 기반구조로 활용될 것으로 보인다. 블록체인이 어떻게 만들어졌는지, 어떻게 발전할 것인지에 대한 흐름을 알아보자.

그림 8-3 블록체인의 역사

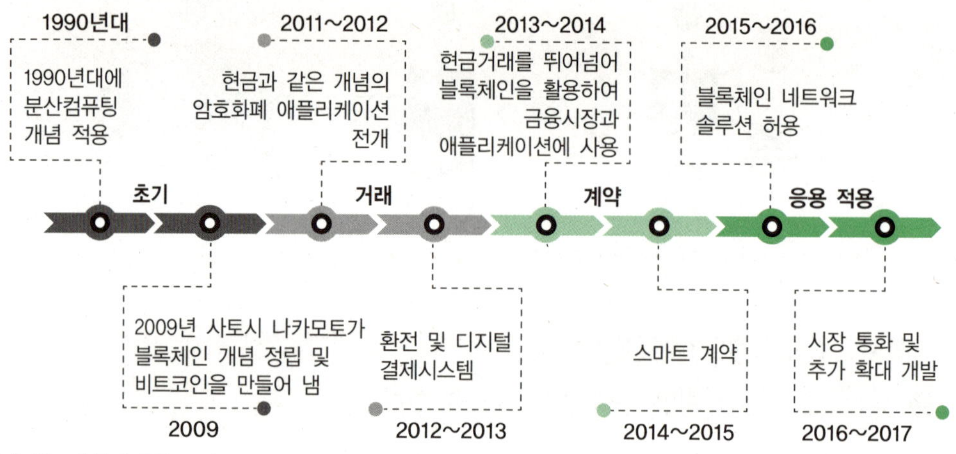

출처: 나형배 등(2020)

8.2.1 초기

연구 과학자 스튜어트 하버(Stuart Haber)와 스콧 스토네타(W. Scott Stornetta)는 1991년 초 디지털 문서에 블록체인 기술을 활용하여 문서화하거나 조작할 수 없도록 하는 타임스탬핑(Timestamping)에 대한 아이디어를 발표했다. 이 시스템은 암호로 보호된 블록체인을 사용하여 타임스탬프된 문서를 저장했으며, 1992년에 머클 트리(Merkle Tree)가 디자인에 통합시켜 여러 문서를 하나의 블록으로 수집할 수 있게 함으로써 보다 효율적으로 발전해 나갔다. 그러나 이 기술은 활용되지 못하고 2004년 비트코인이 시작되기 4년 전에 특허가 만료되었다.

2004년 컴퓨터 공학자이자 암호학 활동가 할 피니(Hal Finney)는 재사용 가능한 작업증명방식(Reusable Proof of Work, RPoW) 시스템을 제시했다. 이 시스템은 전 세계의 사용자들이 정확도와 무결성을 실시간으로 확인할 수 있도록 설계된 신뢰할 수 있는 서버에 토큰의 소유권을 기록함으로써 이중지불의 문제를 해결했으며, 암호화폐 역사의 프로토타입이자 중요한 초기 단계라고 할 수 있다.

8.2.2 도입기(2008~2013년): 블록체인 1.0 – 비트코인 등장

2008년 말에 비트코인(Bitcoin)이라는 분산형 P2P 전자현금시스템을 소개하는 논문이 사토시 나카모토(Satoshi Nakamoto)라는 가명을 사용하여 암호화 메일링리스트에 게재되었다.

해시캐시 작업증명 알고리즘을 기반으로 하지만 재사용 가능한 작업증명(RPoW)과 같은 신뢰할 수 있는 컴퓨팅 기능을 가지고 있는 하드웨어를 사용하는 대신 비트코인의 이중지출 보호기능은 트랜잭션 추적 및 검증을 위해 분산된 P2P 프로토콜을 사용하였다. 즉 비트코인은 개별 채굴자에 의해 작업증명 메커니즘을 사용하여 보상을 '채굴'한 다음 네트워크의 분산 노드에서 확인하도록 하였다.

2009년 1월 3일 비트코인은 사토시 나카모투가 최초로 비트코인을 채굴했을 때 발행되었다. 2009년 1월 12일 세계 최초의 비트코인 거래에서 사토시 나카모토로부터 10개의 비트코인을 전송받은 첫 수신자는 할 피니였다.

8.2.3 발전기(2013~2016년): 블록체인 2.0 – 이더리움 개발

2013년에 비트코인 매거진의 프로그래머이자 공동설립자인 비탈릭 부테린(Vitalik Buterin)은 비트코인 개발을 위해 분산 응용프로그램 구축에 사용할 스크립팅 언어가 필요하다고 하였다. 커뮤니티에 동의를 얻지 못한 비탈릭은 스마트 계약(Smart Contract)이라는 스크립팅 기능을 갖춘 새로운 블록체인 기반 분산 컴퓨팅 플랫폼인 이더리움(Ethereum)을 개발하였다. 스마트 계약은 이더리움 블록체인에 배포 및 실행되는 프로그램이며, 특정 조건이 충족되는 경우 거래를 하는 데 사용될 수 있다.

❙ 그림 8-4 ❙ 스마트 거래의 예

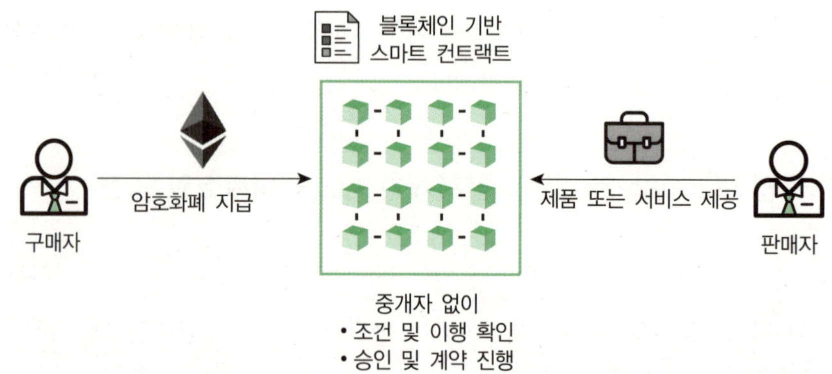

이더리움은 2세대 블록체인으로 알려져 있다. 블록체인 2.0 기반의 거래를 예로 들면, 중개자를 거치지 않고 기존의 방식보다 더 안전하고 간편하게 거래할 수 있다. 구매자는 거래조건으로 블록체인 2.0 기반 가상화폐를 선입금하면서 판매자가 물건을 전달하기 전까지는 가상화폐를 출금할 수 없는 조건을 명시할 수 있다. 판매자가 물건을 전달하지 않거나 전달했는데도 가상화폐 출금 권한을 해지하지 않는 문제가 발생할 수 있는데, 이러한 문제 발생 시에는 제3의 중개기관이 나서야 하는 한계점도 있다.

8.2.4 확산기(2016~2022년): 블록체인 3.0

멜라니 스완(Melanie Swan)이 2015년도에 〈블록체인: 신경제를 위한 청사진(*Blockchain: Buleprint for a New Economy*)〉이란 책에서 블록체인 3.0을 언급하면서 블록체인 3.0이라는 용어가 널리 확산되었다. 블록체인 3.0은 블록체인 1.0과 2.0과는 달리 금융산업을 넘어 전 산업의 경쟁력 제고를 위한 고성능·고효율 블록체인으로 확산되고 가속화되는 시기라 하여 블록체인의 확산기로 보고 있다.

블록체인 1.0과 2.0의 차이는 '스마트 계약'이라는 기술의 기능적인 관점에서 명확하게 구분할 수 있으나, 블록체인 3.0의 구분기준은 적용범위로만 한정하고 있어 의미가 모호하다는 평가도 존재하기도 한다. 그 이유는 실제로 기술의 버전을 구분할 때는 '기능적 관점'에서 접근하지 '산업적 관점'에서 접근하지 않기 때문이다. 블록체인 3.0의 대표적인 예는 '에이다(ADA)'와 '이오스(EOS)'이다.

8.2.5 정착기(2022년~): 블록체인 4.0

정착기에는 범산업적 블록체인 활용이 확산되고 정부 지원을 토대로 신뢰 기반을 바탕으로 국가 기반구조로서 정착하여 투명하고 안전한 사회구현이 가능하도록 추구하고 있다. 즉 탈중앙화된 자율조직(Decentralized Autonomous Organization, DAO)을 넘어서 탈중앙화된 사회(Decentralized Autonomous Society, DAC)를 구현하여 투명하고 자동화된 신뢰사회를 구현하는 것이다.

블록체인은 금융거래에만 국한되지 않고 인간 삶의 모든 측면에서 현실세계의 문제를 해결할 수 있는 기술이 될 수 있다. 블록체인 기술이 다양한 영역에 적용되고 인터넷과 같은 기반 기술로써 행정관리 및 공공서비스 등의 신뢰사회를 구현하기 위한 국가 기반구조로 발전할 것으로 전망하고 있다. 현재는 이러한 사안을 해결하기 위해 수많은 블록체인 애플리케이션이 존재하고 있다.

그림 8-5 **블록체인의 애플리케이션**

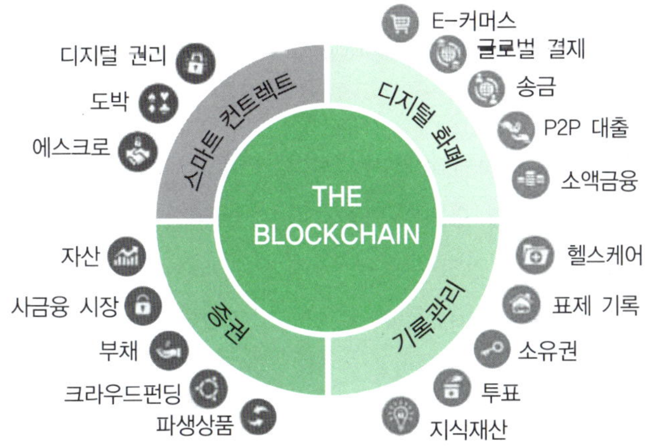

출처: https://www.i-on.net/news/newsletter/column/1218889_7965.html

이제 블록체인도 정착기에 접어들고 있으며, 알리바바, 아마존, 구글, 메타(구 페이스북) 등 글로벌 IT 기업은 이미 블록체인 기술에 대한 연구를 시작했고, 최근 메타는 암호화폐 관련 사업을 정리했지만 완전히 정리한 것은 아니며, '저크벅스'라는 자체 디지털 화폐를 준비 중이다. 알리바바는 이미 블록체인 기본 프로젝트인 알리페이(Alipay)를 도입했다.

표 8-1 블록체인의 역사

구분	블록체인 1.0	블록체인 2.0	블록체인 3.0	블록체인 4.0
단계	도입기	발전기	확산기	정착기
시기	2009~2013	2013~2016	2016~2022	2022~2030
설명	• 디지털 자산 및 거래 결제 • 퍼블릭 블록체인 (누구나 열람)	• 프라이빗(기업형) 블록체인 등장 • 스마트 계약	• 프로토콜 및 인터페이스 • 하이브리드 블록체인 확산 • 산업과의 융합	• 초학제적 블록체인 융합 • 암호화폐 거래 결제 활용 • 블록체인 기반 서비스 확대 • 국가 인프라
활용 예	• 비트코인	• 이더리움 • 나스닥 장외 주식 거래	• SCM, 에너지, 물류 등	• 예산관리, 투표 등 정부·공공서비스

출처: 박현제(2017)

8.3 블록체인의 정의

블록체인은 관리 대상 데이터를 '블록(block)'이라고 하는 소규모 데이터들이 P2P[1] 방식을 기반으로 생성된 체인 형태의 연결고리 기반 분산 데이터 저장환경에 저장되어 누구라도 임의로 수정할 수 없고 누구나 변경의 결과를 열람할 수 있는 분산 컴퓨팅 기술 기반의 데이터 위변조 방지기술이다. 블록체인 기술은 비트코인을 비롯한 대부분의 암호화폐 거래에 사용된다.

블록체인은 데이터의 신뢰(reliability)를 보장하는 기반기술이다. 블록체인 네트워크의 참여자들은 정보 및 가치의 이동을 공동으로 기록하고, 검증하고, 저장하고, 실행하기 때문에 중계자(intermediary) 없이도 신뢰가 보장될 수 있다.

블록체인은 분산원장기술(Distributed Ledger Technology, DLT) 중의 한 종류를 칭하는 기술 용어이기는 하나 국내·외적으로 블록체인에 대해 다양한 정의가 제시되고 있다.

1) P2P(Peer to Peer) 방식이란 컴퓨터 간의 동등한 수평적 연결방식을 뜻하며, 네트워크에 연결된 모든 컴퓨터가 서버와 클라이언트 역할을 한다.

❚ 표 8-2 ❚ 블록체인의 정의

기관 및 연구자	정의
Halaburda (2018)	거래 당사자들이 중개기관 없이 P2P(Peer-to-Peer) 네트워크로 직접 거래하고 거래정보를 분산 기록하여 공동으로 관리하는 일정의 비즈니스 플랫폼
Oxford Dictionaries (2018)	비트코인 또는 다른 암호화폐의 거래가 순차적이고 공개적으로 기록되는 디지털 장부
Collins (2018)	블록체인은 비트코인 암호화폐를 사용하고 참여한 컴퓨터들(노드)에 연결된 트랜잭션 데이터베이스
William Mougayar (2017)	• 기술 관점: 공개적으로 열람 가능한 분산원장을 유지하는 백엔드 데이터베이스 • 비즈니스 관점: 중개자 없이도 개인 간의 거래, 가치, 자산 등을 이동시킬 수 있는 교환 네트워크 • 법적 관점: 거래를 검증함으로써 종전의 신뢰 보증기관을 대체하는 수단
한국정보통신기술협회 (2018)	온라인 금융 거래정보를 블록으로 연결하여 P2P 네트워크 분산환경에서 중앙관리 서버가 아닌 참여자들의 개인 디지털 장비에 분산·저장시켜 공동으로 관리하는 방식
매일경제 용어사전 (2016)	블록체인이란 데이터를 거래할 때 중앙집중형 서버에 기록을 보관하는 기존의 방식과 달리 거래 참가자 모두에게 내용을 공개하는 개방형 거래방식
한국은행 (2016)	블록체인을 분산원장(Distributed Ledger)기술이라 하고, 거래정보를 기록한 원장을 특정 기관의 중앙서버가 아닌 P2P 네트워크에 분산하여 참가자가 공동으로 기록하고 관리하는 기술
한국전자통신연구원 (2018)	거래정보를 기록한 원장(ledger)을 모든 구성원(node)이 각자 분산 보관하고, 새로운 거래가 발생할 때 암호방식으로 장부를 똑같이 업데이트하여 개념적으로는 익명성과 보안성이 강력한 디지털 공공장부 또는 분산원장

8.3.1 블록체인 용어의 정의

블록체인은 2008년 사토시 나카모토라는 익명의 사람이 발명한 비트코인의 등장과 함께 처음 소개되었다. 비트코인과 혼동되는 블록체인은 비트코인이 작동하기 위해 사용하는 기본 기술이다. 구체적으로는 저장된 트랜잭션(거래)을 변조로부터 보호하기 위한 기본적인 암호화 조치를 이용하는 시간을 기록한 데이터베이스(Timestamp)로 볼 수 있다. 데이터를 삭제하거나 변경할 수 없는 특징이 있다. 이러한 블록체인을 이해하기 위해서 몇 가지 용어들을 반드시 이해할 필요가 있다.

(1) 블록(Block)

블록체인을 원장이나 책으로 간주하면 블록은 확인된 거래의 집합을 기록하는 페이지나 표로 인식할 수 있다. 블록체인에 저장된 각각의 블록은 크게 블록헤더(Block Header)와 블록바디(Block Body)로 나누어진다. 블록헤더에는 블록 자체에 대한 데이터가 들어있고, 블록바디에는 트랜잭션들의 리스트가 들어있다.

블록헤더에는 버전, 이전 블록의 해시값, 머클루트, 타임스탬프, 난이도 목표값, 난스로 구성되어 있다.

- 버전(Version): 현재 사용하는 시스템의 버전 정보를 나타낸다.
- 이전 블록의 해시값(Previous Block Hash): 이전 블록헤더의 해시값을 나타낸다.
- 머클루트(Merkle Root): 블록의 본문에 어떤 거래가 들어있는지 확인하기 쉽게 작성한 구조의 해시값이라고 보면 된다.
- 타임스탬프(Timestamp): 블록이 생성된 시간이다.
- 난이도 목표값(Difficulty Target): 약 10분마다 블록을 찾을 수 있도록 조정되어야 하는 난이도의 목표값을 말한다.
- 난스(Nonce): 최초 0에서 시작하여 조건을 만족하는 해시값을 찾아낼 때까지의 1씩 증가하는 수이며, 컴퓨터가 알맞은 값을 찾아내기 전까지 계속 증가하는 값이다.

▌그림 8-6 ▌블록과 블록헤더의 구조

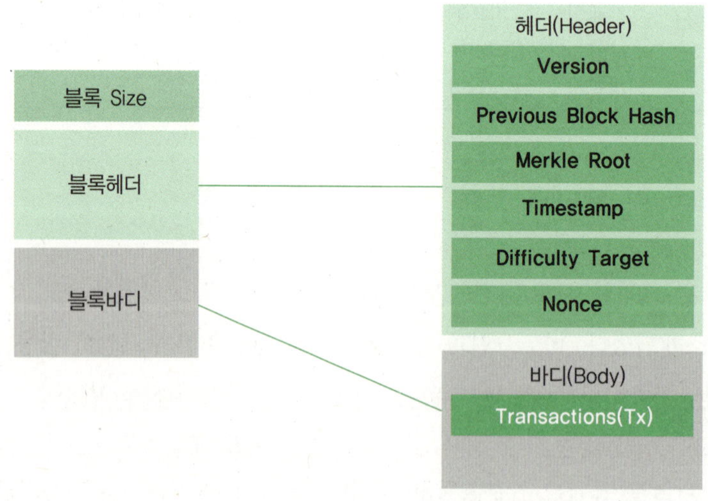

(2) 트랜잭션(Transaction)

트랜잭션은 블록체인 시스템의 가장 기본적인 구성요소이다. '거래내역'이라고 하며, 더 이상 쪼갤 수 없는 업무의 최소 단위를 말한다. 트랜잭션은 물건을 구매한 뒤 돈을 지불하는 일상적인 의미의 거래와는 다르다. 블록체인에서 말하는 트랜잭션은 지갑 안 암호화폐의 이동을 의미하며, 블록체인에 담는 데이터(암호화폐도 다양한 데이터 중 하나이다)를 가리키기도 한다. 블록체인은 트랜잭션이 담긴 블록들을 체인처럼 엮어서 데이터를 보관하는데, 블록체인 참여자들의 승인을 거친 트랜잭션만이 블록에 저장된다.

▌그림 8-7 ▌ 블록체인의 연결구조

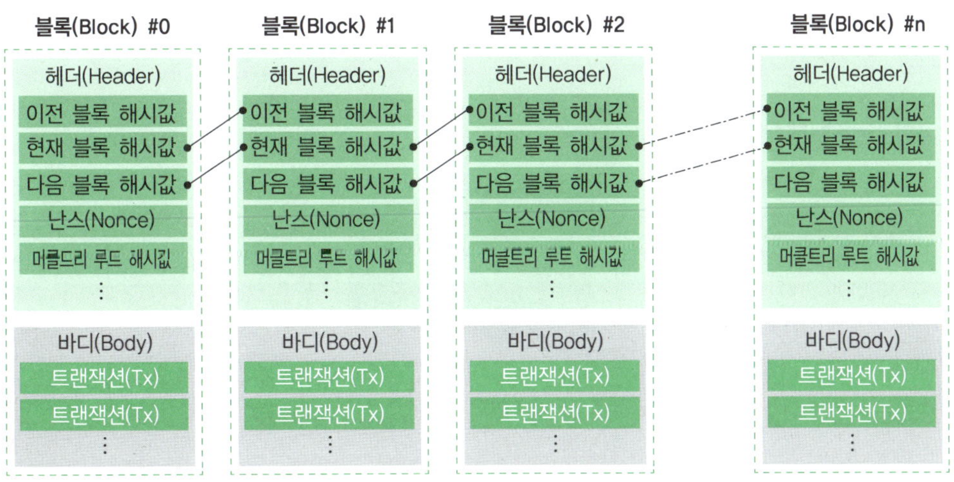

비트코인 트랜잭션은 지정된 금액의 비트코인에 대한 소유권을 한 사람으로부터 다른 사람으로 이전하기 위한 목적으로 서명된 정보이다. 트랜잭션은 송금자의 미사용 비트코인, 송금정보(트랜잭션 ID 또는 트랜잭션 해시로 표시), 송금액, 수령자의 공개 주소 등 모든 정보를 기록하고 유효성 검증을 위한 비트코인 네트워크로 전파되고, 검증을 통과하면 송금을 위해 블록체인이라고 불리는 온라인 원장으로 이동한다. 검증된 트랜잭션은 정보블록에 추가되고, 해당 블록은 다른 블록에 연결되어 블록체인이 만들어진다.

(3) 해시(Hash)

해시 또한 블록체인을 구성하는 기본 기술이다. 해시는 문서를 요약해 고유값을 자동으로 생성하는 기술로 정의할 수 있다. 즉 어떤 길이의 데이터를 입력해도 정해진 길이의 결과를 주는 함수이다. 해시기술을 적용하면 내용과 무관하게 문서를 요약한 후 고유값을 생성한다. 이때 고유값은 문서 길이에 상관없이 256바이트, 한글로 치면 128자 정도의 문자열이 된다.

해시를 이용하면 문서 전체를 갖고 있지 않아도 그 문서의 조작 여부를 쉽게 밝혀낼 수 있다. 예를 들어, A와 B가 하나의 문서를 작성하고 그 문서의 해시를 만든 후 나누어 가졌다고 가정하면, 원본 문서를 복사해 갖고 있지 않아도 원본 진위 여부를 판별할 수 있다. 문서의 해시를 만들어 보관 중인 해시와 비교하면 되기 때문이다. 즉 해시만 있으면 원본 문서는 누가 갖고 있든 상관이 없다.

그림 8-8 해시함수의 구조

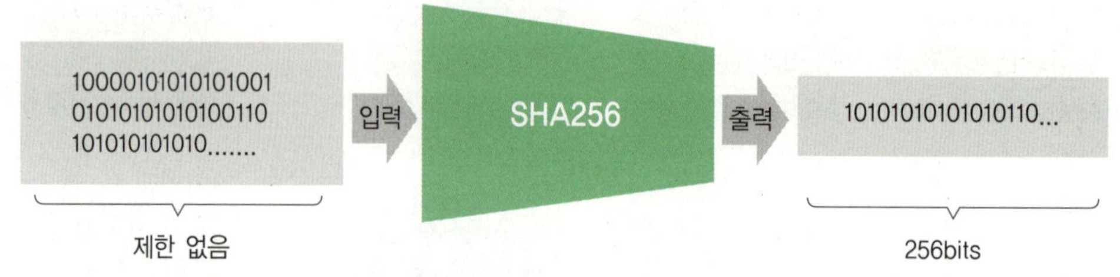

해시함수는 다음과 같은 세 가지 특징이 있다.

- 역상 저항성: 해시값이 주어졌을 때, 그 해시값을 생성하는 입력값을 알아내기가 불가능하다.
- 제2 역상 저항성: 어떤 입력값과 동일한 해시값을 가지는 다른 입력값을 찾을 수 없어야 한다.
- 충돌 저항성: 우연이라도 동일한 입력값을 갖는 문서가 나타서는 안 된다.

이 세 가지 특성은 “암호해시로 문서를 찾을 수는 없지만, 일단 문서가 주어지면 고유의 암호해시가 만들어진다”로 요약할 수 있다.

(4) 작업증명(Proof of Work, PoW)

블록체인은 여러 네트워크가 연결되어 블록을 형성하고 전달하면서 블록을 연결하는 과정인데, 어느 한 노드(Node)에서 새로운 블록이 무분별하게 만들어지고 배포된다면 다른 노드에서는 이에 대한 확인이 쉽지 않다. 따라서 블록체인은 새로운 거래기록을 블록으로 만들면서 이에 대한 작업증명과정을 거친 이후 블록이 생성되면서 다른 노드로 전파되도록 하는 것이다.

작업증명이란 목표값 이하의 해시값을 찾는 과정을 무수히 반복함으로써 해당 작업에 참여했음을 증명하는 방식의 합의 알고리즘이다. 해시를 찾는 과정이 너무 어렵기 때문에 합의에 도달하는 속도가 느리다. 대표적으로는 비트코인, 이더리움, 라이트코인 등이 이 방식을 사용한다.

앞에서 설명한 블록헤더의 구성은 이전 블록의 해시값, 현재 블록의 해시값, 난스로 이루어져 있는데, 이렇게 구성된 블록헤더는 SHA256의 해시가 된다. 여기서 나온 해시값은 비교하는 과정을 거친다. 이 비교값보다 해시값이 작으면 블록체인이 블록을 생성하는 '작업증명'을 성공한 것이라 할 수 있다. 새로운 블록을 생성하기 위해서 검증을 해야 하며, 거래가 정당하다는 사실이 증명되면 새로운 블록을 만들 수 있고 대가로 비트코인이 지불된다. 마치 금광에서 광부가 금을 캐는 것과 유사하다고 하여 채굴

▌그림 8-9 ▌작업증명

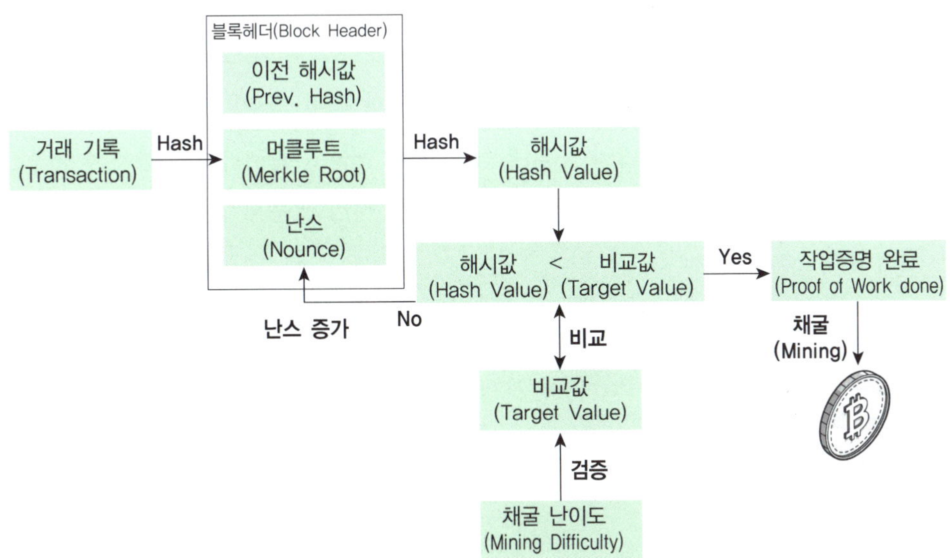

(Mining)이라고 한다. 이 같은 방식을 작업증명이라고 한다.

8.4 블록체인의 기술적 특성

블록체인 기술은 분산형 구조의 특징으로 공인된 제3자 없이 P2P 거래방식을 통해 수수료 절감과 신뢰성을 담보하는 방식을 채택하였다. 블록체인을 통해 분산된 네트워크의 컴퓨팅 자원을 모아 거대한 연산능력을 확보하고 이를 기반으로 중앙서버 없이 모든 작업을 처리하고 검증하는 기술로 확장하고 있다. 이러한 블록체인의 기술적 특성은 탈중앙화, 투명성, 불변성, 가용성으로 크게 구분할 수 있다.

8.4.1 탈중앙성(Decentralization)

블록체인의 가장 중요한 기술적 특징은 탈중앙화이다. 비트코인과 비트토렌트(BitTorrent)가 등장하기 전에는 중앙집중식 시스템에 익숙했다. 모든 데이터를 저장하는 중앙기관이 있고, 필요한 정보를 얻으려면 이 중앙기관과 상호작용해야 한다. 중앙집중식 시스템의 예는 은행이다. 중앙집중식 시스템이 오랫동안 잘 사용되어 왔지만, 모든 데이터가 한곳에 저장되어 있기 때문에 이로 인해 잠재적인 해커의 공격 대상이 되는 치명적인 약점이 있다.

반면에 블록체인은 거래기록이 담긴 원장을 은행과 같은 제3자에게 맡기지 않고 참여자들이 직접 검증과 승인, 합의 등의 활동을 하며 만들고 관리한다는 점에서 중앙집중식 시스템이 가지고 있는 단점을 해결할 수 있다. 이러한 문제점을 해결하기 위해서는 탈중앙화(Decentralization)가 필요하다.

❙ 표 8-3 ❙ 중앙화와 탈중앙화

중앙화(Centralized)	탈중앙화(Decentralized)
	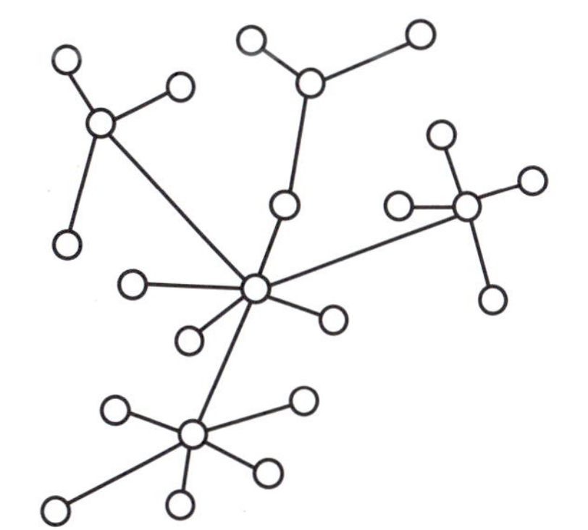
• 중앙집중식 시스템은 안에 있는 다른 참가자에게 통제나 지시할 수 있는 핵심 권한이 있다. • 권한이 있는 사용자 또는 기관만 거래내역에 접근하거나 새 거래를 확인할 수 있다.	• 분산시스템은 네트워크의 다른 참가자에게 통제할 수 있는 핵심 권한이 없다. • 네트워크의 모든 참자가는 거래내역에 액세스하거나 새 거래를 확인할 수 있다.

8.4.2 투명성(Transparency)

블록체인에서 사용자의 신원은 강력한 암호화 뒤에 숨겨져 있다. 즉 공개주소를 개별 사용자와 연결하는 것이 어렵다는 것을 의미한다.

블록체인 기술에서 가장 흥미롭고 오해하는 개념 중 하나가 '투명성'이다. 어떤 사람들은 블록체인이 개인정보를 제공한다고 말하면서 그것이 투명하다고 말한다. 그 이유는 사용자의 신원은 복잡한 암호를 통해 숨겨지고 공개주소로만 나타나기 때문이다. 따라서 사람의 거래내역을 조회하는 경우 'Bob sent 1 BTC'가 표시되지 않고 '1MF1bhsFLkBzzz9vpFYEmvwT2TbyCt7NZJ sent 1 BTC'로 표시된다.

이더리움 트랜잭션의 스냅 샷은 위의 설명을 잘 말해주고 있다. 본인의 실제 신원은 안전하면서 공개주소로 수행된 모든 거래를 볼 수 있다. 이 투명성 수준은 이전의 금융시스템 내에서는 존재하지 않았다.

▌그림 8-10 ▌이더리움 거래 예

TxHash	Block	Age	From		To	Value	[TxFee]
0x2d055e4585ae2a...	5629306	16 secs ago	0x003e3655090890...	➡	0x2bdc9191de5c1b...	0.004741591554641 Ether	0.000294
0xb4d37c791ff4cde...	5629306	16 secs ago	0x6c3b4faf413e0e4...	➡	0xf14cb3acac7b230...	0.744767225 Ether	0.000294
0x9979410dcb5f4c...	5629306	16 secs ago	0x99bcd75abbac05...	➡	0x2d42ee86390c59...	0.016294 Ether	0.000294
0x189c4d4aae09be...	5629306	16 secs ago	0x175cd602b2a1e7...	➡	0xd39681bb0586fb...	0.01 Ether	0.000294
0xda0e9bbb11fb77...	5629306	16 secs ago	0x73a065367d111c...	➡	0x01995786f14357...	0 Ether	0.00150007
0x6be498fafad9acb...	5629306	16 secs ago	0xa3eb206871124a...	➡	0x8a91cac422e55e...	0.029594 Ether	0.000294

8.4.3 불변성(Immutability)

불변성은 블록체인 원장이 변경되지 않고 그대로 유지되고 블록체인이 변경되지 않고 지워지지 않는 상태로 정의될 수 있다. 즉 블록체인의 데이터는 변경할 수 없다.

팩트 또는 트랜잭션 세부사항과 같은 각 정보 블록은 암호화 원칙 또는 해시값을 사용하여 진행된다. 해당 해시값은 각 블록에서 개별적으로 생성된 영숫자 문자열로 구성되며 모든 블록에는 해시 또는 디지털 서명뿐만 아니라 이전 서명도 포함이 된다. 이 기능은 아무도 시스템에 침입하거나 블록에 저장된 데이터를 변경할 수 없도록 한다. 블록이 순차적으로 연결되면 일단 연결된 블록은 수정하거나 삭제하기 어려운데 새로 블록을 만들 때는 바로 앞 블록의 해시가 이용되기 때문에 중간에 있는 어느 한 블록을 수정하거나 삭제하려면 모든 참여자의 컴퓨터에 있는 블록 내용을 한꺼번에 바꾸어야 하기 때문이다.

8.4.4 가용성(Availability)

트랜잭션이 발생하면 트랜잭션은 디지털 데이터 블록으로 인코딩되며 블록체인 네트워크의 모든 구성원은 네트워크를 통해 데이터를 저장하고 분배하는 데 동의한다. 각 블록은 블록의 앞뒤에 연결되어 불변의 '블록체인'을 만든다. 전체 트랜잭션 데이터베이스는 모든 네트워크 노드에 저장되며, 네트워크의 모든 구성원이 볼 수 있다. 이러한 데이터 블록 및 트랜잭션은 시스템 관리자도 삭제할 수 없으며, 블록체인 데이터는 대다수 또는 과반수의 네트워크 참가자가 동의한 경우에만 변경할 수 있다.

블록체인은 지리적으로 분산된 노드 네트워크(컴퓨터, 서버)에 의해 유지된다. 데이터는 네트워크 모든 노드에 저장되므로 일부 노드가 유지보수를 위해 다운되거나 손상된 경우에 데이터를 계속 사용할 수 있다.

| 표 8-4 | 블록체인 기술의 특징 요약

특징	내용
탈중앙성(Decentralization)	중앙관리자의 역할을 참여자가 분담
투명성(Transparency)	참여자들 간에 모든 정보가 공유
불변성(Immutability)	참여자들 간의 합의 이후 기록된 내용의 위·변조 및 삭제 불가
가용성(Availability)	참여자들 간 정보에 대한 접근이 용이

출처: 한국과학기술기획평가원(2018), 한국인터넷진흥원(2021)

8.5 블록체인의 장단점

블록체인의 장점과 단점, 그리고 문제점에 대해서 살펴보자.

8.5.1 장점

(1) 보안성

- 분산원장기술은 암호화된 데이터와 키값으로만 거래가 이루어지므로 보안성을 높일 수 있다.
- 새로운 블록은 기존의 블록과 연결되므로 전체 블록 안의 데이터 변조와 탈취가 불가능하다.
- 각 참여자의 노드 분산화로 해킹이 불가능하다.

(2) 거래속도 향상

- 거래의 인증·증명과정에서 제3자를 배제시키는 실시간 거래가 이루어지므로 거래기록의 신뢰성 확보와 동시에 거래의 효율성 및 속도가 향상된다.
- 분산원장기술로 오류와 실수를 최소화시킬 수 있으므로 오류의 정정과 수정을 위한 시간이 줄어든다.

(3) 비용 감소

- 거래정보와 인증을 위한 중앙서버와 집중화된 시스템이 필요 없기 때문에 비용이 적게 든다.
- 거래정보가 분산되어 있어 해킹 위험도가 낮다.

(4) 가시성 극대화

- 네트워크 참여자들의 실시간 거래 모니터링이 가능하므로 가시성이 극대화된다.
- 거래상의 가시성은 투명성과 자기부인 방지의 기능을 가진다.

8.5.2 단점

- 블록체인은 개인 간의 정보교류이기 때문에 중앙에서 일률적으로 처리하는 것에 비해 속도가 느리다.
- 사용자의 과반수가 동의해야 하는 의사결정시스템이기 때문에 신속한 업데이트가 어렵다.

8.5.3 문제점

(1) 블록체인의 분상성과 익명성으로 인한 관리의 문제

- 분산원장기술 특성상 거래와 관련된 모든 데이터가 참여자들에게 공개되는데 이는 개인정보를 다루는 국내 신용정보법에 상충될 가능성이 있다.
- 외부에 공개할 수 없는 내부정보나 영업기밀이 존재한다.
- 또한 익명성에 기반한 거래는 실명확인을 의무화하는 국내 금융실명제로 인해 추가적인 사용자 확인과정이 필요할 수 있다.

(2) 법 · 제도적 환경에 대한 사전 논의 필요(거래의 신뢰성을 감독하는 제3의 외부기관이 존재하지 않기 때문에)

- 누구든지 익명으로 거래에 참여하고 검증 작업에 참여할 수 있으므로 거래 조작, 이중결제 등의 불법행위에 대한 검열과 법적 조치를 취할 수 있는 관리주체가 필요하다.

• 한번 발생한 결제는 참가기관의 파산 등의 상황이 발생하더라도 지급·청산된다는 '결제완결성(Settlement Finality)'을 블록체인시스템에서도 법적으로 보장할 필요가 있다.

8.6 블록체인의 유형

블록체인은 활용되는 목적에 따라 크게 퍼블릭(Public), 프라이빗(Private), 컨소시엄(Consortium) 세 가지 유형으로 구분되어 있다.

8.6.1 퍼블릭 블록체인

퍼블릭 블록체인(Public Blockchain)은 개방형 블록체인으로 누구나 트랜잭션을 생성할 수 있고, 일반적으로 블록체인이라 하면 퍼블릭 블록체인이라 지칭한다. 또한 중앙관리자 없이 운영되며, 불특정 다수가 참여하는 것이 특징이다. 누구나 네트워크에 참여하고 모든 참여자의 상호 검증을 거쳐 신뢰도가 높다. 그리고 트랜잭션이 생성하면 한번 정해진 법칙은 바꾸기가 어렵다. 트랜잭션 내용이 모두에게 공개되어 네트워크에 참여한 모든 노드(Node)가 이를 검증하고 승인하기 때문이다. 하지만 모든 참여자는 거래기록을 남기고 이를 공유하느라 처리속도가 느리다는 단점이 있다. 데이터가 모인 블록을 공유하고 생성되는 시간을 고려했을 때 트랜잭션 속도는 약 10TPS[2]에 불과하다. 하지만 해외송금과 같은 금융거래에는 사용이 유용하다.

8.6.2 프라이빗 블록체인

프라이빗 블록체인(Private Blockchain)은 폐쇄형 블록체인으로 퍼블릭 블록체인의 상대적인 개념이다. 프라이빗 블록체인은 특정 기업 또는 기관에 제한하여 사용하도록 비공개형으로 만들어 놓은 네트워크로 구성되어 있다. 중앙관리자를 세워 속도와 안전

---

2) Transaction Per Second의 약자로, 1초당 처리할 수 있는 트랜잭션의 개수를 의미한다. 10만 TPS란 1초당 10만 건의 트랜잭션을 처리할 수 있는 속도를 말한다.

성에 중점을 두고 기업형 서비스 체인에 특화된 방식으로 진화했다. 서비스에 장애가 발생하면 실시간으로 대응할 수 있어 안정적이다. 노드 수가 제한적이므로 1,000TPS 이상의 신속한 거래처리를 자랑한다. 퍼블릭 블록체인과 달리 51% 노드의 동의를 일일이 받을 필요도 없고, 암호화폐 없이도 유지된다는 점도 특징이다. 주로 기업에서 활용하여 엔터프라이즈 블록체인(Enterprise Blockchain)이라고도 한다.

8.6.3 컨소시엄 블록체인

컨소시엄 블록체인(Consortium Blockchain)은 퍼블릭 블록체인과 프라이빗 블록체인이 결합된 형태이다. 참여자들이 네트워크에 자유롭게 참여할 수 있지만 이를 미리 선정된 참여자가 제어한다. n개의 참여자에게 권한이 부여되며, 각 참여자들의 동의를 통해 거래가 기록된다. 일반 참여자들이 기록을 열람하도록 권한을 부여할 수 있고, API를 통해 특정 대상에게만 권한을 부여할 수도 있다. 기업이나 기관 등의 협업을 위해 컨소시엄을 구성하는 모델이 이 유형에 해당된다.

표 8-5 블록체인 유형별 차이

구분	퍼블릭 블록체인	프라이빗 블록체인	컨소시엄 블록체인
정의	누구나 네트워크에 참여	하나의 기관에서 독자적으로 사용	여러 기관이 컨소시엄에 참여
관리주체	모든 거래 참여자	한 중앙기관이 모든 권한을 보유	컨소시엄에 소속된 참여자
거버넌스	한번 정해진 규칙은 바꾸기 매우 어려움	중앙기관의 의사결정에 따라 편리하게 법칙을 바꿀 수 있음	컨소시엄 참여자들의 합의에 따라 법칙을 바꿀 수 있음
거래속도	느림	빠름	빠름
확장성	네트워크 확장 어려움	네트워크 확장 매우 쉬움	네트워크 확장 쉬움
식별성	익명성	식별 가능	식별 가능
데이터 접근	누구나 접근 가능	허가받은 사용자만 접근 가능	허가받은 사용자만 접근 가능

거래증명	• PoW, PoS 등 알고리즘에 따라 거래증명자가 결정됨 • 거래증명자가 누구인지 사전에 알 수 없음	중앙기관에 의하여 거래증명이 이루어짐	거래증명자가 인증을 거쳐 알려진 상태이며, 사전에 합의된 규칙에 따라 거래 검증 및 블록 생성이 이루어짐
장점	투명성, 안정성, 신뢰성이 보장됨	높은 효율성과 확장성 및 높은 처리속도 등의 장점으로 기업별 특징에 따라 변경 가능	높은 효율성과 확장성, 빠른 처리속도 등
단점	확장하기 어려우며 거래속도가 상대적으로 느림	보안성이 낮음	별도의 개입이 필요하며, 블록체인의 특징인 투명성과 보안성이 상대적으로 낮음
활용 사례	비트코인, 이더리움	나스닥 비상장 주식거래소 플랫폼인 '링크(Linq)'	• R3 CEV[3] • Hyperledger[4]

출처: 나형배 등(2020)을 참고하여 재작성

8.7 블록체인의 응용분야

블록체인 기술이 효과적으로 쓰일 수 있는 분야는 디지털 화폐뿐만 아니라 다양하게 활용될 수 있지만, 은행이나 투자서비스업과 같은 금융분야, 보험과 건강관리를 포함한 의료분야, 물류·유통분야와 콘텐츠분야, 공공서비스분야가 가장 활발히 활용될 것으로 보고 있다.

3) R3 CEV 컨소시엄은 블록체인 기술기업인 R3가 중심이 되어 은행 등 금융기관이 활용할 수 있는 블록체인으로 표준 플랫폼 '코다(Corda)'를 개발하였다. 코다는 국가 간 대형은행 또는 중앙은행 간의 송금 및 대금액 이체를 목적으로 블록에 이체정보를 저장하는 형태로, 가능한 사용처로는 중앙은행이나 수출입은행 등이다.

4) 하이퍼레저는 리눅스 재단이 운영하는 블록체인 시스템이다. 하이퍼레저 프로젝트를 통하여 금융, 공공부문, 물류, 통신, 제조 등 다양한 산업분야에서 활용 가능한 기업형 블록체인 기술을 개발하고 이를 표준화시키기 위해 전 세계 기업 및 연구소들이 참여하는 글로벌 프로젝트이다.

8.7.1 금융분야

2018년, 주니퍼 리서치(Juniper Research)가 발표한 보고서 〈블록체인의 미래, 핵심 기회와 도입 전략 2018~2030〉에서 자산관리방법, 규제 이행 등 블록체인 기술로 2030년 금융분야의 관리 절감비용이 30조 원에 달할 것으로 예측했다.[5] 금융분야에서 분산식 원장기술을 통해 중앙서버 없이 거래내역을 공유하는 시스템 특징을 활용하여 최근 국내 및 해외 금융권에서는 신뢰성, 보안성에 비용 절감의 장점을 가진 블록체인 기술 도입을 적극 추진하고 있다.

표 8-6 | 금융권 블록체인 도입 현황

구분	내용
은행연합회	은행별로 발급하던 공인인증서를 통합
우리은행	1코인 1원으로 디지털 화폐 '위비코인 자체적 발급, 보안성 강화 및 가맹점 혜택 추진
KB국민은행	블록체인 네트워크를 송금정보망으로 사용하는 기술 도입 추진
하나은행	2017년 12월 민관합동 해운물류 블록체인 컨소시엄과 공동으로 이더리움 기반 무역금융 블록체인 시범 적용 완료
신한은행	비트코인 송금으로 수수료 인하 및 시간적 제약 최소화
NH농협은행	FIDO 생체인증 이후 블록체인 기술로 2차 검증
금융투자협회	기존 공인인증서 없이 본인인증 제공
교보생명	별도의 신청서 없이 진료 후 즉시 보험금 제공
카카오페이	2017년 6월 공인인증서를 대체할 수 있는 블록체인 기반의 인증서비스 상용화
스위스 UBS	채권거래, 은행 간 거래 등에 블록체인을 결제수단으로 활용
씨티그룹	'씨티코인'을 만들어 그룹 내부 결제에 실험적 사용
골드만삭스	블록체인 기술을 활용하기 위해 보스턴에 본사를 둔 비트코인 기업인 서클 인터넷 파이낸셜(Circle Internet Financial)에 투자
JP모건, 바클레이스 등 22개 은행	블록체인 시스템을 이용한 부동산 등기시스템 구축

출처: 최경화(2019), 나형배 등(2020)

5) 토큰포스트(2018), "2030년 은행, 블록체인 도입으로 '30조 절감 효과' 본다", 2018. 08. 07., https://tokenpost.kr/article-3697

8.7.2 의료분야

미래 의료의 핵심은 데이터에 기반을 둔 개인 맞춤의료 및 예측의료의 실현이다. 이를 실현하기 위해서는 개인의 의료정보를 원하는 시간, 장소에서 열람 및 유통이 가능해야 한다. 하지만 의료정보는 그 특성상 매우 민감한 개인정보를 포함하기 때문에 높은 수준의 신뢰성과 보안성이 요구된다. 이러한 문제를 해결하기 위해 블록체인 기술을 의료정보시스템에 활용하면 개인의 의료정보를 효과적으로 기록관리할 수 있다. 의료정보의 위·변조가 매우 어려워, 개인정보의 보안성은 높이면서 필요 시 의료정보를 언제 어디서나 열람할 수 있다. 의료정보의 수집·저장·공유 시 블록체인 기반 시스템의 높은 보안성과 투명성을 바탕으로 개인 맞춤형 의료정보 플랫폼, 자동 보험 청구 심사 등 새로운 서비스가 등장할 수 있는 것이다.

KT는 모바일 헬스케어 전문기업 레몬헬스케어와 함께 '기가체인(GIGA Chain) 블록체인 서비스 플랫폼(Blockchain as a service, Baas)' 기반의 스마트 의료 플랫폼 '웰'을 적용하여 스마트 병원서비스를 2019년 9월부터 시행하였다. 이는 진료예약부터 보험금 청구까지 블록체인 기술을 적용한 사례이다.

그림 8-11 | 의료분야 블록체인 활용 모델

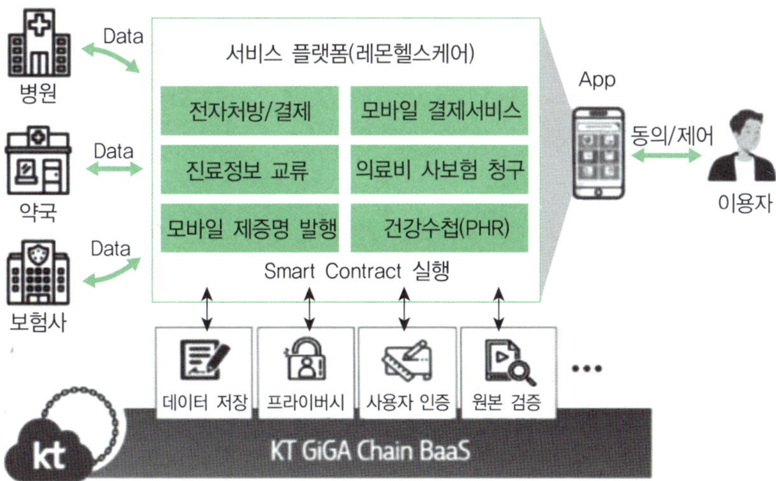

출처: http://cn.moneta.co.kr/Service/paxnet/ShellView.asp?ArticleID=2019090810515400256&LinkID=19&NewsSetID=4607&ModuleID=1831&iTitle=%C1%F5%B1%C7

8.7.3 콘텐츠 분야

이더리움의 창시자인 비탈릭 부테린은 블록체인이 콘텐츠 서비스 분야의 투명성을 제공할 것이라고 예측했다. 음원, 영상, 도서 등 저작권이 있는 창작물 원본의 유통에서 불법으로 복제하는 행위를 방지하여 건전한 콘텐츠 시장 형성에 도움이 될 것이다.

현재 콘텐츠 시장은 중간매개자가 소유하는 비율이 전체 금액의 절반을 차지하여 창작자와 소비자 모두에게 불리한 구조로 형성되어 있다. 블록체인의 스마트 계약 기술이 콘텐츠 시장에 도입되면 중간매개체 없이 창작자와 소비자를 직접 연결하여 사용기록이 실시간으로 업데이트되도록 설계할 수 있다.

▌그림 8-12▐ 콘텐츠 분야(스팀잇) 블록체인 활용

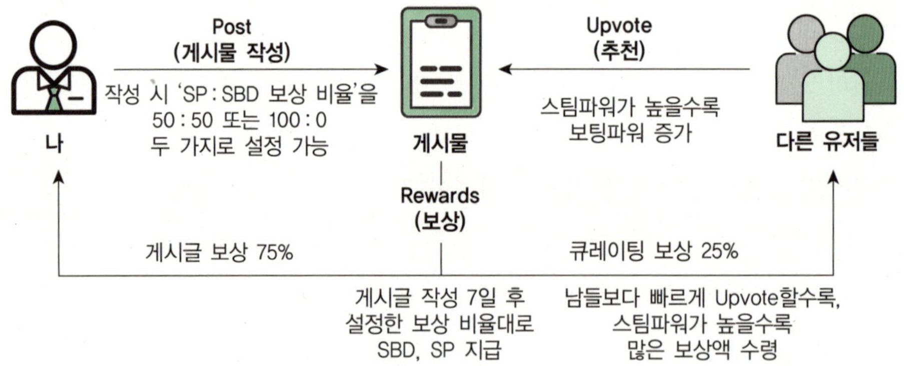

- SP(Steem Power): 스팀파워
- SBD(Steem Dollar): 스팀달러

출처: https://m.upbitcare.com/academy/education/blockchain/197

블록체인 기술을 활용해 SNS, 영상, 사진서비스 등 다양한 영역에서 블록체인 도입이 진행되고 있다.

▌표 8-7▐ 콘텐츠 분야 블록체인 도입 주요 현황

구분	기업	내용
소셜 네트워크 서비스	스팀잇 (Steemit)	• 가상화폐 스팀(Steem) 기반 소셜 네트워크 서비스(SNS) 운영, 게시된 글의 조회수와 인지도에 따라 보상이 지급되는 시스템 • 보상받은 가상화폐(Steem)는 가상화폐 거래소에서 환전 가능

음원서비스	SK텔레콤	블록체인을 활용해 음원 저작권자에게 더 많은 수익을 배분하는 새로운 음원 플랫폼 개발 중
	우조뮤직 (Ujo Music)	• 이더리움 블록체인을 활용한 아티스트 중심의 음악 플랫폼 • 아티스트는 자신이 정한 스마트 계약을 통해 음원을 업로드하고, 사용자는 이더리움 기반 디지털 지갑으로 결제
영상서비스	베라시티 (Verasity)	영상 창작자들과 이용자를 바로 연결해 가상화폐로 보상을 제공하는 플랫폼 개발 중
	시빌 (Civil)	블록체인과 가상화폐를 통해 뉴스를 생산·배포하는 탈중앙화 뉴스 플랫폼으로 기자와 독자가 직접 뉴스 콘텐츠를 거래할 수 있게 하는 오픈 마켓
사진서비스	코닥 (KODAC)	• 코닥원(KODAKONE)이라는 플랫폼을 통해 사진을 찍은 작가와 사진 활용을 원하는 이용자를 연결하려는 프로젝트 진행 • 코닥코인(KODAKCoin)을 활용하여 사진거래-사용-저작권 지급

출처: 최경화(2019), 김선남(2021)

8.7.4 물류 · 유통분야

블록체인 물류서비스는 블록체인 기술과 사물인터넷 기술을 융합하여 화물의 위치와 상태에 대한 정보를 거래에 참여하는 모든 사람들이 함께 공유할 수 있고 관리할 수 있는 서비스이다.

또한 물류 · 유통 거래 전 과정에서 물건의 이동 현황과 거래 내용을 거래가 발생할 때마다 데이터베이스에 자동으로 분산하여 기록 저장함으로써 중간거래자의 별도의 정산 작업이 생략되어 거래를 신속하게 진행할 수 있어 거래에 소요되는 시간을 대폭적으로 단축시키고 분산된 장부에 저장되어 공유하므로 물류 유통 저장 내용이 해킹당할 위험이 적다.

해외 주요 물류 · 유통기업들은 IT 기업과 협력하거나 블록체인 관련 협의체를 구성하여 블록체인 기술을 도입하고 있다. 2018년 1월 세계 최초로 블록체인을 이용한 대규모 농산물 국제거래가 이루어졌다.

관세청에서는 2019년부터 개인통관시스템에 블록체인 기술을 적용하고 있다. 기존의 전자상거래 통관은 쇼핑몰→특송업체→관세청 순으로 진행되며, 2017년 기준 3,300만 개에 이르는 수입물품의 신고(특송업체)와 확인(관세청)과정에 건당 12시간 이상 소요되었다. 블록체인 기술을 활용하면 통관 관련 정보를 관세청과 쇼핑몰, 특송업체가 정보를 공유하기 때문에 실시간 수입신고가 가능해지며, 부정확한 가격으로 신고하는 것도 방지할 수 있으며, 무엇보다 통관시간이 몇 배나 단축될 수 있다.

| 그림 8-13 | 농심NDS의 블록체인 기반 축산물 이력관리시스템

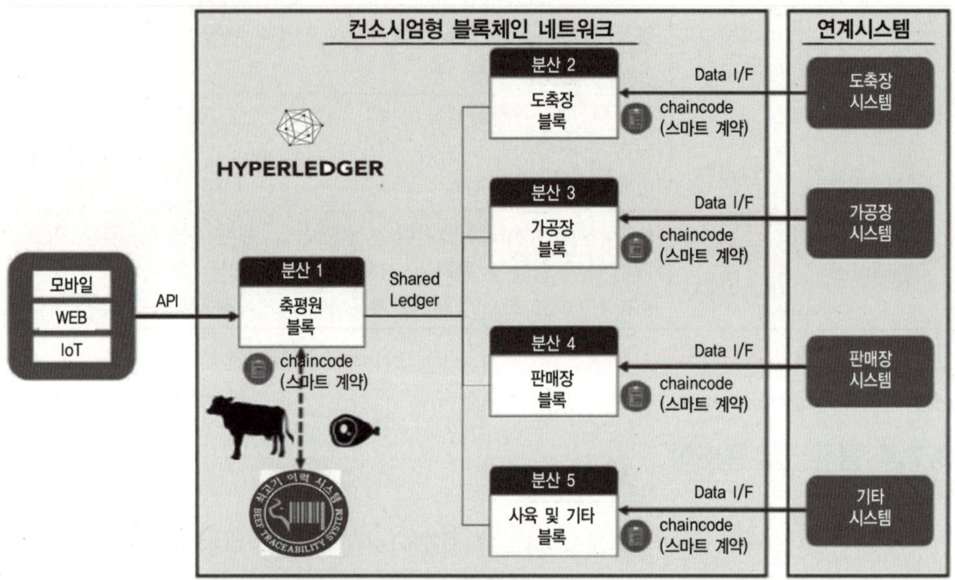

출처: https://signal.sedaily.com/NewsView/1S5VFC0PBY/

| 그림 8-14 | 관세청의 블록체인 개인통관시스템 활용

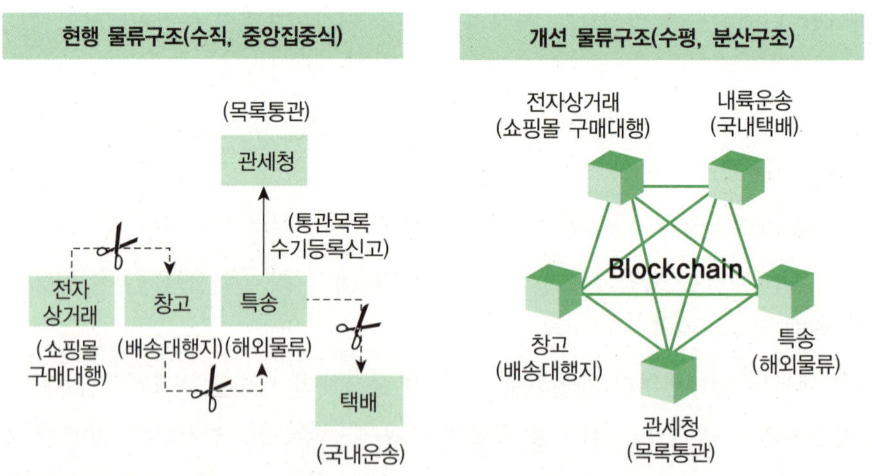

출처: https://www.mk.co.kr/news/business/view/2018/11/695642/

8.7.5 공공서비스분야

블록체인 기술의 특징과 장점을 최대한 활용하여 세계 여러 국가는 정보의 투명성과 공정성을 제고하기 위해 우편서비스, 토지대장 및 주택관리, 표결관리, 의료기록관리, 여론조사, 선거 등 여러 공공서비스 영역에 블록체인 기술 적용을 시도하고 있다.

스페인의 정당 포데모스(Podemos)와 호주의 정당 플럭스(Flux)는 정당 내의 의견수렴에 블록체인 기반 투표시스템을 활용하는 등 해외 정당과 지자체를 중심으로 블록체인의 기술이 적용되고 있다.

선거 때마다 부정선거에 대한 의심이 끊임없이 이어지고 있다. 또한 천문학적인 비용이 선거에 투입된다. 지난 2022년 3월 20대 대선에 4,300여억 원이 투입되었고, 전국에 투표소 운영과 투표함, 투표용지 등 많은 자원이 투입되었다.

▌그림 8-15 ▌블록체인 기반 투표시스템

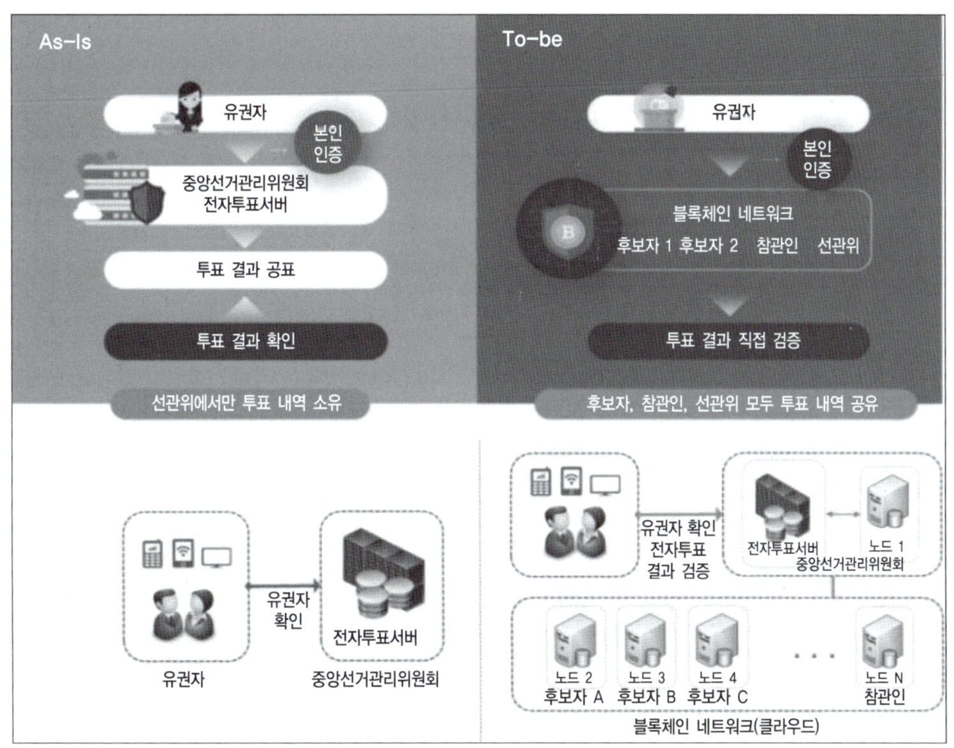

출처: https://www.boannews.com/media/view.asp?idx=75026

블록체인을 이용한 전자투표는 이러한 비용을 절감할 수 있다. 투표용지와 투표함의 분류 작업, 출구조사 등에 소요되는 인력도 필요 없게 된다. 전자투표의 조작이나 해킹을 방지하고 투명성과 신뢰성을 높이기 위한 방편으로 블록체인 기술은 유용하게 활용될 것이다.

8.8 블록체인의 연구 과제 및 향후 동향

블록체인 기술의 영향으로 빠지지 않는 것이 일자리 문제이다. 예를 들어, 이더리움과 같은 블록체인 기반 스마트 계약이 활성화되면 거래의 정확성을 담보해 왔던 변호사나 법무사 등의 공증이나 인증업무 등이 감소할 것이다. 같은 맥락에서 부동산 거래에도 사용한다면 공인중개사, 법무사 및 등기소의 역할도 대폭 감소할 것이다. 앞서 살펴본 은행에서의 송금업무 등 제3의 개입이 필요 없기 때문에 은행의 역할 또한 대폭 줄어들 것으로 예상한다.

그러나 2018년 9월 미국의 경제지 〈포브스〉는 2017년 대비 2018년 상반기 블록체인 관련 일자리는 상승했다고 보도하였다. 이는 글로벌 IT 기업이 블록체인 분야에 뛰어들면서 수요가 급격히 증가한 것이다. 또한 2018년 한국블록체인협회가 조사한 바에 의하면 블록체인 관련 일자리가 지속적으로 창출될 것이라는 전망을 하고 있다. 이러한 블록체인 기술의 성장 잠재력은 매우 높은 분야이며, 4차 산업혁명 시대에 없어서는 안 될 핵심 기술로 자리 잡고 있다.

2016년 세계경제포럼(WEF)에서는 블록체인 기반 플랫폼이 2025년 세계 GDP의 약 10%를 차지할 것으로 전망한 바 있으며, IT 기술 전문 글로벌 시장조사기관 가트너(Gartner)도 블록체인으로부터 창출되는 부가가치가 2017년 40억 달러에서 2025년에는 1,760억 달러, 2030년에는 3조 1,600억 달러까지 성장할 것으로 전망하였다.[6)]

시장조사기관인 마켓앤마켓(Markets and Markets)은 2021년 49억 달러에서 2026년 674억 달러로 연평균성장률(CAGR) 68.4% 성장을 전망하였다. 그리고 블록체인 시장의 성장 주요 요인으로 벤처캐피털(VC)의 블록체인 분야 투자 확대, 은행 및 보안분야에서 블록체인 솔루션 적용 확대, 결제 등의 서비스에서 블록체인 솔루션 채택 등을 선

---

6) Gartner(2017), “Forecast: Blockchain Business Value, Worldwide, 2017~2030”

정하였다.7) 리서치기관 스태티스타(Statista)는 2018년 12억 달러에서 2025년 397억 달러로 성장할 것으로 전망하였으며, 산업분야 중에서는 60% 이상의 투자가 금융분야에 집중될 것으로 전망하였다.8)

그림 8-16 블록체인 기술 시장, 2018~2025년

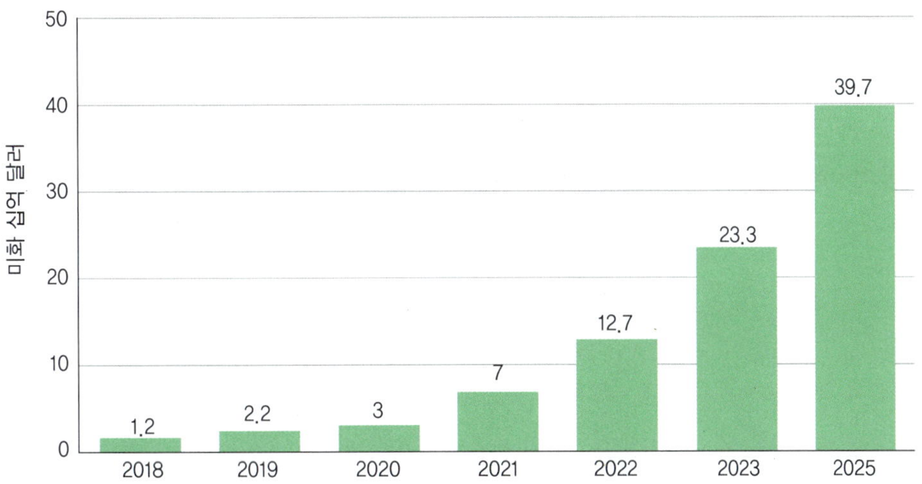

출처: Statista(2018)

7) https://www.fnnews.com/news/202111281757139274
8) https://www.statista.com/statistics/647231/worldwide-blockchain-technology-market-size/

연습문제

01 퍼블릭 블록체인 설명으로 아닌 것은?

① 하나의 중앙기관이 모든 권한을 보유하고 있다.
② 누구나 네트워크에 참여할 수 있다.
③ 한번 정해진 규칙은 바꾸기 매우 어렵다.
④ 네트워크 확장이 어렵다.

02 트랜잭션의 설명으로 아닌 것은?

① 블록체인 시스템의 가장 기본적인 구성요소이다.
② 거래내역이라고 하며, 더 이상 쪼갤 수 없는 업무의 최소 단위를 말한다.
③ 트랜잭션은 지갑 안 암호화폐의 이동을 의미한다.
④ 문서를 요약해 고유값을 자동으로 생성하는 기술이다.

03 해시함수의 특징이 아닌 것은?

① 역상 저항성 ② 제2 역상 저항성
③ 탈중앙성 ④ 충돌 저항성

04 작업증명의 설명으로 올바른 것은?

① 목표값 이하의 해시값을 찾는 과정을 무수히 반복함으로써 해당 작업에 참여했음을 증명하는 방식이다.
② 작업증명을 이용하면 문서 전체를 갖고 있지 않아도 그 문서의 조작 여부를 쉽게 밝혀낼 수 있다.
③ 작업증명은 지정된 금액의 비트코인에 대한 소유권을 한 사람으로부터 다른 사람으로 이전하기 위한 목적으로 서명된 정보이다.
④ 거래정보를 기록한 원장을 모든 구성원이 각자 분산 보관하는 것을 의미한다.

05 블록체인 역사를 시대순으로 나열하시오.

① 스마트 계약
② 블록체인 네트워크 솔루션 허용
③ 분산 컴퓨팅 개념 적용
④ 비트코인 탄생
⑤ 이더리움 개발

06 블록체인의 개념에 대해 설명하시오.

07 기존 거래방식과 블록체인 거래방식에 대해 설명하시오.

08 블록체인의 장단점을 서술하시오.

09 블록체인의 세 가지 유형과 그 차이점을 설명하시오.

10 블록체인의 기술적 특징 네 가지를 설명하시오.

정답 01 ① 02 ④ 03 ③ 04 ① 05 ③－④－⑤－①－②

Chapter 9

적층제조

9.1 개요

1차, 2차 산업혁명 시대는 공급이 부족했던 시기로 생산성 중심의 대량생산체제(Mass Production)로 접어든 시기였고, 3차 산업혁명 시대는 공급이 수요를 앞지르는 대량고객맞춤형(Mass Customization) 시기였으며, 4차 산업혁명 시대는 다양한 고객의 니즈를 충족하기 위해 다품종소량체제를 구축해야 하는 상황이다. 이러한 상황에서 3D 프린팅 기술은 소량다품종의 고객 요구를 만족시킬 수 있는 혁신적인 기술이다.

3D는 3차원(3-Dimension)의 약어로 입체를 의미한다. 3D 프린팅(Three Dimensional Printing, 3DP)은 분말, 액체, 고체 형태의 특정 소재를 3D 프린터를 통해 분사 및 적층하여 3차원 형태의 입체물을 제작하는 것을 의미한다. 구현하고자 하는 물체를 3차원 디지털 도면을 통해 가상의 물체로 디지털화한 후 매우 얇은 단면(약 0.015~0.10mm)을 한 층씩 형상을 쌓아 올리는 것으로, 적층제조(Additive Manufacturing, AM)라고도 불리

그림 9-1 | 3D 프린팅 제작 결과물

출처: https://www.joongang.co.kr/article/19238348#home

며, 입체물을 기계 가공 등을 통하여 자르거나 깎는 절삭가공(Subtractive Manufacturing, SM) 제조방식과 반대되는 개념이다.

9.2 적층제조의 역사

1981년 일본 나고야 공업연구소의 고다마 히데오는 세계 최초로 광경화성 수지에 적외선을 조사하여 입체물을 조형하는 광조형법을 개발하고 논문으로 발표하였으나, 큰 주목을 받지 못하고 기술이 사장되었다.

이후 1983년 미국의 찰스 헐(Charles(Chuck) W. Hull)이 STL(Standard Triangulated Language)이라는 3D 데이터의 보존방식을 발명하고 관련 특허를 취득하였다. 그는 1986년에 최초로 3D 프린터 회사인 3D Systems Corporation을 설립하고, 1987년 액체 기반의 SLA(광경화성 수지 적층조형, Stereo Lithography Apparatus) 방식의 최초의 3D 프린터를 개발하였다. 즉 플라스틱 액체를 굳혀 입체물을 만들어 내는 프린터를 개발한 것이 상용화의 시작이었다.

1987년에는 미국 텍사스 대학의 학부생이었던 칼 데커드(Carl Deckard)가 조 비먼(Joe Beaman) 교수의 도움을 받아 SLS(Selective Laser Sintering, 선택적 레이저 소결 조형) 방식을 개발하였다. 작동 원리는 플라스틱 가루 위에 원하는 모양으로 접착제를 뿌린 뒤 남은 가루를 날리는 방식이었다.

1989년에는 스콧 크럼프(Scott Crump)에 의해 FDM(Fused Deposition Modeling, 용융 적층 모델링) 방식의 특허가 출원되었으며, 스트라타시스(Stratasys)사를 설립해 1991년에 최초로 상용화가 되었다. 스트라타시스사는 현재 세계 1위의 3D 프린터 제조업체이다. 참고로 상표권 분쟁을 피하기 위해 FDM을 FFF(Fused Filament Fabrication)로 부르기도 한다.

3D 프린팅은 2013년 세계경제포럼(WEF)을 통해 주목받으며, 관련 기술을 널리 알리는 계기가 되었다. 3D 프린팅의 성장과 발전은 다음과 같이 살펴볼 수 있다.

표 9-1 3D 프린팅 발전단계

단계	연도	내용
도입기 1	1981	고다마 히데오(Hideo Kodama) 광조형법 특허 출원
	1984	SLA(Sterolithography Apparatus) 방식 3D 프린팅
	1986	최초의 상업용 3D 프린팅 SLA-250 개발 - 미국의 척 헐(Chuck Hull) 3D 시스템즈(3D Systems) 설립, 기술특허출원
	1987	SLS(Selective Laser Sintering, 선택적 레이저 소결) 방식 개발 - 칼 데커드(Carl Deckard)와 조 비먼(Joe Beaman)
	1988	FDM(Fused Deposition Modeling, 용융 적층 모델링) 방식 개발 - 스콧 크럼프(Scott Crump), 이듬해(1889) 스트라타시스(Stratasys)설립
도입기 2	1991	최초의 LOM(Laminated Object Manufacturing) 시스템 출시 - 헬리시스(Helisys)
	1992	• 최초의 FDM 방식의 3D Modeler 출시 - 스트라타시스(Stratasys) • 멀티젯 조형(Multi Jetting Modeling, MJM)기술 특허 - 3D Systems
	1995	직접 금속 레이저 소결(Direct Metal Laser Sintering, DMLS) 방식 - 이오스(EOS)
	1998	• 전자 빔 용융방식(Electron Beam Molding, EBM) 개발 - 아캠(ARCAM) • 폴리젯(PolyJet) 기술 특허 - 오브젯 지오메트리(Objet Geometries)
	2004	SLS 방식의 특허권 만료
성장기 1	2006	FDM 방식 특허권 만료
	2008	• 최초의 자기 복제프린터 다윈(Darwin) 개발 • 최초의 3D 프린팅 플랫폼 쉐이프웨이즈(Shapeways) 서비스 • 개인 맞춤형 의족 제조
	2009	• DIY 키트 출시, 혈관 3D 프린팅 - 오가노보(Organovo) • DLP 방식 3D 프린팅 출시, MakerBot 펀딩, Kickstarter 시작
성장기 2	2010	우주 프린팅 프로젝트 - 미국항공우주국 나사(NASA)
	2011	• 3D 푸드 프린팅(3D Food Printing) - 코넬 대학 • 3D 프린팅 소재로 금과 은 사용 • 최초의 초콜릿 3D 프린팅 개발 - 초코 크리에이터(Choc Creator)
	2012	인공턱(Prosthetic Jaw)의 최초 이식
	2013	• 세계 최초 프로토타입 자동차 어비(Urbee) 제작 • 세계 최초 인간 배아줄기세포 복제, 금속 권총 제작 • 음식 출력 프로젝트 진행 - NASA, 4D 프린팅 소재 개발 - MIT
	2014	• 4월 SLS 특허 일부 만료 • 세계 최초 탄소섬유 자동차 스트라티(Strati) 제작 - 로컬 모터스(Local Motors) • 3D 프린팅 국제 우주정거장(International Space Station, ISS)에 설치 • 3D 프린팅 달기지 프로젝트 - 유럽우주기구(ESA)

성장기 3	2015	• 세계 최초의 항공기 엔진 – 호주 모나쉬 대학교(Monash University) • 세계 최초 3D 프린팅 슈퍼카 시제품 제작 – 미국 다이버전트 마이크로 팩토리스(Divergent Microfactories) • FDA 3D 프린팅 약품 승인, 최초 무인 드론 제작 – 러시아 로스텍사
	2016	• 최초의 3D 프린팅 식당 오픈 – 런던 • 최초의 3D 프린팅 주택, 사무실 건설 – 두바이
	2018	• 인공 가슴뼈 이식 • 3D 프린팅 인공 각막제작 – 영국 뉴캐슬 대학
	2019	국내 3D 프린팅 건축기술 개발
대중화	2025 ~	소비재 시장에서 3D 프린팅 기술은 시제품의 제작시간 단축 – 소비자의 요구에 맞는 다양한 제품 제작 가능, 신제품 개발의 인력과 시간을 단축해 비용 절감
		제조시장 중심 시장이 일반 소비재, 의료, 제조 등 다양한 분야로 확대
		3D 프린팅 기술의 경제적 파급효과 순서 – 가정용 3D 프린팅, 맞춤형 고부가 산업용 부품, 공구 및 금형이 예상

출처: 이성규(2021)

9.3 적층제조의 정의

일반적으로 3D 프린팅 기술은 플라스틱이나 금속 등의 소재를 3차원 설계 데이터를 기반으로 점진적으로 얇은 층을 쌓아 가공하는 적층제조법(Additive Manufacturing)을 말한다.

| 표 9-2 | 3D 프린팅의 정의

기관 및 연구자	정의
ISO/ASTM	프린트 헤드, 노즐 또는 다른 프린터 기술을 사용하여 재료를 침적함으로써 물체를 만드는 것(잉크젯과 같은 프린터 기술을 사용하는 것에 한정)
삼차원프린팅산업 진흥법 제2조 제1호	3차원 형상을 구현하기 위한 전자적 정보를 자동화된 출력장치를 통하여 입체화하는 활동
미래창조과학부 (2015)	분말, 액체, 고체 형태의 특정 소재를 3D 프린터를 통해 분사 및 적층하여 3차원 형태의 입체물을 제작하는 것

정보통신기술진흥센터(2018)	구현하고자 하는 물체를 3차원 디지털 도면을 통해 가상의 물체로 디지털화한 후 매우 얇은 단면(약 0.015~0.10mm)을 한 층씩 형상을 쌓아 올리는 것
중소벤처기업부	연속적인 계층의 물질을 뿌리면서 3차원 물체를 만들어 내는 제조기술
한국산업기술평가관리원(2015)	분층(layer-by-layer)방식으로 끊임없이 쌓아 3차원의 실체를 만드는 것
위키백과	디지털 디자인 데이터를 이용, 소재를 적층하여 3차원 물체를 제조하는 프로세스
김천환(2017)	• 광의의 개념: 3D 프린팅에 생성되는 정보, 응용서비스 그리고 3차원으로 출력되는 서비스 및 활용까지 포함 • 협의의 개념: 프로세스를 통한 출력 제품 기획과 3D 모델링 작업, 3D 프린팅 출력, 후처리, 피드백으로 이어지는 제작과정
양창준(2017)	3차원 디지털 설계도에 따라 금속, 플라스틱제 등의 액체, 가루분말, 필라멘트사, 박판 등을 재료로 한 층씩 쌓아 올리는 적층방식의 성형기계(3D 프린터)를 제조하는 산업활동

3D 프린팅의 장점은 하나의 제품만 생산해도 비용이 비교적 적게 들고 어떤 모양이든 자유롭게 만들어 낼 수 있기 때문에 제조업에서 시제품 제작에 소요되는 시간과 비용을 획기적으로 절감할 수 있다. 또한 기존의 시제품 제작은 틀을 만들어 하나의 시

표 9-3 기존 제조방식 vs 3D 프린팅 방식

구분	기존 제조방식	3D 프린팅 방식
생산분야	대량생산분야	맞춤형 생산분야
제조방식	금형을 이용하여 주조 등으로 부품을 생산하고 이를 조립하여 완성품 제작	원료를 한 층씩 적층하여 조립공정 없이 최종 완성품 제작
공장 유형	제품별 서로 다른 생산라인 필요	하나의 3D 프린터가 여러 종류의 제품을 생산 가능
생산비용	제품구조가 복잡할수록 생산비용 증가	• 제품의 복잡도와 생산비용 무관 • 시제품의 제작비용 및 시간 절감
제품 원가	생산량 감소 시 제품원가 증가	생산량 감소 시에도 제품원가 동일
제작 용이성	단순 형상의 제품 제작 용이	복잡한 형상, 다양한 디자인의 제품 제작 용이
유통방법	공장에서 제품을 생산해 물류를 직접 수송	제품 대신 3D 도면을 유통하고 원하는 장소에서 출력

출처: 미래창조과학부(2015)

제품을 제작하는 데 비용이 높지만, 3D 프린터는 틀 없이 원료를 적층하여 제작하므로 다품종 소량생산에 매우 적합하다. 3D 프린팅 기술을 통해서는 아무리 복잡한 형태의 모형도 부품단위의 조립 없이 간편하게 만들 수 있어 복잡한 모양의 제품도 한번에 인쇄가 가능하다.

9.4 적층제조의 필요성

3D 프린팅의 가능성이 주목을 받으면서 크게 붐이 일었지만, 3D 프린팅 장비 및 소재의 가격, 속도, 제한된 크기, 활용범위의 한계 등이 지적되면서 실제 3D 프린팅 산업의 성장은 기대에 미치지 못하였다. 하지만 4차 산업혁명 관련 다양한 기술이 발전되면서 제조산업의 전통적인 패러다임이 변화를 맞고 있다. 특히 3D 프린팅 기술은 여러 단계로 나누어 부품이나 제품을 생산하던 기존의 방식을 바꾸고 설계-출력-후가공의 짧은 프로세스로 제품을 생산할 수 있게 했다.

3D 프린팅의 기술적 특징을 함축한 '적층제조'라는 개념은 복합한 형상의 부품을 기존의 생산방식에 비해 더 빠르고 낮은 비용으로 제작할 수 있다는 점이다. 3D 프린팅의 한계가 기술 발전을 통해 극복되는 동시에 4차 산업혁명 시대의 핵심 기술 중 하나로 꼽히면서 3D 프린팅 산업은 최근 다시 주목을 받고 있다.

정보통신기술(ICT) 기반의 4차 산업혁명이 시작된 이후 3D 프린팅에 대한 관심이 늘고 효용성에 대한 기대감이 상승하면서, 각국의 정부와 기업은 본격적으로 산업 내 3D 프린팅 적용을 확산시키기 위한 투자를 확대하고 있다.

고가였던 3D 프린터 장비의 평균 가격이 2015년 6,297달러에서 2018년 2,615달러로 낮아지면서 3D 프린터 보급이 가속화되고 있다. 여기에 금속 소재를 사용한 금속 3D 프린팅이 확대되고 산업용 로봇에 3D 프린팅 시스템을 적용하는 사례로 증가하고 있다.

또한 사물인터넷(IoT), 빅데이터, 인공지능(AI) 등을 통한 제조산업의 디지털화 및 스마트공장의 확산 등을 통해 소비자 맞춤형 다품종 소량생산에 대한 아이디어를 신속히 구현할 수 있는 3D 프린팅이 부각되고 있다.

2020년 들어 전 세계를 휩쓴 코로나19의 대유행은 글로벌 제조산업에도 큰 영향을 주었다. 세계 각국이 감염 확산을 막기 위해 제조기업들도 재택근무를 해야 하는 상황과 이동의 제한이 생겼다. 제품의 기획과 설계, 제조, 배송이 여러 지역에서 진행되는 글로벌 공급망이 큰 타격을 받게 된 것이다. 이러한 상황에서 3D 프린팅 기술은 코로나19가 가져온 '뉴노멀' 시대에 적응할 수 있는 '현지 제조(Distributed Manufacturing)'의 가능성을 제시하였다.

현지 제조란 생산에 필요한 부품을 멀리 떨어진 곳에서 조달하지 않고, 생산현장에 있는 3D 프린터로 빠르게 만들어 곧바로 사용할 수 있는 시스템을 말한다. 이동이 제한된 상황에서 먼 곳에 있는 대규모의 공장이 아니라, 설계 데이터만 있다면 3D 프린터가 있는 곳에서 곧바로 제조할 수 있는 점은 포스트 코로나 환경에 적합한 새로운 제조 패러다임의 가능성을 제시하고 있다.

9.5 적층제조의 장단점

3D 프린팅은 제품 또는 부품의 변형, 개조, 수정이 용이하기 때문에 제품의 틀이 되는 금형이 필요하지 않아 작업공정이 간소화되어 생산비용과 시간 절감이 가능하다. 또한 제품의 디자인 변형도 용이하여 다품종 맞춤 소량생산이 가능하며 제조과정상에 폐기물이 거의 발생하지 않아 환경에도 크게 기여할 수 있다.

그러나 완성된 출력물의 품질이 기존 방식의 제품보다 다소 떨어진다는 단점이 있으나, 급변하는 고객 요구에 유연하게 대응할 수 있는 생산방식으로 빠르게 발전하고 있다.

표 9-4 3D 프린팅의 장단점

장점	단점
• 맞춤형 주문생산에 유리 • 복잡한 형상, 다양한 디자인의 제품 제작에 용이 • 한 개 장비로 다양한 제품 생산 • 작업공정 간소화(조립이 없음) • 제작비용 및 시간 절감 • 낭비되는 부산물이 적음(필요한 양만큼 적층) • 부품 수 감소 • 무게 및 부피 감소	• 단일제품 대량생산에는 비효율적임 • 출력 소재, 크기, 생산속도가 제한적임 • 제품이 거칠고, 디테일이 다소 떨어짐 • 완성품의 강도가 약함 • 고가의 프린터 비용 • 낮은 내구성과 신뢰성

출처: 나형배 등(2020)

9.6 적층제조기술

9.6.1 3D 프린팅의 유형 및 원리

3D 프린터의 유형은 사용하는 소재에 따라 구분하거나 출력방식에 따라 구분할 수 있다. 소재에 따라 구분하는 경우에는 액체 기반형, 분말 기반형, 고체 기반형으로 구분이 가능하다.

표 9-5 소재에 따른 분류

소재 형태	대표 기술방식	재료 · 소재	원리
액체 기반형 (Liquid)	SLA (Stereo Lithography Apparatus)	액체 형태의 재료 • 포트폴리머(광중합체)	빛을 받으면 고체로 변하는 광경화성 수지가 들어 있는 수조에 레이저나 강한 자외선을 쏘아서 필요한 부문의 재료를 순간적으로 고체화시키는 방식
분말 기반형 (Powder)	SLS (Selective Laser Sintering)	파우더 • 플라스틱 분말 • 세라믹 분말 • 금속류 분말 등	• 파우더가 담겨 있는 베드에 레이저 빔을 쏘아 가열한 후 결합하여 조형하는 원리로 막이 형성된 뒤에 다시 파우더를 뿌리고 레이저를 쏘는 과정을 반복함 • 재료 특성에 따라 접착제를 사용하거나 레이저를 사용하는 프린터가 있음
고체 기반형 (Solid)	FDM (Fused Deposition Modeling)	와이어(wire) 또는 필라멘트 형태의 재료	필라멘트 등의 열가소성 재료를 노즐 안에 열을 가해 녹인 후 압출되는 재료를 차례로 적층하여 조형
		왁스(wax) 성질을 가진 패럿(작고 둥근 알 또는 공모양의 알갱이)	재료를 헤드에서 녹여 노즐을 통해 분사
		얇은 플라스틱 시트나 필름 형태의 재료	플라스틱 시트를 접착하면서 칼을 사용하여 절단 후 적층하여 조형

출처: 나형배 등(2020)

(1) 액체 기반 방식

대표적인 방식은 SLA(Stereo Lithography Apparatus) 방식으로 찰스 헐(Charles W. Hull)에 의해 개발되었으며, 제일 먼저 상용화되었다. SLA는 액체상태의 폴리머 합성수지에 레이저를 조사하여 광경화된 얇은 막을 생성하는 과정을 통해 입체적인 물체를 만든다. 여기에 사용되는 액체는 레이저 등의 빛을 받으면 고체로 굳는 특이한 성질의 수지이다. 레이저를 사용하기 때문에 속도가 빠르고 정밀도가 높고 뛰어난 표면출력이 가능하고 대형보다는 소형제품 제작에 용이하다는 장점이 있다. 경화 폴리머가 시간이 지나면서 마모될 수 있어 타 방식에 비해 내구성이 떨어진다는 단점이 있다. 다양한 재료의 사용으로 전자제품, 소비재, 의료분야에 사용될 수 있다.

(2) 분말 기반 방식

대표적인 방식은 SLS(Selective Laser Sintering), DMLS(Direct Metal Laser Sintering), 3DP(Three Dimensional Printing)가 있다. SLA 방식과 거의 유사한 과정을 거치며, 파우더 형태의 원료(폴리머, 금속 등)에 레이저를 조사하여 고형화시킴으로써 얇은 막(Layer)을 생성한다. 그 위에 다시 파우더를 얇게 뿌리고 다시 레이저를 조사하여 새로운 막을 반복적으로 적층하여 물체를 제작하는 방식이다.

이 방식은 합성수지뿐만 아니라 세라믹이나 금속과 같은 다양한 원료를 사용할 수 있고, 액체 기반 방식보다 견고하고 내구성이 강한 물체를 만들 수 있는 장점이 있다. 또한 제작속도가 빠르고, 완성품이 정교하다는 장점이 있다. 반면에 3D 프린터 자체가 고가이며 부피가 상대적으로 크고, 프린터 사용을 위한 전문적인 교육이 필요하다는 것이 단점이다.

(3) 고체 기반 방식

대표적인 방식으로는 FDM(Fused Deposition Modeling) 방식과 LOM(Laminated Object Manufacturing) 방식이 있다. LOM 방식은 플라스틱 시트나 필름을 한 장씩 쌓고 물체의 모양대로 깎아내는 방식이다. FDM 방식은 대부분의 보급형 프린터들이 사용하는 일반적인 방식이며, 액체 기반이나 파우더 기반 방식과 유사하다.

구동방식은 소재를 녹일 정도로 노즐을 가열한 후 필라멘트라 불리는 얇은 플라스틱 실 형태의 원료를 녹여서 한 층씩 쌓아 올라가는 방식이다. 필라멘트 형태로 소재를 가공하여 활용되며, 색상이 매우 다양하고, 다른 방식에 비해 프린터 가격 자체는 저렴하다. 하지만 결과물의 표면이 다소 거칠기 때문에 제품의 완성도를 위해 반드시 후공정이 필요하다.

미국시험재료학회 ASTM(American Society for Testing Materials)과 ISO에서는 3D 프린팅 방식을 출력방식에 따라 일곱 가지로 표준화하여 광중합방식, 재료 분사방식, 접착제 분사방식, 분말 적층 용융방식, 고에너지 직접 조사방식, 재료 압출방식, 시트 적층방식으로 분류하고 있다.

표 9-6 ASTM의 일곱 가지 3D 프린팅 기술방식

기반	기술방식	기술 설명	종류
액체 기반 (Liquid)	광중합방식 (Photo Polymerization, PP)	액상의 광경화성 수지에 빛을 조사하여 경화가 되는 중합반응을 이용한 적층기술	• SLA(Stereo Lithography Apparatus, 광경화성 수지 조형) • DLP(Digital Light Processing, 디지털 광원처리) • CLIP(Continuous Liquid Interface Production, 연속 액체 계면 생산)
	재료 분사방식 (Material Jetting, MJ)	프린터 헤드를 통해 액상 재료를 고압으로 분출하고 광선으로 경화시키는 방식의 적층기술	• Polyjet(Photopolymer Jetting, 폴리젯) • MJM(Multi Jet Modeling, 멀티젯 조형)
분말 기반 (Powder)	접착제 분사방식 (Binder Jetting, BJ)	결합체 역할을 하는 잉크가 분말 재료에 분사·증착하여 경화하는 방식의 적층기술	CJP(Color Jet Printing, 컬러젯 조형)
	분말 적층 용융방식 (Powder Bed Fusion, PBF)	고체 입자로 된 분말에 부분적으로 용융이 일어나도록 레이저나 전자빔을 선택적으로 조사하여 고형화하는 방식의 적층기술	• SLS(Selective Laser Sintering, 선택적 레이저 소결방식) • EBM(Electron Beam Melting, 전자빔 용융방식) • DMLS(Direct Metal Laser Sintering, 직접 금속 레이저 소결방식) • SHS(Selective Heat Sintering, 선택적 열 소결방식) • SLM(Selective Laser Melting, 선택적 레이저 용융방식)

	고에너지 직접 조사방식 (Direct Energy Deposition, DED)	레이저, 전자빔, 플라즈마 아크 등의 재료를 고압으로 분출하고 광선으로 경화시키는 방식의 적층기술	DMD/DMT(Direct Metal Deposition, 직접 금속 증착)
고체 기반 (Solid)	재료 압출방식 (Material Extrusion, ME)	고온으로 가열한 재료에 압력을 가해 노즐을 통해 압출하여 적층하는 기술	• FDM(Fused Deposition Modeling, 용융 적층 모델링) • FFF(Fuser Filament Fabrication, 용융 적층조형)
	시트 적층방식 (Sheet Lamination, SL)	얇은 필름 형태의 재료를 접착하여 적층하는 기술	• LOM(Laminated Object Manufacturing, 개체 접합 조형) • SDL(Selective Deposition Lamination, 선택적 박판 적층)

출처: 이성규(2021), 3D융합산업협회(3DFIA)

9.6.2 3D 프린팅 방식에 따른 장단점

오늘날 3D 프린팅 업계에서 가장 많이 쓰이는 핵심 특허 SLA · SLS · FDM 방식은 3D 프린팅 기술의 가장 기초적인 토대를 구성하고 있으며, 특히 FDM 방식은 렙랩(RepRap)1) 오픈소스 기반으로 현재 일반 대중이 가장 많이 선호하는 출력방식이 되었다. 3D 프린팅의 SLA, SLS, FDM 출력방식 기술에 따른 장단점 및 특징은 다음과 같다.

▮ 표 9-7 ▮ 3D 프린팅 기술방식에 따른 장단점

방식	장점	단점
SLA (액체 기반)	• 제품 외관이 우수 • 매우 복잡하고 섬세하고 정밀한 제품 – 주얼리, 치의공 등에 적합	• 액상 특수소재로 소재가격이 고가 • 완성제품 강도가 낮음 • 제품에 따라 지지대가 필요 • 제거에 시간과 노력 필요

1) 렙랩 프로젝트(RepRap Project)는 오픈 소스를 지향하는 비영리 단체이며, 3D 프린터 개발을 위한 이니셔티브(initiative)로 2005년 영국 바스 대학의 아드리안 보이어(Adrian Bowyer) 교수에 의해 시작된 프로젝트이다. 렙랩은 신속한 프로토타입 복제기(Replicating Rapid Prototyper)의 줄임말로, 첨삭가공기법인 용착 조형 공정(Fused Deposition Modeling, FMD)을 사용한다.

SLS (분말 기반)	• 다양한 재료 사용 가능 • 조형속도 빠름 • 금속류 출력 가능 • 비싼 만큼 출력물 강도 높음 • 출력물 열에 강함 • 출력 품질이 매우 뛰어남 • 지지대가 따로 필요 없음	• 장비가격 높음 • 하이테크놀로지 분야 활용 – 사용자능력(전문적 교육)이 필요 • 출력이 느림 • 원료 색상이 제한적 • 작업 시 기관지 주의를 요함

FDM (고체 기반)	• 내구성, 비교적 강한 강도
	• 장비가 상대적으로 저렴
	• PLA 필라멘트 저렴
	  – 가장 활용도 높음
	• 원료 수급 쉬움
	• 주로 모형을 만들 때 사용
		• 거친 출력 표면
		• 원료 사용 제한적
		• ABS와 PLA 필라멘트 소재
		  – 제작 후 가공이 까다로움

출처: 나형배 등(2020)

3D 프린팅은 기술 유형과 소재 특성에 따라 조형속도, 재료강도, 정밀도, 표면마감 등 출력 완성도에 차이점을 보이고 있다(김성익, 2015). 기술 유형별 출력 완성도의 차이점은 다음과 같다.

▌표 9-8 ▌3D 프린팅 기술 유형별 특성

구분	정교도	표면마감	재료강도	색상재료	투명재질	유연성
액체 기반 SLA	우수	우수	보통	가능 (제한적)	가능	가능 (제한적)
분말 기반 SLS	보통	우수	매우 우수	불가능	불가능	불가능
고체 기반 FDM	떨어짐	떨어짐	우수	가능 (제한적)	불가능	불가능

출처: IRS Global(2013)

이러한 기술 유형별 특징에 따라 산업용 3D 프린터는 상대적으로 출력물의 완성도가 높은 SLS 또는 SLA 방식을 적용하고 있다. 그 가운데서 SLS 기술방식은 나일론, 금속, 티타늄, 세라믹, 유리, 모래 등 다양한 재료를 사용할 수 있어 산업용으로 적합하지만, 프린터와 소재가격이 높아 비용부담이 적지 않다. 그리고 FDM 방식의 프린터는 상대적으로 가격이 저렴하여 가정용으로 출시되고 있으나 출력물의 디테일이 떨어지고 출력속도가 상대적으로 느린 편이다. 3D 프린팅이 제조업에서 영향력이 있고 독립적인 생산수단으로 자리 잡으려면 기술적인 면에서 더욱 정교해져야 할 것이다.

9.6.3 3D 프린터의 종류

3D 프린터는 2D 프린터와 달리 입체적인 물체를 프린팅해 주는 기기이다. 컴퓨터가 설계한 입체 모듈을 평면으로 분해한 후에 3D 프린터가 인쇄 대상을 절편 모양으로 한 층씩 쌓아 올리며 형성하는 원리를 응용한 것이다. 3D 프린터는 건축과 같이 두께를 표현하는 Z축의 레이어를 하나씩 쌓아서 입체를 만든다. 레이어는 두께가 얇은 입체이며 작을수록 더 정밀한 입체물을 만들 수 있다. 3D 프린터는 일반적으로 FDM, SLA, SLS 등의 방식이 있지만, 보급형으로 쓰이는 대부분의 3D 프린터는 FDM을 가장 많이 사용한다.

(1) FDM(Fused Deposition Modeling) 방식

필라멘트를 녹여 한 줄씩 쌓아 올리는 방식으로 가격이 저렴해 가장 많이 활용되는 3D 프린팅 기술이다. 3D 프린팅의 기본방식으로 1988년 미국의 스콧 크럼프(S. Crump)에 의해 개발되었으며, 1990년 스트라타시스(Startasys)사에서 상용화하였다. 두 개의 노즐을 이용해서 하나는 조형 재료를 공급하고, 다른 하나는 지지대 재료를 공급하는 방식으로 작업대가 좌푯값에 따라 움직인다. 소재를 가늘게 뽑아 한 줄씩 쌓아 올려 원하는 형상을 만드는 방식이다. 인쇄시간은 127mm 크기의 정육면체가 5~6시간 걸리며 사용할 수 있는 재료는 ABS, PLA, PVA 등이 있다.

| 그림 9-2 | FDM 방식

FDM 출력방식

FDM 방식의 3D 프린터

출처: 정보통신기술진흥센터(2018), Stratasys(2017)

(2) SLA(Stereo Lithography Apparatus) 방식

미국의 3D 시스템즈사가 처음 개발하였으며, 아크릴과 에폭시 계열의 광경화성 수지를 레이저로 이용하여 적층하는 방식으로 정밀도가 뛰어나고 속도가 빠르다. 출력물의 품질은 우수하나 별도의 후가공 처리가 필요하다. 또한 레이저를 이용하므로 유지비용이 많이 드는 단점이 있다. 그리고 고가의 3D 프린터에 대부분 채택되고 있는 방식이다.

▌그림 9-3 ▌SLA 방식

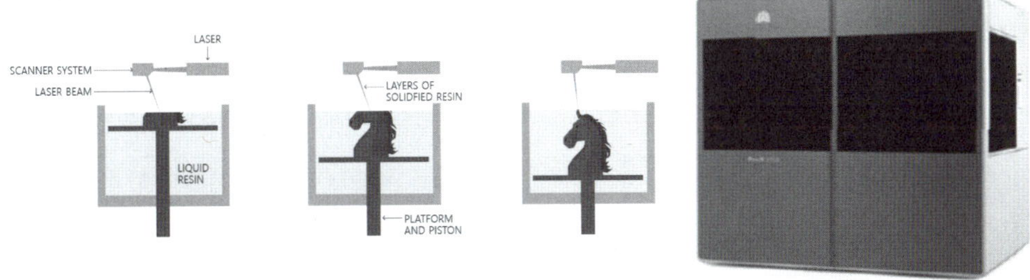

SLA 출력방식　　　SLA 방식의 3D 프린터

출처: 정보통신기술진흥센터(2018), 3D Systems(2018)

(3) SLS(Selective Laser Sintering) 방식

CO2 레이저를 금속 분말에 쬐어 응고·적층시키는 방식으로 가격이 비싸나 플라스틱에서 금속까지 광범위한 재료(예: 나일론, 폴리스틸렌, 폴리카보나이트, 모래, 금속재료 등)로 높은 품질의 출력물을 얻을 수 있어 향후 3D 프린팅 방식의 표준기술이 될 가능성이 높다.

▌그림 9-4 ▌SLS 방식

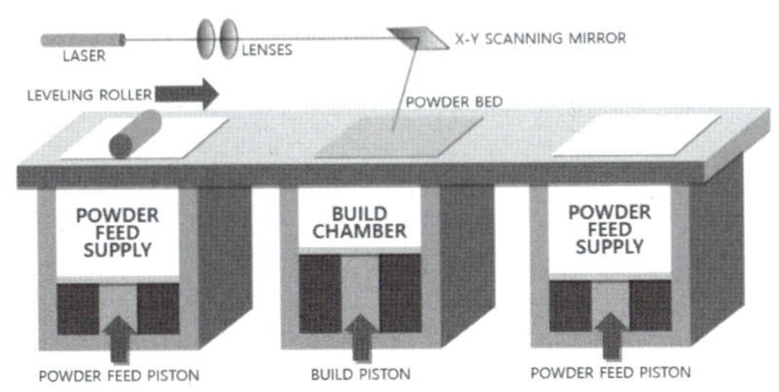

SLS 출력방식　　　SLS 방식의 3D 프린터

출처: 정보통신기술진흥센터(2018), 한국투자증권(2017)

(4) DLP(Digital Light Processing)

액체상태의 광경화성 수지에 빔 프로젝트를 사용하여 조형하고자 하는 모양의 빛을 투사하여 그 투사한 모양대로 수지를 경화시켜 적층하는 방식이다. 출력물의 정밀도가 우수하나 사용 가능한 재료 및 출력의 크기가 제한적이다. 뛰어난 정밀도와 세밀함을 갖추고 있어 대량생산이 가능한 것이 최고의 장점이다.

| 그림 9-5 | DLP 방식

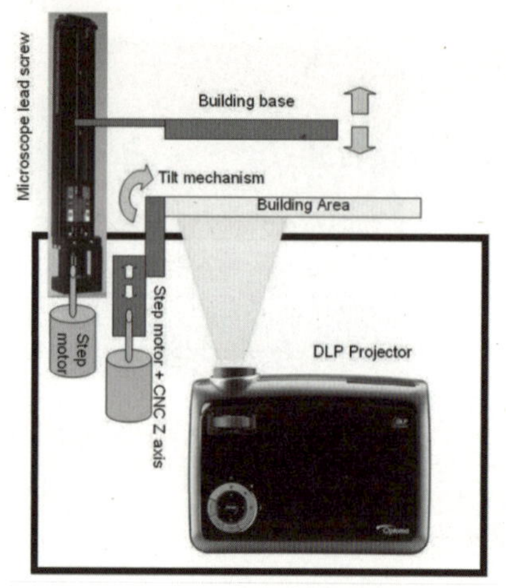

DLP 출력방식

DLP 방식의 3D 프린터

출처: 정보통신기술진흥센터(2018), 3D ATO(2018)

(5) 3DP(Three Dimensional Printing) 방식

잉크젯 프린팅 방식에 석고가루를 활용하여 프린팅하는 방식으로 본딩액을 분사해 굳히는 방식이다. 프린팅 특성상 모든 색감이 표현 가능하며 별도의 지지대를 생성할 필요가 없으며, 재료인 석고 가루가 다른 플라스틱, 금속재료에 비해 저렴하나 석고 기반이라 탄력이 부족하며 외부 충격으로 쉽게 파손되는 단점이 있다. 1995년 Z Corporation에서 3DP라는 명칭으로 특허 출원되었으나, 이후 3D System사에 합병되어 CJP(Color Jet Printing)라는 기술로 명칭이 변경되었다.

| 그림 9-6 | 3DP 방식

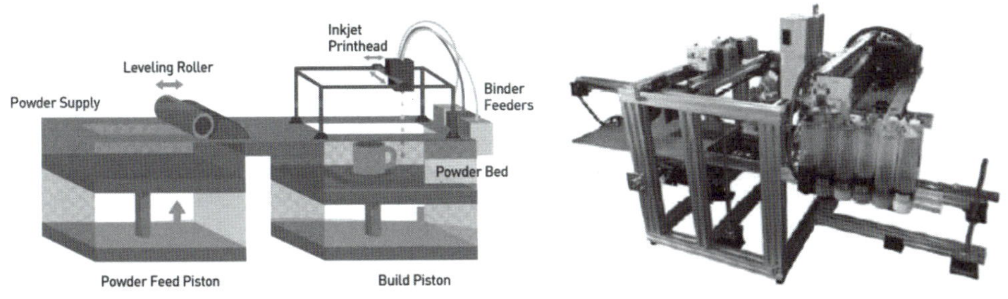

3DP 출력방식 　　　　 3DP 방식의 3D 프린터

출처: 정보통신기술진흥센터(2018), 한국투자증권(2017)

(6) MJP(Multi Jetting Printing) 방식

SLA 방식과 CJP 방식의 혼합된 방식이다. 다양한 분출구 모형 출력방식으로 MJM 방식이라고도 불리며, 프린터의 노즐로부터 재료와 지지대가 될 왁스 재료를 동시에 분사한 후 이 두 재료를 자외선램프(UV)로 경화시켜 제품을 제작하는 방식이다.

곡선처리가 뛰어나 정밀도가 가장 뛰어난 기술로 평가되며 광경화성 수지를 사용하기 때문에 투명한 조형물을 제작할 수 있으나, 재료 및 장비의 가격이 높은 편이다. 다만, 강도 및 내열성이 약해 온도에서 변형이 가능하다는 단점이 있다.

| 그림 9-7 | MJP 방식

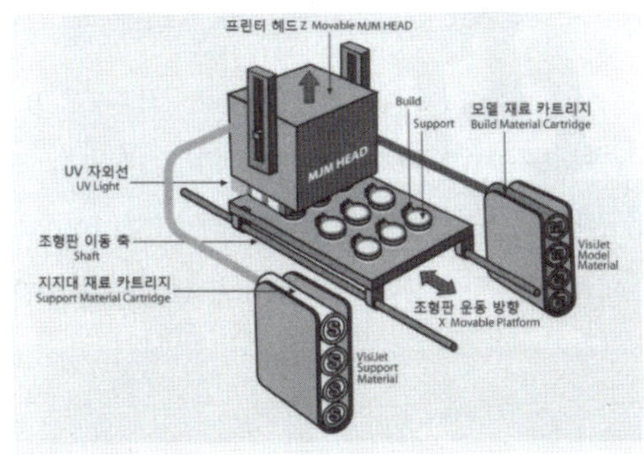

MJP 출력방식

MJP 방식의 3D 프린터

출처: 정보통신기술진흥센터(2018), 한국기술(2018), 3D Systems(2018)

9.6.4 3D 프린팅 프로세스

3D 프린팅은 3D 모델링→3D 프린팅→후처리의 3단계로 진행된다. 3D 모델링 단계는 인쇄할 데이터 파일을 만들어 주는 과정이며, 3D 프린팅 단계는 모델링에서 받은 STL 파일2)을 3D 프린터로 제품 형상을 만드는 과정이고, 후처리 제품은 제품을 매끄럽게 마무리하여 최종적으로 원하는 제품의 품질을 구현하는 과정이다.

그림 9-8 3D 프린팅 프로세스

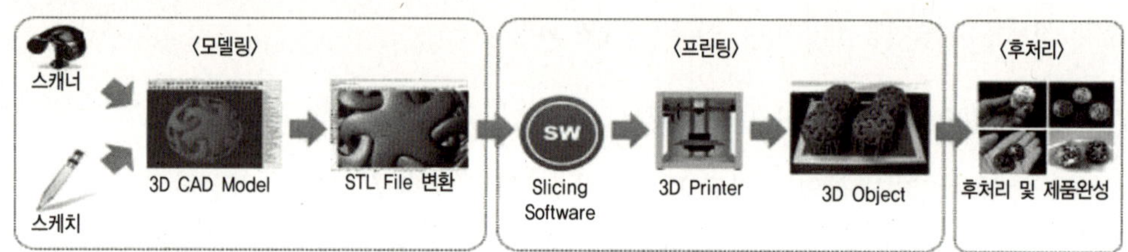

출처: 미래창조과학부(2015)

(1) 모델링(Modeling)

모델링은 제품을 3차원 스캐닝하거나 스케치를 통하여 디자인의 원형을 작성하고 컴퓨터 그래픽 설계 소프트웨어인 CAD 또는 특정 프로그램을 이용하여 구체적으로 디자인하여 3D 프린터에서 제작할 수 있는 STL(Stereo Lithography) 파일로 변환하는 단계이다. STL 파일은 3D 모형의 표면을 무수히 많은 삼각형들의 집합으로 쪼개어 각 꼭짓점들의 위치 데이터를 저장하고 있다.

3D 모델링 프로그램은 123D디자인(123D Design), 퓨전360(Fusion 360), 오토캐드(AutoCAD), 라이노(Rhino), 카티아(CATIA), 3D 맥스(3D MAX), 스컬프트리스(Sculptris), 스케치업(SketchUp) 등 종류가 다양하며, 제작하고자 하는 제품의 특성에 따라 적합한 프로그램을 선택하여 활용 가능하다.

(2) 프린팅(Printing)

모델링에서 받은 STL 파일을 Slicer Software를 활용하여 3D 프린터로 제품 형상을 구현하는 단계이다. STL 파일을 3D 프린터에서 한 층씩 쌓아 올리는 방식으로 제품을

---

2) STL 파일: 모델링 단계와 머시닝 단계 사이에 전달되는 데이터 형식으로 CAD 데이터가 아닌 폴리곤 메시(Polygonal Mesh) 데이터

제작할 수 있도록 3D 모형을 수평 방향으로 무수히 많은 얇은 층으로 분리하여 데이터를 분석한 후 G-code 파일로 변환하고 3D 프린터 구동 프로그램에 입력한 후 재료를 준비하여 제작을 시작하게 된다.

(3) 후처리(Post Processing)

제작이 완료된 후 표면을 가공하거나 도색하는 등 결과물의 완성도를 높이기 위한 모든 작업을 포함한다. 제작에 사용된 재료의 특성에 따라 차이가 있지만, 3D 프린팅이 완료되면 완성된 제품의 주변에 붙어있는 서포트(지지대)와 라프트(바닥 고정)를 제거하고 표면에 붙어있는 것을 제거해야 한다. FDM 방식으로 제작한 제품은 표면이 거칠기 때문에 매끄럽게 가공하는 작업이 필수이다. 또한 액체 기반의 SLA 방식의 경우에도 제품이 완전히 굳어지는 경화과정이 끝나면 표면을 매끄럽게 가공하고 코팅이나 페인팅하는 과정을 거쳐야 한다.

3D 프린팅은 제작방식에 따라 후처리방법이 달라지기 때문에 이 과정에서 전문적인 지식이 많이 요구되기도 한다.

9.7 적층제조 응용분야

2014년 미국 오바마 전 대통령이 기조연설에서 '3D 프린팅과 제조업의 혁명'을 언급하며 세계 선진국들을 중심으로 연구개발이 가속화되었고, 산업 전반에 걸쳐 다양한 분야에 활용되고 있다.

3D 프린팅이 이전까지 주된 용도였던 시제품 제작이 아닌 제조에 쓰이면, 생산의 효율성을 높여 비용을 절감할 수 있고, 맞춤형 생산도 가능하다. 이에 따라 전자, 항공, 자동차, 의료, 교육 등으로 3D 프린팅의 수요가 확대되고 있다.

9.7.1 자동차분야

자동차 한 대에는 2만여 개의 부품이 들어간다. 자동차산업은 전후방의 연관효과가 큰 산업으로 3D 프린팅 부품이 상용화에 성공할 경우 대규모의 시장 진출이 가능할 것으로 예상하고 있다. 반면에 대규모 자본집약적 산업이라는 특성상 부품공급 계열화, 제품 단가, 마진율 등을 감안하면 3D 프린팅 부품 적용 시에 경제성 확보를 해결해야 할 과제이다. 또한 안전성, 주행성, 편의성, 심미성 등 다양한 평가요소에 대한 요구 수준을 통과해야 하는 것도 해결해야 할 과제이다.

지금껏 자동차산업에서 3D 프린팅 기술은 시제품이나 디자인 목업(Mock-up)의 제작, 단종된 차량의 부품 생산, 개별화된 인테리어 제품 등 소량생산을 통한 활용에 집중되어 왔다. 그러나 최근 전기자동차와 콘셉트카를 중심으로 3D 프린팅 기술을 적용하여 기술적 한계를 극복한 경량화 부품의 개발 및 생산에 사용하는 사례가 늘어나고 있다.

BMW는 금속 3D 프린팅 기술을 활용해 처음으로 실제 부품 양산에 성공했다. BMW i8의 보닛(Bonnet)을 개폐하기 위해 쓰이는 부품인 후드 힌지(hood hinge)를 금속 3D 프린팅 기술로 실현했다. 컨버터블 루프 형태의 자동차 루프커버 끝부분 양쪽에 하나씩 배치되어 차량과 루프커버를 연결하는 것이다. 기존 브래킷 대비 10배 이상의 인장

▌그림 9-9 ▌BMW 그룹 3D 프린팅 캠퍼스

3D 프린팅 출력물

SLM 라인 운용

FDM, BJ 라인 운용

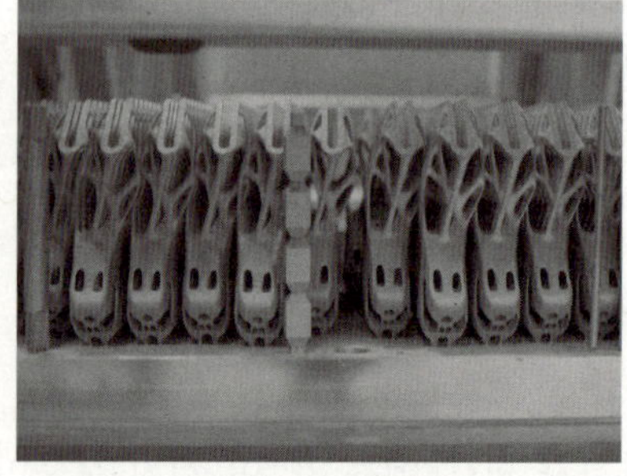

i8 hood hinge 양산

출처: BMW 제공

강도와 무게를 44%나 감소했다(BMW). 또한 BMW 그룹은 2020년 6월 독일 뮌헨에 1,500만 유로를 투자하여 대규모의 적층제조 캠퍼스를 오픈하였다. 이 캠퍼스는 3D 프린팅의 기술연구소로서 자동차 산업에서 적층제조를 활용하는 데 앞장서고 있다.

9.7.2 항공우주분야

항공우주산업은 기계, 전자, IT, 소재 등 분야별 최첨단 기술이 복합적으로 작용하며 고부가가치를 창출하는 대표적인 첨단산업이다. 항공우주산업에서는 CAD, CAM 등 3D 설계 및 생산기술과 함께 3D 프린팅 기술을 오랜 기간 활용해 왔다. 설계와 시제품 제작에서부터 최종 부품을 제작하는 데까지 3D 프린팅 적용을 확대하고 있다.

유럽의 항공기 제조업체 에어버스(Airbus)가 2016년 6월 1~4일까지 독일 베를린에서 열린 베를린 국제 에어박람회를 통해 세계 최초의 3D 프린터로 출력한 항공기 토르(Thor)를 공개했다.

그림 9-10 우주항공분야 적용 사례

3D 프린팅 무인항공기 Thor[1)]

3D 프린팅 우주 발사용 로켓[2)]

출처: 1) https://youtu.be/acd_ih38vxk
2) https://biz.chosun.com/site/data/html_dir/2020/11/24/2020112401951.html

ESA(유럽 우주국)와 NAS(미국 항공우주국) 등은 3D 프린팅 기술과 관련한 투자 및 제품 생산을 지속하고 있으며, 달에 3D 프린팅 기지를 건설하기 위한 연구를 진행 중이다. 또한 ISS(국제우주정거장)에서 3D 프린팅 기술을 활용하는 연구가 활발하게 추진 중인데, 소형 우주선을 활용해 저궤도에서 3D 프린팅으로 부품을 제작한 후 조립하는 아키노트(Archinaut) 프로젝트가 대표적인 사례이다.

일론 머스크가 설립한 스페이스X 또한 '슈퍼드라코(SuperDraco)'라 불리는 엔진의 연소실 부품을 금속 3D 프린팅 기술로 제작하고 있다.

9.7.3 의료/바이오 분야

의료산업에서 3D 프린팅 기술은 수술용 도구 등의 보조적인 제품 생산에서 생체조직을 제작하는 바이오 3D 프린팅으로 확대되고 있다. 인공뼈와 임플란트 등 인공보철물, 바이오 3D 프린팅을 통한 인공장기와 혈관 제작, 수술 시뮬레이션이 증가하고 있다. 뿐만 아니라 제약 및 의료기기분야에서도 관련 기술을 활용하여 맞춤형 제품 및 장비를 공급하고 있다.

2013년 미국 바이오프린팅 업체인 오가노보(Organovo)가 인공간을 제작했고, 2016년 중국 레보텍이 원숭이의 지방층에서 추출한 줄기세포로 인공혈관 제작에 성공했다. 같은 해 국내 POSTECH이 최초로 인공근육 제작에 성공하였고, 최근에는 바이오프린팅 기술을 활용해 인공장기를 만드는 데 성공했다. 일반 소재가 아닌 살아있는 세포를 직접 프린팅해 3차원 구조로 만들고 이를 배양해서 인체에 적용 가능한 조직·장기를 만드는 기술이다. 이처럼 3D 바이오프린팅을 통해 인공장기 생산이 점점 가속화되고 있다.

그림 9-11 3D 바이오프린팅 적용 사례

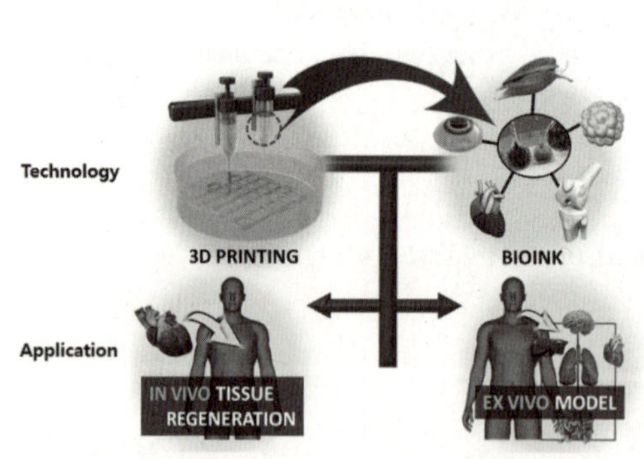

바이오 메디컬 작용사례(POSTECH)

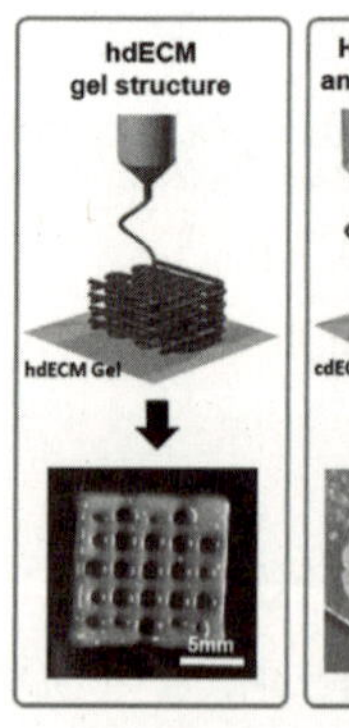

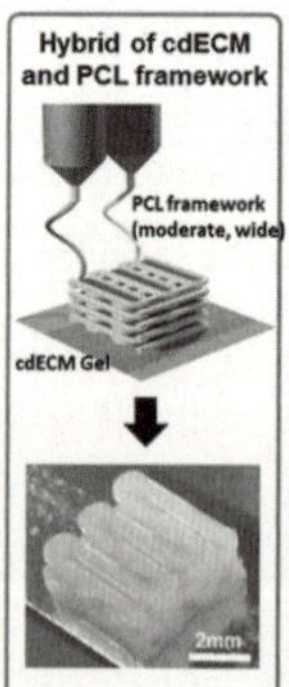

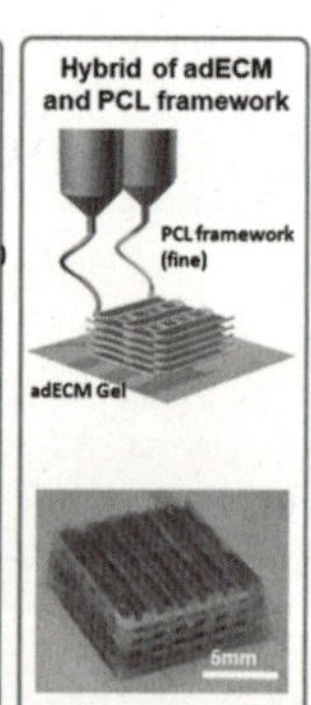

구조체 제작 모식도(POSTECH)

출처: https://www.hellodd.com/news/articleView.html?idxno=72823

9.7.4 공공분야

〈2019 3D 프린팅 산업 실태조사 및 분석〉 보고서에 따르면, 국내 3D 프린팅 시장에서 정부 중심의 조달시장은 지난 2019년에 전년 대비 36.9% 증가한 258억 원 규모를 기록했다. 연구기관이나 공공기관에서 산업용 3D 프린터에 대한 수요가 증가하고 있으며, 일선 학교의 3D 프린팅 관련 장비 보급이 확산되고 있는 것으로 나타났다.

국방·방위분야에서는 드론, 전투기 등 군용장비의 부품 생산에 3D 프린팅을 활용하거나 3D 프린팅을 통해 군수물자 조달방식을 개선하는 등의 기술연구 및 적용이 진행되고 있으며, 블록체인 기술을 활용한 3D 프린팅 보안기술 개발도 진행 중이다.

미국의 항공방위업체인 록히드 마틴은 F-22 전투기의 브래킷 부품을 티타늄 소재로 3D 프린팅하여 적용하고 있으며, 미국 해병대는 레미콘을 3D 프린팅하여 병영 구조물을 만드는 프로젝트를 진행하였다.

국내에서도 공군이 F-15K 전투기의 엔진 부품을 3D 프린터로 제작해 조달기간 및 비용을 절감하였으며, 2018년 공군 군수사령부 항공기술연구소는 HH-60 헬리콥터의 마운팅 플랜지라는 외장 부품을 3D 프린터로 자체 제작하는 기술을 개발하였으며, KAI(한국항공우주산업)는 현재 개발 중인 KF-X 전투기에 플라스틱 및 금속 3D 프린팅 부품을 사용할 계획이다.

9.7.5 기타 예술분야

3D 프린팅 기술은 주로 디지털 모델을 창작의 발판으로 삼아 다양한 디자인 분야의 연구자들에게 많은 편의를 제공하고 있다. 아트디자인 분야에 접목된 3D 프린터의 빠른 원형화 공구의 기능은 디자이너에게 보다 빠르고 안전하게 디자인에서 실수를 발견할 수 있도록 도와줄 수 있다. 디자인 과정은 디자이너가 반복적으로 디자인을 테스트하는 것으로 작가가 원고를 수정하는 것과 비슷하다.

3D 프린팅 기술은 디자이너가 시간과 재료를 투입해 한 번만 하는 것이 아니라 디자인 실수를 조기에 발견할 수 있도록 도와주며 프로젝트가 끝날 무렵에야 실패 여부를 발견하는 것을 피하고 즉시 조정할 수 있도록 도와주고 있다.

제품 디자인 분야, 환경 디자인 분야, 패션 분야, 공예 미술 분야, 주얼리 디자인 분야, 애니메이션 분야 등에서 제작 효율을 높일 뿐만 아니라 창의력을 충분히 발휘할 수 있도록 3D 프린팅이 다양한 분야에서 적용 중에 있다.

그림 9-12 예술분야 3D 프린팅 적용 사례

주얼리 분야[1)]

패션 분야[2)]

3D 프린팅 공예[3)]

스톱모션 애니메이션[4)]

1) https://www.mk.co.kr/news/culture/view/2013/07/567044/
2) https://www.gereports.kr/zac-posens-3d-printed-couture-gives-the-met-gala-a-new-dimension/
3) https://pusanduke.tistory.com/entry/3D프린터를-이용한-도자기-디자인도자기-디자인3D프린터도자기-3D프린터세라믹-3D프린터
4) https://xyzist.com/issue/100-3d프린트된-영화-chase-me/

출처: 조항(2022)

9.8 적층제조의 연구과제 및 향후 동향

9.8.1 3D 프린팅 산업에서 4D 프린팅으로의 진화

4D 프린팅은 3D 프린팅 기술에 '시간'이라는 1차원을 추가한 개념으로 시간 경과와 온도 변화 등 특정 상황에서 3D 프린팅 출력물의 외형과 성질이 변화하는 프린팅이다.

3D 프린팅이 전통적인 2D 평면 프린팅에 '공간'의 축을 더해 실제와 똑같은 모양을 만들어 내는 기술이라면, 이러한 3D 프린팅에 '시간'의 축을 더해 특정한 환경적 조건에서 자신의 형태를 변화시킬 수 있는 구조물을 만들어 내는 것이 4D 프린팅 기술의 핵심이다. 형상기억 합금과 같은 스마트 재료를 사용하여 3D 프린터로 출력하면, 출력된 물체는 인간의 개입 없이 열, 빛, 수분 등 외부의 조건에 의해 시간이 지남에 따라 형태가 바뀌게 되는 것이다. 즉 3D 프린팅의 결과물에 자기변환기능을 더한 것이다.

2013년 미국 MIT 자가조립연구소의 스카일러 티비츠 교수가 '4D 프린팅의 출현'이라는 제목으로 테드(TED)에서 강연하면서 세상에 알려졌다. 최근에는 패션, 디자인, 의료, 인프라 등 다양한 분야에서 혁신제품이 나왔지만 아직까지 장기적 관점에서 논의되고 있다.

❙ 그림 9-13 ❙ 4D 프린팅 구조물과 시제품

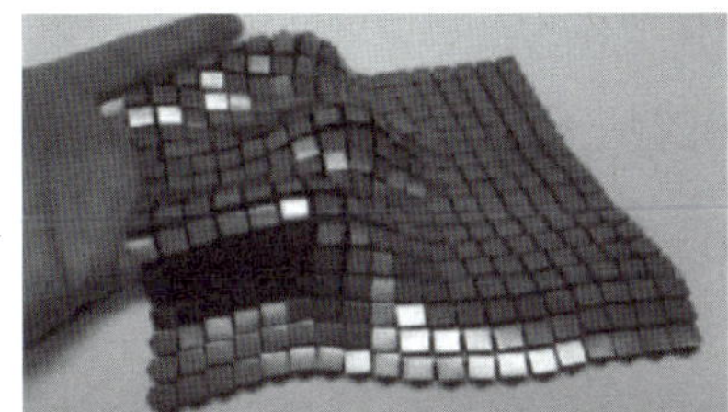

NASA가 개발한 4D 프린팅 구조물

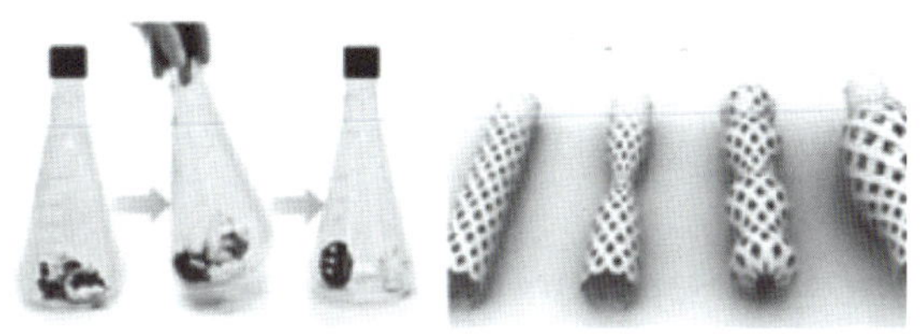

입자 단위로 자가 변형하는 4D 프린팅 구조물

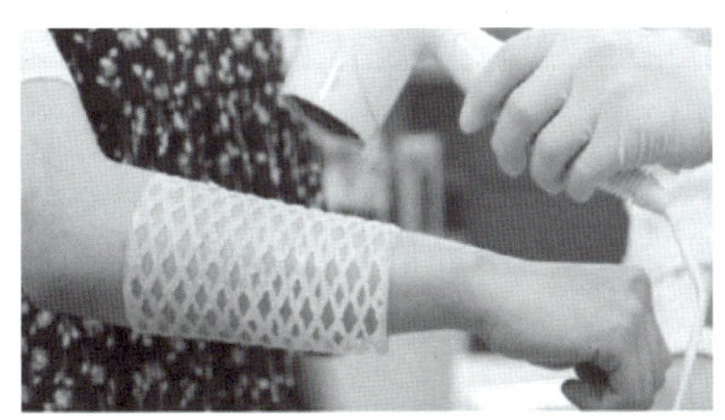

KIST가 발명한 4D 깁스

미국 너브스시스템의 4D 프린팅 드레스

출처: 정보통신기술진흥센터(2018)

9.8.2 향후 동향

글로벌 3D 프린팅 산업은 기계, 항공, 우주 등 고부가가치분야가 주도하면서 큰 폭으로 성장이 예상되는 동시에, 기업 간 인수합병 및 협업체계 구축 등을 통해 빠르게 부가가치를 창출해 나가고 있다. 3D 프린팅 시장은 장비 및 소재 등 제품시장과 출력 대행 등의 서비스 시장으로 구분되는데, 점차 서비스 시장의 비중이 높아지는 추세이다.

3D 프린팅 산업 내 신생기업 증가와 기존 글로벌 선도기업들의 기술 적용 확대 등에 힘입어, 2018년 세계 3D 프린팅 시장은 전년 대비 33.5% 성장한 97.95억 달러로 2024년까지 연평균 24% 성장하며 335.7억 달러 규모에 이를 것으로 예상하였으며, 지난 2019년 글로벌 3D 프린팅 시장의 규모는 전년 대비 21.2% 성장한 119억 달러에 이르렀다. 3D 프린팅 기술은 생산을 보조하는 수단에서 최종 부품의 생산으로 확대되고 있으며, 플라스틱뿐만 아니라 금속 소재의 활용이 본격적으로 확대되고 있다.

이러한 흐름 속에서 글로벌 3D 프린팅 시장은 6년간 평균 25.7%의 성장세를 보였고, 2021년에는 180억 달러, 2029년에는 1,180억 달러 규모에 이를 것으로 전망하였다.

▌표 9-9 ▌ 글로벌 3D 프린팅 시장 규모 및 전망(단위: 억 달러)

2015년	2016년	2017년	2018년	2019년	2021년 (추정치)	2029년 (추정치)
52	61	73	98	119	179	1175

출처: Wohlers Report(2020)

세계 주요 국가들은 디지털 제조기술인 3D 프린팅의 경쟁력 강화를 위해 기술을 개발하고 활용·확산을 추진 중이다. 특히 미국은 '첨단 제조업 리더십 확보를 위한 국가전략 2018'로 기술개발 및 확산을 추진하고 있으며,[3] 독일에서는 '하이테크 전략 2025' 정책을 내세워 3D 프린팅을 활용한 혁신제품 개발을 제시하고 있다.[4]

한국 정부에서도 3D 프린팅 산업이 발전할 수 있는 기반을 마련하고 진흥시키기 위

3) 산업통상자원부 · 한국산업기술진흥원(2018), "미국의 첨단제조업 리더십 확보 전략", 산업기술정책브리프, p.2.

4) 과학기술정보통신부 · 한국과학기술기획평가원(2018), "이슈분석: 독일 '하이테크전략 2025' 주요 내용 및 시사점", 과학기술 & ICT, p.8.

해 2022년까지 3D 프린팅 분야를 글로벌 5대 강국으로 키운다는 목표를 세워 추진 중이며, 3D 프린팅 산업진흥법도 제정하여 3D 프린팅 산업 경쟁력을 확보하고 있다.[5)]

4차 산업혁명의 제조업 디지털화와 함께 코로나19 팬데믹의 영향으로 인한 디지털의 확장과 소비자 맞춤형 시장의 확대로 3D 프린팅의 핵심 소재와 기술의 활용 가치는 더욱 커질 것으로 전망되고 있다.

5) 머니투데이, "정부 '3D 프린팅' 글로벌 5대 강국으로 키운다 … 민간 시장 확대 총력", 2020. 06. 22., https://news.mt.co.kr/mtview.php?no=2020062214585858340

연습문제

01 3D 프린팅의 설명 중 틀린 것은?

① 분말, 액체, 고체 형태의 특정 소재를 3D 프린터를 통해 분사 및 적층하여 3차원 형태의 입체물을 제작하는 것이다.
② 전통 제조방식인 절삭가공을 3차원의 복잡한 복합형상 제조 문제를 극복하기 위해 3차원으로 특정 물건을 인쇄하는 시스템이 특징이다.
③ 일반적인 공정에서는 복잡한 과정을 거쳐야 생산이 되지만, 3D 프린팅은 한번에 제품 생산이 가능하다.
④ 입체물을 기계 가공 등을 통하여 자르거나 깎는 절삭가공 제조방식과 동일한 개념이다.

02 3D 프린팅의 유형 중에서 빛을 받으면 고체로 변하는 광경화성 수지가 들어 있는 수조에 레이저나 강한 자외선을 쏘아서 필요한 부문의 재료를 순간적으로 고체화시키는 방식은 무엇인가?

① 액체 기반형 ② 분말 기반형
③ 재료 압출방식 ④ 시트 적층방식

03 3D 프린터는 여러 방식 있지만, 보급형으로 쓰이는 3D 프린터는 다음 중 어느 것인가?

① DLP(Digital Light Processing) 방식 ② SLA(Stereo Lithography Apparatus) 방식
③ SLS(Selective Laser Sintering) 방식 ④ FDM(Fused Deposition Modeling) 방식

04 3D 프린팅의 기술방식 중 액체 기반(SLA) 방식의 장점이 아닌 것은?

① 제품 외관이 우수하다.
② 매우 복잡하고 섬세하고 정밀한 제품에 사용된다.
③ 주얼리, 치의공 등에 적합하다.
④ 출력물의 강도가 매우 강하다.

05 3D 프린터는 소재에 따라 분류되는데, 다음 중 3D 프린터에 사용되는 소재가 다른 방식은 어느 것인가?

① SLS(Selective Laser Sintering) 방식 ② SLA(Stereo Lithography Apparatus) 방식
③ DMLS(Direct Metal Lase Sintering) 방식 ④ 3DP(Three Dimensional Printing) 방식

06 3D 프린팅의 기술방식과 그 종류를 맞게 연결하시오.

광중합 방식(PP) •	• CJP(Color jet Printing)
재료 분사방식(MJ) •	• SLA(Stereo Lithography Apparatus)
접착제 분사방식(BJ) •	• SDL(Selective Deposition Lamination)
분말 적층 용융방식(PBF) •	• FDM(Fused Deposition Modeling)
고에너지 직접 조사방식(DED) •	• SLS(Selective Laser Sintering)
재료 압출방식(ME) •	• DMD/DMT(Direct Metal Deposition)
시트 적층방식(SL) •	• MJM(Multi Jet Modeling)

07 적층제조(Additive Manufacturing)의 개념에 대해 설명하시오.

08 3D 프린팅의 프로세스에 대해 설명하시오.

09 기존 제조방식과 3D 프린팅의 제조방식의 차이점을 설명하시오.

10 3D 프린팅의 SLA, SLS, FDM 출력방식 기술에 따른 장단점에 대해 설명하시오.

정답 01 ④ 02 ① 03 ④ 04 ④ 05 ②

Chapter 10 드론

10.1 개요

4차 산업혁명이 일어나면서 IT 기술과 고도화된 장비가 장착된 드론(Drone)이 산업 전반에 걸쳐 급격히 사용량이 증가하고 있다. 특히 촬영 및 농업용 드론은 지금 우리 주변에서 흔히 볼 수 있으며, 실생활에 밀접하게 사용하고 있다. 또한 국토교통부에서 2025년까지 드론 택시의 상용화 계획을 발표했고 인천공항에서 여의도까지 20분 만에 이동하도록 할 예정이다.

드론은 군사용으로 처음 개발된 것이 일반화되면서 민간 및 공공분야로 그 활용 영역이 확대되고 있다. 드론 활용의 민간 영역은 레저뿐만 아니라 통신중계, 물류배송, 농약살포, 영화 · 사진촬영, 어장관리 등이며, 공공분야에서는 국경감시, 해양 및 토지 관측과 측량, 화산 · 태풍 관찰, 송유관 · 전선파열 감시, 재난방재, 산림보호활동, 사건 현장 촬영 등 드론의 활용 영역이 점차 확대되고 있다.

드론은 이동성, 안전성, 경제성, 근접 접근성 그리고 다양한 활용 가능성을 기반으로 하여 인간의 제한된 활동범위를 폭넓게 확대시킬 수 있다는 장점이 있다(이임걸, 2018). 이러한 드론산업은 인공지능, 로봇, 사물인터넷(IoT), 빅데이터, 센서 등 다양한 첨단기술들이 접목되어 새로운 가치를 창출하고 4차 산업혁명의 공통 핵심 기술을 적용, 검증할 수 있는 최적의 기술분야이다.

드론의 정식 명칭은 무인기 혹은 무인항공기(Unmanned Aerial Vehicle, UAV)라고 한다. 무인항공기는 조종사가 탑승하지 않고 지정된 임무를 수행할 수 있도록 제작한 비행체를 말한다. 무인항공기의 다른 이름으로 "벌이 웡웡거린다"는 뜻으로 '드론(Drone)'이라고도 불린다. 최근 들어 드론은 독립된 기체로서의 의미와 함께 하나로 통일되지 않은 상태로 무인항공기, 무인항공시스템 등으로 혼용되어 사용되고 있다.

■ 그림 10-1 ■ 드론의 과거와 현재

DH-82 Queen Bee[1)]

Amazon PrimeAir[2)]

출처: 1) 국방기술진흥연구소(2022)
2) http://www.thevaluenews.co.kr/news/view.php?idx=157189

10.2 드론의 역사

최초의 무인항공기는 1917년 미국에서 피터 쿠퍼(Peter Cooper)와 엘머 스페리(Elmer A. Sperry)가 Sperry Aerial Torpedo를 군사용으로 개발하였으며, 수임무는 100kg가량의 무인항공기에 폭탄을 적재하고 비행하는 군사업무용이었다.

무인항공기를 드론으로 지칭하게 된 배경은 1930년대 영국의 공군이 훈련기로 사용했던 'DH82'기체를 개조하여 무인비행기로 만든 데서 시작했다. 사격훈련 표적기로 개발된 무인비행기는 'DH82 Queen Bee(여왕벌)'로 명칭을 정했다. 미국 해군은 이 비행기와 유사한 모델을 개발하여 'Drone(게으른 수컷 벌)'이라 불렀다. 무인항공기를 '드론(Drone)'이라 부르기 시작한 것도 이때부터이다.

제2차 세계대전 중이던 1944년 독일에 의하여 개발된 전투용 무인항공기 V-1은 자폭형으로 만들어진 드론으로 많은 인명과 재산 피해를 발생하게 만들었다. 미국에서도 V-1에 대응하기 위해 PB4Y-1과 BQ-7 무인항공기를 개발했다. 1960년 미공군 정찰기 U2가 구소련에 의하여 격추된 이후부터 무인항공기로서의 드론 개발이 본격화되었다. 그 이후 베트남전에서 선보인 최초의 무인정찰기는 1951년 생산된 미국의 무인기인 'Fire Bee Drone'으로 주로 정찰임무 등이 주임무였다.

지금의 드론이 화두가 되기 시작한 것은 2006년 중국의 프랭크 왕(와타오)이 DJI를 설립하고, 2008년 프로펠러가 4개 달린 쿼드콥터(QuadCopter) 드론의 출시를 알리면서부터이다. 2014년 첫 팬텀을 출시한 이후 매년 신규 모델을 개발하였다. 현재까지 팬텀과 인스파이어, 스파크, 매빅 등을 지속적으로 출시하여 전 세계의 드론시장을 석권하고 있으며, 전 세계에 '드론'이라는 단어를 인식시키는 데 크게 일조하였다.

우리나라에서도 드론은 군사적인 목적으로 사용되어 왔다. 1970년대 저급 표적기를 시작으로 1990년대에는 군단급, 사단급, 대대급 체계개발과 민수용 무인기로서 저고도 근접감시 무인기, KUS-9, 소형 장기 체공형 무인기 '송골매', '두루미' 개발사업을 통해 저고도 정찰용 고정익 무인기시스템의 독자개발능력을 보유하게 되었다.

1세대 드론은 카메라와 짐벌(Gimbal: 하나의 축을 중심으로 물체가 회전할 수 있도록 만들어진 구조물)의 결합이다. 드론에 상·하향 짐벌 마운트를 탑재하여, 송전탑을 포함한 에너지 시설점검, 화산폭발, 지진 등 재난 및 재해 대처에 활용된다.

2세대 드론은 열감지, 다중분광, 적외선 카메라, 라이다(LiDAR: 레이저를 발사하여 산란되거나 반사되는 레이저가 돌아오는 시간과 강도, 주파수의 변화, 편광상태의 변화 등으로부터 측정 대상물의 거리와 농도, 속도, 형상 등 물리적 성질을 측정하는 기법 및 그 장치) 등 다양한 센서 탑재장치를 이용해 데이터 수집이 가능해졌다.

3세대 드론은 소프트웨어 기술과의 결합이다. 육지에서 측정하거나 비행기에서 측정하던 장비가 드론에 부착됨에 따라 보다 정밀한 공간정보를 얻을 수 있고, 이에 드론과 연계한 다양한 소프트웨어의 결합으로 고도화된 콘텐츠가 개발되고 있어 다양한 분야에 활용되고 있다.

4세대 드론은 인공지능(AI)과의 결합이다. AI 드론에는 해상도가 좋은 카메라를 장착하고, 정교한 센서 대신 강력한 딥 뉴럴 네트워크(Deep Neural Network, DNN) 기반의 AI 알고리즘을 적용하여 카메라로 촬영한 영상 이미지를 기반으로 드론이 스스로 숲길을 자동으로 인식할 수 있게 하는 등 다양한 분야에서 드론의 활용가치가 더욱 높아지게 될 것이다.

10.3 드론의 정의

드론(Drone)을 부르는 용어는 매우 다양하며, 무인 비행체를 부르는 명칭 중 하나이다. 미국 연방항공청(FAA)과 미국 항공우주국(NASA)에서는 무인항공기(Unmanned Aircraft, UA) 또는 무인항공시스템(Unmanned Aircraft System, UAS)으로 명명하고 있다. 유럽에서는 무인항공기(Unmanned Aerial Vehicle, UAV)라고 부르고 있다. 최근에는 UN 국제민간항공기구(International Civil Aviation Organization, ICAO)에서는 새롭게 사용하기 시작한 용어로 원격조종 항공기(Remotely Piloted Aircraft, RPA)라 부르고 있다.

표 10-1 드론의 다양한 명칭

명칭	정의
드론 (Drone)	사전에 입력된 프로그램에 따라 비행하는 무인비행체
무인기	• 조종사가 비행체에 직접 탑승하지 않고 지상에서 원격조종되는 비행체 및 일체의 관련 시스템 • 사전에 프로그램된 경로에 따라 자동(Auto-piloted) 또는 반자동(Semi Auto-piloted) 형식으로 자율비행하거나 인공지능을 탑재하여 자체 환경판단에 따라 임무를 수행하는 비행체와 지상통제장비(Ground Control Station/System, GCS) 및 통신장비(Date Link), 지원장비(Support Equipments) 등의 전체 시스템을 총칭함
원격조정항공기 (Remote Piloted Aerial Vehicle, RPAV)	2011년 이후 유럽을 중심으로 새롭게 사용되기 시작한 용어
원격조종기 (Remote Piloted Vehicle, RPV)	지상에서 무선통신으로 원격조종하는 것에 따라 비행하는 무인비행체
무인항공기 (Unmanned Aerial Vehicle, UAV)	• 조종사가 탑승하지 않은 운송수단 또는 물체 • Uninhabited 혹은 Unhumaned Aerial Vehicle이라고도 함
무인항공시스템 (Unmanned Aircraft System, UAS)	무인기가 일정하게 정해진 공역뿐만 아니라 민간 공역에 진입하게 됨에 따라 Vehicle이 아닌 Aircraft로서 안전성을 확보하기 위해 항공기임을 강조하기 위한 용어로 미국에서 가장 널리 사용되는 용어임
로봇항공기 (Robot Aircraft, RA)	지상에서의 로봇과 같은 개념으로 비행하는 로봇의 의미로 사용되는 용어임

출처: 백승민(2019)

드론은 조종자가 탑승하지 않고 원격으로 지상에서 조정기나 미리 경로가 정해진 프로그램된 장치로 자동 또는 반자동으로 비행하는 것을 의미한다.

| 표 10-2 | 드론의 정의

기관 및 연구자	정의
미국 연방항공청(FAA)	원격조정 또는 자율조종으로 시계 밖 비행이 가능한 민간용 비행기로서 스포츠 또는 취미 목적으로 운용되지 않으며, 또한 승객이나 승무원을 운송하지 않는 것
항공안전법 제2조	'초경량비행장치'의 한 종류로 무인비행장치 중 연료의 중량을 제외한 자체중량이 150kg 이하인 무인비행기, 무인헬리콥터 또는 무인멀티콥터를 지칭하는 '무인동력비행장치'를 말함
국토교통부(2019)	조종자가 탑승하지 아니한 상태로 항해할 수 있는 비행체
오승주(2022)	조종사가 탑승하지 않고 지상에서 무선전파 및 원격조정 등으로 비행하는 항공기
신희철·박성용(2015)	무인항공기로서 파일럿이 기체에 탑승하지 않고 원격으로 항공기의 운항에 필요한 조작을 실시하거나, 미리 입력된 프로그램에 따라 기체 스스로가 비행하는 장치
백석기(2017)	조종사를 태우지 않고 공기역학적 힘에 의해 부양하여 자율적으로 또는 원격조종으로 비행을 하며, 무기 또는 일반화물을 실을 수 있는 일회용 또는 재사용할 수 있는 동력비행체
손상철(2020)	조종사가 비행체에 탑승하지 않고 지상에서 원격조종기나 사전 프로그램된 경로에 의해 자동 및 반자동형식으로 비행하거나, 인공지능이 탑재되어 자체 환경판단에 따라 자율주행하는 '무인비행장치(UAV)'를 의미함

10.4 드론의 장단점

드론 활용의 장점은 이동성, 경제성, 효과성, 효율성, 광범위한 활용성 그리고 조종자와 지역사회의 안전성으로 구분할 수 있다.

첫째, 드론 활용의 가장 큰 이점은 이동성이다. 드론은 공중을 비행하고 탑재된 카메라를 통해 관찰하는 무인항공기체로서 인간이 접근하기 어려운 장소에 쉽고 신속하게 접근할 수 있다. 특히, 해안, 산악, 위험지역, 외딴 곳 등 취약한 장소에 빠르게 이동할 수 있으며, 이러한 지역에서 필요한 정보를 신속하고 정확하게 파악할 수 있다.

둘째, 다른 수단과 비교하여 드론은 경제성과 효과성 그리고 효율성이 탁월하다. 드론은 그동안 헬기가 수행한 업무를 대체할 수 있을 뿐만 아니라 사람이 직접 처리한 많은 업무를 보완 및 운용할 수 있다.

셋째, 광범위한 활용성이다. 드론은 실종자 수색업무뿐만 아니라 다양한 분야에도 활용할 수 있다.

넷째, 드론의 특징 중의 하나인 무인화로, 이로 인해 조종자의 생명 위험이 없다는 것이다. 기존에 헬기나 항공기가 수행하였거나, 인간이 위험한 곳에 직접 투입되어 처리한 업무들을 드론이 대신함으로써 조종자 및 수색에 동원된 인력의 생명 위험이 감소되는 간접적인 효과가 있다.

이와 같은 드론의 장점에 비해 단점으로는 충돌·추락 등의 안전사고, 촬영 및 비행소음 등으로 인한 사생활 침해 그리고 범죄에의 악용으로 구분할 수 있다(이병석, 2021).

첫째, 드론은 충돌 및 추락 등 안전사고의 위험이 크다.

둘째, 촬영으로 인한 개인정보 및 사생활 침해, 비행소음으로부터 발생하는 생활상의 침해가 있다.

셋째, 드론으로 인한 범죄와 드론 테러로 인한 위험이 있다. 최근 드론을 이용한 범죄의 발생이 국내·외에 증가하고 있고, 유형도 다양해지고 있다. 드론을 이용한 범죄 중에서도 무엇보다 드론이 테러에 이용되는 것이 가장 심각하고 위험하다.

표 10-3 드론의 장단점

장점	단점
• 이동성 • 경제성, 효과성, 효율성 • 광범위한 활용성 • 조종자와 지역사회의 안전성	• 충돌·추락 등의 안전사고 • 촬영 및 비행소음 등으로 인한 사생활 침해 • 범죄 악용

10.5 드론의 기술

10.5.1 드론의 핵심 기술

드론의 핵심 기술은 크게 여섯 가지 분야로 나누어 정리할 수 있다.

❙ 표 10-4 ❙ 드론의 핵심 기술

핵심 기술	내용
통신, 항법, 교통관리기술	드론의 국가 공역으로의 안전한 통합을 위해 필요한 높은 신뢰도 무인기 제어링크기술과 항기만, 항재밍(Anti-jamming) 항법 및 대체항법기술, 차세대 항공교통관리와의 통합 및 차세대 항공교통관리기술
제어, 탐지, 충돌회피기술	드론의 이착륙과 비행제어, 자율주행 향상기술과 임무 수행과 안전한 비행을 위해 다른 비행체나 장애물 등의 위험요소를 미리 탐지하고 충돌을 회피하는 기술
센싱기술	드론의 임무 수행과 안전한 운항 지원을 위하여 필요한 센싱기술
S/W 및 응용기술	• 드론의 제어, 임무 수행과 운항 지원을 위해 실시간 OS(Operating System)와 Interoperability 지원, 개방형 S/W 플랫폼 통한 표준인터페이스 기반기술 • 드론의 특정 임무 수행을 위해 필요한 드론 자체 기술과 빅데이터 처리 등의 응용기술
플랫폼기술	다기능 초경량 소재 및 설비기술, 무인기 액추에이터 및 전기 · 전자기술, 여러 학문이 협력하는 설계기술
동력원기술	친환경 고성능, 고효율의 동력원에 관한 기술

출처: 최성수(2019)

10.5.2 드론의 구조

드론의 구조는 일반적으로 비행체, 지상통제시스템(Ground Control System, GCS), 임무탑재장비(Payload)로 구성되어 있다. 비행체에는 프레임(Frame), 모터(Motor), 프로펠러(Propeller), 컨트롤 유닛(CU), 파워관리 유닛(PMU), 변속기(ESC), 관성측정장치(IMU), 위성항법장치(GPS), 짐벌(Gimbal), 배터리(Battery) 등이 있다. 지상통제시스템에는 원격조정기, GCS 장비, 데이터링크 등이 있으며, 임무탑재장비에는 촬영용 카메라, 매핑(mapping)장비(다중분광 카메라, LiDAR), 통신중계장비, 특수장비(인명구조장비, 약제살포장비) 등이 있다.

표 10-5 드론의 부품과 용도

부품명	용도
프레임(frame)	기체의 기본 틀을 가리키는 것으로 플라스틱, 알루미늄, 카본 등의 재질 사용
모터(motor)	기체의 추진력을 담당하며 비행에 가장 큰 영향을 줌
프로펠러(propeller)	회전력을 전진력으로 바꾸어 비행기나 헬리콥터의 추진기관에 사용하는 장치로 로터(rotor)와 혼용해 지칭함
컨트롤 유닛(CU)	전원, 통신, 모터, 좌표, 데이터 등 많은 입력데이터를 비교하고 분석하여 각각의 유닛(unit)을 제어 및 관리하는 장치로 비행제어기(fight controller)에 해당
파워관리 유닛(PMU)	배터리에서 공급된 전원을 관장하는 장치
변속기(ESC)	전자속도제어기(electronic speed controller)로 스로틀(throttle)에 해당하는 모터의 속도를 조절해 주는 장치
관성측정장치(IMU)	중력을 측정하는 가속도센서와 각 속도를 측정하는 자이로센서로 이루어짐
데이터표시장치(IOSD)	비행정보를 확인하는 장치로 배터리 잔량이나 비행시간, 기체의 기울기, 방위, 출발 위치의 방향과 거리, 고도, 속도 등의 정보를 화면에 표시
위성항법장치(GPS)	위성에서 신호를 받아 현재 위치를 기체에 알려주는 기능을 하는 장치
심벌(gimbal)	구소물의 흔들림과 관계없이 카메라의 위치를 성립상태로 유시해 주는 상치
조종기/송수신기	모든 비행이 전파통신으로 이루어지므로 통신 부분은 무인항공장치의 핵심, 사용 주파수는 2.4GHz(ISM), 차세대통신 LTE, 5G 등을 사용
배터리	전지는 화학적 에너지를 전기적 에너지로 바꾸는 장치, 용량에 따라 설계

출처: 윤경배 등(2020)

10.5.3 드론의 비행 원리[1)]

드론의 비행 원리를 알기 위해서는 드론에 작용하는 힘들과 그 힘의 발생 원리 그리고 그 힘들에 의해서 드론이 어떻게 비행하는가를 이해하는 것이 필요하다. 특히 드론을 설계할 때는 그 임무 요구조건에 따라 어떠한 성능을 발휘할 수 있는가를 먼저 결정한다. 유인기와 달리 무인기인 드론은 그 임무 특성이 매우 다양하므로 설계에 따른 설계 요구조건도 매우 다양하게 수용할 수 있다. [그림 10-2]는 드론에 작용하는 주요한 힘인 양력, 항력, 추력 그리고 중력을 나타낸다.

1) 이양규(2021), "LSTM을 활용한 드론의 모터 진동 이상 탐지 연구"

▌그림 10-2▌ 드론에 작용하는 힘

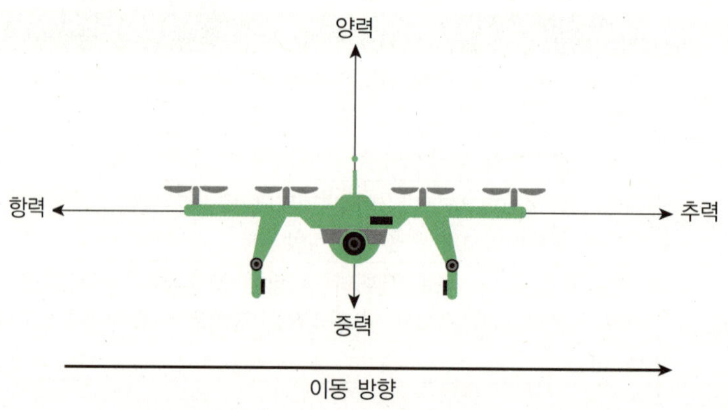

- 양력: 중력에 반대해 공중에 떠 있게 하는 힘
- 중력: 지구가 잡아당기는 힘
- 추력: 기체가 진행하는 방향 쪽으로 추진력을 주는 힘
- 항력: 공기와 기체의 마찰로 발생하는 힘

이 네 가지 힘이 어떻게 균형을 이루느냐에 따라 드론의 비행 형태가 다르다. 양력은 물체의 주변에서 유체가 흐를 때 이때 표면 유체의 흐름에 수직 방향으로 발행하는 역학적 힘을 말한다. 중력은 질량인 드론의 무게가 지구 중심에 대해 작용하는 힘이다. 지구가 물체에 미치는 힘을 그 물체의 중력, 즉 무게라고 한다. 이 힘은 지구의 중심을 향한다. 자유낙하를 하는 물체는 지구 중심을 향하는 중력가속도 g의 영향을 받는다. 질량 m인 물체의 무게는 뉴턴의 제2법칙 F=ma에 F=W를 적용하면 다음과 같다.

$$W = mg \qquad \text{(식 10.1)}$$

추력은 뉴턴의 제2, 3운동 법칙으로 반작용의 힘을 말한다. 대기에서 물질을 움직여 가속할 때 반대 방향으로 같은 힘이 작용하는 것을 추력이라 한다. 회전하는 프로펠러가 공기를 밀어내거나 할 때 이 반대 방향으로 추력을 얻을 수 있다. 추력은 수학적으로 다음과 같이 나타낼 수 있다.

$$T = \frac{M}{t}v \qquad \text{(식 10.2)}$$

(T=추력, $\frac{M}{t}$=연료연소율, v=속도)

항력은 유체 동역학에서 물체가 유체를 움직일 때 이 움직임에 저항하는 힘을 말한다. 항력은 마찰력과 압력으로 구분되며 마찰력은 표면의 평행 방향에 작용하고, 압력은 물체의 표면에 수직 방향으로 작용하고 항력은 물체의 움직임을 방해하는 힘이다. 항력은 일반적으로 속도의 제곱에 비례한다.

$$F_d = -\frac{1}{2}pv^2 A C_d \hat{v} \qquad \text{(식 10.3)}$$

F_d=항력, p=유체의 밀도, v=유체에 대한 물체의 상대속도, A=기준면적,
C_d =항력계수, $\hat{v}$=속도의 방향을 나타내는 단위 벡터

또한 드론에 작용하는 이 네 가지 힘 중에서 드론에 최대로 작용하는 크기순으로 나열하면 양력>중력>추력>항력 순이다. 즉 나음과 같이 정리할 수 있다.

- 양력>중력이면 상승비행
- 양력<중력이면 하강비행
- 추력>항력이면 가속비행
- 추력<항력이면 감속비행
- 양력=중력이면 수평비행
- 추력=항력이면 등속비행

이처럼 드론의 여러 비행 형태는 이러한 힘들의 여러 조합으로부터 결정된다. 또한 일반적으로 드론의 항공역학의 중심 과제는 드론 비행에서 발생하는 양력을 최대로 하고 항력을 최소로 하는 것이다. 양력과 항력을 공력이라 하며, 정지해 있는 물체는 공력이 없지만, 공기 중에 조금이라도 움직이는 물체 주변에는 항상 공력이 발생한다. 특히 드론의 비행 원리를 이해하기 위해서는 공력 발생 원리를 잘 이해하는 것이 필요하다.

그림 10-3 드론의 동작 원리

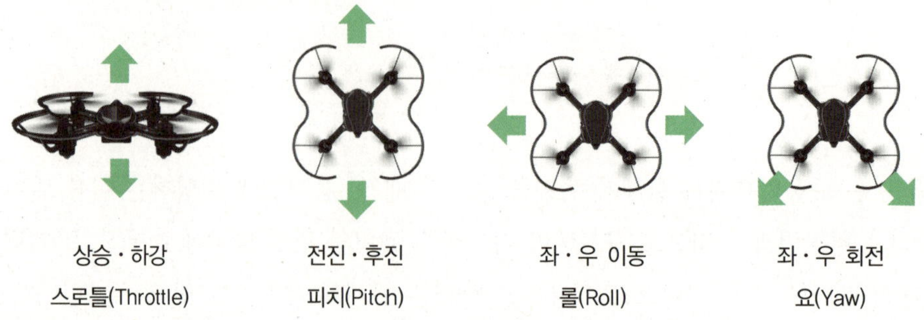

출처: http://edu.byrobot.co.kr/software/entry/lesson5/

10.6 드론의 종류

초기의 드론은 민간용과 군사용으로 구분되었다. 군사용 드론은 일반 비행기 및 헬리콥터와 흡사하며, 크기는 경비행기 정도로 큰 편이다. 주로 정찰이나 정보수집, 미사일 발사 등을 위해 분쟁지역에서 많이 활용되고 있다. 민간용 드론은 여러 개의 회전날개가 장착되어 있는 무선조종 헬기로 '멀티콥터' 또는 '쿼드콥터'라고도 하며, 재난·재해 복구와 긴급서비스, 도시계획, 구조물과 엔지니어링, 부동산, 방송용, 보안서비스, 농작물 관측 및 재배용, 환경관리용, 비즈니스와 상업용, 예능 엔터테인먼트용으로 활용되고 있다.

최근에는 드론의 분류를 무게, 비행 형태, 비행고도, 크기, 운용 목적, 비행거리 등 다양한 기준으로 분류하고 있으며, 기준에 따라 더 세분화할 수도 있다.

무게에 따른 분류는 현재 가장 보편적인 분류기준이지만 국제적인 중량기준은 없으며 국가마다 적용하는 기준이 다르다. 무인항공기(UAV)를 무게기준으로 볼 때, 초소형에서부터 대형에 이르기까지 매우 다양하게 나누어진다. 유럽의 경우에는 일반적으로 무선조종 항공기는 150kg 이하는 소형, 150kg을 초과하면 대형으로 구분하고 있다.

국내 '항공안전법 시행규칙' 제5조에 따르면 무인비행장치를 연료의 중량을 제외한 자체 중량이 150kg 이하인 무인비행기, 무인헬리콥터 또는 무인멀티콥터를 무인동력비행장치로 칭하고 있으며, 연료의 중량을 제외한 자체 중량이 180kg 이하이고 길이가 20m 이하인 것을 무인비행선으로 칭하고 있다.

▌그림 10-4▌드론의 분류

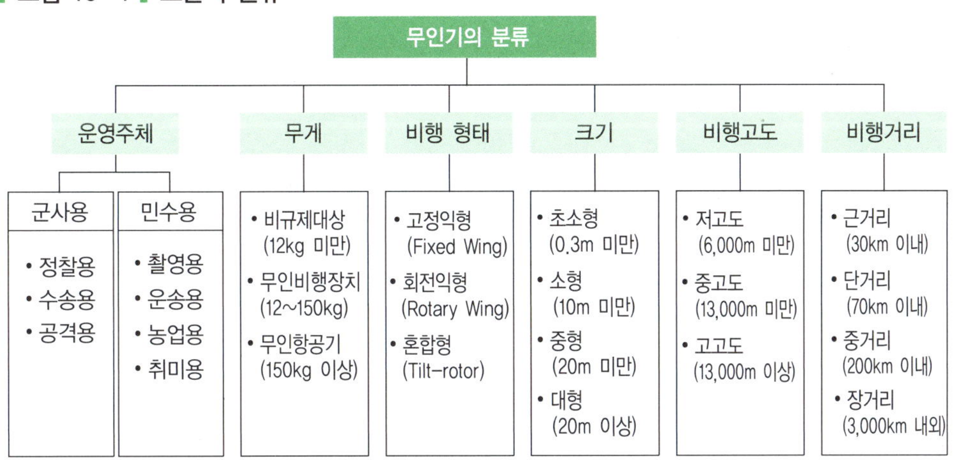

다음으로 비행 형태에 따라 크게 고정익형과 회전익형, 그리고 두 가지의 혼합형인 틸트로터형으로 분류할 수 있다.

첫째, 고정익(Fixed Wing)형은 비행기와 유사하게 생긴 고정된 날개로 양력을 일으켜서 비행하는 시스템으로, 연료 소모가 상대적으로 적어 효율이 가장 높고 빠른 속도로 비행할 수 있다. 하지만 이륙과 착륙을 위한 활주로나 넓은 개활지가 필요하며 바람의 영향을 많이 받는다.

둘째, 회전익(Rotary Wing)형은 조종사 없이 회전하는 프로펠러에 의하여 비행에 필요한 양력(Craft)을 얻는 방식이다. 종류가 단일로터 방식인 헬기가 있고, 여러 로터가 있는 멀티로터 방식으로 나눈다. 또한 프로펠러의 수에 따라 단일로터형과 멀티로터형으로 나눌 수 있다. 멀티로터형은 멀티콥터(Multicopter)라고도 한다. 멀티콥터 방식은 3개 이상의 프로펠러를 서로 반대 방향으로 회전시켜 동체를 제어하는 방식으로 비행자세 제어와 기동성이 매우 뛰어나다. 프로펠러 개수에 따라 3개는 트리콥터, 4개는 쿼드콥터, 6개는 헥사콥터, 8개는 옥터콥터라 불린다. 드론 중에서도 가장 대중적으로 잘 알려진 상업용 · 취미용 회전익 드론이 민간 드론시장의 대부분을 차지한다. 회전익형은 수직 이착륙이 가능하고 제자리 · 후진 · 상하 비행이 가능하며 정밀한 정찰이 가능하지만, 고정익형에 비해 비행 속도가 느리며, 운용 인원이 적고 운반은 쉽지만, 구조가 복잡하고 가격이 비싼 단점이 있다.

셋째, 고정익형과 회전익형의 혼합형인 틸트로터(Tilt-rotor)형이 있다. 이 형태는 각 형태의 장점을 살려 수직 이착륙과 고속비행이 가능하다.

▌표 10-6 ▌비행 형태에 따른 드론의 분류

<table>
<tr><th rowspan="2">분류</th><th rowspan="2">고정익
(Fixed Wing)</th><th colspan="2">회전익
(Rotary Wing)</th><th rowspan="2">틸트로터
(Tilt-rotor)</th></tr>
<tr></tr>
<tr><td rowspan="2">형태</td><td rowspan="2"></td><td>단일로터</td><td>멀티로터</td><td rowspan="2"></td></tr>
<tr><td></td><td></td></tr>
<tr><td>특징</td><td>• 고속, 고효율 비행
• 저소음, 단순한 구조,
• 추력 및 양력발생장치가 분리된 형태로 전진
• 방향으로 가속을 얻으며 날개에서 양력을 발생하여 비행</td><td colspan="2">• 수직 이착륙 및 정점 제공에 적합
• 고정익과 비교해 저효율
• 로터형, 덕트형, 멀티콥터형 등으로 구분함</td><td>• 이착륙은 회전익 드론 형식을 사용
• 비행은 고정익 드론 형식을 사용하여 고효율 비행 및 안전한 이착륙 형식</td></tr>
<tr><td>속도</td><td>빠름</td><td colspan="2">느림</td><td>비교적 빠름</td></tr>
<tr><td>촬영 면적</td><td>넓음</td><td colspan="2">좁음</td><td>비교적 넓음</td></tr>
<tr><td>비행 시간</td><td>긴 비행시간</td><td colspan="2">짧은 비행시간</td><td>비교적 긴 비행시간</td></tr>
<tr><td>정밀도</td><td>보통~우수</td><td colspan="2">양호~우수</td><td>보통~우수</td></tr>
<tr><td>장점</td><td>• 빠른 비행으로 작업 능률이 좋음
• 장시간 비행 가능</td><td colspan="2">• 수직 이착륙 가능
• 물체의 근접 및 정지 촬영이 가능
• 다양한 탑재체 이용
• 소규모 이착륙 공간</td><td>• 빠른 비행으로 작업 능률이 좋음
• 소규모 이착륙 공간
• 다양한 탑재체 이용</td></tr>
<tr><td>단점</td><td>• 이착륙 공간 필요
• 기체의 흔들림에 의해 영상 품질저하 가능성
• 정지비행 불가</td><td colspan="2">• 비행시간이 짧고, 촬영 면적이 적음
• 기체의 조종술 필요
• 추락 시 인명 및 재산피해 발생 우려</td><td>• 기체의 조종 및 운용이 복잡
• 높은 제작비
• 비교적 무게가 있음
• 빠른 비행으로 영상 품질저하 가능성</td></tr>
</table>

출처: 이양규(2021), 정진국(2019)

다음으로 드론의 크기별로는 25g 무게의 초소형 드론부터 12,000kg에 40시간 이상 공중에서 운항할 수 있는 드론 등 종류가 매우 다양하며, 크기별로는 초소형 무인기, 소형 무인기, 중소형 무인기, 중형 무인기, 대형 무인기로 구분된다.

드론이 비행할 수 있는 고도에 따른 분류는 저고도 무인항공기, 중고도형 무인항공기, 고고도 무인항공기로 구분할 수 있다.

표 10-7 비행고도에 따른 드론의 종류

구분	기능
저고도 무인항공기 (LOW)	6,000m(20,000ft) 이하의 무인기: 저고도 비행, 전자광학(EO) 카메라, 적외선(IR) 감지기 등 장착
중고도 무인항공기 (MAE)	13,000m(45,000ft) 이하의 무인기: 대류권 비행, 전자광학 카메라, 레이더 합성 카메라 등 장착
고고도 무인항공기 (HALE)	13,000m(45,000ft) 이상의 무인기: 성층권 비행, 레이더 합성 카메라 등 장착

출처: 류영기 등(2019)

운용 목적에 따라서는 정찰용, 공격용, 전자전용, 무인전투기, 그리고 통신중계용 등으로 구분할 수 있다.

표 10-8 운용 목적에 따른 드론의 종류

구분	기능
정찰용	특정 지역 실시간 감시, 정찰 및 정보 수집, 행동반경 및 작전 운용 가능시간에 의해 근거리 무인기, 단거리 무인기, 중거리 무인기, 장기체공 무인기로 분류됨
공격용	유인 전투기 대체, 공중 전투 및 지상 폭격 임무 수행
전자전용	전자전 임무 수행 무인기, 전자 정보 수집과 통신감청, 그리고 방향 탐지 증의 임수 수행
무인전투기	공격용 무인기와 달리 자폭이 아닌 유도탄 등으로 무장, 공대지 또는 공대공 전투임무 수행
통신중계용	통신용 저궤도 위성 대체, 고고도 장기체공 무인기, 통신중계기의 역할 수행

출처: 류영기 등(2019)

비행거리에 따라서는 근거리 무인항공기, 단거리 무인항공기, 중거리 무인항공기, 장거리 체공형 무인항공기로 분류할 수 있다.

| 표 10-9 | 비행거리에 따른 드론의 종류

구분	기능
근거리 무인항공기	약 30km 이내에서 활동 가능, 여단급 이하 부대 지원 전술 무인기
단거리 무인항공기	약 70km 이내에서 활동 가능, 사단급 이하 부대 지원 전술 무인기
중거리 무인항공기	약 200km 이내에서 활동 가능, 군단급 이하 부대 지원 전술 무인기
장거리 체공형 무인항공기	약 3,000km 내외에서 활동 가능, 전략정보 지원 임무 수행

출처: 류영기 등(2019)

10.7 드론의 응용분야

10.7.1 물류 배송

미국의 전자상거래를 기반으로 한 IT 기업인 아마존(Amazon)에서는 드론 택배의 상용화를 위해 2013년 드론을 활용한 소형 택배 배송 '아마존 프라임에어(Amazon Prime Air)' 서비스를 처음 소개하였다. 테스트에 성공하여 2016년 영국에서 배송 허가를 받고 드론을 이용한 배송에 최초로 성공했다.[2)]

미국의 유명 피자 전문 브랜드 도미노피자(Domino's Pizza)에서는 일명 '도미콥터(DomiCopter)'라는 드론을 활용하여 피자배달 테스트를 실행해 왔으며, 2016년 도미로보틱 유닛(DRU) 드론을 이용하여 뉴질랜드에서 실제로 배달에 성공했다. DRU 드론 속도는 시속 30km/h며 반경 1.5km 이내의 모든 지역에서 배달이 가능할 것으로 알려졌다.[3)]

세계적인 물류업체 도이체 포스트(Deutsche Post)의 DHL은 자체 개발한 '파슬콥터(Parcelcopter)'를 이용하여 2016년 독일의 산악지대에서 자동차로 30분 걸리는 거리를 드론으로 8분 만에 도착하는 시험운용에 성공했다.[4)]

국내 우정사업본부에서는 2017년 최초로 우편물을 드론으로 전달하는 데 성공했다. 전라남도 고흥에서부터 출발한 이 드론은 4km 떨어진 섬인 득량도에 등기와 소포를 배달하였는데, 이것은 국내에서 우편물을 무인드론으로 전달한 첫 번째 사례이다.

---

2) 조선닷컴(2016), "주문 후 13분 만에 도착 … 아마존 첫 드론 배송 성공", 2016. 12. 15.
3) 전자신문(2016), "드론으로 '도미노 피자' 배달 성공", 2016. 11. 17.
4) ZDNet Kore(2016), "특급 배송 DHL, 드론으로 배달-하역 '성공'", 2016. 05. 13.

10.7.2 재난 및 안전

미항공우주국(NASA)에서는 드론을 이용하여 허리케인을 감시하고 있으며, 재난환경에서도 안전성을 강화하고 있다. 뉴욕시에서는 안전한 도시를 만들기 위해 드론을 이용하여 도심 전역을 관찰하겠다는 구상을 공개하였으며, 캐나다에서는 교통사고 현장 보존을 위해 항공사진 촬영에 드론을 이용하여 주요 교통사고 현장에서의 현황 파악에 활용하고 있다.

10.7.3 모니터링

영국의 정유기업인 브리티시 페트롤리엄(British Petroleum)은 에어로바이런먼트(Aero-Vironment)사의 드론을 이용하여 알래스카 유전관리에 사용하였는데, 드론에 장착된 카메라를 통하여 촬영된 영상을 실시간으로 모니터링할 수 있다.

미국 무인항공기 제작업체인 에리언 랩스(Aeryon Labs)는 고해상도 카메라를 사용하여 송전선의 파손 여부를 확인하는 시스템을 운영하고 있다. 일본 후쿠시마 핵발전소의 원자력 유출 피해범위를 확인할 때 영국의 드론이 이용되었다. 부산 해운대구에서는 2014년부터 드론을 이용하여 산불감시용으로 활용하고 있다.[5)]

10.7.4 농업

드론은 농업분야에서 농약이나 비료 살포 등에도 활용되고 있다. 일본에서는 전체 농경지의 40%를 차지하는 지역에서 야마하에서 만든 드론을 이용하여 비료와 살충제를 살포하고 있다. 야마하는 1987년부터 무인헬기를 판매했다. 우리나라에도 약 100여 대가 투입되어 소나무 방재 및 영농작업에 쓰이고 있다.[6)]

국내에서는 ㈜한국헬리콥터에서 제작·특허받은 드론을 활용해 AI 바이러스의 확산 및 감염을 차단하는 방역을 실시했던 사례가 있으며 최근 농업부문에서 드론의 활용 및 개발이 활발히 진행되고 있다.[7)]

---

5) 한겨레신문(2016), "빗장 풀린 '드론 배송·광고' 산업지형 급변 예고", 2016. 05. 18.
6) 서울경제(2016), "공격·감시에서 농사·레저까지 '척척' … 집집마다 드론 날리는 시대 열린다", 2016. 10. 27.
7) 농업경제신문(2017), "전북군산, 드론으로 AI 방제작업 … 기대", 2017. 12. 06.

10.7.5 공공분야

공공분야에서 이미 적용되었거나 적용을 추진 중인 드론의 용도로는 재난 안전, 환경, 농업, 해양, 시설물관리, 측량, 시설물관리 교육 등의 다양한 분야에 활용되고 있다.

서울특별시에서는 전국의 지자체 중 가장 활발하게 드론 관련 업무를 추진 중이다. 드론 활용 기반 조성을 위한 조례제정 및 R&D, 공간정보 실증사업 등을 꾸준히 수행하고 있다. 특히 공간정보담당관에서 2016년에 진행한 '드론 공간정보 실증 및 활용 용역'을 통하여 드론 기반 3D 건물 모형을 제작하여 기본계획 수립, 현황조사, 입체조감도 작성, 정책결정, 참고자료, 도시계획 심의 등에 활용하고 있다.[8)]

한국토지주택공사는 2016년 'LH 무인비행장치(드론) 활용계획 수립' 용역을 통해 공사의 주요 업무에서 드론 적용방안 및 세부계획을 수립하였고, 시범 지역 3D 모형 제작을 통해 후보지 조사, 보상, 설계, 시공, 안전점검 등의 분야에 활용성 등을 검토하였다. 특히 설계부분에서 드론 3D 모형을 이용하여 3차원 BIM 설계를 추진 중에 있다.[9)]

▌그림 10-5 ▌한국토지주택공사 공간정보 활용 사례

출처: 정진국(2019)

8) 서울특별시(2016), "드론을 이용한 공간정보 실증 및 활용 용역"
9) 한국토지주택공사(2016), "LH 무인비행장치(드론) 활용계획 수립"

▌그림 10-6 ▌드론을 활용한 사례

해상사고의 인명구조[1)]

산림감시 및 보호[2)]

농약 살포[3)]

물류 택배서비스[4)]

1) ㈜숨비, '산업용드론 S-200' 해상인명구조용 드론
2) 국립산림품종관리센터 춘천시소 산림보호 드론, 보도자료, 2017. 03.
3) 중도일보(2016), "농약 살포하는 드론", 2016. 07. 21.
4) 소비자평가(2018), "4차 산업혁명의 핵심, 드론 시장이 빛을 발하고 있는 요즘", 2018. 03. 13.

출처: 장태현(2019)

10.8 드론의 향후 동향

10.8.1 국가별 정책 동향

드론에 대한 기준이 각 국가마다 다르지만, 국제민간항공기구(ICAO)에서 원격조정 비행체라고도 부르며, 조종사 없이 운영되는 무인비행체로 정식 명칭이 UAV(무인비행기)라고 해야 하지만 드론으로 많이 알려져 있고 통용되고 있다.

주요국의 드론 정책 현황을 살펴보면 영국은 2018년부터 새로운 드론 법규를 시행하였다. 드론 운영자들이 필요한 곳에서 드론을 날리고자 할 때 상대적으로 큰 드론에 대해 의무등록을 부과한다. 또 공항 근처 또는 122m 고도를 비행하는 드론에 대해서는 비행금지조치를 포함할 수 있다. 이러한 법안은 드론 사용자의 안전인식 테스트를 규정한 항공 내비게이션 지시와 무게가 250g 이상인 드론은 비행 전에 정부에 등록해야 한다는 요구사항을 담고 있다.

미국은 미국 연방항공청(FAA) 내에 드론 관련 교육·시스템 개발 등 안전팀을 신설(2016년 8월)하여 안전 증진과 함께 기술혁신을 추구하고 무인기 현대화 법률 제정 이후 소형 드론(25kg 이하) 등록제를 도입(2015년 12월)하고, 운항기준 등 상업적 허용법령 개정(2016년 8월) 등 소형급부터 제도를 정비하고 있다. 무인기 시험, 안전기준 연구 등을 위한 테스트 베드를 운영하고 NASA를 중심으로 드론 교통관리체계(UTM)를 개발 중이며, 아마존(택배), 보잉(정찰기), 구글(고고도 드론), 인텔(제어), 메타(인터넷), 퀄컴(S/W) 등 글로벌 기업에 적극 투자 중이다.

유럽연합은 2019년까지 14개 분야 핵심 기술개발계획 및 유·무인 항공기 공역 통합에 대해 2028년까지 단계적 구축 목표로 로드맵을 제시하였다. 1단계는 무인기 공역을 제한적으로 운영하고, 2단계는 일부 예외부터 전체적으로 확대하여, 3단계는 유·무인기 공역을 통합하는 것을 목표로 하고 있다.

중국은 DJI, 이항(Ehang) 등 기업의 성공으로 세계 최대 소형 드론 생산기지(90%, 2016)로 드론 등 10대 중점분야 기술 로드맵을 마련하여 추진 중이며 무인기 분류체계(7개)에 따른 비행범위, 조종자격 등을 구체화하고 소형 드론 안전 문제에 따라 소유주 등록제(250g 이상)를 도입·추진 중이다.

중국·미국 등 주요국은 2008년부터 제도 정비를 통해 드론 활성화에 기여하고 있으며, 우리도 드론산업 규제 정비를 2012년부터 본격화하였으며, 현재는 미국, 중국, 일본 등에 비해 규제가 보다 완화된 수준이다.

현행 안전관리제도에서 비행 전에는 무인비행장치 신고, 기체안전성 검사, 비행 승인, 조종자 증명, 사업등록 등 일련의 안전검증을 거친 후 운용하도록 제도화되어 있다. 다만 무인비행장치의 중량과 사용 목적에 따라 일부 단계는 면제되고 있다. 비행 중에는 조종자 준수사항에 따라 안전하게 운용하여야 한다.

| 표 10-10 | 국가별 드론 규제 비교

구분	한국	미국	중국	일본
기체 신고·등록	사업용 또는 자체 무게 12kg 초과	사업용 또는 250g 초과	7kg 초과	200g 초과
조종자격	12kg 초과 사업용 기체 *만 14세 이상	사업용 기체 *만 16세 이상	자체 무게 7kg 초과	200g 초과
비행고도 제한	150m 이하 *지면, 수면 또는 구조물기준	120m 이하 *지면, 수면 또는 구조물기준	120m 이하 *조종사 · 관측원 기준	150m 이하 *지면 또는 수면기준
비행구역 제한	• 서울 일부(9.3km) • 공항(반경 9.3km) • 원전(반경 19km) • 휴전선 일대	• 워싱턴 주변(24km) • 공항(반경 9.3km) 워싱턴공항(28km) • 원전(반경 5.6km) • 경기장(반경 5.6km)	베이징 일대 공항 주변 원전 주변 등	• 도쿄 전역(인구 4,000/km^2 이상 거주지역) • 공항(반경 9km) • 원전 주변 등
비행속도 제한	제한 없음	161km/h 이하	100km/h 이하	제한 없음
가시권 밖/야간비행	원칙 불허 예외 허용 *시험비행, 시범사업 공역 내 비행 허용	원칙 불허 예외 허용 *Waivable 규정을 통해 건별로 허가	원칙 불허 예외 허용 *클라우드 시스템 접속 또는 별도 보고 필요	원칙 불허 예외 허용
군중 위 비행	원칙 불허 예외 허용 *위험한 방식의 비행금지	원칙 불허 예외 허용	원칙 불허 예외 허용 *클라우드 시스템 접속 및 실시간 보고 필요	원칙 불허 예외 허용 *사람, 차량, 건물 등과 30m 이상 거리 유지
드론 활용 사업범위	제한 없음 *국민안전 · 안보에 위해를 주는 사업 제외	제한 없음	제한 없음	제한 없음

출처: 국토교통부(2019)

▌표 10-11 ▌드론 조종자 안전운행 준수사항(비행 중 준수사항)

구분	내용
비행금지 시간대	야간비행(일몰 이후부터 일출 전까지)
비행금지 장소	• 공항주변 반경 9.3km • 비행금지 구역(휴전선 인근, 서울 도심 상공 일부) • 고도 150m 이상
비행금지 행위	조종자 가시범위 밖 또는 악기상 상황에서 날리는 행위 등
위험한 비행금지	인구밀집지역에서 위험한 비행, 위험한 물건 낙하 등
음주 등 비행금지	음주상태(혈중 알코올 농도 0.02% 이상), 마약 등 비정상상태에서 비행

출처: 장태현(2019)

10.8.2 드론의 시장 전망

멀티콥터의 시장 규모 측면에서 Forecast International 및 Frost & Sullivan의 자료를 바탕으로 세계 무인기시장을 추정해 보면 2015년 이후 2024년까지 향후 10년간은 연평균 약 17.7%의 성장률을 예측했다.

국내의 드론(취미용 제외) 시장 규모는 2015년 약 1억 달러에서 연평균 35%씩 성장하여 2022년 약 4억 달러로 점차 확대될 것으로 전망하고 있으며, 국내의 드론시장은

▌표 10-12 ▌국내 민간용 드론시장 규모 예상 전망

구분		2016년	2019년	2022년	2025년	연평균 성장률
공공용		0.3	2.1	3.4	4.6	32.8%
상업용		3.9	17.2	41.4	65.1	36.8%
	건설	0.65	5.24	13.1	16.54	–
	에너지	0.42	2.15	5.36	8.98	–
	농업	1.75	4.27	8.92	13.63	–
	통신	–	2.0	6.0	15.0	–
	보험	0.26	1.16	4.66	6.88	–
	촬영	0.8	2.39	3.32	4.1	–
취미용(소비자)		22.0	35.0	37.0	39.0	6.6%
합계		26.2	54.3	81.8	108.7	17.1%

출처: 국토교통부(2016), 이양규(2021)

아직은 군수용 시장이 중심이지만, 점차 영상 촬영용, 농업방제용 등 상업적 활용분야로 확대될 것으로 보고 있다.

산업별 측면에서 드론이 활용되는 분야를 살펴보면 드론의 활용분야는 농업분야의 방제, 기상관측, 측량, 영화 및 방송 등의 촬영, 시설물 감시(송유관, 원전시설, 송전선, 풍력발전기, 태양광 패널) 등에서 활용도를 점점 확대하고 있다.

▌그림 10-7 ▌산업분야별 드론 활용분야

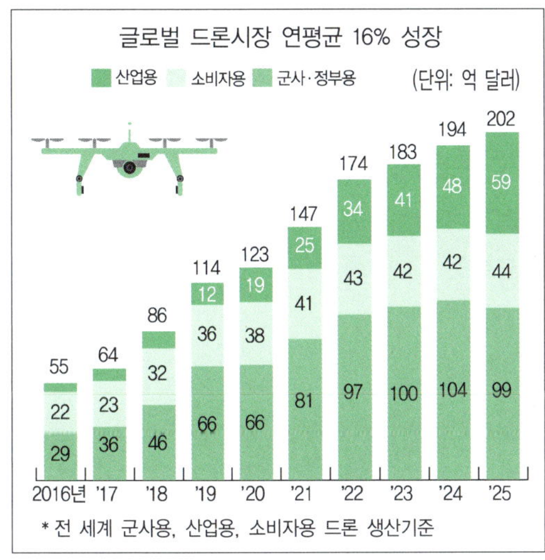

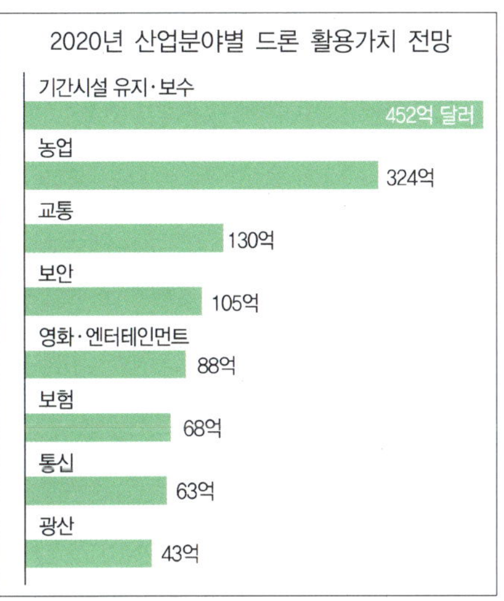

출처: World Production Forecast(2017)

연습문제

01 조종사 없이 회전하는 프로펠러에 의하여 비행에 필요한 양력(Craft)을 얻는 방식이며, 프로펠러의 수에 따라 단일로터형과 멀티로터형으로 나눌 수 있는 드론은 다음 중 어느 것인가?

① 고정익　　② 정찰용
③ 틸트로터　　④ 회전익

02 드론은 비행할 수 있는 고도에 따라 분류할 수 있는데, 저고도 비행과 전자광학(EO) 카메라 및 적외선(IR) 감지기 등을 장착한 드론은 다음 중 어느 것인가?

① 중고도 무인항공기
② 고고도 무인항공기
③ 저고도 무인항공기
④ 무인전투기

03 드론에 작용하는 힘에 대한 설명 중 틀린 것은?

① 양력: 중력에 반대해 공중에 떠 있게 하는 힘
② 중력: 지구가 잡아당기는 힘
③ 추력: 기체가 진행하는 반대 방향으로 주는 힘
④ 항력: 공기와 기체의 마찰로 발생하는 힘

04 비행거리가 약 200km 이내에서 활동 가능하며, 군단급 이하 부대 지원 전술 무인기는 다음 중 어느 것인가?

① 근거리 무인항공기
② 단거리 무인항공기
③ 중거리 무인항공기
④ 장거리 체공형 무인항공기

05 드론에 작용하는 네 가지 힘 중에서 최대로 작용하는 크기순으로 나열하면 양력>중력 >추력>항력 순이다. 아래 보기 중 맞는 것을 고르시오.

양력>중력이면 (　　　) •	• ① 하강비행
양력<중력이면 (　　　) •	• ② 수평비행
추력>항력이면 (　　　) •	• ③ 등속비행
추력<항력이면 (　　　) •	• ④ 감속비행
양력=중력이면 (　　　) •	• ⑤ 가속비행
추력=항력이면 (　　　) •	• ⑥ 상승비행

06 드론의 비행 원리에 대해 설명하시오.

07 드론의 개념과 정의에 대해 간략하게 설명하시오.

08 드론의 핵심 기술 여섯 가지를 설명하시오.

09 드론의 장단점에 대해 설명하시오.

10 비행 중에는 조종자 준수사항에 따라 안전하게 운용하여야 한다. 따라서 드론 조종자의 안전운행 준수사항에 대해 설명하시오.

정답 01 ④ 02 ③ 03 ③ 04 ③

Chapter **11**

자율주행

산업혁명의 핵심 기술인 자율주행(Autonomous Driving)에 대한 각 나라의 기관과 기업들의 투자가 활발하다. 자율주행산업은 자동차 부품, 부품이 조합된 시스템, 시스템이 탑재된 차량과 이를 기반으로 한 다양한 서비스로 구성된다. 이는 자동차산업계만으로 구성되는 산업이 아닌 자동차-ICT-ITC[1])가 연계된 종합 산업이라 할 수 있다.

▌그림 11-1▐ 자율주행산업의 주요 요소

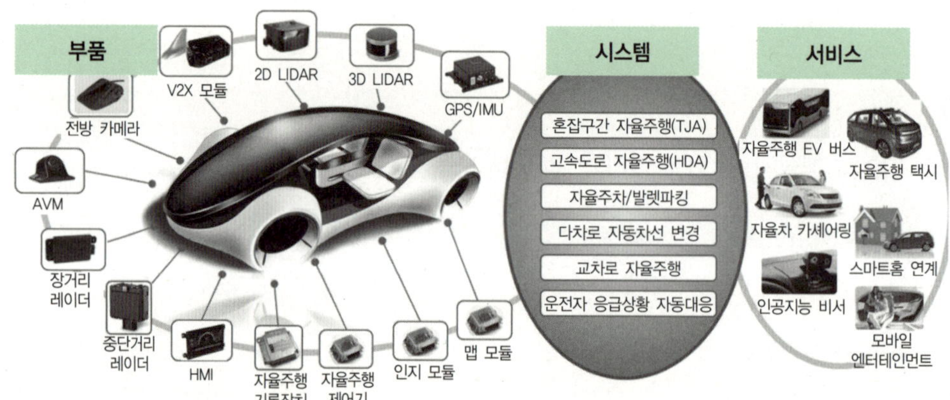

출처: 국가기술표준원(2018)

---

1) ITC(Intelligent Transportation System)는 지능형 교통시스템으로 교통 혼잡을 효율적으로 조정하고 안정성을 획기적으로 증진시키기 위하여 도로, 차량, 신호시스템 등 기존 교통체계의 구성 요소에 전자, 제어, 통신 등 첨단기술을 접목시켜 구성 요소들이 상호 유기적으로 작용하도록 하는 차세대 교통체계 및 시스템이다.

11.1 자율주행의 개념 및 정의

자율주행이란 교통수단이 운전자의 어떤 개입도 없이 스스로 판단하여 이동하고 장애물을 피하여 운행할 수 있는 기능이다. 현재까지 자율주행이 가장 많이 발달한 교통수단은 철도이며, 항공기나 선박 또한 자율주행이 발달되었다. 이에 반해 자율주행의 발전이 가장 더딘 교통수단은 자동차라고 할 수 있다.

4차 산업혁명의 핵심 기술 인공지능(AI), 사물인터넷(IoT), 빅데이터, 자동차를 결합하면 자율주행이 가능한 자동차가 된다. 최근 머신러닝, 딥러닝 방식에 의한 고도로 진화한 인공지능 컴퓨터의 발달은 자율주행자동차(Autonomous Vehicle or Self-Driving Car)의 기술을 앞당긴 원동력이 되었다.

자율주행자동차는 일반 자동차에 자율주행시스템(Automated Driving System, ADS)을 장착한 것으로, 이 자율주행시스템은 자율주행이 가능하도록 하는 보조장치인 하드웨어와 내부 알고리즘인 소프트웨어로 구성된다. 하드웨어는 자동차에 직접 장착된 부속장치로 디지털 카메라(D-camera), 라이다(LiDAR), 레이더(Radar), GPS, IMU(Internal Measurement Unit), Sonar(Sound Navigation and Ranging) 및 디지털 지도(Digital Map) 등을 포함한다. 이러한 하드웨어를 통해 교통 인프라인 도로와 건물 그리고 움직이는 자동차 등으로부터 수집된 데이터를 수집 · 분석 · 제공하는 빅데이터 기능과 인공지능기술이 적용된 자율주행 소프트웨어가 자율주행 기능을 수행하게 된다.

완전한 자율주행을 위해서는 복잡하고 밀집된 공간에서의 돌발상황에 대한 충돌방지장치 및 고성능 카메라 등 전반적인 기술의 발전이 필요한 상황이며, 주행상황 정보를 종합적으로 판단하여 처리할 수 있도록 주행상황을 인지하고 대응할 수 있는 기술이 필요하다.

자율주행자동차는 일반적으로 운전자의 운전 조작 없이 자율주행시스템을 통해 자동차가 스스로 도로와 주행환경을 인식하고 차량의 움직임을 판단하여 경로를 계획하고 스스로 주행할 수 있는 자동차를 말한다(IITP, 2016). 2016년 2월 개정된 '자동차관리법 제2조 제1의 3호'에 의하면, 자율주행자동차란 "운전자 또는 승객의 조작 없이 자동차 스스로 운행이 가능한 자동차"를 말한다.

▌그림 11-2 ▌자율주행자동차

인공지능 자율주행차[1)]

자율주행차 이미지 센서 시스템[2)]

출처: 1) https://tago.kr/story/autonomous.htm
2) https://www.elec4.co.kr/article/articleView.asp?idx=21804

자율주행자동차(Autonomous Vehicle, AV)란 일반적으로 "자동차-인프라(도로 · ICT)의 모든 요소를 유기적으로 연결하여 자율주행기술을 토대로 운전자 또는 승객의 조작 없이 자동차 스스로 주변환경을 인식하여 위험을 판단하고 주행경로를 계획하는 등 스스로 운행이 가능한 자동차"로 정의된다.

자율주행자동차는 스마트카, 무인자동차, 커넥티드카 등과 혼재되어 사용되기에 개념을 구분할 필요가 있다.

스마트카(Smart Car)는 위치정보 제공시스템(GPS), 장애물 및 충돌 감지시스템 등 첨단기술에 근거하여 자동차의 운행 효율성을 높이는 혁신적 자동차를 의미할 뿐이며, 기존의 자동차와 다를 바 없다.

또한 무인자동차(Unmanned Vehicle or Driverless Cars)는 운전자인 사람이 자동차를 운전하지 않는 점에서 자율주행차와 유사하지만, 무인자동차의 경우 조종 위치가 자동차의 외부에 있다는 점에서 차이가 있다. 다만 자율주행자동차가 고도로 발달하면 차량 내의 사람은 단순한 승객에 불과하게 되므로 사실상 무인자동차와 동일하게 될 것이다.

커넥티드카(Connected Car)는 정보통신기술(ICT)과 자동차를 연결시키는 형태로 차량 간 양방향 인터넷 및 모바일 서비스 등이 가능하여 원격에 의한 시동 및 작동을 가능하게 하는 사물인터넷 기술이 접목된 차량을 말한다. 다만 자율주행자동차는 정보의 주체가 자율주행시스템 그 자체이지만 커넥티드카의 경우에는 정보의 주체가 운전자이므로 차이가 있다(김정임, 2016). 또한 커넥티드카는 차량과 주변의 연결에 초점을 맞춘 개념으로 볼 수 있으며 최근에는 도시 인프라 차원의 지능형 교통시스템(Intelligence Transport System, ITS)과 융합하며 협력 지능형 교통시스템(Cooperative-ITS, C-ITS)으로 확장되고 있다.

11.2 자율주행의 역사

자율주행자동차의 등장 배경은 1926년 미국 뉴욕 전파기술자인 프랜시스 후디나(Francis Houdina)가 전파 송신기와 회로 차단기를 차량에 설치하여 무인으로 자동차를 움직인 것이 첫 시도라고 알려져 있다.

현재의 자율주행자동차의 개념은 1939년 뉴욕 세계박람회에서 산업디자이너인 노먼 게디스(Norman Geddes)와 GM사(General Motors Co.)가 전시관 퓨처라마(Futurama)를 통해 미래의 도시 모습을 묘사하면서 처음으로 등장하였다. 당시 노먼 게디스가 상상한 미래의 자동차는 컴퓨터시스템과 자동속도 조절장치를 통해 주행하는 것이었다.

1956년 GM사는 GWM Motorama라는 GM 모터쇼에서 'Highway of Tomorrow'라는 영상을 통해 AHS(Automated Highway Systems)와 같은 현재 V2I와 유사한 기술과 함께 자율주행 콘셉트에 대한 개념을 선보였다. 이와 더불어 자동차업계에서는 자율주행에 관하여 관심을 가지며 관련 연구를 시작하였다(Morrison et al., 1961; Ohshima, 1965).

1970년대 들어 트랜지스터나 집적회로와 같이 연산소자의 비약적인 발전과 전자 모터의 개발이 진전되었고 레이더 또한 신호처리기술의 발전으로 항공우주나 로봇제어 기술의 적용을 통하여 차량의 자율주행기술이 개발되었고, 이를 통해 속도유지장치나 기본적인 차량제어와 관련하여 많은 연구들이 시도되었다.

이후 1977년 일본의 츠쿠바 기계공학연구소에서 흰색 표시가 된 경계선을 인지하며 주행이 가능한 무인자동차가 세계 최초로 제작되었다. 비록 최고속도는 시속 30km 정도였지만, 진정한 의미의 최초의 자율주행자동차라고 할 수 있다.

1986년에는 독일 뮌헨 연방대학의 에른스트 딕만(Ernst Dickmanns) 교수는 카메라와 센서를 메르세데스 벤츠의 밴에 탑재해 최고시속 100km의 자율주행자동차를 제작했다. 1994년 그는 메르세데스 벤츠의 500 SEL을 개조하여 반자율주행자동차 두 대를 제작하는 데 성공하였다. 이 차량은 고속도로에서 130km의 속도로 총 1,000km의 거리를 주행하는 데 성공했다. 이후 에른스트 딕만 교수는 메르세데스 벤츠의 S클래스로 독일의 뮌헨부터 덴마크의 코펜하겐까지 총 1,600km가량의 거리를 무인으로 주행하는 데 성공했다.

미국에서는 1980년대부터 카네기멜론 대학교에서 자율주행자동차에 대한 개발이 이루어졌다. 초반에는 시속 30km까지의 속도를 낼 수 있었고, 이후 1995년에 총 5,000km의 거리 중 98.2%를 자율주행으로 주행이 가능한 차량을 제작하는 데 성공했다. 하지만 이때까지는 조향만 자동이었고, 가속과 제동부분은 운전자가 담당하였다.

미국 DARPA(국방고등연구계획국)는 미육군 장비의 1/3을 무인장비로 대체하기 위해 2004년부터 자율주행자동차 대회를 개최하고 있다. 첫 번째 대회에서는 완주를 마친 팀이 없었으나, 2005년 두 번째 대회에서 미국 스탠퍼드 대학교 팀이 6시간 54분의 기록을 달성하며 우승하였다. 당시 이 팀을 이끌었던 세바스찬 스런(Sebastian Thrun) 박사는 구글엑스(Google X) 연구소의 초대 소장이며, 구글 자율주행자동차 개발의 핵심 인물이다. 그는 자율주행자동차 개발의 책임을 맡아 2009년부터 Google X 프로젝트를 통해 본격적으로 개발에 착수했다.

2010년에 인터넷 업체이던 구글은 자율주행차량을 개발하여 주행 중인 영상을 대중에 발표하며 자율주행차량이 실제로 제작 가능함을 공개하였다. 이와 같은 발표를 통해 일반 대중들의 자율주행에 대한 관심이 집중되기 시작하였다. 이를 계기로 각 자동차업계에서는 부분적인 자율주행인 첨단운전자보조시스템(Advanced Driver Assistance System, ADAS) 개발에 집중하며 자율주행기술 개발에 몰두하기 시작하였고, 전자통신 및 컴퓨터 관련 기술을 보유한 IT 기업들도 영상인식이나 빅데이터 처리 등을 시작으로 자율주행차량 개발에 뛰어들기 시작하며 자율주행기술 개발에 대한 경쟁이 본격화하였다.

11.3 자율주행기술의 수준 정의

자율주행자동차는 자율주행시스템이 차량을 주행하는 정도에 따라 구분된다. 미국 교통부(The Department of Transportation, DOT) 산하 도로교통안전국(NHTSA)이 구분한 5단계 기준과 자동차공학회(SAE)에 따른 6단계 기준, 독일 연방교통부(BMVI)와 우리나라 국토교통부에서 자율주행기술 수준을 정의하고 있다.

11.3.1 NHTSA 5단계 수준 정의

미국 도로교통안전국(National Highway Traffic Safety Administration, NHTSA)은 2013년 5월 자율주행차의 자동화 정도를 5단계로 나누어 발표하였다.

- 0단계: 비자동화(No Automation)단계로서 자율주행기능이 전혀 장착되지 않은 단계이다.
- 1단계: 기능제한 자동화(Function-specific Automation)단계로서 조향, 가속, 제동 등 개별적인 자율수행기술이 독립적으로 작용하는 단계이다.
- 2단계: 복합기능 자동화(Combined Function Automation)단계로서 복수의 자율주행기능들이 서로 결합하여 작동하는 단계이다.
- 3단계: 제한된 자동화(Limited Self-Driving Automation)단계로서 제한적으로 자율주행이 가능한 단계인데, 제한적 자율주행은 통상 자율주행자동차가 운전을 하되, 긴급상황 시 자동차 제어 권한이 운전자에게 이전되는 경우이다.
- 4단계: 완전자동화(Full Self-Driving Automation)단계로서 긴급상황에서도 자동차 제어 권한이 인간에게 이전되지 않는 완전한 자율주행이 가능한 단계이다. 무인자동차는 4단계 자율주행자동차에 해당한다.

| 표 11-1 | NHTSA의 자율주행기술 레벨 5단계

수준	정의	내용	운전주체
level 0	비자동 (No Automation)	• 운전자가 항상 제동, 조향, 감속, 동력 등 주요 자동차 조종과 관련된 역할을 수행하고, 주행감시 및 안전운행의 역할을 수행하는 단계 • 예: 전방충돌경고(FCW), 차선이탈경고(LDWS)장치 등 • 현재 시중에 판매되고 있는 일반 차종	운전자
level 1	기능제한 자동 (Function-specific Automation)	• 여러 자동화기능이 조합되어 운행되지 못하기 때문에 운전자가 자동차에 대한 제어권을 보유하고 있는 단계 • 예: 크루즈 콘트롤(Cruse Control), 적응식 정속주행시스템(Adaptive Cruise Control, ACC), 자동정지장치(Automatic Braking), 차선유지장치(Lane Keeping) 등 • 현재 시중에 판매되고 있는 특정 고급차종	운전자
level 2	복합기능 자동 (Combined Function Automation)	• 특정 주행환경에서 두 개 이상의 제어기능이 조화롭게 작동하지만, 운전자가 여전히 모니터링 및 안전에 대한 책임을 지고 자동차에 대한 제어권을 보유해야 하는 단계 • 예: 적응식 정속주행시스템(ACC) • 일부 상용화 진행 중	운전자
level 3	제한된 자율주행 (Limited Self-driving Automation)	• 특정 교통 및 환경상황에서 주행이 자동차 자동화 시스템에 전부 의존하는 단계 • 자율주행 모드를 기반으로 하되, 운전자의 제어가 필요한 경우 경보신호를 제공하여 운전자 모드로 주행(자율주행모드+운전자모드) • 현재 연구개발 진행 중	운전자, 시스템
level 4	완전자율주행 (Full Self-driving Automation)	• 자동차가 출발부터 목적지까지 모든 안전기능을 제어하고 그 상태를 모니터링하는 단계 • 차량 내의 사람은 승객에 불과	시스템

출처: 김종갑(2021)

11.3.2 SAE 6단계 수준 정의

미국 자동차공학회(Society of Automotive Engineers, SAE)는 총 6단계로 자율주행자동차의 단계를 구분하고 있다.

자동차공학회의 기준(SAE J3016)에 따르면 일반자동차는 레벨 0단계에 해당한다.

선행 자동차와 거리를 유지하면서 주행하는 기능이 장착된 자동차는 운전자의 조작 없이 자율주행시스템에 의해서 기능하므로 레벨 1단계에 해당한다.

테슬라의 오토파일럿(Autopilot)과 캐딜락의 '슈퍼 크루즈 시스템(Super Cruise System)'은 조향과 가감속 등 두 가지 이상의 자율주행기능이 복합적으로 기능하는 시스템으로

표 11-2 SAE 자율주행기술 레벨 6단계

수준	정의	내용	평상시 제어	모니터링	응급 시 제어
Level 0	비자동 (No Automation)	운전자가 전적으로 모든 조작을 제어하고, 모든 동적 주행을 조정하는 단계	운전자	운전자	운전자
Level 1	운전자 지원 (Driver Assistance)	자동차가 조향 지원시스템 또는 가속·감속 지원시스템에 의해 실행되지만 사람이 자동차의 동적 주행에 대한 모든 기능을 수행하는 단계	운전자	운전자	운전자
Level 2	부분 자동화 (Partial Automation)	자동차가 조향 지원시스템 또는 가속·감속 지워시스템에 의해 실행되지만 주행환경의 모니터링은 사람이 하며 안전운전의 책임도 운전자가 부담 예: 테슬라의 오토파일럿(Autopilot) 등	시스템	운전자	운전자
Level 3	조건부 자동화 (Conditional Automation)	시스템이 운전 조작의 모든 측면을 제어하지만, 시스템이 운전자의 개입을 요청하면 운전자가 적절하게 자동차를 제어해야 하며, 그에 따른 책임도 운전자가 보유	시스템	시스템	운전자
Level 4	고도자동화 (High Automation)	주행에 대한 핵심제어, 주행환경 모니터링 및 비상시의 대처 등을 모두 시스템이 수행하지만 시스템이 전적으로 항상 제어하는 것은 아님	시스템	시스템	운전자, 시스템
Level 5	완전자동화 (Full Automation)	모든 도로조건과 환경에서 시스템이 항상 주행 담당	시스템	시스템	시스템

출처: 김종갑(2021), 이지혜(2018)

서 레벨 2단계에 해당한다.

레벨 3단계는 주변환경 인식능력을 가지고 스스로 결정을 내리는 단계로서, 자율주행시스템이 요구할 경우 운전자가 운전 제어권을 이전받아야 한다. 레벨 2단계에서 레벨 3단계로 올라가는 것은 기술적 관점에서는 중요한 도약이지만, 인간의 입장에서는 미묘한 변화에 해당한다.

레벨 4단계는 특정한 환경에서 모든 제반조건이 구비된 경우 완전자율주행이 가능하다. 시스템 오류나 실패 시 인간이 수동 전환 옵션을 가지고 있으나, 운전자가 제어권을 이전받지 않더라도 자율주행이 가능하다.

레벨 5 수준의 자율주행자동차는 어떠한 환경에서도 완전한 자율주행이 가능한 단계로서 조향을 위한 핸들, 가감속을 위한 페달이 없더라도 무관하다.

11.3.3 BMVI 수준 정의

독일의 연방교통부(Bundesministerium für Verkehr und Digitale Infrastruktur, BMVI)는 자율주행기술을 주행보조(Assistiert), 부분자동운전(Teilautomatisiertes Fahren), 고도자동운전(Hochautomatisiertes Fahren), 완전자동운전(Vollautomatisiertes Fahren), 자율주행(Autonom) 등 단계번호 없이 명칭으로만 구분하고 있다.

표 11-3 미국 SAE와 독일 BMVI의 자율주행기술 단계 비교

수준	미국 SAE	독일 BMVI
Level 0	비자동(No Automation)	수동운전(Driver Only)
Level 1	운전자 지원(Driver Assistance)	주행보조(Assistiert)
Level 2	부분자동화(Partial Automation)	부분자동운전(Teilautomatisiertes Fahren)
Level 3	조건부 자동화(Conditional Automation)	고도자동운전(Hochautomatisiertes Fahren)
Level 4	고도자동화(High Automation)	완전자동운전(Vollautomatisiertes Fahren)
Level 5	완전자동화(Full Automation)	자율주행(Autonom)

출처: 박지흔(2021)

11.3.4 국내 자율주행 수준 정의

우리나라의 경우는 현재 국토교통부령 '자동차규칙' 제111조에서는 자율주행시스템의 종류를 부분자율주행, 조건부 완전자율주행, 완전자율주행 3단계로 구분하고 있다.

첫째, 부분자율주행시스템은 지정된 조건에서 자동차를 운행하되 작동한계상황 등 필요한 경우 운전자의 개입을 요구하는 자율주행시스템을 의미한다.

둘째, 조건부 완전자율주행시스템은 지정된 조건에서 운전자의 개입 없이 자동차를 운행하는 자율주행시스템을 의미한다.

셋째, 완전자율주행시스템은 모든 영역에서 운전자의 개입 없이 자동차를 운행하는 자율주행시스템을 의미한다.

우리나라의 자율주행기술 분류는 독일과 유사하게 명칭으로 구분하고 있어 앞서 살펴본 SAE의 단계 구분을 기준으로 하여 아래의 [표 11-4]와 같이 용어의 이해도를 높이기 위해 미국 SAE와 비교 정리하였다.

| 표 11-4 | 미국 SAE와 국내 자율주행기술 단계 비교

수준	미국 SAE	우리나라(국토교통부)
Level 3	조건부자동화(Conditional Automation): 자율주행시스템이 운행가능영역에서 제한적으로 자율주행기능이 작동하되 필요시 운전자가 즉시 개입해야 하는 단계	부분자율주행(Partial Driving Automation): 지정된 조건에서 자동차를 운행하되 작동한계상황 등 필요한 경우 운전자의 개입을 요구하는 자율주행시스템
Level 4	고도자동화(High Automation): 제한된 상황을 제외한 운행가능영역에서 자율주행이 가능한 단계	조건부 완전자율주행(Conditional Full Driving Automation): 지정된 조건에서 운전자의 개입 없이 자동차를 운행하는 자율주행시스템
Level 5	완전자동화(Full Automation): 운행가능영역에 제한되지 않고 운행 중 사용자의 개입이 요구되지 않는 단계	완전자율주행(Full Driving Automation): 모든 영역에서 운전자의 개입 없이 자동차를 운행하는 자율주행

출처: 박지흔(2021)

국토교통부에서는 미국 도로교통안전국(NHTSA), 자동차공학회(SAE), 독일 연방교통부(BMVI) 등을 참고하여 자율주행단계를 [그림 11-3]과 같이 제시하였다.

그림 11-3 | 자율주행 레벨 5단계

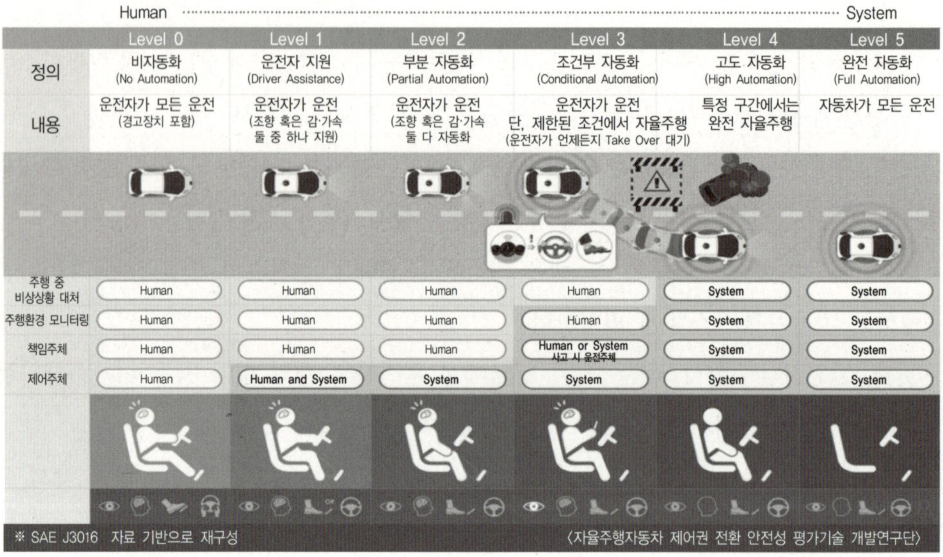

Human ································ System

	Level 0	Level 1	Level 2	Level 3	Level 4	Level 5
정의	비자동화 (No Automation)	운전자 지원 (Driver Assistance)	부분 자동화 (Partial Automation)	조건부 자동화 (Conditional Automation)	고도 자동화 (High Automation)	완전 자동화 (Full Automation)
내용	운전자가 모든 운전 (경고장치 포함)	운전자가 운전 (조향 혹은 감·가속 둘 중 하나 지원)	운전자가 운전 (조향 혹은 감·가속 둘 다 자동화)	운전자가 운전 단, 제한된 조건에서 자율주행 (운전자가 언제든지 Take Over 대기)	특정 구간에서는 완전 자율주행	자동차가 모든 운전
주행 중 비상상황 대처	Human	Human	Human	Human	System	System
주행환경 모니터링	Human	Human	Human	Human	System	System
책임주체	Human	Human	Human	Human or System 사고 시 운전주체	System	System
제어주체	Human	Human and System	System	System	System	System

※ SAE J3016 자료 기반으로 재구성 〈자율주행자동차 제어권 전환 안전성 평가기술 개발연구단〉

출처: 국토교통부(2021)

11.4 자율주행자동차의 기술 요소

자율주행자동차(Autonomous Vehicle, AV)는 일반적으로 운전자 또는 승객의 조작 없이 자동차가 스스로 운행이 가능한 자동차를 말한다. 즉 기존의 차량기술에 ICT 기술이 융합됨으로써 차량주행에 운전자의 통제 없이 주변환경을 '인식'하고, 주행의 위험요소를 '판단'하여 차량의 주행을 '제어'하는 핵심 3단계 과정을 거치면서 인공지능이 알고리즘에 따라 차량을 운행하는 시스템으로 구성되어 있다.

자율주행자동차의 주요 기술 요소를 분류하면 인식(환경인식 센서, 위치인식 매핑), 판단, 제어, 상호작용(Human Machine Interaction, HMI)으로 나눌 수 있다.

표 11-5 자율주행자동차의 운영체계 기술 요소

구성 기술		내용
인식	환경	• 디지털 카메라, 레이더, 라이다 등의 센서 사용 • 차량과 보행자 등을 포함한 장애물, 도로 표식(차선, 정지선, 횡단보도 등), 신호 등을 인식
	위치 및 매핑	• GPS/IMU/Encoder, 기타 매핑을 위한 센서 사용 • 현재 차량의 위치인식, 추정
판단		• 목적지까지의 경로계획 • 장애물 회피 경로계획 • 주행상황별 행동 판단(차선유지, 차선변경, 좌우회전, 유턴, 비상정지, 저속차량 추월, 주차 등)
제어		목적지까지 주행을 하기 위해 전자제어장치에 정보가 전달된 후 조향, 가속 및 감속, 기어 등 액추에이터 제어
상호작용 (HMI)		• HVI(Human Vehicle Interface)를 통해 운전자에게 경고 및 정보 제공, 운전자로부터의 명령 입력 등 • V2X(Vehicle to Everything) 통신을 통하여 인프라 및 주변 차량과 주행 정보 교환

출처: 이현숙(2017), 박지흔(2021)

11.4.1 환경인식 센서

그림 11-4 자율주행의 각 기능을 위한 주변상황인식 센서

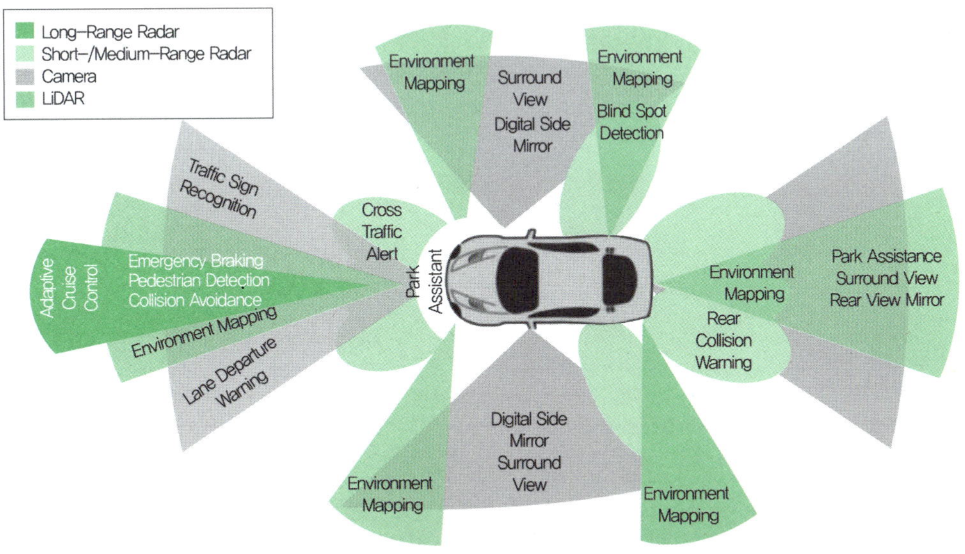

출처: https://blog.naver.com/cjsksk3113/222815353152

현재 자율주행자동차에 사용되는 센서는 카메라, 레이더(Radar), 라이다(LiDAR), 센서의 조합이다. 라이다 센서의 경우 아우디 A8 모델에서 최초로 양산에 적용되었다.

(1) 카메라 센서

카메라 센서는 차량에 장착되어 영상정보를 획득할 수 있는 센서인데, 도로면에 차선, 마커, 안내표식 등의 정보를 획득하여 맵데이터와 비교하여 현재 차량의 위치를 인식할 수 있다.

자율주행차 이전에 첨단운전자보조시스템(ADAS)2)에서부터 이미 핵심적인 센서로 발전하였다. 의무 장착으로 시장이 확대된 후방 감시 카메라, 안전 주차를 위한 어라운드 뷰 카메라 등 다양한 종류와 기능을 가진 카메라가 시장을 형성하고 있다. 자율주행자동차에는 더 많은 카메라가 장착될 것이다. 테슬라의 경우 오토파일럿 시스템에 장착된 8대의 카메라 구조는 전방 카메라 3대, 전방을 향하는 측면 카메라 2대, 후면

▌그림 11-5 ▌테슬라의 카메라 센서

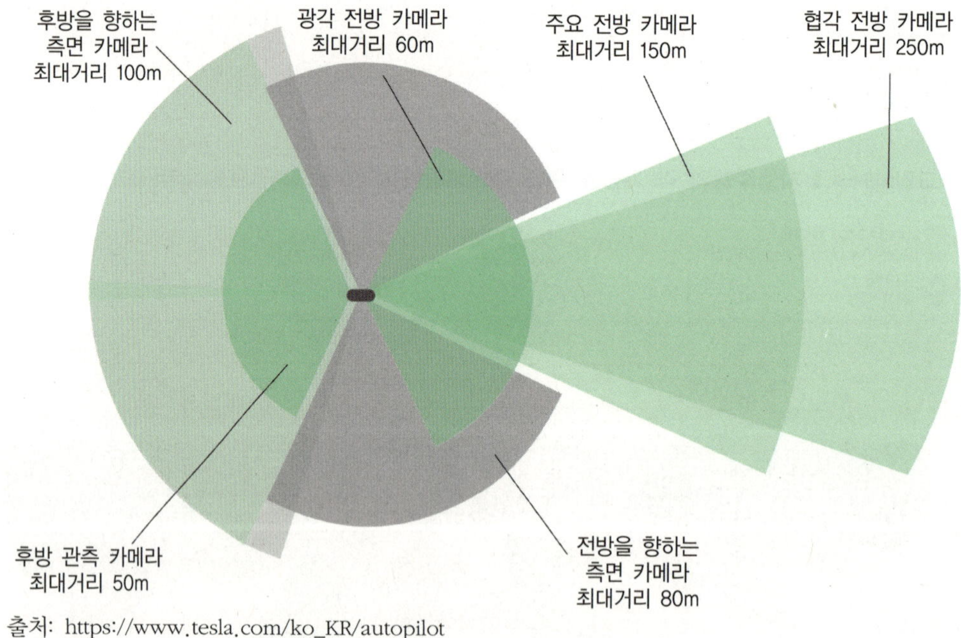

출처: https://www.tesla.com/ko_KR/autopilot

2) ADAS(Advanced Driver Assistance Systems): 운전하면서 생길 수 있는 사고를 예방할 수 있는 보조적 기능의 성격을 가진 시스템이다. 전방충돌방지보조, 차선유지보조시스템, 어댑티브 크루즈 컨트롤 등의 기술들을 말한다.

쪽을 향하는 측면 카메라 2대, 후방 카메라 1대로 이루어져 있다. 현재까지 공개된 정보로는 8개의 카메라 기능이 완성된 것이 아니라 향후 새로운 기능이 추가할 것을 예측한다.

(2) 레이더(Radar) 센서

레이더 센서의 기본 동작 원리는 운전자의 차량에서 발신되는 전자파 신호와 상태 차량 또는 장애물로부터 반사되어 들어오는 전자파 신호 간의 시간차와 도플러 주파수 변화량을 이용하여 레이더와 상대 물체 사이의 거리와 상대 속도를 추정하는 것이다. 현재 차량용 레이더는 24GHz와 77GHz의 주파수를 사용하고 있다. 77GHz의 레이더는 원거리 영역을 탐지하여 전방 200m까지의 상대 차량을 감지해 전방충돌 경고시스템에 적용되어 있다. 24GHz 레이더는 비교적 근거리 영역을 탐지하는데, 비교적 저가형으로 다수의 레이더를 차량에 설치하는 것이 용이하다.

한국자동차연구원에서는 자율주행자동차 레벨 3 대응이 가능한 77/79GHz 듀얼밴드 대역의 주파수 변조 연속파(Frequency-Modulated Continuous-Wave, FMCW) 기반 전방 및 코너 레이더 핵심 기술을 개발 진행 중이다. 전방 레이더 최대 감지거리가 250m 급이며, 코너 레이더 최대 유효감지범위(Field of View, FoV) 150° 급으로 ㈜만도와 한국단자공업㈜ 등의 핵심 기업과 산학연으로 구성된 연구개발 과제가 진행 중이다.

그림 11-6 ADAS 레이더 기술

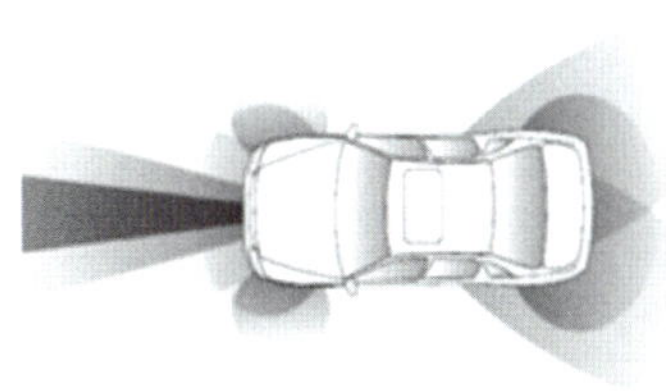

77/79 GHz 전방/코너/후방
360° 감지 레이더

출처: 한국자동차연구원(2022)

(3) 라이다(LiDAR) 센서

라이다(Light Detection And Range, LiDAR) 센서 기술은 최근 3D Reverse Engineering 및 자율주행차량을 위한 Laser Scanner 및 3D 영상 카메라의 핵심 기술로 활용되면서 그 활용성과 중요성이 점차 증가하고 있다. 자율주행차량 제조사와 IT 회사들은 레벨 3 이상의 자율주행에서 반드시 필요로 하는 기술로 보고 있다.

레이더 센서와 기본 원리는 비슷하지만, 물체의 물리적 특성을 확인하기 위해 전자파 대신 레이저를 사용한다는 것이 특징이다.

라이다 센서는 레이저 광선을 지속적으로 발사한 다음 빛이 센서로 돌아오는 데 걸리는 시간을 측정하는 원리이다. 라이다 센서는 파장이 짧은 레이저를 사용하므로 정밀도와 해상도가 레이더 센서보다 높다. 물체의 형태를 빠르게 파악할 수 있고, 또한 특성상 레이더 센서가 감지하지 못하는 물체도 확인할 수 있는 장점이 있다. 다만 라이다 센서의 크기가 클 뿐만 아니라 모든 방향의 물체를 감지하기 위해 차량의 지붕에 설치된 경우가 많았지만, 현재는 더 작은 크기의 고정형 라이다(Solid-state LiDAR)가 개발되어 사용 중이다.

▌그림 11-7 ▌라이다 센서 장착 모습

라이다 센서 장착 차량

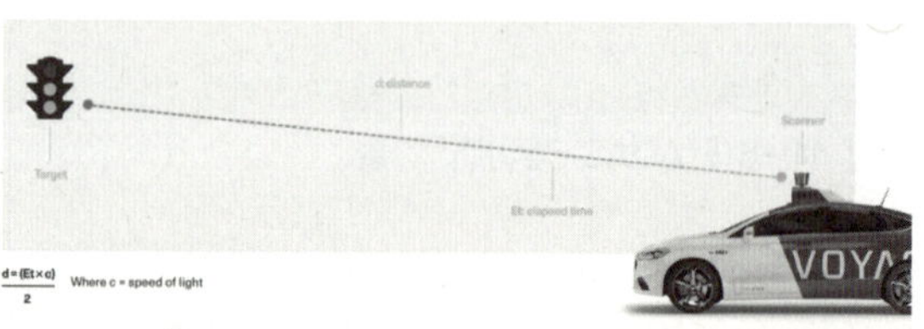

라이다 센서 작동 원리

라이다 센서 스캔 화면 1

라이다 센서 스캔 화면 2

출처: https://news.voyage.auto/an-introduction-to-lidar-the-key-self-driving-car-sensor-a7e405590cff

(4) 센서 융합기술

환경인식 센서, 레이더 센서, 라이다 센서, 열을 감지하는 열화상 카메라 등 다양한 센서들이 있다. 하지만 센서는 그 자체의 작동 원리와 물리적 한계 때문에 데이터의 신뢰성에 영향을 받는다. 또한 각 센서마다 데이터를 취득할 수 있는 유효감지범위(Field of View)가 다르고, 데이터를 취득할 수 있는 속도와 해상도에 차이가 있다. 완전자율주행기능을 구현하기 위해서는 주변환경의 변화와 상관없이 오류가 없는 데이터를 수집하는 것이 필수적이다. 각 센서의 기능이 나날이 발전하고 있지만, 센서의 융합을 통해 단일 센서의 기능적 한계를 극복해야 한다.

11.4.2 위치인식 및 매핑

(1) 정밀지도기술

자율주행차의 센서 기술이 발전하고 있지만, 아직 센서의 성능이 완벽하여 100% 신뢰할 수 있는 정도는 아니다. 센서 외에도 자율주행차의 인지기능을 위한 기술이 필요한데 대표적인 것이 정밀지도기술이다. 정밀지도는 차량이 운행하는 도로와 주변 지형의 정보가 오차범위 10~20cm 이내로 구축된 신뢰성이 높은 지도를 말한다. 기존의 디지털 지도보다 10배 이상 정밀하여 지형의 고저, 커브 등의 속성을 3D로 표현한다. 이를 통해 자율주행 운행 중에 발생할 수 있는 오류를 획기적으로 감소시켜 줄 수 있다.

그림 11-8 정밀지도 데이터

출처: 국토교통부(2021)

▌그림 11-9▐ 정밀지도와 센서 결합

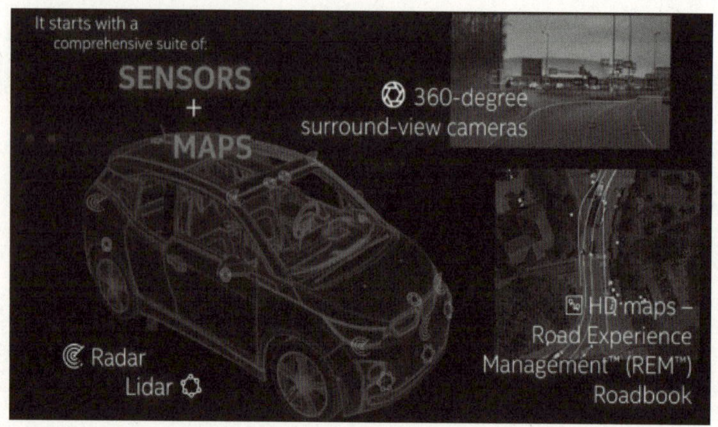

출처: CES(2018)

정밀지도 구축에는 모바일 매핑시스템(Mobile Mapping System, MMS)이 사용된다. MMS란 3차원 공간정보 조사시스템으로 자동차 등 이동체에 카메라, 스캐너, GPS 등의 다양한 센서를 장착하고 위치정보를 세밀하게 획득하게 하는 시스템이다. MMS를 통해 얻은 데이터를 다시 가공하여 사용할 만한 정보로 전환시키기 위해서는 막대한 자본과 기술력이 필요하다.

11.4.3 판단

IT 리서치기관 가트너(Gartner)는 2018년 10월 미국 올랜도에서 개최된 '가트너 심포지엄/ITxpo(Gartner Symposium/ITxpo)'에서 "앞으로 드론이나 로봇, 자동차 등 자율사물들이 주변환경과의 상호 통신을 통해 스스로 판단하고 행동하며 우리 삶에 들어올 것"이라고 전망한 바 있다.

자율주행자동차 혹은 자율사물에서 자율이라는 의미를 찾을 수 있는 항목은 그 '판단' 영역에 있다. 그리고 판단을 하기 위해 핵심적으로 인공지능(AI)기술을 이용한다.

자동차에 장착된 각종 센서에서 검출되는 데이터와 운전자의 운전방식 데이터를 활용한 딥러닝은 자율주행자동차에도 다양하게 활용되고 있다. 딥러닝은 특히 차량의 경로를 설정하는 판단기능에도 사용될 수 있다. 다양한 운전방식과 관련 센서 정보를 데이터로 입력한 후 이를 딥러닝 알고리즘으로 학습한다면 정확한 수학 모델 없이 데이터만으로도 다른 운전자의 운행을 예측할 수 있는 인공지능 구현이 가능하다. 이런 방식은 논리적으로 설명하기 어려운, 운전자들의 미묘한 운전규칙도 포함할 수 있기 때문에 발전 가능성이 무궁무진하다.

11.4.4 제어

자율주행의 제어기술은 자율주행시스템이 인식하고 판단한 대로 차량을 움직이게 만드는 것이다. 자율주행시스템의 제어 영역은 다른 영역과 실시간으로 통신하면서 속도 조절, 조향, 제동, 운전자 알림 등에 대해 명령받은 대로 작동하도록 한다.

기존에는 전자제어장치(Electronic Control Unit, ECU)들이 개별적으로 동작하는 도메인 컨트롤러 기반의 분산형 방식을 사용하였다. 하지만 자율주행기술은 대량의 데이터를 고속으로 처리할 수 있는 네트워크가 요구되고 있으며, 이를 효과적으로 처리할 수 있는 중앙집중형 방식의 아키텍처가 자율주행을 위한 시스템으로 개발되고 있다.

11.4.5 상호작용(HMI)

HMI란 Human Machine Interface 혹은 Human Machine Interaction을 의미한다. 자율주행자동차의 HMI는 정보의 복잡성 및 다양성이 증가하고 자율주행으로 인한 자동차 공간의 주거 공간화로 인해 패러다임이 변화하게 된다. 기존의 단순 조작이나 경고 표시 차원의 HMI보다 능동적인 판단을 하고 탑승자에게 즐거움을 제공하는 종합 엔터테인먼트로서 HMI의 설계 콘셉트로 변경되고 있다.

V2X(Vehicle to Everything)는 '모든 X(Everything)'와의 통신을 뜻하는데, 예를 들어 차량 간 통신(Vehicle to Vehicle, V2V), 차량과 인프라 간 통신(Vehicle to Infrastructure, V2I), 차량과 보행자 간의 통신(Vehicle to Pedestrians, V2P), 차량과 모바일 기기 간 통신(Vehicle to Nomadic Device, V2N) 등을 말한다.

V2X는 운전 중 도로 인프라 및 다른 차량과 통신하면서 교통상황 등의 정보를 교환하거나 공유하는 기술을 포괄하는 개념으로 유·무선망을 통해 차량과 차량(V2V) 간의 통신으로 서로 위험한 상황을 알려주거나, 신호등과 같은 교통 인프라와 차량 간 통신(V2I)으로 주차정보 위치, 신호 변경시간 등의 정보를 제공한다.

그림 11-10 | 퀄컴(Qualcomm)사의 V2X 개념도

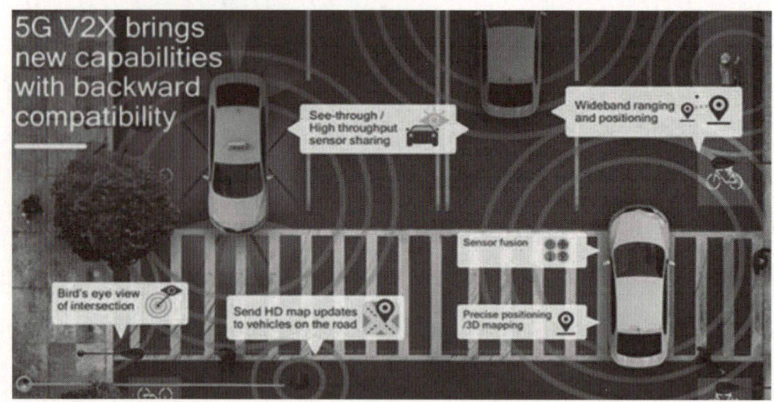

출처: 국방기술(2020)

11.5 자율주행자동차의 이점

자율주행자동차가 레벨 3 이상으로의 본격적인 상용화가 된다면, 운전을 사람이 하지 않음으로써 여러 부수적인 효과들이 나타날 것이다. 여러 문헌과 자료에 나타난 긍정적인 효과는 안전성(Safety), 효율성(Efficiency)과 이동성(Mobility)의 확대라고 할 수 있다.

11.5.1 안전성(Safety)

자율주행자동차는 교통사고를 크게 줄일 수 있다. 교통사고의 원인은 주로 운전자의 과실이기 때문이다. 자율주행자동차가 상용화됨에 따라 운전자에 의한 과실이 최소화될 수 있고, 이는 교통사고의 감소로 이어질 수 있다. 운전 중에 인간의 시선은 정면을 향하고 시야각도 그리 넓지 않으며, 측면과 후면은 후사경에 의존해야 하고, 무엇보다 시야의 사각지대가 존재하며, 위험한 상황에 대한 반응에 필연적인 시차로 사고에 노출되기 쉽다. 하지만 자율주행자동차는 위에서 살펴본 바와 같이 각종 센서 등으로 모든 방향의 장애물을 알아낼 수 있고, 네트워크를 통해 안전운전에 필요한 여러 정보 접근도 가능해 위험한 상황에 즉각 반응할 수 있다.

11.5.2 효율성(Efficiency)

자율주행자동차는 모든 교통상황 정보에 대한 수집 분석이 가능해 운전경로와 가감속 등 합리적인 선택과 판단을 할 수 있으며, 정보공유를 극대화할 수 있다. 이 같은 합리적 선택은 교통의 흐름을 원활하게 하며 그에 따라 연료 절감효과도 가져올 수 있다. 또한 감정적이고 비이성적인 운전자의 태도, 비합리적이고 비경제적인 운전습관 등을 줄일 수 있다는 점에서 자율주행자동차의 효율성의 증대효과를 기대할 수 있다.

11.5.3 이동성(Mobility)

이동성은 운전자의 조작이 필요 없는 레벨 4 이상의 자율주행자동차는 장애인이나 노약자 음주자 등 현실적인 이유로 또는 규범적인 이유로 운전이 불가능한 상황에도 자유로운 이동을 보장하는 효과를 볼 수 있다. 또한 야간이나 고속도로 운전 등에 어려움을 겪는 노인과 장애인도 자율주행자동차로 적극적으로 움직일 수 있어 이들 삶의 질도 높일 수 있다.

11.6 자율주행자동차의 국내외 기술

현재의 자율주행기술은 대부분 레벨 2 수준이지만, 각국의 자율주행자동차 제조기업은 앞다투어 레벨 3의 자율주행자동차 양산에 박차를 가하고 있는 상황이다.

자율주행기술을 이끄는 업체는 구글, 우버, 애플과 같은 IT 업체와 벤츠, 테슬라 같은 자동차 제조회사 등이 있다. 자율주행차는 기존의 자동차에 비해 운전자 실수의 교통사고를 감소시키고 이동의 효율성과 편의성을 증대시킬 수 있어 선진국들은 자율주행차를 상용화하기 위한 계획을 수립하고 추진 중에 있다.

지난 2021년 기준으로 자율주행차 관련 기업들의 기술 현황은 운전자 보조 수준의 레벨 2단계 이하 기술은 상용화되어 있으며, 향후 레벨 3 이상의 기술이 상용화되면서 2030년경에는 신차 판매의 50% 이상을 차지할 것으로 전망하고 있다.

11.6.1 국외 기술 동향

구글은 자동차 제조사와 달리 자율주행자동차의 서비스에 초점을 두고 있으며, 레벨 4 수준 이상에 맞추어 개발을 진행하고 있다. 알파벳(구글의 모기업)의 웨이모(Waymo)는 2020년에 미국 애리조나 피닉스에서 운전자 없는 택시서비스를 이미 출시하여 운영 중에 있다.

테슬라(Tesla)는 기존의 오토파일럿 기능에서 레이더 센서를 제거하고 8대의 카메라로만 오토파일럿을 구동하고, 향후의 자율주행은 카메라와 인공지능(AI)으로만 자율주행기술을 구현한다고 발표하였으며, 8대의 카메라와 강력한 비전 처리를 통해 최대 250m 범위까지 360도 시야를 제공할 수 있음을 제시하였다.[3)]

미국은 테슬라와 웨이모 등 여러 자율주행자동차 제조업체가 경쟁적으로 자율주행자동차를 개발하고 있는데 최근에는 아이폰으로 잘 알려진 애플에서 핸들과 액셀러레이터가 없는 완전자율주행자동차의 개발을 가속화하고 있으며 2025년 출시를 목표로 하고 있다고 밝히기도 했다.[4)]

벤츠는 2016년 출시된 E클래스에 전 속도 구간에서 레벨 2 수준의 자율주행과 고속도로에서 차선 변경이 가능하게 하는 기능을 성공하였다. E클래스는 스테레오 카메라, 라이다, 레이더의 조합으로 부분자율주행기술을 구현하고 있다. 2021년 전기자동차 EQS에 레벨 3 수준의 자율주행기능을 선보였다. 비록 자율주행모드 최고속도 60km/h로 제한되었지만, 두 손은 핸들을 잡지 않아도 되는 수준이었다.

BMW는 2015년 BMW 7 시리즈의 발표와 함께 각종 능동 안전 신기술을 대거 장착하였다. 특히 'Remote Auto Parking'이란 세계 최초의 기술을 발표하였으며, 이와 별개로 북미 실리콘밸리와 미시건 연구소에서 레벨 4 이상의 자율주행을 계속해서 연구하고 있다.

토요타는 최근 진보된 센서와 개선된 탐지능력 및 두 개의 스티어링휠을 갖춘 자율주행차의 최신 버전을 공개했다. 동 차량은 2017년 초 선보인 라이다와 레이더, 카메라 등이 장착된 렉서스 LS600hL의 개량품으로, 미시건주 앤아버와 매사추세츠주 케임브리

3) https://www.tesla.com/ko_KR/autopilot

4) Bloomberg, "Apple Accelerates Work on Car Project, Aiming for Fully Autonomous Vehicle", https://www.bloomberg.com/news/articles/2021-11-18/apple-accelerates-work-on-car-aims-for-fully-autonomous-vehicle

지 등에서 테스트 중인 것으로 알려졌다. 동 차량은 실리콘벨리에 위치한 토요타연구소가 개발한 두 개의 자율주행시스템 쇼퍼(Chauffeur)와 가디언(Guardian)에 기반한다. 쇼퍼는 레벨 3은 물론 레벨 4 수준의 자율주행이 가능한 시스템이며, 가디언은 자동차의 주변환경을 모니터링하고, 잠재적인 위험을 경고하며, 필요한 경우에는 충돌회피를 위해 단계적으로 행동하는 운전자보조시스템이다.

혼다자동차는 2021년 3월부터 레벨 3 기능을 장착한 자동차를 판매 중이다. 2020년 11월 세계에서 최초로 레벨 3 수준의 자율주행기능을 탑재한 자동차의 정부 인가를 취득한 이후 4개월 만이다.

중국 정부는 2020년 자율주행차 개발을 지원하기 위해 '국가지능형 커넥티드카 혁신센터(National Intelligent Connected Vehicle Innovation Center)를 설립하고, 베이징·허베이, 충칭, 항저우, 상하이 등을 지능형 커넥티드카 시험 도시로 지정하고, 클라우드, 5G 기술을 활용해 레벨 4 자율주행이 가능한 시험구역으로 지정하였다. 또한 중국 정부는 2025년 레벨 3 자율차의 대량생산을 목표로 하고 있으며, 2030년까지 5G와 C-V2X를 포함한 관련 하부구조를 구축할 계획이라고 발표했다.

중국의 바이두(Baidu)는 2022년 7월 21일, 핸들 없는 자율주행 전기자동차 '아폴로(Apollo) RT6'를 공개하고, 로봇 택시로 운행할 것이라고 발표했다. 바이두는 이미 '아폴로 고우(Apollo Go)'라는 이름으로 안전요원이 탑승하는 자율주행 호출택시를 운영하고 있다. 베이징, 상하이, 광저우 등 대도시의 제한된 지역에서 운행되고 있었다. 이번 아폴로 RT6는 자율주행 레벨 5 수준 중 레벨 4 수준을 인증받았으며, 이는 운전자 없이 운행된다는 의미이다.

그림 11-11 바이두의 아폴로(Apollo) RT6

출처: http://www.aitimes.com/news/articleView.html?idxno=145913

▌그림 11-12 ▌테슬라의 오토파일럿

출처: https://www.tesla.com/ko_KR/autopilot

11.6.2 국내 기술 동향

국토교통부는 지난 2017년 11월 자율주행차산업에 정책역량을 집중 투입하기 위하여 민간 전문가 세 명이 포함된 '자율주행차 전담 조직'을 구성하고, 자동차, 통신, 인프라, 교통체계, 공간정보분야의 업계 · 학계 · 연구계의 전문가로 구성된 '정책자문단'을 운영하고 있다. 국토교통부는 자동화시스템을 갖춘 차체뿐 아니라 인프라와 연결된 C-ITS(협력 지능형 교통시스템, Cooperative Intelligent Transport System) 플랫폼 기술 발전을 통하여 관련 분야를 융 · 복합하여 시너지를 극대화하는 것을 정책 과제로 제시하고 있다.

현대자동차는 2022년 레벨 3 수준 자율주행자동차를 양산하겠다고 밝혔는데[5] 출시 예정인 신형 전기차에 레벨 2 수준의 자율주행시스템을 우선 적용하고 업데이트를 통해 이를 발전시킬 계획이라고 하였으며, 2022년 하반기 레벨 3 수준의 자율주행기능이 탑재된 2023년형 제네시스 G90을 출시 예정이라고 발표했다.

또한 정부는 2027년 레벨 4 수준의 자율주행자동차 상용화를 목표로 1조 원 규모의 사업비를 투입하여 자율주행기술 개발을 지원한다고 밝혔다.

2021년 산업통상자원부, 과학기술정보통신부, 국토교통부, 경찰청 등 4개 부처는 핵심 인지 센서 모듈, AI 기반 고성능 컴퓨팅 기술, 자율주행차 플랫폼 등과 관련한 15개 과제를 우선 착수하였다.[6] 게다가 자율주행서비스의 실증을 지원하기 위해 '자율주행

5) 오토헤럴드(2021), "현대차그룹 정의선 회장 "레벨3 자율주행자동차 2022년 양산차 적용", http://www.autoherald.co.kr/news/articleView.html?idxno=39749

자동차 시범운행지구'를 지정하고 있는데 현재는 7개의 지구를 시범운행지구로 지정하고 있다. 하지만 '제1차 자율주행 교통물류 기본계획'을 수립하며 시범운행지구를 확대하여 최소 시·도별 1개 이상 지정할 것임을 밝혔다.[7)]

▌그림 11-13 ▌자율주행 현재와 미래

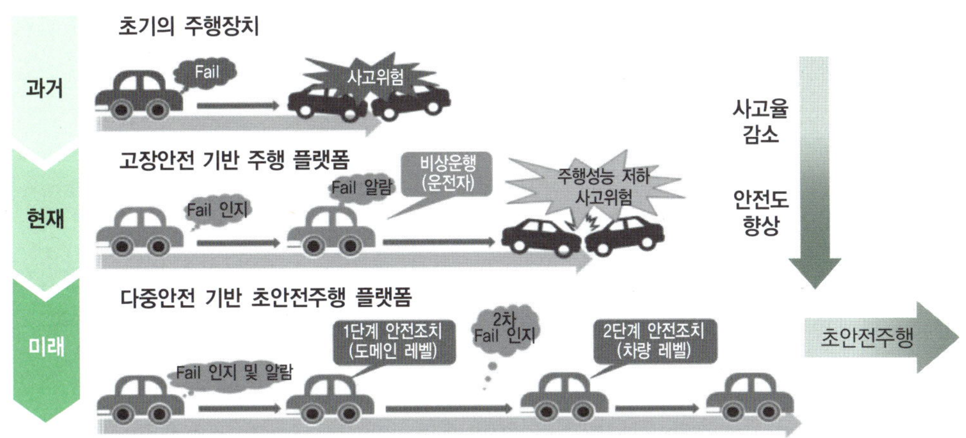

출처: 한국자동차연구원(2022)

11.7 자율주행자동차의 연구과제

자율주행자동차의 탁월한 이점에도 불구하고 글로벌 기업들이 더욱더 완벽한 자율주행을 위해 많은 테스트를 진행하고 있다. 자율주행자동차의 사고 사례에서 얻은 시사점을 바탕으로 성공적이고 완벽한 자율주행자동차의 실현을 위해 제도적 정비가 필요한 시점이다.

---

6) 로봇신문(2021), "정부, 레벨4 자율주행 상용화에 2027년까지 1조974억원 투자", http://www.irobotnews.com/news/articleView.html?idxno=23614

7) 국토교통부 보도자료(2021), "(2025년 자율주행 기반 교통물류체계 상용화 시대 개막) 제1차 자율주행 교통물류 기본계획('21~'25) 수립·확정", 2021. 06. 29.

11.7.1 자율주행자동차의 사고 사례

(1) 구글 자율주행차 사고(Google, Lexus SUV)

구글의 자율주행자동차 사고(2016년 2월 14일)는 시스템이 운전에 필요한 제반 환경과 정보를 정확히 인식했으나, 도로를 운행 중인 다른 자동차가 어떤 운행 판단을 내릴지에 대해 오판함에 따라 사고로 이어진 사례이다. 구글 측에서 자율주행 사고에 관한 책임을 최초로 인정한 사안이었으나, 비교적 경미하여 사고원인에 대한 심층적 조사가 이루어지지 않은 것으로 보인다).

2) 테슬라 사고(Tesla, Tesla Model S)

테슬라 사고(2016년 5월 7일)의 경우 오토파일럿 기능이 작동 중인 상황에서 장착된 센서가 빛에 반사된 트레일러의 하얀색 옆면을 하늘로 인식함에 따라 충돌하여 사망사고가 발생한 사례이다. 이 사고에 대한 미국 도로교통안전국(NHTSA)의 보고서에 의하면 트레일러 운전자의 부주의와 테슬라 차량 운전자의 부주의 및 적절한 대응 결여가 사고의 원인이었으며, 테슬라 차량의 자율주행시스템 결함은 확인되지 않았다고 결론 내리고 있다.

(3) 우버 자율주행차 사고(Uber, Volvo XC90)

우버의 자율주행자동차 사고(2018년 3월 14일)는 우버의 시험용 자율주행자동차가 애리조나주 도로를 주행하던 중 야간에 횡단보도가 없는 지점에서 자전거를 끌고 도로를 건너는 여성보행자를 충돌하여 보행자 사망사고가 발생한 사례이다. 차량에 장착된 센서들이 사고 직전까지 보행자를 전혀 인식하지 못하였음이 확인되었고, 그 외 사고의 원인으로는 자동차 운전자의 부주의(운전환경 감시 소홀, 적절한 조작 결여), 보행자 과실, 우버의 안전정책 미흡, 애리조나 주정부의 시험운행 감독 미흡 등이 제시되었다(NTSB, 2018). 조사 결과 해당 볼보 XC90 차량에는 기본적으로 충돌경고시스템과 자동제동장치가 있었으나, 우버의 자율주행시스템에 의해 해당 기능이 해제된 상태였지만, 자율주행시스템의 결함 여부에 대해서는 여전히 입장을 밝히지 않고 있다.

(4) 테슬라 사고(Tesla, Tesla Model X)

2018년 3월 23일 캘리포니아주 산타클라라 카운티 101번 고속도로에서 테슬라의 운전자가 사망하는 사고가 발생하였는데 당시 차량이 중앙분리대를 들이받고 연이어 뒤따라오던 차량들에 추돌사고를 당한 후 배터리가 실려 있던 차량 앞부분이 폭발해 전소되면서 운전자가 사망한 사고였다. 테슬라 Model X 차량은 사고당시 오토파일럿과 자동감응식 순항제어시스템(ACC), 차선유지보조시스템(LKAS), 크루즈 컨트롤 기능이 작동 중이었는데, 제한속도가 시속 65mile(시속 약 104km)인 도로에서 75mile(시속 약 120km)로 진행하였던 것으로 밝혀졌다. 사고 직전 오토파일럿 기능에 의해 사고 전 32분 동안 총 네 차례에 걸쳐 운전자에게 운전대에 손을 얹도록 경고를 하였으나, 운전자는 운전대를 잡지 않은 것으로 확인되었으며, 이와 관련하여 운전자의 과실로 판단하였다.

자율주행 운행이 확대되면서 자율주행자동차가 예상하지 못했던 다양한 상황과 사고들에 직면할 수 있다. 자율주행자동차 사고의 유형으로는 자율주행자동차 간 사고, 자율주행자동차와 일반 자동차 간 사고, 자율주행자동차와 보행자 간 사고가 있을 수

▌그림 11-14 ▌자율주행자동차 사고의 유형

구글 자율주행차 사고[1)]

테슬라 모델 S 사고[2)]

우버 자율주행차 사고[3)]

테슬라 모델 X 사고[4)]

1) https://www.motorgraph.com/news/articleView.html?idxno=10461
2) https://www.autodaily.co.kr/news/articleView.html?idxno=336210
3) https://www.thedailypost.kr/news/articleView.html?idxno=71457
4) https://www.ajunews.com/view/20180327162602257

있으며, 사고의 원인으로는 기계적 결함, 차량관리 소홀(예: 차량관리 소홀로 인한 센서 오작동 내지 인식률 저하), 시스템 자체의 오류, 잘못된 정보 수신, 자율주행시스템 해킹, 시스템의 합리적 판단과 현실과의 괴리 등을 예상할 수 있다.

11.7.2 자율주행자동차 법제도 정비

자율주행자동차의 등장은 도로교통체계 전반에 많은 긍정적 변화를 가져오게 된다. 자율주행자동차의 잠재력으로는 ① 교통사고의 획기적 감소, ② 운전자의 편의성과 안락성 제고, ③ 고령자 등 교통약자의 이동 편의 증진, ④ 도로의 효율적 활용을 통한 교통혼잡 완화와 도로수요의 감소, ⑤ 친환경적 도로교통의 확보 등이 논의되고 있다. 그러나 자율주행차의 등장으로 인하여 자율주행차에 의한 사고 발생 시 책임규명 곤란, 개인정보 침해 가능성, 해킹 등 보안취약성 등은 새로운 위험요소로 지적되고 있다.

이러한 많은 이점에도 불구하고 앞에서 살펴보았던 몇 건의 사망사고의 시사점은 현재 자율주행기술 전반에 대한 안전성은 검증되지 않았다는 것이다. 자율주행자동차는 기술개발단계에 머무르고 있어 자율주행자동차의 실제 운행을 위한 많은 개선이 필요하다. 자율주행자동차가 상용화되는 경우에는 자율주행자동차의 운행으로 인한 사고 발생 시 법적 책임의 이슈도 등장하게 된다. 자율주행자동차는 센서, 소프트웨어 등을 통해 운행되므로 교통사고 발생 시 기술적 과실 여부의 판단과 관련한 논쟁이 발생할 수 있고, 이 경우 사고의 주체를 누구로 정할 것인지에 관한 복잡한 문제도 등장하게 된다. 따라서 자율주행자동차가 상용화된 시대를 대비한 법적 지원의 관점에서 도로교통법상 관련 규정의 정비와 자율주행자동차의 상용화에 따른 차량의 안전 확보 및 자율주행자동차 관련 교통사고 발생 시 책임소재 등의 문제를 해결하기 위한 법제를 정비할 필요가 있다.

현재의 자율주행자동차는 제한된 상태의 자율주행을 의미하는 레벨 3 수준의 상용화를 눈앞에 두고 있다. 성공적인 실현을 위해서는 자율주행자동차 및 운전자의 정의, 운전자의 주의의무와 운전 외 행위 허용 여부, 운전면허, 자율주행 관련 데이터의 저장과 관리 등 자율주행자동차체계에 부응하는 도로교통법의 개정을 중심으로 제도적 측면의 정비가 중요한 시점이다.

연습문제

01 다음 중 자율주행자동차의 설명으로 틀린 것은?

① 자율주행자동차는 운전자의 운전조작 없이 자율주행시스템을 통해 자동차가 스스로 도로와 주행환경을 인식하고 차량의 움직임을 판단하여 경로를 계획하고 스스로 주행할 수 있는 자동차이다.
② 미국 캘리포니아주에서는 자율주행자동차를 '인간의 능동적 · 물리적 감독 없이도 자동차를 운행할 수 있는 기술'이 장착된 자동차를 말한다.
③ 운전자가 개입하여 자동차 주변환경을 인식하여 위험을 판단하고 주행경로를 계획하는 등의 운행이 가능한 자동차이다.
④ 2016년 2월 개정된 '자동차관리법 제2조 제1의 3호'에 의하면, 자율주행자동차란 '운전자 또는 승객의 조작 없이 자동차 스스로 운행이 가능한 자동차'를 말한다.

02 미국 자동차공학회(SAE)에서 자율주행자동차를 총 6단계로 구분하고 있다. 주변환경 인식능력을 가지고 스스로 결정을 내리는 단계로서, 자율주행시스템이 요구할 경우 운전자가 운전 제어권을 이전받아야 하는 단계는 어느 것인가?

① 레벨 1 수준
② 레벨 2 수준
③ 레벨 3 수준
④ 레벨 4 수준
⑤ 레벨 5 수준

03 자율주행자동차의 기술 요소 중에서 목적지까지 주행을 하기 위해 전자제어장치에 정보가 전달된 후 조향, 가속 및 감속, 기어 등 액추에이터를 제어하는 기술은 어느 것인가?

① 인식
② 판단
③ 상호작용
④ 제어

04 다음 중 레이더 센서의 특징이 아닌 것은?

① 77GHz의 레이더는 원거리 영역을 탐지하여 전방 200m까지의 상대 차량을 감지해 전방충돌 경고시스템에 적용되어 있다.
② 차량에 장착되어 영상정보를 획득할 수 있는 센서이며, 도로면에 차선, 안내표식 등의 정보를 획득하여 맵데이터와 비교하여 현재 차량의 위치를 인식할 수 있다.
③ 레이더 센서의 기본 동작 원리는 운전자의 차량에서 발신되는 전자파 신호와 반사되어 들어오는 전자파 신호 간의 시간차와 상대 물체 사이의 거리와 상대 속도를 추정하는 것이다.
④ 현재 차량용 레이더는 대표적으로 24GHz와 77GHz의 주파수를 사용하고 있다.

05 자율주행자동차에 사용되는 센서는 카메라, 레이더(Radar), 라이다(LiDAR) 센서의 조합이다. 라이다 센서를 최초 양산에 적용한 차량은 어느 것인가?

① 아우디 A8 모델　　② 볼보 S90 모델
③ 벤츠 S560 모델　　④ BMW 740 모델

06 다음 ( ) 안에 알맞은 단어를 채우시오.

> 자율주행자동차는 기존의 차량기술에 ICT 기술이 융합됨으로써 차량주행에 운전자의 통제 없이 주변환경을 ( )하고, 주행의 위험요소를 ( )하여 차량의 주행을 ( )하는 핵심 3단계 과정을 거치면서 인공지능이 알고리즘에 따라 차량을 운행하는 시스템으로 구성되어 있다.

07 자율주행자동차의 인식기술 중 라이다(LiDAR) 센서에 대해 설명하시오.

08 자율주행자동차의 상용화 후 긍정적인 효과는 무엇인지 설명하시오.

09 미국 자동차공학회(SAE)와 국내 자율주행기술을 단계별로 비교하여 설명하시오.

10 자율주행자동차에서 인공지능(AI)기술의 역할에 대해 설명하시오.

정답 01 ③ 02 ③ 03 ④ 04 ② 05 ①

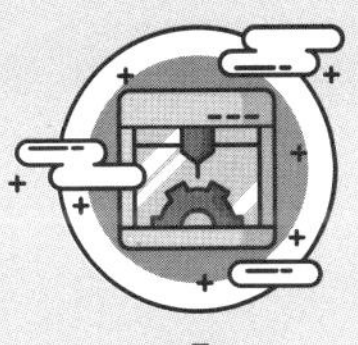

PART

3

4차 산업혁명 융합기술

Chapter 12 융합의 이해

12.1 융합의 정의

기술의 발전은 인류의 일상생활을 변화시켜 왔다. 수렵과 채집을 통해 의식주를 해결했었던 방랑생활을 지나고 인류는 따뜻한 기후와 강 주변에 '정착'을 통해 농업기술을 발전시켰다. 소위 농업혁명이라 불리는 이 시기에 인류의 생활 모습이 그 이전과 확연하게 달라지게 되었다. 많은 사람이 한곳에 모여 살게 됨으로써 많은 문제들이 발생되었으며, 이를 해결하는 과정에서 여러 시스템 등을 발전시켰다. 많은 사람들이 효율적으로 일할 수 있게 됨으로써 농업 생산성은 비약적으로 증가하였고, 잉여 생산물을 활용한 술(맥주, 와인) 등의 가공식품을 만들었고, 약탈을 위한 전쟁도 자주 일어났다.

농업혁명과는 달리 기술 발전으로 인해 제조역량이 급격히 상승하게 되었는데 이를 산업혁명이라고 한다. '엔진'으로 대변할 수 있는 1차 산업혁명으로 인해 인류는 동물이 아닌 기계를 활용한 동력을 가지게 되었으며 이전보다 더 많은 일을 짧은 시간에 할 수 있게 되었다. 또한 엔진을 활용하여 새로운 기계(생산설비, 배, 비행기 등)를 발명함으로써 인류의 일상생활 모습은 또 한 번 크게 변화되었다. 이동수단에 엔진을 접목함으로써 인류는 물리적인 공간을 이전보다 빠르게 이동할 수 있게 되었으며, 이와 관련한 새로운 서비스, 프로세스 등을 만들어 내며 많은 새로운 직업들이 탄생되었다.

분업과 자동화로 대변되는 2차 산업혁명 기술은 1차 산업혁명의 결과와 상승 작용을 일으켜 제품 생산능력을 기하급수적으로 향상시켰다.

기술의 변화를 적극적으로 수용하여 활용한 국가들은 세계를 주름잡는 패권 국가가 되었다. 1차 산업혁명 이후 영국이 부상하였으며, 2차 산업혁명은 미국을 강대국의 지위에 올려놓았다. 3차 산업혁명의 경우 우리나라는 다른 나라보다 이를 빨리 수용함으로써 국가 경쟁력을 높이는 기반을 만들 수 있었다.

❙ 표 12-1 ❙ 산업혁명 발전단계별 특징

산업혁명 단계	특징
1차 산업혁명	동력의 변화: 수력 및 증기기관, 기계식 생산설비
2차 산업혁명	자동화: 대량 생산 중심, 전기, 노동 분업
3차 산업혁명	디지털화: 자동화 생산, IT, 전자기기
4차 산업혁명	융합: 디지털 트윈, 사이버물리시스템(CPS)

출처: World Economic Forum

1차, 2차 산업혁명은 새로운 기술과 프로세스 등이 독립적으로 발전하면서 인류의 삶에 영향을 주어왔지만, 20세기 중반 이후 IT와 디지털 기술이 발전됨에 따라서 독립적인 제품과 프로세스들이 연결되어 제품과 프로세스 및 서비스가 하나로 통합되는 현상이 발생되었다. 이런 현상을 융합(Convergence)이라고 한다. 특히 인터넷은 물리적인 거리를 사실상 '0'으로 만들어 이러한 융합화의 기폭제가 되었다. 최근에는 ICT의 급속한 발전과 함께 융합의 속도는 빨라지고 형태도 다양해지고 있다.

이전에는 전화, 카메라, 인터넷 등 개별로 존재했던 제품이나 서비스가 스마트폰이라는 하나의 제품 안에 통합되어 가는 모습을 확인할 수 있다. 음악을 듣기 위해서 별도로 필요했었던 MP3, 사진을 촬영하기 위한 디지털 카메라, 음원을 저장하기 위한 USB 등이 이제는 스마트폰 하나에서 모든 서비스를 활용할 수 있다. 따라서 기존의 사고에서 제품을 구분한다는 것은 더 이상 의미가 없게 되었다.

❙ 그림 12-1 ❙ 스마트폰으로의 제품과 서비스 융합

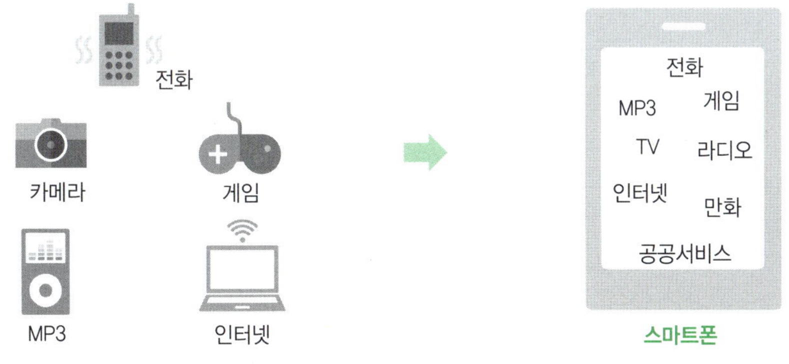

12.2 디지털 융합

디지털 융합(Digital Convergence)은 디지털 기술을 활용한 제품 또는 기술 간의 융합을 의미한다. 디지털 융합을 위해서는 기존 제품의 디지털화가 필수적이며, 제품 또는 다양한 디지털 기술과 융합하여 새로운 제품, 서비스, 비즈니스 모델을 탄생시켰다. 특히 1990년 후반 이후 통신, 가전 등 전자 · 정보 통신산업의 디지털화가 가속화함에 따라 새로운 형태의 제품과 다양한 서비스들이 탄생되었다. 인터넷과 세탁기, 냉장고가 연결되었고, 손으로 썼던 편지가 이메일로 대체되기 시작했다.

무어의 법칙(18개월 또는 2년에 칩(Chip)의 집적도가 2배로 증가함)으로 대변되는 반도체 성능의 향상과 반도체 업체들의 공격적인 사업 확장으로 상대적으로 저렴해진 반도체 가격은 제품의 디지털화를 촉진시켰다. 1기가를 저장하는 데 필요한 금액은 1981년에는 50달러이었던 것이 2000년에는 5달러 정도로 떨어졌으며, 2017년에는 0.03달러로 하락하여 저장공간 비용에 대한 제약이 크게 없어졌다.

그림 12-2 기가바이트당 저장비용 추세

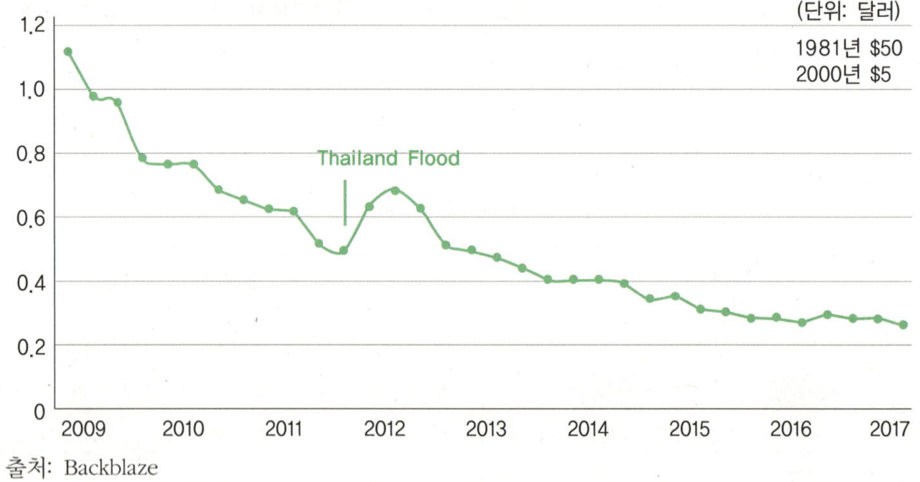

출처: Backblaze

한편 IP주소(Internet Protocol Address)의 경우 기존에 Version 4를 사용해 왔는데, 물리적으로 사용할 수 있는 주소가 약 40억 개로서 주소 고갈이 우려가 되어 현재는 Version 6을 활용하고 있다. 이 경우 거의 무한대에 가까운 IP 주소를 활용할 수 있게 됨으로써 IoT의 활성화를 기대할 수 있으며 이는 융합을 더욱 가속화할 것으로 기대된다.

표 12-2 IP4 VS IP6

구분	IP 4	IP 6
주소 길이	32비트	128비트
주소 개수	약 43억 개	2^{128}개(약 43억×43억×43억×43억)
표시방법	8비트 4부분(10진수 표시)	16비트 8부분(16진수)
서비스 품질	제한적 품질 보장	확장된 품질 보장
Plug & Play	불가(DHCP[1] 이용 시 가능)	가능함

디지털 융합은 디지털 디바이스, 네트워크, 콘텐츠 등이 결합한 것이다. PC뿐만 아니라 모바일폰의 급속한 보급, 광대역 통신망 등으로 인한 전송속도의 개선으로 인해 여러 콘텐츠(데이터, 정보, 영화, 음악 등)의 이동을 저렴하고 손쉽게 해주었다.

그림 12-3 디지털 융합

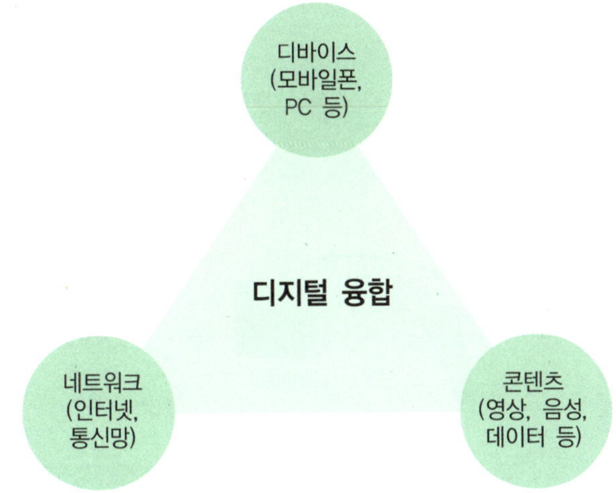

12.2.1 IT 및 가전제품과 융합

디지털 융합이 가장 활발하게 일어났던 영역이 디지털 기술이 적용된 가전제품이다. PDA, 카메라폰, MP3폰, 인터넷 냉장고 등 개별로 존재했던 가전제품들이 IT 기술의 발달로 하나의 제품으로 융합되어 갔다. 특히 휴대폰을 중심으로 다양한 기능들이 통합

1) Dynamic Host Configuration Protocol: IP 주소 및 TCP/IP 프로토콜 기본 설정을 클라이언트에게 자동적으로 제공해 주는 프로토콜

되어 왔으며 최근에도 그 추세는 지속되고 있다. 마치 휴대폰이 모든 제품을 흡수하는 모습이라고 할 수 있다.

디지털 융합의 초기에는 제품과 제품을 융합하는 형태였다. 특히 제품에 인터넷을 연결하는 모습을 많이 확인할 수 있었다. 대표적인 가전제품으로는 세탁기와 인터넷을 연결하거나 냉장고와 인터넷을 연결하는 제품을 들 수 있다. 또한 TV와 모니터의 구분이 모호해지면서 이제는 구분하는 것이 의미가 없어지게 되었다.

휴대폰이 처음 등장했을 때는 음성을 중심으로 한 통화가 주요 목적이었지만, 통신 속도와 대역폭(Bandwidth)[2]이 넓어지면서 사진, 동영상 등을 빠른 속도로 전송할 수 있게 됨으로써, 스마트폰을 통해서 거의 모든 정보를 주고받을 수 있게 되었다.

그림 12-4 이동통신의 진화

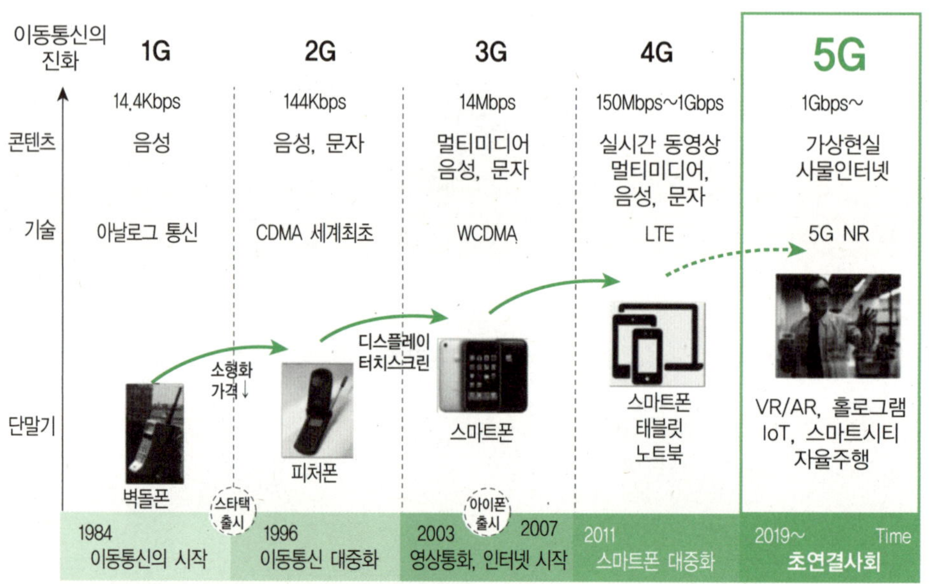

출처: 동아일보(2018. 7. 27.)

현재 제공하고 있는 5G 서비스를 뛰어넘는 6G 서비스가 2030년 상용화될 것으로 예상되고 있어, 초연결사회를 가속화하는 기폭제가 될 것이다. 속도는 이론상으로 초당 1테라바이트(1Tbts)이며 5G 통신의 최대 속도인 20Gbps보다 50배나 빠른 속도다.

---

2) 대역폭: 신호를 전송할 수 있는 주파수 범위 또는 폭을 말한다. 일정한 시간 내에 데이터 연결을 통과할 수 있는 정보량의 척도이다.

12.2.2 산업 간 융합

정보통신기술(ICT)로 인해 산업과 산업의 구분이 약해지는 현상을 초래했다. 전통적으로 자동차회사는 자동차만을 제조 판매했고, 가전제품회사는 가전제품만을 제조 판매하여 산업 간 장벽을 확실히 구분할 수 있었다. 하지만 디지털 기술 중 IT가 접목함으로써 새로운 제품과 서비스가 등장함에 따라 '업'의 개념이 변하고, 경계가 약해지면서 산업 간 융합도 일어났다. 자동차산업의 텔레매틱스(Telematics)는 기계중심의 자동차산업과 전자산업의 경계를 허물었다고 할 수 있다. 과거에는 자동차는 기계산업이라고 분류할 수 있었지만, 지금은 기계, 소프트웨어, 전자산업의 특징이 융합된 산업이라고 할 수 있으며, 자동차를 더 이상 기계산업이라고 하지 않고, 전자산업으로 분류한다. 최근에는 모빌리티(Mobility)라는 단어를 자주 사용한다. 말 그대로 이동을 지원하는 모든 서비스를 지칭한다. 이동을 위한 수단인 자동차, 버스, 지하철, 택시뿐만 아니라 전동 킥보드, 카 셰어링 등 새롭게 등장한 이동수단까지 포함하며, 이를 쉽게 활용하기 위한 IT 서비스도 포함된다.

금융업도 마찬가지이다. 은행, 보험 등이 서로 다른 산업으로 분류되었지만, 이제는 두 서비스의 경계가 거의 없어졌고, 고객은 어디에 가든지 두 산업의 서비스를 받을 수 있다.

12.3 4차 산업혁명 융합

1990년 후반부터 시작된 디지털 융합은 4차 산업혁명 기술이 상용화됨에 따라서 융합의 속도가 빨라지고 커지고 있다. 클라우드, 사물인터넷, 인공지능, AR/VR 등의 기술을 활용한 기술 관점의 융합, 데이터 · 정보의 다양화와 속도의 개선을 활용한 통합, 이미 일어나고 있었던 프로세스 및 산업 간의 융합은 계속되고 있다. 디지털 융합과 대비해서 이를 4차 산업혁명 융합이라고 한다. 4차 산업혁명 융합은 ICT 관련 기술이 발전함에 따라 연결 대상의 다양화와 연결속도의 개선, 그리고 지능화가 진척되어서 기존 프로세스를 근본적으로 변화하는 현상으로 진화하고 있다. 이런 현상을 디지털 트랜스포메이션(Digital Transformation)이라고도 한다.

(1) 스마트공장

제조현장에 자동화(로봇 포함)와 제조 요소들 간의 연결을 통한 데이터 수집 그리고 지능화를 통하여 공장 스스로가 생산을 통제 및 제어하는 공장을 말한다.

(2) 스마트시티

생활공간의 모든 요소들을 연결함으로써 데이터를 수집 및 분석하여 도시가 가지고 있는 자산과 자원을 효율적 · 효과적으로 관리할 수 있는 정보화된 도시를 말한다.

(3) 스마트팜

자동화된 여러 설비와 ICT 기술을 활용하여 시공간의 제약 없이 농사환경의 변화상태에 대한 데이터를 수집 분석하여 생육조건을 최적화 상태로 관리 및 통제하는 농업(임업, 축산업, 어업)방법을 말한다.

(4) 스마트홈

ICT 첨단기술을 삶의 공간인 주택에 접목함으로써 가정에서 삶의 편의성, 삶의 질, 보안을 향상시키고, 에너지 효율을 높일 수 있다.

(5) 스마트 SCM

공급사슬 전체를 연결하여 다양한 데이터를 수집 분석하여 공급사슬 각 구성원 간의 원활한 의사소통과 SCM을 최적화하는 것을 말한다.

(6) 스마트 스포츠

VR/AR 기술들을 활용하여 사용자가 오감을 통해 가상의 세계에서 실제 운동하는 것과 똑같은 체험을 할 수 있도록 해주는 것과 프로페셔널 선수들의 훈련 등에 ICT 기술을 접목하여 운동의 효과와 효율을 끌어올리는 것을 말한다.

연습문제

[01~04] 다음의 괄호 안에 들어갈 적당한 단어를 보기에서 고르시오.

〈보기〉
통합, 전력, 융합, 운전, 전기, 아날로그, CPS, 디지털, 동력, 발전, 시스템

01 1차 산업혁명 – (   )의 변화: 수력, 증기기관, 기계식 생산설비

02 2차 산업혁명 – 자동화: 대량 생산 중심, (   ), 노동 분업

03 3차 산업혁명 – (   )화: 자동화 생산, IT, 진자기기

04 4차 산업혁명 – (   ): 디지털 트윈, 사이버물리시스템

05 6G의 전송속도는 5G 최고 전송속도의 몇 배인가?

① 10배　　② 30배
③ 50배　　④ 70배

06 디지털 융합과 4차 산업 융합의 차이점에 대해서 설명하시오.

07 다음은 4차 산업혁명 융합 사례이다. 각 분야에 맞는 내용을 선으로 연결하시오.

스마트 SCM •	• 시공간에 관계없이 생육조건의 최적화
스마트공장 •	• 도시의 자원을 효율적으로 사용
스마트시티 •	• 공급망을 연결하여 최적화
스마트팜 •	• 스스로 제어하는 공장

정답 **01** 동력 **02** 전기 **03** 디지털화 **04** 융합 **05** ③

Chapter 13 스마트공장과 스마트 SCM

13.1 스마트공장

13.1.1 스마트공장의 정의

스마트공장(Smart Factory)은 설계, 개발, 제조, 판매, AS 등 전체 생산과정에 자동화, 디지털화와 더불어 첨단 ICT(정보통신) 기술을 적용하여 최고의 제조 효율로 제품을 생산할 수 있는 지능형 생산공장을 말한다. 사람과 설비, 설비와 설비, 설비와 IT 시스템 등을 연결하여 생산관리에 필요한 데이터를 실시간으로 수집하고, 이를 분석하여 스스로(Autonomous) 통제, 제어할 수 있는 공장이다.

▌그림 13-1 ▌스마트공장 개념도: IT와 OT[1]의 융합 관점

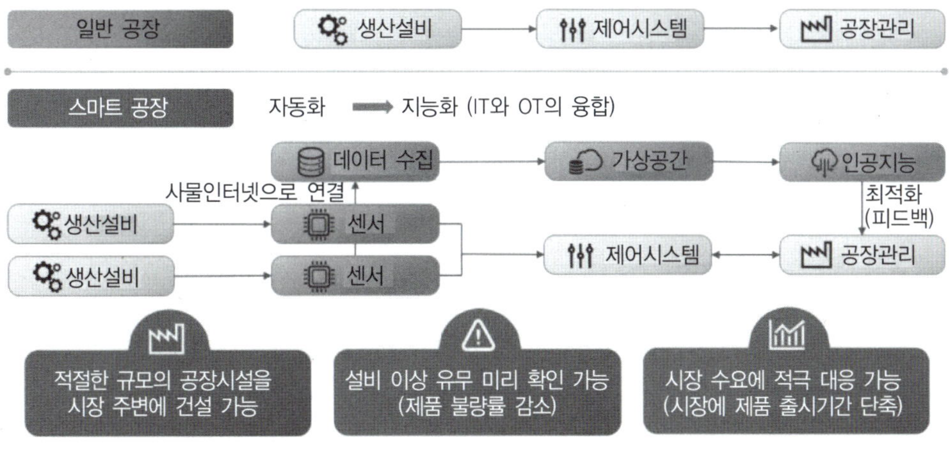

출처: 중소벤처기업부(2018)

1) Operational Technology: 산업용 기계, 공정 운영을 모니터링하고 설비를 직접 제어하는 기술과 시스템

제조업 전체 모습을 파악하기 위해서는 업종별 가치사슬(Value Chain)을 이해하는 것이 중요하다. 가치사슬에 대한 아이디어는 전략의 대가인 마이클 포터 교수가 주창했으며, "기업에서 부가가치가 생성되는 프로세스(절차)"라고 정의했다. 또한 기업의 활동은 기업이 제품과 서비스를 직접적으로 생산·배분하는 본원적 활동(Primary Activity)과 본원적 활동을 지원하는 지원적 활동(Support Activity)으로 구분할 수 있으며, 가치사슬의 분석을 통해서 기업 이윤을 창출하는 부가가치의 핵심 요소를 파악하고, 각 활동들의 강점과 약점을 분석하여 시장에서 경쟁우위를 선점하고 지속하기 위한 전략 수립을 기본적인 도구(Tool)와 방법론으로 활용하고 있다.

가치사슬을 크게 시장, 협력사, 모기업 세 개로 구분해서 살펴본다면, 시장의 변화를 감지하여 신제품 개발과 연계하며, 협력사에게 필요한 부품·모듈을 알려주고, 시장에서 필요한 시점에 제품을 생산하여 공급하는 것이 기업 경쟁력의 핵심이라고 할 수 있다(Time to Market). 시장에서 판매 기회를 놓치는 것이야말로 기업에 있어서 가장 큰 손실이라고 할 수 있다. 하지만 가치사슬의 주체들 간에 물리적으로 떨어져 있는 거

그림 13-2 마이클 포터 교수의 가치사슬

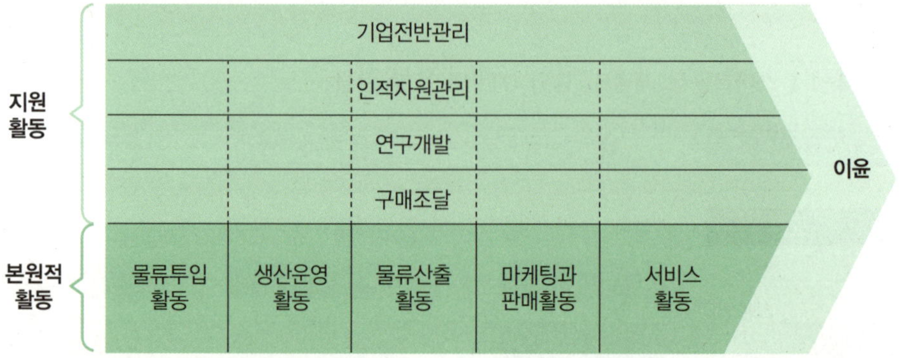

지원활동	기업전반관리	기획, 재무, 경리, 법무, 정보시스템 업무 등
	인적자원관리	인재채용, 교육, 급여업무 등
	연구개발	주활동과 관련된 신제품, 서비스 개발, 각종 테스트 등
	구매조달	주활동을 지원하는 물건이나 서비스의 구입 등
본원적 활동	물류투입	원재료나 부품의 구입과 배송 등
	생산운영	구매한 재료의 조립과 가공 등
	물류산출	제조한 제품의 창고 또는 소매점 배송 등
	마케팅과 판매	제품의 영업 선전이나 점포에서의 판매활동 등
	서비스	판매 후의 문의대응이나 사후 a/s 등

리가 존재하고 있고, 각 주체에서 일어나고 있는 변화를 실시간으로 확인할 수 없으며, 과거의 데이터와 경험에 의존하여 업무를 진행하고 있는 것이 사실이다. 4차 산업혁명 기술의 핵심 속성인 초연결성을 통해 가치사슬의 주체들 간에 연결성을 강화하여 데이터 공유 속도를 개선하고, 공유한 데이터 분석을 통해 기업 운영에 필요한 정보(Information 또는 Intelligence)를 빠르게 전달함으로써, 주체들 간의 거리를 줄일 수 있다. 즉 기업은 내·외부의 변화에 대해 실시간으로 인식할 수 있으며, 빠른 대응을 통해 변화에 대한 유연성을 향상시킬 수 있다. 이러한 유연성은 기업에 있어서 중요한 경쟁 요소 중의 하나이다.

13.1.2 스마트공장에 대한 다양한 접근방법

스마트공장은 미국을 중심으로 한 스마트 제조(Smart Manufacturing), 독일 인더스트리 4.0을 중심으로 한 스마트공장과 그 개념을 같이하고 있으며, 협의의 개념으로는 첨단 ICT를 제조현장에 접목하여, 최소의 자원(비용, 시간)으로 제품을 생산하는 자동화 및 지능화된 공장으로 정의한다. 하지만 각 국가 간에서 정의하는 포괄적인 개념은 약간의 차이가 있다. 이는 국가별 제조업 특성과 강점의 차이에서 발생한다고 볼 수 있다.

표 13-1 독일, 미국, 일본 제조업 특성과 강점

	독일	미국	일본
GDP 대비 제조업 비중(2014)*	23%	12%	19%
주력 제조업**	자동차(18.5%), 기계 및 부품(15.2%), 화학(9.8%)	화학(12.3%), 석유정제(10.9%), ICT(9.5%) 항공우주, 상용차, 제약	자동차(16.1%), ICT(15.7%), 기계(10.4%), 계측, 센서
강점 기술 역량	기계, 화학, 산업 S/W	S/W, 서비스 역량	전자 부품·소재·장비
강점 사업 역량	개념 설계 역량	사업 모델 기획 역량, 글로벌 SCM 운영 역량	공정 혁신력, 상품화 역량
제조업 내 중소기업 역할	강함	약함	강함

* KISDI(2016. 4.), 괄호 안은 제조업 총생산 내 산업별 비중의 3개 년도(2012~2014) 평균
** World Bank

출처: LG경제연구원(2016)

[표 13-1]에서 보다시피 국가별로 GDP 대비 제조업의 비중 및 주력 제조업 그리고 국가의 역량 및 중소기업의 역할에 차이를 보이고 있으며, 따라서 이를 반영하여 국가별 개념 정의 및 추진전략에 차이를 보이고 있다.

13.1.3 미국의 스마트 제조(Smart Manufacturing)

전통적인 제조업의 강국이었던 미국은 제조 경쟁력 향상을 위하여 생산 기지를 인건비가 저렴한 국가(중국, 멕시코, 동남아 등)로 이동하는 전략을 주로 사용해 왔다. 하지만, 2008년 금융위기 이후 미국 정부는 제조업이 국가 경쟁력의 근간임을 재인식하였고, 'America First', 'America Make'라는 슬로건과 함께 제2의 제조업 르네상스 시대를 맞이하고자 범국가적 차원의 노력을 경주하고 있다. 미국 정부는 첨단 제조업을 육성하여 제조업 경쟁력을 제고할 수 있는 효율적이며 지속 성장이 가능한 환경을 구축하는 방안을 모색하고 있다. 주로 IT 기업이 중심이 되어서 새로운 플랫폼을 활용하는 새로운 비즈니스 모델을 찾는 방향으로 진행하고 있는데, 이는 미국이 강점으로 가지고 있는 소프트웨어 역량을 적극 활용하고 있는 것으로 보인다.

미 정부 주도의 스마트 제조 연합체인 SMLC(Smart Manufacturing Leadership Coalition)는 스마트 제조를 "미래 제조업의 발전된 가치를 창출할 수 있도록 현존하거나 앞으로 발생할 수 있는 문제점을 개방형 인프라를 통해 해결하는 제반 활동"이라고 하였으며, 딜로이트(Deloitte LLP)의 폴 웰리너(Paul Wellener) 부사장은 "공장에서부터 비즈니스 모든 영역에 이르는 모든 제조 영역의 광범위한 디지털을 의미한다. 여기에는 제품 설계, 공급망, 생산, 유통 및 판매가 포함된다"라고 정의를 내렸다.

한편 미국 국립표준연구소(NIST)는 "공장과 공급망 그리고 변화하는 고객의 요구 환경에 부합하며 실시간으로 대응할 수 있는 완전 통합되고, 협업할 수 있는 시스템으로 정의하고 있다.

스마트 제조는 사이버 물리생산시스템(Cyber-Physical Production System), 산업 사물인터넷(Industrial Internet of Things, IIoT), GE의 브릴리언트 공장(Brilliant Factory) 등 다양한 용어로 불리고 있다.

▌표 13-2▌스마트 제조의 정의

기관 및 연구자	정의
SMLC	미래 제조업의 발전된 가치를 창출할 수 있도록 현존하거나 앞으로 발생할 수 있는 문제점을 개방형 인프라를 통해 해결하는 제반 활동
폴 웰리너	공장에서부터 비즈니스 모든 영역에 이르는 모든 제조 영역의 광범위한 디지털화(제품 설계, 공급망, 생산, 유통 및 판매까지 포함)
NIST	공장과 공급망 그리고 변화하는 고객의 요구환경에 부합하며 실시간으로 대응할 수 있는 완전 통합되고, 협업할 수 있는 시스템

13.1.4 독일의 인더스트리 4.0(Industrie 4.0)

전통적인 제조업 강국 중의 하나인 독일은 기술력을 바탕으로 높은 제조 경쟁력을 지금까지 유지해 오고 있다. 하지만 독일 내부의 생산 인구 감소, 인구 고령화와 원가 우위를 바탕으로 추격해 오는 동남아 여러 국가들의 추격 등으로 제조 경쟁력의 위기가 확산되고 있으며 이를 극복하기 위해 '인더스트리 4.0 마스터 플랜'을 만들고 이를 추진하고 있다. 인더스트리 4.0은 제조업과 IT 시스템을 결합하여 생산 관련 시설(물류, 서비스까지 포함)을 네트워크로 묶고, 데이터와 정보로 서로 연결하여 지능형 생산 시스템을 갖춘 공장으로 전환하여 스마트공장을 구축하고 이와 관련한 생태계를 선점하는 것을 목표로 하고 있다. 독일은 인더스트리 4.0을 완성했을 경우 생산성을 30% 향상시켜서 독일의 제조 강국의 지위를 공고히 하려고 하고 있다.

인더스트리 3.0이 생산설비 운영 관련한 내용을 프로그램하여 입력하면, 설비는 입력된 명령에 따라 수행하는 단방향 의사소통의 생산방식이었다면, 인더스트리 4.0은 원재료, 반제품 등의 정보를 확인하여 설비에 모델에 맞는 생산방법을 전달하는 양방향 의사소통으로 생산하는 것이다. 이를 통해 다품종 소량생산을 낭비 없이 비용 최적화된 상태로 생산할 수 있게 된다.

▌그림 13-3▐ 인더스트리 3.0과 인더스트리 4.0

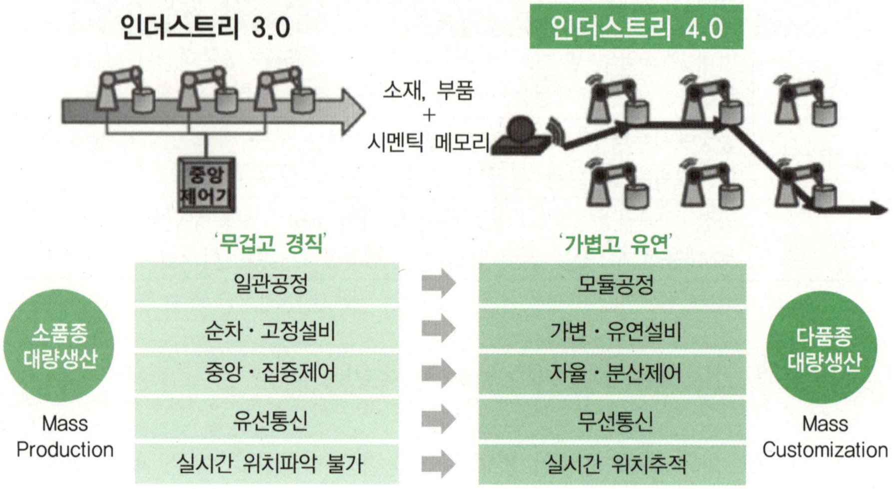

인더스트리 3.0

인더스트리 4.0

소재, 부품
+
시멘틱 메모리

중앙
제어기

소품종 대량생산 Mass Production	'무겁고 경직'		'가볍고 유연'	다품종 대량생산 Mass Customization
	일관공정	→	모듈공정	
	순차 · 고정설비	→	가변 · 유연설비	
	중앙 · 집중제어	→	자율 · 분산제어	
	유선통신	→	무선통신	
	실시간 위치파악 불가	→	실시간 위치추적	

출처: 박형근 · 김영훈(2014)

또 하나 주목해야 할 것 중의 하나가 생산방식에 있어 컴퓨터 산업의 P&P 표준화 전략을 도입한 것이다. P&P(Plug & Play)는 윈도우즈 95 운영체제 이후 도입한 개념으로 컴퓨터 주변장치(통신카드, 모뎀, 사운드 카드 등)를 추가할 경우 별도 물리적인 설정을 하지 않고 바로 사용할 수 있는 방식을 말한다. 이러한 개념을 생산방식에 적용한 것이 생산에 있어 P&P(Plug & Produce)이다. 생산을 위해서는 다양한 종류의 서로 다른 설비가 필요하다. 생산 모델의 변화가 있을 경우 필요한 설비의 종류가 달라진다. 새로운 모델을 생산할 경우 생산라인을 다시 조정하고 준비하는 데 시간이 많이 소요되고 있으며 생산성을 저하시키는 큰 요인 중의 하나이다. 모델 변경에 따른 필요 설비를 단순히 전원 공급(Plug)만 하게 되면 바로 생산을 할 수 있도록 만드는 방법이 바로 생산방식의 P&P이다. P&P를 위해서는 생산설비를 표준화하고 모듈식으로 배치하여 모델 변경에 따라 필요한 모듈을 운영하는 방향으로 진행하고 있다.

2011년 독일공학협회(VDI)에서 인더스트리 4.0이라는 용어를 처음 사용한 이후, 국가 주도하에 꾸준히 진행하여 왔으나, 예상보다 진척도가 부진하자 2015년 4월 독일 연방정부는 인더스트리 4.0을 재정비하여 '플랫폼 인더스트리 4.0(Plattform Industrie 4.0)'을 출범하였고, 인력양성, 표준, 보안과 같은 제조업의 플랫폼 정비에 중점을 두어 추진하고 있다.

그림 13-4 모듈식 생산공정 사례

Smart Factory KL의 모듈식 공정

2014년 하노버 산업박람회에 제시된 모듈식 스마트공장 원형: 서로 다른 6개 업체들이 만든 제조 모듈들을 연결해 명함 케이스를 생산

Evonik의 PEC

모듈식으로 화학공정을 처리

출처: 박형근 · 김영훈(2014)

인더스트리 4.0 추진에 의한 제조업 혁신은 생산기술, 생산조직 및 방법의 변화 등이 노동환경 전반에 영향을 미치고 있다. 특히 노동의 불안정화로 인한 사회적 갈등 해결을 모색하기 위하여 인더스트리 4.0 시대에 부합하는 새로운 일자리 제시를 위한 '아르바이드 4.0'을 제시하고 있다.

최근 코로나19 확산 이후 글로벌 공급망의 위기와 더불어 수급의 불균형이 증가하면서 디지털 전환(Digital Transformation)의 신속한 추진이 필요해졌다. 이를 위해서 독일은 인더스트리 5.0 등의 새로운 전략을 수립하여 발표하였다.

13.1.5 일본의 소사이어티 5.0(Society 5.0)

일본은 제조업의 강국으로서 스마트공장 개념을 정립하기 이전에 제조현장의 생산성 향상을 위한 여러 가지 활동과 더불어 자동화 투자를 진행했다. 일본 정부는 4차 산업혁명 기술을 활용하여 제조현장의 문제뿐만 아니라 일본이 가지고 있는 '사회적 과제'를 해결하기 위해 소사이어티 5.0이라는 개념을 일본 내각부에서 2016년 2월에 발표하였다. 독일의 인더스트리 4.0, 미국의 스마트 제조와는 달리 산업분야에 국한하지 않고 사회 전체 시스템을 혁신하는 것에 중점을 두고 있다.

일본의 경우 인류가 경험해 본 적이 없는 초고령화 사회(2019년 기준 65세 인구 비율 28.4%로 세계 1위, 75세 인구 비율 20%)로 이미 진입하였으나, 저출산이 지속되어 생산 가능 인구 저하 및 노동 경쟁력 저하 등 해결해야 할 사회적인 과제가 다른 나라보다도 시급한 것이 사실이다. 일본이 가지고 있는 사회적인 과제를 해결하기 위한 방향으로서는 첫째, 온실가스 배출 감소, 둘째, 식량 증산 및 유통과정에서 손실 감소, 셋째 고령화에 따른 사회적 비용 감소, 넷째, 지속가능한 산업화 추진, 다섯째 부의 재분배와 지역 간 격차 해소의 5대 방향성을 제시하고 있다.

▌그림 13-5 ▌소사이어티 5.0 개념

소사이어티 5.0과 더불어 커넥티드 인더스트리(Connected Industries)라는 개념을 제시하였는데, 소사이어티 5.0은 4차 산업혁명 기술을 활용하여 사회적 과제가 해결된 '사회상'을 의미한다면, 커넥티드 인더스트리는 '산업상'을 의미한다고 할 수 있다.

- 소사이어티 5.0: 사회 전체가 물리적 공간이 사이버 공간과 융합하는 초스마트 사회로 변화하여, 사회 구성원들이 필요한 재화나 서비스를 필요할 때에 필요한 만큼 제공받을 수 있는 사회를 말한다.
- 커넥티드 인더스트리: 4차 산업혁명 기술의 활용을 통해 모든 사물이 서로 연결되고, 수집한 데이터를 활용하여 새로운 부가가치를 창출하는 산업사회를 의미한다.

13.1.6 우리나라의 스마트공장

우리나라는 제조업 수출 세계 5위, 휴대폰, 디스플레이, 메모리 반도체 시장 점유율 1위, 자동차 생산 5위 등으로 세계적인 제조업 경쟁력을 가지고 있다. 하지만 생산 인구구조의 변화, 글로벌 리스크의 증대 등 제조업의 위기를 초래하는 변화를 극복하기 위해서 한국은 '제조업 혁신 3.0' 전략을 발표하였고, 제조업과 ICT 기술을 융합한 스마트공장 확산 사업을 꾸준히 전개해 오고 있다.

그림 13-6 우리나라 제조업의 혁신 패러다임 변화

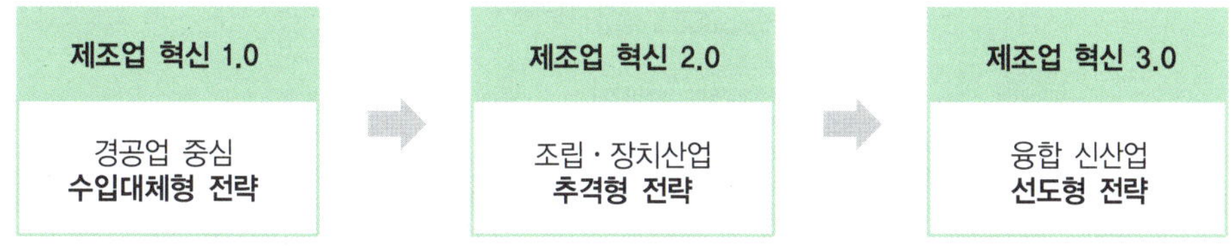

또한 스마트공장 관련 표준을 정비하여 2016년 KS X 9001-1을 제정하였으며, 스마트공장의 정의 및 수준 진단 등을 통해 스마트공장 활성화에 많은 노력을 경주하고 있다. KS X 9001-1에 의한 스마트공장 및 스마트 제조의 정의는 다음과 같다.

- 스마트공장(Smart Factory): 전통 제조산업에 ICT를 결합하여 제품의 기획, 설계, 생산, 유통, 판매 등 전 과정을 ICT 기술로 통합하고 최소비용, 시간으로 고객맞춤형 제품 생산을 지향하는 공장으로, 생산성 향상, 에너지 절감, 인간중심의 작업환경이 구현되고, 개인맞춤형 제조, 융합 등 새로운 제조환경에 능동적 대응이 가능한 공장을 의미한다.
- 스마트 제조(Smart Manufacturing): 제품 기획, 설계, 생산, 품질, 재고, 조달 등 스마트공장 내 제조 프로세스의 정보화, 최적화 및 생산시스템의 자동화를 ICT 기반 스마트 기술로 실현하는 제조공정을 의미한다.

제조업의 업무 프로세스, 정보(IT)시스템, 자동화가 유기적으로 잘 연결되어 있는 모습이 스마트공장의 이미지라고 할 수 있으며 이는 스마트공장 프레임워크로 잘 표현되고 있다.

| 그림 13-7 | 스마트공장 프레임워크

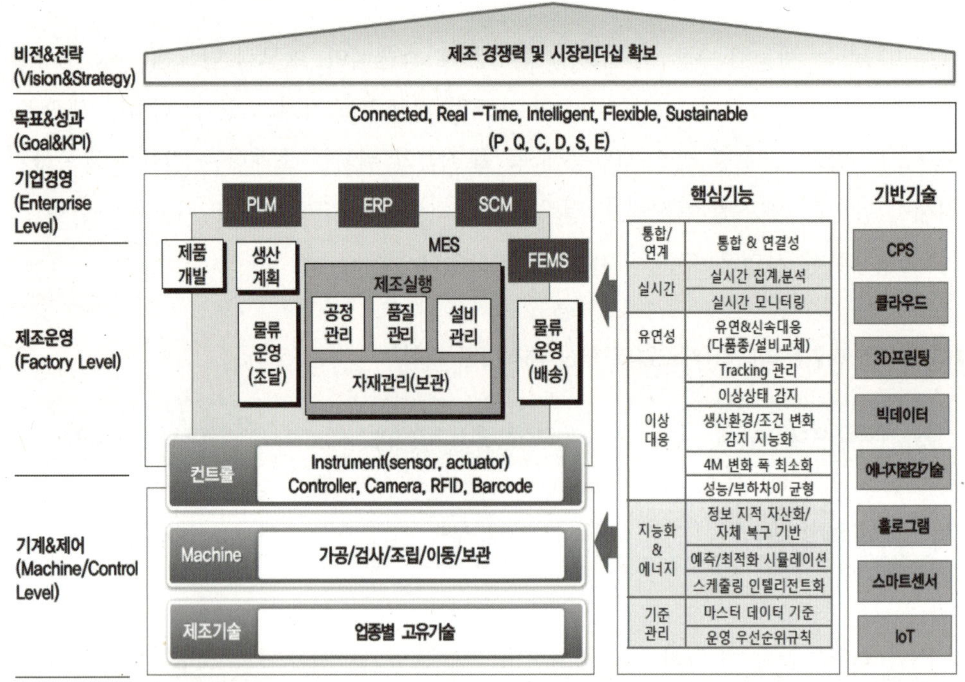

출처: 스마트제조혁신추진단, KSA

스마트공장 프레임워크를 기반으로 개별 공장에 구축한 정보시스템(MES, ERP, PLM, SCM 등) 수준과 현장자동화 등을 심사하여 스마트공장 수준을 평가하는 스마트공장 수준 확인제도를 실시하고 있다. 정보시스템, 자동화 구축 정도와 활용도를 심사하여 기초, 중간 1, 중간 2, 고도화로 등급을 나누고 있다.

| 표 13-3 | 스마트공장 수준과 심사항목

구분		현장자동화	공장 운영	기업자원관리	제품개발	공급사슬관리
고도화	기능분류	IoT 기반 설비가 구축되어 있고, CPS화가 되어 있는가?	IoT 기반으로 데이터를 수집하고 있으며 CPS 연동이 되어 있는가?	IoT 기반의 RFID/바코드가 연동되어 있는가?	IoT 기반 ERP/CAD가 연동되어 있으며, 프로젝트 통합 CPS화가 되어 있는가?	빅데이터를 기반으로 한 자기업-모기업 간 협업이 가능한 CPS화가 되어 있는가?
중간수준 2	기능분류 ②	생산설비 및 CAD/MES 연계가 실시간 자동화되어 있는가?	전 공정의 모니터링과 실시간 제어가 가능한가?	하위 수준 시스템을 구축 후 전 기능을 통합 운영하고 있는가?	제품개발 관련 데이터를 시뮬레이션을 통해 생성하고 있는가?	자기업 독자 구축 시스템과 모기업 시스템의 연계가 완성되었는가?

	기능 분류 ①	생산설비가 실시간 자동화되어 있는가?	단위공정의 모니터링과 실시간 제어가 가능한가?	하위 수준 시스템을 구축 후 일부 기능을 통합 운영하고 있는가?	제품개발 관련 프로젝트 통합정보를 자동생성 및 자동화 연동이 가능한가?	자기업 독자 구축 시스템과 모기업 시스템이 일부 연계되어 있는가?
중간 수준 1	기능 분류 ②	PCL에서 서버로부터 실적데이터 수집을 하고 있는가?	POP 시스템이 현장+사무실에서 모두 모니터링 가능하고 현장-사무실 간 의사결정이 협의되고 있는가?	외주 및 원가관리 시스템이 구축되어 있는가?(하위 단계 기능 포함)	제품개발 관련 프로젝트관리시스템을 통해 통합정보를 생성하고 있는가?	자기업 시스템을 독자 구축하여 운영하고 있는가?
	기능 분류 ①	PCL에서 현장 단말기로부터 실적데이터 수집을 하고 있는가?	POP 시스템이 현장 사무실 중 한 곳에서 모니터링 가능한가?	구매 및 영업관리 시스템이 구축되어 있는가?(하위 단계 기능 포함)	제품개발 관련 프로젝트관리시스템을 통해 기준정보를 생성하고 있는가?	자기업 시스템을 일부 구축하여 운영 중인가?(모기업 일부 의존)
기초 수준	기능 분류 ②	기초 센서를 이용하여 실적데이터를 수집하고 있는가?	생산계획 및 BOM 관리를 수행하여 운영 중인가?	기업정보시스템이 구축되었는가?(하위 단계 기능 포함)	제품개발 관련 OS(엑셀 등)를 활용하여 정보시스템을 운영 중인가?	모기업 시스템에 전적으로 의존하고 있는가?
	기능 분류 ①	실적집계를 수작업을 통해 수집하고 있는가?	기준정보관리(LOT)를 수행하여 운영 중인가?	기업정보를 관리 시스템을 통해 관리 중인가?(수불, 회계 등의 단위업무 기능)	제품개발 관련 프로젝트 계획을 수립하여 수기로 운영 중인가?	별도 시스템 없이 자기업 자체계획을 수립하여 운영 중인가?

출처: 스마트제조혁신추진단, KSA

13.1.7 스마트공장의 기술 이해

스마트공장의 가장 큰 특징 중의 하나가 지능형 공장이다. 지능형 공장을 구축하기 위해서는 제조현장의 데이터를 잘 수집하고, 이를 정보화하여 현장에 사용할 수 있도록 네트워크화하고 시스템을 구축하는 것이다. 따라서 스마트공장은 데이터의 체계적인 수집, 분석, 활용 등을 위해서는 여러 가지 플랫폼을 활용하여 공장 전체를 연결하고 있다.

▌그림 13-8▐ 스마트공장 구현을 위한 기술 위계

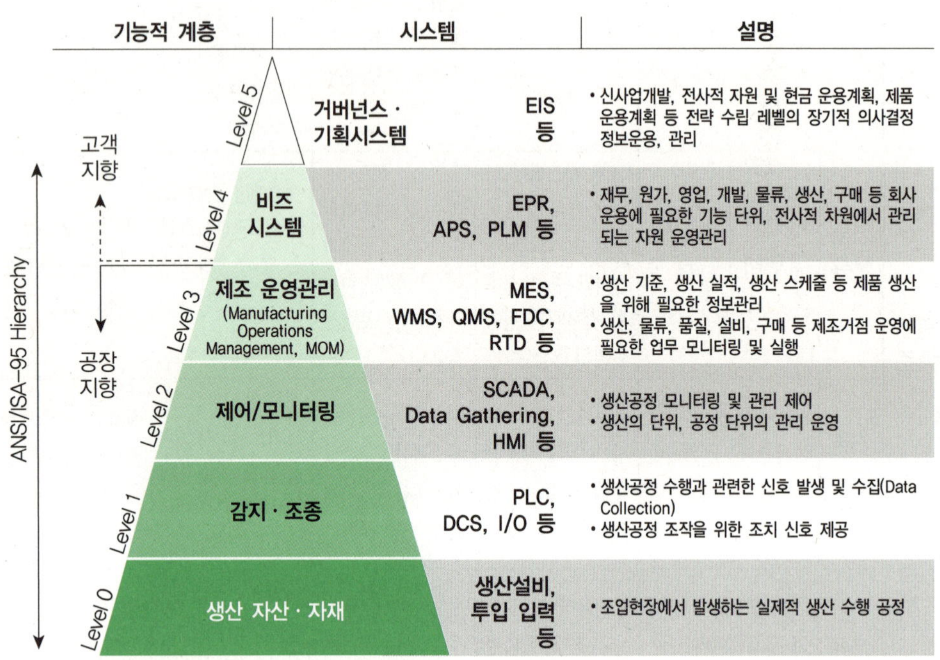

출처: Deloitte Analysis

[그림 13-8]의 기술을 활용하여 제품기획에서부터 판매에 이르는 전체 가치사슬을 통합 및 연결하여 데이터를 획득하고, 이를 정보화하여 공장 전체 운영을 지능화해 나가는 것이 스마트공장의 개념이다. 따라서 스마트공장을 이해하기 위해서는 스마트공장에서 활용하고 있는 여러 가지 기술에 대한 이해가 필요하다.

(1) PLC(Programmable Logic Controller)

PLC는 말 그대로 프로그램이 가능한 논리 제어장치, 즉 소형 컴퓨터이다. 제조현장에서 여러 설비 등을 제어하기 위해서 사용하는데, 스위치, 온도, 위치 등의 정보를 입력으로 받아들여서 이미 작성한 프로그램에 의해서 순차적으로 처리한 결과를 기반으로 외부 장치(설비)를 제어하는 데 사용한다. 제조현장에서 사용하는 설비뿐만 아니라 산업용 로봇, 엘리베이터, 상하수 처리 등 다양한 장소에서 다양한 설비에 활용하고 있다.

▌그림 13-9 ▌PLC로부터 데이터 수집방법

PLC는 입력, 출력의 데이터를 수집할 수 있는 공간이다. 따라서 PLC에 통신이 가능한 디바이스(Device)를 연결하면 스마트공장 운영에 필요한 데이터를 수집할 수 있다. 이렇게 함으로써 설비, 생산라인의 실시간 데이터를 효율적이고 효과적으로 수집할 수 있는 방법이다. 여러 산업 영역에서는 PLC를 활용하여 산업별 필요한 제어 대상을 제어하는 데 많이 활용하고 있다.

▌표 13-4 ▌PLC를 활용한 다양한 제어 대상

산업 영역	PLC를 활용한 제어 대상
화학·섬유	원료의 수입 및 출하 제어, 직조, 염색라인 제어, 반응조 제어, 원료 수송 제어
제철·제강	원료 이동 제어, 압연라인 제어, 작업장 하역 제어
자동차	전송라인 제어, 자동 조립라인 제어, 도장라인 제어
음식료	음식료 생산라인 자동 제어, 컨베이어 이동 제어, 환경(온도, 습도) 제어
상하수도	정수장 제어, 하수처리 제어, 송배수 펌프 제어
물류	자동 창고 제어, 반송라인 제어, 하역설비 제어
기타	쓰레기 소각장 소각로 제어, 공해 방지기 제어 등

(2) SCADA(Supervisory Control And Data Acquisition)

제조현장에서 데이터를 수집하는 방법은 위에서 설명한 PLC와 연결하여 수집할 수 있고, 센서를 이용해서 데이터를 수집할 수 있다. 수집한 데이터를 활용하여 멀리 떨어져 있는 설비들의 상태를 모니터링하거나 제어하기 위한 시스템이 바로 SCADA이다. 현장에서 수집한 데이터를 그래픽 UI와 연동하여 관리감독자가 손쉽게 현장의 상황을 인식할 수 있도록 도와주는 시스템이다. SCADA의 가장 큰 목적은 모니터링과 제어라고 할 수 있다. 따라서 SCADA 시스템 구축은 다음과 같은 기능을 설치한다.

- **실시간 설비 상태 모니터링**: 실시간 현장설비의 상태정보 표시, 설비 정지 시 유지보수 담당자 호출
- **실시간 생산 실적 수집**: 실시간 생산 수량 관련 정보 및 품질 관련 정보 수집 및 표시
- **실시간 설비 알람**: 설비에 이상이 발생했을 경우 실시간으로 알람 및 담당자에게 통보
- **이상 발생 감지 및 통지**: 미리 설정한 이상 발생 등급을 따라 현상을 화면 표시 및 담당자에게 통보

데이터를 SCADA 시스템과 연계하면 제조현장의 실시간 상태에 대한 투명성 및 가시성을 확보할 수 있고, 관리감독자에게 현장관리의 편의성 및 신속 대응성 향상을 제공할 수 있다. 또한 이상 발생 시 실시간 알람을 통해 문제해결을 신속하게 처리할 수 있어, 현장관리 업무의 효율을 증대할 수 있다.

그림 13-10 SCADA 사례

출처: https://www.aveva.com/ko-kr/solutions/operations/scada

(3) MES(Manufacturing Execution System: 통합생산관리시스템)

제조업은 고객으로부터 주문을 받아서 생산을 통해 완제품을 만들고 이를 고객에게 다시 전달하는 형태의 업무를 진행한다. 업무를 진행하면서 늘 고민을 해야 하는 몇 가지 문제들이 있다.

- 고객으로 받은 주문 수량을 언제 납품할 수 있을까?
- 생산계획대로 생산이 원활하게 진행되고 있을까?
- 제품 불량의 원인은 무엇일까?
- 생산을 위한 자원(설비, 인원)을 효율적으로 활용할 수 있을까?

위와 같은 문제를 해결하기 위해서는 생산활동과 관련된 데이터를 기록하고 관리할 수 있는 정보시스템이 필요한데, 이를 MES라고 한다.

제조현장의 각각의 설비에 있는 PLC로부터 데이터를 수집한 다음 SCADA 시스템을 구축하여 설비에 대한 모니터링을 진행하고, SCADA는 상위에 있는 시스템인 MES에 데이터를 전송한다.

제조는 간단하게 설명하면 재료를 제조라인에 투입하여 최종 제품으로 변환하는 과정이라고 할 수 있다. 최종 제품이 나올 때까지 공정을 거치면서 제품과 생산조건은 지속적으로 변화를 하고, 이러한 변화와 관련된 데이터를 기록, 관리하는 시스템이 MES 시스템이다. 제조업은 고객으로부터 주문을 받은 다음, 생산계획을 수립하고, 이를 바탕으로 생산을 실행한다. 생산이 계획대로 이상 없이 진행되고 있는지 여부를 실시간으로 확인하고, 변화가 발생했을 경우 현장에서 빠른 조치를 취함으로써 생산이 원활하게 진행될 수 있도록 도움을 주어 궁극적으로는 고객과의 기본적인 약속 이행에 문제가 없도록 지원해 주는 시스템이다.

- MES: 고객으로 받은 주문에서부터 완제품이 생산 완료될 때까지 공장에서 이루어지고 있는 모든 생산활동과 관련된 데이터를 기록하여 관리해 주는 정보시스템을 의미한다.

MES를 활용함으로 불량 발생의 원인을 추적하여 양품 및 수율을 향상시키고, 불필요한 공정 및 작업을 개선함으로써 생산비용을 절감할 수 있어, 기업의 이익에 큰 도움을 주고 있다.

| 표 13-5 | MES 기대효과(스마트공장 운영과 전략)

기대효과	설명
수익률과 제품 품질 향상	• 불량 재작업과 품질정보의 실시간 추적 • 제조절차에 대한 보존
제조 문제점에 대한 신속, 유연한 대응	• 공정 제어상태 모니터링, 실시간 보고 • 향후 공정의 준비
기록과 탐색비용 절감	• 생산 관련 기록 저장 및 추적 제공 • 규정 준수
정보수집과 분석비용 절감	• 저장된 데이터 분석시간 감소 • 제조공정에 영향을 주는 관리 항목 저장
고객에 대한 지원과 응답시간 단축	• 고객의 특정 절차, 품질과 자재에 대한 추적 • 공급계획에 우선순위 결정
장비 가동률 향상	• 설비 유지보수 이력 제공 • 설비 이력관리

(4) ERP(Enterprise Resource Planning: 전사적 자원관리시스템)

제조업을 포함한 모든 기업은 구매, 생산, 판매, 인사, 재무 및 회계 등 다양한 기능을 가진 부서들이 기업의 목표 달성을 위해서 협업하는 하나의 시스템이다. 기능부서의 집합체인 기업이 가지고 있는 문제 중의 하나가 부서와 부서 간에 주고받는 데이터와 정보를 공유하는 속도와 정확도가 떨어질 수 있다는 것이다. 왜냐하면 특정 부서가 가지고 있는 정보는 그 부서 안에서는 원활하게 공유되지만, 부서와 부서 사이에 공유가 원활하지 못하는 경우가 발생하고, 이는 기업 경쟁력의 하락으로 이어질 수 있다. 기업 전체의 정보공유에 대한 문제점 해결을 목적으로 기능부서가 가지고 있는 정보를 하나의 데이터베이스에 연결하도록 하는 정보시스템을 전사적 자원관리(ERP)라고 한다.

- ERP: 기업의 모든 부서(고객, 협력사까지 포함)의 정보를 통합관리하여 비즈니스를 효율적으로 운영할 수 있도록 지원해 주는 정보시스템을 의미한다.

기업의 모든 부서가 ERP에 연결되어 있기 때문에, 개별 부서에서 업무 수행 중 변경이 발생되었을 때 ERP에서 수정하면 전사가 바로 수정된 정보를 인식할 수 있다. 따라서 전사적인 자원이 어떻게 운영되고 있는지 바로 확인할 수 있어 기업 내 정보 흐름을 원활하게 해주며, 활용하여 기능부서의 업무를 효율적으로 진행할 수 있는 다양한 모듈을 제공한다.

▌그림 13-11 ▌ERP 개념도

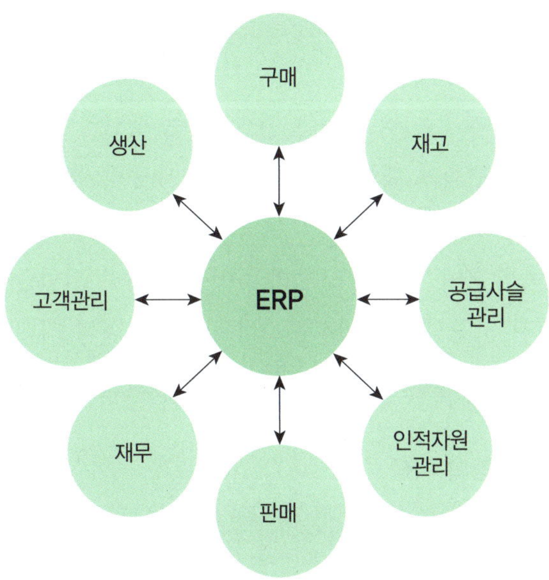

▌표 13-6 ▌ERP 모듈 개요

모듈	간단한 설명
회계·재무	대부분의 ERP 시스템의 중심 구성요소, 총계정원장, 미지급금, 미수금, 급여명세서, 손익계산서 및 대차대조표를 포함한 다양한 재무보고서를 제공
마케팅	고객발굴, 타깃 마케팅, 광고용 우편물 및 판매를 지원
인적자원	채용일자, 급여, 연락처 정보, 성과평가 및 기타 관련 정보와 같은 종업원 정보의 완전한 데이터베이스를 유지관리
구매	공급업체 선정, 가격협상, 구매결정 및 청구서 작성을 용이하게 함
생산계획	예측, 주문, 생산용량, 보유재고량, 자재명세서, 재공품, 일정계획, 생산 리드타임에 대한 정보를 통합
재고관리	소요 재고량, 가용 재고량, 재고보충 규칙, 재고 추적을 파악
유통	제3자 운송업자, 선적 및 납품일정, 배송 추적 정보를 포함
판매	주문, 송장, 주문 추적 및 선적에 대한 정보
공급사슬관리	공급업체 및 고객관리, 공급사슬 가시성 및 이벤트 관리를 용이하게 함
고객관계관리	고객연락처 정보, 구매행동, 선호하는 운송수단, 계약, 지불조건 및 신용기록

출처: William J. Stevenson(2019)

13.1.8 스마트공장 이점 및 기대효과

자동화, 지능화, 초연결성의 특징을 가진 4차 산업혁명 기술을 기존 공장에 접목하여 스마트공장으로 변모하였을 경우 얻는 이점으로는 생산라인의 신뢰성 확보, 공장의 능동적인 대응력 향상, 변화에 대한 의사결정력 및 대응력 향상, 제조 관련 모든 정보에 대한 연계성 강화를 들 수 있다.

스마트공장이 구축할 경우, [그림 13-12]의 이점을 살려 기업은 다양한 기대효과를 예상할 수 있다. 먼저 서창성 등(2018)은 스마트공장 구현의 기대효과를 아래와 같이 제시하고 있다.

▌그림 13-12 ▌스마트공장의 이점

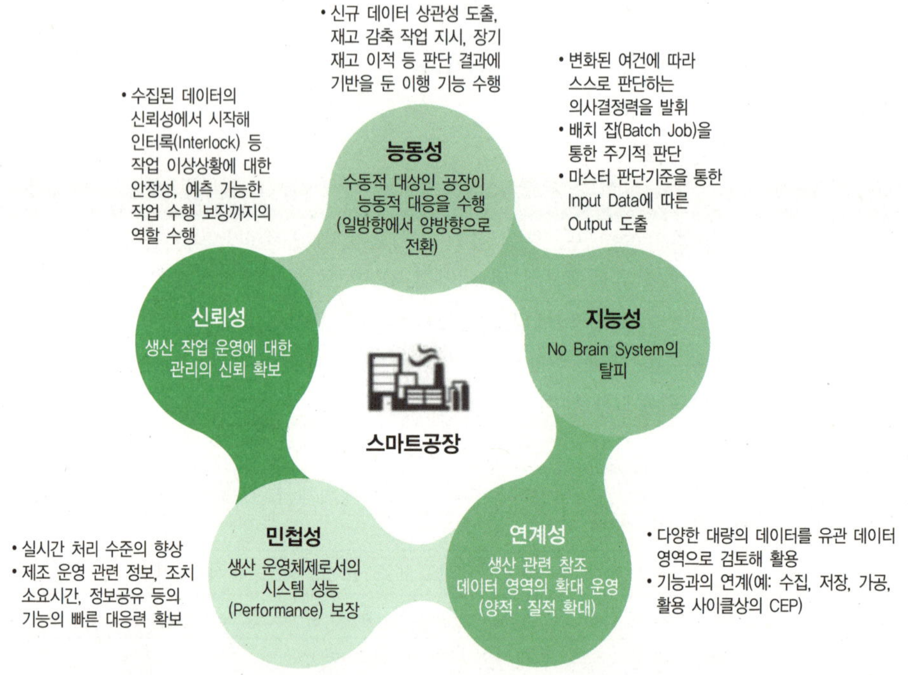

- 적시생산시스템(Just In Time)
- 유연한 생산체제(Flexible Manufacturing System)
- 컴퓨터 통합생산시스템(Computer Integrated Manufacturing)
- 소비자 맞춤형 대량 생산 확대
- 사전 시뮬레이션 및 End-to-End 엔지니어링

- 제조업의 서비스화를 통한 경쟁력 강화
- 도심형 공장 증가 및 재택근무 활성화

맥킨지 보고서(2019)에 따르면 스마트공장 추진에 따른 실시 효과를 자산 효율성, 노동생산성 향상, 수익 증대, 재료비 절감, 서비스 수준 향상 등으로 다음과 같이 다섯 가지로 제시하여 발표하였다.

- **자산 효율성**: 자산집약적인 제조업체가 많은 국내 산업은 자산의 활용률을 높이고 유지관리비를 줄여 수익성을 끌어올릴 수 있다.
- **노동생산성 향상**: 인건비가 올라 국내 제조업체들의 비용우위가 빠르게 사라지고 있다. 지속해서 비용이 오르는 인력을 대체할 수 있는 자동화 기술을 활용한다면 경쟁력을 유지할 수 있다.
- **수익 증대**: 마케팅과 영업활동에도 디지털 기술을 적용해 매출 증대를 꾀할 수 있다. 고객이 제품을 살 때 가격 · 브랜드 등 어떤 요인을 중시하는지, 전단 · 인터넷 등 어떤 마케팅 채널을 보고 구매하는지 등을 파악하여 마케팅 전략에 반영한다.
- **재료비 절감**: 재료 구매정보를 디지털화하고 분석하면 제품원가를 획기적으로 낮출 수 있다.
- **서비스 수준 향상**: 소비자와 공급사의 피드백을 빠르게 수집하여 수요계획을 수립하고 공급망을 기민하게 만드는 시스템을 적용한다.

13.1.9 스마트공장 구축 사례

(1) 포스코의 스마트 제철소

철광석을 고열의 용광로에서 쇳물로 만들고, 이를 틀에 넣어서 고객이 원하는 철강 제품으로 만드는 공장이 바로 제철소이다. 24시간 운영하고 있으며 고객에 따라서 다른 성능의 제품을 원하고 있어서 철을 만드는 과정에서 해결하지 못하는 어려운 문제점들이 있었다.

포스코는 연속 제조공정용 스마트공장 플랫폼인 포스프레임(PosFrame)을 세계 최초로 구축하였으며, 이를 활용하여 공장의 모든 정보를 디지털화하여 데이터로 저장함과 더불어 자동화 분석 모델을 활용하여 그동안 해결하지 못했던 여러 문제에 대한 최적

그림 13-13 ▌제철공정의 문제점

생산계획	제선	제강	연주	압연	도금
"더 빠르게 주문을 점검하고 싶어"	"노황을 실시간으로 보고 싶은데…"	"취련단계끼리 정보를 연계할 수는 없나?"	"모든 소재를 무조건 검사 하는 건 비효율적인 것 같아"	"편차 없이 균일하고 정확하게 압연하는 방법은?"	"아연 도금 코팅을 더 경제적으로 할 수 없을까"
"부하 강종을 최적으로 설계하는 방법은?"	"노황에 따라 정확한 온도를 유지하고 싶어"	"목표 온도를 정확히 맞추고 싶어"	⋮	⋮	⋮

출처: 포스코 뉴스룸

의 공정 운영조건을 확인하고 공장을 제어할 수 있게 되었다. 이를 통해 쇳물 생산량이 증가하였고, 제강공정의 원료 사용량을 60% 줄였다. 또한 효과적이고 효율적인 표면 품질 검사를 수행함으로써 연간 6억 원의 비용을 절감할 수 있었다.

또한 스마트 CCTV를 활용하여 화재 위험을 사전에 감지해 예방하고 있으며, 제품 품질을 작업자 대신 수행함으로써 품질 불량에 조기 대응하고 있다.

그림 13-14 ▌포스코의 스마트 CCTV

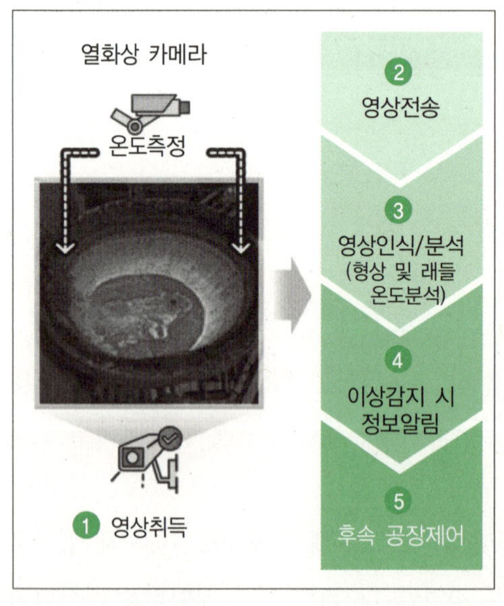

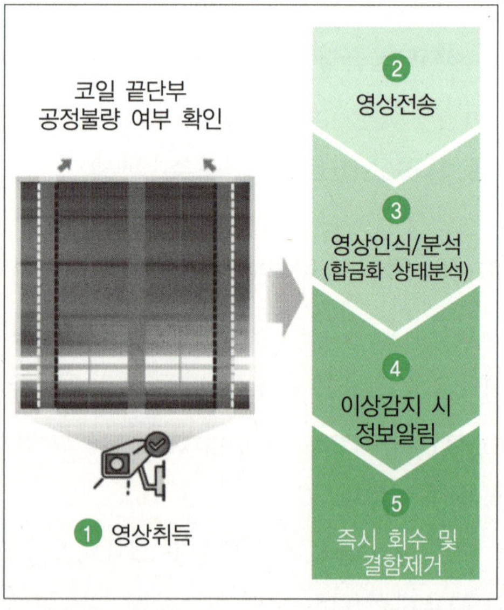

출처: 포스코 뉴스룸

(2) 국내 기업 스마트공장 구축 사례

No	회사명	주요 구축 내용 및 성과
1	아모레퍼시픽	• 컬러 테일러를 이용한 립 메이크업 제조시스템(Lip Factory by Color Tailor Smart Factory System) • 고객에게 적합한 립 컬러를 현장에서 바로 만들 수 있음 
2	삼성전자	• 2030년 무인공장 도입 추진을 목표로 스마트공장을 꾸준히 추진 중임
3	LG전자(창원)	• 제품별 생산라인을 하나의 생산동으로 통합(2개 동 6개 라인) • 생산공정의 자동화율, 생산 효율성, 품질 경쟁력 향상 
4	현대자동차, 기아	• 고정 모델 생산라인에서 개인 맞춤형 자동차 생산이 가능한 이-포레스트(E-Forest) 구축을 위해 스마트공장을 추진 중임 

5	CJ	• 진천에 식품 업계 최초의 지능형 스마트공장 구축(CJ 블로썸 캠퍼스) • 설비 및 기계로부터 생산공정 데이터 실시간 수집 • 공정조건 및 품질 관련 사항 실시간 모니터링 • 오염물질과 악취 발생 차단 • 고효율 재생에너지 적용

(3) 해외 기업 스마트공장 구축 사례

No	회사명	주요 구축 내용 및 성과
1	GE	• 생각하는 공장(Brilliant Factory) 운영 • 생산 현황의 문제 발생 시 인공지능을 활용하여 처리함 • 엔진: 3D 프린터 기법으로 생산 • 석탄발전소: 디지털 트윈 적용 → 이산화탄소 발생 줄임 • 풍력발전소: 디지털 트윈 적용 → 발전 생산량 연간 20% 향상
2	코카콜라	• 20만 개 스마트 센서를 통한 현장 모니터링 시스템 구축 • 150개 소형 모터 작동 오류 예측 • 공장 유지비용 5%, 공장 다운타임 15% 단축
3	지멘스	• 디지털 트윈을 공장에 적용 → 상황에 대한 시뮬레이션 • 공정의 디지털화와 자동화 수준을 85% 넘게 달성 • 제품 변경에 걸리는 공장 다운타임 절감 • 주문 변경 유연성 확보(변경 시 24시간 이내 생산)
4	센츄리(중국)	• 타이어 생산업체 • 생산 제조, 자동화, 품질 추적, 저장 물류까지 단일화된 관리시스템 구축(MES, APS, WMS, TPM, ERP 도입) • 생산 효율성 50% 향상, 재고 원가 70% 절감 → 총원가 7% 절감
5	야스카와(일본)	• 서보 모터, 서보 앰프 생산업체 • 야스카와 솔루션 팩토리 도입(IoT, AI, 로봇, AGV 등 기술 활용) • 생산 전체 공정의 데이터 활용 및 가시화, 자동화, 성력화[2] 실시 • 서보 앰프 생산 택트타임: 90초 → 30초로 단축 • 제조 리드타임: 1주일 → 1일로 단축

2) 성력화(省力化): 바람직하지 않는 노동력을 줄이는 것

13.2 스마트 SCM

13.2.1 SC(Supply Chain: 공급망)와 SCM(Supply Chain Management: 공급망관리)의 이해

고객과 기업 사이에는 물리적으로 떨어져 있는 거리가 존재한다. 고객의 주문을 바탕으로 기업은 생산계획을 수립하고 제조공장에서 생산한 다음 고객에게 전달한다. 기업은 원재료를 주문 및 획득하고, 이 원재료를 사용하여 중간재 또는 최종 제품으로 변환한다. 기업은 이렇듯 최종 고객에게 제품을 유통시키기 위한 조직 및 비즈니스 프로세스의 네트워크가 필요하다. 이러한 조직 및 네트워크를 공급사슬(Supply Chain) 또는 공급망이라고 한다. 공급망은 제품 및 서비스를 공급하는 기업을 중심으로 원재료의 공급에서부터 고객에게 연결하는 공급업체, 제조공장, 유통센터, 소매점 등이 유기적으로 연결되어 있으며, 상호 간에 물질, 정보, 돈 등을 주고받고 있다.

▌그림 13-15 ▌Supply Chain(공급망)의 의미

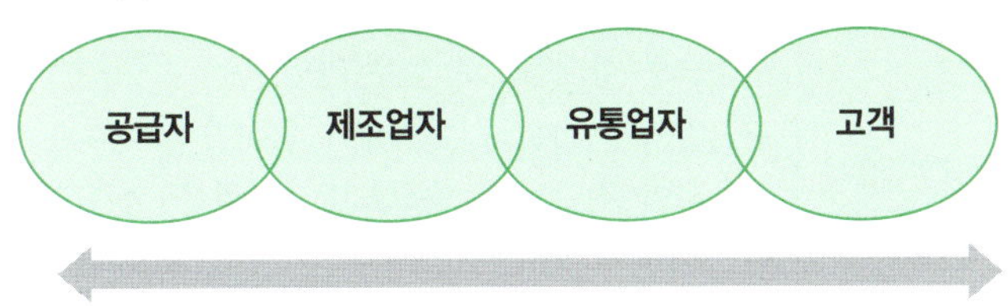

기업은 공급망을 활용하여 기업이 생산한 제품(정보, 서비스 등)을 공급망에 있는 기업 또는 고객에게 전달한다. 고객에게 전달하기 위해서는 공급망에 있는 각 주체들 간에 제품(원재료, 반제품 등)을 운송, 보관, 하역, 포장 등과 같은 활동을 필수적으로 해야 하는데, 이를 물류(Logistics)라고 한다.

세계경제는 제2차 세계대전 이후 고객의 수요에 비해 공급이 부족한 상황이었다. 또한 고객의 입장에서 보면 시장해서 구매할 수 있는 대체재들이 제한적이었다. 따라서 기업은 제품 생산과 관련된 요소들 이외(시장의 판매상황, 고객 요구의 변화 등)는 고려할 필요가 없었다. 왜냐하면 생산만 하면 자연스럽게 고객이 구매하는 구조였던 것

이다. 그렇기 때문에 이 시기에 물류는 단순히 조달의 의미로 사용되었으며, 물류에 들어가는 비용을 크게 생각하지 않았다. 하지만 고객의 요구사항은 물론 시장에서 고객의 선택지가 다양해진 요즘은 잘 짜인 계획에 따라서 물류를 관리하지 않으면 기업은 큰 비용 부담을 지게 되었다. 만들기만 하면 팔렸던 시대가 아니라, 인터넷의 보급과 발달로 시장의 요구사항과 환경이 시시각각으로 변하고 있기 때문에, 이를 반영한 통합적인 관리가 필요하게 되었다. 시장의 요구사항을 반영하지 못한다면, 구매부서는 필요 수량보다 너무 적거나 많은 재료를 구매할 수 있으며, 생산은 팔리지 않는 제품을 생산할 수 있어 기업의 재고 부담이 가중되어 큰 손실을 초래할 수 있다. 비용의 증가는 궁극적으로 기업의 경쟁력 저하로 연결된다.

▌표 13-7▐ SCM의 필요성

No	구분	설명
1	수요, 납기, 수량 등의 외부 불확실성 증대	제조 이외 요소인 수요, 공급의 납기, 품질, 주문 취소 등의 불확실성으로 인한 생산계획 변경의 빈도 증가, 재고 증가 등으로 기업비용 증대함
2	기업 이윤의 원천	제조업의 경우 전체 부가가치의 60~70%가 생산 외부의 공급망에서 발생하고 있으며, 물류비용은 매출원가의 7~15% 수준으로 상대적으로 높은 편임
3	채찍효과(Bullwhip Effect)의 심화	공급망의 기업들이 고객에서 멀어질수록 수요 관련 정보가 왜곡되어 전달되어, 수요보다 더 많은 생산계획을 수립하여 많은 재고가 발생하는 채찍효과가 심해지고 있음
4	제품수명주기(Life Cycle) 단축	고객의 다양한 요구에 맞춘 제품과 서비스 출시로 인해서 제품이 시장에서 팔리는 기간이 점점 단축되고 있음

기업은 공급망에서 발생하는 낭비를 제거하고 경쟁력을 향상시키기 위해서 시장의 수요를 기반으로 하나의 계획을 수립하고 이를 기반으로 모든 물류 운영을 통합관리하게 되었는데 이를 공급망관리(SCM)라고 한다. 기업은 SCM을 통해 공급망(Supply Chain)의 물류비용을 최소화하여 공급망의 가치를 극대화하고, 수요와 공급을 일치시킴으로써 물류 흐름의 효율을 향상시킬 수 있다. SCM은 회사 전체 최적화 관점에서 공급망 전체의 정보, 자재, 제품, 서비스의 흐름을 효율적으로 관리하는 것이며, 물류(Logistics)는 SCM의 일부 활동이라고 할 수 있다. 조달을 위한 물류는 공급망의 기업들이 독립적으로 떨어져 있었다면, SCM에서는 기업들 간에 서로 동기화(Synchronization)

가 되어 있어서 정보의 획득, 변경 등을 거의 실시간으로 공유하고 있다.

13.2.2 스마트 SCM의 이해

(1) 낮은 탐색비용과 롱테일 현상 그리고 채찍효과

인터넷의 속도가 빨라지고, 보급률이 높아짐에 따라 고객은 시장에서 자기가 원하는 제품이나 서비스를 찾을 때 소비되는 탐색(Searching)비용[3]이 점점 낮아지고 있다. 현재 고객은 특별한 경우(고가의 제품, 패션 제품 등)가 아니고서는 직접 매장을 방문하여 물건을 보고 가격을 확인하여 비교하지 않고, 인터넷의 가격비교 사이트 등을 통해 관련 정보를 아주 손쉽게 획득할 수 있다. 낮은 탐색비용은 개인의 특성에 맞는 제품이나 서비스를 쉽게 찾을 수 있는 기회를 제공했으며, 이는 기업에 입장에서는 무시 못하는 수요가 되었다. 그동안 기업은 많은 고객들이 선호하는 수요에 맞게 제품을 생산하여 공급해 왔다. 소위 파레토 법칙을 따라서 전체 수요의 80%를 차지하는 수요를 찾고 이에 집중하여 비즈니스를 전개해 왔다. 물건을 판매하는 상점에서도 잘 팔리는 제품을 잘 보이게 전시하는 등 베스트셀러 중심으로 판매를 했다.

하지만 탐색비용이 낮아지면서 소위 비인기 제품에 대한 접근성이 좋아지고, 판매가 급증하는 현상이 발생했다. 틈새시장이 활성화된 것이다. 이렇게 활성화된 시장에서 매출이 전체 매출의 20~30%에 육박하면서 기업에 전체 이익에 많은 기여를 하게 되었다. 잘 팔리지 않는 서적, 일부 고객들만 좋아하는 종류의 음반이라도 기업에 많은 이익을 가져다주었다. 이러한 현상을 전통적인 파레토 법칙에 반대되는 새로운 비즈니스 모델인 롱테일 현상이라고 한다.

전체 공급망의 최적화를 통한 물류비용의 최소화라는 SCM의 목적을 달성하기 위해서 가장 중요한 활동이 바로 수요 예측이다. 롱테일 현상이 가속화되면서 시장의 수요 예측의 불확실성 또한 증가하고 있다. 이를 해결하기 위해서 시장에서 판매되는 제품의 바코드를 활용하여 예측을 시도하였으나 불확실성을 개선하는 데는 한계가 있는 것이 사실이다. 이전보다 더 커진 수요예측의 불확실성은 채찍효과(Bullwhip Effect)의 크기가 커지게 되며 이는 기업의 재고 증대로 이어지고 있다. 채찍효과는 공급사슬망

---

3) 정보를 갖지 못한 사람이 필요한 정보를 얻기 위해 필요한 비용으로 고객이 물건을 구매하거나 구직자가 직업을 구할 때 투자하는 시간과 노력에 해당하는 비용을 말한다.

에서 최종 소비자(시장)의 아주 작은 수요의 변화가 제조기업에게 전달될 때, 미래 수요에 대해서 서로 다른 예측을 함으로써 발생하는 수요의 왜곡현상을 말한다. 특히 공급망에서 최종 소비자로부터 멀어질수록 정보의 왜곡현상이 커져서 공급망을 거슬러 올라갈수록 재고의 증대가 심해지는 현상이 발생한다.

그림 13-16 파레토 법칙과 롱테일 현상

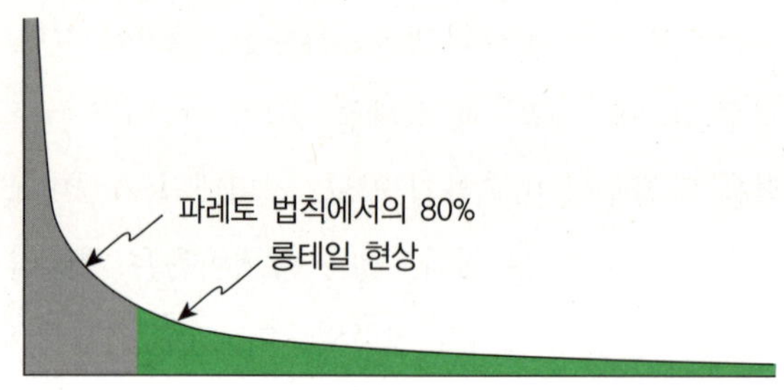

그림 13-17 채찍효과

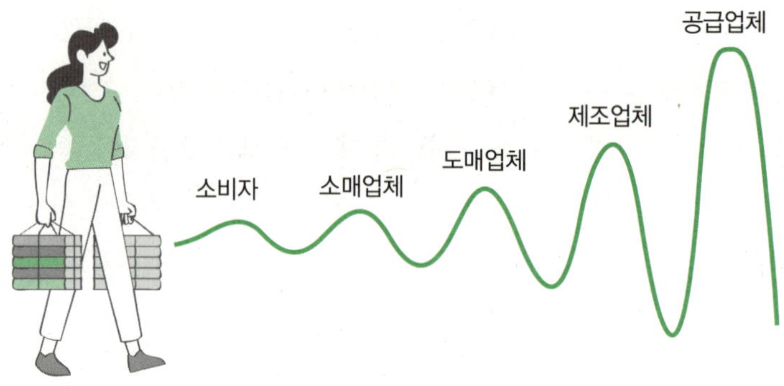

시장의 실제 수요와 공급사슬망에 있는 기업들이 인식하고 있는 수요가 불일치하는 것은 다음과 원인들에 기인하고 있다.

① 시장 수요 예측능력이 떨어짐

기업이 시장에 존재하는 실제 수요에 의존하지 않고, 자체적인 주문량에 근거하여 예측을 하고 있다.

실제 수요는 무시하고 독립적으로 확보한 주문량에 근거하다 보면, 중복으로 수요를 예측할 수 있고, 개별 기업 관점에서만 의사결정을 하다 보니 전체 공급망의 수요는 왜곡될 수밖에 없다. 일반적으로 고객들의 제품 주문량을 수요 예측의 중요한 변수로 활용하고 있지만 실제로 판매된 데이터가 아닌 경우도 있으며, 물류비용을 절감하기 위해 일괄 주문 등 실제 수요와 상관없는 경우도 있다.

② 사전 구매

시장의 성수기(명절, 크리스마스, 입학·졸업 시즌 등)의 높은 수요로 인해서 일시적인 가격이 상승하는 현상이 발생한다. 따라서 소매업체들은 가격이 낮을 때 미리 제품을 구매하고 재고로 확보하려는 경향이 있다. 이러한 사전 구매는 소매업체 입장에서는 합리적인 의사결정일 수 있지만, 실제 수요와 다른 수요를 촉발시켜서 공급사슬망의 정보를 왜곡시키게 된다.

③ 판매 기회 상실 최소화를 위한 과다 주문

시장에서 판매 기회 상실을 최소화하기 위해서 소매업체 또는 바이어들은 재고를 확보하려고 한다. 하지만 실제 수요보다 많은 양을 주문했을 경우 이를 제대로 확인하지 않고 생산능력을 확장해서 생산한다면 제조업체의 경영성과에 부정적인 영향을 미친다. 시장에서 수요가 공급을 초과해서 발주되었다면 이 또한 공급망의 수요를 왜곡시킨다.

④ 수요를 고려하지 않은 주문

잦은 주문은 배송비용을 상승시키는 원인이 되기 때문에 일정한 주기에 따라 정기적으로 주문한다든지 영업부서의 목표 달성을 위해 소위 밀어내기로 주문을 한다든지 하면 공급망의 수요를 왜곡시킨다.

(2) 스마트 SCM의 도입

기존 SCM은 생산의 효율성 증대를 위한 공급 중심의 패러다임에서 진행되어 왔다. 하지만 시장 요구의 다양성 증가 및 급격한 수요의 변화에 대응하지 못한다면 SCM의 효과는 현저하게 떨어지게 된다. 따라서 기업활동도 공급 중심에서 시장 수요 중심의 비즈니스 패러다임이 변화하고 있다. 시장의 수요 변동을 빠르게 인지하여 협력업체 간에 관련 정보를 신속하게 공유하고 대응해야만 공급망의 왜곡을 줄일 수 있고 비용을 절감할 수 있다. 기존에 바코드를 이용하여 효율성을 높이려는 시도는 하고 있지만 효과는 제한적이다. 현재 기존의 SCM은 수요 중심의 패러다임을 바탕으로 4차 산업혁명 기술을 융합한 새로운 공급망관리인 스마트 SCM으로 진화하고 있다.

스마트 SCM은 공급망 전체를 상호 연결함은 물론 지능화까지 그 개념이 확장되었다. 지능화된 SCM을 위해서는 공급망에 있는 개별 구성 기업 간에 실시간 커뮤니케이션이 보장되어야 하며, 데이터와 정보를 활용한 지능형 의사결정이 필수적이다. 이를 위해서는 기능화, 상호 연결, 지능화라는 핵심 요소(3I)가 실현되어야 한다.

| 표 13-8 | 스마트 SCM 핵심 요소

스마트 SCM 핵심 요소	의미
기능화(기술 활용 기반) (Instrumented)	단순 수작업에 기반해 사람이 일일이 정보를 모니터링하는 프로세스 대신 컨테이너나 트럭, 제품 그리고 생산설비 스스로가 사람을 위해 데이터와 정보를 송신하는 방식으로 전환해야 함
상호 연결 (Interconnected)	고객, 협력업체, IT 시스템뿐만 아니라 공급망에서 모니터링할 수 있는 모든 사물 개체까지 포함하여 연결되어야 함
지능화 (Intelligent)	부분 최적화가 아닌 전체 최적화의 해답을 줄 수 있어야 하고, 복잡한 문제해결을 할 수 있어야 함

출처: 김동민 외(2018)

어떻게 시장의 수요와 기업의 공급의 균형을 맞출 것인가 하는 문제는 스마트 SCM이 해결하고자 하는 핵심이다. 이를 해결하지 못해서 기업이 큰 손해를 본 사례는 2011년 라면업계를 강타했던 '꼬꼬면'과 2014년 선풍적인 인기를 끌었던 '허니버터칩'을 들 수 있다. 꼬꼬면의 경우 출시 후 3일 만에 약 400만 개가 판매될 정도로 인기가 좋았고, 이를 감당하기 위해 새로운 공장을 증설했지만, 갑자기 수요가 줄어들면서 큰 손해를 보았다. 소위 '증설의 저주'를 경험한 것이다. 이렇듯 수요와 공급의 균형 문제는 기업 전체에 심각한 영향을 초래하기 때문에 이를 해결하기 위한 스마트 SCM의 도입 노력이 가속화되고 있다. 기존 공급망관리는 제품을 개발하여 시장에서 판매될 때까지 원자재 수급, 생산, 배송 등 순차적인 진행에 의존하였지만, 스마트 공급망은 데이터 플랫폼을 활용하여 공급망에 있는 모든 주체들이 연결하여 공급망 모든 단계에서 일어나는 정보를 동시에 실시간으로 공유함으로써 공급망에서 발생하는 리스크에 대해 신속하고 유연한 의사결정을 할 수 있게 해준다.

그림 13-18 기존 SCM과 스마트 SCM 비교

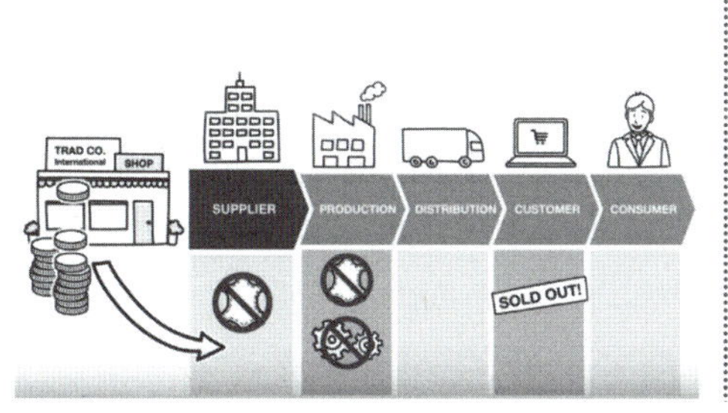

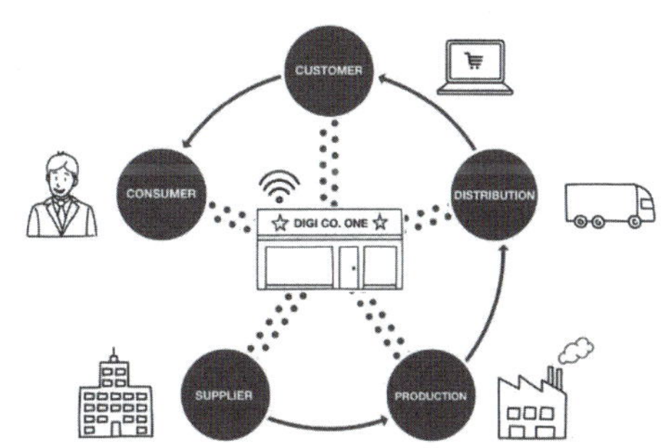

출처: Pwc, Strategy&(2017)

기존 공급망 모델	구분	스마트 공급망
부분적	가시성	전체
각 단계별 이동 시 정보의 지연 발생	소통	모든 플레이어들에게 동시적으로 모든 정보 제공
전체 공급망 가시성이 제한되어 의미 있는 협력 저조	협력	고유한 공급망 가치 취득을 위한 협력 기회 높음
최종 고객 수요정보가 원자재 계획에 반영이 미흡	유연성	최종 고객 수요의 변화가 신속하게 적용됨
전체 공급망 내 사업계획 주기 불일치로 납기 지연되고 공급 흐름의 동기화 미흡	대응도	계획·실행에 대한 실시간 대응

공급망의 스마트화를 위해서는 공급망 전체를 3I[4])로 구성하는데, 기업은 이를 통해 다음과 같은 가치를 얻을 수 있으며, 수요 공급의 균형을 맞출 수 있는 역량을 향상시킬 수 있다.

- **유연성**: 시장상황 및 공급망의 상황 변화에 따른 공급망의 조정, 이를 통한 비용 절감 및 리스트 최소화
- **가시성**: 정교한 계획의 수립을 통한 실행력 향상
- **고객 지향**: 제품수명주기 전체에 걸친 고객 니즈를 파악하여 공급망 운영에 반영
- **통합과 최적화**: 글로벌 물류의 병목구간을 파악하고 복잡한 요소들을 고려한 의사결정을 통해 효율적인 공급망관리

4) 기능화(기술 활용 기반: Instrumented), 상호 연결(Interconnected), 지능화(Intelligent)

13.2.3 스마트 SCM 사례

(1) 기능화 사례

SCM에 필요한 여러 가지 정보는 RFID, IoT 등과 같은 다양한 센서나 기기를 활용하여 자동으로 생성 및 수집한다. 과거에는 주로 사람들의 수작업에 의해 수집 및 관리되었지만, 스마트 SCM에서는 기술 기반의 디바이스, 장치, 시스템에 의해 이루어지며 이는 공급망 전체에 대한 가시성을 향상시킨다. 가시성이 높아지면 SCM 전체의 리스트를 눈으로 확인하기 쉽게 되어 만약에 일어날 수 있는 여러 문제를 사전에 방지할 수 있다.

① 아마존 로보틱스

아마존 물류센터에서 근무하는 직원은 하루 종일 20Km 이상을 걸어야 하는 환경에서 근무하였다. 상품을 꺼내고, 포장하는 곳까지 이동하는 등 단순 작업을 반복해야 했는데, 이를 해결하기 위해서 아마존은 선반 운송 로봇인 '키바'를 도입하였고, 2015년에는 '아마존 로보틱스'로 명칭을 변경하였다. 아마존 물류센터에서 활용하고 있는 로봇은 400Kg까지 무게를 들 수 있으며, 레이저 스캐너 및 충돌 방지 센서 등을 탑재하여 위치파악뿐만 아니라 흐름이 막히지 않도록 상품을 이동해 준다. 로봇 도입 후 작업자들의 근무환경이 개선된 것은 물론, 물류센터 운영비용이 20% 정도 절감되었으며, 배송 준비를 위한 시간 단축, 공간 활용률도 50% 이상 증가하였다. 현재는 200만 대 이상의 로봇이 활용되고 있을 것으로 추정되고 있다.

그림 13-19 아마존 물류센터의 로봇

출처: AWS, amazon.com

② 스마트 컨테이너

화물을 운송하는 데 사용하는 컨테이너에 4차 산업혁명 기술을 접목한 것을 스마트 컨테이너라고 한다. 보다 안전한 화물 수송과 함께, 장소와 상관없이 화물의 상태 및 위치를 관리하고 제어를 할 수 있다. 이를 통해 화주나 선사는 컨테이너 운송 중 도난, 파손과 같은 사고가 발생했을 경우 대처를 빨리할 수 있으며, 온도, 습도, 충격에 민감한 화물(화학제품, 신선식품)들에 대해 실시간으로 모니터링할 수 있어서, 화물의 선적과 도착에 이르는 전 과정에서 일어날 수 있는 리스크를 획기적으로 낮출 수 있게 되었다.

그림 13-20 스마트 컨테이너 구조

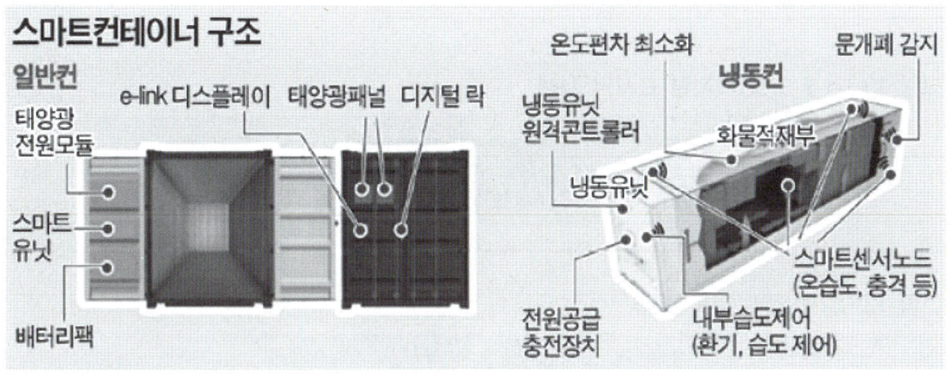

출처: 국제신문(2021. 6. 14.)

③ 스마트 피킹(Picking) · 분배(Assorting)시스템

물류를 고객에게 배송하기 위해서는 고객의 주문 수량에 따라 제품이나 상품을 작업이 필수적이다. 먼저 고객의 주문한 제품과 수량을 찾아서 꺼내서 포장하는 작업(피킹)이 필요하고, 이를 배송지별로 분배하는 작업이 필요하다. 이러한 피킹과 분배 작업을 사람의 수작업이 아니라 시스템을 활용한다면 불필요한 인력 요소를 줄여 생산성을 높이고, 휴먼 에러로 인한 오출고를 제거하여 고객 만족도를 향상시킬 수 있다.

- **DPS(Digital Picking System)**

물류 창고에 있는 선반(Rack)의 각 칸마다 제품이 품목별로 저장되어 있으며, 작업자가 주문의 고유번호를 입력하면 주문에 해당하는 품목들의 위치에 설치된 디지털 표시기에 꺼내야 할 수량이 표시된다. 작업자가 주문서를 일일이 확인하지 않고, 디지털 표시기에 표시된 수량을 꺼낸 다음 표시기에 작업 완료 표시를 함으로써 피킹 작업을 쉽고 효율적으로 진행할 수 있다. DPS 시스템을 활용한 피킹 작업 순서는 다음과 같다.

- Step 1: 특정 오더를 바탕으로 꺼내야 할 물건이 있는 선반의 디지털 표시기에 램프가 켜지고 꺼내야 할 수량이 표시된다.
- Step 2: 작업자는 램프가 켜져 있는 선반에서 표시된 수량만큼 꺼내고 완료 버튼을 누른다.
- Step 3: 켜져 있는 램프가 모두 꺼질 때까지 작업 후 특정 오더의 피킹 작업을 완료한다.

그림 13-21 | DPS 디지털 표시기 사례

그림 13-22 | DPS 적용 사례

▪ DAS(Digital Assorting System)

DAS는 물류센터에서 출하해야 할 특정 품목 전체 수량을 먼저 꺼낸 다음, 주문별로 구분해서 분배해 주는 시스템을 말한다. DPS는 주문별로 처리하는 반면, DAS는 품목별로 처리하는 것이 특징이다. 예를 들어, 오늘 출하해야 할 라면 박스 수량이 5개, 고객사(점포 등)로부터 총 25개라면, 먼저 25개 라면 박스를 꺼내와서 고객사별 수량대로 고객사 박스에 분배하는 것이다. DPS는 오더 명세서에 있는 품목별 수량을 하나씩 채취하면서 피킹하는 방법인 반면, DAS는 상품별 수량 전체를 꺼내서 오더별로 파종하는 형태의 방법이다.

표 13-9 DPS와 DAS 차이점 비교

구분	Digital Picking System	Digital Assorting System
작업방식	출하해야 할 오더별로 피킹(채취식)	상품을 오더별로 분배함(파종식)
출하 순서	먼저 출하하고 싶은 오더부터 피킹	오더별 순서를 지정할 수 없음 상품별 일괄 작업
도입 업종	공산품, 화장품, 의약품, 서적 등	의류, 냉동 및 냉장 식품 등

④ 드론 배송서비스

고객에게 신속하고 정확하게 배송하기 위해서 드론을 활용한 배송서비스를 준비해오고 있다. 세계 최대 전자상거래업체인 아마존은 2022년 말에 미국에서 드론 배송서비스를 본격적으로 실시할 예정이다. 안전한 배송을 위해서 배송용 드론은 공중 및 지상 물체와 충돌 방지를 위한 감지시스템을 탑재하였으며, 장애물을 확인하면 자동으로 항로 변경이 가능하다. 한편 월마트는 이미 드론 배송서비스를 시행하고 있으며 미국 6개 주 400만 가구로 배송서비스를 확대할 예정이다.

그림 13-23 우리나라 유통업계 드론 배송서비스

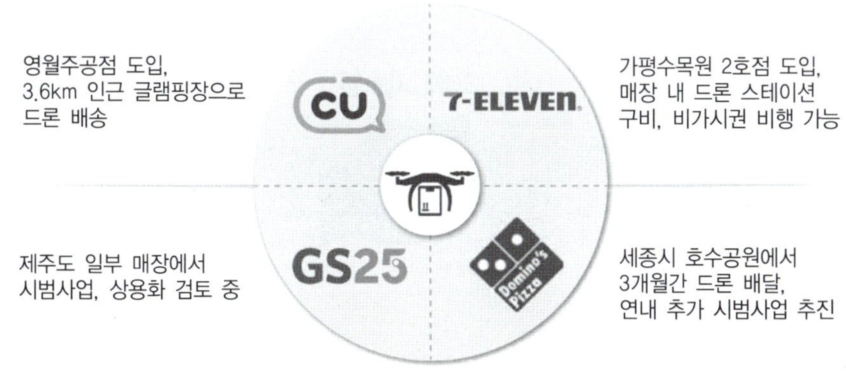

출처: 전자신문(2022. 7. 14.)

우리나라의 경우 그동안 유통업계는 새벽배송, 당일배송, 퀵커머스의 배송 전쟁을 하고 있다고 해도 과언이 아니다. 2021년 도미노 피자가 세종시 호수공원에서 3개월간 드론 배달을 시작한 이후 편의점을 중심으로 드론 배송서비스를 도입하고 있다.

(2) 상호 연결 사례

공급망에 있는 모든 정보는 하나의 데이터 플랫폼으로 통합함으로써 공급망에서 발생할 수 있는 각종 리스크(시장 요구 변화, 배송 지연, 사고 등)를 바로 확인하여, 신속하게 대처할 수 있도록 도와준다.

① 협력업체 SCM

제품이나 서비스를 고객에게 제공하기 위해서는 협력업체와 협업이 필수적이다. 과거에는 협력업체에게 발주를 하기 위해서는 필요한 부품이나 물품이 적힌 발주서를 팩스 또는 이메일로 발송하고, 이를 협력업체에서 확인하는 절차로 진행하였다. 이러한 방법은 시간적으로 오래 걸릴 뿐만 아니라 주문 수량을 잘못 파악하거나 중복해서 파악하는 등 오류가 발생되어 정확한 발주 품목과 수량을 확인하는 것이 쉽지 않았다. 또한 설계 변경에 따른 자재 및 가공정보 변경, 도면 배포 등 또한 쉽게 공유하기가 어려웠다.

이러한 문제를 해결하기 위해서 협력업체를 마치 기업 내부에 있는 하나의 부서와 같이 유기적으로 연결하였는데, 이를 협력업체 SCM이라고 한다. 기업 내부의 정보시스템을 협력업체까지 확장하여 협력업체가 발주 내역을 즉시 확인하고, 납품과 관련한

그림 13-24 | 협력업체 SCM 개념도

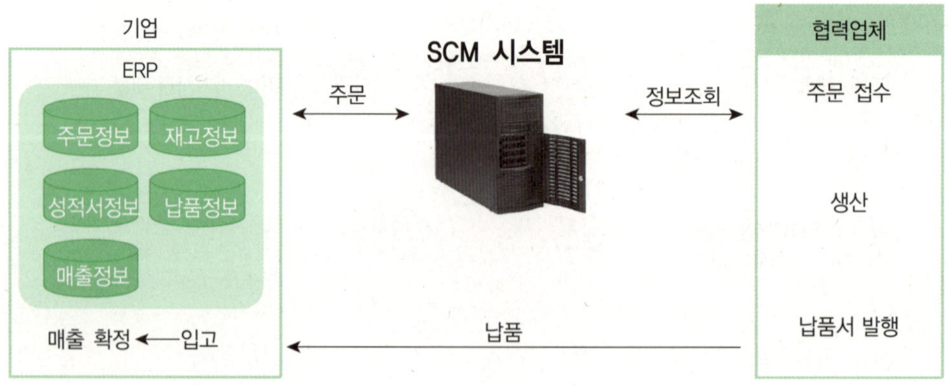

업무를 직접 처리하여 협력업체와 업무를 원활하게 진행할 수 있는 것이라고 할 수 있다.

② VCA(Virtual Customer Assistants: 가상 비서)의 활용

검색, 음성인식, 자연어 처리 등의 기능을 통합한 가상 비서(애플의 시리(Siri), 아마존의 알렉사(Alexa) 등)와 챗봇(Chatbot)을 활용하여 즉각적인 시장 수요를 파악하고 이에 맞는 적절한 고객서비스를 제공한다. 특히 자연어 처리와 의도 매칭 기능부분이 발전하면서 VCA 및 챗봇의 능력이 향상되고 있어 향후 많은 기업에서 대화형 AI 플랫폼으로 활용할 예정이다.

③ 재고관리 로봇의 활용

제조업 및 유통기업에 재고가 부족하거나 결품으로 인해 발생하는 손실이 상당히 크다. 그렇다고 이를 방지하기 위해서 인원을 충원해서 확인 작업을 늘리면 업무가 증가하고 이로 인한 인건비 등 비용이 발생한다. 창고 및 매장의 선반이나 매대에 진열되어 있는 부품, 제품, 상품의 수량을 실시간으로 확인하고 부족이나 결품이 발생했을 경우 즉각 공급망에 알려서 이를 해결하기 위한 재고관리 로봇의 도입이 유통기업을 중심으로 활발하게 이루어지고 있다. 재고관리 로봇은 단순히 수량 확인만 하는 것이 아

그림 13-25 재고관리 로봇 사례: TALLY

출처: https://digitaltransformation.co.kr/매장-재고-및-결품방지를-위한-로봇-tally/

니라 상품이 잘못 놓였거나 가격이 잘못 표시되었거나 라벨 불량 등에 대해서 감지하여 직원들에게 전달하여 즉각적인 조치가 가능하도록 도움을 주고 있다.

또한 크기가 큰 창고나 공장의 경우에는 로봇 대신 드론을 활용하여 재고관리를 하는 방안을 테스트하고 있으며 조만간 도입이 될 예정이다.

④ 맞춤형 제품(Customizing)의 활성화

패션산업을 중심으로 개별 소비자의 취향을 살린 맞춤형 제품 출시가 늘어나고 있는 추세다. 일반적으로 패션산업도 공급 기업에서 디자인해서 대량생산한 제품을 고객이 선택해서 구매하는 형태였지만, 최근에는 고객이 직접 개인의 요구와 취향에 맞는 디자인을 선택해 제품을 구매하는 모습으로 변화하고 있다. 아직은 맞춤 생산으로 구매한 제품은 기존 제품보다 가격이 비싸고 납기도 길지만, 고객과의 접점이 많아지면서 쌓이는 데이터를 분석하여 고객의 요구사항을 정확하고 빠르게 파악하는 기술의 발달과 이를 생산할 수 있는 맞춤형 제조공장인 스마트공장의 발달로 합리적인 가격으로 대량생산이 가능한 매스 커스터마이제이션(Mass Customization)으로 변화할 것으로 전망된다.

▌그림 13-26 ▌커스터마이징 사례

출처: 휠라 홈페이지

⑤ 소비자 직접 판매(Direct To Consumer, DTC)서비스

일반적으로 제조사는 유통업체에게 제품을 전달하고 고객은 유통점에서 제품을 구매하여 사용한다. DTC 서비스는 고객이 제조업체에게 직접 주문을 의뢰하고, 제조업체는 소비자에게 제품을 직접 전달 및 판매하는 것을 말한다. 말 그대로 제품을 유통과정 없이 고객에게 바로 판매하는 방식이다. 기존 '디자인→생산→판매'의 프로세스가 아닌 '판매→디자인→생산'의 프로세스로의 전환을 의미하며 시장에서 팔리는 제품을 신속하게 공급하여 낭비를 줄일 수 있으며 이는 기업 이익의 향상으로 연결된다.

❙ 그림 13-27 ❙ DTC 사례: 면도기

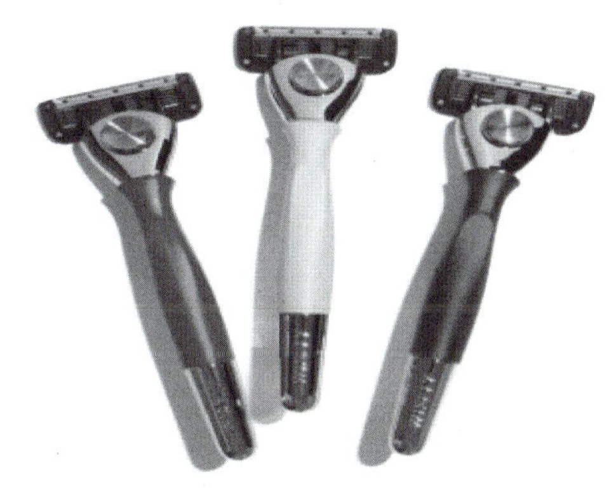

출처: 와이즐리 홈페이지

⑥ 차량 관제시스템

공급망 내에서 기업과 기업, 기업과 시장 간에 물건을 공급하기 위해 차량을 많이 활용하고 있다. 차량과 GPS를 연결하여 이동 중인 차량의 위치, 운행거리, 적재칸의 온도 등을 실시간으로 확인 및 관리함으로써 물류 이동 시에 전체 프로세스를 눈으로 쉽게 모니터링할 수 있다. 이를 활용해서 운전자가 안전 운전을 할 수 있도록 유도하여 사고의 위험성을 줄이고 이동에 소비되는 연료도 절감할 수 있다.

그림 13-28 차량 관제시스템 사례

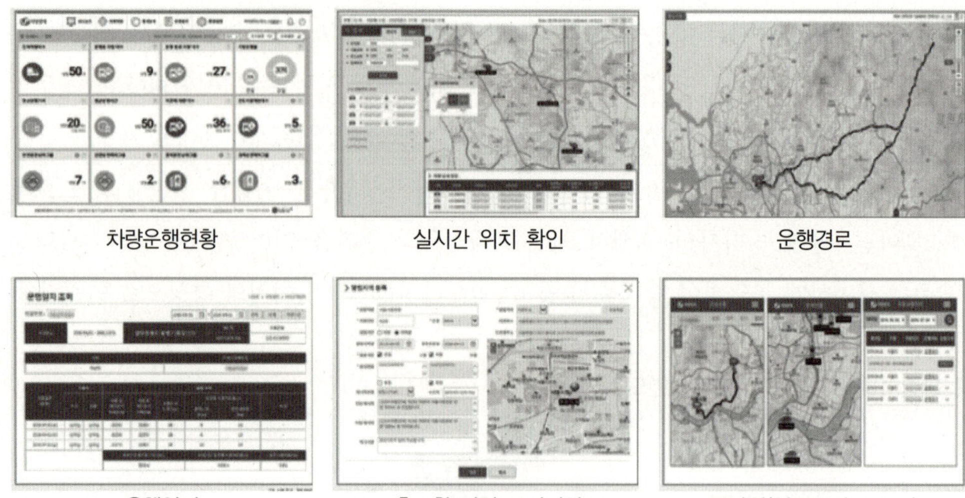

차량운행현황 / 실시간 위치 확인 / 운행경로

운행일지 / 출도착 이력 모니터링 / 모바일(안드로이드 App)

출처: LG 유플러스

(3) 지능화 사례

스마트 SCM은 공급망에서 얻은 방대한 데이터를 활용하여 공급망 전체에 대한 문제점을 진단하거나 해결책을 빠르게 제시할 수 있다.

① 수요 예측

공급망관리에 있어서 시장의 수요 예측의 정확성은 상당히 중요하다. 고객으로부터 다양한 정보를 수집하여 소비 패턴 등을 분석한다면 시장의 수요 예측 정확성을 높일 수 있다. 이를 바탕으로 신제품을 개발한다면 시장의 변화에 탄력적으로 대응할 수 있어 기업의 경쟁력 향상에 큰 도움이 될 것이다.

일본 네슬레는 네스프레소 커피머신에 IoT 센서를 부착해서 개별 고객별로 언제 어떤 종류의 커피를 몇 잔 마셨는지 등과 같은 고객 소비 패턴을 확인할 수 있는 데이터를 수집하고 있다. 이를 분석하여 고객별로 선호하는 커피의 종류, 소비량, 소비 주기 등을 파악할 수 있으며, 커피 캡슐이 떨어질 시기를 예측해서 고객에게 상품을 추천한다든지 변화하는 소비자 기호에 맞는 신제품을 출시하는 데 활용하고 있다. 또한 고객의 건강관리를 위해 고객별 커피 소비 습관 분석을 제공해 주기도 하며, 오프라인 매장에는 '페퍼(Pepper)'라는 AI 로봇이 고객의 기호에 맞는 최신 유행 제품을 추천해 주기도 한다.

▌그림 13-29 ▌수요 예측 사례: 일본 네슬레

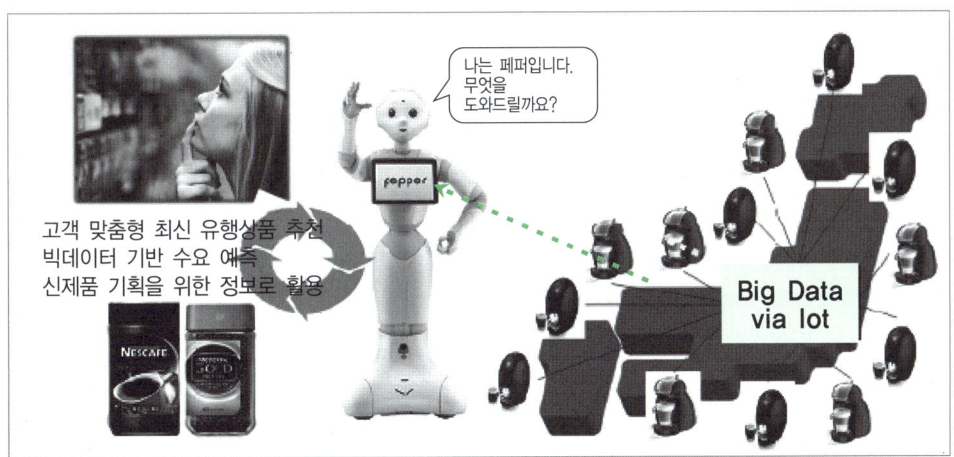

출처: https://dbr.donga.com/article/view/1203/article_no/8341

② 유지보수서비스: 제조업의 서비스 신산업 진출 기회 획득

공급망에 있는 여러 가지 설비들이 고장을 일으킨다면 공급망 전체에 영향을 준다. 고객과의 납기가 늦어지는 것은 물론 공급망에 있는 모든 기업의 비용은 증가하게 된다. 이를 방지하기 위해서 공급망에 있는 주요 설비 및 장치로부터 실시간 데이터를 수집 및 분석하여 고장이 발생하기 전에 유지보수 필요성을 예측하고 있다.

미국 GE는 판매한 항공기 엔진이 고장 나기 전에 수리를 해주는 예측 보전서비스를 제공하고 있다. 엔진에 여러 종류의 센서를 부착해 항공기가 운항할 때마다 엔진에서 발생하는 데이터를 분석하여 교체가 필요한 부품을 미리 알려줌으로써 엔진의 고장률을 낮춰 항공기 운항의 안전성을 한층 더 향상시켰다. GE는 항공기를 만들어서 판매하는 사업에서 벗어나 엔진을 대여한 후 유지관리서비스를 제공하는 신사업으로 진출하여 수익을 창출하고 있다.

또한 국내 중공업체들도 판매한 대형 장비 또는 설비에서 수집·분석한 데이터를 기반으로 이상상태에 대한 유지보수서비스를 제공하고 있다.

| 그림 13-30 | 제조업의 유지보수서비스 사례

국내 주요 제조업의 '서비스 신사업' 진출

	DOOSAN 두산중공업	HYOSUNG 효성	HYUNDAI HEAVY INDUSTRIES CO.,LTD. 현대중공업
현황	이달 초 서비스BG (사업부) 신설	작년 5월 '서비스 솔루션팀' 신설	작년 12월 자회사 '현대글로벌서비스' 설립
서비스 내용	• 국내외 발전소 원격관리하며 빅데이터 수집 • 발전소 가동 최적상태 유지 및 고장 사전 예방	• 변전소 내 대형 변압기·차단기 운전·상태 데이터 분석 • 고장 징후 사전 포착해 유지보수서비스 제공	• 위성을 통해 운항 중인 선박의 연료 사용량 등 실시간 정보 수집 • 주변 날씨와 파도 등을 고려해 최적 항로 등 제시

출처: 조선비즈(2017. 9. 30.)

연습문제

01 모델 변경에 따른 필요 설비를 단순히 전원 공급만 하게 되면 바로 생산할 수 있도록 만드는 방법을 무엇이라고 하는가? (　　　　)

① P&D　　② P&R
③ P&P　　④ P&C

02 우리나라 스마트공장 추진 프레임워크에서 최종 목표는 무엇인가?

① 유연한 생산설비의 구축
② 설비, 시스템 등의 네트워크화
③ 완벽한 자동화
④ 제조 경쟁력 및 시장 리더십 확보

03 기업의 모든 부서(고객, 협력사까지 포함)의 정보를 통합관리하여 비즈니스를 효율적으로 운영할 수 있도록 지원해 주는 정보시스템을 (　　　　)라고 한다.

① MES　　② SCADA
③ ERP　　④ PLS

04 스마트 SCM의 효과가 아닌 것은 무엇인가?

① 시장상황에 맞는 공급망의 유연한 조정
② 정교한 계획 수립을 통한 실행력 향상
③ 고객 니즈의 파악과 이를 공급망 운영에 반영
④ 고객 수요는 원자재 계획 반영하지 못함

05~08 (   ) 안에 알맞은 단어를 보기에서 고르시오.

〈보기〉
배송, 물류, 공급망, 수급망, 공급, 배달, 롱테일, 수요, 탐색, 확인

05 고객의 주문을 바탕으로 고객에게 제품을 전달하기 위한 비즈니스 프로세스의 네트워크를 (   )이라고 한다.

06 제품을 운송, 보관, 하역, 포장하는 활동을 (   )라고 한다.

07 SCM의 공급망의 가치를 극대화하고 (   )와 (   )을 일치시키려고 노력한다.

08 파레토 법칙과는 달리 20%에 해당하는 틈새시장을 공략하는 현상을 (   ) 현상이라고 한다.

09 스마트공장에 대해 정의하시오.

10 스마트공장 추진을 통해서 얻을 수 있는 이익은 무엇인가?

정답 **01** ③ **02** ② **03** ③ **04** ④ **05** 공급망 **06** 물류
07 수요, 공급 **08** ④ 롱테일

Chapter 14

스마트시티와 스마트홈

14.1 스마트시티

14.1.1 도시에 대한 새로운 패러다임: 도시개발에서 도시관리로

산업화 이후 산업의 체제가 1차 산업에서 2차, 3차 산업 중심으로 변모하면서 농촌에 거주하고 있었던 청장년층이 일자리를 찾아 도시로 이주가 활발해졌다. 산업화가 진행되면서 도시의 수가 증가하거나 도시에 거주하는 인구의 비율이 높아지면서 도시적인 생활양식이 보편화되는 것을 도시화라고 한다. 이런 도시화 현상은 전 세계적으

표 14-1 주요 국가별 도시화율

국가	1960	1970	1990	2000	2010	2020
세계	33.8	36.6	43	46.7	51.7	56.2
대한민국	27.7	40.7	73.8	79.6	81.9	81.4
일본	63.3	71.9	77.3	78.6	90.8	91.8
캐나다	69.1	75.7	76.6	79.5	80.9	81.6
미국	70	73.6	75.3	79.1	80.8	82.7
아르헨티나	73.6	78.9	87	89.1	90.8	92.1
브라질	46.1	55.9	73.9	81.2	84.3	87.1
벨기에	92.5	93.8	96.4	97.1	97.7	98.1
독일	71.4	72.3	73.1	75	77	77.5
러시아	53.7	62.5	73.4	73.4	73.7	74.8
영국	78.4	77.1	78.1	78.7	81.3	83.9
오스트레일리아	81.5	84	85.4	84.2	85.2	86.2
뉴질랜드	76	81.1	84.7	86	86.2	86.7

출처: 국가통계포털

로 보편적으로 나타나는 현상이며, 도시화율[1]은 꾸준히 증가하고 있다. 2020년 기준 전 세계 도시화율은 56.2%이며, 주요 선진국들은 80%(한국 81.4%) 이상이다.

이렇듯 도시가 차지하고 있는 면적 대비 인구의 과밀화가 진행됨에 따라 도시화에 따른 다양한 문제를 유발하고 있다. 자동차 수 증가에 따른 교통 혼잡, 많은 에너지 사용으로 인한 대기오염 증가, 인구 증가에 따른 주택 수급 불균형, 국가 전체 관점의 경제 발전 불균형 등이 대표적인 도시화에 따른 사회 문제이다.

산업화 이후 급격하게 도시로 유입되는 인구를 수용하기 위해 그동안 '도시'는 개발의 패러다임에서 바라보았다. 많은 인구에 맞는 도로망 확충, 주택 건설, 상하수도 공사 등 인구 수요를 감당할 수 있는 도시 개발에 초점을 맞추어 왔다. 하지만 도시화율이 정체되었고, 도시에 거주하는 시민들은 행복하게 살아가야 할 공간으로써의 도시에 대한 요구가 증가하였다. 개발이 아니라 관리를 통해서 도시의 지속가능성을 확보하고 시민들에게 삶의 질을 향상시켜야 하는 목적 달성이라는 새로운 패러다임으로 변화하였다. 특히 4차 산업혁명이 본격화되면서 도시관리 역량 향상을 통한 도시화의 문제점을 해결하기 위한 다양한 노력을 기울이고 있으며, '스마트시티[2]'가 그 대안으로 떠오르기 시작했다.

▌그림 14-1▐ 도시화와 문제점

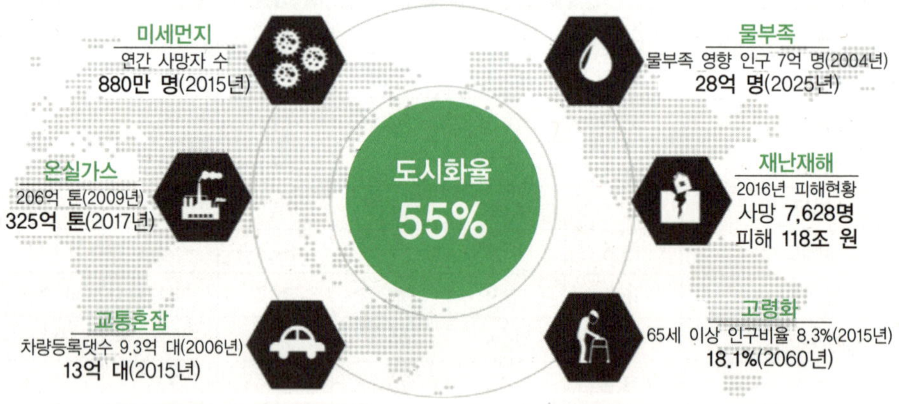

출처: 스마트시티 종합포털

1) 특정 지역(국가 등)의 전체 인구 중에서 도시에 사는 인구가 차지하는 비율
2) 디지털시티, 인텔리전스시티와 혼용해서 사용하고 있다.

14.1.2 스마트시티에 대한 다양한 정의[3)]

스마트시티의 개념을 정의할 때 여러 가지 관점에서 의미를 규정할 수 있다. 결과로 인해 나타나는 모습과 목적의 관점에서 개념을 설명할 수 있으며, 목표를 향해 가는 과정에 초점을 맞추어서 정의를 내릴 수도 있다. 따라서 나라별로 스마트시티에 대한 정의가 다양하게 존재하는 것이 사실이다.

- 주어진 도시여건과 의식 있는 독립적 시민을 기반으로 경제, 사람, 거버넌스, 이동, 환경, 생활 측면에서 미래 지향적으로 잘 운영되는 도시(Giffinger et al., 2007, Smart Cities: Ranking of European Medium-Sized Cities)
- 도로, 교량, 터널, 철로, 지하철, 공항, 항구, 통신, 물, 전력, 주요 건물 등 모든 중요한 인프라의 상황을 통합적으로 모니터함으로써, 대 시민서비스를 최대화하면서 동시에 도시의 자원을 최적화하고 도시의 유지관리에 효과적이며 안전도가 높은 도시(Hall, 2000, The Vision of a Smart City)
- 물리적 기반시설, 정보통신 기반시설, 사회적 기반시설, 그리고 비즈니스 기반시설을 연결함으로써 도시의 집합적인 지식을 극대화하는 도시(Harrison et al., 2010, Foundations for Smarter Cities)
- 더 스마트해지기 위해(즉 더욱 효율적이고, 지속가능하며, 평등하고, 살기 좋은 도시가 되기 위해) 열심히 노력하는 도시(Natural Resources Defense Council, What are Smarter Cities?)
- 도시의 지속가능성과 거주성을 개선하기 위하여, 조직운영과 도시계획에 정보통신기술과 웹 2.0 기술을 결합함으로써 행정절차를 전자화하여 속도를 높이며 도시의 복잡한 문제를 해결하는 새롭고 혁신적인 해결책을 찾는 데 활용하는 도시(Toppeta, 2010, The Smart City Vision: How Innovation and ICT Can Build Smart, "Livable", Sustainable Cities)
- 스마트 컴퓨터 기술을 활용하여 도시 주요 부문의 기반과 서비스를 구축함으로써 더욱 똑똑하고, 서로 연결되어 있고, 효율적인 도시(Washburn, 2010, Helping CIOs Understand "Smart City" Initiatives: Defining the Smart City, Its Drivers, and the Role of the CIO)

---

3) 출처: 강명구(2015), "스마트 도시 개념과 의미", 세계와 도시, 9호.

- 스마트시티에서는 디지털 기술을 활용하여 시민을 위해 더 나은 공공서비스를 제공하고, 자원을 효율적으로 사용하며, 환경에 미치는 영향을 줄인다. 스마트시티는 기존의 네트워크와 서비스에 디지털 기술을 결합하여 그 효율성을 높임으로써 주민과 기업의 이로움을 높인다. 스마트시티는 자원을 적게 소비하고 탄소배출을 감소하는 차원을 넘어선다. 더 똑똑한 교통, 상하수도, 조명과 냉난방 등을 포함하며, 상호 소통을 높이고 시민의 요구를 만족할 수 있는 거버넌스, 도시 안전, 고령화 친화적 도시 등도 포함한다. 궁극적으로 시민의 삶의 질을 개선하고 도시의 지속가능성을 높이고자 한다(유럽연합위원회(European Commission)에서 제시하고 있는 '스마트시티' 정의).
- **인도**: 스마트시티는 상하수도, 위생, 보건 등 도시의 공공서비스를 제공할 수 있어야 하며, 투자를 유인할 수 있어야 하고, 행정의 투명성이 높고, 비즈니스를 하기가 쉬우며, 시민이 안전하고 행복하게 느껴야 한다(인도 도시개발부, 2014).
- **중국**: 도시의 거대화와 환경오염, 치안 불안, 느려지는 행정시스템, 도시민의 불만 증가 등의 문제를 해결하기 위해서 스마트시티 프로젝트를 선언하였다. 이를 통해 내수 중심의 경제 활성화를 이루고, 정보통신산업 기술과 정보화 기초시설을 통해 도시 지능화 관리를 실현하며, 도시민에 지원되는 교통, 에너지, 폐기물 처리, 환경 감시, 의료 정보화 등 다양한 서비스를 네트워크화하고자 한다(중국, 2012).

스마트시티에 대한 다양한 정의를 살펴보면 각국의 경제 및 발전 수준, 도시상황과 여건에 따라 매우 다양하게 정의되고 있음을 알 수 있다.

우리나라의 경우 '스마트도시 조성 및 산업진흥 등에 관한 법률' 제2조에 스마트 도시에 대한 정의를 이렇게 설명하고 있다. "스마트도시란 도시의 경쟁력과 삶의 질의 향상을 위하여 건설 · 정보통신기술 등을 융 · 복합하여 건설된 도시기반시설을 바탕으로 다양한 도시서비스를 제공하는 지속가능한 도시를 말한다."

결국 스마트시티에 대한 보편적인 정의는 없지만, 도시화의 문제를 해결하고 지속가능성을 향상하여 궁극적으로 거주 적합성(Livability)이 뛰어난 도시를 만든다는 목표는 공유하고 있다고 할 수 있다.

14.1.3 스마트시티의 주요 목표

스마트시티에 대해 바라보는 관점, 받아들이는 수준 차이 등으로 인해 보편적인 정의는 어려울 수 있지만, 스마트시티 구축을 통해 궁극적으로 달성하고자 하는 목표는 거주 적합성 향상이며 이를 달성하기 위한 일반적인 목표는 다음과 같다.

| 표 14-2 | 스마트시티 구축의 목표

목표	의미
도시 지속가능성 향상	환경 영향을 최소화하면서 도시의 지속적인 성장과 발전을 도모함
공공서비스 효율 증대	공공서비스에 필요한 자원을 최적화함과 동시에 시민에게 제공하는 서비스의 품질을 향상시킴
이동성(Mobility) 증대	시민, 방문객들이 도시에서 이동 시 편리성을 향상시킴(안전한 도보, 공공 이동수단 제공, 이용 편리한 대중교통 등)
도시 안전성 증대	도시생활 전반에 걸쳐 공공의 안전성 및 재난·재해 등으로 인한 도시의 응급상황 발생 시 대응력을 향상시킴
도시 평판 향상	도시의 이미지와 평판을 지속적으로 향상시킴
도시 경제 성장	기업 유치, 방문객 증대 등으로 도시의 경제를 성장시킴

14.1.4 스마트시티의 역사

도시의 인구밀도가 지속적으로 증가하는 도시화로 인한 문제를 해결하기 위해 스마트시티 이전에 유비쿼터스(U)시티가 도입되었었고, 지금은 스마트시티 리빙랩으로 발전하고 있다. 정보화가 진전되면서 정보통신을 기반으로 유비쿼터스[4)]를 제공하는 것을 목표로 도입한 것이 U-시티이다. 스마트시티의 인프라 구축을 바탕으로 실제 거주하는 시민들이 단순 참여가 아닌 주체로서 참여하여 실제 체감하고 만족할 수 있는 스마트시티를 만들고자 하는 새로운 패러다임이 스마트시티 리빙랩이다.

U-시티와 스마트시티는 "도시에 ICT 등 첨단 정보통신기술을 적용 및 융합"한다는 점에서는 유사할 수 있지만, 그 특성이나 운영방식에 있어서는 차이가 있다.

스마트시티 정책은 주로 정부가 기술, 인프라를 중심으로 플랫폼 구축을 주된 목표

4) 유비쿼터스(Ubiquitos): 라틴어 '유비크(ubique)'에서 유래한 말로 물이나 공기처럼 시간과 공간을 초월하여 어디서든지(everywhere) 존재한다는 의미이다.

로 하고 있다면, 스마트시티 리빙랩은 사용자와 생산자가 주도적으로 참여하여 도시의 문제를 스스로 정의하고 직접 솔루션을 제안하고 시민들이 행복과 삶의 질 향상을 실제 체험할 수 있는 스마트시티보다 적극적인 의미이다. 따라서 문제해결 프로세스를 활용하여 진행하고 있는 것이 특징이라 할 수 있다. 토론을 통해서 해결해야 할 문제를 정의하고, 이를 실현시키기 위한 대안을 탐색한 다음 솔루션을 도출하고, 기술을 활용하여 솔루션을 개발하고 적용한 다음 현장 테스트를 통해 검증하는 순서로 진행하고 있다.

리빙랩은 미국 2004년 미국 MIT 미니어랩의 윌리엄 미첼(William Michell) 교수가 제안하였으며, 특정 아파트에 사람이 생활하는 주거공간에 ICT 관련 기술을 적용하여 거주민을 관찰하는 'Place Lab'에서 유래하였다.

표 14-3 스마트시티 리빙랩 국내외 사례

국내·외	리빙랩 사례	추진 내용	특징	운영주체
국내	서울시 '천만 상상 오아시스'	기존의 불편한 시민 정책 제안시스템 개편	개방형, 온라인	시민, 전문가, 공공 파트너십 운영
	김해시 '스마트 도시계획'	시민체감형 스마트시티 건설 추진	도시계획단계 시민참여	시민, 공공 파트너십 운영
	대전시 '건너유'	호우 시 하천 징검다리 홍수 사고 해결	시민 주도로 사회문제 해결	지자체, 시민 파트너십 운영
국외	네덜란드 암스테르담 '지속가능한 이웃'	스마트 센서로 에너지 절약 유도	ICT 기술 활용	공공, 기업, 유틸리티 기업, NGO, 연구기관으로 5개 영역 9개 기관 파트너십 운영
	벨기에 브뤼셀 'WeLL의 Happy Mum'	출산 후 고통 겪는 엄마들 지원	시민·기업 합작품 출시	시민, 기업 간 파트너십 운영
	남아공 'Siyakhula Living Lab'	Mbashe 지역 취약한 인프라 문제 해결	ICT 기술 활용	시민·기업·공공 간 파트너십 운영

출처: 최민주 등(2020)

14.1.5 스마트시티에서의 삶의 모습

스마트시티의 궁극적인 목적은 거주 적합성이 뛰어난 도시의 구축이다. 이런 목적을 달성한다면 삶의 모습은 과거와는 확연하게 달라질 것이다. 도시의 환경, 공공안전, 생활복지, 교통환경, 도시에서 소비하고 있는 에너지와 관련해서 큰 변화가 있을 것으로 예상하고 있다.

| 그림 14-2 | 스마트시티

출처: 스마트시티 종합포털

(1) 공공안전의 증대

① 사고 및 범죄 긴급구호 및 예방: 소리, 움직임을 감시해 범죄, 사고를 줄임

도시의 삶은 사고, 재난 · 재해, 긴급구호 등의 일들이 끊임없이 발생하고 있다. 발생 이전에 예측하여 예방 대책을 세우고, 발생했을 경우 조치를 이전보다 신속하고 정확하게 진행할 수 있다. 도시 전역에 '디지털 목격자'로서 고화질의 CCTV를 설치하고, 이를 CCTV를 활용하여 사고 발생 후 조사 및 조치 중심에서 비디오 분석을 통해서 이상 징후, 비정상적인 패턴, 의심스러운 동작 등을 모니터링하여 사람들에게 주의나 경고를 전달하여 사고를 미연에 방지할 수 있다.

표 14-4 사고 및 범죄 긴급구재의 변화되는 모습

변화되는 모습	설명
일상의 안전성 향상	• 카메라와 오디오 네트워크의 연결 - 침입자, 위반 시, 범죄 발생 예상 시에 경고 방송 • 지능형 비디오 감소 솔루션 활용 - 사회적 거리 두기, 이벤트에 참석한 군중의 감시 및 대응 • 운전자에게 낙하물 등 위험정보 실시간 제공
응급상황 대응력 향상	• 응급상황을 관련 기관과 실시간 추적 및 관리 • 드론을 활용한 해양 수색 및 구조
범죄 수사 지원	• 고화질의 증거 제공 • 비디오 프레임의 메타 데이터[5]를 활용하여 검색, 분류 지원 • 사람, 물체, 차량 검색속도 향상

② 재난 · 재해 예측 및 대응

화재, 건축물의 붕괴, 지진 등 자연재해 등이 발생하면 사회적으로 엄청난 손해와 함께 막대한 인명피해를 일으킨다. 따라서 다양한 재난으로 인한 피해를 최소화하기 위해 가장 필요한 방법이 바로 재난의 예측이다. 건축물의 상태, 댐 등 주요 시설의 상태, 바다의 상태 등을 각종 센서를 통해 데이터를 수집하고 이를 분석하여 재난사고의 발생 전에 대피 경보를 울릴 수 있다.

우리나라의 경우 과거 삼풍백화점 참사, 성수대교 붕괴 등 건축물 관련 재난으로 인해 많은 피해를 본 경험이 있다. 또한 도시의 재개발로 인해 건축물의 고층화, 지하화, 거대화가 진행되고 있다. 이로 인해서 건축물의 관리범위와 대상은 점점 넓어짐과 동시에 관리에 사각지대도 많아지고 있다. 건축물로 인한 재난을 미연에 방지하기 위해서 IoT와 AI 기술을 접목한 시설물 재난 안전관리 솔루션을 도입함으로써 시설물 위험을 사전에 인지하고 판단하여 대비함으로써 시설물의 안전성을 향상시킬 수 있다.

(2) 교통환경의 편의성 증대

교통량과 흐름과 관련한 데이터를 수집하여 AI로 분석한 다음 교통신호시스템과 연결하여 유연하게 작동하게 한다면 상대적으로 교통 정체를 줄일 수 있다. 이로 인해 운전자는 막힘없이 편하게 차량을 운전할 수 있으며, 정체로 인한 이산화탄소 발생을

5) 많은 양의 데이터를 수집, 저장, 분석할 수 있도록 일관된 방식으로 구조화된 데이터를 설명하는 데이터로, 예를 들면 휴대폰 사진의 날짜, 시간, 파일 크기, 기기 등이 메타 데이터이다.

줄일 수 있다.

공공시설의 주차장의 상태를 확인하여, 어느 주차장이 여유가 있는지를 사전에 파악할 수 있으며, 도시 내에서 상대적으로 짧은 거리를 이동할 때 공유 이동수단(자전거, 퀵보드 등)을 쉽게 활용할 수 있어서 자동차의 의존율을 낮출 수 있다.

① 스마트 주차(Parking)

스마트 주차는 시간, 연료, 시간, 공간 등의 자원을 최소화하고 보다 빠르고 쉽게 차량이 주차하는 것을 말한다. 주차환경에서 소비되는 전등, 주차공간을 찾기 위한 시간, 주차비용 결제시간 등을 줄여 줌으로써 주차장 활용의 편의성을 향상시키는 것을 목적으로 하고 있다.

주차장 편의성을 향상시킴으로써 주차장 사용 전과 후에 서비스가 크게 개선되고 있다. 제일 먼저 주차공간을 찾기 위한 시간을 줄이는 여러 가지 서비스 활용이 가능하다. 운전자는 사전에 주차하고자 하는 주차장에 대한 실시간 주차정보(주차 가능면수, 주차장 위치, 주차요금 등)을 앱, 내비게이션, 인터넷 홈페이지를 통해 사전에 제공받을 수 있다. 이를 활용하여 주차 장소의 예측 불확실성을 줄여 주차과정에서 발생하는 개인의 스트레스를 낮출 수 있으며, 연료 소비 등 지출비용을 줄일 수 있다.

▌그림 14-3 ▌주차정보 안내시스템

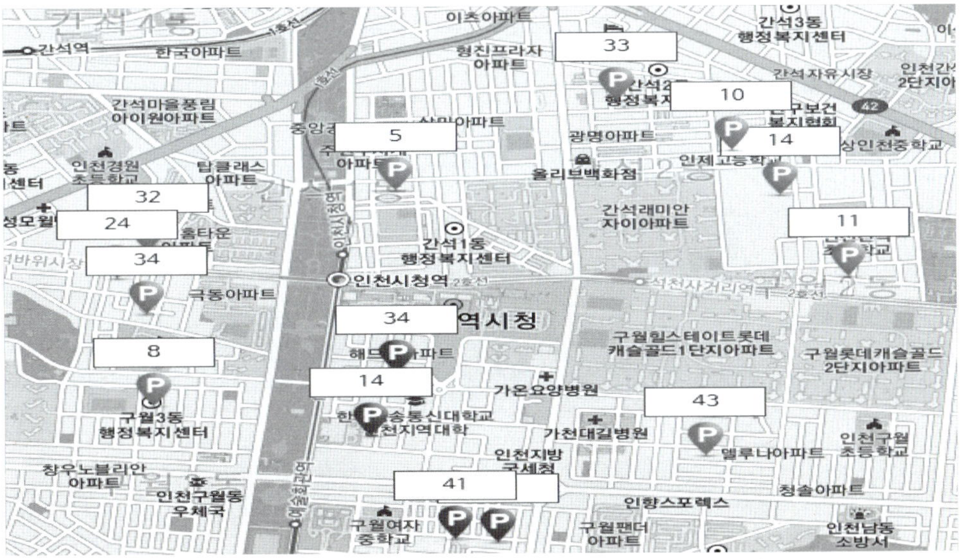

출처: 인천광역시

또한 지자체에서 운영 중인 거주자 우선(주거지 전용) 주차면이나 집 앞, 오피스텔, 가게 등 주차 가능한 공간을 소유한 주민들이 사용하지 않는 시간 동안 다른 운전자들이 확인하여 주차장을 활용할 수 있는 서비스도 제공하고 있다.

주차의 입차와 출차에 이르는 전체 과정에서 주차환경과 효율적인 주차공간, 운전자의 편의성을 향상시키는 주차장의 보급이 확산하고 있다. 주차비용 또한 자동으로 결제할 수 있다. 운전자는 주차 위치를 찾는 시간을 줄임과 동시에 주차에 소요되는 비용을 절감할 수 있다.

② MaaS(Mobility As A Service)

현재 있는 곳에서 다른 곳으로 이동하려고 할 경우, 이동수단과 방법은 정말 다양하다. 기차, 고속버스, 비행기 등의 대중교통을 활용할 수도 있고, 개인적인 차량(카 셰어링, 렌터카, 택시 등)을 활용할 수도 있다. 또한 환승을 해야 하는 경우도 자주 일어난다. 이동수단뿐만 아니라 목적지에 도착했을 경우 숙박도 사전에 예약해야 한다. 지역 이동을 위해서 이동수단, 이동방법, 숙박 등 각각 별도의 서비스로 활용을 한다면 시간과 노력이 많이 소요된다. 하지만 하나의 공간에서 최적화된 경로와 수단을 찾을 수 있다면 이동 준비에 필요한 제반 비용을 절감하고, 효율성을 증대할 수 있다. 이와 같이 이용자가 목적지로 이동할 때 최적화된 경로와 교통수단, 숙박 장소 등을 검색하고 의사결정하고 결제할 수 있도록 통합된 플랫폼을 MaaS라고 한다.

▌그림 14-4▐ MaaS 개념도

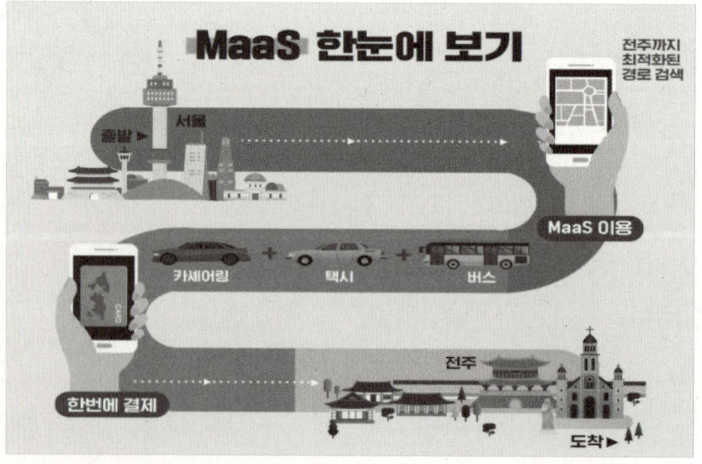

출처: 쌍용자동차

자동차의 개인 소유 개념이 강한 우리나라에서는 아직 생소한 개념이지만, 유럽에서는 활발하게 서비스가 이루어지고 있다. MaaS의 대표적인 서비스 업체로는 핀란드의 '윔(Whim)'이 있다. 2016년에 기차, 버스, 택시 등과 더불어 공유자전거, 도보, 자동차 등 다양한 이동수단을 하나의 앱으로 연계하고, 출발지와 도착지를 선택하면 모든 이동수단을 감안해 최단경로, 최적경로, 요금 등을 보여주고, 이용자는 자신의 상황에 맞게 선택하고 결제까지 가능하다.

우리나라도 '카카오 T' 앱에서 MaaS 서비스를 목표로 여러 서비스를 통합하고 있다. 기존의 택시뿐만 아니라 버스, 비행기, 기차, 공유바이크, 전동킥보드 등 여러 가지 이동 관련한 예약 및 결제서비스를 제공하고 있다.

③ 스마트 교통

도시의 교통 흐름 등에 대한 정보를 수집 및 분석하여 실시간 교통상황에 대응하여 교통신호를 최적화하는 시스템인 스마트 신호 운영시스템을 이용할 수 있다. 이와 함께 자율주행이 가능하도록 신호체계 등 도로 인프라를 구축한 도로인 스마트 도로 또한 이용이 가능하다. 스마트 정보시스템, 스마트 도로 등과 같은 인프라와 자율자동차가 만나면 자율주행 레벨 4인 자율협력 주행이 가능하다. 자율협력 주행시스템을 활용하여 운전자는 운전 시에 발생하고 있는 돌발상황(사고, 공사, 날씨 등)에 대해 미리 인지하여 대응을 할 수 있어서 운전의 안전성을 높이며 교통사고 발생과 사고로 인한 사망자를 줄일 수 있다. 또한 교통상황에 따른 최적화된 교통신호시스템의 활용을 통해 교통 혼잡도도 크게 낮출 수 있다.

▪ 스마트 신호 운영시스템

교통량에 따라 실시간으로 최적화된 신호를 통해 교통 흐름을 원활하게 하고, 정체를 최소화하며, 응급차, 소방차 등 긴급차량에 우선신호를 부여하는 등 교통체계에 ICT 기술을 활용한 똑똑한 신호 운영체계를 스마트 신호 운영시스템이라고 한다.

평상시에는 직진 차량에 대한 신호를 유지하다가, 좌회전하는 차량을 감지할 경우에만 좌회전 신호를 부여하여 불필요한 신호 대기시간을 줄일 수 있다. 또한 긴급차량이 교통정보센터와 통신을 통해 목적지를 사전에 공유하여 이동경로에 있는 교차로의 신호를 일시적으로 제어함으로써 긴급차량에 우선신호를 부여하여 사고처리시간을 단축하고 골든타임 확보에 큰 도움을 줄 수 있다. 교통량이 많은 교차로에서는 방향이나 차종에 대한 데이터를 분석하여 시간대별 최적신호를 도출하여 활용함으로써 교통 흐름을 개선할 수 있다.

그림 14-5 스마트 신호 운영시스템: 긴급차량 우선신호 개념도

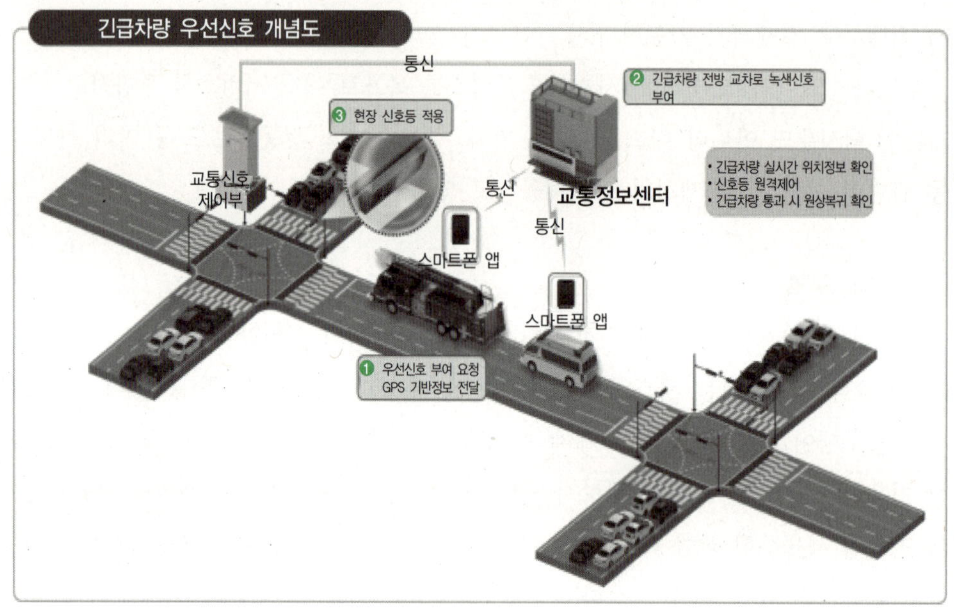

출처: 국토교통부

▪ 자율협력 주행시스템

2019년 12월 우리나라는 자율주행기술 레벨 3에 대한 안전기준을 만들었으며, 자동차업계는 레벨 4를 달성하기 위해 많은 노력을 경주하고 있다. 자율주행레벨 4는 자동차의 자동화시스템이 상황을 인지 판단하여 운전하고, 돌발상황 발생 시 자동차가 위험을 대처하는 수준이지만 전 구간이 아니라 특정 구간에서만 가능한 수준이다. 레벨 5는 도로 전 구간에 거쳐 자율주행이 가능한 수준이기 때문에 단기간에 실현하기는 어려울 것이다.

레벨 4 달성을 위해서는 협력 주행이 가능한 도로 인프라(교통신호 등)를 확충 및 활용하여 자동차의 자율주행기능을 지원하는 것이 필요하다. 즉 자동차와 도로 인프라 간의 상호작용에 기반하여 자율주행의 안전성과 효율성을 향상시키는 것을 자율협력 주행시스템이라고 한다.

(3) 친환경생활

도시는 특성상 많은 인구가 밀집해서 살아가는 공간이다. 따라서 많은 자원이 필요하고 이로 인한 많은 환경 문제가 발생하고 있는 것이 사실이다. 스마트시티에서는 도시에서 사용하는 에너지 효율을 높임과 동시에 환경보호를 통해 친환경적인 삶을 영위할 수 있다.

① 스마트 폐기물 관리시스템

일반적으로 도시에서 발생하는 여러 가지 쓰레기는 새벽에 환경미화원 분들이 청소를 통해 수거해 가거나, 분리 수거일을 정해서 처리 장소까지 이동하고 있다. 폐기물의 처리는 수집, 운송, 처리, 재활용에 이르는 일련의 과정을 따르고 있는데, 수반되는 비용이 높아 폐기물 관리의 큰 문제점으로 지적되고 있다. 폐기물 처리에 필요한 비용을 절감하기 위해 스마트 폐기물 관리시스템을 적극적으로 도입하여 활용함으로써 이런 문제점을 해결하고자 많은 노력을 하고 있다.

현재는 폐기물 수거와 관련한 많은 솔루션들이 개발되고 도입되고 있다. 간단하게는 사람이 많이 모이는 장소에 시민이 직접 재활용 쓰레기를 투입하면 금전적인 혜택을 주는 수거시스템이 도입되고 있다. 또한 바퀴 달린 쓰레기통이라고 불리는 자율주행 쓰레기통이라든지 로봇 청소부 같은 솔루션을 활용하여 스스로 폐기물을 수집한 다음 처리 장소까지 이동이 가능하다.

도시의 여러 곳에 설치한 쓰레기통의 적재량을 감지하고 잉여 적재량이 얼마나 남았

그림 14-6 폐기물 수거 및 이동 솔루션

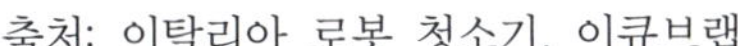
출처: 이탈리아 로봇 청소기, 이큐브랩

는지를 확인함과 동시에 수거시간을 예상하고, 이를 수거 차량에 전송한다. 정보를 받은 수거 차량은 주위에 다른 쓰레기통의 상황을 고려하여 이동 노선을 최소화하고 있다.

② 스마트 물관리시스템

많은 도시들은 안전한 물을 시민에게 공급하기 위하여 상수도시스템을 구축하여 활용하고 있다. 우리나라의 경우 대부분의 가정에서 상수도를 활용하고 있음에도 불구하고 정수기를 사용하고 있다. 왜 그럴까? 취수원에서 취수한 물을 잘 처리한 다음 상수도관을 통해 가정으로 보내고 있지만, 취수에서부터 수도꼭지에 이르는 전 구간의 관리상태에 대한 불안감이 있기 때문일 것이다. 또한 지하에 있는 상수도관의 노후 정도, 누수 여부를 확인하기가 어렵기 때문에 노후한 상수도관의 교체시기 등을 제때에 결정하기 어렵고, 이로 인해 누수가 발생하여 해마다 많은 수돗물을 낭비하고 있다. 그리고 땅속에 있는 상수도관에 대한 종합적인 관리가 어렵기 때문에, 정수센터에서 물을 보내는 시점과 가정의 수도꼭지에서 물이 나올 때의 상태 정도만 현재는 확인할 수 있다.

그림 14-7 | 땅속 상수도관의 센서를 활용한 세척, 파손 예측

출처: K-Water 공식 블로그

스마트 물관리시스템은 이러한 문제를 해결하기 위해서 취수원에서부터 가정의 수도꼭지에 이르는 전 구간에 센서를 설치하여 물의 품질상태, 물의 유량 등의 정보를 취합하여 물이 안정적으로 가정에 도달할 수 있도록 많은 도움을 준다. 데이터를 활용하여 사고 및 파손 등을 인지하여 사전에 단수 여부를 확인할 수 있고, 사고 발생 시 빠른 대처는 물론 사고 예방에도 큰 도움을 얻고 있다.

서울시 상수도사업본부 홈페이지에 있는 아리수 맵은 사는 지역의 수질정보, 아리수 공급경로 및 경로별 수질 등을 실시간 확인할 수 있다.

| 그림 14-8 | 서울시 아리수 맵

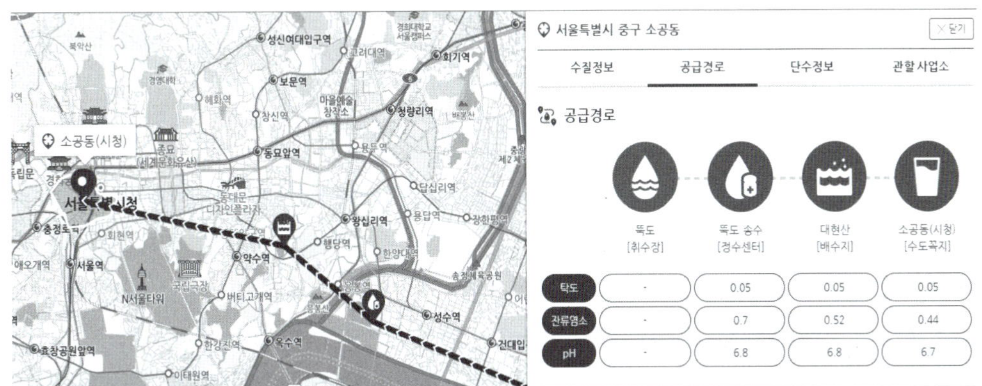

출처: 서울시 상수도사업본부

14.2 스마트홈

14.2.1 단순 거주에서 나를 위한 편안한 공간으로의 변신

사람이 삶을 영위하기 위해서 가장 필요한 것 세 가지가 바로 '의식주(衣食住)'이다. 이 중에서 휴식과 치유를 할 수 있는 것이 주(住), 바로 '집(Home)'이다. 인류는 오래 전부터 집을 마련하기 위해 노력을 했고 기술 발전에 따라 집의 형태를 지속적으로 개선해 왔다.

초기 인류가 집을 마련하고자 했던 가장 큰 이유는 자연의 위험(비, 눈, 바람, 맹수의 공격 등)으로부터 자신을 보호하기 위해서였다. 수렵 채집 시기에는 이동이 많고, 집단의 인구수가 그렇게 많지는 않았다. 잠시 머물 수 있고, 쉽게 이용할 수 있는 자연 동굴을 집으로 많이 활용하였다. 집이라고 하기보다는 '피난처', '은신처'의 개념이었다. 농업의 발달로 인류가 정착을 하게 되면서, 자연으로부터 위험뿐만 아니라 외부의 적으로부터 개인의 목숨과 농작물을 보호할 필요가 생겼다. 이런 목적을 달성하기 위한 집을 스스로 만들게 되었으며, 다양한 형태의 거주공간이 탄생되었다. 담장을 높게 쌓아서 안전성을 높이고, 다양한 목적을 가진 시설(우물, 화장실, 부엌, 창고 등)을 집 안에 구축함으로써 편리성을 향상시켰다.

집의 형태는 개인(또는 가구)이 독립적으로 생활하는 단독주택에서 여러 명(또는 여러 가구)이 동시에 거주하는 연립주택, 아파트 등 공동주택으로 변모를 해가고 있다. 하지만 외부 환경으로부터 신체를 보호하고 휴식을 취하는 공간의 기본 목적은 변하지 않았다. 휴식의 공간인 집을 쾌적한 상태로 유지하려면 많은 비용과 노력이 필요하다. 집에 들어가기 위해서는 문을 열어야 하고, 더우면 에어컨을 켜야 하고, 추우면 난방시스템을 동작시켜야 하며, 쓰레기가 있을 경우 치워야 하는 등 집 안에서의 일상생활은 많은 노동력이 필요한 것이 사실이다.

표 14-5 인류의 라이프스타일과 주거 형태의 변화

선사시대	고대/중세	근대	현재	미래
사냥, 수렵	농경, 수공업	제조, 상업, 무역	산업화, 정보화	4~5차 산업혁명
석기, 동물뼈	청동기, 철기	증기기관	전기, 인터넷	AI, Robot+α
토굴, 움막	흙집, 석재가옥	철근, 주택(도시)	아파트, 빌딩	?
유목시대(Home은 Shelter) → 정주시대(안전+편리) → 新유목시대(다기능 Life Platform)				

출처: 정제호(2019)

집의 역할이 기존의 안전성, 편의성을 떠나 사람이 집에서 생활하면서 느끼는 총체적인 쾌적성을 제공하는 것으로 확장되어 가고 있다. 4차 산업혁명의 기술들을 활용하여 사람의 일상생활을 보다 더 편리하게, 보다 더 안전하게, 보다 더 쾌적하게 만든 집을 스마트홈이라고 한다. 단순한 거주가 목적인 집이 아니라 세상에서 가장 편한 개인의 생활공간을 창출하는 것이 스마트홈의 목적이라고 할 수 있다.

그림 14-9 스마트홈 개념도

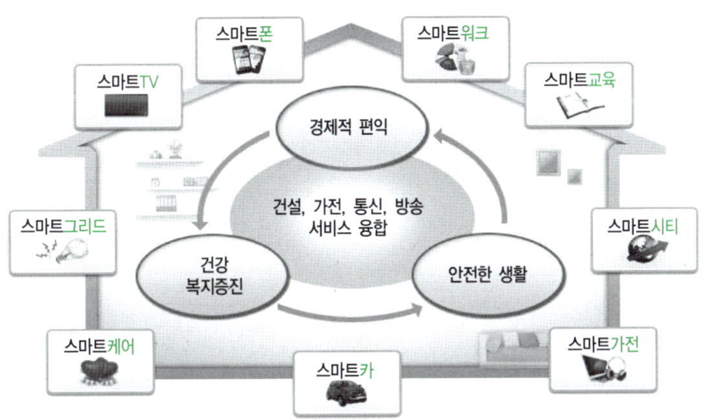

출처: 한국AI스마트홈 산업협회 홈페이지

14.2.2 스마트홈의 다양한 정의

스마트홈은 주로 기술을 활용하여 목적하는 주거공간을 만드는 형태로 정의하고 있다.

- 집 안에 존재하는 개별 시스템을 네트워크로 연동하고 통합해 제어하는 것(BSRIA[6])
- 주거환경에 IT를 융합하여 국민의 편익과 복지 증진, 안전한 생활이 가능하도록 하는 인간 중심적인 라이프 환경(한국AI스마트홈산업협회)
- 스마트 기기로 집안의 가전제품을 비롯해 에너지 소비장치인 냉난방기, 보안기 이외의 다양한 분야에서 모든 것을 통신망으로 연결해 모니터링 및 제어할 수 있는 기술이 갖추어진 공간(IT뉴스, 2015. 9. 22.)
- 사물인터넷 기능이 포함된 가전제품 및 가정설비가 유무선통신 네트워크 기반 주거환경에서 스스로 정보를 생산해서 다른 사물과 사람에게 전달하고, 사람의 수요를 파악하거나 예측에서 일정 수준의 자동화 결정을 함으로써 주거생활의 질을 높여주는 시스템(위키백과)

이렇듯 스마트홈은 오랜 기간 동안 집의 목적이었던 피난처, 거주공간의 제공에서 벗어나 인간이 중심이 되어 집에서의 삶의 질을 향상시키는(경제적 편익 제공, 안전성

6) Building Services Research and Information Association의 약자로 해외 공조전문 조사기관

향상, 건강 및 복지 증진 등) 것을 목적으로 4차 산업혁명의 여러 기술이 융합된 주거 공간이라고 할 수 있다. 스마트홈에서는 기존의 생활방식과는 차별화된 방식으로 삶을 영위할 수 있다.

14.2.3 스마트홈에서의 삶

(1) 편리한 삶

쾌적한 거주환경을 유지하기 위해서는 사람의 노동력이 필요하다. 정리, 정돈, 청소, 요리, 방문자 확인 등 집에서 사소한 일상생활을 영위하기 위해서는 사람 스스로가 본인의 필요에 따라서 움직여야 한다. 편리한 삶은 이런 노동으로부터 자유롭게 해주는 것을 의미한다. 이는 마치 그동안 개미와 같은 삶을 영위해 왔던 모습 대신 약간은 게을러지지만 베짱이처럼 삶을 즐길 수 기회를 제공한다고 할 수 있다.

① 가사도우미 로봇

우리나라 사람들은 유난히 집안 청소에 신경을 많이 쓴다. 털고, 쓸고, 닦는 등 집안을 쾌적하기 위해 많은 시간을 보내고 있다. 이런 노력을 줄여주기 위해 도입하는 것이 가사도우미 로봇이다. 청소만이 아니라 조리 등 다양한 가사활동을 도와주는 로봇들이 출시되어 집으로 들어오고 있다.

현재 집에 가장 많이 도입된 가사도우미 로봇이 청소 로봇이다. 단순히 바닥에 떨어져 있는 먼지를 쓸고 담는 흡입형의 로봇, 걸레 전용 로봇 등으로 시작해서 장애물 회피기능, 흡입과 물걸레를 동시에 할 수 있는 로봇으로 진화하고 있다. 또한 사람이 청소하기 어려운 곳을 쉽게 청소할 수 있도록 도와주는 로봇 청소기들도 등장하고 있다. 유리창을 청소해 주는 창문 청소 로봇, 집에 설치한 태양광을 청소해 주는 태양광 청소로봇 등이 대표적이다.

또한 조리, 청소, 교육 등 기능별로 구분되어 있던 가사도우미 로봇이 하나의 로봇으로 통합되어 종합적인 도움을 제공한다. 집안을 이동하면서 건조기에서 세탁이 완료된 의류를 꺼내고, 소형 진공청소기로 소파 등을 청소하고, 부엌에서 걸레질을 하며, 반려견과 간단한 놀이를 하는 등 로봇의 등장으로 스마트홈에서 편리함이 향상되고 있다.

| 그림 14-10 | 가사도우미 로봇: 스트레치

출처: 헬로로봇

② 스마트 가전

IoT 기반 가전제품을 스마트 가전이라고 한다. IoT를 가전제품에 접목하면 독립적인 기능을 했던 가전제품(TV, 냉장고, 에어컨, 비데, 커피머신 등)들이 연결되어 서로 데이터를 주고받을 수 있게 된다. 집에서 가전제품을 사용하는 사람은 이전보다 더 편리하고 그리고 개인 맞춤형으로 제품과 서비스를 활용할 수 있다. 스마트 가전제품은 스마트폰과 연결하여 가전제품을 공간의 제약 없이 사용할 수 있으며, 새로운 기능과 서비스를 제공하여 가사활동의 편의성과 효율을 향상시키고 있다.

| 그림 14-11 | 스마트 가전

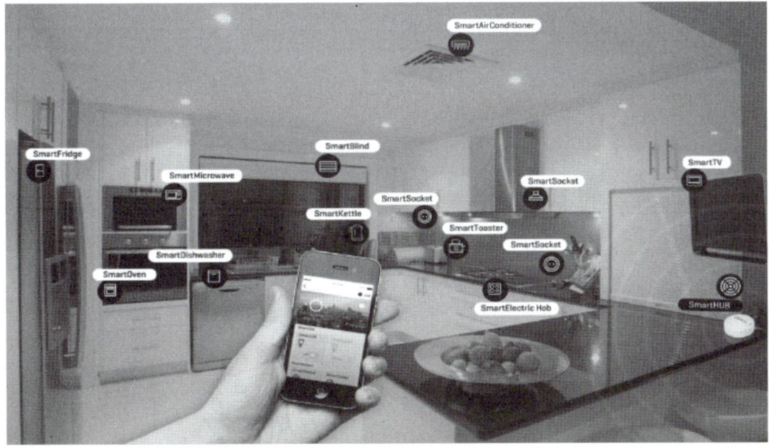

출처: https://www.e4ds.com

스마트 가전제품은 제품 사용상황을 스스로 감지하여 최적의 방법을 제시함으로써 에너지 사용량, 식품 사용량, 옷감 손실 등을 감소시켜 준다.

| 표 14-6 | 스마트 가전제품 종류별 스마트 기능

가전제품 구분	스마트 가전제품 종류	스마트 기능
백색 가전	스마트 냉장고	• 냉장고에 있는 식재료를 인식해서 요리법 추천 • 보관 중인 식품 목록 확인 • 냉장고에서 필요한 재료 바로 주문 등
	스마트 세탁기	• 빨래 무게에 따른 최적의 세제, 유연제 투입 • 옷감 종류와 오염도 인식하여 최적의 세탁 코스 제안 등
	스마트 에어컨	• 음성인식기능을 활용한 에어컨 간편 제어 • 실내 공기질, 조도, 활동량 등을 파악하여 운전 모드 선정
주방	스마트 정수기	사용상황 인식 후 자동 세척 및 살균
	스마트 식기세척기	세척물 무게, 크기, 오염 정도를 감지하여 세척 모드 선정
	스마트 오븐	조리기능에 맞는 온도, 시간 설정
	스마트 밥솥	• 생활 패턴 분석을 통한 밥솥 자동 시작 • 밥솥 및 밥의 상태에 대한 점검 및 알람
거실	스마트 TV	앱, 인터넷, VOD, SNS 등 다양한 기능을 하나의 TV에서 사용
	스마트 조명	일광조건 등을 고려한 자동 제어(밝기, 색상 등)

수면의 질은 수면 그 자체로서 중요한 점도 있지만, 내일을 위한 준비단계로서도 더 중요한 의미가 있다. 침대에 누워서 잠이 들 때, 일어나서 소등을 한다든지 냉난방을 조절한다든지 해서 숙면에 방해를 받는 경우가 많다. 스마트 가전제품들이 총체적으로 연결되어 있는 스마트홈에서는 침대에 누워 있는 사람의 상태를 감지하여 개인별 숙면에 최적화된 조건(조명 밝기, 온도 등)을 확인하여 스스로 똑똑하게 수면조건을 조정한다.

(2) 건강한 삶

편리한 삶을 추구하다 보면 자칫 게을러질 수 있고, 건강을 해칠 수도 있다. 공기의 질, 온도, 습도, 조명 등 주거환경을 쾌적하게 함과 동시에 건강한 삶을 집에서 누릴 수 있는 서비스를 활용할 수 있다. 정기적으로 병원에 가서 검사를 통한 건강관리를 집에서 손쉽게 할 수 있고, 재활 또는 치료를 도와주는 로봇을 활용할 수 있으며, 홈트레이닝을 이용하여 건강증진활동을 집에서 할 수 있다. 특히 고령가구 및 1인 가구가 증가하고 있는 요즘, 집에서 건강검진 및 건강증진 관련한 서비스를 종합적으로 제공받을 수 있는 '스마트홈 헬스케어 통합 플랫폼'을 구축하여 보급하고 있다.

① 웨어러블 기기를 활용한 건강진단

집에서 간단하게 작용할 수 있는 기기를 활용하여 건강상태를 진단하기도 하고, 위험을 감지하여 가족 또는 관련 기관에 연락하여 신속한 조치를 받을 수 있다. 스마트 가전제품 중의 하나인 스마트 비데에서 체온, 땀 등 신체정보를 확인하는 방법도 있지만, 최근에는 치료가 어려운 질병을 검진하는 여러 가지 웨어러블 기기들이 선보이고 있다.

표 14-7 웨어러블 건강검진 사례

사진	웨어러블 기기	진단 목적
Just 10 min. Overcome Mental Pandemic with AI Brain Mapping and LED Therapy	치매 감지 헬멧 (출처: 아이메디신)	집에서 간단하게 뇌파검사를 진행하여 알츠하이머 징후를 알 수 있도록 도움을 줌
CarePredict	노인 전용 원격 간병 앱 (출처: 케어프레딕트)	• 팔찌를 통해 노인의 활동정보를 분석하여 일상활동 모니터링 • 건강에 유의한 사항 발견 시 가족 및 간병인에게 통보
	분광계 혈당 측정기 (출처: 퀀텀 오퍼레이션)	바늘로 찌르지 않고 혈당을 측정

② 스마트홈 헬스케어 통합 플랫폼

집에서 수집한 건강 관련 정보, 공공기관에서 보관하는 개인의 의료정보를 통합하여 건강상태 및 질병에 대해 예측을 하고, 이를 의료기관 등과 연계하여 기존의 헬스케어의 개념을 확장하고 있다. 진단 키트, 웨어러블 진단기기, IoT 등을 활용하여 실시간으로 수집하고 있는 개인의 건강 관련 정보를 의료기관 등에서 보관하고 있는 데이터와 연계한다면, 개인별 맞춤형 건강서비스를 보다 더 정확하고 빠르게 제공할 수 있다.

그림 14-12 ▌스마트홈 헬스케이 플랫폼 개요도

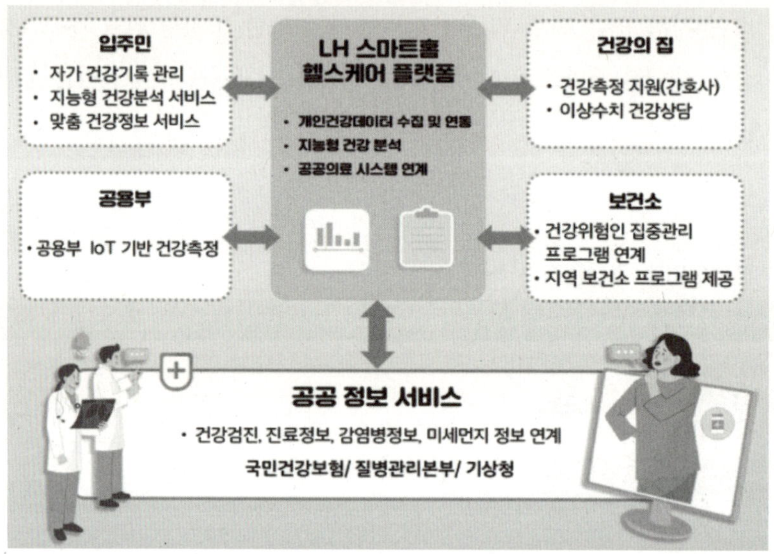

출처: 마이홈포털

(3) 안전한 삶

집의 기본적인 역할은 자연환경 등으로부터 사람을 안전하게 보호하는 것이라고 할 수 있다. 시시각각으로 변하는 자연뿐만 아니라 범죄자의 침입, 화재 등 다양한 사고와 위험이 존재하고 있고, 이를 잘 관리하여 집의 안전 지수를 높일 수 있다. 허락하지 않은 사람들의 출입을 통제하거나 출입 감지 시 공공기관에 연락할 수 있다. 또한 집안에서 일어나는 각종 사고에 대하여 미리 인지하여 경고를 주거나 사고 발생 시 빠른 대처를 위해 관련 기관에 즉시 연락하여 도움을 얻을 수 있다.

스마트홈은 개인정보를 바탕으로 개인별 최적화된 서비스를 제공하여 쾌적한 주거 환경을 구축하는 것을 목적으로 하고 있기 때문에, 각종 센서 및 CCTV를 통한 개인정보의 양은 기하급수적으로 늘어날 수밖에 없다. 이에 따라 개인정보를 사이버 공간에서 보호해야 하는 중요성 또한 증가하고 있다. 스마트홈은 물리적인 공간에서 안전한 삶뿐만 아니라 사이버 공간에서 안전한 삶을 보장해야 하기 때문에, 스마트홈 플랫폼을 구성하고 있는 기기들(센서, CCTV, 스마트폰, 스마트 가전제품 등)에 대한 해킹 공격으로부터 보안을 점점 더 강화하고 있다.

표 14-8 스마트홈의 위협

구분	위협의 종류	상세 설명
물리적 위협[7]	외부로부터 침입	나쁜 의도를 가진, 허락되지 않은 사람의 침입
	집안의 사고	화재, 안전사고, 범죄 등 물리적인 안전을 해치는 것
사이버 위협	개인정보 침해 및 유출	통신을 해킹하여 CCTV 전송 화면 등 개인 사생활 정보 침해 및 유출
	스마트홈 기기 타인 제어 (오동작 포함)	스마트홈 기기 제어를 방해하여 기기들의 오동작을 발생시킴(현관문 개방, 전원 On/Off 등)

① 노약자를 위한 스마트 모니터링

현재 우리 주위에는 혼자 사는 노약자 분들이 많다. 이런 분들이 갑작스런 사고나 건강이상으로 골든타임[8]을 놓칠 수 있고, 사망으로 이어지는 경우가 종종 발생되고 있다. 이런 문제를 해결하기 위해 다양한 기술들을 활용하여 혼자 사는 분들에 대한 모니터링을 실시하고 있다.

▪ 스마트 토이의 활용

ICT 기술을 접목한 장난감을 스마트 토이라고 한다. 일종의 사람과 상호작용이 가능한 움직이는 로봇이라고도 할 수 있는데, 변화를 감지할 수 있는 여러 종류의 센서가 부착되어 있어서 사람과 집안 주위환경에 대한 변화를 인식하고 대화도 가능하다. 스마트 토이에 있는 게임을 이용하여 치매 예방을 할 수 있고, 약복용시간, 식사시간 등을 알려주며, 독거노인들의 환경정보를 수집하고 분석하여 임계치를 벗어나면 보호자에게 바로 알려줄 수 있어 신속한 대처가 가능하다.

---

7) 물리적 위협에 대응하는 서비스는 스마트홈 이전부터 사설보안업체에서 제공하고 있다.
8) 골든타임: 환자의 생사를 결정지을 수 있는 사고 발생 후 치료가 이루어져야 하는 최소한의 시간 Prime Time, Peak Time이 바른 영어 표현이다.

▌그림 14-13▐ 스마트 토이에 말을 거는 할아버지

출처: 춘천사람들(2019. 3. 11.)

■ **가전제품 소비 패턴 활용**

가전제품의 전력, 냉장고 사용정보, 가스레인지 사용정보, 사용자 출입정보 등의 패턴을 분석해서 독거노인의 안전을 관리해 줄 수 있다. 계절 및 외부 온도에 따라 적절한 냉난방 방법을 알려주고 이를 조절할 수 있도록 도움을 줄 수 있고, 가전제품 소비 패턴에 이상이 발생하면 보호자 및 의료기관에 알려서 빠른 조치를 가능하게 한다.

▌그림 14-14▐ 노인 돌봄 모니터링 개요도

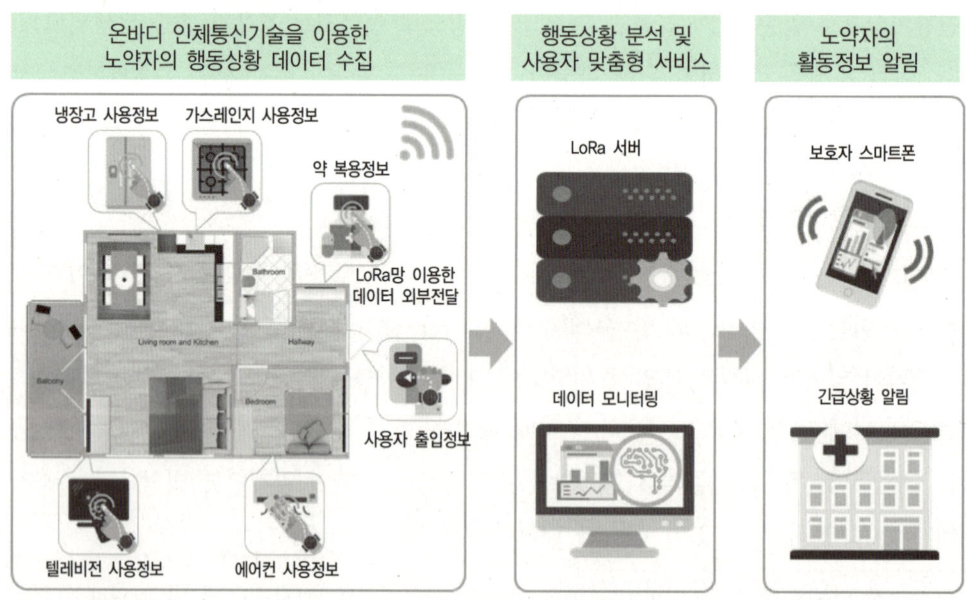

출처: 충청신문(2019. 2. 14.)

■ **비접촉식 레이더의 활용**

생체신호 인식을 위한 단말기를 벽면이나 침대 근처에 설치한다. 이를 활용하여 집 안에서 활동할 때는 물론 수면 중에도 생체신호(체온, 심장박동수, 호흡수 등)를 수집 및 분석하여 이상점을 감지했을 경우 보호자 및 의료기관에 경고 메시지를 보낸다.

② 스마트홈 네트워크 안전 확보

스마트홈은 물리적인 공간의 공격에도 안전을 확보해야 한다. 이를 확보하기 위해서 '주택법', '주택건설기준 등에 관한 규정'에 따른 '지능형 홈네트워크 설비의 설치 및

| 그림 14-15 | 월패드[9] 해킹 영상

출처: 머니투데이(2022. 6. 9.)

| 표 14-9 | 스마트홈의 네트워크 안전규정과 의미

보안 대상 및 규정		의미
네트워크 망: 분리		아파트 단지 서버와 세대별 스마트홈 게이트웨이 사이의 네트워크 망을 물리적 또는 논리적으로 분리
스마트홈 네트워크 장비	데이터 기밀성	허가된 사용자만 데이터에 접근할 수 있고, 비인가된 사람(프로세스, 시스템)으로부터 데이터는 숨겨야 함
	데이터 무결성	데이터의 정확성, 일관성, 유효성을 유지
	연동 및 호환성	단지 서버, 홈게이트, 스마트홈 설비 간 연동 및 호환
	기기 인증	기기 인증을 받은 제품
	전송 데이터 보안	스마트홈 네트워크 망에서 전송되는 데이터는 노출, 탈취들을 방지

9) 월패드: 인터폰 기능과 함께 주방, 거실 벽면에 붙어 있는 패드형태의 기기로 비디어 도어폰, 전자기기 및 조명관리, 엘리베이터 호출, 냉난방관리 등의 기능을 수행한다.

기술기준' 개정안에서 스마트홈 관련 보안규정이 강화되고 있으며 이를 해결하기 위한 보안 솔루션을 활용하여 안전성을 높이고 있다.

(4) 경제적인(저에너지) 삶[10)]

스마트홈은 단지 생활 수준을 높여서 편안함을 제공하는 것뿐만 아니라 집에서 사용하는 에너지의 효율을 높임으로써 경제적인(저에너지) 삶을 실현한다. 에너지 사용의 절감은 결국 온실가스 배출량[11)]을 감축할 수 있어 기후변화에 적극적으로 대응할 수 있다. 현재 스마트홈에 적용하고 있는 여러 가지 기술과 제품들로 인해 에너지 절감을 할 수 있다.

우리나라의 경우 에너지 효율 수준이 상당히 낮은 수준이다. 에너지 효율 지표인 에너지 원단위[12)]가 2017년 기준 OECD 35개국 중 33위로 거의 꼴찌 수준이다. 따라서 스마트홈의 높은 에너지 효율은 단순히 가정경제뿐만 아니라 국가경제 차원에도 중요한 역할을 하고 있다.

스마트홈의 에너지 효율 향상에 대해서는 ACEEE[13)]에서 연구보고서를 통해 스마트홈에서 활용하고 있는 주요 기술 · 제품에 대한 에너지 절감효과[14)]를 분석하여 발표하였다.

① 스마트 플러그와 대기전력 절감

스마트홈에서 사용하고 있는 여러 가지 제품들과 콘센트 사이에 연결하여 언제든지 스마트폰으로 On/Off를 할 수 있게 해주는 것이 스마트 플러그이다. 물론 스마트폰이 아니라 인공지능 스피커를 활용하여 스마트 플러그를 음성으로 제어할 수 있다. 스마트 플러그는 원격 모니터링을 할 수 없는 제품의 대기전력 차단 및 부하관리 등으로 전기 사용량을 절감할 수 있다.

대기전력을 차단하는 경우는 크게 두 가지 단계로 구분한다. 1단계는 해당 제품만

---

10) 스마트홈의 제공가치 네 가지는 한국AI스마트홈산업협회, 2016년 스마트홈 산업 현황 조사결과에서 인용하였다.

11) 건물의 온실가스 배출량은 인간이 배출하는 배출량의 38%로 추정한다(2018년 기준, 주거용 20%, 상업용 18%).

12) 에너지 원단위: 일정 부가가치(또는 생산액)를 생산하기 위해 투입한 에너지의 양, 일반적으로 국내총생산(GDP) 1,000달러를 생산하는 데 소비한 에너지량을 사용한다.

13) ACEEE(American Council for an Energy-Efficient Economy): 미국 에너지경제효율위원회

14) 한국에너지공단, 스마트홈 기술과 에너지 소비의 상관성

차단하는 것이고, 2단계는 사용하지 않는 주변 기기까지 일괄적으로 차단하는 것을 말한다.

▪ 스마트 플러그 에너지 절약효과

- 1단계: 16~20%
- 2단계: 25~50%

▌그림 14-16 ▌스마트 플러그 예시

② 스마트 가전의 전기 절감

스마트 가전제품은 사용자에게 에너지 사용에 대한 정보를 제공하고, 자체적으로 피크 부하를 낮춤으로써 에너지 절약을 할 수 있다.

- 식기세척기 및 세탁기: 작동 주기 설정, 기기 고장 및 세제 부족상황 알림기능, 적재량별 맞춤형 세척
- 냉장고: 피크 시간대를 피하여 제빙 등 특정 기능 가동, 냉장고 문을 열고 닫는 행위 감소

▪ 스마트 가전의 에너지 절약효과

- 식기세척기: 5~9%
- 세탁기: 4~7%
- 냉장고: 2~4%(냉장고 문 여닫는 행동 감소로 인한 효과 제외)

③ 스마트 조명

조명의 원격 및 자동 제어기능을 통해 조도 및 조명시간을 조절하여 에너지를 절약할 수 있다. 단 조명의 경우 대기전력 소비가 발생하고 있음을 감안하여 설치 장소를 결정해야 한다.

■ 스마트 조명 에너지 절약효과

- 7~27%

④ 스마트 블라인드

일출이나 일몰 등 일광의 변화에 따라 실내에 들어오는 열에너지와 햇빛의 양을 조절하여 냉난방 및 조명의 부하를 줄여도 에너지를 절약할 수 있다.

■ 스마트 블라인드 에너지 절약효과

- 냉난방 부문: 11~20%
- 조명 부문: 3%

⑤ 스마트 온도조절기

사람의 행동 패턴, 외부 기상조건 분석 및 예측을 통해 HVAC[15) 제어를 최적화하고 작동시간을 단축시켜 에너지를 절약할 수 있다.

■ 스마트 온도조절기 에너지 절약효과

- 냉방: 7~10%
- 난방: 6~8%

15) HVAC(Heating Ventilation and Air Conditioning): 공기조화기술

연습문제

01 사용자와 생산자가 보다 더 주도적으로 도시의 문제를 해결하는 스마트시티보다 적극적인 의미는 무엇인가?

① 스마트시티 워킹랩 ② 스마트시티 리빙랩
③ 스마트시티 솔루션랩 ④ 스마트시티 빌딩랩

02 많은 양의 데이터를 수집 분석할 수 있도록 일관된 방식으로 구조화된 데이터를 설명하는 데이터를 무엇이라고 하는가?

① 정형 데이터 ② 설명 데이터
③ 메타 데이터 ④ 부가 데이터

03 스마트시티의 삶의 모습에서 공공안전의 증대 모습이 아닌 것은?

① 일상의 안전성 향상 ② 자전거 도로의 확충
③ 응급상황 대응력 향상 ④ 범죄 수사 지원

04 도시화로 인한 문제점들은 어떤 것들이 있는지 설명하시오.

05 일반적인 스마트시티의 주요 목표에 대해 설명하시오.

06 주거공간 개념의 확장의 의미로 스마트홈에 대한 정의를 설명하시오.

07 다음은 스마트홈에서의 삶에 대한 설명이다. 맞는 것끼리 연결하시오.

편리한 삶 •	• 개인의 건강을 증진시키는 집
안전한 삶 •	• 홈에서의 노동으로부터 자유로운 집
건강한 삶 •	• 저에너지로 영위하는 집
경제적인 삶 •	• 적극적인 안전을 도모하는 집

정답 **01** ② **02** ③ **03** ②

Chapter 15 기타 융합

15.1 스마트팜

15.1.1 농업 위기와 Agriculture 5.0

제조업과 마찬가지로 농축산업 또한 농장을 둘러싼 환경이 급변하고 있다. 지구 온난화와 더불어 세계적으로 심각한 기후변화는 식량 및 가축의 생육을 점점 어렵게 하고 있다. 우리나라의 경우 기후변화의 심화와 함께 농축산업 인구의 고령화 및 농가인구의 감소 등으로 생산량 감소가 우려되고 있으며, 이에 따른 성장률 정체, 소득 및 수출 저하로 관련 산업의 지속가능성에 위기가 높아지고 있다. 최근에는 젊은 층 인구가 농축산업에 유입되고는 있으나, 경험에 의존한 노하우를 전수받는 시간이 오래 걸림으로 인해 정착하는 데 어려움을 겪고 있다.

▌그림 15-1 ▌국내 스마트팜의 등장 배경

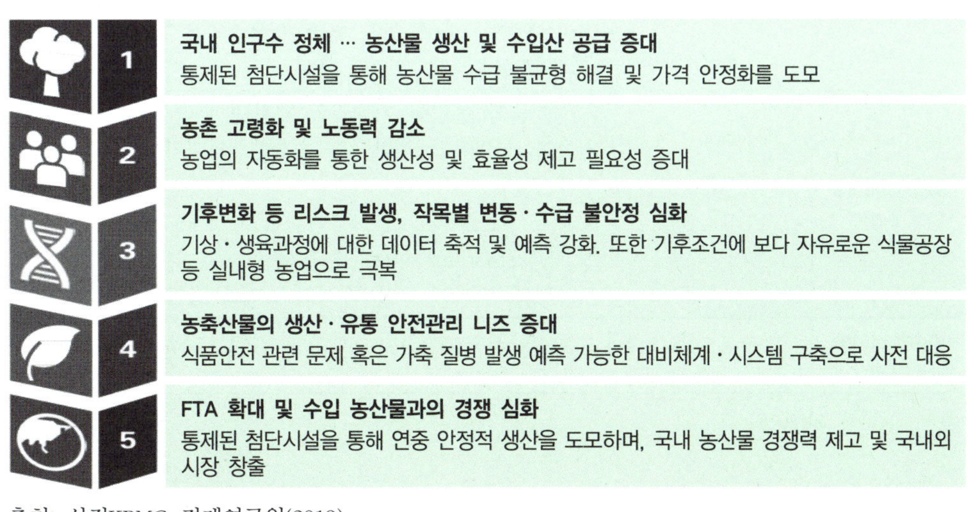

출처: 삼정KPMG 경제연구원(2019)

농가의 가구와 인구는 2010년 이후 지속적으로 줄어들고 있으며, 고령화 또한 빨라지고 있다. 농가의 고령인구(65세 이상) 비율이 2021년에는 46.8%에 이르고 있다. 이런 문제를 해결하고 농업 경쟁력 강화를 위해서는 4차 산업혁명 기술과 농업을 융합하여 기존 농장을 스마트팜화하고, 청년 농부의 유입을 통한 농가의 다양한 연령대 확보가 그 핵심 수단으로 인식되고 있다.

농업도 제조업과 마찬가지로 기술의 발전과 더불어서 발전을 거듭해 오고 있다. 농업은 전통적으로 노동집약적 산업이었다. 많은 인력을 동원하여 사람이 살아가는 데 필수적인 식량을 생산하였다. 산업혁명과 마찬가지로 농업에 기계, 비료, 농약이 접목되어 1950년대 후반 '녹색혁명'의 시대를 맞이했다. 이후 GPS를 활용한 정밀농업의 시대를 열었으며, 2010년 이후에는 ICT 기술을 활용한 스마트팜이 등장하였다.

현재는 로보틱스(Robotics)와 인공지능(AI)기술을 활용하여 자율적인 농업시대로의 전환을 준비하고 있다.

표 15-1 농업의 발전단계

발전단계	시기	특징
Agriculture 1.0	1900년대 초반 (전통농업)	• 노동집약적이며 생산성이 낮은 관행농업 • 식량 제공에는 성공했으나 투입인력 소모가 지나치게 큼
Agriculture 2.0	1950년대 후반 (녹색혁명)	• 비료, 농약, 농기계 활용 확대로 녹색혁명 이룸 • 투입재 비용이 절감되면서 생산성이 기하급수적으로 늘어났으며, 더불어 농업의 규모가 대폭 증가
Agriculture 3.0	1990년대 중반 (정밀농업)	• GPS를 이용한 정밀농업기술 등장 • 정밀농업기술의 성숙에 따라 비용절감은 물론 품질개선 및 다양화 등으로 목표가 확대
Agriculture 4.0	2010년대 초반 (스마트팜)	• ICT 기술과 농업용 기계와의 결합을 통한 정밀농업의 디지털화, 클라우드 기반 ICT 시스템, 빅데이터 등 기술 발전에 근거 • Non-physical Service, Eco-system, Cooperation의 중요성 증대 'Industry 4.0'의 농업 버전 • 스마트팜, 디지털 농업, 데이터 농업과 동일한 개념
Agriculture 5.0	현재	• Robotics 및 AI 기반의 무인·자율 의사결정시스템

출처: 이주량 외(2018)

15.1.2 스마트팜의 정의

ICT 기술을 접목하여 농업의 스마트화가 진전됨에 따라서, 최근 많은 농가가 스마트팜을 도입하고 있다. 스마트팜이란 ICT 기술을 접목하여 가축 및 작물의 생육환경을 시공간에 제약 없이 제어 및 관리할 수 있는 농장(비닐하우스, 유리온실, 축사 등)을 의미한다.

| 그림 15-2 | 스마트팜 개념

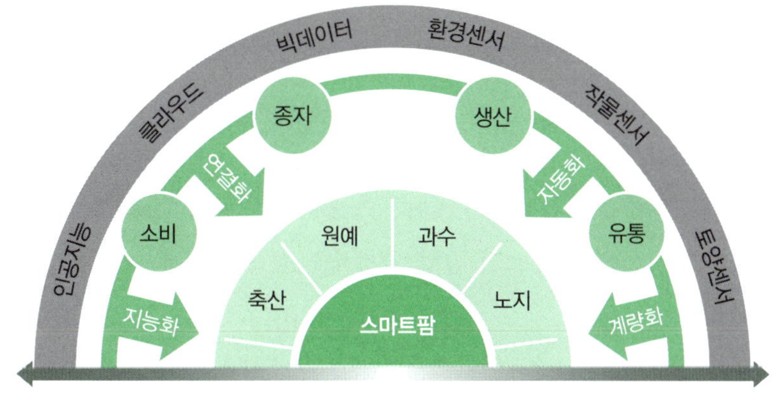

출처: 글로벌 과학기술정책정보 서비스

전통적인 농업에서 스마트팜으로의 변화는 농가에 긍정적인 효과를 줄 것으로 기대하고 있다. 젊은 층의 농가 유입은 환영할 일이지만, 농업에 대한 경험이 많지 않은 것이 문제가 될 수 있다. 스마트팜은 개인의 역량에 의존한 농사방법에서 시스템 중심으로 전환하여 농업의 노하우를 보다 쉽고 빠르게 전수할 것이다. 또한 물리적으로 이동이 많은 기존의 방법 대신 원격제어가 가능해짐으로써 이전보다 쉽고 편안한 농업으로 변모도 가능하다. 현재 소비자들은 농작물에 대한 이력에도 관심이 많다. 시장에서 농작물을 구매할 때 생육조건에 대한 정보를 같이 제공함으로써 생산 및 유통의 신뢰도를 향상시킬 수 있다. 당연한 이야기지만 농업은 1차 산업이라는 한계를 벗어나 소비자와 직거래를 할 수도 있으며 2차 가공까지 진행하여 소위 6차 산업으로 변모도 가능하며 이는 농가의 소득 증대로 이어질 수 있다.

- **6차 산업**: 직접 키운 농산물을 농가에서 직접 제품을 만들고 판매하는 1차, 2차, 3차 산업의 통합

▌표 15-2▐ 전통농업과 스마트팜의 비교

효과 구분	전통적인 농업	스마트팜
노하우 의존도 감소	직접 농사짓는 사람의 개인역량에 의존(경험, 감각)	데이터를 기반으로 한 시스템 중심
소득 증대	농작물 생산 중심	6차 산업(생산+가공+판매)
작물 투명성 증대	생육조건 확인이 어려움	작물의 생육조건 확인
편리성 증대	시간과 장소에 제약	시공간 제약 없는 모니터링 및 제어

15.1.3 어그리테크

스마트팜의 전개는 단순히 농축산물을 생육단계에만 국한하는 것이 아니라, 농업 가치사슬 전반에 걸쳐 ICT 접목이 이루어지고 있다. 최근 스마트팜에 적용되는 기술을 어그리테크(AgriTech)라고 부르며 농업 가치사슬 각 단계에서 적극적으로 적용 및 활용하고 있다.

(1) 정밀농업(Precision Agriculture)

농업을 위한 수관계 공급시설의 확산, 품종개량, 화학비료 및 농약 등의 기술을 농업에 적용함으로써 농업 생산성이 기하급수적으로 늘어난 시기(20세기 후반)를 '농업혁명(녹색혁명: Green Revolution)'이라고 한다. 하지만 농작물 생산량을 크게 늘릴 수 있도록 도와준 화학비료 및 살충제로 인해 토양과 지하수 등 농업환경이 오염되자 농작물의 생산량은 역설적으로 줄어들기 시작했다. 농업과 ICT 기술의 융합을 활용한 스마트팜이 이런 문제를 해결할 수 있는 해결책으로 제시되었고, 제2의 녹색혁명이라고 불리는 정밀농업을 실행하고 있다.

농작물과 경작지의 정보를 수집 분석하여 작물과 토양의 특성에 맞는 비료, 물 등의 투입 자원을 최소화하여 환경오염을 줄이고, 농작물의 생산량을 최대화하는 종합 농업 관리체계를 정밀농업이라고 한다. 농작물을 면적 단위별로 모니터링과 측정을 통해서 진단 및 분석하여 생육환경에서 발생하는 여러 가지 문제점을 실시간으로 확인하고 최적의 처방과 처리를 신속하게 처리하는 농업기술이라고도 할 수 있다.

정밀농업을 가능하게 해주는 핵심 또한 '데이터'이다. 각종 센서를 활용하여 농작물 생육환경과 관련한 데이터를 수집하여 분석함으로써 문제를 확인하고 조치하고 더 나아가 문제점을 미리 예측하여 필요한 시기에 필요한 조치를 신속·정확하게 할 수 있는 것이다.

▌그림 15-3 ▌정밀농업 주요 기술 구성도

출처: CMEA, 한국IR협의회

정밀농업은 IoT 기술 등을 활용하여 토양의 상태에 맞는 작물을 선정하고, 생육조건의 특성에 맞는 비료, 물 사용 등을 최적화할 수 있어서 환경오염을 줄일 수 있다. 또한 날씨 관련 정보를 수집, 분석, 활용, 조치를 진행하여 에너지 소비를 감소시킬 수 있다. 동일한 지역에서도 토양의 환경조건, 비옥도, 햇살의 조사량 등이 다르고 이에 따른 비료 요구량 등이 상이하기 때문에 농작물의 개별 위치 특성에 맞는 탄력적인 조치를 처방함으로써 농업 자체의 효율을 극대화시킬 수 있으며 이는 농가의 소득으로 직결된다.

(2) 정밀농업 단계

전통적인 농업은 경험을 바탕으로 파종시기를 결정하고, 주기적인 활동을 통해 생육과정을 관리한 다음 수확의 순서로 진행한다. 정밀농업은 농업의 단계를 ① 모니터링, ② 처방, ③ 농업활동, ④ 결과 분석과정으로 구분하고 각 단계에서 ICT 기술을 활용하여 경작지의 상태 및 생육상태를 확인하면서 이전보다 정확한 정보를 바탕으로 농업을 수행한다.

① 모니터링(Monitoring): 경작지의 토양상태, 작물, 수확량 상태를 조사하여 농업에 필요한 기초정보를 만들어내는 단계

각종 센서, 드론 등을 이용하여 경작지, 농작물, 농기계와 같은 농업 전반에 걸친 모든 데이터를 수집하고 관리하는 첫 번째 단계이다. 이를 활용하여 경작지 지도에 데이터 및 정보를 매핑(Mapping)하여 상태를 눈으로 볼 수 있는 관리를 할 수 있도록 도와준다.

② 처방(Prescription): 모니터링 단계에서 얻은 데이터와 정보를 바탕으로 최적화된 농업활동(농약 살포, 비료 살포, 물주기 등)을 결정하는 단계

1단계에서 수집한 방대한 데이터를 데이터베이스화한 다음 이를 활용하여 다양한 분석방법(통계적 분석, AI 분석 등)을 통해 현재상태를 진단하고 이에 필요한 처방(농업활동)을 도출한다. 이는 기존에는 경험에 의존했던 것을 학습을 통한 PC 활용으로 대체하여, 농업에 진입장벽을 낮추는 역할을 한다.

③ 농업할동(Agricultural Operation): 처방단계 결과에 따라 필요한 양의 농자재와 비료 등을 투입하는 단계

드론, 트랙터, 콤바인 등 다양한 농기계를 이용하여 처방단계 결과를 실행하는 단계이다. 농경지에 대한 정보를 바탕으로 실행을 하기 때문에 투입되는 노동량을 최소화할 수 있고, 농기계의 자율화를 통해서 작업의 효율 및 효과를 향상시킬 수 있다.

④ 결과 분석(Result Analysis): 수확량을 비교 분석한 후 농업활동을 수정 보완하여 농업의 노하우를 축적하는 단계

다음 농번기를 위한 기초 자료로 활용하기 위해 수확량을 이전 수확량과 비교 분석한 다음 이번에 실시한 농업활동의 적절성 여부를 판단하고, 수정 보완하는 단계이다. 2단계 처방을 바탕으로 수행한 3단계 농업활동 결과의 효과성을 분석하여 처방에 대해 지속적인 업데이트를 하여 노하우를 체계적으로 축적한다.

표 15-3 정보통신단계와 주요 기술

단계		주요 기술	기자재
	(1단계) 관찰	농경지·농작물·농기계 센서 기술(수분 함량, 수분 스트레스, 온도, 전기전도도, 풍향, 풍속 등), 무선 데이터 송수신, 텔레메틱스, IoT	외부 기상 센서(습도, 온도, 수분, 일조), 토양 센서(습도, 온도, 수분, pH), 카메라(RGB, 열화상 등), 영상분석 센서(NIR 등), GPS, 드론, 통신 모듈
	(2단계) 처방	필드 매핑, 처방 지도 생성, 데이터베이스, 빅데이터 분석, AI, 기계학습	필드 매핑, 빅데이터 분석 소프트웨어 및 서버(GPU, CPU, HDD 등)
	(3단계) 농작업	무선 데이터 송수신, 자율주행, 자율작업, 무선제어, 파종·시비 변량 제어, 관개 제어	GPS, GNSS 수신기, 농기계, 각종 부착 작업기, 드론 분무 노즐, 컨트롤러, 카메라, 라인 감지 센서, 액추에이터, 모터, 로드셀, 유량센서, 음향 센서
	(4단계) 결과 분석	필드 관리(수분, 비료, 수확량 등), 데이터베이스, 빅데이터 분석, AI, 기계학습, 데이터베이스 암호화 및 보안	빅데이터 서버(GPU, CPU, HDD 등), 빅데이터 분석 소프트웨어

15.1.4 스마트팜 관련 기술

(1) 노동력 부족을 해결하는 트랙터 자율화

농업인구의 노령화와 인구감소는 결국 인당 경작면적이 확대된다는 의미가 된다. 이를 해결하기 위해서 농작물 재배에서 활용하고 있는 각종 기계에 대한 자율화(특히 트랙터)와 로봇의 도입이 적극적으로 이루어지고 있다. 자동차와 마찬가지로 트랙터 또한 사람의 관여 정도에 따라 자율화의 수준을 구분한다.

다양한 주변기기를 장착해서 무언가를 끌어 잡아당기는 작업을 수행하는 트랙터는 취미 수준의 경작이 아니고서는 농업의 시작과 끝을 함께하는 농기계이다. 전통농업에서는 말이나 소가 가지고 있었던 위상이라고 할 수 있다. 비료와 살충제가 없으면 유기농 농사가 가능하지만 트랙터가 없으면 사실상 농업을 시작하는 것 자체가 불가능하다. 귀농을 계획하고 있는 사람이라면 제일 먼저 농사를 지을 땅을 준비하는 것과 더불어 트랙터를 준비하고 운전할 수 있는 능력을 키우는 것이 필수적이라고 할 수 있다. 이렇듯 농업에 있어 가장 중요한 농기계가 트랙터이기 때문에 이에 대한 자율화에 많은 노력을 집중하고 있다.

표 15-4 자율주행 트랙터 기술단계 및 국내외 기술 수준

단계		Level 0 (원격제어식)	Level 1 (자동조향)	Level 2 (자율주행)	Level 3 (자율작업)	Level 4 (무인자율작업)
자동화 범위		조향 변속 지능 작업	조향 변속 지능 작업	조향 변속 지능 작업	조향 변속 지능 작업	조향 변속 지능 작업
기술 특성		리모트컨트롤 이용 제어	자동 직진 조향	자동 경로생성 · 추종	경로생성 · 추종 +작업기 제어	무인완전자율 주행 · 작업
국외	기술	–	●	●	◕	◕
	기업		AS(이탈리아), Ag-leader(미국)	TOPCON(일본)	John Deere(미국) Kubota(일본)	John Deere(미국) AGCO(독일)
국내	기술		●	◕	◑	–
	기업		LG엠트론, 동양물산, 대동공업	LG엠트론, 대동공업, 동양물산	LG엠트론, 대동공업, 동양물산	

◔ 도입단계, ◑ 연구개발 중, ◕ 연구개발 완료, ● 상용화(대량양산)단계

출처: 영농자재신문(2021. 8. 12.)

(2) 농경지 모니터링 기술

제조업의 경우 제품을 생산하는 제조라인의 작업조건, 환경과 관련한 데이터를 수집하여 제품이 만들어지는 순간을 모니터링하고 있다. 이와 마찬가지로 농작물이 자라고

있는 경작지 상태를 모니터링하기 위해서 필요한 데이터를 센서, 고해상 카메라, 드론, GPS 등을 이용하여 수집한 후, 이를 시각화하여 경작지 상태를 실시간으로 제공할 수 있다.

▌그림 15-4 ▌농경지 모니터링 개념

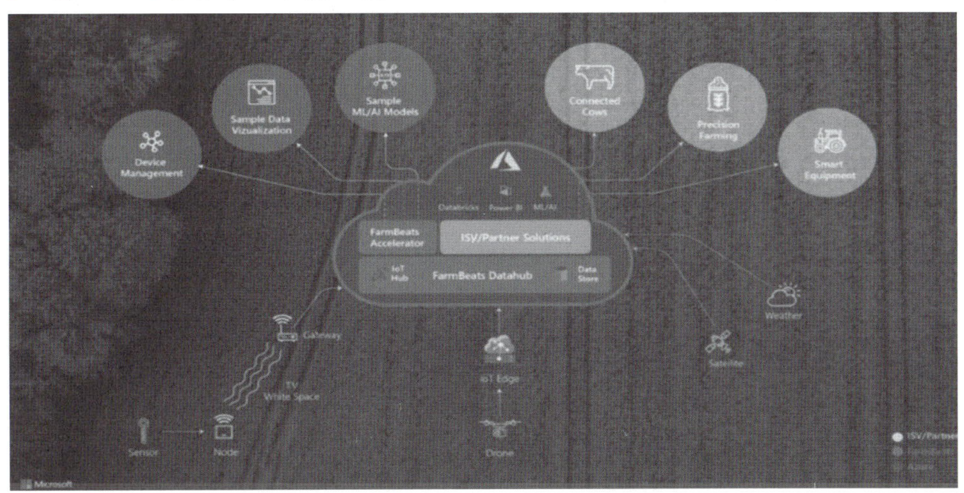

출처: MS FarmBeats

수집한 데이터 분석을 통해 생육상태뿐만 아니라 병해충 발생 유무, 예상 수확량 등과 같은 정보를 확인할 수 있고, 이를 바탕으로 신속하고 최적화된 조치를 취할 수 있다.

모니터링은 크게 농경지에 대한 모니터링과 작물상태 모니터링으로 구분할 수 있다.

- **농경지 모니터링**: 토양상태를 모니터링하여 이에 따른 파종 패턴을 달리 적용해 종자 사용 효율을 높일 수 있으며, 파종 후 생육기간에 드론을 활용하여 토양상태를 분석하여 관개 및 질소 시비 수준을 관리할 수 있다.
- **작물 모니터링**: 드론을 활용하여 정기적으로 생육상태를 모니터링하여 구획별 작물의 성장상태를 확인할 수 있다. 식물 건강상태, 질병 등을 탐지하여 필요한 시기에 적절한 조치를 취할 수 있도록 도움을 준다.

(3) 농업 통합 관제 솔루션

스마트팜에서 사용하는 어그리테크(AgriTech)들을 하나로 묶어서 전체 농업기간 동안 농업을 보다 효율적으로 운영 및 관리하기 위한 다양한 정밀농업 통합 관제 솔루션을 활용하고 있다. 흩어져 있는 농업활동에 필요한 데이터 및 정보를 통합하여 스마트 기기(PC, 태블릿, 스마트폰 등)와 연결하여 제공함으로써 정보 활용을 보다 손쉽게 활용할 수 있다.

통합 관제 솔루션은 파종에서 수확까지 농업의 전체 주기 동안 농업을 효율적으로 운영 및 관리하기 위하여 농업의 기본이 되는 정보들을 통합하여 관리하고, 이를 분석하여 농업에 필요한 정보를 제공하고 있다. 이를 활용하여 농지 구획별 특성에 맞는 종자, 파종시기, 파종의 양, 비료 등에 대한 최적의 솔루션을 제공하고 있다.

농기계 선두 기업인 존디어(John Deere)는 농경지, 농기계를 포함한 농업 전반에 걸친 데이터를 수집, 관리하여 정밀농업에 필요한 다양한 서비스를 통합하여 제공하고 있다.

미국의 CASE IH사는 통신시스템, 자동 조향시스템, 작물의 생산주기 통제시스템 등을 이용하여 농업에 투입하는 자재를 최소화하고, 농기계 관리 및 경작지 관리를 통합적으로 할 수 있는 'AFS(Advanced Farming Systems)'를 개발하여 제공하고 있다.

▌그림 15-5 ▌통합 관제시스템 사례

출처: 미국 John Deere의 Operation Center

15.1.5 스마트팜 사례

(1) 식물공장

기후나 계절 변화의 영향을 받지 않는 시설(보통 건물의 실내공간)에서 빛, 온도, 수분, 영양분 등을 작물에 최적의 조건으로 통제하여 자동적으로 연속적으로 생산하는 농업방식을 말한다. 식물공장은 어그리테크를 활용하여 마치 농작물을 공장에서 생산하듯이 생육할 수 있어서 기존 농장과는 다른 장점이 있다.

① 불규칙한 자연환경의 극복

기존 농업은 갑작스런 비, 눈, 태풍, 우박, 서리, 고온, 저온과 같은 기후의 불규칙한 변화를 통제하기가 어렵다. 따라서 파종 후에 수확에 이르기까지 불확실성이 큰 것이 사실이다. 식물공장은 외부의 기후와 거의 무관하게 관리할 수 있어서 농업관리의 예측성을 증대시킨다.

② 공간의 제약 극복

경작지의 상태에 따라 재배 가능한 농작물이 결정된다. 하지만 식물공장은 지리적인 위치와는 상관없이 운영할 수 있다. 심지어는 사막, 고산지 등 척박한 환경에서도 가능하다. 최근에는 농작물의 소비지인 도심에 식물공장을 운영하는 사례와 폐교, 폐광을 활용하는 사례가 늘어나고 있다. 도시에 설치한 식물공장의 경우 수송거리가 짧아져 유통비용의 절감은 물론 신선도 유지도 이전보다 수월해졌다.

③ 안정적인 농업과 품질의 균일성 확보

계절에 상관없이 연중 안정적인 농업이 가능해졌으며 이는 식품제조업, 외식산업 등 관련 산업의 안정적인 부가가치 창출에 도움을 준다. 또한 농작물 생육환경을 마치 공장과 같이 통제함으로써 농산물을 규격화하고, 품질을 균일화할 수 있다. 이는 생산량의 예측성을 높여서 가격결정을 용이하게 만든다.

| 그림 15-6 | 식물공장 사례

지하철역[1)]

L마트[2)]

출처: 1) http://www.farm8.co.kr/16678
2) https://www.sisajournal.com/news/articleView.html?idxno=129813

④ 농업의 소비자 기호에 따른 탄력적 대응력 향상

소비자의 기호는 소득의 변화 등에 따라 계속해서 변화하고 있다. 식물공장은 소비자의 기호 변화에 비교적 유연하게 대응할 수 있으며 시장상황에 따라 상대적으로 소득이 높은 농산품으로 생산을 변경하거나 출하를 조절할 수 있다.

(2) 온습도 모니터링

식물공장과는 달리 기존 농장(과일, 축산, 원예 등)은 ICT 기술을 접목하여 농업의 효율성을 향상하는 방향으로 스마트팜을 구현하고 있다. 생육환경의 정보를 센서를 통해 수집하여 모니터링하고, 생육 최적조건 유지를 하고, 냉난방기 작동 및 창문 개폐 등의 운영관리 자동화 등을 진행하고 있다.

특히 비닐하우스에 재배하는 작물(딸기, 포도, 버섯 등)의 생육조건 중에서 가장 중요한 온도와 습도의 모니터링을 통해서 냉난방기 작동 여부의 결정에 활용하고 있다.

그림 15-7 비닐하우스 온습도 모니터링

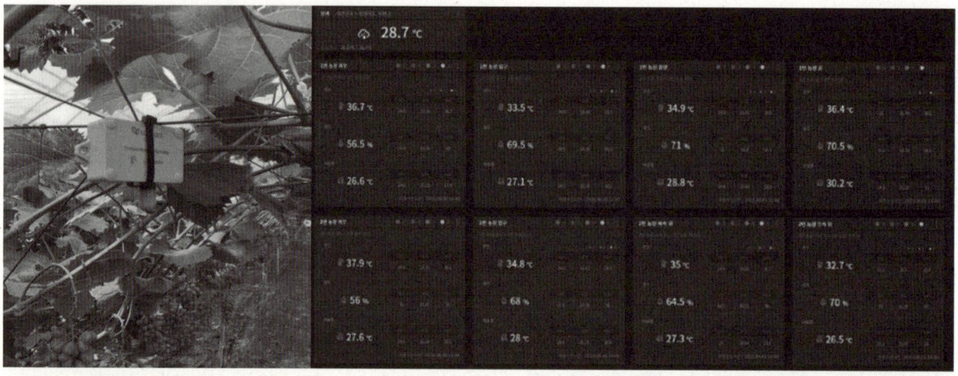

출처: 울랄라랩

(3) 스마트 온실

시설원예 농가의 온실 내부의 창 개폐를 정밀하게 제어하는 자동화된 개폐시스템, 네트워크, 지능화 등 최신기술이 집약된 온실을 스마트 온실이라고 한다. 우리나라 농촌진흥청에서는 한국형 스마트 온실의 표준 모델을 개발하고 보급하고 있다. 원격제어 및 원격감시가 가능한 1세대 모델을 시작으로 에너지 관제, 농기계 로봇까지 도입한 3세대 모델로 구분하고 있다.

| 표 15-5 | 스마트 온실의 세대 구분

1세대 모델 (2016)	2세대 모델 (2018)	3세대 모델 (2020)
기본 구성 원격제어+원격감시	기본 구성 지상부 복합 환경제어+ 클라우드 서비스	기본 구성 에너지 관제+로봇 농기계
선택 • 관수제어 • 위험경보	선택 지하부 환경제어	선택 • 실시간 진단 • 스마트 앱

출처: 농촌진흥청

| 그림 15-8 | 스마트 온실 구성도

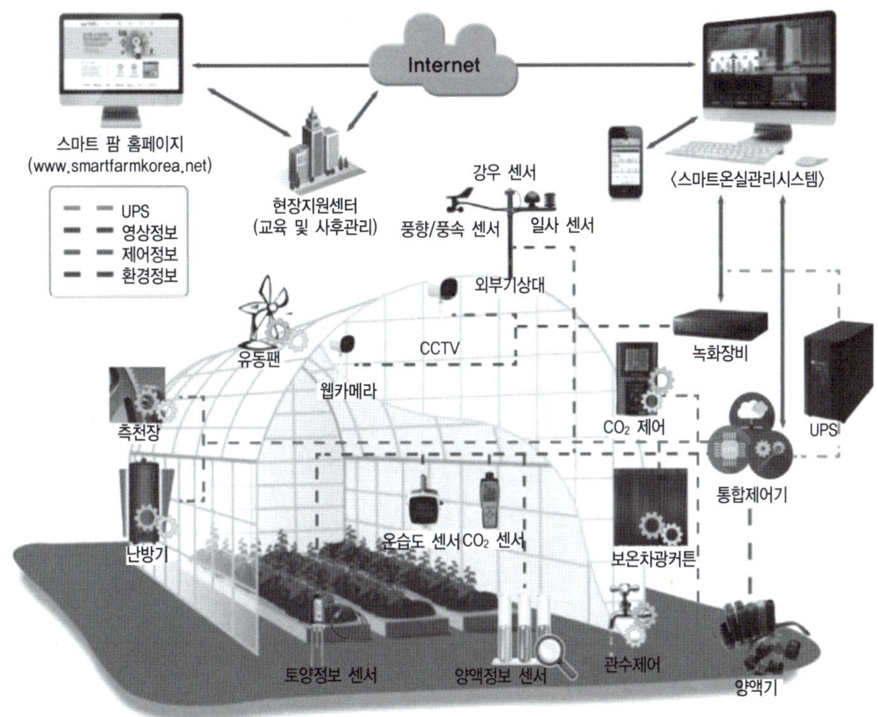

출처: 스마트팜코리아

15.2 스마트 에너지

15.2.1 에너지와 기후환경 변화

산업혁명 이후 인류는 화석연료를 활용하여 산업 발전을 이루어 왔으며, 일상생활의 편리함을 증대시켜 왔다. 산업의 규모가 증가하면서 '대량생산', '대량소비'의 시대를 살아가고 있다. 1차 에너지인 화석연료와 이를 활용한 2차 에너지인 전기가 없이 현재를 살아간다는 것은 상상하기가 어려운 것이 사실이다.

화석연료를 주된 에너지로 사용하면서 인류는 몇 가지 해결해야 할 과제를 안게 되었다. 첫째는 화석연료는 무한한 자원이 아니라 결국 없어지는 에너지원이라는 것이다. 현재 추산으로는 개략적으로 50년 정도는 사용할 수 있다고 하니 그리 멀지 않은 미래에 화석연료를 대체할 수 있는 다른 에너지원을 발견하거나 발명하지 않으면 인류의 문명은 커다란 위기를 맞이할 것이다. 둘째는 화석연료를 사용함으로 인해 필연적으로 발생하는 탄소배출이다. 온실가스의 주요 원인인 탄소배출량이 해마다 늘어나면서 지구온난화가 가속되고 있으며, 지구 곳곳에 기후변화가 발생하여 많은 폐해를 주고 있다.

| 그림 15-9 | 우리나라 연도별 에너지 사용량과 탄소배출량

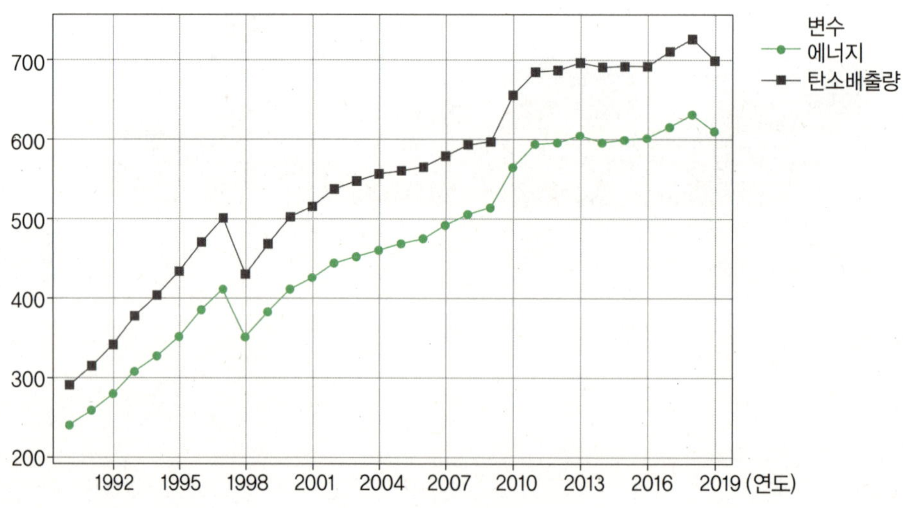

출처: e-나라지표

기후환경 위기가 현재 코로나19를 능가하는 재앙이 될 것이라는 전문가들의 의견이 지속적으로 제기되고 있는 요즘 세계 각국은 탄소배출을 줄이기 위해 많은 노력을 하고 있다. 유럽, 영국, 일본, 미국 등 25개국이 공식적으로 탄소중립을 선언하였으며, 친환경 및 지속가능한 성장을 도모하면서 저탄소 경제로의 전환을 위한 정책을 실시하고 이를 입법화하고 있다. 특히 유럽의회는 2030년까지 EU의 순 온실가스 배출량을 1990년 대비 55% 감축하는 것을 목표로 하는 '유럽기후법'을 2021년 6월 24일 승인하였다.

우리나라도 탄소배출량을 줄이기 위해서 2050년까지 실질적인 탄소배출량을 '제로화'한다는 청사진을 마련하고, 석탄 발전소의 폐기, 산업부분에서는 80% 탄소배출 감축 등의 구체적인 목표를 제시하여 탄소중립을 법제화하였다.

15.2.2 스마트 에너지 관리의 필요성

기후환경 위기를 극복한다는 것은 우리가 살아가고 있는 지구를 살리는 것이라고 할 수 있다. 에너지 사용의 폐해를 극복하여 예전의 정상적인 지구환경으로 회복하자는 것이다. 이를 위해서는 우리가 사용하는 에너지를 이전보다 똑똑한 방법으로 생산하고 소비할 수 있는 시스템이 필요한데 이를 스마트 에너지 관리라고 한다.

스마트 에너지 관리란 경제적이면서도 지속가능하며 안전한 에너지 시스템으로 전기, 가스, 난방 및 친환경 신재생 에너지의 기반시설이 디지털로 통합되어 안정적으로 운영되는 시스템을 의미한다. 에너지의 생산, 전달, 소비에 이르는 전 과정의 효율성과 안정성을 높여서 궁극적으로는 탄소배출을 억제하는 것이 스마트 에너지 관리의 목적이다.

탄소배출을 최소화하기 위해서는 궁극적으로는 인간의 삶에 있어서 필수적으로 필요한 에너지의 사용을 억제해야 하며, 화석연료를 대체할 수 있는 친환경 대체에너지를 발굴하고 보급을 확대시켜 나가야 한다. 또한 정보통신기술을 이용하여 에너지의 생산에서부터 소비 및 공유에 이르는 모든 단계를 효율적으로 관리할 수 있는 통합된 시스템 구축이 필요하다.

15.2.3 대체에너지

대체에너지(Alternative Energy)는 화석연료를 대체하는 모든 에너지를 총칭한다. 이는 크게 재생에너지와 신에너지를 구분할 수 있다. 재생에너지는 재생 가능한 에너지를 변환시켜 궁극적으로는 전기로 변환할 수 있는 에너지를 말하며 태양, 풍력, 수력, 해양, 지열, 바이오, 폐기물들을 일컫는다. 신에너지는 화석연료를 변환시켜 이용하거나 수소, 산소 등의 반응을 통하여 전기, 열을 이용하는 에너지를 말한다. 대표적으로는 수소, 연료전지 등이 있다.

(1) 태양광 발전

1년에 지구가 받아들이는 태양에너지는 전 세계의 연간 에너지 소비량(2012년 기준)의 약 6,877배에 해당한다. 또한 향후 50억 년 뒤에 태양이 소멸하기 전까지는 제한 없이 엄청난 에너지를 사용할 수 있다. 그만큼 에너지 공급이 안정적이고 폐기물도 발생하지 않아서 태양광(Photovoltaic) 발전은 대표적인 재생에너지로 꼽히고 있다. 태양광 발전은 태양의 빛에너지를 변환시켜서 전기를 생산하는 것을 말한다. 금속 등의 물질이 햇빛을 받으면 발생하는 광전효과[1]를 활용하여 전기를 만든다. 따라서 태양광 발전 시스템은 광전효과를 발생시키는 태양전지(Solar Cell) 모듈과 전기를 저장하는 축전장치와 직류를 교류로 바꿔주는 전력변환장치로 구성되어 있다. 태양광 발전시스템은 전기에너지 변환과정에서 기계적, 화학적 작용이 없어서 시스템의 구조가 비교적 간단하고, 수명이 20~30년 정도로 길며 유지보수가 거의 필요하지 않아서 소규모 주택용에서부터 대규모 발전용까지 사용 목적에 맞게 설치할 수 있다.

최근에는 우주 태양광 발전 방안도 논의되고 있다. 태양전지와 달리 발전 위성에서 모은 태양에너지를 극초단파 형태로 지구로 보내면, 대형 안테나가 수신하여 전기를 생산하는 방식이다. 지구에서 태양광 발전을 할 때와 달리 비, 흐림, 태풍 등의 기상 상황에 영향을 받지 않고 시간에 구애받지 않고 태양에너지를 활용할 수 있는 장점이 있다.

1) 광전효과: 금속 등의 물질(입자)이 빛에 쪼이면 전자를 내놓는 현상이다.

▌그림 15-10 ▌태양광 발전 원리

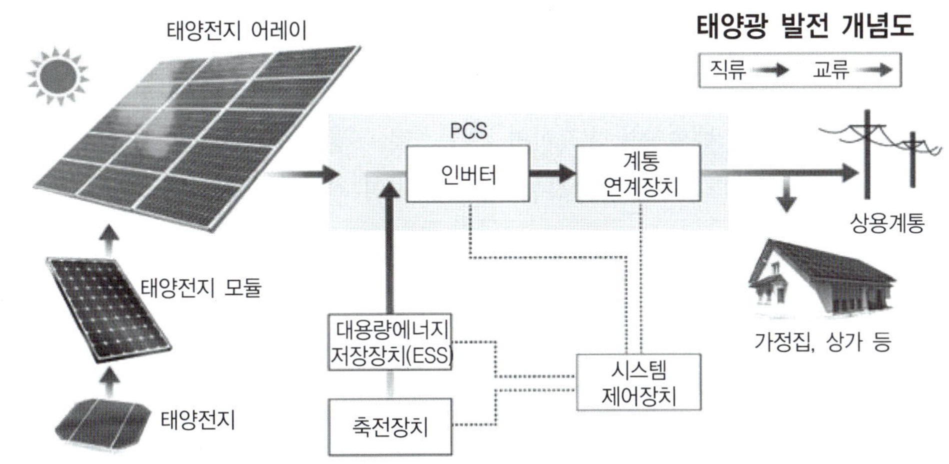

출처: https://renewableenergyfollowers.org/

(2) 핵융합 발전

태양은 수소, 헬륨의 핵융합 반응으로 엄청난 크기의 열과 빛에너지를 우주로 내뿜고 있다. 이 태양의 핵융합 반응을 활용하여 전기를 생산하는 것을 핵융합 발전이라고 한다. 2022년 2월 9일 영국 옥스퍼드셔 컬햄에 있는 합동유럽토러스(JET)연구소는 핵융합 실험을 통해 5초간 열에너지를 얻었다고 발표했다. 이 에너지를 활용하면 주전자 약 60개의 물을 끓일 수 있을 만큼으로 크지는 않지만 핵융합 전력에 한 걸음 더 가까이 다가선 것으로 평가되고 있다. 핵융합에 사용하는 중수소는 현재 전 세계에 3,000년 이상 사용할 수 있는 양이 매장되어 있으며 중수소[2] 1g은 석유 8톤과 같은 에너지를 만들 수 있기 때문에 전 세계는 핵융합 발전에 대해 지속적인 투자를 진행하고 있다.

(3) 태양열에너지

태양열에너지는 태양으로부터 방사되어 지구에 도달하는 열을 이용하는 에너지를 뜻한다. 고열의 태양열에너지를 이용하여 온수, 난방, 공장의 생산공정 등에 이용하기도 하고, 물을 끓여서 증기로 변환한 다음 전기를 생산하는 데 활용하기도 한다.

---

2) 중수소: 일반적인 수소에 중성자가 하나 더 들어가 있는 수소의 동위 원소 중의 하나로 중성자 1개를 더 가지면 중수소, 중성자 2개를 더 가지면 삼중수소라고 한다.

(4) 바이오 에너지

바이오(Bio) 에너지란 농작물, 가축의 배설물, 나무, 폐기물 등 살아있는 생물에서 얻는 에너지를 말한다. 식물로부터 바이오 디젤, 바이오 알코올을 얻을 수 있으며, 음식물 쓰레기, 가축의 배설물을 발효하여 가스 등을 얻을 수 있다. 쓰레기 매립지에서 발생하는 메탄가스를 포집하여 발전설비를 가동하여 전력을 생산하기도 한다.

(5) 수열에너지

수열에너지는 말 그대로 물이 가지고 있는 열에너지를 이용하는 것을 말한다. 물은 에너지를 축적하는 능력이 공기보다 4배 정도 크다. 따라서 여름철에는 대기보다 수온이 낮고, 겨울에는 대기보다 수온이 높다. 수열에너지는 물이 가진 이런 특성을 활용하는 것이다. 여름철에는 물의 냉기를 건물로 전달하여 냉방을 하고, 겨울철에는 반대로 물의 열기를 건물의 난방으로 사용한다. 해수, 하천수, 호소수, 댐수, 하수 등 다양한 수열원을 활용할 수 있다. 수열은 태양열, 풍력 등에 비해 날씨의 영향을 덜 받기 때문에 상대적으로 안정적인 공급이 가능하다는 것이 장점이다.

난방을 위해서 전기만을 사용할 경우보다 수열에너지를 활용하면 30~50% 정도의 전기 절감효과가 있으며 이산화탄소를 약 37% 감축할 수 있다.

| 그림 15-11 | 수열에너지 활용 개념도

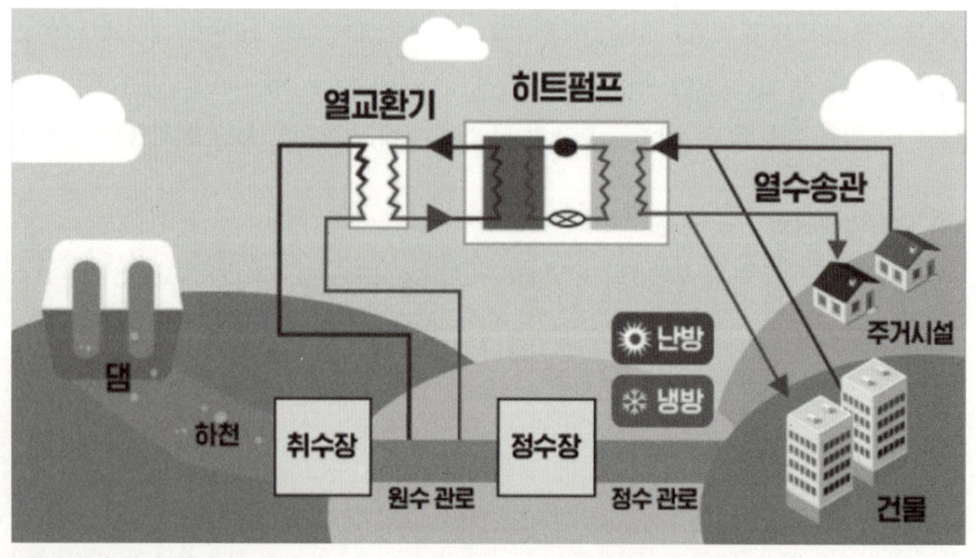

출처: 키즈현대(2020. 7. 6.)

(6) 기타 대체에너지

표 15-6 기타 대체에너지

No	대체에너지원	설명
1	해양에너지	해양의 파도, 조석간만의 차, 염도, 해양의 온도차에서 나타나는 에너지를 말한다. 해류의 움직임이 가지고 있는 방대한 운동에너지를 전기를 생산하는 데 주로 활용하고 있다. • 조력발전: 조석간만의 차이를 이용하여 전기 생산 • 파력발전: 파도의 상하운동을 이용하여 전기 생산 • 해수온도차발전: 수심의 온도 차이를 이용하여 전기 생산
2	풍력에너지	바람이 가진 운동에너지를 말하며 주로 전기에너지를 생산하는 발전시스템으로 활용하고 있다. 풍력발전시스템은 육상풍력발전, 고정식 해상풍력발전, 부유식 해상풍력발전 세 가지 종류가 있다.
3	지열에너지	지구 내부에서 표면을 거쳐 외부로 나오는 열을 활용하는 것을 말한다.
4	폐기물에너지	사용하고 못쓰게 되어버린 제품, 쓰레기 등을 재활용하는 것을 말한다. 주로, 열, 전기, 연료 등을 얻고 있다.
5	수력에너지	높은 곳의 물이 가진 위치에너지를 활용해서 전기를 생산하는 것을 말한다.
6	수소에너지	물, 유기물, 화식연료 등에 화합물 형태로 존재하는 수소를 분리, 생산하여 이용하는 것을 말한다. • 그레이 수소: 수소와 이산화탄소가 발생한다. • 블루 수소: 발생하는 이산화탄소를 포집한다. • 그린 수소: 물을 전기 분해하여 수소를 발생시킨다. 현재 96%가 그레이 수소를 사용하고 있다.
7	연료전지	수소와 산소의 화학반응을 이용하여 전기를 생산하는 것을 말한다. 배터리와는 달리 연료가 공급되면 재충전 없이 전기를 생산할 수 있으며, 발전 시 발생한 열은 온수로 활용한다.
8	석탄가스화·액화	석탄 또는 저급원료를 휘발유, 디젤 등의 액체연료로 전환(액화)시키거나 가스(가스화)로 만들어 이를 활용하여 전기를 생산하는 것을 말한다.

15.2.4 제로에너지건축물

전 세계 에너지 중 집이나 건물에서 36% 정도가 소비되고 있다. 소비하는 에너지의 상당량은 냉난방을 위한 용도로 사용하고 있다. 제로에너지건축물이란 말 그대로 에너지 소비량이 최종적으로 '0(Zero)'이 되는 건축물을 뜻한다. 에너지 소비량을 제로화하기 위해서는 먼저 에너지 소비를 줄이는 방안부터 접목해야 한다. 집으로 들어온 열 또는 집 안에서 발생한 열이 밖으로 새어 나가지 못하도록 최대한 차단함으로써 에너지 손실을 최소화하는 것이다. 이미 완성된 건축물의 경우 시설 보완 등을 통해 에너지 손실을 줄일 수 있다. 새롭게 건설하는 건축물의 경우 에너지 차단과 더불어 스스로 에너지를 만들어 내는 장치까지 설치하여 건축물이 스스로 생산하는 에너지와 소비하는 에너지가 균형을 이루게 할 수 있다. 이렇게 에너지 균형이 이루어진 건축물을 건설하고 보급하는 것이 제로에너지건축물의 궁극적인 목적이다.

우리나라 국토교통부에서는 제로에너지건축물을 다음과 같이 정의하고 있다.

- **제로에너지건축물**: 태양력, 풍력, 지열 등 신재생에너지를 활용하여 생활에 필요한 가스, 전기에너지 등 에너지 소요량을 최소화하는 녹색건축물

위와 같은 접근방법에 따라서 제로에너지건축물에 적용하는 공법은 패시브(Passive) 공법과 액티브(Active) 공법으로 구분한다. 에너지 손실을 최소화하는 방안이 패시브 공법이고, 에너지를 생산하는 방안이 액티브 공법이다. 패시브 공법의 고려 없이 액티브 공법만 적용한다면 에너지 소비 균형이 무너져서 제로에너지를 달성하기가 어렵다. 따라서 두 가지 공법을 같이 적용해야 건축물의 에너지 소비량을 최소화할 수 있다.

(1) 패시브 공법: 건축물 내부의 에너지를 외부에 빼앗기지 않는다

건축물 내부의 에너지를 외부로 빼앗기지 않기 위한 방법은 크게 두 가지가 있다. 첫째, 내부와 외부 간에 열의 이동을 철저히 차단하는 방법, 즉 단열이다. 둘째, 건축물에 외부 공기가 들어오거나 공기가 새어나가지 않도록 틈새를 없애는 방법, 즉 기밀이다. 이는 보온병의 모습과 상당히 유사하다. 보온병이 차갑거나 뜨거운 음료를 오랫동안 유지할 수 있는 것이 단열과 기밀이다. 보온병 내부에 있는 음료는 외부와 직접적인 접촉을 하지 않도록 이중벽이 있고, 겉은 금속이나 플라스틱으로 되어 있어서 보온병 내외부의 열의 이동이 어렵고, 온도가 새어나가지 않도록 되어 있다. 패시브 건축물이란 결국 '단열성'과 '기밀성'을 강화하여 최소한의 냉난방만으로도 적절한 실내온도를 유지할 수 있는 건축물을 의미한다.

패시브 공법을 적용한 패시브 건축물은 다음과 같은 특징을 가지고 있다.

첫째, 태양광을 많이 받기 위해 주로 남향으로 건물을 짓는다. 그리고 남쪽 벽으로

크고 작은 창이 많이 있다.

둘째, 건축물의 지붕, 벽, 바닥 등은 두꺼운 첨단 단열재로 시공되어 있다.

셋째, 유리창은 가스를 중간에 집어넣고 내부와 외부의 열을 최대한 차단하는 3중 겹유리로 되어 있다.

넷째, 폐열 회수형 환기장치가 설치되어 있다. 외부 공기와 내부 공기를 열교환시켜 온도차를 최소화한 후에 환기를 함으로써 열 손실을 방지한다.

물론 패시브 공법을 활용하여 거주를 위한 집을 지을 경우 건축비용이 비싸지는 단점이 있지만, 집의 유지관리비[3]가 저렴하기 때문에 장기적으로 본다면 경제적인 면이나 환경적인 면에서도 유리하다.

(2) 액티브 공법: 필요한 에너지를 건축물이 스스로 생산한다

능동적(Active)으로 필요한 에너지를 건축물이 스스로 만들 수 있는 기술과 방법 등을 액티브 공법이라고 한다. 주로 태양열, 풍력, 지열 등 자연에서 쉽게 얻을 수 있는 재생에너지를 활용하여 에너지를 만들어 낸다. 액티브 공법을 활용하여 능동적으로 에너지를 생산할 수 있는 건물을 액티브 건축물이라고 한다.

그림 15-12 제로에너지건축물 개념

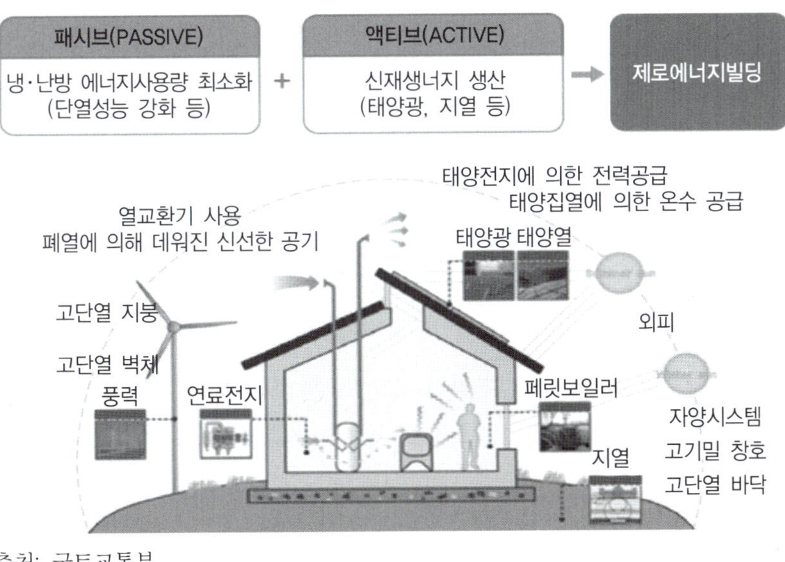

출처: 국토교통부

3) 일반주택 대비 냉방비 60%, 난방비 80~90% 절감이 가능하다(한국 패시브 건축협회 발표).

15.2.5 에너지 소비 효율 향상

건축물에서 사용하는 에너지 소비량을 줄이는 방안을 활용하여 탄소발생량을 줄임과 동시에 에너지 사용의 효율을 향상하는 노력도 병행하고 있다.

(1) 건물에너지 관리시스템(Building Energy Management System, BEMS)

전 세계적으로 에너지 소비가 큰 대형 건축물이 증가하고 있으며, 이러한 건축물의 비효율적인 에너지 사용은 이산화탄소 배출량 증가에 커다란 영향을 주는 것이 사실이다. 대형 건축물의 실내환경 및 에너지 사용현황과 관련된 데이터를 수집 및 분석하여 에너지 소비가 비효율적으로 운영하고 있는 설비를 파악하고 최적의 설비제어를 실시함으로써 대형 건축물 내부에 쾌적한 환경을 제공하고, 에너지 절감을 극대화할 수 있도록 건축물의 에너지를 종합적으로 관리하는 시스템을 BEMS라고 한다.

건축물 내 에너지 사용설비(냉난방, 환기, 조명 등)를 IoT로 연결하고, 에너지 종류(전력, 가스등)별 사용량을 실시간으로 모니터링하며, 최적화 분석 소프트웨어를 활용함으로써 건축물의 에너지를 효율적이며 자동으로 제어할 수 있다.

- BEMS: 건물의 쾌적한 실내 환경을 유지하고 에너지를 효율적으로 사용하도록 제어, 관리, 운영하는 통합시스템(한국기술표준 KS F 1800-1의 정의)

우리나라의 경우 BEMS 도입을 10여 년 전부터 시도하였으며, 2017년부터는 대규모 공공건물(1만m^2 이상)에 BEMS 설치를 의무화하였다. 또한 BEMS는 ZEB(Zero Energy Building: 제로에너지건축물) 인증을 받기 위한 필수 요소이기도 하다. 시범적으로 BEMS를 운영한 결과 약 20% 정도의 에너지 절감효과가 있었다.

최근에는 카페, 식당 등 소규모 공간에서도 BEMS를 활용하여 에너지를 절감하려는 시도가 이루어지고 있다. 사람의 유무를 확인하여 특정 공간의 기기(조명, 콘센트 등)를 작동시키거나, 환경과 위치에 따라서 조도 등을 조절하거나, 커튼을 자동으로 동작하게 한다면 고객에게 제공하는 서비스는 그대로 유지하면서 에너지 소비를 줄일 수 있을 것이다.

BEMS와 유사한 관리시스템으로는 FEMS(Factory EMS)와 HEMS(Home EMS)가 있다. FEMS는 공장에너지 관리시스템으로서 공장에서 실시간으로 사용하는 전력 사용량을 분석한 뒤 전기 사용량을 최적화하여 조절할 수 있도록 도와주는 시스템이다. 이를 활용함으로써 공장에서 불필요하게 낭비되는 전기를 아낄 수 있다. HEMS는 집에서 사용하거나 또는 태양광 발전기를 통해 생산하고 있는 전기에너지 등을 실시간으로 파악하여 에너지 사용 추세를 파악하고 능동적으로 에너지 사용량을 최적화할 수 있도록 도와주는 시스템을 말한다.

(2) 스마트 그리드(Smart Grid[4])

현재 전력시스템은 실제로 사용하는 전기보다 15% 정도 많이 생산하도록 설계되어 있다. 전력의 최대소비량을 기준으로 전력을 생산함으로써 혹시나 발생할 수 있는 수요량의 증가에 대비하여 전기를 미리 확보하기 위함이다. 추가적인 전력 생산을 위해서는 발전을 위한 연료를 필요로 하며 이는 에너지 효율을 떨어뜨림과 동시에 이산화탄소 배출도 증가시킨다. 굳이 여분의 전기를 추가적으로 생산하지 않고, 필요한 만큼의 전기를 적시에 사용할 수 있다면 전기를 효율적으로 사용할 수 있으며 이는 에너지 절감으로 이어질 수 있다. 스마트 그리드는 전력망에 정보통신기술을 접목하여 공급자와 수요자 간 양방향으로 실시간 정보를 교환함으로써 전기사용량, 공급량, 전력선의 상태 등을 고려하여 전력망 최적화 관리를 할 수 있도록 지원해 주는 차세대 전력 인프라 시스템이다.

- **스마트 그리드**: 정보통신기술을 활용해 전력의 수요와 공급을 언제든지 최적화할 수 있는 차세대 지능형 전력망

스마트 그리드를 활용하면 소비자는 전기요금이 쌀 때 전기를 사용할 수 있으며, 생산자는 전력 사용 현황을 파악하여 전력 공급량을 탄력적으로 조절할 수 있다. 전력 사용이 적은 시간대에는 최대 전력량을 유지하지 않거나, 남는 전력을 양수 발전에 사용하여 버리는 전기를 줄일 수도 있고, 전기를 저장했다가 전력 사용이 많은 시간대에 공급할 수 있으며, 과부하로 인한 전력망의 고장도 예방할 수 있다.

스마트 그리드는 일반 가정에서 사용하는 가전제품뿐만 아니라 공장에서 운영 중인 산업용 설비까지 전기를 사용하는 모든 것을 하나로 묶어서 효율적으로 관리하는 시스템이다. 필요한 만큼의 전기를 생산하고, 남은 전기는 저장하고 필요할 때 다시 공급하

---

4) Grid: 전력망

여 버려지는 전기를 줄이고, 전력수요를 분산시켜서 발전설비의 효율을 증가시킴으로써 발전에 소비되는 에너지를 절감할 수 있다.

| 그림 15-13 | 스마트 그리드 개념도

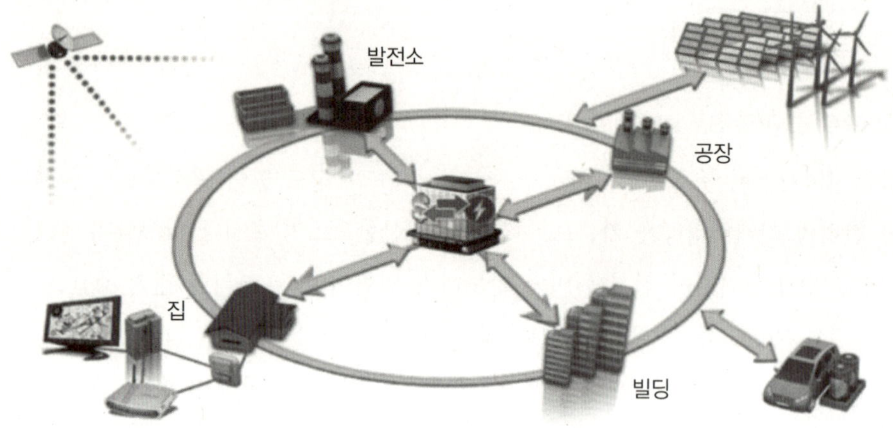

출처: 스마트그리드 사업단

스마트 그리드 활용으로 얻을 수 있는 장점은 다음과 같다.

- 대규모 정전사태 같은 블랙아웃(Black Out)현상을 대비할 수 있다.
- 태양열, 풍력 같은 재생에너지의 활용을 활성화할 수 있다.
- 전력 소비자에게 효율적이고 안정적으로 전력을 공급할 수 있으며, 이로 인해 발전설비에 대한 투자비용을 절감할 수 있다.
- 버려지는 전기를 줄일 수 있다.

반면에 스마트 그리드 단점으로는 시스템 구축에 많은 비용이 필요하며, 실시간 정보 교환에 따른 개인정보 노출이 가능하다는 점을 들 수 있다.

스마트 그리드 외에 최근에는 마이크로 그리드(Micro Grid)도 많이 도입하고 있다. 마이크로 그리드는 말 그대로 전력의 자급자족이 가능한 작은 지역에 설치한 스마트 그리드라고 할 수 있다. 독립적이면서 작은 전력망으로써 태양광, 풍력 등 재생에너지를 이용하여 전력을 생산하여, ESS와 연계한 전력체계를 말한다. 스마트 그리드와는 달리 전기를 생산하는 발전소와 소비자의 거리가 가까워서 별도의 송전설비가 필요하지 않은 특징이 있으며, 소비자 근처에서 전기를 생산하여 공급함으로써 안정적인 전력 공급과 효율적인 전력관리가 가능하다.

(3) 에너지 저장장치(Energy Storage System, ESS)

스마트 그리드의 중요한 특징 중의 하나가 버려지는 전기를 저장했다가 필요할 때 다시 공급하는 것이다. 이렇게 전기를 저장해 주는 저장장치를 ESS라고 한다. 쉽게 생각하면 우리가 스마트폰을 사용할 때 사용하는 보조 배터리 역할을 하는 것이라고 할 수 있다. ESS는 스마트 그리드에서 저장장치로서 중요한 역할을 할 뿐만 아니라 태양광 또는 풍력발전으로 생산된 전력을 저장할 수 있어 자연의 영향에 큰 영향을 받는 재생에너지를 보다 안정적으로 공급할 수 있도록 도움을 주고 있다.

ESS의 장점으로는, 첫째 전기요금이 저렴한 심야시간대에 전력을 저장 후 전기요금이 비싼 시간대에 사용할 수 있어서 소비자는 저렴하게 전기를 사용할 수 있으며, 둘째 불규칙한 수요와 공급을 조정할 수 있어 전력공급시스템 전체의 안정화에 기여하고, 셋째 설치기간이 짧고 장소 제약이 적다는 점을 들 수 있다. 하지만 리튬이온을 사용하는 ESS의 경우 화재 폭발의 위험성이 높고, 수명이 3~5년 후에 급격히 저하되고 있어서 이를 줄이기 위한 대체방법에 많은 노력을 기울이고 있다.

| 그림 15-14 | ESS 개념도

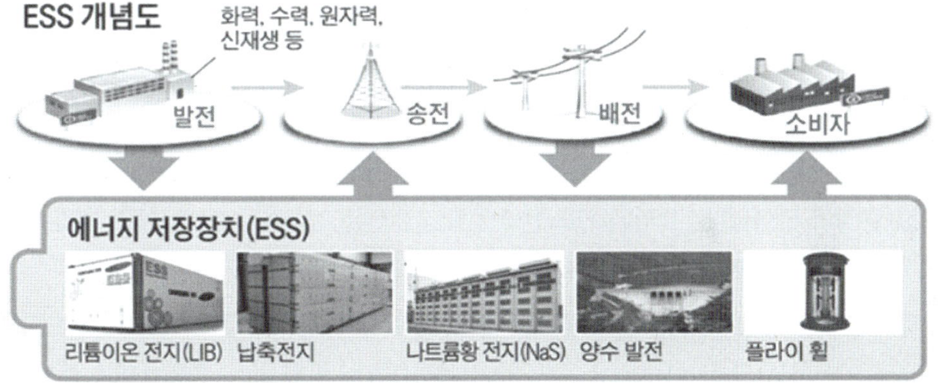

출처: 조선일보(2016. 9. 16.)

15.3 스마트 스포츠

15.3.1 인류와 스포츠

인류가 탄생한 이래로 스포츠는 인류의 삶과 함께해 왔다. 신체적, 정신적인 건강을 제공함과 동시에 사회성을 학습하는 좋은 수단이자 경쟁을 통한 개인능력의 개발과 개인이 속한 단체(학교, 지역, 국가 등)에 대한 위상 제고의 기회이기도 하다. 스포츠의 어원은 영어 단어의 'Disport'에서 유래되었는데, '즐기다', '장난치고 놀다'의 뜻을 가지고 있다. Disport의 어원은 'Disporten'인데 이는 '옮기다', '떠나보내다'의 뜻을 가진 라틴어 'Deporto'에서 유래했다. 결국 스포츠는 인류가 지루하고 피곤한 일상을 떠나보내고, 기분을 전환하기 위해 신나게 논다라는 의미에서 나왔다고 할 수 있으며 인류의 일상생활과 분리할 수 없는 기본적인 일상생활이다.

스포츠는 전략적인 판단을 기초로 몸을 움직이거나 머리를 쓰는 게임 또는 놀이행위를 말한다. 엄밀하게 구분한다면 스포츠는 주어진 규칙에 의해 지배되는 경쟁적인 신체활동으로 일반적인 운동 및 체육활동과는 다른 규칙 및 경쟁의 요소를 가지고 있다. 하지만 승부를 전제로 하지 않는 놀이나 오락도 넓은 의미에서 스포츠 개념에 포함된다고 할 수 있다.

- **스포츠**: 건강한 신체를 기르고 건전한 정신을 함양하며 질 높은 삶을 위하여 자발적으로 행하는 신체활동을 기반으로 하는 사회문화적 행태(스포츠산업 진흥법)

기원전 2000년경부터 중국에서는 체조를 즐겼으며, 여러 벽화에는 여러 가지 운동을 즐긴 흔적이 남아있다. 우리나라도 신라시대 김유신은 김춘추 가문과 연을 맺기 위하여 축구[5] 시합을 했으며, 고분 벽화에서 씨름 그림을 확인할 수 있다. 또한 고대 그리스에서는 기원전 9세기경부터 올림피아 제전을 시작한 것으로 추측되며 현재의 올림픽으로 이어지고 있다. 이렇듯 스포츠는 단순히 즐기는 차원이 아니라 인류의 종교, 정치, 경제, 문화적인 영역과 밀접한 관계를 맺으면서 성장 발전해 오고 있다.

5) 신라시대에는 축국(蹴鞠)이라고 불렀다. 가죽 주머니로 공을 만들어 쌀겨나 털 또는 공기를 넣어 발로 차던 놀이로 삼국사기, 삼국유사에 "유신이 춘추공과 축구를 하다가 춘추의 옷끈을 밟아 떨어뜨렸다"라는 기록이 있다.

기술의 발전은 스포츠에 큰 영향을 끼쳤다. 특히 운동선수들이 자신에 맞는 효율적인 훈련방법을 찾거나 승리를 위한 전략을 수립할 때 최신기술의 도움을 많이 받았다. 예를 들어, 1916년 스톱워치가 도입되면서 100분의 1초까지 정확하게 측정할 수 있게 되었다. 선수들은 본인의 수준을 보다 더 객관적으로 확인할 수 있게 되었으며, 이를 바탕으로 높은 목표를 달성하기 위한 과학적이면서 효과적인 접근을 할 수 있게 되었다. 결국 최신기술을 이용하는 것은 개인과 팀의 경쟁력을 향상시키기 위한 필수적인 활동이라고 할 수 있다. TV와 인공위성의 발달로 전 인류는 지역과 상관없이 실시간으로 스포츠 이벤트를 즐길 수 있게 되었으며 이는 스포츠의 대중화와 더불어 거대한 스포츠 산업을 구축하는 계기가 되었다. 따라서 스포츠 이벤트는 특정 공간에서 이루어지는 경기만이 아니라 많은 사람이 모여서 관람을 하기 때문에 관람객들이 안전하고 재미있게 관람할 수 있도록 서비스를 기획하고 제공하는 것까지도 포함하게 되었다. 또한 거대해진 스포츠 산업을 위해서 다양한 직업과 사업이 만들어졌다. 따라서 스포츠는 단순한 오락을 제공하는 것이 아닌 거대하고 복잡한 하나의 산업이라고 할 수 있다.

15.3.2 4차 산업혁명 기술과 스포츠의 만남: 스마트 스포츠

스포츠를 즐기는 사람 입장에서 보면, 개인의 실력을 빨리 향상시킬 수 있는 방법, 주위환경을 분석해서 승리할 수 있는 전략 등을 통해 경쟁자들보다 더 잘해서 이기고 싶은 욕망을 가지는 것은 자연스러운 모습이다. 또한 보다 더 편리하게 스포츠를 즐기거나 색다른 스포츠를 경험하고 싶은 욕망도 가지고 있다. 스포츠와 4차 산업혁명 기술이 만나면서 고전적인 스포츠와 다른 스포츠가 탄생되었으며, 보다 더 효율적으로 개인의 운동역량을 개발하거나 팀전략을 수립할 수 있게 되었다. 특히 컴퓨팅 기술과 IT 기술이 접목됨으로써 가상의 공간에서 스포츠를 즐길 수 있게 되었는데 이를 스마트 스포츠라고 한다.

- **스마트 스포츠**: 가상현실 스포츠라고도 하며, 컴퓨터를 기반으로 만들어진 스포츠로 사용자의 오감에 직접 작용해서 실제와 근접하게 체험이 가능한 가상의 세계에서 사람이 실제 운동하는 것과 똑같은 경험과 체험을 할 수 있는 것

스마트 스포츠는 소위 전자오락이라고 불리는 다양한 비디오 게임[6]에서 출발했다고 할 수 있다. 물리적인 공간이 아닌 스크린이라는 공간에서 다양한 게임을 즐길 수 있게 된 것으로 스포츠의 영역을 확장한 것이다. 사람의 오감을 자극할 수 있는 기술들이 발전하면서, 점점 물리적인 공간에서 실제로 운동하는 느낌을 받을 수 있게 되었으며 운동이 주는 다양한 혜택을 얻을 수 있게 되었다. 콘솔(Console)[7]을 활용한 가정용 비디오 게임에 이어서, 최근에는 대형 스크린과 함께 VR, AI 기술을 접목한 스마트 스포츠인 스크린 골프, 스크린 야구, 스크린 경마 등이 대중화되면서 큰 인기를 끌고 있다. 특히 우리나라는 여러 업체들이 스크린 골프 서비스를 경쟁적으로 제공하고 있으며, 전국에 약 8,650여 개의 스크린 골프 매장에서 연간 매출이 1.5조 원을 넘어서고 있다. 이제는 스크린 골프의 경우 단순한 놀이가 아닌 하나의 문화로 자리 잡았다고 해도 과언이 아니다. 또한 실제 골프클럽에서 열리는 프로리그와는 별도로 스크린 골프 리그도 자리 잡아가고 있다.

최근에는 4차 산업혁명 기술과 융합을 통해 스마트 스포츠의 활용 및 적용 영역이 확대되어 가고 있으며 이와 관련한 산업도 같이 성장해 나가고 있다.

15.3.3 프로선수들의 신체정보 수집과 활용

프로 선수들의 경우 운동역량 향상을 위해서 데이터의 활용이 필수적이다. 그동안은 뛰어난 코치들이 눈으로 보면서 문제점을 살핀 후 피드백을 주어 교정을 하거나, 비디오를 촬영하고 분석하는 방법으로 훈련을 진행해 왔다. 하지만 IoT 기술의 접목으로 개인의 다양한 신체 움직임이나 생체정보(심장박동수, 땀의 양 등) 등과 관련 데이터를 습득하여 훈련에 활용하고 있다.

(1) 마커프리(Marker-Free) 모션캡처 시스템

과학적인 훈련을 위해서는 선수들의 동작에 대한 분석을 통해 문제점을 확인하고 개선점을 찾아 수정하는 것이 큰 도움이 된다. 물론 비디오를 활용하여 동작을 분석할 수 있지만, 동작의 세부적인 부분까지 분석하는 한계가 있다. 기존 비디오 촬영과 더불어 운동선수 몸에 다양한 센서를 부착한 다음 동작과 관련한 데이터를 수집하여 분석

6) 마이크로칩과 컴퓨터 기술을 조합하여 스크린 위에서 벌이는 게임(Oxford Languages 정의)
7) 컴퓨터 등의 각종 스위치가 한데 붙은 조정용 장치(Oxford Languages 정의)

하였으나, 선수들이 센서를 부착해야 하는 불편함이 있었다. 최근에는 이런 문제를 해결한 마커프리(Marker-Free) 모션캡처 시스템을 활용한 동작 분석을 많이 활용하고 있다.

그림 15-15 마커프리 동작 분석

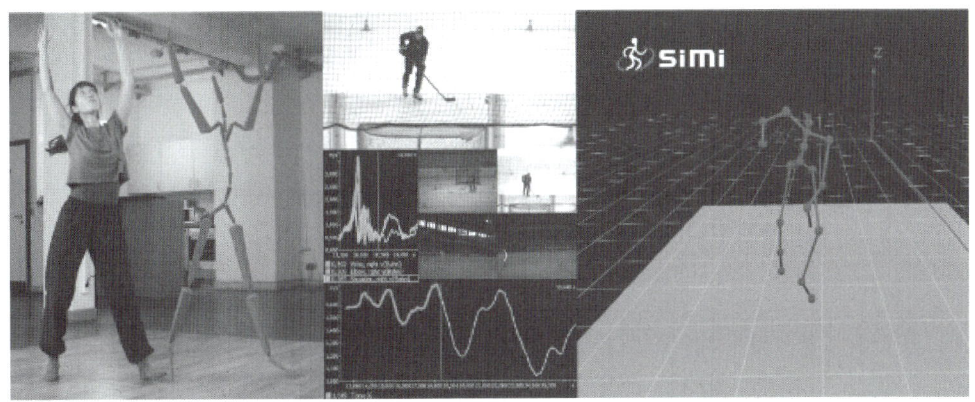

출처: 대한민국 정책브리핑(2022. 7. 12.)

(2) 웨어러블 디바이스를 활용한 중요 신체성보 수집

최신 웨어러블 기술을 이용하여 경기중인 운동선수들의 중요한 신체정보를 수집하여 분석을 하고 있다. 프로 경기의 승부는 운동선수들의 당일 컨디션에 가장 큰 영향을 받는다고 할 수 있다. 경기 전의 신체상태, 경기 진행 중의 상태에 대한 정보를 실시간으로 확인하여 선수들의 부상 방지 등에 유용하게 활용할 수 있다.

① **야구에서의 웨어러블 디바이스 활용:** 부상 방지를 위한 모터스 베이스볼 슬리브(Motus Baseball Sleeve)와 제퍼 바이오하네스(Zephyr Bioharness)

야구는 투수 게임이라고 할 만큼 투수의 역할이 상당히 중요하다. 투수들의 고질병인 '토미 존 부상'으로 인해 많은 투수들이 토미 존 수술[8]을 받았다. 이런 부상을 방지하기 위해 프로야구에서는 투수가 한 시합에서 던지는 투구수를 100구 이하로 제한하는 대책을 일반화하여 시행하고 있다. 하지만 투수의 팔꿈치에 가해지는 스트레스는 투수의 체격, 투구 폼, 사용하는 구종 등에 따라 좌우되는 것이 사실이며, 실제 스트레스를 측정하는 것은 쉽지 않았다. 이러한 문제를 해결하기 위해 최근 MLB에서 팔꿈치

8) 손상된 팔꿈치 인대를 다른 곳에 있는 힘줄로 교체해 주는 수술(나무위키)

스트레스 정도를 측정하는 모터스 베이스볼 슬리브를 2015년부터 도입하였으며, 일본 프로야구에서도 2019년부터 사용하기 시작했다. 또한 모터스 베이스볼 슬리브를 활용하면 투수는 투구마다 데이터를 분석한 결과를 바탕으로 본인의 폼 개선을 위한 힌트를 얻을 수도 있다. 최고의 기량을 가진 선수들이 최고의 경기력을 보일 수 있도록 부상을 미연에 방지함은 물론 고액 연봉을 받는 선수들이 부상으로 인한 공백으로 인한 구단의 손실도 예방할 수 있다. 다만 선수 부상 방지라는 원래 목적에 맞게 경기 중에 수집한 데이터는 경기가 끝난 뒤에 다운받아서 사용하고 있으며, 개인보호를 위해 방송사에도 제공되고 있지는 않다. 최근에는 투수뿐만 아니라 타자들도 이 디바이스를 착용하여 활용하고 있다. 모터스 베이스볼 슬리브는 당연히 스마프폰의 앱을 통해 분석 결과를 선수들에게 실시간으로 제공하고 있다.

그림 15-16 모터스 베이스볼 슬리브와 분석 결과

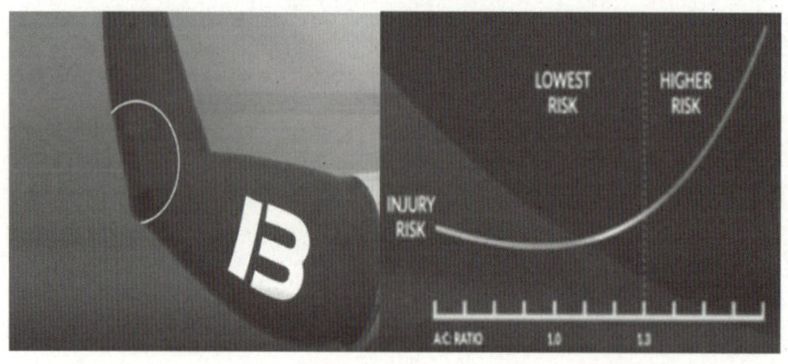

* 수치가 1.3 이상이면 부상 위험이 26배 증가한다고 함

미국 메이저리그 선수들의 부상 방지를 위해 도입한 또 하나의 디바이스는 제퍼 바이오하네스이다. 이는 가슴에 두르는 장치로 선수의 심장박동수, 호흡 및 칼로리 소비를 측정하는 장치이다. 이를 활용하면 개별 선수들이 체중 및 컨디션을 어떻게 조절해야 할지 알 수 있으며, 훈련 중에 훈련의 부족 및 과잉 여부를 파악할 수 있어 부상 방지에도 큰 도움을 주고 있다. 물론 이 기기는 야구선수들만 사용하는 것은 아니다. 미국의 특수부대원들 또한 착용하고 있으며, 신체정보 확인을 통해 군인이 전투상황에 잘 대처하고 있는지 여부를 확인할 수 있다. 또한 환자들이 착용을 하면, 의사들은 새로운 약물에 대한 환자의 반응을 쉽게 확인할 수 있다.

이 장치를 활용하면 최대 100명까지 동시에 측정할 수 있어서 선수 전체에 대한 생체정보를 실시간으로 분석 비교할 수 있다. 코치진은 이를 활용하여 매 순간 변화되는 환경에 맞는 적절한 전술을 구사할 수 있어, 팀 승리의 확률을 높일 수 있다.

▌그림 15-17 ▌제퍼 바이오하네스와 분석 결과

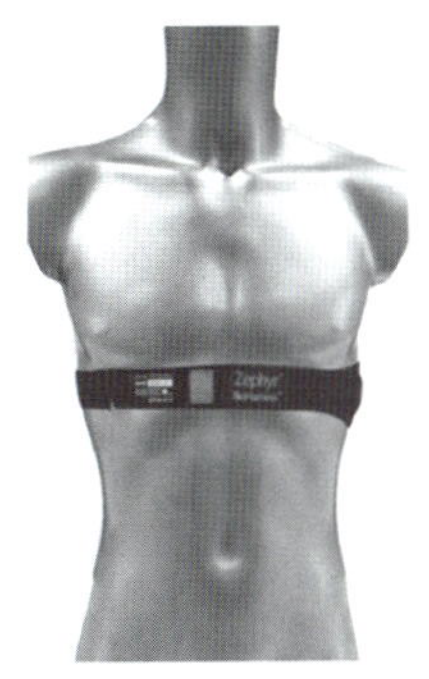

② 축구에서의 웨어러블 디바이스 활용: 선수들의 종합관리를 위한 전자 퍼포먼스 트래킹 시스템(Electronic Performance and Tracking System, EPTS)

축구선수들이 훈련 중이거나 경기 중일 때 EPTS가 탑재가 되고 GPS와 연결된 조끼를 착용하고 있다. EPTS는 축구선수들의 경기력을 측정하기 위한 시스템이다. 이 시스템을 활용하여 훈련 또는 경기 중에 일어난 선수들의 활동량, 뛴 거리, 최소 속도, 심장박동수, 공수 방향, 슈팅과 패스 성공률, 가속도, 스프린트 횟수 등의 데이터를 수집할 수 있다. 수집한 정보를 바탕으로 선수의 피로 누적 정도를 파악할 수 있어 부상을 예방할 수 있으며, 컨디션을 어떻게 관리해야 하는지에 대한 안내를 받을 수 있다. 코치진은 개별 선수들의 특장점을 살려 전략에 맞는 선수 포지션을 결정하는 데 활용하고

▌그림 15-18 ▌EPTS 개념도

출처: FIFA

있어서 전략의 완성도 및 승리의 확률을 높일 수 있다. FIFA는 2018년 공식적으로 사용을 승인했으며, 우리나라 K리그도 2019년 사용을 허용했다.

③ F1에서의 웨어러블 디바이스 활용: 드라이버의 생체정보 전송을 위한 생체인식 장갑

최신의 기술을 접목한 F1(Formula One) 경주차의 드라이버는 의무적으로 생체인식 장갑을 착용해야 한다. 생체인식 장갑은 드라이버의 맥박, 혈중 산소 함량을 체크하는 디바이스이다. 빠른 속도로 진행하는 레이싱에서 드라이버가 사고가 발생했을 경우 드라이버 소속팀 메디컬팀에 전달하여 신속한 구조는 물론 레이싱 전체 운영의 안정성을 향상시킬 수 있다.

15.3.4 VR 스포츠실

VR을 활용한 스마트 스포츠의 가장 큰 장점 중의 하나가 날씨에 상관없이 운동을 즐길 수 있다는 것이다. 이미 대중화되어 있는 종목 이외에 다양한 스포츠 종목이 VR 기술과 융합하여 스마트 스포츠로 즐길 수 있는 공간인 VR 스포츠실이 많이 보급되고 있다. 스포츠를 즐기고자 하는 사람이 찾아가서 즐길 수 있는 스포츠실과 함께 2018년부터 전국의 초등학교를 대상으로 가상현실 스포츠실 보급사업을 추진하고 있어, 스마트 스포츠의 대중화에 큰 도움이 되고 있다. 특히 초등학생들은 보다 더 편리하고 안

그림 15-19 | 가상현실 스포츠실

출처: 경인종합일보(2018. 4. 3.)

전하고 쉽게 운동을 즐길 수 있게 되었으며, 영어, 수학 등 다른 과목과 연계하여 운영함으로써 학습의 효과도 높이고 있다.

VR 스포츠실의 가장 큰 장점은 확장성이다. 일반적으로 체험하기 어려운 경기 종목인 양궁, 볼링, 빙상, 사이클, 티볼 등 비인기 종목 등을 체험할 수 있고, 새로운 종목이 개발되면 플랫폼을 통해 공급함으로써 스마트 스포츠의 다양성을 쉽게 확보할 수 있다.

15.3.5 전략 · 전술의 활용

스포츠 선수들의 개인 실적정보 및 생체정보, 상대팀의 정보, 날씨정보 등을 종합하여 스포츠팀은 상황에 맞는 효과적인 전략과 전술을 수립하여 경기의 승률을 높이고 있다.

(1) 야구: 수비 시프트

야구 경기를 보면 특정 타자가 타석에 등장하면 수비팀의 선수들이 일상적인 위치를 조정하는 것을 볼 수 있다. 이렇듯 수비팀에 개별 타자의 타격 특성을 고려하여 수비하기 용이하도록 수비 위치를 조정하는 것을 수비 시프트라고 한다. 어떻게 수비팀 선수들의 위치를 조정할까? 그것은 개별 타자들의 타구 방향에 대한 빅데이터 분석을 통해서 특성을 파악할 수 있기 때문이다. 개별 타자들의 특성은 분석되어 코치진에게 전

그림 15-20 야구 경기에서의 수비 시프트

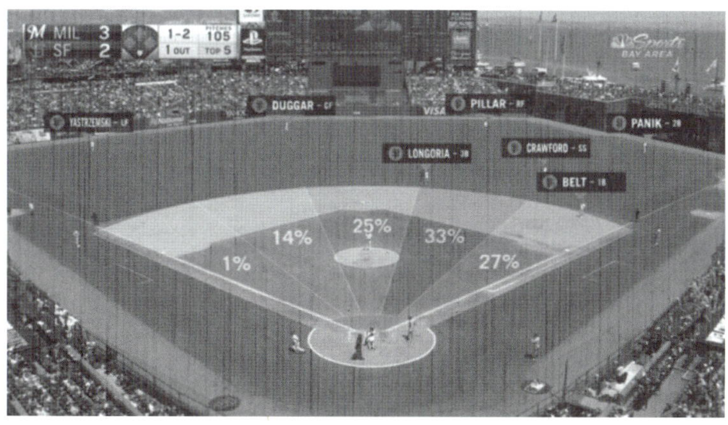

출처: STEMentor

달되어 상황에 맞는 시프트 전략을 실시함으로써 안타 및 실점의 확률을 줄일 수 있다. 그렇다면 수비 시프트는 효과가 있는 것일까? 우리나라 안타제조기라고 불리는 LG 트윈스의 김현수 선수는 2022년에 3할 타율을 달성하지 못하고 있다. 수비팀들이 김현수 선수 타석 시 시프트를 하고 있어서 내야 땅볼의 경우 안타로 이어지는 경우가 이전보다 낮아졌다. 따라서 수비 시프트의 효과는 있다고 할 수 있지만, 야구 경기의 재미를 떨어뜨리고 경기시간을 늘린다는 지적을 받고 있어 2022년에는 미국 마이너리그에서는 금지하고 있고, 메이저리그에서는 2023년 시즌부터 금지를 추진하고 있다.

(2) AI 코칭, 심판, 승부 예측

스포츠 경기와 관련된 빅데이터를 바탕으로 한 AI 기술을 접목함으로 개별 운동선수의 문제점을 파악하고 이를 해결하기 위한 대안을 제시함은 물론 경기에서 승리할 가능성이 높은 전략을 제시하기도 한다.

가장 활발하게 도입하고 있는 스포츠는 현재 축구와 골프다. 축구의 경우 2014년 브라질 월드컵에서 우승한 독일 대표팀이 본격적으로 매치 인사이트(Match Insight)라는 AI 코칭시스템을 활용하였다. 앞에서 언급한 ETPS 조끼에서 데이터를 측정하여 AI로 분석한 다음 이를 토대로 선수들에게 전략을 제시하였다. 또한 잉글랜드 프리미어리그(EPL)는 과거 경기를 학습하고, 실시간 추적 데이터를 활용하여 경기 결과 및 선수의 플레이에 대한 예측서비스를 2021년 8월에 도입하였다. 경기에 대한 실시간 승리 확률을 계산하여 보여주고, 패스, 드리블, 태클의 결과값과 선수 위치 등의 데이터를 활용하여 골 확률 또한 계산해서 보여줌으로써 경기의 박진감을 더해줌은 물론 새로운 스포츠 콘텐츠를 만들어 냈다.

한편 2020년부터 한국야구위원회(KBO)는 야구 경기에서 가장 민감한 판정인 투수의 투구 볼 판정에 AI 심판인 '자동 볼 · 스트라이크 판정시스템(Automated Ball-strike System, ABS)'을 퓨처스리그에 시범 도입하였다. 야구의 스트라이크 존의 기준은 일정한 것이 아니라 타자의 스탠스에 따라 달라지기 때문에 투구 볼의 스트라이크 여부 판정이 쉽지 않다. ABS는 공의 궤적을 추적하여 판정하기 때문에 판정의 정확도가 높기 때문에 MLB는 2022년 시즌부터 트리플A리그에서 운영하고 있으며, 우리나라는 2024년 도입을 목표로 추진하고 있다. 이를 통해 스트라이크 판정에 대해 선수들과 심판진의 갈등 및 야구팬들의 불만을 줄이는 데 도움이 될 것으로 기대하고 있다.

▌그림 15-21 ▌EPL 매치 인사이트

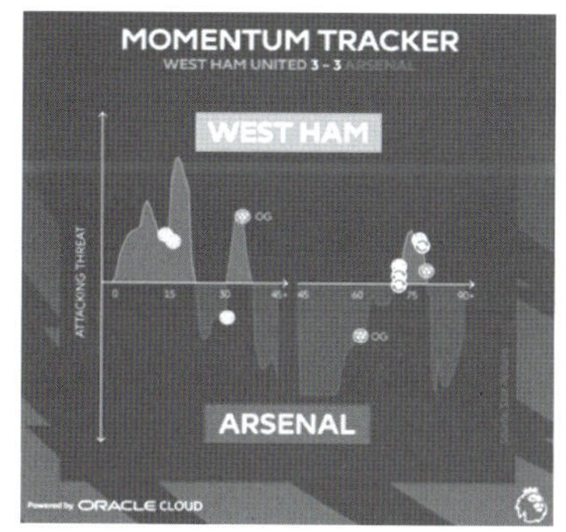

공을 소유한 팀이 10초 이내 골을 넣을 확률

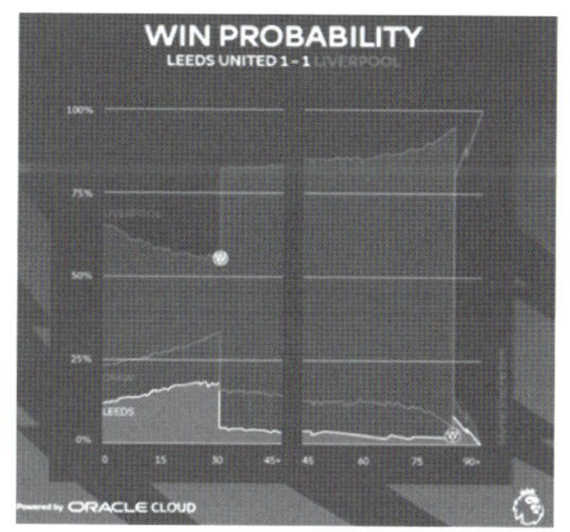

실시간 우승 확률

15.3.6 드론 축구

드론 축구는 축구공 모양의 드론을 조정해서 3m 정도 높이에 있는 원형 골대에 드론을 집어넣어 승부를 겨루는 스포츠이다. 5명이 한 팀으로 구성되며, 3분씩 3세트로 경기를 진행한다. 팀은 공격수, 수비수, 길잡이 등의 역할로 나누지만 5명 중 골잡이 1명만 득점이 가능하다. 현재 국내에는 전국에 1,524개의 드론 축구팀이 있으며 많은

▌그림 15-22 ▌드론 축구공과 경기장

충돌 시 힘을 분산시켜
파손을 막아주는 O형 링

넘어져도 항상 오뚜기처럼
바로 서게 해주는 무게중심과 하부구조

팀과 선수를 구분하는 LED

와류를 막아 양력손실을
방지하는 공기역학적 하부 프레임

드론 축구공

- 지름 : 40cm
- 무게 : 1kg
- 속도 : 60km/h
- 비행시간 : 9분(경기시간 3분)

드론 축구경기장

- 경기장 : 16m×8m
- 원형골대 : 지름 80cm

출처: 한겨레신문(2022. 7. 7.)

대회가 열리고 있다. 외국의 경우 프랑스, 벨기에, 중국, 일본, 미국, 말레이시아 등에서 동호회를 중심으로 드론 축구가 활발하다고 한다. 2025년 드론 축구 월드컵을 전주에서 개최하는 것을 목표로 추진하고 있다고 한다.

15.3.7 원격 시청자를 위한 AR/VR 중계

TV를 통해 스포츠 경기를 관람하는 시청자들에게 실제 현장에서 생생하게 직관하는 느낌을 들 수 있도록 스포츠 중계와 AR/VR 기술을 많이 접목하고 있다. 미국 폭스 스포츠는 미 프로농구(NBA) 경기 중계에 AR을 도입했다. 코트 비전(CourtVision)이라는 앱을 통해 제공되는 이 서비스는 농구 경기 중인 개별 선수들의 머리 위에 이름, 등번호, 포지션, 득점 등이 표시되고 한 선수가 공을 잡으면 예상 패스 경로, 슛 성공률과 같은 선수 개인정보가 나타난다. 또한 농구 코트에는 각 선수의 이동경로가 그려지며, 결정적인 어시스트가 나오거나 골이 들어가면 특수효과가 나타난다. TV 앞에서 AR 기기를 착용해야 하는 번거로움이 있지만 실제 경기장에서 관전하는 것보다 더 몰입할 수 있는 경험을 할 수 있다.

▌그림 15-23▐ 코트 비전 실행 화면

출처: 월간 방송과 기술(2019. 3. 7.)

한편 TV가 필요 없는 AR 중계기술도 개발이 되었다. 평범한 테이블이 미식축구 경기장으로 변모하고, 실제 경기장에서 운동을 하고 있는 선수들이 테이블 위에 나타난다. 소인으로 보이는 선수들이 실제 경기하는 모습을 고스란히 집에서 관람할 수 있는 것이다. 현장에서 관람을 하게 되면 한 방향에서만 경기를 볼 수 있지만, 이 서비스를 활용하면 원하는 각도에서 관람이 가능하다.

▌그림 15-24 ▌2D 중계를 3D로 변환하는 AR 기술

출처: 연합뉴스(2019. 2. 3.)

연습문제

01 농업 가치사슬 전반에 걸쳐 적용하고 있는 스마트팜 관련 기술을 무엇이라고 하는가?

① 팜테크 ② 어그리테크
③ 서포트테크 ④ 그로잉테크

02 다음 중 식물공장의 이점이 아닌 것은?

① 불규칙한 자연환경의 극복
② 공간의 제약 극복
③ 안정적인 농업과 품질의 균일성 확보
④ 소비자 기호에 따른 탄력적 대응력 저하

03 화석연료 대신 사용하는 모든 에너지를 무엇이라고 하는가?

① 대신에너지 ② 교체에너지
③ 대체에너지 ④ 신생에너지

04 신재생에너지를 활용하여 생활에 필요한 에너지 소요량을 최소화하는 녹색건축물은 무엇인가?

① 그린건축물 ② 신재생건축물
③ 제로에너지건축물 ④ 친환경건축물

05 ICT 기술을 활용해 전력의 수요와 공급을 최적화할 수 있는 지능형 전력망은 무엇인가?

① 스마트 전선 ② 스마트 전기
③ 스마트 발전 ④ 스마트 그리드

06 전기를 저장해 주는 에너지 저장장치를 무엇이라고 하는가? (　　)

① RSS　　② ESS

③ MSS　　④ PSS

07 가상의 공간에서 사람이 실제 운동하는 것과 똑같은 경험과 체험을 하는 스마트 스포츠는 (　　　) 스포츠라고도 불린다. (　　) 안에 적절한 단어를 고르시오.

① 대체현실　　② 상상현실

③ 증강현실　　④ 가상현실

08 VR 스포츠실의 장점이 아닌 것은? (　　)

① 여러 종목을 체험할 수 있다.

② 날씨의 변화에 영향을 받는다.

③ 학습의 효과를 높인다.

④ 보다 더 안전하게 스포츠를 즐길 수 있다.

09 드론 축구 한 팀의 인원은 몇 명인가?

① 4명　　② 5명

③ 6명　　④ 7명

10 스포츠에 대한 설명으로 올바르지 않은 것은 무엇인가? (　　)

① 신체적, 정신적인 건강 제공

② 경쟁을 통한 실력 향상

③ 단체의 소속감 향상

④ 규칙과 상관없는 놀이는 제외됨

정답　01 ②　02 ④　03 ③　04 ③　05 ④　06 ②　07 ④
08 ②　09 ②　10 ④

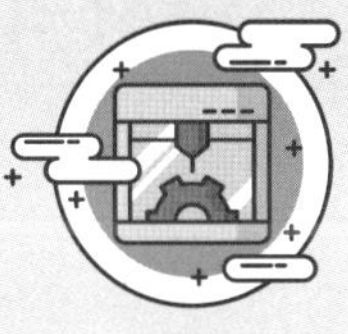

PART 4

4차 산업혁명의 영향 및 미래

Chapter 16 초연결사회와 노동의 변화

16.1 초연결사회의 개요

4차 산업혁명의 기술 진보는 단순히 자동화, 로봇화를 의미하는 것이 아니다. 4차 산업혁명의 특징 중 하나는 탈경계화(Boundaryless)와 초연결사회(Hyper-connected Society)이며, 이는 초고속 무선통신과 클라우드 네트워크(Cloud Network)의 발전으로 가능해졌다. 또한 인공지능과 사물인터넷, 빅데이터 기술의 발전으로 이러한 특징이 더욱 지능화되고 있다.

4차 산업혁명은 모든 것이 연결되는 사회이다. 스마트폰으로 교통상황을 인지하여 알람으로 시간을 조정하고, 약을 정기적으로 먹는 사람이라면 약을 먹지 않았다고 알림을 주고, 주차 가능한 공간을 스마트폰으로 전달받고, 반려견의 상태를 실시간으로 확인할 수도 있다. 냉장고의 우유가 떨어짐을 인지하여 자동으로 배송 요청할 수 있고, 자신의 웨어러블 디바이스가 건강정보를 건강센터에 보내어 주기적으로 점검할 수 있다.

제조 관점에서는 공장의 자동화 기기들이 회사의 시스템과 연결되어 모든 정보를 송수신하고, 설비의 문제점과 이상점이 관리자에게 전달되어 즉시 조치를 할 수 있다.

자율주행자동차와 도로의 센서, GPS 등이 서로 연결되어 상호 교신하여 정체 없이 항상 일정한 컨디션으로 드라이빙을 할 수 있다.

디지털 네트워크를 통하여 모든 사람과 사물이 연결되어 상호작용하는 초연결사회는 인터넷이 개발되면서 정보사회로 변화를 시작하는 때에 이미 예상된 미래라고도 할 수 있다.

그림 16-1 **4차 산업혁명의 향후 미래**

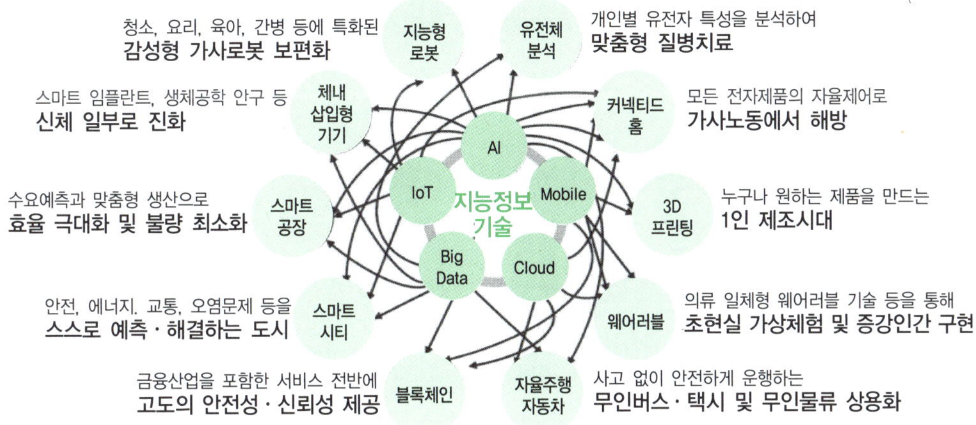

출처: 김한준(2017)

16.2 초연결사회의 정의

초연결사회는 인간과 인간을 둘러싼 환경적 요소들이 상호 간 연결되어 시공간의 제약을 극복하고 새로운 성장 기회와 가치의 창출이 가능한 사회를 말한다.

'초연결'이라는 용어는 캐나다 사회과학자인 에나벨 퀴안 하세(Anabel Quan-Haase)와 배리 웰먼(Barry Wellman, 2001)에 의해 시작된 용어로, 네트워크로 연결된 조직 및 사회에서 이메일, 메신저, 휴대폰, 면대면 접촉 등 다양한 방법을 통해 주로 인간과 인간 간의 상호 소통이 가능한 것으로 정의하였다.

2000년대 중반 이후 인터넷 솔루션 기업인 시스코(CISCO, 2011)는 네트워크에 연결된 사물(Thing)이 2008년과 2009년 사이 전 세계 인구를 이미 초과하여 초연결시대로 가고 있음을 제시하였다. 세계경제포럼(WEF)에서 2012년 처음 논의된 이후 매년 주요 안건으로 다루어지면서 본격적으로 정부와 학계의 관심을 끌게 되었다.

일반적으로 초연결이란 네트워크를 통해 사람-사람, 사람-사물, 사물-사물이 연결되어 커뮤니케이션할 수 있는 상태를 말한다고 정의한다. 이러한 초연결성은 기존과 다른 사회서비스를 만들어 내고 이를 통해 새로운 문화와 가치를 형성해 나가는 기반이 되는 것이다.

▌그림 16-2▐ 커넥티드 디바이스 증가 추세: 초연결시대의 변화 일면

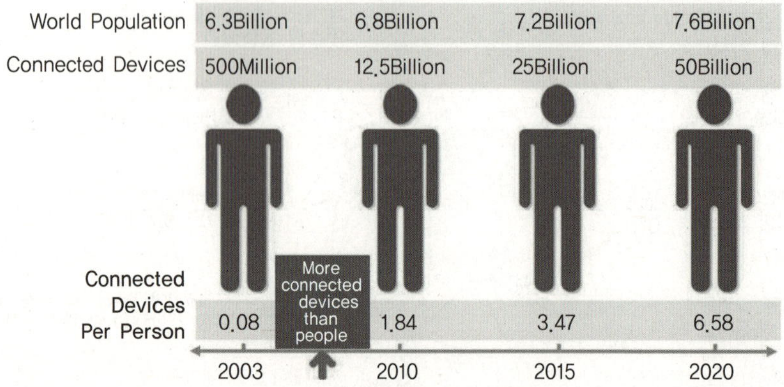

	2003	2010	2015	2020
World Population	6.3Billion	6.8Billion	7.2Billion	7.6Billion
Connected Devices	500Million	12.5Billion	25Billion	50Billion
Connected Devices Per Person	0.08	1.84	3.47	6.58

More connected devices than people

출처: 김현중(2012)

WEF의 2012년 〈글로벌 IT 리포트(*Global Information Technology Report*)〉는 초연결사회는 다음과 같은 여섯 가지 주요 속성을 가진다고 요약하였다.

① 항상 연결된 상태(Always on), ② 상시적 접근 가능성(Readily Accessible), ③ 개개인의 소비능력을 뛰어넘는 정보의 풍요(Information Rich), ④ 상호작용성(Interactive), ⑤ 사람과 사람, 사람과 사물, 사물과 사물이 연결되어 있다(Not just about people), ⑥ 센서, 카메라 등 기록장치로 모든 사람의 활동과 커뮤니케이션이 늘 기록된다(이호영 외, 2015).

즉 초연결사회는 네트워크를 통해 모든 것이 연결되어 커뮤니케이션할 수 있는 사회로서 항상 접근 가능하고 풍요로운 정보와 다양한 상호작용이 이루어지는 사회라고 정의할 수 있다.

16.3 초연결사회의 특징

현상 중심의 초연결사회에 대한 정의는 가장 일반적으로 초연결사회를 표현하고 있기는 하지만 초연결사회의 구체적인 특성을 모두 보여주고 있지는 못하다. 발전된 정보통신기술을 바탕으로 하고 있는 초연결사회의 특성을 구체적으로 분석하기 위해서는 초연결사회를 구성하고 있는 기술들에 대하여 알아보아야 할 것이다.

초연결사회를 구성하는 것이라고 대표적으로 논의되는 기술들은 센서, 모바일, 클라우드, 빅데이터를 들 수 있다. 이른바 4차 산업혁명의 한 축이라고 일컬어지는 초연결사회에서는 인간뿐만 아니라 사물에도 컴퓨팅 파워가 접목되고 인터넷을 기반으로 모든 객체가 연결됨으로써 사람과 사물의 운영 프로세스가 고스란히 저장·관리된다고 표현된다.

초연결사회가 기술에 매우 의존하여 파생된 사회라는 점에는 크게 이견이 없을 것이다. 그렇다고 해서 초연결사회가 완전히 기술결정론[1]적인 사회라고 보기는 어렵다.

현대사회에서 크게 주목받는 공유와 활용의 사회적 가치를 생각한다면 그러한 기술의 진보를 가져온 근원에는 사람들의 사회적 욕구가 충분히 반영되었다고 보아야 한다. 물론 이 또한 완전한 사회구성론[2]을 의미하는 것은 아니다. 기술과 사회의 상호작용에 의해 기술이 사회 변화를 이끌기도 하고 사회 수요에 의해 기술이 진화하기도 한다고 보아야 한다.

---

1) 기술결정론은 기술이 사회에 미치는 영향에 초점을 두고 기술이 자율적인 작동방식을 가지고 오직 자체적인 내부 작동 원리에 의해 발전한다고 가정한다.

2) 기술은 사회의 모습·관계를 설명하고 구현하는 수단이라고 보고 사회가 기술에 미치는 영향에 대하여 주목하여 사회가 자율적인 작동 원리가 있다고 설명한다.

16.4 서비스와 서비스의 연결

16.4.1 오픈 API(Application Programming Interface)

새로운 인터넷 사이트에 가입하거나 새로운 모바일 앱을 다운로드해서 사용하려는 경우 사용자 아이디와 비밀번호를 새로 등록해야 한다. 이는 개발자와 사용자 모두에게 번거로운 과정이다. 최근 신규 서비스들은 사용자들로 하여금 새로운 계정을 등록하지 않고, 구글, 페이스북, 네이버에 이미 등록되어 있는 계정을 사용할 수 있게 지원한다.

'네이버 아이디로 로그인하기'라고 불리는 이 기능은 매시업[3]의 일종이다. 이미 서비스 중인 웹 애플리케이션의 API를 활용해 새로운 서비스를 추가하는 방식이다.

▌그림 16-3▐ 네이버 아이디로 로그인하기

16.4.2 기기와 서비스의 연결

디바이스와 웹 애플리케이션 사이에도 연동이 가능하다. 스마트폰은 말할 것도 없거니와 이제는 가전제품들이 연결되고 있다. LG전자는 2000년에 인터넷 냉장고를 출시

3) 메시업은 2010년대 초반 소개된 웹 2.0 기술 중 하나이다.

한 이후, 가전들이 하나둘 인터넷에 연결되기 시작했다. 인터넷 세탁기, 인터넷 에어컨, 인터넷 보일러와 오븐이 출시되었다. 이 제품들은 인터넷으로 원격제어가 가능했고, 원격 모니터링과 자가진단기능을 탑재하고 있었다.

가전뿐만 아니라 이제는 자동차도 인터넷 연결의 대열에 합류했다. BMW는 구글 캘린더의 정보를 디스플레이에 나타나게 하였다. 주차를 하면 주차 위치를 표시한 지도 정보가 메일로 오게 할 수 있다. 또한 시동을 걸면 그 시간정보를 메일로 보내거나 구글 스프레드시트에 기록할 수도 있다.

볼보자동차는 300억 원을 투자하여 SK텔레콤과의 협업으로 국내 최초 통합형 인포테인먼트 서비스를 2021년 하반기부터 적용하였다. SKT 인포테인먼트 서비스는 차량용 안드로이드 오토모티브 OS 기반으로 개발된 차세대 커넥티비티 서비스이다. 인공지능 기반의 T-MAP과 누구(NUGU), 플로(FLO)를 연동한 통합서비스이다.

그림 16-4 볼보자동차 SKT 인포테인먼트 서비스

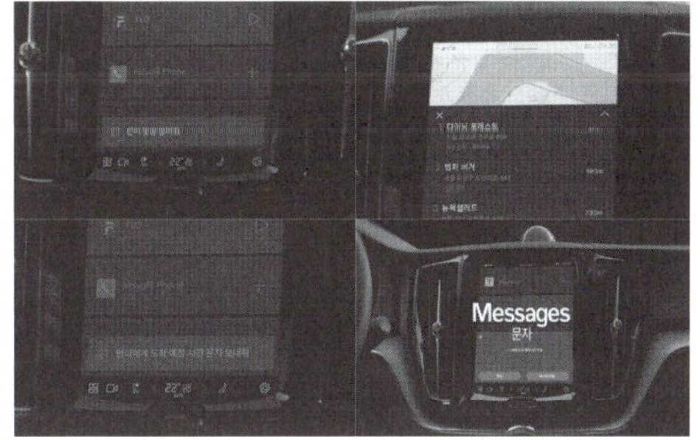

출처: https://spoon-tea.tistory.com/344

일상생활에서의 예를 든다면, 하나의 이벤트가 발생하면 다양한 기기들과 웹 서비스들이 동시에 또는 순차적으로 동작하게 할 수 있다. 내가 집을 나서면 집 안의 전등을 끄고, 블라인드를 동작시키고, 집을 나선 시간을 클라우드에 기록하고 모든 작업 결과를 메일로 보내게 할 수 있다. 만약에 도둑이 침입한다면 자동으로 거실 전등이 켜지고, 네트워크 스피커를 통해 경고음을 내고, 모니터링 카메라로 촬영된 영상을 자신의 스마트폰으로 받아볼 수 있다.

16.4.3 서비스 간 정보의 공유

버스나 지하철을 타면서 잔돈을 들고 다닐 필요가 없으며, 병원에 가면서 의료보험증 없이 갈 수도 있고, 비행기 표를 발권하기 위해 e-티켓이나 예약번호 없이 여권만 제출하면 되고, 국세청의 연말정산 간소화시스템을 이용해서 연말정산을 손쉽게 할 수 있다. 이런 편리한 서비스는 모두가 시스템 간에 정보의 공유가 이루어지기 때문에 가능하다. 시스템 간 정보공유의 끝판왕은 국세청 연말정산 간소화시스템이다. 국세청 시스템으로 신용카드회사, 의료기관, 약국, 교육기관, 금융기관 등 각종 세금 관련 기관의 정보시스템이 연동되어 있다. 모든 정보는 주민등록번호를 키(key)값으로 해서 통합되어 있다.

이 모든 연결이 가능한 이유는 바로 디지털화이다. 과거에는 상상하지 못했던 서비스의 자동화가 이루어진 것이다. 디지털화된다는 것은 측정될 수 있고, 수치화될 수 있고, 어디든지 전송 가능하고, 판단될 수 있다는 의미이다. 그리고 디지털화된 정보를 처리할 수 있는 디바이스들의 보급 덕분이다. 스마트폰은 컴퓨터와 더불어 디지털의 결정체라 할 수 있다.

오늘날 비즈니스 영역에서 이루어지는 디지털 트랜스포메이션은 디지털 데이터를 통해 기업활동의 모든 영역이 서로 연결되는 과정이다. 고객의 정적, 동적인 정보들이 센서 및 웹 도구에 의해 취합되고, 기업 내의 모든 자산들이 디지털화되어 관리된다. 과거에는 단절되어 있던 활동들이 연결됨으로써 비용을 줄이고 새로운 고객가치를 창출할 수 있게 되는 과정이다.

오늘날과 같이 기술 발전 및 초연결이 가능했던 또 다른 이유는 공개라 할 수 있다. 공개와 공유를 통해 인터넷은 지금의 발전을 이루었다. 리눅스 소스코드의 공개가 없었다면 오늘날의 정보기술은 완전히 다른 모습을 하고 있을 것이다. 리눅스가 없었다면 안드로이드도 존재하지 않았을 것이다. 안드로이드 소스코드가 공개되지 않았다면 애플은 아이폰으로 개인용 컴퓨터 시대의 마이크로소프트가 되었을지도 모른다. 인터넷 프로토콜 TCP/IP가 공개되지 않았다면 현재의 인터넷은 존재하지 않았을 것이다.

16.5 디바이스 간의 협업과 연동

16.5.1 디바이스의 연결

사람과 기계의 완전한 연결은 먼 미래의 일일 수도 있으나, 기계와 기계의 연결은 좀 더 가까운 미래에 곳곳에서 목격될 것이다. 자율주행자동차는 이미 도로 위를 달리고 있다. 일반 차량의 경우 사람이 도로와 주변의 정보를 해석하고, 손과 발을 이용해 자동차에 명령을 전달한다. 그러나 자율주행차는 센서와 클라우드로부터 정보를 입력받아 해석하는 기계와 실제로 자동차를 움직이는 기계가 협력한다. 또 다른 조력자는 GPS 정보를 실시간으로 전송하는 인공위성이다.

자동차와 자동차가 서로 연결되는 기술도 개발 중이다. 자동차는 현재 위치에서 파악할 수 있는 정보로 제한되어 있다. 앞차가 볼 수 있는 정보를 뒤차는 볼 수 없다. 그런데 앞차와 뒤차를 연결해서 앞차는 자신이 획득한 정보를 뒤차로 보내준다. 앞차가 정체 구간에 진입하는 경우, 뒤차에 경고를 보낸다. 갑작스러운 감속의 경우, 이 역시 뒤차로 정보를 전송한다. 뒤차는 앞차로부터 오는 정보를 받아 신속하게 위기상황에 대응하게 되는 것이다. 이를 V2V(Vehicle to Vehicle)[4]라고 한다.

자동차와 자동차가 협업하기 위해 직접 통신하는 방식인 V2V를 반드시 사용할 필요는 없다. 클라우드를 통해 서로 연결해도 된다. 각각의 자동차는 LTE 모뎀을 통해 클라우드로 연결되고, 클라우드에서 정보의 교환이 이루어지는 것이다. 앞차의 정보가 클라우드로 업로드되었다가 뒤차로 다운로드되는 방식이다. 이를 V2X(Vehicle to Everything)[5]라고 할 수 있다.

V2V 또는 V2X는 차량의 군집주행에서도 핵심적으로 사용된다. 볼보(Volvo)는 2012년 유럽에서 SARTRE(SAfe Road TRains for the Environment) 프로젝트를 통해 이 기술을 성공적으로 시연했다. 이 시연에서 고속도로 최고 시속 90km로 트럭 2대, 자가용 3대가 4m 간격으로 줄지어 주행했다. 가장 앞에 있는 트럭 1대만 운전자가 전방을 주시하며 운전을 하고 있으며, 뒤따르는 나머지 차량들은 별다른 조작 없이 선두 트럭을

4) V2V(Vehicle to Vehicle): 차량-차량 간 통신으로 차량 상호 간에 도로정보 등을 주고받는 기술
5) V2X(Vehicle to Everything): 차량-사물 간 통신으로 차량에 영향을 주는 도로의 다양한 요소와 소통하는 기술

따라 주행이 자동으로 이루어졌다. 뒤따르는 자동차들은 카메라 및 자율주행에 기본적으로 필요한 장치들을 탑재하고 있었다. 앞에서 주행 중인 자동차로부터 주행 관련 정보를 받기 위해 V2V로 연결했다.

그림 16-5 V2V를 이용한 군집주행

출처: http://www.cvinfo.com/news/articleView.html?idxno=4924

16.5.2 디바이스와 인공지능의 연결

무인전투기 드론은 특수한 망원 렌즈를 사용해 수 킬로미터 밖에서도 적군의 식별이 가능하다. 초창기 드론에서 사용되는 카메라는 한 대였다. 오늘날에 사용되는 고르곤 스테어(Gorgon Stare)[6]라는 시스템에서는 368개의 카메라가 사용된다. 각 카메라는 5백만 화소이며, 4개의 망원 렌즈를 공유한다. 이 모든 카메라가 각 사진을 찍으면 컴퓨터는 이를 하나의 이미지로 합성하여 100제곱킬로미터에 해당하는 영역의 고해상도 이미지를 완성시킨다. 도시 하나를 고스란히 담을 수 있다.

---

6) 미 공군이 2011년부터 아프가니스탄에서 운용하는 '광역 항공 정찰시스템(Wide Area Airborne Surveillance System, WAAS)'의 핵심을 이루는 센서의 이름이다.

▌그림 16-6 ▌ 고르곤 스테어(Gorgon Stare)

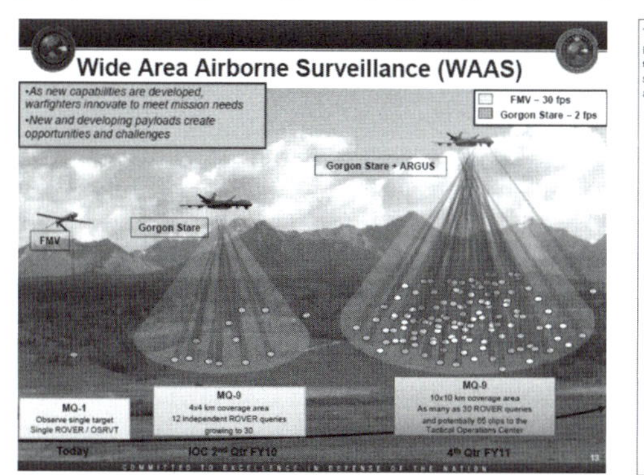

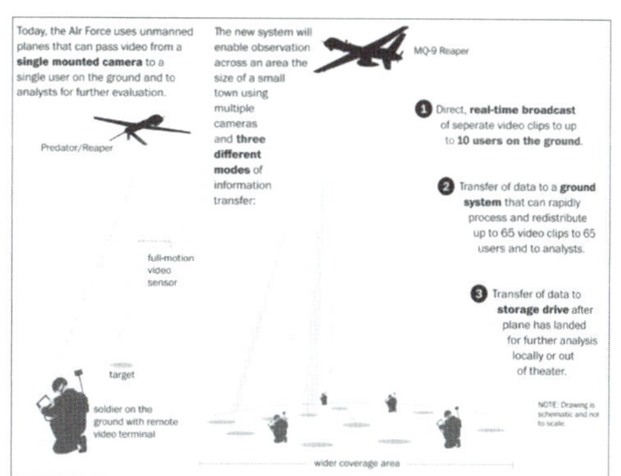

출처: https://m.blog.naver.com/PostView.naver?isHttpsRedirect=true&blogId=citrain64&logNo=100119317876

고르곤 스테어 시스템(Gorgon Stare System)에서는 하나의 도시 면적을 커버하는 이미지들을 초당 12프레임으로 촬영해서 영상으로 만들고, 이를 인공위성을 이용해 네바다주의 컨트롤 스테이션으로 보낸다. 미 국방부 자료에 의하면 전 세계에는 최소 50대 이상의 드론이 비행 중이라고 한다. 이 방대한 영상을 모두 본다는 것은 불가능하다. 이것을 해결하기 위해 미 국방부는 메이븐 프로젝트를 2017년에 시작했다. 딥러닝을 기반으로 영상인식기술을 사용하여 무기나 군사장비들을 자동으로 추출해 내는 시스템을 목표로 하고 있다. 이 시스템이 완성되면 무인전투기는 자신이 촬영한 영상을 데이터 센터에 보내어 인공지능이 판단하게 하고, 인공지능의 결정에 따라 자율적으로 목표물을 공격할 수 있다.

미래에는 무인전투기의 표적이 된 목표물은 거의 100%에 가까운 확률로 사망 또는 파괴될 것이다. 인공지능은 목표물의 예상되는 움직임까지 파악할 수 있다. 시간이 지나면서 데이터가 축적되고 딥러닝에 의한 학습의 양이 많아질수록 인공지능의 능력은 거의 완벽에 가까울 정도가 될 것이다.

16.6 노동시장의 환경변화

2016년 1월 열린 제46회 다보스포럼에서는 인공지능이 주도하는 제4차 산업혁명이 임박해 있다고 발표했다. 포럼을 통해 공개된 〈일자리의 미래(*The Future of Jobs*)〉 보고서는 4차 산업혁명의 기술혁신으로 2020년까지 710만 개의 일자리가 사라지고 210만 개의 새로운 직업이 만들어질 것이라고 전망했다.[7] 결국 500만 개의 일자리가 없어진다는 의미다. 시장전문 조사기관인 가트너(Gartner)는 인공지능이 지금과 같은 속도로 발전하면 10년 안에 전체 직업의 3분의 1이 사라질 것이라고 예측했다. 역사적으로 산업혁명을 거치면서 직업의 변화는 피해갈 수 없었다.

표 16-1 산업혁명 전개과정에 따른 직업의 변화

산업혁명	핵심 변화	사라진 직업	새로운 직업
1차	증기기관이 공장과 교통수단에 활용, 생산과정이 기계화되고, 가내 수공업 중심에서 공장제 수공업으로 전환	가내 수공업자	면직물 공장 근로자
2차	전기와 석유에너지를 활용한 내연기관이 발명, 자동화된 대량생산체계 구축, 생산의 표준화 및 분업화	핀보이	전화교환원
3차	자동화 기술과 인터넷 기술의 발달 및 대중화에 따라 정보 기반의 서비스업이 활성화	항법사	웹 디자이너
4차	사물인터넷, 인공지능 등이 등장, 현실세계와 가상세계 연결, 지적 및 창의적 영역이 기계에 의해 일부 대체	텔레마케터	빅데이터 전문가

4차 산업혁명이 일자리의 지형구조를 변화시킨 것은 분명하다. 4차 산업혁명 핵심기술로 인해 일자리가 직종별로 감소 또는 증가한다. [그림 16-7]에서와 같이 직종별로 일자리의 증감 비율이 다르다.

---

7) World Economic Forum(2016. 1.), "The Future of Jobs – Employment, Skills and Workforce Strategy for the Fourth Industrial Revolution"

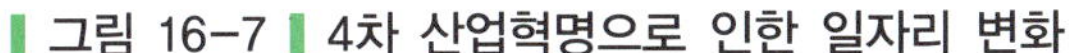

그림 16-7 4차 산업혁명으로 인한 일자리 변화

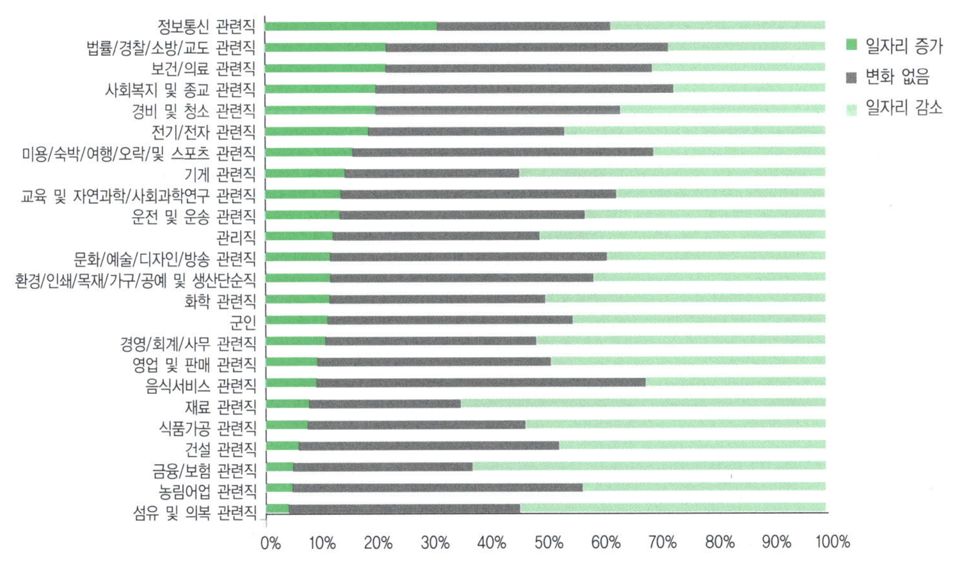

출처: 김한준(2017)

일자리는 과학기술 발전이나 기술변화에 따른 종속변수라고 할 수는 없다. 과학기술이 직업세계와 고용시장 변화에 영향을 미치는 요인인 것은 맞지만, 그 밖에도 다른 요인들이 많이 있다는 것이다. 한 가지 요인에 의해 고용시장이 좌지우지되지는 않는다. 한국고용정보원은 〈2017 한국직업전망〉에서 향후 10년간 고용을 전망하면서 고용변동의 요인을 8가지 범주로 제시했다.

표 16-2 고용변동 요인의 8가지 범주

고용변동 영향 요인		내용
확실성 요인	인구구조 및 노동인구 변화	저출산, 고령화, 1인 가구의 증가 등 거시적 인구구조 변화, 생산 가능 인구 감소, 여성의 경제활동 증가, 외국인 근로자의 증가 등 국내 노동인구 변화
	산업특성 및 산업구조 변화	산업구조의 고도화, 타산업과의 융합 등 산업육성을 위한 정부의 전략적 지원(공유경제, 핀테크 활성화 등)
	과학기술 발전	4차 산업혁명에 따른 과학기술 발전, 로봇화와 자동화, IoT, 자율주행, AI, 빅데이터, 3D 프린팅, 드론, IT 발전, 기술의 융·복합화 등

	기후변화와 에너지 부족	환경요인(환경오염, 기후변화, 자연재해 등)과 에너지원 요인(자원고갈, 국가 간 자원경쟁 등)으로 인한 (국제)규제 강화, 산업육성, 전문가 양성 등
	가치관과 라이프스타일 변화	사회의 복잡화, 개인화, 생활 수준의 질 향상 등으로 인한 건강, 미용, 여가에 대한 관심 증가, 온라인상의 소통 증대 등
불확실성 요인	대내외 경제상황 변화	세계 및 국내 경기 전망
	기업의 경영전략 변화	기업 생산시설의 해외이전 또는 국내로의 유턴, 특정 분야 또는 직무의 아웃소싱, 기업인수·합병 등
	정부정책 및 법·제도 변화	각종 규제 완화(튜닝 등), 신직업 육성 및 자격제도 신설, 대학구조 조정, 복지서비스 강화 등 정부정책에 따른 고용 영향, 법제도(로스쿨 등)의 변화에 따른 고용 영향

출처: 한국고용정보원(2016)

과학기술의 발전은 노동시장에서 생산의 기계화와 자동화, 전산화, 디지털화, 로봇화, 무인화, 스마트공장 등의 모습으로 나타나고, 과학기술에 의한 생산방식의 변혁은 가장 직접적이고도 급진적인 영향력을 미쳐왔다. 하지만 과학기술 발전과 고용시장 변화의 관계가 일방적인 관계라고 할 수는 없다. 과학기술 발전이 일자리를 증가시킬지, 감소시킬지는 단정할 수 없다. 일자리는 줄어들 수도 있고 창출될 수도 있다. 또한 고용시장은 과학기술 발전과 독립적으로 일자리 정책을 통해서 어느 정도 통제 가능하기도 하다.

4차 산업혁명과 과학기술의 발전 등 여러 가지 고용변동 요인으로 인해 고용시장의 변화는 불가피하다. 그렇다면 일자리 정책은 4차 산업혁명의 변화와 경제 패러다임, 사회문화 변화의 트렌드 등에 맞게 적절하게 수립되어야 할 것이다.

16.7 일자리 문제

기술 진보에 따른 이슈 중 가장 관심이 큰 것은 일자리 규모이다. 고용 문제는 사회적 파장이 클 뿐만 아니라 개인의 삶과 직결되기 때문이다. 고용 문제 논의는 전문가 사이에서 비관론과 낙관론이 팽팽한 상황이다.

16.7.1 비관론적 입장

기술혁신이 노동시장에 심각한 위협이 될 거라는 위기의식은 '노동 총량 불변의 법칙(Lump of Labor Theory)'에 근거하고 있다. 노동 총량이 일정할 경우 새로운 기술혁신이 노동 총량을 축소시켜 결과적으로 일자리의 수요를 줄인다는 가설이다. 이로 인해 일자리 자체가 줄어들거나 노동시간이 줄어든다는 주장이다. 이의 실증적 근거로 산업혁명 초기 주당 80시간의 노동시간이 이제는 40시간 이하로 축소되었음이 제시된다.

미국 워싱턴 소재의 UN 후원을 받는 글로벌 미래연구그룹인 밀레니엄 프로젝트(The Millennium Project)가 2020년부터 2050년까지의 세계 차원의 실업률을 10년 단위로 예측한 전망을 [표 16-3]에 제시하였다. 2017년 약 10%로 추정되는 실업률이 2020년 11%, 2030년 16%, 2040년 20%, 2050년 24%로 10년에 4~5%씩 지속적으로 증가할 것으로 전망하고 있다. 그 프로젝트에서 이렇게 실업률의 지속적 감소를 예상한 이유는 4차 산업혁명의 핵심 기술들이 2050년까지 현재의 일자리들을 큰 폭으로 대체할 것으로 예상하였기 때문이다.

[표 16-3] 2020~2050년까지의 실업률 예측

연도	2020	2030	2040	2050
단위 실업률	11%	16%	20%	24%

출처: The Millennium Project(2016)

다음 [표 16-4]에 밀레니엄 프로젝트에서 2050년까지 현재의 일자리를 대체하는 기술들로 제시한 10가지 기술들과 그 영향력을 나타내었다. 영향력이 높을수록 현 일자리를 대체하는 숫자가 크고 고용률의 감소가 크다고 생각할 수 있다. 이 표에 나타난 일자리 대체기술은 이미 4차 산업혁명을 견인하는 핵심 기술로서 우리가 알고 있는 로봇, 인공지능, 3D 프린팅, 드론, 나노기술, 합성생물학 등이다. 이 표로부터 미래 일자리에 큰 영향력을 지닌 로봇과 인공지능이 합체되어 시너지를 발휘한다면 앞으로 많은 일자리가 사라질 가능성이 있음을 유추할 수 있다.

| 표 16-4 | 2050년까지 현재의 일자리 대체기술

일자리 대체기술	영향력
로봇	7.51
오늘날 알려지지 않은 기술들이 서로 만들어 낼 집약과 시너지	6.92
인공지능	6.81
인공일반지능	6.47
재교육을 해도 따라갈 수 없는 기술변화의 가속화	6.43
3D 및 4D 프린팅	6.14
다른 요소들	5.54
드론	5.35
나노기술	5.19
합성생물학	4.06

출처: The Millennium Project(2016)

제러미 리프킨(Jeremy Rifkin, 1999)은 그의 저서 〈노동의 종말(*The End of Work*)〉에서 초기 산업화시대에 인간의 육체노동을 대체한 기계와 다르게 똑똑한 컴퓨터의 경우 경제행위가 대부분의 영역에서 사람의 일을 대체할 거라는 주장을 했다. 또한 제리 캐플란(Jerry Kaplan, 2016)은 〈인간은 필요 없다(*Humans Need Not Apply*)〉에서 정보기술 발전은 이미 산업과 일자리를 빠르게 파괴하고 있고, 향후 노동시장 상황이 심각하게 전개될 것이라 예측했다. 클라우스 슈밥(2016)은 〈제4차 산업혁명(*The Fourth Industrial Revolution*)〉에서 4차 산업혁명으로 창출되는 직업은 이전의 산업혁명으로 인해 창출된 직업의 수보다 확실히 적다고 지적했다. 그 외 다양한 연구를 통해 4차 산업혁명이 일자리를 얼마나 줄이게 될지 그 전망치가 제시되었다([표 16-5] 참조).

인공지능과 자동화로 대체가 용이한 직업부터 감소할 전망이다. 쇠퇴하는 직업의 특징은 정형화된 업무 혹은 과거의 데이터를 통해 정보를 수집하고 이에 따라 반응해야 하는 업무를 가진 직업이다. 인공지능이나 자동화로 업무를 대체하는 비용이 인건비보다 비용절감을 할 수 있는 직업을 포함한다. 또한 인공지능이나 자동화로 대체해도 인간보다 더 뛰어난 수행을 보일 때 대체될 것이다([그림 16-8] 참조).

표 16-5 4차 산업혁명이 일자리 수에 미칠 비관적 전망

연구자 및 기관	대상	전망 내용
다보스포럼(2016)	세계	2020년까지 일자리 710만 개 소멸, 210만 개 창출
스즈키 타카히로(2018)	세계	30년 후 지적 노동 포함 인간 직업의 50~90% 소멸
OECD(2016)	OECD 21개국	평균 9% 일자리 자동화 대체(한국 6%)
Citibank with Frey & Osborne(2016)	OECD 21개국	평균 57% 일자리 기계 대체(인도 69%, 중국 77%)
국제노동기구(ILO) (2016)	아시아	20년 내 근로자 1억 3,700만 명 일자리 소멸
미국 대통령 경제자문위원회(2017)	미국	자율자동차로 인해 일자리 220만~310만 개 대체
Frey & Osborne(2013)	미국	10년~20년 내 모든 직업의 약 47% 자동화 대체 위험
Forrester Research	미국	2027년까지 일자리 2,500만 개 소멸, 1,500만 개 창출
한국고용정보원(2016)	한국	• 인공지능/로봇에 따른 1,800만 명 일자리 대체 • 관리자직군 대체율 49%, 단순노무직군 90% 이상
소프트웨어정책연구소(2016)	한국	현존하는 직업 중 63% 소멸 예상(미국 47%)

출처: 김세윤(2020)

그림 16-8 4차 산업혁명으로 사라질 직업

- 통역가
- 은행창구 직원
- 영상의학과 의사
- 임상병리사
- 사서보조원
- 보험인수 심사원
- 텔레마케터
- 여행상품 기획자
- 자동차 조립원
- 펀드매니저
- 법원 공무원
- 일반비서
- 인쇄기 조작원
- 고속도로요금 징수원
- 용접원

16.7.2 낙관론적 입장

낙관론은 인공지능 등으로 인해 영향을 받는 직업들이 있겠지만, 그 영향은 적거나 대체되는 만큼 새로운 일자리나 직업이 생길 것이라 주장한다.

역사적으로 1, 2, 3차 산업혁명과 같이 기술발전에 따라 경제적 대변화가 발생했을 때 전체 일자리가 줄었다는 증거는 없다. 오히려 신기술의 등장으로 생산성 이상으로 시장의 수요가 증가되어, 새로운 시장에서 새로운 일자리가 창출되었다.

독일노동부(BMAS)의 2016년 발표 내용에 따르면, 독일에서 2030년까지 27개 산업에서 75만 개의 일자리 사라지는 동시에 13개 산업에서 100만 개의 신규 일자리가 창출된다고 하듯이, 일부 산업 및 직군에서의 일자리 소멸에도 불구하고 노동 총량의 감소는 없다는 주장이다.

허재준(2018)은 OECD 국가들을 대상으로 한 실증연구에서는 기술에 의해 대체되는 직업이 증가하더라도 전체 일자리 수가 줄어들고 있다는 증거는 찾기 어렵다고 하였다. 또한 150년 이상의 장기 시계열 데이터를 통한 실증 분석을 통해 영국과 미국의 일자리 수가 고용률 기준 10~20% 증가해 왔음을 보여주었다.

인더스트리 4.0이 제조업에 미치는 고용효과를 조사한 보스턴 컨설팅 그룹은 2025년까지 새로 창출되는 일자리가 960,000여 개, 사라지는 일자리가 610,000여 개로 전체적으로 6%에 해당되는 350,000여 개의 일자리가 늘어날 것이라는 결과를 내놓았다. 특히 기계산업과 자동차부문에서 고숙련 노동자의 수요가 증가될 것이라고 예측했다.

고용노동부에 따르면 4차 산업혁명의 영향으로 2030년까지 80만 개의 일자리가 감소하지만, 92만 개의 새로운 일자리가 창출되어 전체적으로 12만 개의 고용이 늘어날 것으로 내다봤다. 늘어나는 업종은 주로 고숙련 직종으로 과학 전문, 정보통신, 보건·사회복지 등의 분야이며, 단순노무, 운송·운전, 농축산, 매장 판매, 청소·경비 등 저·중 숙련의 직종에서는 감소될 것으로 보았다.

[그림 16-9]에서 보는 바와 같이 1970년부터 2019년까지 지난 50년 동안 주요국 고용률의 장기 추이를 보면 글로벌 금융위기(2008~2009년)에 따른 일시적 감소를 제외하면 계속 증가하는 추세이다. 사라지는 직업이 있는 만큼 이를 초과하는 새로운 직업들이 계속 생산되고 있다는 것을 보여준다.

그림 16-9 주요국 고용률 추이(1970~2019년)

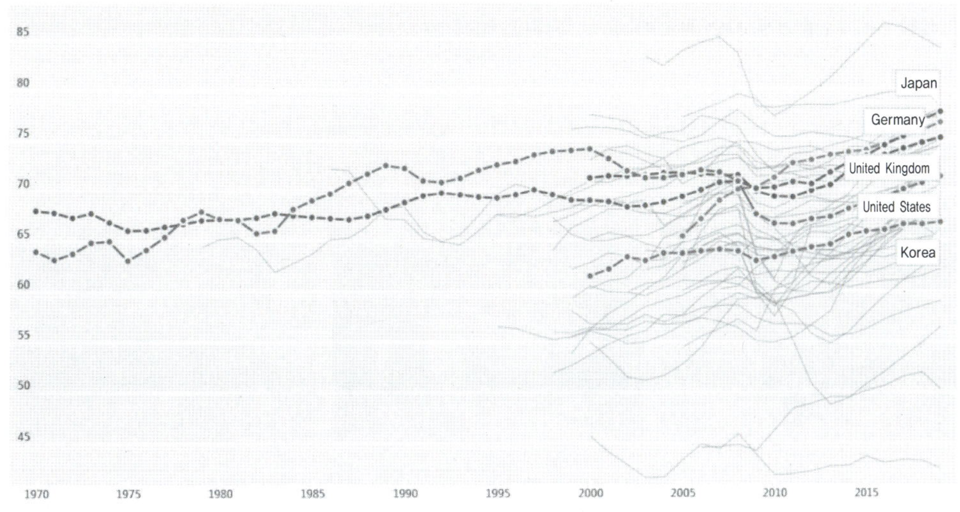

출처: OECD(2020)

사물인터넷, 웨어러블 디바이스 등 신산업에서 기술·제품개발 및 서비스를 담당하는 IT 직종과 관련 기술직의 고용 성장이 예상된다. 또한 가상현실, 모바일 시장의 성장에 따라 멀티미디어 콘텐츠 수요가 증가하고, 생산설비의 기계화와 자동화, 산업용 로봇 및 3D 프린팅 기술의 확산으로 인해 다양한 분야에서 유망한 직업이 생겨날 것이다.

① 첨단 과학기술사업 분야

그림 16-10 4차 산업혁명의 유망 신직업

- 인공지능 전문가
- 빅데이터 분석가
- 가상현실 전문가
- 사물인터넷 전문가
- 공유경제 컨설턴트
- 로봇 윤리학자
- 스마트 의류 개발자
- 착용 로봇 개발자
- 드론 운항 관리사
- 스마트 도로 설계자
- 개인 간 대출 전문가
- 의료정보 분석사
- 스마트팜 구축가
- 엑셀러레이터 매니저

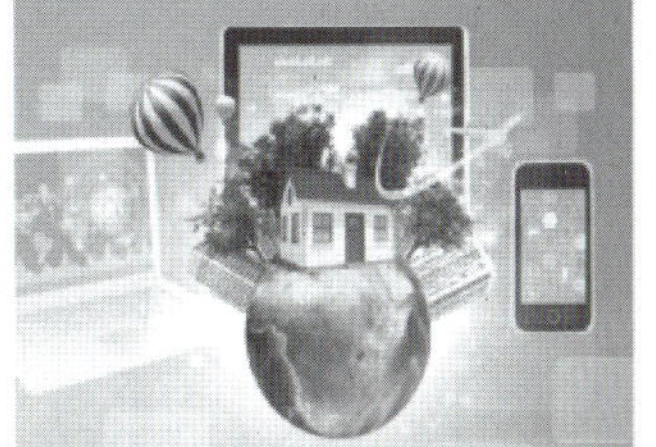

② 삶의 질 · 복지 · 공공안전 분야

그림 16-11 4차 산업혁명의 유망 신직업 II

- 사이버 포렌식 전문가
- 범죄예방환경 전문가
- 동물매개 치료사
- 동물초음파 진단사
- 6차 산업 컨설턴트
- 도그워커
- 크루즈 승무원
- 메이커스랩 코디네이터
- 감정노동상담사
- 치유농업 컨설턴트

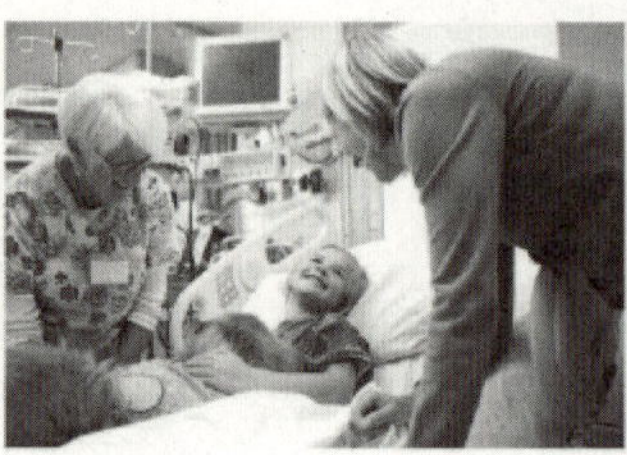

4차 산업혁명으로 인한 노동시장의 변화로 변화하는 업무와 직업세계에 대한 준비가 필요하다. 인간의 신체적 · 인지적 능력을 보강하는 역할을 인공지능 등이 담당할 것이다. 여기에는 위험성이 있고, 규칙적이고 반복적이며, 관련 지식이 빠르게 증가하는 분야를 포함한다. 또한 구성원들과 공감하고 소통하고 종합적인 판단능력이 중요해진 시점이다.

16.8 일하는 방식의 변화

인공지능과 사물인터넷, 빅데이터, 클라우드, 모바일 등의 기술발전으로 공간과 시간, 분야(산업, 기업, 기술) 간 탈경계화(boundaryless)가 이루어지고 있다. 기계와 상품, 사람이 온라인과 데이터로 연결되고, 가상과 물리적 실제가 사이버물리시스템(Cyber Physical System)으로 연결되는 '초연결사회(hyper-connected society)'로 나아가고 있다. 탈경계화와 초연결사회는 5G(5세대 이동통신)가 상용화되면서 더욱 가속화되고 있다.

이러한 탈경계화와 초연결사회라는 4차 산업혁명의 특징은 근로자의 일하는 방식을 변화시키고 있다. 디지털 기술의 발전과 2020년 전 세계를 강타한 COVID-19의 영향으로 온라인 근무(모바일 근무, 원격 근무)가 다양한 직종에서 증가하고 있다. 온라인 근무는 사업장 외의 근무를 가리키는데 그 유형으로는 재택 근무(텔레워크, 교대 텔레워크(alternating telework)), 고객 소재지 근무(서비스, 판매 등), 이동 근무(비행기나 호텔 객실 등), 출장 근무(무역 박람회, 회의 참가 등) 등이 있다.

온라인 근무의 확산으로 근로시간과 여가시간 그리고 근로공간과 비근로공간의 구분이 모호해지게 될 것이다. 이에 따라 근무시간이 아닌 성과물로 평가받고 보상을 받는 시스템이 확산될 것이다.

16.8.1 고용 형태 변화

일하는 방식의 변화는 필연적으로 고용 형태(Employment Status/Type)의 변화를 동반한다. 5G나 모바일 등 ICT의 발전으로 온라인 플랫폼에 기반을 둔 서비스나 기업이 증가할 것이고, 관련 노동자도 증가할 것이다. 이러한 흐름은 플랫폼 경제, 주문형 경제(On-demand Economy),[8] 긱경제(Gig Economy), 공유경제(Sharing Economy) 등 다양한 형태로 나타남으로 인해 플랫폼 근로자 또한 늘어날 것이다. 플랫폼 근로자나 프리랜서 또는 프로슈머는 고용주가 없는 근로자인 동시에 1인 사업자이며, 한 근로자가 여러 고용주와 계약한 뒤 일을 한다. 독립적 근로자는 전통적인 근로자(Traditional Employee)나 독립적 사업자(Independent Business)와 구분이 모호한 영역이 존재하고, 이에 따라 전통적인 노동법이나 계약법체계에서 이들을 보호하는 데 한계가 존재하기도 한다. 이들은 자유롭게 개인시간을 관리하면서 일을 할 수 있다는 장점이 있다(김동규 등, 2017). 또한 특수 형태의 근로자의 고용보험 및 산재보험이 2022년 07월부터 적용됨에 따라 이들을 보호하기 위한 장치가 마련되고 있다.

미국 생산자협회(National Association of Manufacturers)에서 발표한 자료를 보면 스마트공장의 도입에 따라 공장 내의 생산, 제조와 일자리는 감소할 수 있으나 스마트공장과 관련한 지원인력 등 간접 일자리는 증가할 것으로 예상하고 있다.

---

8) 모바일 기술 및 IT 인프라를 통해 소비자의 수요에 즉각적으로 제품 및 서비스를 제공하는 경제활동을 말한다.

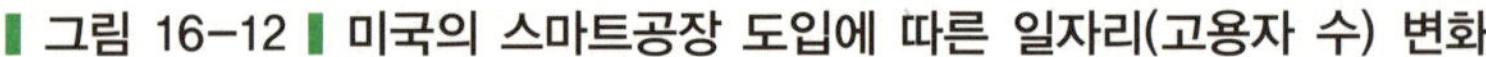

▌그림 16-12▐ 미국의 스마트공장 도입에 따른 일자리(고용자 수) 변화

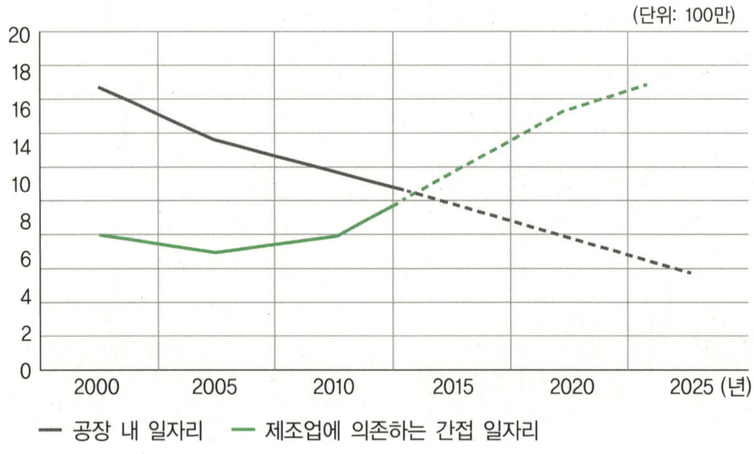

출처: 미국 생산자협회

16.8.2 직무역량 강화

세계경제포럼(WEF)에서는 향후 근로자에게 가장 필요한 역량으로 복잡한 문제해결 능력(Complex Problems Solving Skills)을 제시하며 근로자의 재교육과 인재양성을 기업의 선결과제로 제시하였다(WEF, 2016). 근로자의 역량 강화는 생산성과 직결되기 때문에 근로자의 교육은 국가, 기업 차원에서 고민해야 할 매우 중요한 과제이다. 특히 새로운 환경에 적합한 교육훈련방법의 도입과 첨단 교육훈련 매체의 활용은 성과 창출의 핵심 요소가 될 것이다.

디지털 전환기에 근로자가 업무를 수행하는 데 요구되는 지식, 기술, 태도 등이 지속적으로 변화하고 있다. 더 복잡한 생산공정과 네트워크화된 구조에서 근로자에게 다른 숙련(Qualification)이 요구되어 기업 재교육의 중요성이 증가하고 있다.

공장 등 산업현장에서는 각종 지능화된 설비와 장비가 설치되고 다양한 자료를 디지털 기기로 다루기 때문에 IT를 비롯한 빅데이터, 인공지능 등과 같은 새로운 지식과 기술 습득이 불가피하다. 빅데이터를 다룰 때는 데이터 분석과 데이터 보안에 대한 능력이 요구되고 네트워크화된 생산라인에서는 전체 생산공정에 대한 통합적 사고가 요구된다. 제품 생산이 개별화됨에 따라 신제품에 대한 정보뿐 아니라 제품의 특성에 맞춰 제조공정을 전환할 수 있는 능력이 요구된다.

| 표 16-6 | 글로벌 기업의 직무역량 강화교육

기업	내용	분야
보쉬(Bosch)	전 직원에게 신기술 향상 교육 수행	근로자 재교육 강화
뮌스터만(Münstermann)	고객 맞춤형 제조를 위한 재교육	
다임러(Daimler)	작업현장에서 이루어지는 숙련 향상 교육	
하르팅(Harting)	직업교육을 통한 새로운 과업에 재배치	
포스코(Posco)	스마트 역량 향상 교육 및 훈련	
엘슈콤(Elschukom)	생산기술자 직무개발을 통한 디지털 대응	신직무 개발, 미래 인재 양성
지멘스(Siemens)	디지털 직무 도출 및 분석을 통한 교육체계 개발	
텔레콤(Telekom)	미래 트렌드 분석을 통한 교육 프로그램 개발 및 제공	

출처: 김동규 등(2017)

16.9 4차 산업혁명 시대의 필요 역량

미래에는 반복적이고 정형화된 문제를 해결하는 일들은 서서히 기계로 대체되고, 인간은 창의력이나 고도의 전문성을 발휘하는 고부가가치 업무에 집중하게 될 것이다. 이와 같은 미래의 일자리 환경에서 인간이 필요로 하는 역량이 무엇인지 살펴본다.

미래의 인재는 접해 보지 않은 복잡한 문제와 마주했을 때, 문제를 구성하는 다양한 내용을 정확하게 이해하는 동시에 남과 다른 시선으로 분석하여 창의적 대안을 도출하고 실행해 나갈 수 있어야 한다. 그 과정에서 기계와 협력하고 소통함으로써 더 큰 가치를 창출할 수 있어야 한다. 미래의 인간이 기계와 공생하는 데 필요한 3대 미래 역량은 다음과 같이 요약할 수 있다.

- **획일적이지 않은 문제인식역량:** 인간 고유의 인문학적 · 감성적 · 비판적인 상황 해석을 더해 기계와 차별화된 관점으로 문제를 인식할 수 있는 능력
- **다양성의 가치를 조합하는 대안도출역량:** 인간 개개인이 갖는 다양성을 조합하여 기계와 차별화된 대안을 탐색하고 도출할 수 있는 능력
- **기계와의 협력적 소통역량:** 기계를 이해하고 협력하는 방안을 찾아냄으로써 '기계를 이용하는 인간'이 되는 능력

표 16-7 4차 산업혁명 시대의 필요 역량

3대 미래 역량	11대 세부 역량	역량 정의	대표 직업
문제 인식 역량	1. 유연하고 감성적인 인지력	문화적 이해와 감성적 해석을 더함으로써 복합적인 문제를 보다 유연하게 해석할 수 있는 역량	• 소셜 디자이너 • 감성 서비스 개발자
	2. 능동적 자료 탐색 및 학습능력	상황과 관련성이 있는 다양한 자료를 탐색하고, 학습을 통해 문제와의 관련성을 찾을 수 있는 역량	• 사업 기획자 • 관리시스템 개발자
	3. 비판적 상황 해석력	일반적인 틀에서 벗어나 문제의 핵심을 해석할 수 있는 역량	• 스타트업 창업가 • 정보 활용 컨설턴트
대안 도출 역량	4. 구조화·설계된 휴먼 모니터링 능력	자신과 타인을 전문적이고 계획적으로 모니터링하는 능력	• 소셜 컨시어지 • 심리상담사
	5. 유인형 협력능력	다양한 사람들에게 창의적 의견과 지식을 추출(유인)해 낼 수 있는 역량	• 미래 예측 연구자 • 전문가 관리 코디네이터
	6. 협력적 의사결정력	다양한 사람들의 의견을 종합하여 결론을 도출하는 기준과 과정을 설계할 수 있는 능력	• 리더 양성가 • 전략부서 근무자
	7. 휴먼 클라우드 활용능력	다양한 휴먼 네트워크의 인적자원을 활용해 대안을 도출해 수행할 수 있는 역량	• 문제해결 도우미 • 분쟁조정사
	8. 시스템적 사고	다양한 유형과 소스의 정보를 체계적으로 조합하여 지식화할 수 있는 능력	• 빅데이터 사이언티스트 • 업무환경 설계 전문가
협력적 소통 역량	9. 디지털 문해력	ICT 기기의 특성과 그로부터 발생하는 디지털 정보를 이해하고 활용할 수 있는 능력	• 자동화 생산공정 관리자 • 클라우드 기반 정보 서비스 제공 사업자
	10. 정교한 첨단기술 조작능력	첨단기술·기기를 정교하게 조작하거나 감수·보정할 수 있는 능력	• 자동화 기계 검사원 • 공연 설계사
	11. 휴먼-컴퓨터 조합력	기계로부터 얻을 수 있는 정보와 사람의 의견을 체계적으로 연결하고 종합할 수 있는 능력	• 무인이동체 개발 및 운영자 • 윤리적 가치 기반 프로그래머

연습문제

01 다음 중 초연결사회의 특징으로 맞지 않는 것은?

① 초연결사회를 구성하는 대표적인 기술들은 센서, 모바일, 클라우드, 빅데이터 등이라 할 수 있다.
② 초연결사회는 진화된 기술에 의존하여 파생된 사회라고 할 수 있다.
③ 초연결사회는 사람들이 상호 연결되어 네트워크를 이루고, 새로운 기회와 가치 창출이 가능한 사회를 말한다.
④ 초연결사회는 디지털 네트워크를 통하여 모든 사람과 사물이 연결되어 상호작용하는 사회이다.

02 한국고용정보원은 향후 10년간 고용을 전망하면서 고용변동의 요인을 8가지 범주로 제시하였다. 고용변동 영향 중 확실성 요인이 아닌 것은 어느 것인가?

① 인구구조 및 노동인구 변화 ② 산업특성 및 산업구조 변화
③ 과학기술 발전 ④ 대내외 경제상황 변화

03 과학기술에 의한 생산방식의 변혁은 가장 직접적이고도 급진적인 영향력을 미쳐왔다. 과학기술의 발전이 노동시장에서 나타나는 모습 중 그 의미가 다른 것은?

① 생산의 기계화와 자동화 ② 전산화 및 디지털화
③ 가내 수공업의 발달 ④ 로봇화 및 무인화

04 다음 중 4차 산업혁명의 기술로 인해 사라질 직업이 아닌 것은?

① 은행창구 직원 ② 고속도로요금 징수원
③ 사서보조원 ④ 로봇 윤리학자

05 다음 중 4차 산업혁명의 기술로 인해 증가하는 직업이 아닌 것은?

① 자동차 조립원
② 인공지능 전문가
③ 빅데이터 분석가
④ 범죄예방환경 전문가

06 초연결사회가 무엇인지 개념을 설명하시오.

07 초연결사회의 6가지 주요 속성에 대해 설명하시오.

08 4차 산업혁명에서 모든 것의 연결이 가능한 이유는 디지털화이다. 과거에는 상상하지 못했던 서비스의 자동화가 이루어진 것이라 할 수 있다. 컴퓨터, 스마트폰 등의 디바이스의 보급으로 디지털화가 가속화하고 있다. 이러한 디지털화가 우리에게 미치는 의미를 설명하시오.

09 초연결사회를 구성하기 위해 대표적으로 논의되는 기술들은 무엇인가?

10 4차 산업혁명 시대에 필요한 3대 미래 역량을 요약하여 설명하시오.

정답 **01** ③ **02** ④ **03** ③ **04** ④ **05** ①

Chapter 17

5차 산업혁명

세일즈포스 창업자이자 세계경제포럼 이사인 마크 베니오프(Marc Benioff)는 2019년 다보스포럼에서 "5차 산업혁명(Industry 5.0)은 지구를 구하는 것과 관련된 것이 될 것"이라고 제시했다. 인류가 당면한 문제들을 해결하기 위해 기술이 윤리적이고 인도주의적으로 사용되고 있는가에 대한 기업과 다양한 이해관계자들 간의 신뢰가 핵심이 될 것이라는 의미이다.

▌그림 17-1 ▌산업혁명 단계별 특징

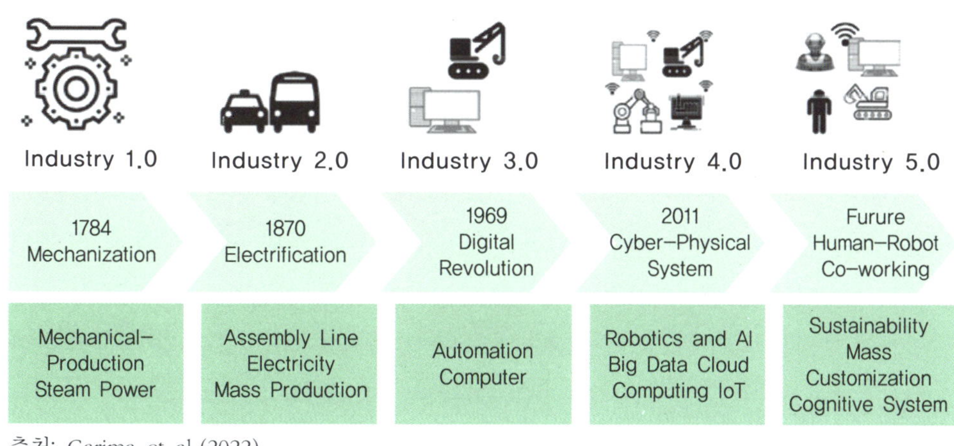

출처: Garima et al.(2022)

17.1 5차 산업혁명(Industry 5.0)의 개념 및 정의

글로벌 기업들은 4차 산업혁명을 수용하기 시작하면서 5차 산업혁명을 논의하기 시작하였다. 2017년부터 학계에서는 산발적으로 5차 산업혁명이 도래하고 있다고 주장하기 시작하였다.

2021년에 유럽위원회는 연구 및 기술 기관의 참가자들과 유럽 전역의 자금 지원 기관 참가자들 간의 토론을 거쳐 2021년에 공식적으로 5차 산업혁명을 선언하였다. 이 선언은 "Industry 5.0: 지속가능하고 인간중심적이며 탄력적인 유럽산업을 향하여"라는 제목으로 공식 발표되었다.

인더스트리 4.0의 확장 버전인 인더스트리 5.0은 산업계에서 협동 로봇(COBOT)이라고 하는 인간-로봇 공동 작업환경을 제공하여 하이퍼 커스터마이징 및 사이버-물리적 인지시스템을 제공하여 비즈니스를 발전시킨 것이다.

인더스트리 4.0에서 로봇은 이미 대규모 생산에 적극적으로 참여하고 있는 반면, 인더스트리 5.0은 주로 고객 만족도를 높이기 위해 설계되었다. 인더스트리 4.0은 CPS 연결에 초점을 맞추고, 인더스트리 5.0은 인더스트리 4.0 애플리케이션에 연결하고 협동 로봇(COBOT) 간의 관계를 설정한다. 인더스트리 5.0의 또 다른 흥미로운 이점은 자연환경 보호에 중점을 두지 않는 기존 산업혁신에 비해 더 친환경적인 솔루션을 제공한다는 것이다.

인더스트리 5.0의 인간중심 접근방식은 인간의 핵심 요구와 관심을 생산 프로세스의 중심에 두고 기술 주도의 발전에서 철저한 인간중심 및 사회중심 접근방식으로 전환하는 것이다.

인간중심 제조는 작업자가 건강하고 안전한 방식으로 작업량을 관리하도록 돕는 데 중점을 두는 전통적인 인적 요소를 넘어서 인지 및 심리적 웰빙, 일과 삶의 균형, 개인 성장과 같은 더 높은 휴머니즘적 수준으로 나아가야 한다. 실질적으로 인간중심 제조는 인간의 웰빙을 제조시스템 및 프로세스의 중심에 두고 작업, 학습 및 성장을 위한 안전하고 편안하며 동기부여되는 환경을 제공하여 개인의 웰빙과 지속가능성이 지속되는 선순환을 만드는 제조 관행을 의미한다.

인더스트리 5.0은 제조시스템에서 인간 역할의 사회기술적 진화를 요구하는 특징이 있다. 인더스트리 4.0이 급속한 기술 발전을 통하여 혁신적인 성과를 달성하여 왔지만, 인더스트리 5.0이라고 하는 새로운 산업혁명은 제품 및 서비스의 개인화된 대량 맞춤화를 제공하기 위하여 기술시스템과 사회시스템 간의 시너지 관계를 가져올 것이다.

인더스트리 5.0은 빠르고 정확한 기계와 인간의 비판적, 인지적 사고를 융합할 것으로 기대된다. 대량 개인화(Mass Personalization)는 인더스트리 5.0의 또 다른 중요한 기여로, 고객은 취향과 필요에 따라 개인화되고 맞춤형 제품을 선호할 수 있다. 인더스

▌그림 17-2 ▌산업혁명의 진화

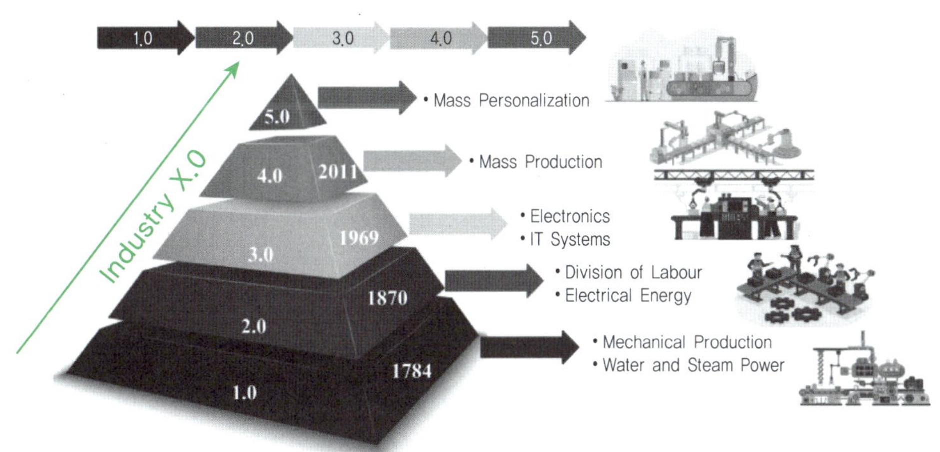

출처: Praveen Kumar Reddy Maddikunta et al.(2022)

트리 5.0은 제조 효율성을 크게 높이고 인간과 기계 간의 다양성을 만들어 상호작용 및 지속적인 모니터링 활동에 대한 역할과 책임을 가능하게 할 것이다.

인더스트리 5.0이란 개념이 이제 막 정립되는 시기이므로 다양한 산업분야와 연구자들에 따라서 다양한 정의를 내리고 있다. 몇몇 주장자들의 의견을 정리하면 [표 17-1]과 같다.

▌표 17-1 ▌인더스트리 5.0의 정의

연구자	정의
Rada(2020)	인더스트리 5.0은 산업적 업사이클링의 6R(Recognize, Reconsider, Realize, Reduce, Reuse and Recycle) 원칙에 기반한 인간이 주도하는 최초의 산업 신화이며, 생활 수준을 평가하는 체계적인 폐기물 방지기술 및 물류 효율성 설계를 통하여 혁신적인 제품을 고품질로 맞춤 생산한다.
Nahavandi (2019)	인더스트리 5.0은 인간 노동력을 공장으로 다시 불러들이고, 인간과 기계가 짝을 이루어 지능형 시스템과 워크플로의 통합을 통해 인간의 지력과 창의성을 활용하여 프로세스 효율성을 높인다.
Longo et al. (2020)	유럽경제사회위원회(European Economic and Social Committee)는 새로운 혁명적 물결인 인더스트리 5.0이 CPPS(Cyber-Physical Production Systems)와 인간지능의 강력한 힘을 통합하여 윤리적이며 인간중심적인 활동이 되게 한다.
Friedman & Hendry(2019)	인더스트리 5.0으로 인해 다양한 산업 종사자, 정보기술자 및 철학자가 산업시스템의 기술과 함께 인적 요소를 고려하는 데 집중해야 한다.

Koch et al. (2017)	인더스트리 5.0은 협동 로봇이 인간과 소통하는 소셜 스마트 공장의 시대이다. 소셜 스마트 공장은 인간과 CPPS 구성 요소 간의 원활한 통신을 가능하게 하기 위해 엔터프라이즈 소셜 네트워크를 사용한다.
Leong et al. (2020)	대칭적 혁신과 차세대 글로벌 거버넌스인 인더스트리 5.0은 인더스트리 4.0(비대칭 혁신)의 점진적 발전 형태이다. 제조 및 생산을 위한 초연결 자동화시스템을 분리하여 설계하는 것을 목표로 한다.
Praveen Kumar Reddy Maddikunta et al.(2022)	인더스트리 5.0은 이상적인 인간 동반자 및 협동 로봇이 인적자원과 협력하여 기업 소셜 네트워크를 통해 개인화 가능한 자율제조를 가능하게 하는 인간중심 설계 솔루션이다. 사람과 기계가 함께 작업할 수 있는 협동 로봇은 반복적인 작업과 노동집약적인 작업에 사용되는 반면, 인간은 맞춤화 및 비판적 사고(즉시 생각하는 것)를 담당한다.
Demir et al. (2019)	인더스트리 5.0은 주로 고객 만족도를 높이기 위해 설계되었으며, 인더스트리 4.0 애플리케이션과 기술을 활용하여 협동 로봇(코봇) 간의 관계를 설정하며 기존 산업혁명 대비 친환경적인 솔루션을 제공한다. 인더스트리 5.0의 또 다른 흥미로운 이점은 자연환경 보호에 중점을 두지 않는 기존 산업혁명에 비해 더 친환경적인 솔루션을 제공한다는 것이다
Salama(2020)	인더스트리 5.0의 목표는 지속가능성과 환경친화적 방법을 사용하고 기존 작업 및 서비스 경험을 향상시킨다. 인간과 로봇, 첨단 디지털 시스템이 협업하여 스마트한 환경을 형성한다는 비전을 가지고 있다.

표 17-2 산업혁명의 정의와 주요 특징

단계	시기	핵심 개념	특징
1차 산업혁명	18세기 말	기계화 생산 (Mechanization)	수력 · 증기력의 기계화된 제조설비: 수작업의 기계화
2차 산업혁명	20세기 초	대량생산 (Mass Production)	분업 기반의 전력화 대량생산체계: 컨베이어 시스템 도입
3차 산업혁명	1970년대 초	대량개별화 (Mass Customization)	제조업 자동화: 제조자동화의 진전을 위한 전자공학 · IT 사용
4차 산업혁명	21세기 초	급격한 기술진보: 생산 · 생활방식 변화	물리학 · IT · BT의 기술적 융합: 사이버물리시스템
5차 산업혁명	현재	사회적 필요가치	기술중심 → 인간가치 중심 인간중심성, 회복탄력성, 지속가능성

17.2 5차 산업혁명에서의 협동 로봇

현재진행형인 인더스트리 4.0과 인더스트리 5.0이 로봇과의 협업 수준으로 정의된다면, 인더스트리 5.0 수준을 뛰어넘어 인간이 로봇과 하나가 되는 융합의 단계를 인간 2.0 또는 인더스트리 6.0으로 정의할 수 있다. 하지만 이것은 생체와 연결되는 기술적 문제해결과 더불어 사람과 로봇이라는 정의의 경계가 모호해질 수 있고 윤리적인 문제에 해당하는 사항으로 사회적 합의가 필요한 사항이기 때문에 아직은 논의할 단계는 아니라고 평가된다.

우리는 인간-기계 관계가 5C(즉 공존(Coexistence), 협력(Cooperation), 협업(Collaboration), 공감(Compassion) 및 상호 진화(Coevolution)) 여정을 따른다고 주장한다. 최고 수준의 인간 요구를 충족하기 위해 인간중심 제조는 공감과 상호 진화 인간-기계 관계를 생성하여 지속적인 제조 우수성과 인간 복지를 보장하는 데 중점을 두어야 한다.

인간-로봇 협업 관련 이슈는 다음과 같이 정리할 수 있다.

- 법률 및 규제 문제
- 로봇 작업에 대한 개인적인 선호도
- 인간-로봇 협업으로 인한 심리적 문제
- 인간-로봇 협업의 사회적 의미
- 인사부서의 역할 변화
- 정보기술학과의 역할 변화와 로봇학과의 등장
- 인간-로봇 협업으로 인한 윤리적 문제: 로봇의 윤리적 지위
- 작업할 로봇 유형 선호(학습 또는 규칙 기반 로봇)
- 로봇과 함께 일하는 법 배우기
- 인력 감소로 인한 로봇에 대한 부정적인 태도
- 로봇과 경쟁하는 인간 또는 인간을 보완하는 로봇

협동 로봇의 사용은 인더스트리 5.0에 직면하여 보다 스마트한 제조시스템으로 나아가기 위한 노력 중 하나이다. 협동 로봇을 사용하여 작업자의 저부가가치 작업을 줄이

고 작업자의 잠재력을 활용하여 작업의 유연성을 확보할 수 있다. 로봇이 단순 반복적이거나 정교하고 규칙적인 제한적 고급 작업을 개선할 수 있다.

협동 로봇을 현장에 설치, 적용하고자 할 때 인간 작업자가 협동 로봇을 거부감 없이 수용하게 하기 위해서는 초기 구현 프로세스(예: 작업 조건 정의)부터 작업자가 참여하게 해야 가능하다. 결과적으로 협동 로봇의 사용은 작업시스템의 설계와 작업 구성방식을 개선하는 데 상당한 잠재력을 제공할 수 있다. 제조회사는 안전 및 신뢰 보장, 인체공학 및 변경사항을 처리할 수 있는 유연성을 포함하여 작업 요구사항 및 설계 고려사항을 고려해야 한다.

17.3 인간중심의 5차 산업혁명

인더스트리 5.0에는 두 가지 비전이 있다. 첫 번째 비전은 '인간-로봇 코워킹'이다. 이 비전에서 로봇과 인간은 언제 어디서나 가능하면 함께 일할 것이다. 인간은 창의성이 필요한 작업에 집중하고 나머지는 로봇이 수행한다.

인더스트리 5.0의 또 다른 비전은 바이오 경제이다. 유럽연합 집행위원회(European Commission)에 따르면 바이오 경제는 "재생 가능한 생물학적 자원의 생산과 이러한 자원과 폐기물을 식품, 사료, 바이오 기반 제품 및 바이오 에너지와 같은 부가가치 제품으로 전환하는 것이다. 여기에는 농업, 임업, 어업, 식품, 펄프 및 제지 생산뿐만 아니라 화학, 생명공학 및 에너지 산업의 일부가 포함된다. 이러한 바이오 경제는 산업에 근본적인 변화를 일으킬 잠재력이 있다.

표 17-3 | 인더스트리 4.0과 인더스트리 5.0 비전의 비교

구분	인더스트리 4.0	인더스트리 5.0(비전 1)	인더스트리 5.0(비전 2)
궁극적 지향점	스마트 제조	인간-로봇 협동	바이오 경제
동기부여	대량생산	스마트 사회	지속가능성
전원	• 전력 • 화석연료 • 재생 가능한 전원	• 전력 • 재생 가능한 전원	• 전력 • 재생 가능한 전원

관련 기술	• 사물인터넷(IoT) • 클라우드 컴퓨팅 • 빅데이터 • 로봇공학 및 인공지능(AI)	• 인간-로봇 협업 • 재생 가능한 자원	• 지속가능한 농업 생산 • 생체공학 • 재생 가능한 자원
관련 연구분야	• 조직 연구 • 프로세스 개선 및 혁신 • 경영학	• 스마트 환경 • 조직 연구 • 프로세스 개선 및 혁신 • 경영학	• 농업, 생물학 • 폐기물 예방 • 프로세스 개선 및 혁신 • 경영학, 경제

출처: Demir et al.(2019)

루 등(Lu et al., 2021)에 따르면 인간중심 제조 참조 모델은 다음의 내용을 강조한다.

- **인간중심성**: 인간의 욕망과 판단에 집중할 수 있는 능력
- **사회적 건강**: 인간의 건강을 최대화하기 위해 인간의 신체적, 정신적 수행을 감지하고 이에 대응하는 능력
- **적응성**: 환경에서 배우고 그 학습을 기반으로 행동을 바꾸는 능력

이 참조 모델은 인간과 기계 간의 상호작용을 세 가지 기본 구성 요소로 추상화하였다.

- 인간-기계 이해
- 인간-머신 협업지능
- 인간-기계 통신

17.4 5차 산업혁명의 구현기술

인더스트리 5.0을 위하여 다음 여섯 가지 구현기술을 정리하였다.

- 인간과 기계의 강점을 상호 연결하고 결합하는 개별화된 인간-기계 상호작용 기술
- 생체에서 영감을 받은 기술과 스마트 소재로 센서가 내장되어 있고 기능이 향상되어 재활용이 가능한 기술
- 전체 시스템을 모델링하기 위한 디지털 트윈 및 시뮬레이션
- 데이터 및 시스템 상호 운용성을 처리할 수 있는 데이터 전송, 저장 및 분석기술

- 실행 가능한 지능으로 이어지는 복잡하고 동적인 시스템의 인과관계를 감지하는 인공지능
- 에너지 효율성, 재생 가능, 저장 및 자율성을 위한 기술

| 그림 17-3 | 인더스트리 5.0 추진 동력 요소 · 기술

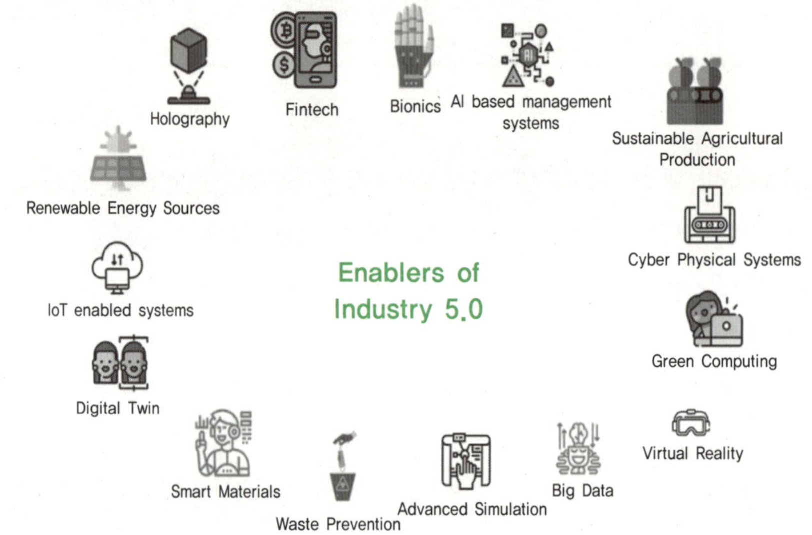

출처: Sindhwani et al.(2022)

인더스트리 5.0은 기술중심의 산업혁명이 아니며, 특정 목적을 가진 기술혁신을 활용하여 가치중심의 혁신을 주도하는 것이다.

| 그림 17-4 | 인더스트리 5.0 목표와 기술적 원동력

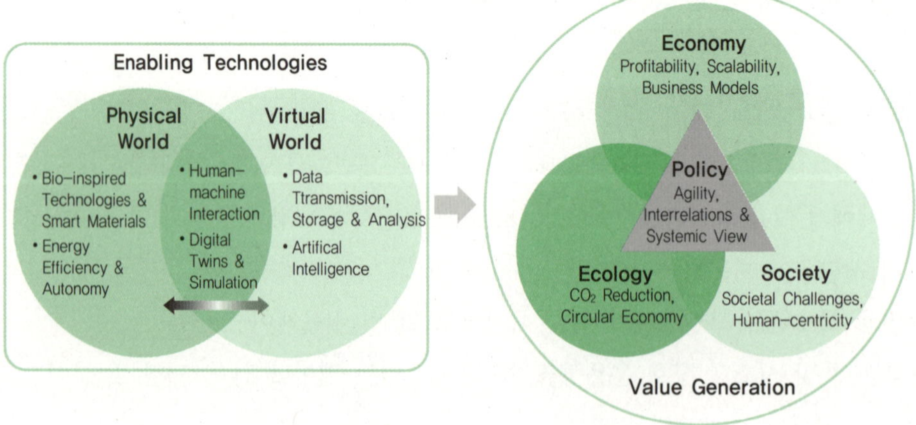

17.5 5차 산업혁명의 핵심 가치

유럽위원회는 인더스트리 5.0을 촉진하기 위해 투자, 마케팅 및 거버넌스 차원에서 일련의 구현전략을 설명하였다. 다른 정부와 업계의 대응은 당분간 여전히 제한적이다. 그러나 학계는 2021년에 인더스트리 5.0에 대한 연구를 장려하기 위해 'Journal of Manufacturing Systems', 'International Journal of Production Research' 및 'IEEE Transactions on Industrial Informatics' 모두 관련 특별 이슈를 설정함에 따라 인더스트리 5.0에 대한 논의를 빠르게 수용하였다. IEEE Robotics and Automation Society(RAS) 디지털 제조 및 인간중심 자동화에 관한 기술위원회(TC)도 인더스트리 5.0과의 관련성을 강조하였다.

인더스트리 4.0과 마찬가지로 인더스트리 5.0의 성공을 위해서는 정부 기관의 상당한 투자가 필요하다. 인더스트리 5.0의 미래와 상관없이 인간중심성, 지속가능성, 회복탄력성이라는 핵심 가치는 개발 지향 정책의 부산물이 아니라 사회 발전의 주요 원동력이 되고 있다. 이것은 파리협정, 유엔의 지속가능발전목표(SDGs), 미래세대 웰빙법, 진정한 진보 지표 2.0, 웰빙의 경제, 국가 성과와 같은 국가 정책에 이를 포함하려는 정부의 최근 조치 등에서 확인할 수 있다. 인더스트리 4.0과 달리 인더스트리 5.0은 개별 기술에서 체계적인 접근방식으로 과감하게 초점을 이동하였다. 이러한 접근방식은 산업이 일자리와 성장을 넘어 사회적 목표를 달성할 수 있도록 하고 산업 근로자의 웰빙을 생산 프로세스의 중심에 두도록 하고 있다. 이것은 인더스트리 5.0이 다른 산업혁명과 다른 유형의 산업혁명으로 간주되는 이유를 설명하는 데 도움이 될 수 있을 것이다.

인더스트리 5.0은 인간중심성, 회복탄력성, 지속가능성이라는 세 가지 상호 연결된 핵심 가치를 중심으로 진행된다고 정리할 수 있다.

| 표 17-4 | 인더스트리 5.0의 핵심 가치

핵심 가치	내용
인간중심성 (Human-centric)	• 인간의 핵심 요구와 관심을 생산 프로세스의 중심에 두고 기술중심의 발전에서 철저히 인간중심적이고 사회중심적인 접근방식으로 전환한다. • 근로자를 비용에서 투자가치로 인식하고, 기술은 사람과 사회에 봉사하는 개념이 되어야 한다. • 인간의 자율성과 존엄성 및 사생활을 보호하는 포괄적인 작업환경이 조성되어야 한다. • 근로자에게 더 나은 경력개발 기회와 워라벨을 위하여 기술 향상과 재숙련의 기회를 제공하여야 한다.
회복탄력성 (Resilience)	• 산업 생산에서 더 높은 수준의 로버스트(robustness)한 개발로 회복탄력성을 확보하고, 위기 시 중요 기반시설을 지원할 수 있도록 한다. • 미래 산업은 (지정학적) 정치적 변화와 자연적 비상사태를 신속하게 헤쳐 나갈 수 있을 만큼 충분히 회복력이 있어야 한다. • 유연하고 적응 가능한 기술로 민첩하고 탄력적이어야 한다.
지속가능성 (Sustainable)	• 지구의 환경 존속(존중)을 위해서는 지속가능하여야 한다. • 천연자원을 재사용, 재활용하고, 폐기물 환경영향을 줄이며, 궁극적으로 더 나은 자원 효율성과 효과로 순환경제로 이어지는 순환 프로세스를 개발하여야 한다.

출처: Breque et al.(2021)

회복탄력성(복원력 있는) 제조시스템은 "예상 및 예상치 못한 조건 모두에서 필요한 운영을 유지할 수 있도록 운영 변경 및 장애 이전, 도중 또는 이후에 기능을 조정할 수 있는 능력을 갖춘 시스템"으로 정의할 수 있다. 이러한 회복력은 제조활동이 원하는 수준에서 제조 작업의 연속성에 위협이 되는 운영 중단을 견디거나 신속하게 복구할 수 있는 정도로 측정될 수 있다.

회복탄력성은 예상되거나 예기치 않은 중단을 방지(예상), 수용(흡수), 적응(재구성), 복구(복원)를 포함하는 시스템의 다면적 기능을 갖는다. 제조시스템의 탄력성 정도는 가장 약한 하위 시스템의 탄력성 측면에 따라 달라지게 된다. 이것은 인간 시스템의 근로자가 취약한 경우에 시스템 탄력성에 영향을 주게 된다.

17.6 5차 산업혁명은 진행 중

5차 산업혁명은 이미 진행 중이다. 인공지능(AI)이란 용어가 등장한 지 70년이 지난 지금 인공지능분야는 과학계뿐만 아니라 모든 산업에서 가장 활발하게 개발되고 있는 분야이다. 또한 5G 통신환경을 넘어 6G 통신을 향해 달리고 있다. 삼성전자는 지난 2021년 6월 16일 미국의 샌타바버라 캘리포니아 주립대와 함께 6세대 이동통신 테라헤르츠 대역 통신시스템 시연에 성공했다. 자율주행기술 또한 5~10년 안에 레벨 5 수준의 기술을 실현할 것으로 전망한다.

이처럼 5차 산업혁명 시대에는 6G 통신 기반의 인공지능기술과 V2X로 연결되어 도로 위 수많은 자율주행자동차가 서로 통신하며, 안전을 확보한 채, 목적지로 이동할 것이다. 뿐만 아니라 교통사고도 현재에 비해 대폭으로 감소할 것이다. 그로 인해 자동차 보험산업도 변화를 맞이할 것이다. 이처럼 자율주행은 자동차 산업뿐만 아니라 그 파급효과가 상상을 초월한다. 인간의 삶과 일상의 변화에도 효과가 미칠 것은 분명하다.

아직은 이것이 새로운 산업혁명인지, 4차 산업혁명과 연속성을 가진 것인지에 대해서는 의견이 분분하다. 인공지능의 혁명, 인간과 기계의 융합 등을 5차 산업혁명으로 거론하기도 하지만, 혹자들은 이러한 특징을 4차 산업혁명의 연속선상으로 주장하기도 한다.

자빌(Jabil)의 부사장 댄 가모타(Dan Gamota)는 〈포브스〉에 기고한 글에서 코로나19가 4차 산업혁명에서 5차 산업혁명으로의 진화를 촉진하고 있다고 하면서, "5차 산업혁명은 디지털 경험 자체로부터 그 경험의 주체인 인간으로 초점이 진화하는 것이다. 그 결과 자동화 기술과 속도가 인간의 비판적, 창의적 사고와 융합될 것"이라고 설명하였다. 4차 산업혁명은 인간의 개입이 없는 자동화, 인공지능, 사물인터넷의 시대였다면, 5차 산업혁명은 다시 인간이 중심에 있게 된다는 것이다.

5차 산업혁명은 기계와 디지털에 다시 인간적인 요소를 추가한 것이다. 인간과 기계의 공존으로 상상하는 모든 것들이 실현 가능한 미래가 도래하는 것이다.

연습문제

01 인더스트리 5.0의 핵심 가치가 아닌 것은?

① 인간-로봇 협업 ② 인간중심성
③ 회복탄력성 ④ 지속가능성

02 인더스트리 5.0의 핵심 가치 중 인간중심성에 대한 설명으로 올바른 것은?

① 지구의 환경 존속(존중)을 위해서는 지속가능하여야 한다.
② 산업 생산에서 더 높은 수준의 로버스트한 개발로 회복탄력성을 확보하고, 위기 시 중요 기반시설을 지원할 수 있도록 한다.
③ 인간의 자율성과 존엄성 및 사생활을 보호하는 포괄적인 작업환경이 조성되어야 한다.
④ 유연하고 적응 가능한 기술로 민첩하고 탄력적이어야 한다.

03 인간중심 제조 참조 모델에서 강조한 내용이 아닌 것은?

① 인간중심성 ② 민첩성
③ 사회적 건강 ④ 적응성

04 산업혁명의 단계를 핵심 개념으로 서로 연결하시오.

1차 산업혁명 •	• 급격한 기술 진보
2차 산업혁명 •	• 기계화 생산
3차 산업혁명 •	• 사회적 가치 필요
4차 산업혁명 •	• 대량 생산
5차 산업혁명 •	• 대량 개별화

05 5차 산업혁명의 개념과 정의를 설명하시오.

06 5차 산업혁명의 인간중심 접근방식에 대해 설명하시오.

07 최고 수준의 인간 요구를 충족하기 위해 인간중심 제조는 공감과 상호 진화 인간-기계 관계를 생성하여 지속적인 제조 우수성과 인간 복지를 보장하는 데 중점을 두어야 한다. 인간과 기계의 관계를 5C에 맞추어야 한다고 하였다. 5C는 무엇인가?

08 인더스트리 5.0은 인간-로봇 협동과 바이오 경제라는 두 가지 비전이 있다 각 비전별로 특징을 설명하시오.

09 인더스트리 5.0을 위한 여섯 가지 구현기술을 설명하시오.

10 인간과 로봇 협업 시 여러 가지 문제점을 검토하여야 한다. 어떠한 이슈가 있는지 설명하시오.

정답 01 ① 02 ③ 03 ②

참고문헌

국내 문헌

가석철(2017), "자율주행차 센서 기술 동향", TTA Journal, Vol.173, 2017.09.10.

강명구(2015), "스마트 도시, 그리고 서울의 과제", 세계와 도시, 9호.

경인종합일보(2018), "인천 최초 가상현실스포츠실 초등학교에 설치된다", 2018.04.03.

과학기술정보통신부(2017), "혁신성장을 위한 사람 중심의 4차 산업혁명 대응 계획 I-KOREA 4.0."

과학기술정보통신부(2018), "4차 산업혁명의 핵심 기술 블록체인", D&D KIOSK, 제54호, 2018.11.

고용노동부(2018), "2016~2030 4차 산업혁명에 따른 인력수요 전망", 제5차 4차산업혁명위원회 보고안건 제1호, 2018.3.

고제욱(2019), "블록체인의 채택에 영향을 미치는 요인에 관한 연구", 숭실대학교 대학원, 박사학위논문.

관계부처합동(2018), "스마트시티 추진전략", 4차산업혁명위원회.

교육부(2020), "Living Lab 스마트 물류", 한국과학창의재단, 인천대학교.

국가기술표준원(2016), "KATS 기술보고서, 3D 프린팅 국내외 표준화 동향", 3D융합산업협회, 제86호, 2016.05.31.

국가기술표준원(2018), "자율주행 산업 최신 동향 및 자율주행 시스템 표준화 현황", 국가기술표준원 기술보고서, Vol.113, 2018.08.

국방기술(2020), "자율주행자동차의 군 적용방안", 국방기술 Defence Technology.

국방기술진흥연구소(2022), "미래국방 2030 기술전략", KRIT, 2022.03.

국제신문(2021), "IoT · AI 접목 '스마트컨테이너' 만든다", 2021.06.14.

국토교통부(2016), 드론 활용 비즈니스 모델 및 시범사업 확대 심포지엄 자료집, 2016.08.11.

국토교통부(2017), "드론산업 발전 기본계획(2017~2026)", 2017.12.

국토교통부(2019), "드론 규제, 미리 내다보고 선제적으로 개선합니다 — 자율주행차에 이어 두 번째로 드론 분야 선제적 규제혁파 로드맵 발표 —", 국토교통부 보도자료, 2019.10.16.

국토교통부(2021), "자율주행차 융 · 복합 미래포럼", ISSUE BRIEF, 2021.12. Vol.1(창간호).

국토교통부(2021), "'스마트 신호운영 시스템' 전국으로 확대 구축합니다", 국토교통부 보도자료, 2021.04.30.

권선영(2021), "대학도서관의 가상현실(VR) 서비스 가이드라인", 한남대학교, 강의자료, 2021.5.27.

권성자(2021), "3D 프린팅 융합 기술을 활용한 농촌 다목적 전기차의 모듈형 디자인 개발에 관한 연구", 부경대학교 대학원, 박사학위논문.

권평오(2019), "스마트 가전으로 꾸미는 스마트 홈, 미국시장 진출 전략", KOTRA.

권희춘(2017), "4차 산업혁명과 미래치안기술", 경찰대학교 강의 PPT 교안, pp.118~122.

김관수 · 안춘기(2018), "휴머노이드: 인간과 로봇의 조화", The Korean Institute of Electrical Engineers, February 2018, 6~13, https://koreascience.kr/article/ JAKO201810038011200.pdf

김동규 · 김중진 · 김한준 · 최영순 · 최재현(2017), 4차 산업혁명미래 일자리 전망, 한국고용정보원.

김동민 · 임지용 · 오암석(2018), "사물인터넷과 빅데이터 기반의 SCM 시스템에 관한 연구", 한국정보통신학회 2018년 춘계학술대회, 동명대학교.

김선남(2021), "블록체인 산업 활성화를 위한 법정책적 연구", 단국대학교 대학원, 박사학위논문.

김선지 · 윤정현(2017), "가상현실에서의 몰입을 통한 공감구현 기술의 가능성과 숙제", 과학기술정책, 2월호.

김성익(2015), "3D 프린팅 기술을 활용한 디자인 비즈니스 모델 개발에 관한 연구", 건국대학교 대학원, 박사학위논문.

김세윤(2020), "제4차 산업혁명이 일자리 영향에 대한 실증적 연구: 미국 상장기업 종업원수 증감추이 분석", 한국과 국제사회 제4권 5호, pp.203~230.

김양현(2016), "드론의 민간경비 활용과 문제점 검토", 한국민간경비학회보, 제15권 제5호, pp.25~54.

김영식(2018), "4차 산업혁명 시대의 노동시장 발전 방향에 대한 연구", 인천대학교 석사학위논문.

김용주 · 백승민(2020), "정밀농업 주요 기술 및 농기자재 현황과 진단", 한국농촌경제연구원.

김은경(2019), "유비쿼터스 도시에서 진화하는 스마트시티 구축의 필수 요소", 정보통신기획평가원.

김재생 · 현정희(2019), "스마트시티의 기반 기술 소개와 추진 사례", 김포대학교, 한국콘텐츠학회, 제18권 제2호.

김정임(2016), "자율주행자동차 상용화에 따른 법적 제문제", 한국법학회 개최, 2016년도 한 · 일 추계 국제학술대회, 2016.9.9.

김정호(2009), "식물공장의 동향과 전망", 농정연구속보, 한국농촌경제연구원.

김종갑(2021), "자율주행자동차 교통사고의 형사책임에 관한 연구", 고려대학교 대학원, 박사학위논문.

김종민(2019), "가상증강현실을 활용한 건설 안전교육이 사고예방에 미치는 영향에 관한 실증적 연구", 명지대학교 대학원, 박사학위논문.

김정섭(2019), "초연결사회의 탄생: 모든 것은 어떻게 연결되었나", 위키미디어, 2019.05.09.

김준형 · 이사빈 · 염지선 · 김민영(2020), "지속가능한 스마트 시티 운영을 위한 정부혁신 방안에 관한 연구, 한국행정연구원, 경성문화사.

김지연(2020), "인공지능 시대의 자율주행자동차 운행과 형사상 과실책임", 서울대학교 대학원, 석사학위논문.

김지인(2021), "왜 5차 산업혁명을 이야기하는가?", 브레인미디어, 2021.09.03.

김천환(2017), 실전 3D 프린팅 활용가이드, 비제이퍼블릭, p.10.
김한준(2017), “4차 산업혁명이 직업세계에 미치는 영향”, 한국고용정보원, 2017.6.22.
김현구 · 허건수(2018), “자율주행 기술 연구 동향 및 전망”, 한국교통연구원.
김현중(2012), “초연결 시대로의 변화와 대응 방향”, 정보통신산업진흥원, INSIGHT, 2012.02.
김훈섭(2020), “코로나19 이후 건설산업의 트렌드 변화”, KDB미래전략연구소, 2020.05.
나형배 · 안예환 · 황인극(2020), 스마트공장개론, 도서출판 청람.
닐 스트븐슨 저, 김장환 역(1996), 스노우 크래쉬 1, 새와 물고기, pp.48~49.
농어촌연구원(2008), “개방화시대에 대비한 공사미래전략”, 한국농촌공사.
동아일보(2018), “[4차 산업혁명과 직업의 미래] 5. 5G통신의 현재와 미래”, 2018.07.27.
로봇신문(2017), “영국 내년부터 새로운 드론 법규 시행”, 2017.11.29. http://www.irobotnews.com/news/articleView.html?idxno=12371
류영기 · 박장환 · 이재원 · 민수홍 · 류종목(2019), “무인항공기「드론」운용 총론: 4차 산업혁명의 테크놀로지”, GoldenBell, p.15.
마이클 네그네빗스키 저, 김용혁 역(2013), 인공지능 개론, 한빛아카데미.
머니투데이(2022), “우리 집 거실 엿보는 검은 눈...‘아파트 월패드, 언제든 또 뚫린다’”, 2022.06.09.
문용권 등(2017), “자율주행차의 핵심: 정밀 지도”, 따로 또 같이 Series 4, 2017.4.10.
미래창조과학부(2015), “3D 프린팅 기술을 활용한 사업화 지원 방안 연구”, 방송통신정책연구, 15-진흥-109, 2015.12.
미래창조과학부(2020), “제2차 3D 프린팅 산업 진흥 기본계획(2020~2022).”
박명진 · 이범준(2004), “가상현실 커뮤니케이션의 특성과 그 체험의 양상: 몰입 과정과 몰입 조건에 대한 수용자 연구”, 언론정보연구, 41, pp.29~60.
박선영(2018), “공급망의 디지털 혁신, 스마트 공급망”, 이슈리포트, 정보통신산업진흥원.
박송화(2019), “증강현실의 매체적 특성과 사용자에 대한 미학적 고찰”, 부산대학교 대학원, 석사학위논문.
박정환(2022), “자율주행자동차 사고의 디지털 포렌식 발전 방안에 대한 연구”, 성균관대학교 대학원, 박사학위논문.
박지현(2015), “무인항공기에 대한 법적 쟁점 연구”, 홍익법학, 제16권 제2호, pp.79~104.
박지흔(2021), “자율주행자동차 사고의 민사책임에 관한 연구”, 제주대학교 대학원, 박사학위논문.
박창준 · 김성은 · 이인호(2005), “마커프리 모션캡처 시스템”, 한국전자통신연구원.
박춘식(2021), “소비자의 자율주행자동차 수용 및 구매의도에 관한 연구”, 서울벤처대학교 대학원, 박사학위논문.
박현섭 · 김상철(2015), “농업로봇 기술동향과 산업전망”, KEIT PD Issue Report, 2015.02.
박현제(2017), “블록체인 Techbiz 컨퍼런스”, IITP, 2017.6.
박형근 · 김영훈(2014), “인더스트리 4.0, 독일의 미래 제조업 청사진”, 2014.02.26.

배봉진 · 박태환 · 서화정 · 김호원(2015), "스마트홈 동향 및 전망", 2015 추계학술발표대회, 제22권 제2호, 부산대학교.

백석기(2017), "재난분야에서 드론의 활용방안에 관한 연구", 2017 한국치안행정학회 · 한국해양경찰학회 동계공동학술세미나, pp.32~47.

백승민(2019), "4차 산업혁명시대의 시큐리티발전을 위한 드론산업 발전 방안", 용인대학교대학교 대학원, 박사학위논문.

백옥미 · 홍석호 · 이미영 · 장은하(2021), "농촌 독거노인의 스마트 홈 활용 경험", 보건사회연구.

백인수 · 장준희(2016), "Beyond 비트코인, 블록체인 기술의 무한확장", IT&Future Strategy.

복건화 · 변진호 · 안서현 · 박지우 · 정광수(2015), "IoT 기반의 전력 제어를 위한 스마트 홈 시스템", 통신학회 2015년 추계종합학술발표회, 광운대학교.

4차산업혁명 융합법학회(2020), 4차산업혁명의 이해, 도서출판 ㈜박영사.

산업통산자원부(2017), "대한민국 로봇산업 기술로드맵", 2017.

산업통상자원부(2021), "지능형 홈네트워크 설비 설치 및 기술기준", 산업통상자원부.

삼성경제연구소(2010), "성장의 화두, 플랫폼", SERI 경영노트, 2010.

Samsung Semiconstory(2020), "현실에서 디지털 세계를 만나다, 가상현실(VR)과 증강현실(AR)의 경계는?", 2020.05.13., https://www.samsungsemiconstory.com/kr/

삼정KPMG 경제연구원(2018), 게임 산업을 둘러싼 10대 변화 트렌드.

삼정KPMG 경제연구원(2019), 스마트 농업, 다시 그리는 농업의 가치사슬, 스마트농업전문팀.

서명희(2017), "자율주행자동차 시장 및 정책 동향", 소프트웨어정책연구소.

성지은 · 이유나(2018), "스마트시티 리빌앱 사례 분석과 과제", 과학기술정책연구원.

손상영 · 이시직 · 오태원(2017), "초연결사회의 지속가능성을 위한 사회문화적 조건과 한국사회의 대응(Ⅲ), 정보통신정책연구원, 2017.12.

손상철(2020), "탐정제도 도입 시 드론의 활용과 위험성에 관한 고찰", 한국드론시큐리티연구학회 논문집 창간호.

손환식(2022), "중소 제조기업의 스마트공장 운영요인이 기업성과에 미치는 영향에 관한 연구", 공주대학교 대학원, 박사학위논문.

송유승(2017), "스마트 자동차: 자율주행자동차 기술 동향", 주간기술동향 1815호, 정보통신기술진흥센터, 2017.9.27.

신동현(2016), "자율주행자동차 운행의 법적 문제에 관한 시론", 과학기술법연구, 제22권 제3호, 2016.10.

신우재 · 김도년 · 조영태 · 박신원(2015), "U-City의 국제 경쟁력 구축을 위한 Smart City의 차이점 비교 분석 연구", Urban Design 71.

신현주(2016), "경찰 드론의 활용 전략과 과제에 관한 연구", 한국치안행정논집, 제13권 1호.

신희철 · 박성용(2015), "드론(Drone)을 교통분야에 활용하려면", 월간교통, Vol.207, 2015.5.

심진보 · 최병철 · 노유나 · 하영욱(2017), 대한민국 제4차 산업혁명: 새로운 미래를 위한 전략과 통찰 IDX, 콘텐츠하다.

3D융합산업협회(3DFIA), http://www.3dfia.org/

아마존, https://aws.amazon.com/ko/what-is/blockchain/

IRS Global(2013), "3D 프린팅(프린터, 소재)시장, 기술 전망과 국내외 참여업체 사업전략", p.30, 2013.07.

안수진(2018), "가상현실에서 사용자의 선택적 의도성에 따른 지각적 시선의 영향", 숭실대학교 대학원, 석사학위논문.

안조근(2018), "3D 프린팅의 확장성을 활용한 Maker의 Market Entry 가능성에 관한 실증연구 — 컨조인트 분석을 통한 Desk Service를 중심으로 — ", 영남대학교 대학원, 박사학위논문.

안상희 · 이민화(2017), "제4차 산업혁명이 일자리에 미치는 영향", 한국과학기술원(KAIST).

양현호 · 주양선(2018), "경찰 · 민간조사(탐정) 무인항공기(드론) 운용 활성화 방안에 관한 연구", 한국드론연구, 창간호, pp.39~50.

연구개발특구진흥재단(2017), 농업용 드론 시장, 연구개발특구기술 글로벌 시장동향 보고서.

연합뉴스(2019), "[마이더스] 여기 영화관이야? AR 만난 공연 · 스포츠", 2019.02.03.

영농자재신문(2021), "'무인농업시대 가자'…트랙터 자율주행기술 본격화", 2021.08.12.

오승주(2022), "드론을 이용한 치안활동이 드론활용의 사회적 가치 인식에 미치는 영향 연구", 한세대학교 대학원, 박사학위논문.

위키디피아, ko.widipedia.org

William J. Stevenson 저, 강종열 외 역(2019), 생산운영관리, 13판, MCGRAW-HILL Higher Education.

윤경배 등(2020), 4차 산업혁명의 이해, 도서출판 일진사.

윤용원(2016), "자율주행자동차의 DVI 관련 동향 및 이슈", Auto Journal, 2016.

윤지헌(2007), "3차원 입체 홀로그래피의 효율적인 가상공간 시뮬레이션", 한양대학교 대학원, 박사학위논문.

윤혜영(2018), "증강현실 콘텐츠의 유형 연구", 인문콘텐츠, 49호, pp.71~91.

이길행 등(2018), 가상현실 증강현실의 미래, 콘텐츠하다.

이문호(2020), "4차 산업혁명을 둘러싼 쟁점들 —노동사회학적 관점에서 —", 노동연구 제40집, pp.47~86, 2020.6.

이민화(2016), "인공지능과 일자리의 미래", 국제노동브리프, 제14권 제6호, pp.11~24.

이병석(2021). "경찰 드론 도입 영향요인에 관한 연구: 통합기술수용이론(UTAUT) 모형을 중심으로", 인제대학교 대학원, 박사학위논문.

이상균(2013), "증강현실(AR) 디스플레이의 UI 구조 설계에 관한 연구", 국민대학교 대학원, 석사학위논문.

이상호 · 염경택 · 우달식(2016), "첨단 ICT 융복합 기반의 스마트 도시 물 관리 시스템", Special Issue, 한국수자원학회지 물과 미래.

이성규(2021), “3D프린팅을 활용한 패션문화상품 개발 연구: 한국전통 십장생 문양을 중심으로”, 건국대학교 대학원, 박사학위논문.

이성희(2020), “자율주행자동차의 운행상 안전성확보를 위한 법적 연구”, 창원대학교 대학원, 박사학위논문.

이세호(2020), “가상현실 기반 국방 교육훈련체계 사용의도에 영향을 미치는 요인과 사업과 우선순위 선정에 관한 연구”, 충남대학교 대학원, 박사학위논문.

이양규(2021), “LSTM을 활용한 드론의 모터 진동 이상 탐지 연구”, 한신대학교 대학원, 박사학위논문.

이일구 · 김상훈(2019), “스마트 홈 서비스 이용의도에 대한 영향요인에 관한 실증적 분석”, 서비스 연구, 제9권 제2호, pp.55~76.

이일우 · 김현(2015), “스마트 에너지 서비스 기술”, 한국전자통신연구원.

이임걸(2018), “경찰 분야 드론의 활용방안에 관한 연구”, 한세대학교 일반대학원, 박사학위논문.

이재구(2021), “자율주행처럼 작동하는 엑소스켈레톤…AI 웨어러블 로봇 전성시대”, 2021.04.19, https://www.tech42.co.kr.

이주량 · 임영훈 · 추수진 · 김연중(2018), “농업 · 농촌 분야 4차 산업혁명 혁신정책 추진 동향과 시사점 — 농기계(무인 · 자율) 분야를 중심으로”, 한국농촌경제연구원, 2018.12.1.

이주량 · 추수진 · 임영훈 · 박동배 · 심성철 · 김가은(2018), 스마트농업 현장 착근을 위한 기술정책 제고방안, 정책연구 2018-10, 2018.12.30.

이준섭(2017), “Level 3의 자율주행자동차 상용화를 위한 도로교통법의 개선방안”, 아주법학, 제11권 제1호.

이지혜(2018), “자율주행자동차 유형별 수용에 영향을 미치는 요인의 비교 분석과 정책적 함의”, 이화여자대학교 대학원, 박사학위논문.

이항구(2020), “자율주행차로 두 번째 도약을 꿈꾸는 중국 자동차산업”, 한국자동차연구원, 산업동향, Vol.40, 2020.10.12.

이호영 · 김희연 · 김사혁 · 최항섭(2015), “초연결사회의 지속가능성을 위한 사회문화적 조건과 한국 사회의 대응(I): 총괄보고서”, 기본연구 15-14-01, 정보통신정책연구원.

임명환(2016), “블록체인 기술의 활용과 전망 — 개념 정립, 활용 전망, 생태계 조성, 활성화 정책 방향 —”, ETRI 한국전자통신연구원 미래전략연구소.

임은경(2021), “정밀농업: 환경오염을 최소화하면서 농산물 생산량을 극대화할 수 있는 농업 관리체계”, 한국기업데이터, 한국IR협의회.

장세이 · 이승헌 · 우운택(2001), “스마트 홈 연구 동향 및 전망”, 전자공학회지, 제28권 제12호, 광주과학기술원.

장예진 · 전용태(2012) “스마트 홈 시큐리티 기술 동향”, 한국경호경비학회, 제30호.

장태현(2019), “드론을 활용한 효율적 재난안전관리 방안 연구”, 목원대학교 대학원, 박사학위논문.

전자신문(2022), “[스페셜리포트] 유통가 드론 배송 시대 ‘성큼’…‘5년 내 상용화’”, 2022.07.14.

전현주(2021), "자율주행 '레벨3' 사용화를 위한 규제대응 현황", 한국자동차연구원, 산업동향, Vol.72, 2021.08.02.

정기철 · 김경채 · 성종국(2008), 로봇 기초, 서울교과서.

정보통신기술진흥센터(2018), "4차 산업혁명시대에서의 3D 프린팅 산업 동향과 시사점", ICT SPOT ISSUE, 2018.12.10.

정보통신기술진흥센터(2019), "국내외 혼합현실(MR) 추진 동향", 주간기술동향, 1880호, 2019.01.23.

정보통신산업진흥원(2018), "VR · AR · 드론과 결합한 V-스포츠, 블록체인과 결합 시도 중", 주간기술동향, 1848호, 최신ICT 이슈, 2018.05.30, pp.36~40.

정보통신산업진흥원(2018), "Virtual Reality 기술의 정신치료적 활용", 이슈리포트, 제36호.

정보통신산업진흥원(2019), "국내 · 외 3D 프린팅 활용사례와 시사점", 이슈리포트, 2019-16호.

정보통신산업진흥원(2020), "가상 · 증강현실을 활용한 교육 · 훈련분야 용도 분석", 이슈리포트, 2020-제19호.

정보통신산업진흥원(2020), "VR · AR 디바이스 동향 및 시사점", 이슈리포트, 2020-제8호.

정민형(2021), "증강현실과 가상현실을 활용한 과학 수업이 초등학생의 과학학습동기와 학업성취도에 미치는 영향", 부산교육대학교 교육대학원, 석사학위논문.

정제호(2019), "Home, 미래의 운명을 바꾸다", POSRI 이슈리포트.

정진국(2019), "AR 스마드 안경과 드론을 활용한 농업시설물 관리에 관한 연구", 동신대학교 대학원, 박사학위논문.

제러미 리프킨(Jeremy Rifkin) 저, 이영호 역(1999), 노동의 종말(*The End of Work*), 민음사.

제러미 리프킨(Jeremy Rifkin) 저, 안진환 역(2014), 한계비용 제로의 시대, 민음사.

제리 카플란(Jerry Kaplan) 저, 신동숙 역(2016), 인간은 필요 없다(*Humas Need Not Apply*), 한스미디어.

조동래(2016), "소프트웨어 정의 스마트 홈", 한국과학기술정보연구원.

조선비즈(2017), "빅데이터 날개 달고 제조업, 서비스업 되다", 2017.09.30.

조선일보(2016), "電氣 저장했다 꺼내 쓰는 ESS… 4년 뒤 150억달러 시장 선다", 2016.09.16.

조영임(2020), 핵심인공지능 기술, 홍릉(홍릉과학출판사).

조항(2022), "3D 프린팅 기술에 기반한 스톱모션 애니메이션 창작 및 주변 제품 개발과 응용에 대한 연구", 상명대학교 대학원, 박사학위논문.

주강진 · 김애선 · 신영섭 · 장아침(2016), "공유경제와 미래사회", KCERN, 포럼보고서, 1~127.

중소기업기술정보진흥원(2017), 중소기업 기술로드맵 2018~2020, AR/VR.

진병동 · 진영태(2018), "세계 각국의 치안드론 활용 실태에 관한 연구", 한국드론연구, 창간호, pp.83~111.

춘천사람들(2019), "스마트 토이, 독거노인의 친구가 된다", 2019.03.11.

충청신문(2019), "스티커 하나 붙였을 뿐인데… 부모님 돌봄 모니터링 가능", 2019.02.14.

천인국(2020), 인공지능, 인피니티북스.

최경화(2019), "블록체인 활성화를 위한 거버넌스 구축에 관한 연구", 부경대학교 대학원, 박사학위논문.

최민주 · 이상호 · 조성수 · 정예진 · 조성운(2020), "시민참여 기반의 스마트시티 리빙랩 모델 설정", 한국콘텐츠학회논문지, 제20권 제4호.

최성수(2019), "드론 배송 서비스 사용 의도에 영향을 미치는 요인에 관한 연구", 숭실대학교 대학원, 박사학위논문.

최연구(2018), "4차 산업혁명 시대의 일자리와 일거리 정책", KISTEP R&D INI, Vol.26.

최예진(2019), "증강현실 게임특성이 여가이득 및 생활만족에 미치는 영향: 포켓몬 고(Pokémon Go)를 중심으로 — 몰입을 통한 여가유능감의 조절된 매개효과 검증 —", 경기대학교 대학원, 석사학위논문.

최지은 · 배명환 · 이정원 · 김시한(2019), "자율협력주행 도로시스템의 종합성능평가 방법론 개발", 교통연구, 제21권 제2호.

최성수(2019), "드론 배송 서비스 사용 의도에 영향을 미치는 요인에 관한 연구", 숭실대학교 대학원, 박사학위논문.

코빗, https://www.korbit.co.kr

클라우스 슈밥(Klaus Schwab) 저, 송경진 역(2016), 클라우스 슈밥의 제4차 산업혁명(The Fourth Industrial Revolution), 메가스터디(주).

특허청(2021), "스마트홈과 함께 하는 슬기로운 집콕 생활", 특허청 보도자료.

한겨레(2022), "드론축구 하면, 날아서 공을 차요? 아뇨, 공이 날아요", 2022.07.07.

한국건설기술연구원(2019), "스마트도시 서비스 인증 평가기준", 한국건설기술연구원.

한국건설기술연구원(2020), "건설 로봇 시장 및 기술동향", Smart Construction Report, Vol.4, 2020.10.

한국고용정보원(2016), 2017 한국직업전망.

한국과학기술기획평가원(2018), 블록체인 기술영향평가 보고서.

한국과학기술정보연구원(2016), "자율주행기능 시스템", KISTI Market Report.

한국과학기술정보연구원(2014), 증강현실 동향과 Markerless 기반 객체 추적 기술을 활용한 해석데이터의 증강현실 가시화.

한국교통연구원(2019), "무인물류를 촉진하는 푸드로봇, 글로벌 물류기술 동향", 물류기술개발지원센터, Vol.13, 2019.11.05.

한국로봇산업진흥원(2018), "협동 로봇 시장과 규제 동향 분석", KIRIA Issue Report, 18-2호.

한국로봇산업진흥원(2020), "음식산업의 대세, 푸드테크(FoodTech) 로봇 동향", KIRIA Issue Report, KIR 2020-3호.

한국블록체인협회(2019), Blockchain 동향과 이슈, 제10호, 2019.08.

한국산업기술평가관리원(2015), "세라믹 3D 프린팅 기술 현황과 육성 전략", KEIT PD Issue

Report, p.100.
한국은행(2016), 분산원장 기술의 현황 및 주요 이슈, 한국은행.
한국인터넷진흥원(2021), "메타버스를 활용한 비즈니스 사례 분석 및 향후 전망", 위치정보 산업 동향 보고서, 월간리포트, 2021.10.
한국인터넷진흥원(2021), "블록체인 산업의 경제적 파급효과 및 기여도 분석 연구", 2021.12.
한국자동차연구원, https://www.katech.re.kr/
한국자동차연구원(2022), "미래형 주행플랫폼 기술의 현황과 발전 방향", MOBILITY INSIGHT, 2022.05.
한국정보통신기술협회, https://www.tta.or.kr
한국전자통신연구원(2017), "착용형 근력증강 기술 동향", 전자통신동향분석, 제32권 제4호.
한국전자통신연구원(2021), "코로나 이후 글로벌 트렌드 발간—완전한 디지털 사회—", 2021-3호.
한국전파진흥협회(2022), "中 바이두, 핸들 없는 자율주행차 '아폴로 RT6'공개", 보도자료, 2022.7.21.
한국정보화진흥원(2017), "블록체인 기반의 전자정부서비스 추진전략."
한승우(2016), "블록체인 활용사례로 알아보는 금융권 적용 고려사항", 전자금융과 금융보안, pp.21~42.
한현욱(2018), "블록체인 기술의 의료분야 활용 현황 및 정책제언", KHIDI 전문가 리포트.
허건수(2020), "자율주행기술의 현실과 전망", 오토저널, 2020.05.
허경옥(2019), 공유경제 서비스 소비자권익증진 토론회 자료집, 소비자교육중앙회.
허재준(2018), "인공지능경제가 고용에 지니는 시사점과 OECD 국가의 노동시장 성과", 한국노동경제학회 하계학술대회 발표논문, pp.1~43, 2018.8.23.
현창택 · 왕지환 · 김승권(2021), "스마트시티 조성을 위한 비전 및 주요전략 도출", 서울시립대학교, 한국건설관리학회 논문집.
홍태현(2018), "국가중요시설의 드론테러 위협 대응방안 연구", 용인대학교 대학원, 석사학위논문.
황병찬(2012), 스마트 플랫폼 전략, 한빛미디어.
황인극 외(2022), 제4차 산업혁명과 기술경영, 도서출판 청람.
황태성(2021), "한국 드론산업 발전을 위한 정책방안 연구", 용인대학교 대학원, 박사학위논문.

국외 문헌

Adedeji B. Badiru(2021), *Artificial Intelligence and Digital Systems Engineering*, Taylor & Francis.
Ahmed Bounfour(2022), *Platforms and Artificial Intelligence: The Next Generation of Competences*, Springer.

Ajay Agrawal et al.(2020), *The Economics of Artificial Intelligence: An Agenda*, The University of Chicago Press.

Ana Landeta Echeberria(2020), *A Digital Framework for Industry 4.0*, Palgrave Macmillan.

Azuma, R., Baillot, Y., Behringer, R., Feiner, S., Julier, S., & Maclntyre, B.(2001), "Recent advances in augmented reality", *IEEE Computer Graphics and Applications*, 21(6), 34–47.

Azuma, R.T.(1997), "A Survey of Augmented Reality", *Presence: Teleoperators & Virtual Environments*, 6(4), 355–385.

Bashir, I.(2017), *Mastering Blockchain*, Packt Publishing.

BCG(Boston Consulting Group)(2015), "The Future of Productivity and Growth in Manufacturing Industries."

Bernard Marr, *Artificial Intelligence in Practice: How 50 Successful Companies Used AI and Machine Learning to Solve Problems*, 2019, John Wiley & Sons.

Bi, Z.M., Mingchao Luo, Zhonghua Miao, Bing Zhang, W. J. Zhang, and Lihui Wang(2021), "Safety assurance mechanisms of collaborative robotic systems in manufacturing", *Robotics and Computer–Integrated Manufacturing*, 67: 102022.

Burdea, G.C., & Coiffet, P.(2003), *Virtual Reality Technology*, John Wiley & Sons.

CB Insights(2022), "Banking is only the beginning: 65 big industries blockchain could transform", March 9, 2022.

CES(2018), 2018 Live: NVIDIA CEO Jensen Huang Press Event, https://blogs.nvidia.com/blog/2018/01/06/ces-2018-live-nvidia-ceo-jensen-huang-press event.

Charles J. Brooks, Philip A. Craig Jr.(2022), *Practical Industrial Cybersecurity: ICS, Industry 4.0, and IIoT*, Wiley.

Charu C. Aggarwal(2021), *Artificial Intelligence A Textbook*, Springer.

Collins, https://www.collinsdictionary.com/submission/4349/Blockchain.

Creative Commons, https://creativecommons.org/licenses/by-nc-nd/2.0/kr/

DARPA Urban Challenge(2007), http://archive.darpa.mil/grandchallenge/

Demir, K.A., Döven, G., Sezen, B.(2019), "Industry 5.0 and human–robot co–working", *Procedia Computer Science* 158, 688–695.

Dinesh Goyal(editor), Karthikrajan Senthilnathan(editor) et al.(2022), *Cyber–physical Systems and Industry 4.0: Practical Applications and Security Management*, Apple Academic Press Inc.

Eisenmann T., Parker G., & Van Alstyne M.W.(2011), "Platform Envelopment", *Strategic Management Journal*, Vol.32, No.12, pp.1270–1285.

European Commission(2020), "Directorate General for Research and Innovation", *Enabling*

Technologies for Industry 5.0: Results of a workshop with Europe's Technology Leaders.

Frank, A.G., Dalenogare, L.S., Ayala, N.F.(2019), "Industry 4.0 technologies: Implementation patterns in manufacturing companies", *International Journal of Production Economics*, 210, 15-26, https://doi.org/10.1016/j.ijpe.2019.01.004.

Frey, C.B., & Osborne, M.A.(2013), "The Future of Employment: How susceptible are jobs to computerization?", Oxford Martin School, https://www.oxfordmartin. ox.ac.uk/downloads/academic/The_Future_of_Employment.pdf

Friedman, B., Hendry, D.G.(2019), *Value Sensitive Design: Shaping Technology with Moral Imagination*, MIT Press, 2019.

Garima, N.K.K., Pattanaik, G.K., Sharma(2022), "Towards edge computing in intelligent manufacturing: Past, present and future", *Journal of Manufacturing Systems*, 62, 588-611.

Halaburda, H.(2018), "Economic and Business Dimensions Blockchain Revolution without the Blockchain?", *Communications of the ACM*, 61(7), 27−29.

H.M. Morrison, A.F. Welch, and E. A. Hanysz(1961), "Automatic Highway and Driver Aid Developments."

Hollnagel, E.(2020), "Prologue: The Scope of Resilience Engineering", *Resilience Engineering in Practice: A Guidebook*, E. Hollnagel et al.(Eds.), 2011; Aldershot, UK: Ashgate.

Huang, G.Q., Vogel−Heuser, B., Zhou, M., Dario, P.(2021), "Digital technologies and automation: the human and eco-centered foundations for the factory of the future [TC Spotlight]", *IEEE Robotics & Automation Magazine*, 28, 174-179.

IEEE VW Standard Working Group(P1828), www.metaversestandards.org

Jang, J.H., & Song, W.K.(2016). "Current status of technology for wearing robot", *Journal of the Korean Society Mechanical Engineers*, 56(2), 42−26.

John Paul Mueller, Luca Massaron(2021), *Artificial Intelligence For Dummies*, Wiley.

Koch, P.J., M.K. van Amstel, P. Debska, M.A. Thormann, A.J. Tetzlaff, S. Bϕgh, D. Chrysostomou(2017), "A skill−based robot co−worker for industrial maintenance tasks", *Procedia Manufacturing*, 11, 83−90.

Kreutzer, Ralf T_Sirrenberg, Marie(2020), *Understanding Artificial Intelligence: Fundamentals, Use Cases and Methods for a Corporate AI Journey*, Springer.

Kusiak, A.(2020), "Open Manufacturing: A Design−for−Resilience Approach", *Production Research*, 58(15), 4647−4658.

Lakshman Bulusu, Rosendo Abellera(2020), *AI Meets BI: Artificial Intelligence and Business Intelligence*, Auerbach Publications.

Lavanya Sharma(editor), Pradeep Kumar Garg(editor)(2021), *Artificial Intelligence: Technologies,*

Applications, and Challenges, Chapman and Hall.

Leong, Y.K., J.H. Tan, K.W. Chew, P.L. Show(2020), "Significance of industry 5.0", in: P.L. Show, K.W. Chew, T.C. Ling(eds.), *The Prospect of Industry 5.0 in Biomanufacturing*, CRC Press, pp.1–20.

Longo, F., Padovano, A., Umbrello, S.(2020), "Value–oriented and ethical technology engineering in industry 5.0: A human–centric perspective for the design of the factory of the future", *Applied Sciences*, 10(12), 4182.

Low, K.H., Liu, X., & Yu, H.(2005), "Development of NTU wearable exoskeleton system for assistive technologies", Proceedings of the IEEE International Conference on Mechatronics & Automation, July 29–August 1, 2005, Niagara Falls, Canada.

Lu, Y., Zheng, H., Chand, S., Xia, W., Liu, Z., Xu, X., Wang, L., Qin, Z., Bao, J.(2022), "Outlook on human–centric manufacturing towards Industry 5.0", *Journal of Manufacturing Systems*, 62, 612–627.

Maija Breque, Lars De Nul, Athanasios Petridis(2021), *Industry 5.0: Towards a sustainable, human-centric and resilient European industry*, European Commission(EC).

Milgram, P.(1995), "Augmented reality: a class of displays on the reality–virtuality continuum", *Telemanipulator and Telepresence Technologies*, Vol.2351, No.27, pp.282–292.

Nahavandi, S.(2019), "Industry 5.0: A human–centric solution", *Sustainability*, 11(16), 4371.

Navigant Research(2013), "Autonomous Vehicle."

Niranjanamurthy, M., Peng, Sheng–Lung, Naresh, E., Jayasimha, et al.(2022), *Advances in Industry 4.0: Concepts and Applications(Smart Computing Applications)*, De Gruyter.

NTSB(2018), "Preliminary Report Highway: HWY18MH010", 2018.5.24.

OECD(2020), "Employment rate(indicator)", doi: 10.1787/1de68a9b-en(Accessed on 17 August 2020).

Oxford Dictionaries, https://en.oxforddictionaries.com/definition/blockchain

Pandian Vasant, Elias Munapo, J. Joshua Thomas, Gerhard–Wilhelm Weber(2022), *Artificial Intelligence in Industry 4.0 and 5G Technology*, Wiley.

P. Kaliraj, T. Devi(2022), *Big Data Applications in Industry 4.0*, CRC Press.

Praveen Kumar Reddy Maddikunta, Quoc–Viet Pham, Prabadevi B, N Deepa, Kapal Dev, Thippa Reddy Gadekallu, Rukhsana Ruby(2022), "Madhusanka Liyanage Industry 5.0: A survey on enabling technologies and potential applications", *Journal of Industrial Information Integration*, 26 100257.

P. Kaliraj, T. Devi(2022), *Big Data Applications in Industry 4.0*, CRC Press.

Rada, M.(2020), "Industry 5.0 definition."

Romero, D., & Stahre, J.(2021), "Towards The Resilient Operator 5.0: The Future of Work in

Smart Resilient Manufacturing Systems", *Procedia CIRP*, 104.

R. Raut, S. Krit, P. Chatterjee(2022), *Machine Vision for Industry 4.0: Applications and Case Studies*, 2CRC.

SAE International(2018), "Taxonomy and Definitions for Terms Related to Driving Automation Systems for On-Road Motor Vehicles(J3016:Jun 2018)."

Salama, A.M.(2020), "Coronavirus questions that will not go away: Interrogating urban and socio-spatial implications of COVID-19 measures", *Emerald Open Research*, 2, 14, https://doi.org/10.35241/emeraldopenres.13561.1.

Schütte, G.(2018), "What kind of innovation policy does the bioeconomy need?", *New Biotechnology*, 40(A), 82-86.

Sindhwani, R., Shayan Afridi, Anil Kumar, Audrius Banaitis, Sunil Luthra, Punj Lata Singh (2022), "Can industry 5.0 revolutionize the wave of resilience and social value creation? A multi-criteria framework to analyze enablers", *Technology in Society*, 68, 101887.

Soumya Ranjan Nayak(editor), Biswa Mohan Sahoo(editor), Muthukumaran Malarvel(editor), Jibitesh Mishra(editor)(2022), *Smart Sensor Networks Using AI for Industry 4.0: Applications and New Opportunities*, CRC.

Steuer, J.(1992), "Defining virtual reality: Dimensions determining telepresence", *Journal of Communication*, 42(4), 73-93.

Stuart Russell, Peter Norvig(2020), *Artificial Intelligence: A Modern Approach*, Pearson.

The Millennium Project(2016), *World Future Report 2050*, Y. S. Park and J. Glen, No.1.

Tracy Hresko Pearl(2017), "Fast & Furious", *NYU Annual Survey of American Law*, Vol.73, No.24.

Villani, V., Sabattini, L., Baranska, P., Callegati, E., Czerniak, J.N., Debbache, A.(2020), "The INCLUSIVE system: a general framework for adaptive industrial automation", IEEE *Transactions on Automation Science and Engineering*.

Wild, J., Arnold, M., and Stafford, P.(2015), "Technology: Banks seek the key to blockchain", *Financial Times*.

Willian Mougayar.(2017), *Business BlockChain*, Hanbit Media Co.

Xun, X., Yuqian Lu, Birgit Vogel-Heuser, Lihui Wang(2021), "Industry 4.0 and Industry 5.0-Inception, conception and perception", *Journal of Manufacturing Systems*, 61, 530-535, https://doi.org/10.1016/J.JMSY.2021.10.006.

Y. Ohshima(1965), "Control System for Automatic Automobile Driving", *Proceedings IFAC Tokyo Symposium on Systems Engineering for Control System Design*, pp.347-357.

Zeltzer, D.(1992), "Autonomy, interaction, and presence", *Presence: Teleoperators & Virtual Environments*, 1(1), 127-132.

찾아보기

| 저자약력 |

황인극

Texas A&M University 산업공학 박사
전) 한국프로젝트경영학회 회장, 대한설비관리학회 회장
현) 공주대학교 산업시스템공학과 교수

손환식

공주대학교 산업시스템공학 박사
전) ENA 제조혁신팀장
현) WINHITECH 상무

김응석

공주대학교 산업시스템공학 박사과정
전) MBB, LG전자 과장, 화승비나 전무이사
현) 울랄라랩 상무 겸 웩싸이 컨설팅 대표 컨설턴트

4차 산업혁명 개론

2023년 5월 25일 1판 1쇄 인쇄
2023년 5월 30일 1판 1쇄 발행

저 자 | 황인극 · 손환식 · 김응석
발행인 | 이수영
발행처 | 도서출판 청람
서울시 마포구 독막로 288(대흥동, 세양상가 109호)
전 화 | 02)3272-2601~2
팩 스 | 02)3272-2603
E-mail | crbooks@daum.net
홈페이지 | http://www.crbooks.co.kr
등 록 | 2000년 8월 26일 제6-0509호

ISBN 978-89-5972-965-4 93320 [정가 29,000원]